TEATRO E ESCRAVIDÃO NO BRASIL

© 2022 Editora Perspectiva Ltda.

Coordenação de texto: Luiz Henrique Soares e Elen Durando
Preparação de texto: Carolina Caires
Revisão: Marcio Honorio de Godoy
Capa e projeto gráfico: Sergio Kon
Produção: Ricardo W. Neves e Sergio Kon

CIP-Brasil. Catalogação na Publicação
Sindicato Nacional dos Editores de Livros, RJ

F234t

Faria, João Roberto
    Teatro e escravidão no Brasil / João Roberto Faria. - 1. ed. - São Paulo : Perspectiva, 2022.
    416 p. ; 23 cm.

    Inclui bibliografia e índice
    ISBN 978-65-5505-130-8
    1. Escravidão - Brasil - História. 2.Teatro brasileiro. I. Título.

22-80938   CDD: 869.2
                CDU: 82-2(81)

Meri Gleice Rodrigues de Souza - Bibliotecária - CRB-7/6439
27/10/2022   01/11/2022

1ª edição

Direitos reservados à
EDITORA PERSPECTIVA LTDA.
Al. Santos, 1909, cj. 22
01419-100 São Paulo SP Brasil
Tel: (11) 3885-8388
www.editoraperspectiva.com.br

2022

João Roberto Faria

TEATRO E ESCRAVIDÃO NO BRASIL

PERSPECTIVA

Sumário

9   Cronologia
23   Introdução

1   Martins Pena: Registro Histórico e Crítica à Escravidão
29

     29   O Escravo na Roça
     37   O Escravo na Cidade

2   O Conservatório Dramático e a Censura à Escravidão no Teatro
51

     52   Uma Dura Crítica ao Tráfico
     56   Peças Francesas
     62   Peças Brasileiras Proibidas e Liberadas
     69   A Censura de Machado de Assis

3   A Escravidão nas Peças Românticas e Realistas
77

     79   Joaquim Manuel de Macedo
     82   José de Alencar
     100   Agrário de Menezes
     105   Carlos Antônio Cordeiro
     109   Paulo Eiró
     116   Rodrigo Otávio de Oliveira Menezes
     120   Valentim José da Silveira Lopes

126 Pinheiro Guimarães
135 Manuel de Araújo Porto-Alegre
139 Maria Ribeiro
145 Benjamim Augusto e Anibal Teixeira de Sá
148 Castro Alves
158 Antonio Deodoro de Pascual
163 Fagundes Varela
166 João Pereira da Costa Lima

4 Dramaturgia Antiescravista nas Províncias
171

173 Rio Grande do Sul
183 São Paulo
187 Espírito Santo
190 Bahia
198 Pernambuco

5 "A Cabana do Pai Tomás" nos Palcos Brasileiros
201

204 As Adaptações Teatrais
209 Teatro e Propaganda Abolicionista no Rio de Janeiro
216 Nos Palcos das Províncias

6 Dramaturgia Antiescravista de Autores Franceses e Portugueses
233

233 Dramaturgia Francesa
245 Dramaturgia Portuguesa

7 O Teatro e a Abolição
259

- 260 Um País Essencialmente Agrícola
- 261 José de Lima Penante
- 263 Cândido Barata Ribeiro
- 266 Artur Azevedo
- 291 França Júnior
- 300 O Repertório Abolicionista de Moreira de Vasconcelos e Julieta dos Santos
- 318 Dramaturgia Gaúcha Abolicionista
- 332 Aluísio Azevedo: "O Mulato" em Cena
- 338 Ana Chaves Guimarães
- 341 Fernando Pinto de Almeida Júnior
- 343 Teatro Amador e Abolicionismo
- 359 Outras Produções Teatrais: Dramas e Revistas de Ano
- 373 Artistas Abolicionistas, Benefícios, Festas e Alforrias em Cena Aberta

Conclusão
Um Retrato do Brasil Escravista
389

- 397 Bibliografia
- 409 Índice Remissivo

Cronologia

1831   Em 7 de novembro, a Regência decreta uma lei que declara livres os africanos desembarcados no Brasil pelo tráfico, que passa a ser considerado ilegal.

1838   No Rio de Janeiro, representação da primeira comédia de Martins Pena, *O Juiz de Paz da Roça*, na qual o escravo aparece como personagem. Alusão aos "meias-caras", os africanos introduzidos no Brasil pelo tráfico ilícito e que acabavam escravizados, apesar da lei de 7 de novembro.

1840   Representação da segunda comédia de Martins Pena, *A Família e a Festa da Roça*, também abordando a escravidão no campo e o problema dos "meias-caras".

1843   Criado no Rio de Janeiro o Conservatório Dramático Brasileiro, com o objetivo de fazer a leitura prévia das peças teatrais e determinar se podiam ser representadas ou se deviam ser proibidas.

1844   Proibida pelo Conservatório Dramático a representação da peça *O Marujo Virtuoso ou os Horrores do Tráfico da Escravatura*, de João Julião Federado Gonnet, francês radicado no Brasil. O autor a publica em 1851.

1845   O Parlamento do governo britânico aprova o Bill Aberdeen, autorizando a marinha inglesa a aprisionar navios negreiros no Atlântico e até mesmo na costa brasileira. Isso não impediu que o tráfico continuasse.

1845   O escravo na cidade aparece na comédia *Os Dois ou o Inglês Maquinista*, de Martins Pena, encenada no Rio de Janeiro, como as demais. O autor denuncia o tráfico ilegal – com a conivência das autoridades brasileiras – e a violência física contra os escravos.

         Representação da comédia *O Cigano*, na qual Martins Pena denuncia brancos que se aproveitam da ingenuidade dos negros de ganho, envolvendo-os no furto dos produtos que carregavam pelas ruas da cidade e enganando-os com promessas de liberdade para vendê-los fora do Rio de Janeiro.

1846   Sobe à cena *Os Ciúmes de um Pedestre ou o Terrível Capitão do Mato*, na qual Martins Pena ridiculariza a profissão do protagonista: a de caçador de escravos fugidos. A sociedade escravista

CRONOLOGIA

como pano de fundo está presente em várias comédias do autor, escritas e representadas entre 1844 e 1846.

Encenada no Rio de Janeiro *A Escrava Andréa*, de Maillant e Legoyt.

1849 Representação no Rio de Janeiro do drama *O Cego*, de Joaquim Manuel de Macedo, no qual aparece pela primeira vez na dramaturgia brasileira a figura do "escravo fiel".

1850 Decretada a Lei Eusébio de Queirós, que proíbe o tráfico de escravos africanos. Dessa vez a lei funciona e em pouco tempo o país fica livre desse comércio desumano.

O comerciante Dámaso Antônio de Moura apresenta duas peças curtas ao Conservatório Dramático, intituladas *O Magnetismo ou o Preto Fugido* e *O Tráfico ou o Cruzeiro*. A primeira foi liberada, apesar do parecer bastante negativo, mas não foi encenada; a segunda foi proibida.

É publicada a comédia em dois atos *Os Ingleses no Brasil*, de José Lopes de La Vega, espanhol radicado no Rio de Janeiro, com críticas à repressão ao tráfico feita pela Inglaterra.

1851 O Conservatório Dramático aprova o drama *O Capitão Leme ou a Palavra de Honra*, do dramaturgo paulista Paulo Antônio do Vale, no qual há uma crítica ao tráfico de escravos.

1852 Publicado em forma de livro nos Estados Unidos o romance *Uncle Tom's Cabin, or, Life among the Lowly* (A Cabana do Pai Tomás), de Harriet Beecher Stowe.

1857 É representada com enorme sucesso de crítica e público a comédia realista *O Demônio Familiar*, de José de Alencar. Pela primeira vez na dramaturgia brasileira uma personagem negra é protagonista. Nas décadas de 1870 e 1880, a peça é reencenada diversas vezes em várias cidades brasileiras.

Proibida pelo Conservatório Dramático a representação de *Le Chevalier de Saint-Georges*, de Mélesville e Beauvoir. A argumentação para justificar a censura baseia-se em preconceitos raciais e sociais.

Uma "imitação" de *O Doutor Negro*, de Anicet Bourgeois e Dumanoir, apresentada ao Conservatório Dramático por Joaquim José Vieira Souto, com o título *Ermolai ou o Servo Russo*, é proibida de subir à cena.

1858 O dramaturgo baiano Agrário de Menezes publica o drama *Calabar*, no qual põe em primeiro plano a questão do preconceito racial contra os negros e seus descendentes diretos.

1859   O Conservatório Dramático proíbe a representação de *O Doutor Negro*, de Anicet Bourgeois e Dumanoir. O parecer deixa transparecer os preconceitos raciais e sociais do censor.

Representação no Rio de Janeiro de *O Escravo Fiel*, de Carlos Antônio Cordeiro, no qual o protagonista faz jus ao título do drama.

1860   Estreia com sucesso no Rio de Janeiro o drama *Mãe*, de José de Alencar. A protagonista é uma escrava cujo senhor é seu próprio filho. Nas décadas de 1870 e 1880, o drama é reencenado diversas vezes, por ser considerado "drama abolicionista".

1861   Representação em São Paulo do drama *Sangue Limpo*, de Paulo Eiró, que condena fortemente o preconceito contra os escravos e seus descendentes. No mesmo ano foi lida no Conservatório Dramático Paulistano outra peça do autor: *O Traficante de Escravos*. *Sangue Limpo* foi publicado em 1863.

Rodrigo Otávio de Oliveira Menezes publica em São Paulo o drama *Haabás*, no qual enaltece a nobreza e os bons sentimentos de um escravo. Faz o mesmo em *Faustênio*, peça que se encontra entre os seus manuscritos.

Publicação e encenação no Rio de Janeiro de *Sete de Setembro*, de Valentim José da Silveira Lopes, peça contra a escravidão e a favor do trabalho livre.

É publicada e encenada no Rio de Janeiro, com muito sucesso, a peça *História de uma Moça Rica*, de Francisco Pinheiro Guimarães, na qual um homem casado vive amancebado com a escrava da família.

1862   O Conservatório Dramático proíbe a representação da peça *O Mulato*, de Ricardo Pires de Almeida.

Machado de Assis emite parecer para o Conservatório Dramático sobre *Mistérios Sociais*, drama em quatro atos do português César de Lacerda, e exige que se altere a condição social do protagonista, um ex-escravo que se casa com uma baronesa, para aprová-lo.

1863   Manuel de Araújo Porto-Alegre escreve *A Escrava*, mas o drama permanece inédito. O autor critica a lascívia dos senhores escravocratas e a violência física contra os escravos.

1864   É representado e publicado no Rio de Janeiro o drama *Punição*, de Francisco Pinheiro Guimarães. O pano de fundo da sociedade escravista é realçado na cena inicial, com uma música cuja letra denuncia a desumanidade do cativeiro.

CRONOLOGIA

Encenado em São Paulo o drama *Fernando*, de José Ricardo Pires de Almeida, que dialoga com *O Demônio Familiar*, de José de Alencar.

1865   Representação no Rio de Janeiro do drama *Cancros Sociais*, de Maria Ribeiro, com forte crítica aos preconceitos contra escravos e seus filhos. A autora o publicou no ano seguinte.

1866   Em Coimbra, o português Benjamim Augusto publica o drama em um ato *O Escravo*; no Rio de Janeiro, Anibal Teixeira de Sá publica *Os Extremos*, "comédia-drama" em três atos, em que um escravo doméstico é maltratado o tempo todo.

1867   É representado com sucesso na Bahia o drama *Gonzaga ou a Revolução de Minas*, de Castro Alves, com sua forte mensagem abolicionista e denúncia da voracidade sexual dos senhores e da violência física contra os escravos. No ano seguinte, a representação ocorre em São Paulo. Nas décadas de 1870 e 1880, o drama é reencenado diversas vezes em diferentes cidades brasileiras, no bojo da campanha abolicionista.

Dom Pedro II introduz a questão da emancipação na "Fala do Trono" com a qual abriu a Assembleia Geral Legislativa, em 22 de maio.

1869   Como ministro da Justiça, José de Alencar assina o decreto n. 1695, que proíbe a venda de escravos debaixo de pregões e em exposição pública. O mesmo decreto proíbe também que nas vendas permitidas sejam separados marido e mulher ou o filho do pai e da mãe, a menos que tenha mais de quinze anos.

Em Porto Alegre, o drama *Os Filhos da Desgraça*, de Apolinário Porto Alegre, é proibido de ser representado pelo chefe da polícia, porque uma parte do enredo trata dos amores de uma mulher branca por um escravo de pele clara. O autor a publicou em 1874 na *Revista Mensal*, da Sociedade Partenon Literário.

Em Sorocaba, interior de São Paulo, estreia o drama *O Soldado Brasileiro*, de Ubaldino do Amaral e Cândido Barata Ribeiro, no qual há uma dura crítica aos preconceitos raciais e sociais.

João Zeferino Rangel de S. Paio, carioca então radicado em Vitória, no Espírito Santo, publica nessa cidade o drama *Os Preconceitos*, cujo título faz jus ao retrato da sociedade escravista. Há também, no drama, críticas às relações promíscuas entre senhores e escravas.

1870   É publicado no Rio de Janeiro o drama *A Pupila dos Negros Nagôs ou a Força do Sangue*, do espanhol naturalizado brasileiro A.D.

Pascual. O autor defende a emancipação gradual dos escravos e propõe que sejam educados antes de libertados. O drama condena também os senhores que têm filhos com suas escravas e os vendem ou os mantêm escravizados.

Fagundes Varella escreve o drama *Baltasar*, no qual toca numa questão delicada: o casamento de um negro fugido com uma mulher branca.

É publicada e encenada no Rio de Janeiro, do português João Pereira da Costa Lima, a "comédia drama" *Os Pupilos do Escravo*, cujo protagonista é um velho escravo abnegado e fiel.

Em Sorocaba, representação do drama *Os Mártires da Escravidão*, de Vicente Eufrásio da Costa Abreu, bacharel egresso da Academia de Direito de São Paulo.

Brício Cardoso publica na Bahia o drama *O Escravo Educado*, no qual faz o enredo girar em torno dos planos de vingança do escravo doméstico Paulo. Em meio às discussões na imprensa e no Parlamento sobre as propostas de emancipação gradual dos escravos, Brício Cardoso defende a extinção imediata da escravidão.

No Recife, o acadêmico Francisco Antônio de Oliveira Sobrinho publica o drama *O Escravo*, no qual mostra como o preconceito contra o escravo e o liberto pode destruir uma família.

1871 Em 28 de setembro é decretada a lei n. 2040, a chamada "Lei do Ventre Livre", que declara livres os filhos das escravas nascidos a partir de então.

Estreia em Belém a comédia *Duas Páginas de um Livro*, do ator Xisto Bahia, que inclui no desfecho uma mensagem de apoio à ideia emancipacionista. O autor a publicou no Maranhão em 1872 e a viu representada também em Salvador e no Recife, em 1874.

Na peça *O Tipo Brasileiro*, França Júnior mostra simpatia pelo projeto que prevê a liberdade do ventre das escravas.

1873 Em Porto Alegre, Apolinário Porto Alegre, com o pseudônimo Iriema, publica a comédia *Mulheres* na *Revista Mensal* da Sociedade Partenon Literário, na qual critica a violência física contra o escravo.

Na Bahia, é encenado o drama *Rogério*, de João José de Brito, logo proibido pelo presidente da província por apresentar em cena uma visão crítica bastante contundente da escravidão e dos preconceitos contra os libertos. O autor o publica em 1874.

CRONOLOGIA

1874   Em Porto Alegre, Apolinário Porto Alegre, com o pseudônimo Iriema, publica a comédia *Benedito* na *Revista Mensal* da Sociedade Partenon Literário. O moleque Benedito é calcado na personagem Pedro, de *O Demônio Familiar*, de José de Alencar.

1875   Encenado e publicado em Porto Alegre, na *Revista Ensaios Literários*, números 6 a 8, o drama *Mateus*, de José de Sá Brito, no qual há o elogio do "escravo fiel" e a crítica aos preconceitos contra os libertos.

Estreia no Rio de Janeiro a peça *Cenas da Escravidão*, uma "acomodação" aos costumes brasileiros do drama *Cora ou a Escravatura*, de Jules Barbier, cuja ação principal se passa nos Estados Unidos.

1876   Estreia no Rio de Janeiro, com bastante sucesso, a adaptação teatral do romance *A Cabana do Pai Tomás* feita na França por Adolphe D'Ennery e Dumanoir. A iniciativa foi do ator e empresário teatral português Guilherme da Silveira, que viajou pelo país e apresentou a peça nas principais cidades brasileiras, do Rio Grande a Belém do Pará.

Encenada e publicada em Porto Alegre a peça *O Filho Bastardo*, de Artur Rocha, na qual há críticas aos preconceitos da sociedade escravista e à própria escravidão, que legitima a desumana venda de um filho por um pai.

1877   A atriz portuguesa Emília Adelaide Pimentel representa no Rio de Janeiro o drama *Cora ou a Escravatura*, de Jules Barbier, em tradução do dramaturgo português Ernesto Biester. Nos anos seguintes, a peça é apresentada em várias cidades brasileiras.

1878   Representação do drama *José*, de Artur Rocha, em Porto Alegre. Mais uma vez, o autor aborda a questão do preconceito contra o escravo e seus descendentes. O drama é publicado no ano seguinte.

Estreia no Rio de Janeiro do drama *Ódio de Raça*, do escritor português Gomes de Amorim, no qual há críticas aos senhores escravocratas que abusam das escravas e à violência física contra os escravos. Nos quatro anos seguintes, novas representações, inclusive em cidades da província do Rio de Janeiro. Em 1879, a peça é encenada em São Paulo; em 1882, em São João del-Rei; em 1883, em Belém; em 1884, no Recife e em Maceió.

1879   Deflagrada no Parlamento, por iniciativa dos deputados Jerônimo Sodré e Joaquim Nabuco, a campanha abolicionista.

Nos teatros do Rio de Janeiro, são realizadas as primeiras conferências emancipadoras com líderes abolicionistas como Vicente de Sousa e José do Patrocínio, entre outros.

No Rio de Janeiro, o ator, dramaturgo e empresário teatral Furtado Coelho põe em cena o drama *Misérias Humanas*, de sua autoria. A escravidão é uma das misérias humanas retratadas.

Olímpio Catão, professor público de primeiras letras em Lorena, interior de São Paulo, publica o drama *O Negro*, no qual o protagonista é o "escravo fiel" Simeão, protetor da mocinha da casa. O autor lança críticas aos preconceitos contra negros e escravos.

1880 Estreia no Rio de Janeiro a comédia *Um País Essencialmente Agrícola*, de Ernesto Mattoso, que é uma sátira aos conservadores escravocratas e à imprensa conservadora, em especial ao jornal *O Cruzeiro*, subsidiado pelos escravocratas.

As conferências emancipadoras adquirem um novo padrão, com a incorporação nos eventos de uma "parte concertante". Com os números musicais, o público aumenta expressivamente e os teatros tornam-se o local por excelência da propaganda abolicionista.

1881 É representado em Fortaleza, São Luís do Maranhão e no Rio de Janeiro o drama *O Doutor Negro*, de Anicet Bourgeois e Dumanoir, centrado no casamento de um liberto com uma mulher branca, filha de uma marquesa.

O ator e empresário teatral José de Lima Penante encena em Fortaleza o drama de propaganda abolicionista *A Emancipadora*, calcado no movimento dos jangadeiros que se recusaram a transportar escravos para os navios. O autor a apresentou também no Recife, em 1883, com o título modificado para *A Libertadora Cearense*.

Em Fortaleza, é representado o drama *O Filho de uma Escrava*, de Antônio Papi Júnior.

Frederico Severo, dramaturgo cearense de prestígio, abolicionista de primeira hora e autor do hino da Sociedade Cearense Libertadora, põe em cena a peça *Os Abolicionistas*, em Fortaleza. Também nessa cidade é representado pela primeira vez o drama *A Mãe dos Escravos*, adaptação do romance *A Cabana do Pai Tomás*, feita pelo escritor português Aristides Abranches.

É representado em Campinas, São Paulo e no Rio de Janeiro, o drama em quatro atos *O Segredo do Lar*, do dramaturgo e médico Cândido Barata Ribeiro. O protagonista é um "escravo fiel", exemplo de dedicação e lealdade ao seu senhor.

Encenação e publicação, no Rio de Janeiro, da comédia em um ato *O Liberato*, de Artur Azevedo, "oferecida ao Exm. Sr. Dr. Joaquim

CRONOLOGIA

Nabuco". A peça recria o clima de disputa entre abolicionistas e escravocratas, denuncia a violência física contra os escravos e critica os senhores que têm filhos com escravas e os mantêm no cativeiro.

Publicada e encenada no Rio de Janeiro a "comédia-drama" *O Pai da Escrava*, de Manuel Joaquim Valadão. Vários grupos amadores a encenaram entre 1881 e 1885.

Ilídio de Carvalho Viana escreve o drama *O Escravo Branco*.

1882 No Rio de Janeiro, Artur Azevedo e Urbano Duarte escrevem o drama *A Família Salazar*, que é proibido de subir à cena pelo Conservatório Dramático, por abordar as consequências de um antigo relacionamento de um escravo com sua senhora, uma mulher casada. Os autores o publicam em 1884, com outro título: *O Escravocrata*. O drama critica a violência física contra o escravo e os proprietários que obrigam suas escravas a trabalhar como prostitutas.

Estreia no Rio de Janeiro a adaptação teatral do romance *Paulo e Virgínia*, de Bernardin de Saint-Pierre, anunciada como "peça de propaganda abolicionista". Foram 28 apresentações até o final do ano e mais algumas em 1883. Entre 1884 e 1887, a peça foi representada em Porto Alegre, Curitiba, Salvador, Maceió, Recife e Belém.

No Rio de Janeiro, representação do drama *A Órfã e o Escravo*, do ator amador e dramaturgo português Custódio de Oliveira Lima. O autor o reapresenta em Belém, em 1885.

É representada com muito sucesso no Rio de Janeiro a comédia *Como se Fazia um Deputado*, de França Júnior, em cujo desfecho há uma alforria, que se pode interpretar como apoio discreto do autor ao abolicionismo.

No Rio de Janeiro e em Niterói, o ator e empresário teatral Moreira de Vasconcelos encena o drama *O Mulato*, de sua autoria.

Em Campos dos Goytacazes, Gustavo de Alvarenga publica, com o mesmo título, a adaptação teatral que fez do romance *A Escrava Isaura*, de Bernardo Guimarães.

No Rio de Janeiro, Júlio Henrique do Carmo escreve o drama *O Pacto Infernal*.

No Rio de Janeiro, o operário Leonardo Rodrigues do Sacramento França publica o drama *O Amor Vencido Pelo Amor e Não Pelo Dinheiro* e o dedica ao ator abolicionista Xisto Bahia.

No Rio Grande do Sul, Aparício Mariense publica o drama *O Filho duma Escrava*, no qual denuncia os maus tratos que vitimizam os escravos e critica os preconceitos contra os libertos.

Na cidade mineira de Uberaba, a Sociedade Dramática Amor à Arte representa o drama *Os Mártires da Escravidão*, de Vicente Eufrásio da Costa Abreu.

Os artistas dramáticos começam a participar das conferências emancipadoras – agora chamadas "matinês abolicionistas" –, declamando poemas e apresentando pequenas comédias e trechos de peças. Destacam-se inicialmente Vasques, Xisto Bahia, Antônio Joaquim de Matos, Machado, Eugênio de Magalhães, Pepa Ruiz e Leonor Rivero. Dezenas de outros artistas, entre 1882 e 1887, colaboram com as matinês.

1883 Criada em maio, no Rio de Janeiro, a Confederação Abolicionista, congregando as associações emancipadoras da cidade.

Estreia no Recife a peça *A Atriz Escrava*, de Tomás Espiúca, português radicado no Brasil e ativo membro do Clube do Cupim, sociedade formada por abolicionistas radicais.

Representado em Recife, pelo Clube Dramático Emancipador, o drama *O Mulato*, de Livino de Carvalho.

No extremo Sul do país, na cidade do Rio Grande, o dramaturgo Artur Rocha escreve especialmente para a atriz-mirim Julieta dos Santos o drama abolicionista *A Filha da Escrava*, encenado com grande repercussão na imprensa local. Ao longo de dois anos, a peça é apresentada em várias cidades pela atriz: Desterro (Florianópolis), Santos, São Paulo, Taubaté, Niterói, Rio de Janeiro, Salvador, Recife, Fortaleza e Belém. Em São Luís do Maranhão, é proibido pela polícia.

Em Campinas, a escritora Júlia Lopes de Almeida escreve também para Julieta dos Santos a peça *Caminho do Céu*, representada nessa cidade e em São Paulo, Niterói e São Luís do Maranhão. Na figura de um professor, a autora homenageia Luiz Gama.

Publicada em Porto Alegre a cena dramática *O Escravo*, de José Bernardino dos Santos, escrita em versos.

Três peças que trazem à cena o debate sobre escravidão e abolição são representadas em Porto Alegre por sociedades dramáticas amadoras: *O Filho Bastardo*, de Artur Rocha; *A Escrava Branca*, de Júlio César Leal; e *Um Fruto da Escravidão*, de Boaventura Soares. A primeira já havia sido encenada em 1876; a segunda foi publicada em 1883 e a última em 1884.

CRONOLOGIA

Publicado em Campos dos Goytacazes o drama *A Escrava Branca*, de José Carvalho de Vasconcelos, encenado em 1884 na mesma cidade pela Sociedade Dramática Duas Coroas e no Rio de Janeiro, em 1885, pelo Clube Dramático Gonçalves Leite.

A convite de José do Patrocínio, o ator Vasques torna-se folhetinista da *Gazeta da Tarde*. Escreve, em 1883 e 1884, 27 folhetins, nos quais aborda assuntos diversos, entre eles a ignomínia da escravidão e a luta abolicionista.

1884   O Ceará se torna a primeira província livre da escravidão no país; o Amazonas, a segunda.

No Rio de Janeiro, encenação da revista de ano *O Mandarim*, escrita por Artur Azevedo e Moreira Sampaio, na qual há uma crítica à exploração das escravas como amas de leite.

No Rio de Janeiro, é encenada, com enorme repercussão na imprensa, a adaptação teatral do romance *O Mulato*, feita pelo próprio autor, Aluísio Azevedo. Em primeiro plano, o autor colocou a crítica ao preconceito racial, fruto da escravidão.

No Rio de janeiro, o dramaturgo e compositor Cardoso de Menezes compõe, a pedido da Confederação Abolicionista, para comemorar a libertação dos escravos no Ceará, a "Marselhesa dos Escravos", uma marcha sinfônica para orquestra e banda militar.

Em Salvador, Julieta dos Santos protagoniza o drama *Corja Opulenta*, escrito para ela por Joaquim Nunes, com forte crítica aos senhores que engravidam suas escravas e vendem seus próprios filhos. O drama é representado também em Recife, Fortaleza e Belém. Em São Luís do Maranhão, é proibido pela polícia.

Moreira de Vasconcelos escreve o drama *O Preto Domingos*.

No Recife, em matinê promovida pelo Clube Abolicionista Martins Júnior, foi representado o drama *Uma Cena da Escravidão*, sem o nome do autor.

Publicado e encenado no Recife, pela Sociedade Distração Dramática Familiar, o drama *Cora, a Filha de Agar*, do acadêmico José Cavalcanti Ribeiro da Silva. Também na cidade de Nazaré, em 1885, e em Olinda, em 1887, o drama foi representado.

Publicada em Porto Alegre a cena dramática *Uma Cena do Futuro*, de Artur Rocha, escrita em versos. A pequena peça prevê tragédias no futuro, caso não seja decretado o fim da escravidão. Foi representada em 1885.

Encenação e publicação em Curitiba do drama *A Vingança do Escravo*, de Líbero Teixeira Braga. Nova montagem na mesma cidade, em 1885. O drama foi encenado também em Santa Catarina e no Rio Grande do Sul.

1885 Aprovada a lei 3270 ou Lei Saraiva-Cotegipe, que concede liberdade aos escravos sexagenários.

Em São Luís do Maranhão, é permitida a representação de *A Filha da Escrava* – com o título alterado para *A Filha da Mártir* –, de Artur Rocha, pela companhia dramática de Moreira de Vasconcelos, nessa altura sem a atriz-mirim Julieta dos Santos.

No Rio de Janeiro, é representado o drama *Os Escravocratas ou a Lei de 28 de Setembro*, do capitão Fernando Pinto de Almeida Júnior, no qual há críticas à violência física contra os escravos e aos proprietários que mantêm relações sexuais com escravas.

No Rio de Janeiro, a revista de ano *Cocota*, de Artur Azevedo e Moreira Sampaio, faz enorme sucesso, com críticas à mentalidade escravista dos fazendeiros que engravidam suas escravas e escravizam os próprios filhos. Há na peça a defesa da abolição, além de elogios ao gabinete de Manuel de Souza Dantas, do Partido Liberal, responsável pelo projeto de libertação dos escravos maiores de sessenta anos.

No Rio de Janeiro, entre 15 de agosto de 1885 e 31 de março de 1886, José Ricardo Pires de Almeida publica no quinzenário *A Mãe de Família*, o drama em três atos *O Bastardo*, com críticas à violência física contra o escravo e aos proprietários que têm filhos com escravas.

Na cidade do Rio Grande, José Alves Coelho da Silva publica o drama *Escrava e Mãe*, no qual critica os preconceitos contra os filhos de escravas com seus senhores. Seu drama abolicionista *Boêmia* é representado em Porto Alegre. Nova representação do drama em Jaguarão, em 1887.

Estreia no Recife o drama *Os Abolicionistas*, escrito pela atriz Ana Chaves Guimarães. A companhia dramática de Ribeiro Guimarães o representou também em Maceió e Salvador.

Em Florianópolis – que então se chamava Desterro –, é representada a comédia em um ato *Pretos e Brancos*, do escritor catarinense Horácio Nunes Pires, por um grupo amador.

1886 No último dia do ano, estreia no Rio de Janeiro a revista de ano *O Carioca*, de Artur Azevedo e Moreira Sampaio. O ponto de partida foi o crime cometido por uma senhora da sociedade, que açoitou barbaramente duas escravas, uma delas vindo a falecer.

A atuação de José do Patrocínio, a campanha abolicionista em 1885, a queda do Gabinete liberal de Dantas e a Lei dos Sexagenários ganham destaque na revista de ano *A Mulher-Homem*, de Valentim Magalhães e Filinto de Almeida, representada com sucesso no Rio de Janeiro.

Com enorme repercussão na imprensa do Rio de Janeiro, é publicado pelo Visconde de Taunay o drama *Amélia Smith*. Embora seu tema central não seja a escravidão, entre as personagens há uma "escrava fiel".

No Rio de Janeiro, publicação do drama *O Filho da Escrava*, de Totila Frederico Unzer, morador da cidade mineira de Varginha.

1887 Encenação, no Rio de Janeiro, da revista de ano *Zé Caipora*, de Oscar Pederneiras, na qual a propaganda abolicionista se faz presente por meio da apoteose final à Liberdade, um quadro vivo em homenagem aos que combateram a escravidão no passado, como José Bonifácio, e aos que a combatem no presente.

No Recife, Manoel Teotônio escreve o drama *Clotilde*, cujo original se perdeu no Clube Dramático Familiar, antes de ter sido levado à cena.

Na cidade mineira de Sabará, é encenado, no final de 1887 ou início de 1888, o drama *A Vingança do Escravo*, escrito pelo advogado Bento Epaminondas.

No final do ano, fracassa a revista de ano *Cobras e Lagartos*, de Augusto Fábregas, na qual a luta abolicionista é evocada por meio de uma personagem denominada "Gênio da Escravidão", pela presença de "escravos não matriculados" e pelo batuque desses escravos.

1888 No Rio de Janeiro, estreia a revista de ano *O Homem*, de Artur Azevedo e Moreira Sampaio, na qual um quadro relembra as agressões sofridas no ano anterior pelos abolicionistas no Teatro Politeama e no Campo da Aclamação, quando tentaram realizar eventos.

No Rio de Janeiro, representação da revista de ano *Notas Recolhidas*, de Lopes Cardoso e Cardoso de Menezes, com uma apoteose à abolição e à província de São Paulo – provavelmente porque em 1887 o abolicionismo ganhou a adesão do líder político paulista Antônio da Silva Prado.

Em Arroio Grande, cidade gaúcha, um grupo de amadores põe em cena o drama *O Escravo*, de Cirino Luiz de Azevedo.

Na Bahia, João Clodoaldo escreve, às vésperas da assinatura da Lei Áurea, o "drama abolicionista e histórico em 2 atos" *Maria Luiza*, logo publicado.

A Lei Áurea é assinada pela princesa Isabel. Fim da escravidão no Brasil.

Introdução

Em minhas pesquisas acerca do teatro brasileiro oitocentista – em especial sobre a dramaturgia de José de Alencar; a comédia e a crítica teatral de Machado de Assis; as ideias teatrais dos nossos principais dramaturgos, escritores, críticos e intelectuais; o teatro romântico e realista; as formas da comédia e do cômico –, muitas vezes deparei-me com peças teatrais antiescravistas ou mesmo abertamente abolicionistas. Cheguei mesmo a fazer análises e comentários críticos a respeito de algumas delas. Mas até escrever o presente livro não havia me dedicado a estudá-las de maneira sistematizada, em bloco, como manifestações de um posicionamento crítico de seus autores em relação ao grave problema da escravidão. Perguntei-me então: qual foi a contribuição que o teatro brasileiro deu à luta contra essa instituição desumana e ao movimento abolicionista? É em torno dessa questão que este livro se desenvolve. E para respondê-la, foi necessário investigar a fundo um período de cinquenta anos de atividades teatrais, a partir de 1838, quando Martins Pena criou a comédia entre nós e já em sua obra de estreia, *O Juiz de Paz da Roça*, introduziu um escravo como personagem.

Até a decretação da Lei Áurea, em 13 de maio de 1888, mais de cem peças teatrais foram escritas, publicadas e encenadas em todo o Brasil, nas quais se encontram críticas à escravidão e à sociedade escravocrata. O repertório aqui estudado é, portanto, bastante abrangente, formado principalmente por dramas e comédias. Não foram poucos os autores que se sensibilizaram com a questão servil, como verá o leitor.

Para fazer a análise e a interpretação das peças que trazem o negro e o escravo como personagens e a escravidão como tema central ou subsidiário, dois procedimentos se fizeram necessários. Em primeiro lugar, projetei-as sobre o pano de fundo histórico, político e social que as viu nascer, a fim de compreendê-las como expressão de um pensamento crítico em relação à questão servil; em segundo, considerei a recepção que essas peças tiveram

INTRODUÇÃO

na imprensa, levando em conta os textos analíticos e debates que eventualmente suscitaram. Graças à hemeroteca da Biblioteca Nacional do Rio de Janeiro, pude fazer isso com largueza, consultando jornais de todo o país.

Minha intenção foi demonstrar que o teatro brasileiro colaborou intensamente para a formação de uma consciência antiescravista nos espectadores, bem como atuou na linha de frente do abolicionismo no decênio de 1880, dando inestimável contribuição à causa humanitária da libertação das pessoas escravizadas. Os sete capítulos que compõem este livro, organizados em ordem cronológica, contam a história do envolvimento dos nossos dramaturgos e artistas que escreveram e atuaram contra a escravidão no Brasil e a favor de sua extinção.

O primeiro aborda as comédias de Martins Pena, escritas e representadas entre 1838 e 1845. O país, sob a pressão da Inglaterra, não cumpre a lei de 7 de novembro de 1831, que proibia o tráfico de africanos. As autoridades são coniventes com a contravenção e a população parece apoiá-la. A escravidão é tida como algo natural até pelas pessoas mais simples. É o que vemos nas comédias de Martins Pena, que, ao fazer o registro dos costumes de seu tempo, recorrendo à comicidade farsesca para divertir o espectador, encontra meios para denunciar o tráfico, os castigos violentos e a mentalidade escravista predominante na sociedade.

O segundo capítulo trata da censura instituída com a criação do Conservatório Dramático Brasileiro, em 1843. Para escrevê-lo, servi-me basicamente dos pareceres que foram emitidos pelos censores acerca de produções dramáticas brasileiras, portuguesas e francesas. É claro que o caráter conservador da instituição foi um obstáculo à aprovação de peças que traziam a escravidão para a cena. Impressionam os termos utilizados pelos nossos intelectuais para justificar as proibições. O país escravocrata se revela o tempo todo. Destaca-se, aqui, um parecer assinado pelo jovem Machado de Assis, sugerindo alterações em uma peça portuguesa para que pudesse ser aprovada e encenada.

O capítulo seguinte é dedicado ao estudo da dramaturgia romântica e da dramaturgia realista, que conviveram em nossos palcos por cerca de trinta anos. A proibição do tráfico, em 1850, com a Lei Eusébio de Queirós, provocou transformações importantes em nossa vida social, entre elas o surgimento de uma pequena burguesia que passou a valorizar o liberalismo. As críticas à escravidão, marca do atraso, tornaram-se comuns em artigos publicados em jornais e várias peças apresentaram o mesmo ponto de vista. Dezesseis dramaturgos criaram enredos e personagens que deram aos leitores e espectadores uma visão crítica da sociedade brasileira escravocrata, com todos os seus vícios e preconceitos. O escritor mais importante de seu tempo, José de Alencar, pôs em cena um drama e uma comédia escritas em sua juventude literária, que tiveram enorme repercussão na imprensa. O fato de ele ter sido deputado pelo Partido Conservador e contrário à aprovação da Lei do Ventre Livre, em 1871, não impediu que seus contemporâneos vissem em suas peças uma postura antiescravista. Castro Alves, por sua vez, é no teatro o que foi como poeta: um abolicionista *avant la lettre*. No final do decênio de 1860, a posição política que tinha mais adeptos era a do emancipacionismo, isto é, a ideia conservadora de que o melhor para o país seria a emancipação gradual dos cativos, não o fim imediato da escravidão. Joaquim Manuel de Macedo, escritor ligado ao Partido Liberal, deixou isso claro em seus textos. Vários outros dramaturgos condenaram o cativeiro, embora sejam hoje pouco conhecidos, tais como Pinheiro Guimarães, Maria Ribeiro, Agrário de Menezes e Paulo Eiró, entre outros. Parece-me importante valorizá-los neste estudo, pois deixaram em suas peças uma prova concreta de que o teatro não ficou alheio à principal questão social e política do nosso século xix.

O quarto capítulo amplia o anterior, buscando nas províncias a produção dramática que na primeira metade dos anos 1870 continuou a levar a leitores e espectadores o retrato da desumana sociedade escravista brasileira. Peças escritas e representadas no Rio Grande do Sul, São Paulo, Espírito Santo, Bahia e Pernambuco indicam um notável processo de descentralização em nossa vida teatral, que não mais depende das companhias dramáticas do Rio de Janeiro, que viajavam pelo país. O teatro amador desenvolve-se nas principais cidades brasileiras com a formação de grupos e o apoio de sociedades artísticas e literárias.

Em 1876, a ideia de que a escravidão devia ser extinta ganha força com a encenação no Rio de Janeiro de uma adaptação teatral do romance *Uncle Tom's Cabin, or, Life among the Lowly* (A Cabana do Pai Tomás), de Harriet Beecher Stowe, feita por Adolphe D'Ennery e Dumanoir. Em 1881, uma segunda adaptação, do português Aristides Abranches, estreia em Fortaleza, cidade em que a instituição do cativeiro é bastante contestada. O quinto capítulo comenta as adaptações e acompanha a trajetória de ambas, apresentadas com sucesso em várias cidades brasileiras, principalmente a primeira, pelo ator e empresário português Guilherme da Silveira. Milhares de espectadores, do Rio Grande a Belém do Pará, se emocionaram com o enredo e as personagens criadas pela escritora estadunidense. Nos jornais, os comentários estabelecem a relação entre a ficção mostrada no palco e a realidade do país, reivindicando o fim da escravidão.

O sexto capítulo alcança o final da década de 1870 e o início da seguinte, centrado no estudo da dramaturgia antiescravista de autores franceses e portugueses, encenados em nossos palcos por artistas e empresários teatrais simpáticos à abolição. As ações dramáticas das peças francesas não se passam no Brasil, mas as situações vivenciadas por personagens nos Estados Unidos e na França despertavam nos espectadores a repulsa à escravidão, condenável em qualquer lugar. Já os autores portugueses dirigiram seu olhar para a nossa realidade escravista, merecendo destaque Gomes de Amorim, que viveu dez anos no Pará, quando jovem, e horrorizou-se com o tratamento dado aos cativos.

O último e mais longo capítulo do livro procura determinar o grau de adesão da classe teatral à abolição, ao longo do decênio de 1880. Em todo o Brasil, dramaturgos, artistas profissionais ou amadores e empresários teatrais apoiam o fim da escravidão. Espetáculos com renda revertida para a compra de cartas de alforria tornam-se um recurso para a propaganda abolicionista, adquirindo evidente contorno político, sobretudo quando as pessoas escravizadas eram libertadas em cena aberta. As peças escritas e representadas defendem a extinção do cativeiro ostensivamente, correspondendo aos anseios da maioria da população. No Rio de Janeiro, as associações emancipadoras promovem matinês com música, declamação de poemas, representações teatrais e discursos de líderes abolicionistas como José do Patrocínio e Joaquim Nabuco, entre muitos outros.

O mais influente homem de teatro da época, Artur Azevedo, empresta seu prestígio de dramaturgo e jornalista à causa humanitária da abolição, acompanhado pelo irmão mais novo, Aluísio Azevedo. Também o comediógrafo França Júnior, ainda que de maneira menos ostensiva, manifesta-se contrário à escravidão. A atriz mirim Julieta dos Santos encanta e emociona os espectadores, apresentando-se nas principais cidades brasileiras, com um repertório de peças comprometidas com a ideia abolicionista, escritas por autores como Artur Rocha, Júlia Lopes de Almeida e Joaquim Nunes. Dezenas de artistas participam de espetáculos beneficentes, com destaque para Francisco Correa Vasques e Xisto Bahia, autênticos militantes do abolicionismo. Nas províncias – notadamente no Rio Grande do Sul e em Pernambuco –, o teatro amador faz a sua parte, encenando peças que denunciam a ignomínia da escravidão e reivindicam a liberdade para os negros escravizados. Em todo o país, este capítulo atesta, o teatro tornou-se um aliado importante na luta política que se encerrou com a vitória em 13 de maio de 1888.

■ ■

Deixo aqui registrados os meus agradecimentos aos amigos, colegas e instituições que me ajudaram a escrever a presente obra. Não foi fácil encontrar algumas peças teatrais publicadas no século XIX e nunca republicadas. Contei com a inestimável ajuda de César Braga-Pinto, Elizabeth Ribeiro

Azevedo, Jéssica Cristina dos Santos Jardim, João Maria André, Paulo Pina, Renata Romero Geraldes e Stephanie da Silva Borges. Sou igualmente grato ao CNPq, pela bolsa de produtividade em pesquisa que me concedeu, e aos funcionários que me atenderam nas seguintes bibliotecas: Biblioteca Nacional do Rio de Janeiro, Centro de Documentação e Pesquisa da Funarte, Gabinete Português de Leitura do Rio de Janeiro, Sociedade Brasileira de Autores Teatrais (Sbat), Biblioteca Florestan Fernandes, Biblioteca Brasiliana Guita e José Mindlin, Biblioteca Municipal de São Paulo, Conservatório Dramático e Musical de São Paulo, Biblioteca Jenny Klabin Segall, Biblioteca Central da Pontifícia Universidade Católica do Rio Grande do Sul, Acervo de Memória e Documentação Clemente Mariani (Cachoeira, BA), Gabinete Português de Leitura da Bahia, Biblioteca Pública do Estado de Pernambuco e Gabinete Português de Leitura de Pernambuco. Agradeço especialmente a Giuliana Ragusa de Faria, que acompanhou de perto, com vivo interesse, o trabalho de pesquisa e a redação deste livro.

1
Martins Pena: Registro Histórico e Crítica à Escravidão

Preocupado antes com a reprodução dos costumes dos anos 1830 e 1840, envolvendo preferencialmente as camadas médias e populares do Rio de Janeiro e das cercanias da cidade, a roça, Martins Pena não apresenta em suas comédias um retrato da escravidão que nos dê uma ideia completa de sua real iniquidade. Para isso, teria que escrever dramas ou tragédias em que a violência em cena seria insuportável aos olhos dos espectadores. Mas como no período romântico uma das palavras de ordem era dar à literatura uma desejável "cor local", a escravidão proporciona algumas vezes um pano de fundo às comédias que não é nada desprezível, graças à capacidade de observação e crítica do autor. Se por um lado ele não a condenou vigorosamente, por outro fez denúncias pontuais de certos costumes dos escravocratas e da conivência das autoridades com o tráfico ilícito. Não é pouco, se pensarmos que a escravidão era, na época, uma sólida instituição, aceita pacificamente pela grande maioria da população brasileira.

O ESCRAVO NA ROÇA

Os escravos são postos em cena já na comédia de estreia do autor, *O Juiz de Paz da Roça*, representada pela primeira vez no Rio de Janeiro em 1838. À margem do ralo enredo que nada tem a ver com a escravidão – dois jovens superam os obstáculos postos a sua união, ao mesmo tempo que se mostra o funcionamento precário e cômico da justiça na roça –, o assunto é introduzido já na cena de abertura, quando Maria Rosa se queixa do excesso de trabalho do marido, que tem apenas um escravo, e diz à filha Aninha que "os meias-caras agora estão tão caros! Quando havia Valongo eram mais baratos"[1].

---

[1] M. Pena, *Comédias*, p. 29. As demais citações virão seguidas dos números das páginas em que se encontram no volume citado aqui. Farei o mesmo com outras peças ao longo do livro.

1 MARTINS PENA: REGISTRO HISTÓRICO E CRÍTICA À ESCRAVIDÃO

"Meia-cara" era o africano que devia ser livre, por ter sido introduzido por contrabando no Brasil, após a lei de 7 de novembro de 1831, decretada pela Regência em função de um acordo com a Inglaterra e que impunha o fim do tráfico. Proibido o comércio de negros, a lei garantia liberdade aos que chegassem ao país, prevendo inclusive a repatriação, com despesas pagas pelo contrabandista.

Como se sabe, as disposições dessa "lei para inglês ver" não se cumpriram e o governo começou a fechar os olhos ao tráfico, desistindo da repatriação e destinando os africanos dos navios eventualmente aprisionados ao trabalho compulsório, tanto em instituições públicas quanto em casas de particulares. Num "Aviso" datado de 29 de outubro de 1834, que sofreu alterações em 19 de novembro de 1835, o governo reconheceu que não tinha mais condições de arcar com as despesas do crescente número de africanos livres acomodados na Casa de Correção, no Rio de Janeiro, e regulamentou a chamada "arrematação" dos seus serviços. As pessoas podiam requisitar tais serviços mediante contrato firmado com o governo. Entre as cláusulas desse contrato havia uma que dizia respeito ao "preço anual que oferecem pelos serviços"[2]. Outra cláusula previa que o dinheiro arrecadado seria utilizado "ou para ajudar as despesas da reexportação ou para benefício dos africanos"[3]. Na medida do necessário, o governo determinaria um prazo para a devolução dos africanos e haveria curadores para inspecionar o tratamento que recebiam dos contratantes. Sabe-se, no entanto, que a ideia da repatriação mais uma vez não vingou e que as medidas de proteção aos africanos livres, previstas em lei, foram burladas e a maioria desses homens e mulheres foi, na verdade, escravizada. Em uma de suas "Cartas do Solitário", datada de 5 de novembro de 1861, Aureliano Cândido Tavares Bastos faz uma denúncia vigorosa dos crimes cometidos contra os africanos livres e, a certa altura, observa:

> O código criminal descreveu e puniu em seu art. 179 o crime de reduzir pessoas livres à escravidão. Mas como havia de ser eficaz esta providência da lei, quando se facilitava o cometimento do delito permitindo-se a um senhor de escravos misturar com estes os africanos cujos serviços arrematasse? Ninguém ignora que não são raros os casos em que o africano distribuído tenha deixado de voltar à liberdade.[4]

A personagem de Martins Pena acha que os "meias-caras" estão caros e que a compra de escravos no Valongo era mais vantajosa. Ela se refere ao local em que se fazia o comércio de escravos no Rio de Janeiro: o cais

2   E. Bertin, *Os Meia-Cara*, p. 251.
3   Ibidem, p. 252.
4   *Cartas do Solitário*, p. 73.

do Valongo, que se estendia por uma rua com o mesmo nome. Ali chegavam os navios negreiros e nas redondezas havia lojas de venda de escravos e até mesmo locais em que eles eram colocados e alimentados para engordar após a sofrida travessia do Atlântico. A lei de 7 de novembro de 1831 e as negociações com a Inglaterra levaram o governo regencial a interromper o comércio de carne humana na região central da cidade. Afinal, o tráfico estava proibido e o cais do Valongo não podia mais receber navios negreiros. Claro que o contrabando continuou a trazer africanos para o Brasil, mas o desembarque era feito em locais não policiados ou sob a vista de autoridades coniventes com o tráfico.

No diálogo entre mãe e filha, apesar dos preços altos dos escravos, a mocinha revela que o pai lhe prometeu "comprar uma negrinha" quando recebesse o dinheiro da venda de um mandiocal. Comentando o diálogo entre mãe e filha, Barbara Heliodora observa que Martins Pena não está preocupado em se mostrar favorável ou contrário à escravidão. Ele "pura e simplesmente nos mostra até que ponto era rotineira a dependência do trabalho escravo"[5]. A escravidão, sugere o diálogo, era encarada com naturalidade até mesmo pelas pessoas mais simples. Mãe e filha fazem parte de um universo regido pela mentalidade escravista e estão apenas preocupadas com o pai, que trabalha demais. Para elas, seria bom, e natural, ter mais escravos. O autor registra com objetividade como pensam as personagens e quais são os seus valores. Aos poucos, a escravidão no campo vai ganhando contorno mais definido nos diálogos e rubricas que se seguem. A cena IV é assim indicada:

> *Entra Manuel João com uma enxada no ombro, vestido de calças de ganga azul, com uma das pernas arregaçada, japona de baeta azul e descalço. Acompanha-o um negro com um cesto na cabeça e uma enxada no ombro, vestido de camisa e calça de algodão.*
>
> ANINHA: Abença, meu pai.
> MANUEL JOÃO: Adeus, rapariga. Aonde está tua mãe?
> ANINHA: Está lá dentro preparando a jacuba.
> MANUEL JOÃO: Vai dizer que traga, pois estou com muito calor. (*Aninha sai. M. João, para o negro.*) Olá, Agostinho, leva estas enxadas lá para dentro e vai botar este café no sol. (*O preto sai. Manuel João senta-se.*) Estou que não posso comigo; tenho trabalhado como um burro! [p. 31].

Pelas palavras da rubrica e pelas falas das personagens, podemos observar que Manuel João é um lavrador pobre, que trabalha ao lado do único escravo

[5] B. Heliodora, *Martins Pena, uma Introdução*, p. 30.

que possui. Na cena seguinte, em diálogo com a esposa, ele fala em casar a filha e revela que já há alguém interessado, que virá tratar do assunto "logo que puder abocar três ou quatro meias-caras destes que se dão" [p. 32].

Os espectadores da época sabiam bem do que Martins Pena estava falando. Não era fácil conseguir um "meia-cara". E não é difícil imaginar a corrente de favores e a corrupção na esfera de poder que determinava para quem iam os africanos livres. Daí a expressão "destes que se dão", na fala da personagem, apesar da remuneração prevista em contrato. Em outra comédia, *Os Dois ou o Inglês Maquinista*, Martins Pena deixa mais claro como funcionava o sistema. A personagem Clemência explica a Negreiro, o "negociante de escravos novos", como fez para ganhar um "meia-cara" da Casa da Correção: "Empenhei-me com minha comadre, minha comadre empenhou-se com a mulher do desembargador, a mulher do desembargador pediu ao marido, este pediu a um deputado, o deputado ao ministro e fui servida." [p. 99]

Em seu *Africanos Livres: A Abolição do Tráfico de Escravos no Brasil*, Beatriz G. Mamigonian anota que "a corrupção em torno das concessões de africanos livres foi tema de recorrentes críticas ao governo no Parlamento" [p. 105]. A historiadora esclarece que entre 1834 e 1838, a grande maioria dos africanos apreendidos nos navios negreiros foi distribuída a particulares, não às instituições públicas, o que facilitava a prevaricação.

Voltemos a *O Juiz de Paz da Roça*. Podemos imaginar que não seria fácil para o pretendente de Aninha conseguir os três meias-caras, condição para pedir a mão da mocinha em casamento. E, caso fosse bem-sucedido, o tratamento que dispensaria aos africanos livres seria o mesmo que era dispensado aos escravos, a despeito da ilegalidade e do desrespeito a uma lei instituída. Embora não haja nenhuma cena de violência física na comédia, há uma passagem em que a pobreza da casa fica evidente, prejudicando a alimentação do escravo. A família se reúne para o jantar, que terá feijão, laranjas e a última porção de carne seca. Manuel João pergunta à filha: "Não há carne seca para o negro?" Diante da resposta negativa, acrescenta: "Pois coma laranjas com farinha, que não é melhor do que eu." [p. 32] Na sequência, vê-se que a carne "está dura como um couro" e que as laranjas estão azedas. Não é fácil a vida do pobre. Mas pior é a do escravo.

Além de lavrador sem posses, Manuel João é membro da guarda nacional. Quando requisitado, veste sua farda e cumpre os serviços que lhe são destinados. Como o juiz de paz o intima para levar um recruta à cidade, não só ele se queixa, mas também Maria Rosa, a esposa: "Manuel João está todos os dias vestindo a farda. Ora para levar presos, ora para dar nos quilombos... É um nunca acabar." [p. 33].

Observador dos costumes e dos fatos à sua volta, Martins Pena indica o que acontecia com alguma frequência: a fuga de escravos que formavam ou se refugiavam em quilombos já organizados. Cabia à polícia a repressão aos quilombos, mas não era incomum que a guarda nacional a auxiliasse nessa tarefa.

Depois de Agostinho, um segundo escravo entra em cena na comédia. O juiz de paz se prepara para a audiência e, enquanto arruma os papéis, "entra um preto com um cacho de bananas e uma carta". O juiz a lê em voz alta – há uma involuntária comicidade nos termos da carta assinada por Manuel André de Sapiruruca – e se dirige ao escravo: "Ó pai, leva estas bananas para dentro e entrega à senhora. Toma lá um vintém para teu tabaco (*Sai o negro.*)" [p. 35].

Observe-se que os dois escravos que aparecem na comédia não têm voz e apenas um é chamado pelo nome, Agostinho. O segundo recebe o tratamento dado aos escravos mais velhos: pai, paizinho. Ambos ouvem as ordens e nem mesmo esboçam um monossílabo como resposta. Suas presenças, no entanto, são importantes para caracterizar o regime escravista do país. Em outra passagem, aliás, uma regra da escravidão é mencionada para dirimir uma dúvida quanto à propriedade de um potro, requisitada por dois homens. A fala da personagem é evidentemente cômica, com frases de duplo sentido, mas em seu substrato está um dispositivo cruel: os filhos das escravas são propriedade de seus senhores, que podem dispor deles como bem entender. Ei-la:

> ESCRIVÃO (*lendo*): Diz Francisco Antônio, natural de Portugal, porém brasileiro, que tendo ele casado com Rosa de Jesus, trouxe esta por dote uma égua. "Ora, acontecendo ter a égua de minha mulher um filho, o meu vizinho José da Silva diz que é dele, só porque o dito filho da égua de minha mulher saiu malhado como o seu cavalo. Ora, como os filhos pertencem às mães, e a prova disto é que a minha escrava Maria tem um filho que é meu, peço a V. Sa. mande o dito meu vizinho entregar-me o filho da égua que é de minha mulher". [p. 38]

Não é preciso dizer que o juiz dá ganho de causa a Francisco Antônio, pois o espírito da lei é claro. Mas a comicidade do texto não esconde o que talvez possamos considerar uma visão crítica de Martins Pena em relação à escravidão, quando faz um personagem basear o seu argumento numa equivalência entre o escravo e o animal. Além disso, ele registra outro costume perverso dos proprietários de escravos: ter filhos com escravas.

Também à margem do enredo – centrado na esperteza de um jovem casal de namorados que engana os pais da mocinha para desfazer um casamento arranjado para ela –, a segunda comédia de Martins Pena encenada no Rio de Janeiro, em 1840, *A Família e a Festa da Roça*, põe em cena a escravidão

1 MARTINS PENA: REGISTRO HISTÓRICO E CRÍTICA À ESCRAVIDÃO

com rápidas pinceladas, suficientes para dar uma ideia de fatos corriqueiros envolvendo os escravos no seu dia a dia[6]. Se não chega a ser um quadro completo, percebe-se ao menos o funcionamento de uma fazenda dependente da mão de obra escrava. Há, como na comédia anterior, uma referência ao preço alto dos "meias-caras" logo na primeira cena. Mas Domingos João não é um simples lavrador. Tem mais terras, arrenda uma parte delas para foreiros, planta cana-de-açúcar e café, não anda descalço e não o vemos dividir o trabalho com os escravos. É um fazendeiro, como escreve o autor na lista de personagens da comédia. Quando a ação se inicia, seu plano é casar a filha Quitéria com Antônio do Pau d'Alho, que tem "um sítio com seis escravos e é muito trabalhador". No mesmo diálogo com a mulher, ao ouvi-la reclamar que o "demoninho do moleque" quebrou os ovos de duas galinhas que pusera para chocar, ele retruca: "Pois dê-lhe uma surra, entende a senhora?" E ela responde "Isso eu já fiz." [p. 72] E vão conversando sem voltar ao assunto. Na cena seguinte, Domingos João quer saber se Quitéria está cumprindo suas obrigações e lhe pergunta: "A negra que está doente já tomou o purgante?" [p. 73] Entra o filho Inacinho para prestar contas da plantação de cana e da colheita de café, mas o que marcou a jornada foi que uma cobra picou a escrava Maria. Felizmente não era das mais venenosas, o rapaz esclarece, e ela está fora de perigo, descansando na senzala.

Nenhum escravo aparece em cena no início da comédia, mas já sabemos que estamos diante de um universo regido pela escravidão. Os escravos ficam nos bastidores e é de lá que ouvimos a voz de um deles, José, quando Inacinho "chega à porta e grita fortemente para dentro", mandando-o colocar dez burros na estrebaria. O escravo diz apenas "Senhor?" e "Sim, senhor." [p. 74] A surra no moleque – que tem de cinco a seis anos, saberemos mais à frente –, a negra doente, a escrava picada pela cobra, o modo de Inacinho se dirigir a José, tudo faz parte da paisagem que se quer pintar, com cores nada positivas acerca da ordem escravista, ainda que nenhuma fala de personagem explicite a crítica que se entrevê nesses fatos todos. Martins Pena não coloca personagens *raisonneurs*[7] em cena para exprimir seus pontos

---

[6] É possível que depois de escrever *O Juiz de Paz da Roça*, Martins Pena tenha escrito *Um Sertanejo na Corte*. Mas essa comédia não foi impressa nem representada, e dela só restaram algumas cenas iniciais, que podemos ler no volume de comédias do autor organizado por Darcy Damasceno. Um "mulato escravo" aparece na segunda cena, acompanhado do mineiro Tobias, ambos chegando de exaustiva viagem. A rubrica informa que o escravo conduzia dois burros e entrava em cena "vestido de camisa e ceroulas de algodão de Minas, muito sujo de barro vermelho, e chapéu branco de abas largas". Ele sai em seguida para levar os burros e nada mais sabemos dele.

[7] *Raisonneur*: palavra francesa que designa um tipo de personagem que representa, no interior de uma peça, o ponto de vista do autor sobre um determinado assunto ▶

de vista. Daí a necessidade de uma leitura atenta de suas comédias para se perceber como via a escravidão. Se não a condena com vigor, não deixa de pôr o dedo na ferida e passa para o espectador ou leitor a tarefa de ver mais longe, de compreender o que está adiante do que a comédia apenas aponta.

Dos escravos mencionados por Domingos João, sua esposa e Inacinho, somente o moleque entra em cena, provavelmente para documentar o costume das famílias de manter dentro de casa as crianças escravas, como se vê em gravuras de Debret[8]. Os adultos estão conversando – Antônio do Pau-d'Alho relata as coisas incríveis que viu na corte – e o menino de cinco ou seis anos, "vestido com uma camisola de baeta azul, que lhe chega até os pés", se aproxima devagar e fica atrás deles ouvindo o que falam. Eis a sequência:

> DOMINGOS JOÃO (*olha para trás, vê o moleque e grita*): Salta pra dentro, brejeiro! (*O moleque sai correndo.*) Estes moleques acostumam-se com os brancos e depois ficam desavergonhados! Ora diga-me Sr. Antônio, como vão os meias-caras?
> ANTÔNIO: Iiiiih! Iiiih! Que bulha, que bulha!
> DOMINGOS JOÃO: Então, por quê?
> ANTÔNIO: Hum! [p. 81]

Provavelmente Domingos João estava acostumado a gritar com o menino, cujo lugar devia ser o interior da casa, não a sala. Mas o que é interessante observar é que a presença do pequeno escravo o fez lembrar que pretendia "comprar" alguns "meias-caras", como revelou em seu monólogo na primeira cena, conforme já mencionado. Antônio é pego de surpresa com a pergunta que lhe é feita e não sabe o que responder. Suas interjeições e a palavra "bulha" sugerem que há grande confusão em relação aos "meias-caras" e que não vai ser uma empreitada fácil para Domingos João. A plateia de 1840, ciente do clientelismo que regia a "arrematação" dos serviços dos africanos livres, sabia como interpretar a reação de Antônio.

▷ ou, de maneira mais abrangente, o ponto de vista da sociedade. De um modo geral, é uma personagem que acompanha o destino do protagonista – ou mesmo de uma personagem secundária – para comentar suas escolhas e atitudes, terminando sempre por emitir algum tipo de comentário edificante ou críticas de fundo moralizador. J. Guinsburg; J.R. Faria; M.A. de Lima (coords.), *Dicionário do Teatro Brasileiro*, p. 292.

8 Dois exemplos: em uma gravura vê-se um casal sentado à mesa, comendo, e duas crianças negras nuas ganhando alguma comida; em outra, uma mulher e uma mocinha estão costurando, rodeadas por escravas e duas crianças sentadas no chão, uma delas nua.

1 MARTINS PENA: REGISTRO HISTÓRICO E CRÍTICA À ESCRAVIDÃO

A encenação de *A Família e a Festa da Roça* mereceu um longo comentário no *Jornal do Comércio* de 5 de setembro de 1840. O folhetinista anônimo fez elogios e restrições à comédia, reservando um parágrafo para comentar a representação da escravidão em cena. Curiosamente, considerou que o quadro de costumes feito por Martins Pena seria mais verdadeiro se houvesse mais escravos nos momentos em que Quitéria finge estar doente para enganar os pais. Também estranhou que Domingos João tivesse expulso o moleque da sala, o que a seu ver contrariava um costume roceiro:

> Se foi jocosa a entrada do moleque, posto mal caracterizado por vir de calças, não deixou de ser estranhável a corrida que lhe deram, e o não aparecimento de imensa negraria, quando Quitéria teve seus faniquitos. Na cidade, sim, corre-se com as crias para não escutarem o que se diz; mas na roça! Não é possível. O moleque é um ente necessário, indispensável, que se acha em casa do fazendeiro em todos os cantos; é como o ar que se encontra em toda a parte, como o sol que tudo vê e tudo observa. O moleque, oh! como passar sem ele na roça? Não se pede um copo d'água, não se move uma cadeira, não se dá um espirro, que se não veja o moleque ao lado.

Perceba-se que o folhetinista, imerso na sociedade escravista, não viu na comédia nenhuma crítica à escravidão, considerando-a como parte legítima da vida brasileira de seu tempo, desejando até que fosse mais verdadeiramente retratada. Daí a ausência de comentários sobre os fatos narrados nas cenas iniciais: a surra no moleque, a doença de uma escrava e os riscos do trabalho no campo.

Ao mesmo tempo que o pano de fundo da escravidão se constrói, o enredo cômico dá conta de mostrar como Juca e Vitória, jovens namorados, enganam os mais velhos e ficam comprometidos com o casamento. A comédia poderia terminar ao final do primeiro quadro. Mas há um segundo, que é o da festa na roça, a festa do Espírito Santo. Martins Pena arremata o retrato dos costumes, sem deixar de incluir escravos que acompanham as famílias que chegam. O carro de boi de Domingos João, por exemplo, é conduzido por "um negro em ceroulas e camisa de algodão". Juca desce do cavalo e o entrega a um moleque. O capitão-mor está preocupado: "Se o diabo do negro deixou fugir os cavalos do cercado…"

O Juiz de Paz da Roça e *A Família e a Festa da Roça* se completam como comédias curtas de espírito farsesco, mais preocupadas em provocar o riso no espectador do que em fazê-lo pensar sobre questões políticas e sociais. Mas o desejo de ligar os enredos à paisagem brasileira fez com que Martins Pena tocasse no grande problema da escravidão, trazendo à cena, ainda que indiretamente, por meio dos diálogos e alusões, o duro trabalho no campo.

O ESCRAVO NA CIDADE

Em sua terceira comédia, *Os Dois ou o Inglês Maquinista*, representada em 1845, o autor intensifica as críticas à escravidão, embora, mais uma vez, o enredo cômico se sobreponha às questões políticas e sociais debatidas em cena. A ação se passa no Rio de Janeiro em 1842 e envolve uma personagem que é negociante de escravos, Negreiro, e um inglês charlatão, Gainer, ambos disputando os favores – e o dote – de Mariquinha, que gosta do primo Felício.

A escravidão entra pela porta da frente logo na primeira cena. A menina Júlia ouve o "preto dos manuês" anunciar seu produto na rua e o chama. Enquanto ela compra os doces, escolhendo-os no tabuleiro que o provável "negro de ganho"[9] lhe apresenta, inicia-se um diálogo entre Clemência – mãe de Mariquinha e Júlia –, Felício e Negreiro, que introduz na comédia a questão do tráfico e dos africanos livres. Não devia ser incomum nos lares brasileiros da época a seguinte conversa entre eles:

> FELÍCIO: Sr. Negreiro, a quem pertence o brigue Veloz Espadarte, aprisionado ontem junto quase da fortaleza de Santa Cruz pelo cruzeiro inglês, por ter a seu bordo trezentos africanos?
>
> NEGREIRO: A um pobre diabo que está quase maluco... Mas é bem feito, para não ser tolo. Quem é que neste tempo manda entrar pela barra um navio com semelhante carregação? Só um pedaço de asno. Há por aí além uma costa tão longa e algumas autoridades tão condescendentes!...
>
> FELÍCIO: Condescendentes porque se esquecem de seu dever!
>
> NEGREIRO: Dever? Perdoe que lhe diga: ainda está muito moço... Ora, suponha que chega um navio carregado de africanos e deriva em uma dessas praias, e que o capitão vai dar disso parte ao juiz do lugar. O que há de este fazer, se for homem cordato e de juízo? Responder do modo seguinte: Sim senhor, senhor Capitão, pode contar com a minha proteção, contanto que V. Sa.... Não sei se me entende? Suponha agora que este juiz é um homem esturrado, destes que não sabem aonde têm a cara e vivem no mundo por ver os outros viverem, e que, ouvindo o capitão,

---

[9] O negro de ganho era uma fonte de renda para os senhores de escravos, que os colocavam para fazer todo tipo de trabalho na esfera urbana. Podiam ser alugados como carregadores ou podiam ser vendedores ambulantes, como relata uma historiadora: "Uma das mais importantes operações dos ambulantes era a venda de todos os tipos de alimentos, frescos ou preparados. Frutas e verduras, aves e ovos, carne de gado e peixe, pastéis e doces eram carregados pelas ruas ou vendidos em pequenos mercados." (M. Karasch, *A Vida dos Escravos no Rio de Janeiro 1808-1850*, p. 285). Ver também "Os Escravos de Ganho no Rio de Janeiro do Século XIX", de Luiz Carlos Soares, *Revista Brasileira de História*, v. 8, n. 16, p. 107-142.

> responda-lhe com quatro pedras na mão: Não senhor, não consinto! Isto é uma infame infração da lei e o senhor insulta-me fazendo semelhante proposta! – E que depois deste aranzel de asneiras pegue na pena e oficie ao Governo. O que lhe acontece? Responda.
> FELÍCIO: Acontece o ficar na conta de íntegro juiz e homem de bem.
> NEGREIRO: Engana-se; fica na conta de pobre, que é menos que pouca cousa. E no entanto vão os negrinhos para um depósito, a fim de serem ao depois distribuídos por aqueles de quem mais se depende, os que têm maiores empenhos. [p. 98]

Lembremos que a ação da comédia se passa em 1842. A lei de 7 de novembro de 1831 está em pleno vigor e o tráfico é proibido. Mas, como se lê no diálogo, o tráfico continua, graças às praias longínquas e às autoridades condescendentes. Martins Pena registra o fato corriqueiro, porém é de se crer que nas palavras de Felício esteja também o seu ponto de vista sobre questão tão presente na vida brasileira. Negreiro, por sua vez, acaba confirmando o que já sabemos sobre os africanos livres: sua distribuição era feita com base em favores e corrupção. Barbara Heliodora, analisando o diálogo acima transcrito, observa que é surpreendente que num país sem tradição dramática "Martins Pena saiba usar tão bem o recurso sutil de denunciar o tráfico de escravos por meio de sua apologia"[10].

O diálogo continua e Clemência diz a Negreiro que recebeu um "meia-cara" da Casa da Correção. É nesse momento que revela, com palavras já transcritas alguns passos atrás, que seu pedido foi atendido porque chegou a um ministro, depois de ter passado por um deputado, um desembargador, a mulher do desembargador e sua comadre.

A visão crítica de Martins Pena vai além, quando escancara a mentalidade escravista da personagem Clemência e dos brasileiros dispostos a tudo para se beneficiar com a exploração dos africanos livres. Ao comentário de Negreiro que, rindo, chama de "transação" o modo como adquiriu o "meia-cara", ela responde:

> CLEMÊNCIA: Seja lá o que for; agora que tenho em casa, ninguém mo arrancará. Morrendo algum outro escravo, digo que foi ele.
> FELÍCIO: E minha tia precisava deste escravo, tendo já tantos?
> CLEMÊNCIA: Tantos? Quanto mais, melhor. Ainda eu tomei um só. E os que tomam aos vinte e aos trinta? Deixa-te disso, rapaz. [p. 99]

---

10   B. Heliodora, op. cit., p. 48.

O que Clemência esclarece não é apenas o assalto à Casa da Correção para se apropriar do maior número possível de africanos livres, mas uma das maneiras mais comuns de torná-los escravos. Martins Pena denuncia na fala da personagem uma prática – melhor seria dizer um crime – que se tornou corriqueira, como se lê no livro *A Escravidão no Brasil*, de Perdigão Malheiros, publicado em 1867. Ele mesmo foi Curador de africanos livres e testemunhou que os arrematantes não tinham pudor em comunicar ao governo a morte de um deles, quando na verdade era um escravo que tinha morrido. E pior: escravizado o africano livre, seu filho ficava na mesma condição. Perdigão Malheiros descreveu com dolorida verdade o destino reservado a essa "mísera gente", tanto no campo quanto na cidade:

> De raça negra como os outros, eram igualados em razão da cor; porém, não sendo escravos, eram menos bem tratados do que estes, ou quando muito do mesmo modo. Serviço e trabalho dia e noite; castigos; falta até do necessário, ou escassez de alimentação e vestuário; dormiam pelo chão, em lugares impróprios, expostos às enfermidades; a educação era letra morta. Os filhos eram lançados à roda dos enjeitados a fim de alugarem as mães para amas de leite.[11]

Se esse era o quadro real, Martins Pena ao menos apontou as causas de sua origem: o tráfico ilegal, a escravização dos africanos livres e a mentalidade escravista de seus contemporâneos. Segundo Beatriz G. Mamigonian, apenas a partir de 1844 – lembremos que a ação da comédia se passa em 1842 – os administradores das instituições públicas começaram a seguir as regras definidas no Aviso de 25 de junho de 1839, segundo as quais "os curadores, ao proceder ao exame dos cadáveres, deviam confrontá-los com a descrição física e as marcas contidas nas cartas de emancipação, e remetê-las à Secretaria de Justiça com registro da data da morte e tabelas mensais quantificando os africanos livres falecidos"[12]. Não é crível que as fraudes não tenham tido continuidade.

Clemência ainda protagoniza outra cena que reforça as características que lhe atribuiu o autor. Ela recebe a visita de uma família que não é nada diferente da sua, como sugere a rubrica: "Entram Eufrásia, Cecília, João do Amaral, um menino de dez anos, uma negra com uma criança no colo e um moleque vestido de calça e jaqueta e chapéu de oleado." Mariquinha e Clemência fazem festas ao pequeno escravo – "Psiu, psiu, negrinho! Como é galante" – numa cena movimentada com muitas personagens na sala da casa. Não falta o elemento cômico, quando Mariquinha pega a criança no colo e logo diz: "Mijou-me

---

11   P. Malheiros, *A Escravidão no Brasil*, t. II, p. 70-71.
12   B.G. Mamigonian, op. cit., p. 105.

1 MARTINS PENA: REGISTRO HISTÓRICO E CRÍTICA À ESCRAVIDÃO

toda." Mas o mais importante vem na sequência. As mulheres estão conversando e vendo os vestidos novos que Clemência comprou e ouvem barulho que vem da cozinha. Ela havia dito a Eufrásia que não fazia todos os vestidos com as costureiras francesas, só os de seda. E continua:

> CLEMÊNCIA: Não vale a pena mandar fazer vestidos de chita pelas francesas; pedem sempre tanto dinheiro! (*Esta cena deve ser toda muito viva. Ouve-se dentro bulha como de louça que se quebra.*) O que é isto lá dentro? (*Voz, dentro:* "Não é nada, não senhora.") Nada? O que é que se quebrou lá dentro? Negras! (*A voz, dentro:* "Foi o cachorro.") Estas minhas negras!... Com licença. (*Clemência sai.*)
> EUFRÁSIA: É tão descuidada esta nossa gente!
> JOÃO DO AMARAL: É preciso ter paciência. (*Ouve-se dentro bulha como de bofetadas e chicotadas.*) Aquela pagou caro...
> EUFRÁSIA (*gritando*): Comadre, não se aflija.
> JOÃO: Se assim não fizer, nada tem.
> EUFRÁSIA: Basta, comadre, perdoe por esta. (*Cessam as chicotadas.*) Estes nossos escravos fazem-nos criar cabelos brancos. (*Entra Clemência arranjando o lenço do pescoço e muito esfoguedeada.*)
> CLEMÊNCIA: Os senhores desculpem, mas não se pode... (*Assenta-se e toma respiração.*) Ora veja só! Foram aquelas desavergonhadas deixar mesmo na beira da mesa a salva com os copos pra o cachorro dar com tudo no chão! Mas pagou-me!
> EUFRÁSIA: Lá por casa é a mesma cousa. Ainda ontem a pamonha da minha Joana quebrou duas xícaras.
> CLEMÊNCIA: Fazem-me perder a paciência. Ao menos as suas não são tão mandrionas.
> EUFRÁSIA: Não são? Xi! Se eu lhe contar não há de crer. Ontem, todo o santo dia a Mônica levou a ensaboar quatro camisas do João.
> CLEMÊNCIA: É porque não as esfrega.
> EUFRÁSIA: É o que a comadre pensa.
> CLEMÊNCIA: Eu não gosto de dar pancadas. Porém, deixemo-nos disso agora. A comadre ainda não viu o meu africano? [p. 104]

E saem todos para ver o "meia-cara" de Clemência. O que dizer dessa cena? Ela mostra duas famílias de posses, que têm muitos escravos, como devia ser comum na época. Mas o quadro da escravidão só fica completo quando se vê o tratamento que era dado aos escravos. Ao ouvir o barulho de louça quebrada, o desprezo de Clemência pelas escravas da cozinha se exprime com uma única exclamação: "Negras!" Ela diz, ao final do diálogo, que não gosta de dar pancadas. O barulho das chicotadas a desmente, bem como o fato de voltar sem fôlego dos bastidores, de tanto que bateu nas escravas. Louve-se a ironia de Martins Pena dando-lhe o nome de Clemência. Os comentários de João do Amaral e Eufrásia mostram que têm o mesmo desprezo pelos escravos e ele chega a justificar a violência física, com o argumento de que o castigo evita que se repita o que aconteceu na cozinha de Clemência. Com essa cena, Martins Pena ratifica o que todos os seus espectadores já sabiam: a violência física contra o escravo era habitual e rotineira. Há aí claramente uma crítica à escravidão e não apenas um registro dos costumes da época.

Enquanto o enredo da comédia evolui – Felício consegue colocar Negreiro e Gainer um contra o outro na disputa por Mariquinha e seu dote –, mais uma cena contribui para a representação da escravidão. Negreiro entra, "acompanhado de um preto de ganho com um cesto à cabeça", e dá-se o seguinte diálogo:

> NEGREIRO: Boas noites.
> CLEMÊNCIA: Oh, pois voltou? O que traz com este preto?
> NEGREIRO: Um presente que lhe ofereço.
> CLEMÊNCIA: Vejamos o que é.
> NEGREIRO: Uma insignificância... Arreia, pai! (*Negreiro ajuda ao preto a botar o cesto no chão. Clemência e Mariquinha chegam-se para junto do cesto, de modo porém que este fica à vista dos espectadores.*)
> CLEMÊNCIA: Descubra. (*Negreiro descobre o cesto e dele levanta-se um moleque de tanga e carapuça encarnada, o qual fica em pé dentro do cesto.*) Ó gentes!
> MARIQUINHA (*ao mesmo tempo*): Oh!
> FELÍCIO (*ao mesmo tempo*): Um meia-cara! [p. 112]

Negreiro, contrabandista experiente, esclarece que trouxe o menino num cesto coberto para driblar a fiscalização. Clemência apoia a contravenção e o leva para dentro depois de examiná-lo, ver que está gordinho e que tem bons dentes. Comporta-se, pois, como alguém que vê na escravidão apenas a oportunidade dos lucros, mesmo que sejam ilícitos. Em seguida, Negreiro paga o negro de ganho, que acha pouco o que recebe. Diante da reclamação de que a carga era pesada, Negreiro o ameaça e o empurra para fora, sem demonstrar qualquer respeito pelo trabalho do escravo.

Em rápidas pinceladas, Martins Pena desenha o cotidiano da sociedade escravista. A corrupção que garante o contrabando dos africanos livres é referida ainda uma vez, quando Negreiro, sabendo por Felício que Gainer ameaça denunciá-lo ao juiz de paz e ao comandante do brigue inglês Wizart, explode: "Quê? Denunciar-me, aquele patife? Velhaco-mor! Denunciar-me? Oh, não que eu me importe com a denúncia ao juiz de paz; com este eu cá me entendo; mas é patifaria, desaforo!" [p. 113]

É evidente que o conflito entre Negreiro e Gainer espelha o conflito entre Brasil e Inglaterra, em torno da questão do tráfico. As autoridades brasileiras, como se sabe, eram coniventes com o contrabando e podiam ser corrompidas, mas não os ingleses, empenhados em acabar com o tráfico desde o início do século XIX. Não esqueçamos que em 1845, dada a leniência do governo brasileiro, o Parlamento britânico aprovou o Bill Aberdeen, autorizando a marinha inglesa a aprisionar navios brasileiros a serviço do tráfico em todo o Atlântico e até mesmo em nosso litoral. O Bill Aberdeen, além de ter sido uma afronta à soberania nacional, não impediu que o tráfico continuasse, até porque sua repressão não contou com a boa vontade das autoridades brasileiras, que não queriam parecer submissas a uma imposição estrangeira. Apenas em 1850, com a lei de 4 de setembro, elaborada a partir de um projeto de Eusébio de Queirós, a repressão ao tráfico se torna eficaz e o país se livra definitivamente desse comércio desumano[13].

Os Dois ou o Inglês Maquinista foi aprovada pelo Conservatório Dramático, mas os pareceres se perderam. As críticas ao tráfico incomodaram as autoridades, como se percebe pela reação do deputado Dias da Mota, que tentou, sem sucesso, adiar a renovação das loterias para o Teatro São Pedro de Alcântara, no qual a comédia de Martins Pena fora representada. Na sessão de 6 de agosto de 1845, da Câmara dos Deputados, ele argumentou que a diretoria do São Pedro, além de desprezar os artistas brasileiros, não cumpria o trato com o governo, de sustentar uma companhia dramática e uma de canto ou baile, preocupada apenas com os lucros e desinteressada de fazer avançar o teatro entre nós. Lamentava que o subsídio servisse para que fossem apresentadas "peças ridículas, como uma que ainda há poucos dias se representou no Teatro de São Pedro, e para maior lástima, perante a família imperial"[14]. Um mês depois, na sessão de 5 de setembro, o deputado França Leite, defendendo-se de um artigo publicado em *O Mercantil*, no qual é referido como crítico da administração do Teatro São Pedro, esclarece que a peça à qual se referia Dias da Mota era "uma peça dramática em que aparece em cena um contrabandista de africanos trazendo um debaixo de um cesto"[15]. Ao contrário de Dias da Mota, não a considera ridícula, nem estranha que tenha sido representada, como outras do mesmo teor. O que é

---

13   Para informações detalhadas sobre o tráfico de escravos, recomendo a leitura de *A Abolição do Tráfico de Escravos no Brasil*, de Leslie Bethell.
14   *Jornal do Comércio*, 8 de agosto de 1845, p. 2.
15   Idem, 8 de setembro de 1845, p. 2.

estranho, acrescenta, é que o povo vá vê-las no teatro e as aplauda, deixando com isso, "de acompanhar com este aplauso [o] ódio a tais contrabandistas que em tão difícil posição nos hão posto, que tanto mal fazem ao país, e que talvez por causa deles não corram muitos meses sem que o país se veja em duros e difíceis embaraços"[16].

As palavras de França Leite carregavam uma crítica velada ao presidente da diretoria do Teatro São Pedro na ocasião, José Bernardino de Sá, "considerado o maior traficante negreiro do Rio de Janeiro no segundo quartel do século XIX"[17]. Martins Pena devia ter conhecimento disso, mas mesmo assim abordou a questão do tráfico com um detalhe notável. No diálogo entre Negreiro e Felício, transcrito alguns passos atrás, o segundo quer saber do primeiro "a quem pertence o brigue Veloz Espadarte", aprisionado pelos ingleses com trezentos africanos a bordo. Explica Luiz Costa-Lima Neto que havia, no Rio de Janeiro, "dois navios denominados Espadarte e Veloz. O primeiro era utilizado por ninguém menos que o português José Bernardino de Sá, o já mencionado presidente da diretoria do Teatro de São Pedro de Alcântara"[18]. Não foi por acaso, conclui o estudioso, que a temporada de *Os Dois ou o Inglês Maquinista* foi suspensa quando ainda atraía público ao teatro; afinal, criticava o tráfico de africanos do qual era beneficiário o traficante José Bernardino de Sá.

Nas comédias que escreveu em seguida – exceto em *Os Ciúmes de um Pedestre* e *O Cigano* –, Martins Pena faz menos referências à escravidão e quase não há escravos em cena. Em *O Judas em Sábado de Aleluia*, dois "moleques", juntos com quatro meninos brancos, ajudam a confeccionar o boneco do Judas na abertura da comédia. Mais à frente, quando chega a hora da malhação do Judas, entram de novo em cena para pegar o boneco. Em *O Diletante*, um "pajem pardo" entra em cena três vezes, apenas para entregar uma partitura e duas cartas ao protagonista. Em *Os Três Médicos*, há um pajem que entrega uma carta e dois negros que ficam em cena, mudos, carregando dois barris de água e obedecendo às ordens do Dr. Aquoso. Na cena V de *O Namorador ou a Noite de S. João*, o feitor Manuel dirige-se a quatro negros que entram carregando lenha, cana e um cesto: "Paizinhos, vão acabar de fazer a fogueira." Mais à frente: "Anda, paizinhos, acabem essa fogueira e vão arrumar o capim na carroça para ir para a cidade." Os escravos

16   Ibidem.
17   L. Costa-Lima Neto, *Entre o Lundu, a Ária e a Aleluia*, p. 46. O autor discorre sobre a discussão na Câmara dos Deputados entre Dias da Mota e França Leite, analisa a questão do tráfico em *Os Dois ou o Inglês Maquinista* e dá detalhes sobre a vida do traficante José Bernardino de Sá.
18   Ibidem, p. 51.

nada falam em cena. E Manuel se queixa deles com a esposa: "Todo o dia com a enxada na mão, e ainda em cima ter olhos nos paizinhos, que são piores que o diabo." [p. 273] Nenhuma atitude dos escravos na comédia justifica tais palavras. Eles apenas obedecem às ordens, no papel de figurantes que não participam da trama. Em *O Noviço* não há como saber com certeza se o criado José é escravo ou não de Florência; sua participação é mínima. O mesmo se pode dizer do criado de *As Casadas Solteiras*, que entra apenas para entregar uma carta e trazer uma bandeja com dois copos.

Vale destacar nesse conjunto, que divertiu a plateia fluminense em 1844 e 1845, a comédia *As Desgraças de uma Criança*, encenada em 1846, na qual há uma nota mais interessante. A personagem Rita tem uma mucama, que não aparece em cena. Mas seu filhinho é amamentado por uma ama branca. O racismo aparece sugerido nas palavras de Abel, pai de Rita, para Madalena: "Minha filha alugou-te para criares o seu filho, porque sempre embirrou com amas negras, mas aqui te conservarás enquanto eu quiser." [p. 536] Interessado em Madalena, Abel avança sobre ela, que coloca o berço entre ambos para se defender. Nesse momento, Rita entra e o que se segue revela, ainda que pelo ângulo da comicidade, uma forma de tratamento carinhoso dos bebês brancos, que se tornam "negrinhos", "mulequinhos":

>   RITA (*entrando*): Estou pronta.
>   MADALENA (*para Abel*): Não lhe disse?
>   ABEL: Oh, diabo! (*Para disfarçar, principia a fazer festa à criança que está no berço.*) Psiu, psiu, negrinho! Olha vovô, cachorrinho! Psiu, psiu, galantinho! Bi, bi. Bi! Ni, ni, ni! (*Madalena ri-se à parte.*)
>   RITA (*encaminhando-se para o berço*): Lulu está acordado?
>   ABEL (*no mesmo*): Olha vovô, mulequinho! Olha, bonito! Bi, bi, bi! [p. 536]

Rita repreende o pai, que faz festas para o bebê que está dormindo, enquanto Madalena ri do velho namorador ridículo.

Também de 1846 é a comédia *O Jogo de Prendas*, que não foi nem representada nem publicada, e da qual só conhecemos quatro cenas. Em uma delas, Pulquéria trata mal a escrava Maria, fazendo-nos lembrar, com suas palavras, da personagem Clemência, de *Os Dois ou o Inglês Maquinista*. Estão arrumando a sala e Pulquéria reclama do pó em cima da mesa: "Anda cá, desazada, apanha este meu lenço. Tu não viste esta mesa coberta de pó? Peste... Vai para dentro aprontar a bandeja do chá; e vê lá se as xícaras e colheres vêm fedendo a barata, que caro te sairá. (*Maria sai.*) Não se pode lidar com essa gente, é um inferno." [p. 599] A mentalidade escravista se manifesta claramente na ameaça de castigo físico que fica implícita na fala de Pulquéria.

Em outra cena, vemos um moleque entrar e, depois de entregar uma carta ao jovem Eduardo, atazaná-lo para que lhe dê um vintém. Tudo indica que nessa comédia Martins Pena tenha dado o mesmo tratamento à escravidão, ou seja, colocando-a em segundo plano.

Ao contrário das comédias arroladas acima, em que a presença da escravidão tem pouca importância, em *O Cigano*, representada em 1845, Martins Pena faz a denúncia de dois problemas que envolviam escravos como vítimas da desonestidade e ganância dos brancos: o envolvimento dos negros de ganho nos furtos dos produtos que carregavam pelas ruas da cidade e o sequestro de escravos que eram enganados com promessas de liberdade e vendidos para fora do Rio de Janeiro.

A comédia *O Cigano* tem o enredo cômico calcado nas confusões provocadas pelas três filhas de Simão, o cigano do título, que numa mesma noite recebem ocultamente seus namorados, sem que cada casal saiba dos outros dois. Cenas no escuro garantem os quiproquós entre essas personagens, que se escondem onde conseguem, pois ao mesmo tempo, no mesmo espaço, atuam os três vilões da comédia. O que nos interessa é o que dizem e fazem esses vilões. Assim, já na quarta cena entra Tomé, o dono de uma venda, acompanhado de um escravo que traz uma grande caixa na cabeça. Na sequência, dá-se então o seguinte diálogo:

> CIGANO: O que contém?
> TOMÉ: Roupa de uso. (*Abrindo a caixa e mostrando.*) Casaca, calças, colete etc. O dono disto tudo ia passar a festa na Ilha do Governador; chamou um negro de ganho para conduzir a sua carga. Este furtou-lhe ao voltar [uma esquina] e trouxe-me tudo à venda. Dei-lhe um copo de cachaça.
> CIGANO: É preciso cuidado. Esses negros podem um dia denunciar-nos.
> TOMÉ: Qual, não penses nisto; a cachaça fecha-lhes a boca. Tenho cá a minha companhia muito bem organizada. Todos os dias pela manhã vão lá à minha venda doze negros de ganho e eu dou a cada um deles um copinho da branca e lhes digo: "Meus filhos, quando te chamarem para carregar alguma carga, logra a pessoa que te acompanhar ao voltar alguma esquina e traze tudo à venda, que te darei outro copinho e alguns cobres em cima." Se bem o digo, melhor o fazem eles. Os diabos dos negros têm uma inteligência para o roubo que é coisa nunca vista! Hoje é o terceiro que recebo. Excelente negócio! [p. 346-347]

A venda de Tomé é uma fachada para o seu verdadeiro negócio, que é ludibriar os escravos com promessas de algum dinheiro, dando-lhes pinga como pagamento, em troca de mercadorias furtadas. Martins Pena documenta nessa cena uma prática dos larápios de seu tempo em tom sério, mas sem deixar de recorrer à ironia quando faz Tomé afirmar que os negros, não ele, é que são inteligentes para roubar. Na sequência, a personagem diz ainda ao Cigano que lhe conta tudo isso porque são sócios: um recebe as cargas desencaminhadas pelos negros de ganho ou objetos furtados pelos escravos a seus senhores e o outro se incumbe de vender as mercadorias. O Cigano tem ainda um segundo negócio, em parceria com o malsim Gregório, cuja especialidade é seduzir escravos, descontentes ou não com os seus proprietários, prometendo-lhes liberdade longe do Rio de Janeiro. Na cena XVI, Gregório chega à casa do Cigano com um escravo, que será enganado à vista do espectador, no seguinte diálogo:

> GREGÓRIO: [...] Vem cá, filho.
> NEGRO: Sim sinhô.
> GREGÓRIO: Teu senhor é muito mau?
> NEGRO: Não é muito, não sinhô.
> GREGÓRIO: Deixa-te disso; é muito. Um rapaz como tu deve ser bem tratado.
> NEGRO: Sinhô?
> GREGÓRIO: Boa roupa... Esta que trazes é uma vergonha! Boa comida... Estás magro!
> CIGANO: E nada de chicote!
> NEGRO: Sinhô às vezes dá chicote.
> GREGÓRIO: Está! Não te digo eu que ele é mau?
> CIGANO: Um rapaz como tu, apanhar?
> GREGÓRIO: Queres viver sem apanhar?
> NEGRO: Quero, sim sinhô.
> GREGÓRIO: Sempre bem vestido, boa roupa...
> NEGRO: Quero, sim sinhô.
> GREGÓRIO: Boa papança, aguardente à farta...
> NEGRO: Quero, quero sim sinhô, meu branco.
> GREGÓRIO: Queres ficar forro?
> NEGRO (*com exaltação*): Forro, meu branco? Quero ficar forro! Antônio faz tudo...
> GREGÓRIO: Pois bem, escuta. Tu vais para Minas com um homem; chegando lá trabalhas só oito dias, depois ficas forro.
> NEGRO: Oh! (*Para Gregório.*) É verdade, meu branco?
> CIGANO: Mais que verdade.
> GREGÓRIO: Em Minas, os pretos forros não precisam trabalhar para viver. Há muito dinheiro pelo chão... Então, queres ir?
> NEGRO: Sim sinhô; já!

GREGÓRIO (*para o cigano*): Está resolvido. (*Para o negro.*) Está bem, irás. Tenho pena de ti.
CIGANO (*para o negro*): Vem cá, ficarás neste quarto até que possas partir. (*Leva o negro para o segundo quarto à direita.*)
GREGÓRIO (*só*): Forte tolo! Muito burros são estes negros; vão-se deixando enganar com uma facilidade que admira. Meia dúzia de promessas, e ei-los prontos para tudo... Este podemos vender por seiscentos e oitocentos mil para serra acima, e depois que lá se avenha com o senhor e com a alforria... Ah! ah! ah! Alforria! Que logro que levam! [p. 351-352]

Registre-se, antes de tudo, que em nenhuma outra comédia de Martins Pena um escravo tem tantas falas e fica tanto tempo em cena. O Cigano diz ainda a Gregório que vendeu por quinhentos mil-réis a "negrinha" que ele havia enganado no Campo de Santana, uma fala que reforça a denúncia de um tipo de crime que o comediógrafo via no cotidiano da sociedade escravista. Mas como o enredo cômico deve prevalecer sobre o aspecto documental, logo saberemos que o escravo Antônio, ludibriado e sequestrado pelos dois contraventores, pertence ao terceiro vilão, Tomé. A trama caminha para uma grande pancadaria típica da farsa, envolvendo os três namorados e os três malfeitores, que se atracam e rolam pelo chão, enquanto, diz a rubrica, "o negro salta de contente, batendo palmas". Curiosamente, após essa cena, nas três últimas o escravo não é mais mencionado. No desfecho, com a chegada da polícia, o Cigano, Tomé e Gregório são presos e os namorados fogem, deixando as três moças que, concluíram, lhes trariam mais problemas que felicidade. Numa eventual montagem dessa comédia, o diretor terá que dar um destino ao escravo esquecido em cena pelo autor.

Resta comentar a comédia *Os Ciúmes de um Pedestre ou o Terrível Capitão do Mato*, encenada em 1846, depois de muito empenho de Martins Pena junto ao Conservatório Dramático Brasileiro, que inicialmente a proibiu de ser representada. Para o primeiro censor, Luiz Honório Vieira Souto, haveria em algumas cenas uma paródia ofensiva ao grande ator João Caetano, algo a seu ver inadmissível. Além disso, havia na comédia palavras que deviam ser suprimidas – porque um tanto obscenas – e uma alusão direta à aventura do português Manuel Machado Caires, que tinha entrado numa casa pelo telhado para falar à moça por quem estava apaixonado, fato que motivou sua deportação, depois de um processo tornado público pelos jornais. Para o censor, a alusão não devia ser tolerada, porque ofendia uma família respeitável. O segundo censor, André Pereira de Lima, não mencionou a paródia em seu parecer negativo, mas reiterou que a cena do telhado era inaceitável, assim como a cena em que o protagonista, acreditando ter assassinado o suposto amante de sua mulher, coloca-o num saco para jogá-lo ao mar. Essa passagem do parecer é interessante, pois reforça a percepção de como Martins Pena se alimentava dos acontecimentos da vida urbana em suas peças. Afirma o censor que "discute-se este ano perante os tribunais uma ação criminal contra um homem que tinha escondido em um saco certo escravo morto, ou matado, para ser posto ao mar"[19]. A cena criada pelo comediógrafo incomodava porque lembrava à plateia um fato terrível ocorrido havia pouco tempo, típico da nossa sociedade escravocrata.

Diante de tantas objeções à representação de sua comédia, Martins Pena escreveu uma carta ao secretário do Conservatório Dramático, José Rufino Rodrigues de Vasconcelos, explicando que a paródia era à peça *Otelo*, de Ducis, não ao ator João Caetano. Fez então algumas modificações sugeridas pelos censores, alterou para *O Terrível Capitão do Mato* o título da comédia, que na primeira versão era *Os Ciúmes de um Pedestre*, e conseguiu a licença para colocá-la em cena.

A alteração do título explicita dentro da comédia o tipo de trabalho que exercia o protagonista: o de caçador de escravos fugidos. Os jornais da época traziam diariamente não poucos anúncios oferecendo recompensas para quem os capturasse e devolvesse a seus donos. Para dar um exemplo concreto, eis um anúncio publicado no *Jornal do Comércio* de 6 de dezembro de 1841, com a linguagem peculiar da época:

> No dia 3 do corrente fugiu uma parda de nome Paulina, acaboclada, de altura menos de ordinária, feia de cara, com a fala muito mansa, e parece mais idosa do que é; tem um defeito na parte inferior de uma das orelhas, e um sinal no beiço de cima; levou vestido branco de morim com bico no corpinho e mangas de jaqueta, chalés de lã, e foi descalça. Qualquer Sr. capitão do mato que a apanhar e levar à rua do Sabão da Cidade Nova n. 6, será suficientemente recompensado.

Ninguém melhor que Machado de Assis escreveu sobre esse triste ofício no conto "Pai Contra Mãe" – história pungente de dois pobres diabos querendo fugir, o homem à miséria e a mulher à escravidão. Nas páginas iniciais, o narrador descreve os instrumentos com que os escravos eram castigados, um deles reservado para os "escravos fujões". Isso não os impedia de tentar buscar a liberdade: "os escravos fugiam com frequência", diz o narrador. E continua:

---

[19] R. Magalhães Júnior, *Martins Pena e Sua Época*, p. 166. O autor transcreve os pareceres do Conservatório Dramático e historia os fatos relativos à censura feita a *Os Ciúmes de um Pedestre*.

"Quem perdia um escravo por fuga dava algum dinheiro a quem lho levasse. Punha anúncios nas folhas públicas, com os sinais do fugido, o nome, a roupa, o defeito físico, se o tinha, o bairro por onde andava e a quantia de gratificação."[20] Machado publicou esse conto em 1906, no volume *Relíquias de Casa Velha*. Daí o narrador se referir a costumes de cinquenta anos antes.

Martins Pena não aborda o ofício do protagonista André João seriamente, até porque não há nenhum escravo na comédia. Esse é o dado curioso: a escravidão está nos bastidores, assustadora, mas, em cena, um dos seus principais pilares será ridicularizado. O capitão do mato, de terrível, não tem nada. Em seu excesso de ciúme, tal qual um Otelo imbecilizado, é risível, e quando exerce o ofício é enganado por um rapaz, namorado de sua filha, que se deixa apanhar, disfarçado de escravo. Embora o enredo cômico esteja centrado em confusões causadas por um vizinho que entra na casa de André João pelo telhado para namorar-lhe a mulher e pelo namorado da filha, em cenas que se dão no escuro, repletas de quiproquós, há que se lembrar o seguinte: o espectador do século XIX, ao ver o capitão do mato entrar com um "negro" preso, o palco mal iluminado por uma vela, pensa inicialmente estar diante de um quadro da escravidão. Em toda a cena IV, Alexandre, o namorado, dialoga com o capitão do mato utilizando um linguajar típico dos escravos. Como o espectador não pode ser enganado, já na cena seguinte Alexandre, a sós, com seu falar natural, revela sua identidade: "Estou só... Tomei este disfarce, o único de que me podia servir para introduzir-me nesta casa, a fim de falar à minha querida Balbina..." [p. 499] Ou seja, a burla que nos diverte é possibilitada pelo ofício de André João. Não fosse ele um caçador de escravos fugidos, não teria sido ludibriado como foi.

Os Ciúmes de um Pedestre ou o Terrível Capitão do Mato é uma das melhores comédias de Martins Pena, com personagens e enredo divertidíssimos. Como não vem ao caso entrar em detalhes quanto à eficácia e características dos recursos cômicos utilizados, sublinho a validade e pertinência do registro histórico feito pelo autor, que trouxe para a cena uma figura típica da sociedade escravista brasileira, expondo-a ao ridículo.

Embora rarefeita, nunca como assunto central, a escravidão nas comédias de Martins Pena chamou a atenção de seu primeiro crítico importante, Sílvio Romero, que valorizou sobremaneira o aspecto documental presente na obra do comediógrafo. A seu ver, "uma das máculas nacionais que mais vivamente aparecem nas comédias do nosso compatriota é, sem dúvida, a escravidão". E mais: "Não há nenhuma de suas obras conhecidas em que direta ou indiretamente ela não apareça; não há nenhuma em que não exista

---

[20] *Relíquias de Casa Velha*, p. 49-50.

1 MARTINS PENA: REGISTRO HISTÓRICO E CRÍTICA À ESCRAVIDÃO

alguma referência à nefanda instituição por palavras que seja. Os termos *preto*, *negro*, *escravo*, *moleque*, *mucama*, *meia-cara*, lá estarão, ao menos para dar testemunho do fato."[21] Sílvio Romero considera *Os Dois ou o Inglês Maquinista* um verdadeiro documento de época. O tráfico ilegal de africanos aparece na comédia como dado verdadeiro e Negreiro, para o crítico, é um "descarado" de uma laia que enriqueceu com o contrabando. Seu presente para Clemência – o menino dentro do cesto – é referido como "um dos mais ridículos traços de nossos costumes, ainda nos primeiros anos do Segundo Reinado"[22]. Para finalizar, afirmou ainda que "o contrabando e a escravidão eram coisas normais que não escandalizavam as melhores famílias"[23].

Ainda que, como se sabe, as comédias de Martins Pena tivessem como objetivo principal provocar o riso no espectador, a crítica aos costumes acaba por atingir a sociedade escravista. Digamos que a escravidão fornece ao comediógrafo o pano de fundo sobre o qual ele projeta os enredos cômicos; mas reconheçamos que por vezes é possível entrever por algumas frestas a sua ignomínia. Quero crer que nas comédias acima comentadas há uma visão crítica do autor ao escravismo e aos brasileiros que dele se beneficiaram. "Os escravos" como afirma Vilma Arêas, "desvestidos de características humanas, sem voz e sem razão, são vistos a trabalhar o tempo todo, chicoteados, empurrados, enganados, enquanto, um palmo acima, a trama desenrola-se e os demais personagens giram segundo o vivíssimo ritmo desse teatro."[24]

Comicidade e registro histórico se combinam na obra de Martins Pena, esse grande observador dos nossos costumes, que divertiu os seus contemporâneos com tipos impagáveis e enredos hilariantes, legando-nos, por outro lado, um testemunho contundente dos vícios de uma sociedade tacanha e violentamente escravista.

---

21 S. Romero, *Martins Pena*, p. 115.
22 Ibidem, p. 117-118.
23 Ibidem, p. 119.
24 V.S. Arêas, *Na Tapera de Santa Cruz*, p. 26.

2
O Conservatório Dramático e a Censura à Escravidão no Teatro

Em 15 de janeiro de 1843, foi criado, no Rio de Janeiro, o Conservatório Dramático Brasileiro, com o objetivo de fazer a leitura prévia das peças teatrais e determinar se podiam ser representadas ou se deviam ser proibidas. Nossos principais escritores e intelectuais fizeram parte dessa instituição que encerrou suas atividades em 1864, retomadas posteriormente em 1871. Gonçalves de Magalhães, Martins Pena, Manuel de Araújo Porto-Alegre, Joaquim Manuel de Macedo, José de Alencar, Machado de Assis, entre muitos outros, colaboraram como censores, obedecendo a duas disposições, que vinham impressas no formulário que recebiam junto com os manuscritos das peças teatrais. Determinavam o seguinte:

> Não devem aparecer na cena assuntos, nem expressões menos conformes com o decoro, os costumes, e as atenções que em todas as ocasiões se devem guardar, maiormente naquelas em que a Imperial Família Honrar com a Sua Presença o espetáculo.
>
> O julgamento do Conservatório é obrigatório quando as obras censuradas pecarem contra a veneração à Nossa Santa Religião, contra o respeito devido aos Poderes Políticos da Nação e às Autoridades constituídas, e contra a guarda da moral e decência pública. Nos casos, porém, em que as obras pecarem contra a castidade da língua, e aquela parte que é relativa à Ortoépia, deve-se notar os defeitos, mas não negar a licença.[1]

A leitura dos pareceres é bastante instrutiva. É possível ter uma ideia do repertório apresentado nos teatros do Rio de Janeiro, majoritariamente de dramas e comédias traduzidos do francês, bem como das razões que levavam os censores a proibir ou liberar uma determinada peça. De um modo

---

[1] J.R. Faria, *José de Alencar e o Teatro*, p. 43.

2 O CONSERVATÓRIO DRAMÁTICO E A CENSURA À ESCRAVIDÃO NO TEATRO

geral, não eram aprovadas as produções que ofendiam a moral, a religião e a monarquia.

Não é preciso dizer que a escravidão era um assunto delicado para se colocar no palco. Martins Pena, que teve várias comédias representadas entre 1844 e 1864, não foi censurado provavelmente porque suas críticas relativas ao tráfico ilícito, à dureza do trabalho no campo, a um ou outro castigo físico, à exploração dos "meias-caras", aos vigaristas que enganavam os negros de ganho e aos vendedores de escravos sequestrados de seus donos não foram percebidas pelos seus contemporâneos como denúncia vigorosa, capaz de mexer com a sensibilidade do espectador ou abalar o sistema escravista. Por outro lado, não foram poucas as peças que sofreram cortes ou foram inteiramente proibidas de subir à cena, uma vez que apresentavam aspectos da escravidão por um prisma crítico, condenando sua violência e ignomínia, bem como os preconceitos que gerava no interior da sociedade.

UMA DURA CRÍTICA AO TRÁFICO

Em 14 de outubro de 1844, o Conservatório Dramático recebeu um requerimento que pedia autorização para a peça *O Marujo Virtuoso ou os Horrores do Tráfico da Escravatura* ser representada num teatro particular. Na ficha da Biblioteca Nacional, atribui-se erroneamente a autoria a Antônio José Araújo, que apenas encaminhou o requerimento. Quem a escreveu foi João Julião Federado Gonnet, um francês radicado no Brasil que, tudo indica, nada mais escreveu para o teatro[2]. Dois censores foram designados para dar os pareceres e ambos negaram a licença. Um deles afirmou que a peça apresentava "um tecido de maldades sem contraste nenhum", que era escrita em "péssima linguagem" e que, "quando não fora isso, o objeto da peça me não parece admissível nas circunstâncias do país"[3].

As poucas palavras desse parecer, que não discute a peça, e que nada fala de seu enredo e personagens, indicam apenas vagamente a razão da censura. É preciso esclarecer quais eram as "circunstâncias" em que vivia o país, ou

---

[2] Augusto Victorino Alves Sacramento Blake informa apenas que João Julião Federado Gonnet "faleceu cidadão brasileiro depois do meado do século atual no Rio de Janeiro, lecionando mnemotécnica, depois de haver lecionado essa arte em Pernambuco e na Bahia, onde se estabeleceu primeiramente" (*Diccionario Bibliographico Brazileiro*, v. 3, p. 471). Gonnet escreveu alguns livros e folhetos sobre mnemotécnica, sendo datada de 1833 sua primeira publicação, na Bahia.

[3] Os pareceres do Conservatório Dramático – citados neste capítulo – estão depositados na Seção de Manuscritos da Biblioteca Nacional do Rio de Janeiro e encontram-se digitalizados, podendo, portanto, ser lidos no *site* da Biblioteca (https://bndigital.bn.gov.br/).

seja, dizer que as autoridades e a população eram coniventes com o tráfico ilegal de africanos. Logo, não se podia mostrar no palco, em 1844, o que prometia o título da peça: os horrores do tráfico da escravidão. Para se ter uma ideia da dimensão dessa atividade ilícita, basta dizer que na primeira metade da década de 1840 foram introduzidas no Brasil, a cada ano, em média 30 mil pessoas negras que foram ilicitamente escravizadas[4].

Não podendo encenar sua peça, Gonnet a publicou em 1851. O assunto ainda era atual, pois desde o Bill Aberdeen – ato promulgado pela Inglaterra em 1845, que autorizava unilateralmente o aprisionamento de navios negreiros por navios ingleses em todo o Atlântico, inclusive em nosso litoral – o tráfico se intensificara, levando finalmente as autoridades brasileiras a promulgar a Lei n. 581, em 4 de setembro de 1850, estabelecendo medidas para cessar a introdução ilegal de africanos no país.

A leitura de *O Marujo Virtuoso ou os Horrores do Tráfico da Escravatura* – "melodrama em três atos, peça marítima e semi-histórica", de acordo com a designação dada pelo autor na folha de rosto do volume – permite que se compreenda melhor a censura do Conservatório Dramático. A peça, segundo João Julião Federado Gonnet, é calcada em fatos verídicos: "Os principais acontecimentos deste drama são históricos, tendo sido colhidos das narrações de diversos traficantes de escravos, e compilados para o arranjo da cena."[5]

O primeiro ato se divide em duas partes: a primeira se passa numa praia deserta da atual Guiné equatorial e a segunda, numa grande cabana. A peça se inicia com o naufrágio de um navio que ia de Lisboa para o Rio de Janeiro. Sobrevivem o estudante brasileiro Alfredo, o negociante português Dormundo e Júlia, sua filha. Dormundo não resiste aos ferimentos e morre, abençoando a união dos dois jovens, que em seguida são levados como prisioneiros para a cabana do príncipe Coreb, que os liberta e promete protegê-los. Impressionado com a beleza da moça, o rei Dahomé quer mantê-la para si. Coreb, que já vivera entre os portugueses e tornara-se cristão, organiza a fuga do casal e é punido com a prisão, condenado a ser vendido como escravo. Antes disso, consegue deixar sua mensagem aos espectadores, dizendo a Alfredo e Júlia: "Talvez que, algum dia, os liberais e virtuosos legisladores de uma filantrópica nação, venham a estabelecer entre nós e o resto do mundo, outras mais vantajosas relações, que não sejam as de um tráfico atroz, o maior ultraje da humanidade." [p. 23].

O segundo ato se passa nos arrabaldes da pequena cidade de Loango, local de contrabando de escravos. Na abertura, o português Tomás, arrependido de se ter colocado a serviço do traficante espanhol Dom Barbaro, expõe

---

4   S. Chalhoub, *A Força da Escravidão*, p. 110.
5   *O Marujo Virtuoso ou os Horrores do Tráfico da Escravatura*, p. 5.

em longo monólogo a crueldade e os crimes que tem presenciado a bordo do navio negreiro. Seu relato impressionante deve ter sido um dos motivos pelos quais o Conservatório Dramático proibiu a peça de ser representada:

> Um dia destes, fomos à caçada dos bicudos (assim chama ele [Dom Barbaro] aos seus infames raptos) e trouxemos vinte e nove pretos, uns grandes e outros pequenos; uns gordos, e outros feitos esqueletos; uns sãos e outros doentes; uns moços, e outros velhos decrépitos, os quais roubamos num armazém de outro traficante como nós, depois de assassinarmos (porém não eu, que minhas mãos estão puras), de assassinar, digo, os oito marujos de guarda, que estavam embriagados. Depois de termos embarcado os desgraçados na lancha, onde para caber, foram empilhados como sardinhas de Vigo embarricadas, remamos para o brigue, que estava fundeado a mais de três léguas ao largo. Chegados a bordo, D. Barbaro, depois de nos haver felicitado sobre nossa boa fortuna, passou à revista. Mas, qual não foi meu espanto, quando ouvi este canibal, pronunciar as seguintes horríveis palavras: Para que quero eu aqui todo aquele rebotalho?! Façamos uma escolha, contramestre... Sim, capitão, respondeu o feroz Carranco; e logo procederam à escolha. Esta caiu sobre vinte e um, que esses dois tigres acharam capazes de suportar a viagem.
> Renegava já de minha vida, e ensebava as mãos, imaginando que havíamos de tornar a levar os outros em terra, quando o capitão exclamou: Em terra?!... Estais doidos?!... Vão eles para lá se quiserem, a nado. Logo, ele e o bom do contramestre, lançaram, um por um, os oito infelizes ao mar, entre os quais se achavam um velho de mais de oitenta anos, uma negra também idosa, e tão magra, que parecia a figura da morte, um moleque aleijado, duas negras prenhes em dias de parir, um preto moço e robusto, porém cego, e enfim, dois doentes de bexigas [...] Safei-me para a proa, entrei no rancho, e lá me debulhei em lágrimas, pelo tempo que a marujada espanhola, divertia-se com os seus dignos chefes, a verem os inúteis esforços que faziam estes infelizes, para romper a corrente, e tornar a bordo do brigue; o cego, sobretudo, que lutava contra as ondas, sem saber por onde dirigia, excitava suas gargalhadas, que não cessaram senão longo tempo ao depois, quando estes miseráveis desapareceram [p. 27-28].

Os traficantes espanhóis são os vilões do melodrama de Gonnet, razão pela qual a maldade neles, principalmente em D. Barbaro, é exacerbada. Seja como for, a imagem que se tem do tráfico é terrível. É possível imaginar o horror que o relato acima causaria na parcela mais sensível da plateia do Rio de Janeiro, caso a peça fosse encenada. Ou talvez a revolta em espectadores que consideravam o tráfico necessário, mas que não queriam se ver como beneficiários de uma atividade criminosa.

O segundo ato da peça dá seguimento ao enredo, com D. Barbaro orientando seu comparsa Carranco a sequestrar mais negros para completar o número de 225 escravos que pretende levar para Cuba. Na sequência, o português Tomás apresenta Alfredo e Júlia a Dom Barbaro. Os jovens querem ir para o Brasil e o traficante diz a eles que concorda em mudar o destino de seu navio, uma vez que estão dispostos a lhe pagar uma fortuna. Na verdade, seus planos são outros: quer matar o rapaz e ficar com a moça e o dinheiro. Para isso, contrata o bandido Ferrujo, mas a conversa entre ambos é ouvida por Tomás, que exprime seu horror num monólogo que é o desfecho do segundo ato:

> Que tenho ouvido! Meu Deus!... Que tecido horroroso de maldades!... Pois, além de roubar-lhe tudo quanto possui, sua esposa, seu ouro; queres ainda infame e covarde assassino, tirar-lhe a vida! E achas homens bastante perversos para servirem-te de instrumentos. Ah! meu Deus! meu Deus! entre que gente estou eu metido!... Maldita seja a hora em que associei-me ao rancho de semelhantes bárbaros!... (*ele vem à frente da cena*) E vós, nações cultas, que consentis que se cubra com vossas bandeiras tão nefando tráfico: Vós cidadãos pacíficos, que tranquilos no seio de vossas famílias, empregais vossos cabedais nas longínquas expedições da costa d'África; vós enfim, agricultores e fabricantes, que ansiosos esperais, e fazeis mil votos para a chegada destes infames traficantes; ah! se soubésseis o que hoje sei, decerto que estremeceríeis de horror. [p. 41-42]

Tomás é o marujo virtuoso do título da peça, que expõe os horrores do tráfico aos espectadores. Observe o leitor que a personagem vem ao proscênio para se dirigir diretamente à plateia. Nesse momento, ele assume o papel de *raisonneur*, exprimindo o ponto de vista de Gonnet sobre o tráfico. No terceiro ato, com todas as personagens a bordo do navio negreiro – Tomás salvou a vida de Alfredo –, Dom Barbaro, Carranco e Ferrujo mostram-se assassinos cruéis. Um navio inglês se aproxima e os três concordam em jogar no mar mais de duzentos escravos para não serem presos. Falam em amarrá-los uns aos outros e esfaqueá-los para que não tenham forças e se afoguem logo. Sabe-se que esse tipo de crime chegou a ocorrer. A peça denuncia-o como consequência do tráfico, mas Gonnet desenvolve o enredo de modo a evitá-lo e a punir os vilões, como exige todo melodrama. Tomás lidera um motim, com a ajuda de Alfredo e de Coreb, que estava entre os escravos. Os vilões são mortos e Dom Barbaro, em sua última fala, exprobra a si mesmo, lembrando a vida de crimes que teve. Curiosamente, o autor reserva críticas também aos ingleses, de cuja filantropia desconfiava. Ambiciosos, fingidos, segundo Alfredo, posavam de protetores da liberdade dos africanos, mas em Serra Leoa eram os seus verdugos.

O Marujo Virtuoso ou os Horrores do Tráfico da Escravatura não pôde subir à cena no Rio de Janeiro, mas na folha de rosto do volume há a informação de que havia sido encenado em 1841 num teatro da Paraíba do Norte. Maior repercussão deve ter tido o livro, posto à venda em várias livrarias e até mesmo na casa do autor, como se lê nos anúncios publicados no *Jornal do Comércio* e no *Correio Mercantil*. Em *O Brasil*, de 24 de maio de 1851, o anúncio chamava a atenção para o fato de que a peça era das primeiras que punham em cena o tráfico de pessoas escravizadas, a partir de relatos de traficantes colhidos por Gonnet. Uma nota sem assinatura recomendava-a ao público, depois de elogiar sua moralidade: "a atenção do leitor é arrastada e extasiada em todo o correr da obra".

PEÇAS FRANCESAS

Os dramaturgos franceses não ficaram indiferentes à questão da escravidão. A partir de 1830, com a subida ao poder de Luís Filipe I de França e o abrandamento da censura, várias peças foram escritas e representadas em Paris, nas quais escravos e escravas são personagens centrais. De modo geral, todas se passam inteira ou parcialmente nas colônias francesas e têm enredos romanescos, típicos dos melodramas que eram comumente representados nos teatros Porte Saint-Martin, Ambigu-Comique e Gaité. A crítica ao tráfico e a preconceitos se faz presente nessas peças, ao mesmo tempo que são louvadas as virtudes de escravos e escravas elevados à categoria de heróis românticos. Igualmente são louvadas as virtudes dos brancos que se opõem à escravidão, como o jovem Léonard, oficial da marinha que em *Le Traite des noirs* – de Charles Desnoyer e Alboize du Pujol – se recusa a compactuar com o tráfico, abandona a carreira e se torna um pirata que caça navios negreiros. Também em *Atar-Gull*, peça que Anicet Bourgeois adapta do romance homônimo de Eugène Sue, há uma crítica contundente ao tráfico, que alimenta um enredo repleto de aventuras. Menos crítico em relação à escravidão é *L'Esclave Andréa* – de Julien de Maillant e Alfred Alexandre Legoyt – na qual o marinheiro Antoine se torna um pirata para fugir da perseguição de um capitão que disputa com ele o amor de uma bela escrava de pele clara. Em seu *Du noir au nègre: L'Image du noir au théâtre (1550-1960)*, Sylvie Chalaye faz uma relação das peças escritas entre 1830 e 1848, nas quais a escravidão é abordada. Depois de mencionar, além das peças acima citadas, *Le Code noir*, de Eugène Scribe, e *Le Noir d'Aïombo*, de Boulé e Parisot – outra adaptação de *Atar-Gull* –, ela aponta algumas características dessas outras:

> Velhos colonos arrependidos reconhecem sua filha ou seus filhos em jovens mestiços, como se vê em *L'Esclave à Paris*, de Carmouche e Laya, em *Le Chevalier de Saint-Georges*, de Mélesville e Beauvoir, ou em *Le Tremblement de terre de la Martinique*, de D'Ennery. O fazendeiro cruel se apaixona por uma escrava em *Maria*, de Soucher e Laurencin, ou em *Le Planteur*, de Saint-Georges; a rica herdeira casa com um pobre negro em *Le Marché Saint-Pierre*, de Camberousse e Antier, assim como em *Le Docteur noir*, de Anicet Bourgeois e Dumanoir.[6]

Todas essas peças, segundo a autora, que as chama de "melodramas tropicais", fizeram sucesso nos teatros dos bulevares, principalmente no Porte Saint-Martin, que explorava a grandiosidade das montagens, com truques para simular, por exemplo, um terremoto ou uma tempestade. Algumas foram protagonizadas por artistas famosos, como Frederic Lemaître, à frente do elenco de *Le Docteur noir*, drama em sete atos que estreou em 1846. À lista acima, podemos acrescentar outra peça de sucesso, representada no início de 1853 no Ambigu-Comique: *La Case de l'oncle Tom*, adaptação do romance de Harriet Beecher Stowe, *Uncle Tom's Cabin; or, Life Among the Lowly* (A Cabana do Pai Tomás: Vida Entre os Humildes), feita por Philippe Dumanoir e Adolphe D'Ennery.

Uma vez que as companhias dramáticas brasileiras buscavam nos teatros de bulevares parisienses as peças que representavam, seria de esperar que esse repertório, ou pelo menos boa parte dele, fosse também apresentado no Rio de Janeiro. O que os anúncios teatrais revelam, no entanto, é que apenas *A Escrava Andréa* foi encenada, em 1846, após o Conservatório Dramático liberá-la. O exame censório foi pedido pela Sociedade Dramática Particular Regeneração. O parecerista Tomás José Pinto de Cerqueira detestou a peça, mas autorizou a sua representação, menos durante a quaresma, porque lhe faltava "o exemplo de uma grande virtude, ou alguma proveitosa lição de moral". A seu ver, os autores criaram "um amontoado de absurdos", não sendo possível nem mesmo dizer quem é protagonista ou dar uma ideia da ação dramática. Além disso, Andréa não teria nada de virtuosa e são infames as personagens Renaud, Antoine e Plock.

Na verdade, a peça é um melodrama cheio de reviravoltas, que acompanhamos sem dificuldade, ao contrário do que afirma o parecerista: "Dar

---

[6] S. Chalaye, *Du noir au nègre*, p. 189-190.

uma ideia da ação é impossível, pois que no fim da leitura eu não sabia o que tinha lido." Ora, o enredo não é tão complicado assim, uma vez que tudo gira em torno de um triângulo amoroso, formado por Renaud, Antoine e a escrava Andréa. O local da ação é Guadalupe, nas Antilhas, nos tempos da Revolução Francesa. A mocinha é escrava na taverna de Plock e é assediada pelo capitão Renaud, que aposta com outros capitães que é capaz de seduzi--la. Como ela ama Antoine, um dos marinheiros comandados por Renaud, o choque entre ambos é inevitável. Ao defender a honra de Andréa, o rapaz torna-se inimigo do capitão e é obrigado a fugir. Quatro anos depois, ele volta, famoso como um pirata que inclusive derrotou e humilhou Renaud numa batalha. Vem buscar Andréa, mas, para sua decepção, a moça tem um filho, cujo pai é seu maior desafeto. Ela não conta de imediato que foi violentada. Quando o faz, se reconciliam, enquanto o enredo se enovela com a disputa dos dois homens, o rapto da criança por Renaud, uma batalha vitoriosa contra os invasores ingleses, tudo culminando no arrependimento e morte do vilão e na felicidade do casal, como requer o melodrama.

A escravidão, na verdade, não é questionada em nenhum momento como instituição abjeta. Daí, provavelmente, a razão para o Conservatório Dramático não proibir *A Escrava Andréa*, que voltou a ser encenada nos teatros do Rio de Janeiro em 1850, 1852, 1853 e 1858.

Do repertório francês mais acima referido, nenhuma outra peça foi representada no Rio de Janeiro no período em que atuou o Conservatório Dramático, como já observado. Duas delas até foram enviadas para exame, mas ambas foram proibidas: *Le Chevalier de Saint-Georges*, de Mélesville e Roger de Beauvoir, em 1857[7], e *Le Docteur noir*, de Auguste Anicet Bourgeois e Philippe Dumanoir, em 1859. Nos dois casos, a argumentação para justificar a censura girou em torno de preconceitos raciais e sociais.

Perdeu-se o primeiro parecer contrário à representação de *O Doutor Negro*. Em 1859, uma tradução sem o nome do tradutor foi apresentada ao Conservatório Dramático, com o título alterado para *O Doutor Fabiano*. Três censores a reprovaram, um deles – A.J. Victorino de Barros – em longo parecer que revela muito da sociedade escravista brasileira. A grande questão que a peça apresenta é o casamento de um liberto com a filha branca de uma marquesa. A ação se passa na época da Revolução Francesa, no início na ilha Bourbon – atualmente Reunião –, depois em Versalhes e na Bretanha. No enredo de dramalhão, Fabien se apaixona por Pauline quando cura

---

7   Uma companhia dramática francesa, em 1844, conseguiu a licença para representar *Le Chevalier de Saint-Georges*, desde que fossem feitas supressões, indicadas pelo Conservatório Dramático. A companhia deve ter desistido de encenar a peça, pois ela não aparece nos anúncios teatrais de 1844 e 1845.

os enfermos de uma epidemia na fazenda da marquesa; ele sofre, pois não acredita na possibilidade desse amor. Mas Pauline o ama e, diante da notícia de que sua mãe havia morrido no naufrágio do navio em que viajava para a França, casam-se. Pouco tempo depois, recebem a notícia de que a marquesa havia sobrevivido e que esperava a filha em Versalhes, com o noivo que escolhera para ela. Pauline viaja com Fabien, como se ele fosse seu *valet* (criado). Ao saber que a filha está casada, a marquesa manda prender Fabien na Bastilha e ele enlouquece. Sobrevém a Revolução, em 14 de julho de 1789 a Bastilha é tomada e Fabien, libertado. O enredo culmina com sua morte na Bretanha. Pauline está em fuga com a família nobre e, no momento em que vai ser atingida por um tiro, Fabien – que recupera subitamente a razão – coloca-se em sua frente e é atingido, morrendo nos braços da esposa.

O parecer de Victorino de Barros detém-se quase que exclusivamente na questão do casamento, com críticas contundentes aos autores da peça, que a seu ver imaginaram uma situação abominável e "um casamento monstruosamente desigual":

> Se o principal elemento do consórcio é a igualdade de condição e sangue, como querem os Srs. Anicet e Dumanoir tornar possível e plausível, ainda clandestino como pintam, o casamento da filha de um opulento marquês, educada com esmero, com um negro antigo fâmulo do Titular?
> Só o furor de seita de que se acham tomados os modernos iconoclastas sacerdotes do extravagante realismo é que poderia engendrar semelhante prostituição de tudo quanto na sociedade tem sido respeitado pelo perpassar dos séculos.

O censor deplora o caráter positivo de Fabien, pintado como herói tipicamente romântico, afirmando que os autores quiseram fazê-lo melhor e mais nobre que os brancos. Em seu resumo da peça sobram expressões até mesmo grosseiras que revelam o seu inconformismo com o enredo que, a seu ver, desacredita o casamento e a família. Impressiona o racismo que salta do texto, como demonstra a seguinte passagem do parecer:

> Quero o bem dos negros como o de todos os indivíduos de outras cores; desejo-os felizes, mas o que não quero é o caos, a anarquia, a desmantelação dos costumes. Mostrar que o casamento de um negro com uma branca, seja de que hierarquia for, é um escândalo, principalmente na sociedade brasileira, não é perseguir o negro, ofendê-lo, nem condená-lo ao celibato. Há belezas em todas as cores; casem-se os pretos com as pretas; é isto muito mais conforme com as leis da natureza e sobretudo com as consuetudinárias, que regem os povos cultos.

2 O CONSERVATÓRIO DRAMÁTICO E A CENSURA À ESCRAVIDÃO NO TEATRO

Para Victorino de Barros, a peça feria a disposição do Conservatório Dramático, segundo a qual não se podia apresentar em cena assuntos que ofendiam o decoro e os costumes. *O Doutor Negro*, "desde a cena inicial até a última palavra do desenlace ofende o decoro e os costumes de nossa terra atulhada de negros". Ou seja, mesmo se passando numa ilha do Pacífico e na França, a peça deveria ser proibida, pois, de alguma maneira, o escravismo colonial possuía características comuns. É com forte convicção que o censor conclui: "o drama em questão deve ser condenado à perpétua reprovação".

Os outros dois censores que avaliaram a peça não foram além de um ou dois parágrafos. José Gonçalves Ferreira considerou que a encenação para uma plateia brasileira seria "inconveniente e mesmo perigosa". Reis Carvalho se baseou em proibições passadas para justificar seu voto. O que é interessante nas poucas linhas que escreveu é a revelação de que *O Doutor Negro* já havia sido reprovada pelo Conservatório Dramático, em data que não precisou.

Uma "imitação" de *Le Docteur noir*, apresentada ao Conservatório Dramático em 1857, por Joaquim José Vieira Souto, com o título *Ermolai ou o Servo Russo*, foi igualmente proibida. Infelizmente a "imitação" nunca foi publicada para avaliarmos melhor os pareceres que recebeu. O primeiro censor, João José do Rosário, considerou, em poucas linhas, que ao transpor a ação dramática para a Rússia, a peça podia ser representada no Rio de Janeiro. O presidente do Conservatório, Diogo Bivar, pediu um segundo parecer a Antônio Félix Martins, enviando-lhe também uma anotação no formulário, na qual se perguntava se seria "prudente" ou "político" permitir a representação de *Ermolai* nos teatros brasileiros. Acrescentou ainda que o primeiro parecerista votara pela aprovação. Félix Martins entendeu o recado e exarou um parecer negativo, que teve o aval de Diogo Bivar. Mais uma vez, a sociedade escravista brasileira se manifestava pela voz de um de seus intelectuais, que considerou a peça uma perigosa aliada da propaganda contra a escravidão, fenômeno que começou a ganhar corpo no final da década de 1850. Félix Martins repete as palavras de Bivar, afirmando que não é prudente nem político permitir a representação de *Ermolai*, em que há pelo menos duas cenas muito "vivas" e dois discursos muito "eloquentes", os quais poderiam "contribuir com o rumor que anualmente se vai fazendo no Rio de Janeiro, em vivas à liberdade dos nossos escravos, para uma sublevação destes".

Curiosamente, a questão do casamento não é mencionada nos pareceres, talvez porque o servo russo do título não é negro. O que aflorou na leitura da peça foi o seu caráter político, que provocou a mudança da argumentação do censor para proibi-la.

A reprovação de *Ermolai* ocorreu em setembro de 1857. Um mês depois era proibida *Le Chevalier de Saint-Georges*, de Mélesville e Beauvoir, cujo enredo se baseia na paixão de um negro, ex-escravo, por Madame de Presle, viúva de um conde. A semelhança com *Le Docteur noir* não é acidental. Segundo Sylvie Chalaye, o teatro romântico francês foi ousado e não temia escandalizar o público. Antes de 1830, era impensável um dramaturgo unir uma mulher branca a um homem negro numa peça. Mas a partir de 1839 tal união se fez possível no teatro. E mais: "São as mulheres brancas – ninguém ousaria imaginar ainda alguns anos antes, exceção feita àquela pobre louca da Desdêmona, que seus olhos pudessem contemplar um negro – que se tornam apaixonadas prestes a vencer todos os tabus."[8]

De fato, é surpreendente no final da peça a fala de Madame de Presle, viúva, oferecendo sua mão a Saint-Georges e vencendo os preconceitos vigentes na sociedade francesa do final do século XVIII, pois sabia que ele era filho de uma escrava. Ocorre que no passado, quando adolescentes, vivendo numa colônia, já eram apaixonados, apesar da enorme diferença social. Separados, depois de muitos anos se reencontram em Paris. Ele tornou-se músico famoso e hábil espadachim. Como Madame de Presle tem um pretendente, o Barão de Tourvel, o conflito entre os dois homens se estabelece, culminando no anúncio de um duelo. Intervém então o pai de Tourvel, com uma revelação bombástica: Saint-Georges é fruto do relacionamento dele com a escrava Noémi. É nesse momento que Madame de Presle exclama: "E agora, ao mais nobre, ao mais generoso dos homens, àquele que é desprezado, desconhecido, rejeitado por todos!... eu, condessa de Presle, digo: Cavalheiro, eu vos suplico a aceitar minha mão... eu me orgulharei de vos pertencer!"[9]

Se na França de 1840, ano em que a peça estreou no parisiense Théâtre des Variétés, tal enlace foi considerado um escândalo, no Brasil de 1857 foi visto como algo indigno de ser mostrado no palco. O primeiro parecerista assim justificou seu voto: "No Brasil, no seio de uma sociedade composta de tantos elementos heterogêneos, em um país em que a desesperadora ideia da escravidão é desgraçadamente uma realidade, parece-me da maior inconveniência entreter, animar e exaltar as paixões do vulgo com semelhante espetáculo." Ele alega que permitiria a representação se a peça fosse contribuir para o fim da escravidão, mas nas circunstâncias da sociedade brasileira seria "irracional e perigoso" deixá-la subir à cena.

O segundo parecerista foi ainda mais duro, definindo a peça como "uma coleção de monstruosidades morais". A origem escrava do protagonista faz com que "o seu casamento com a Sra. de Presle, mulher de alta linhagem, seja um muito revoltante escândalo em qualquer parte do mundo, e entre

[8] S. Chalaye, op. cit., p. 209.
[9] Méllesville; R. de Beauvoir, *Le Chevalier de Saint-Georges*, p. 117.

nós, especialmente, possa provocar, desenvolver e alimentar paixões reprovadas e funestas".

Como se vê, o Conservatório Dramático zelava pela manutenção do *status quo* escravista. Não admitia que fossem representadas peças que criticavam o tráfico ou a escravidão, considerada como instituição legal no país, e pautava-se por preconceitos raciais e sociais no julgamento de enredos como os de *Le Docteur noir* e *Le Chevalier de Saint-Georges*. Por outro lado, não se opunha a liberar peças que não questionavam diretamente a escravidão, como vimos com *L'Esclave Andréa*.

PEÇAS BRASILEIRAS PROIBIDAS E LIBERADAS

Também as produções nacionais foram censuradas quando ofereciam uma visão da escravidão que poderia criar problemas para as autoridades ou suscitar alguma reação na plateia. E liberadas quando não desafiavam os costumes ou quando eram consideradas inofensivas quanto ao alcance político. No segundo caso, por exemplo, está o drama *O Cego*, de Joaquim Manuel de Macedo, no qual há uma personagem negra, Daniel, que é o guia do cego Paulo. Com a trama amorosa em primeiro plano, o Conservatório Dramático não viu problema em autorizar a sua representação, que ocorreu em 1849. Infelizmente o parecer se perdeu e não é possível saber se foi feita alguma consideração sobre a presença de Daniel no interior do drama.

Em 1850, o comerciante Dámaso Antônio de Moura apresentou duas peças curtas ao Conservatório Dramático, intituladas *O Magnetismo ou o Preto Fugido* e *O Tráfico ou o Cruzeiro*. A primeira foi liberada, apesar do parecer bastante negativo. José Rufino Rodrigues de Vasconcelos considerou que o drama em um ato tinha mesmo "linguagem de preto fugido" e enredo "miserável", além de "andamento péssimo". Para ele não havia problema na liberação, pois acreditava que nenhum teatro aceitaria representar tal peça. De fato, não há notícias de que tenha sido encenada.

O Tráfico ou o Cruzeiro teve menos sorte ainda. Apresentada como "farsa" pelo autor, em 19 de novembro de 1850, menos de três meses depois de aprovada a Lei Eusébio de Queirós, tocava numa questão delicada: a da repressão inglesa ao tráfico, cada vez mais intensa e cada vez mais repudiada pela opinião pública, que não aceitava o ultraje à soberania nacional. O presidente do Conservatório Dramático, Diogo Bivar, proibindo a representação da peça, classificou-a como "uma espécie de paródia dos acontecimentos de Macaé, e uma paródia miseravelmente escrita, e que pode incitar a cenas desagradáveis no teatro". Seguia o voto do parecerista Tomás José Pinto de Cerqueira, para quem o assunto tratado lançava combustível "a esse fogo, que já tem produzido alguns estragos".

A preocupação tinha fundamento. Em 23 de junho de 1850, o navio inglês Sharpshooter adentrou o porto de Macaé e aprisionou o bergantim Polka, depois de troca de tiros com os defensores do porto. Segundo Leslie Bethell, um dia antes o contra-almirante Reynolds havia dado uma ordem aos navios sob seu comando para que entrassem nos portos brasileiros e expulsassem os navios negreiros que porventura encontrassem. O assalto a Macaé teve sequência em outra cidade do litoral fluminense, três dias depois, como relata o historiador: "A 26 de junho, com os canhões do Cormorant apontados para o forte, dois botes ingleses penetravam em Cabo Frio e incendiavam o bergantim Rival, enquanto uma multidão furiosa, mas impotente, se aglomerava na praia."[10]

Como a peça *O Tráfico ou o Cruzeiro* não foi publicada, não sabemos que tipo de paródia foi feita, até porque os pareceres do Conservatório Dramático não trazem o resumo do enredo. O que se sabe é que o autor era um comerciante que tinha um negócio de aluguel de escravos[11]. Teria escrito uma peça contra os ingleses e a favor do tráfico? Sua ligação com o teatro foi efêmera, pois tudo indica que não escreveu mais nada; no entanto, o dado curioso é que teve uma filha casada com Joaquim Heleodoro Gomes dos Santos, empresário que criou o importante Teatro Ginásio Dramático em 1855.

Os eventos de Macaé e Cabo Frio repercutiram fortemente na opinião pública e na vida política nacional. A Inglaterra exigia do Brasil que tomasse medidas efetivas de combate ao tráfico. Enquanto isso não fosse feito, seus navios continuariam a atuar em águas brasileiras e a invadir os nossos portos. Outro incidente, em Paranaguá, em fins de junho, começo de julho de 1850, mostrava que era preciso acelerar a aprovação de uma nova legislação sobre o tráfico. O navio Cormorant, saindo de Cabo Frio, dirigiu-se para o porto de Paranaguá, onde encontrou quatro navios negreiros preparados para viajar para a África. Um deles, o Astro, foi posto a pique pela própria tripulação, à noite, para não ser capturado. Os outros três – Sereia, Leônidas e Lucy Ann – foram aprisionados, dando início a um combate, como narra Leslie Bethell:

> Quando os três navios iam sendo rebocados para o alto-mar, o forte abriu fogo e, no curto combate que se seguiu, um marujo inglês foi morto, outros dois feridos e o Cormorant ligeiramente avariado. Contudo, no dia 10 de julho,

10   L. Bethell, *A Abolição do Tráfico de Escravos no Brasil*, p. 311.
11   L.C. Soares, *O "Povo de Cam" na Capital do Brasil*, p. 386.

2 O CONSERVATÓRIO DRAMÁTICO E A CENSURA À ESCRAVIDÃO NO TEATRO

[o capitão inglês] Schomberg incendiou o Leônidas e o Sereia bem à vista do forte, mandou Lucy Ann para Santa Helena e retomou a subida do litoral [...]

No fim de semana, a capital fervilhava de relatos excitados do que acontecera em Paranaguá. Correu até o boato de que o forte fora completamente destruído, com grandes perdas de vidas, e que a marinha britânica preparava-se agora para bombardear a própria capital, expulsar da baía todos os navios suspeitos de traficância – e até mesmo se fazer ao largo com as joias da coroa! Uma multidão furiosa se reuniu no Largo do Paço e na praça em frente ao Hotel Pharoux, mas não houve incidentes sérios. Um grupo de brasileiros invadiu a pensão de Mr. Wood e surrou alguns marinheiros ingleses, o maquinista-chefe do Harpy recebeu uma saraivada de lama e vários marujos e oficiais foram insultados – mas isso foi tudo[12].

Entre as reações ao que aconteceu em Paranaguá, é preciso registrar também a comédia em dois atos *Os Ingleses no Brasil*, de José Lopes de La Vega, espanhol radicado no Rio de Janeiro. Não há nenhum parecer na documentação do Conservatório Dramático, o que não significa que não tenha sido apresentada, pois se sabe que alguns pareceres se perderam. Embora não tenha obtido repercussão na imprensa – encontrei apenas uma nota curta no *Periódico dos Pobres* de 4 de janeiro de 1851 –, a peça circulou em forma impressa no Rio de Janeiro a partir dos últimos meses de 1850. O autor a escreveu com um propósito claro: criticar a Inglaterra por ferir a soberania brasileira, ao invadir nossos portos e afundar nossos navios. As referências ao ocorrido no porto de Paranaguá são sempre seguidas de indignação por parte das personagens Doutor Coutinho e capitão Barbosa. E o enredo nasce das críticas que fazem aos ingleses, quando estão num local público, um jardim, cenário do primeiro ato, e são ouvidos pelo negociante Campbell e seu sócio Brown. Os quatro passam a discutir e os ingleses elogiam a ação em Paranaguá, afirmando em português estropiado que toda violência era justificada para acabar com o tráfico. O Doutor Coutinho afirma que o governo inglês é odioso, feroz e põe o capricho acima da lei para arruinar o Brasil. A discussão entre os quatro culmina em mútua agressão física e ao final fica estabelecido que Campbell e o Doutor Coutinho vão duelar pela honra de seus países.

O segundo ato é marcado pelo tom cômico, pois no momento do duelo o inglês se acovarda. Para complementar essa linha do enredo, há a ligação amorosa entre o Doutor Coutinho e Adélia, que corria o risco de ficar viúva, e que aparece no local do duelo, preocupada. Mas no geral a comédia prevalece, com a ameaça brincalhona do capitão Barbosa, de cortar uma orelha de

---

12 L. Bethel, op. cit., p. 312-313.

Campbell. Humilhados, os dois ingleses se rendem às disposições do Doutor Coutinho, sintetizadas no seguinte diálogo:

> DOUTOR: Está tudo concluído, Sr. Campbell! Espero que entre nós não haverá mais diferenças, e que quando o Rifleman, o Cormorant ou qualquer outro navio inglês vier insultar nossa bandeira, o senhor dirá publicamente: Maldição ao governo britânico!
> CAMPBELL: Yes, yes, mi jurar e dizer que Palmerston ser patife e you amar o Sir Douctory e brasilier![13]

As referências ao tráfico de escravos no interior da peça não são muitas e não há uma condenação claramente expressa desse comércio desumano. As críticas dirigem-se todas à repressão do tráfico pelos ingleses, em nome da soberania nacional. É no prefácio que José Lopes de La Vega explicita seu pensamento, em termos que sugerem uma defesa do tráfico, apesar de algumas atenuações. A seu ver, era preciso denunciar a hipocrisia da Inglaterra, que "vem com a máscara da filantropia pregar na América a abolição do tráfico". Depois de afirmar não ter "a menor simpatia para com essa especulação infame ou seus agentes odiosos", o autor conclui seu texto da seguinte maneira:

> Mas o que nos revolta é ver que essa nação invocando – humanidade – filantropia – quer pôr o cúmulo ao número já infinito de suas torpezas, arruinando a agricultura brasileira! Sim, a Inglaterra vê com ciúme a agricultura deste solo abençoado protegido por um governo ilustrado, e cheio de patriotismo marchar com passos gigantescos no caminho do progresso, e ameaçar de ruína completa as suas colônias! Por isso quer descarregar-lhe um golpe de morte, muito embora os brasileiros unidos ao mundo inteiro clamem depois: Vergonha à Inglaterra!... Opróbrio ao nome inglês!... [p. VI].

Muito provavelmente José Lopes de La Vega escreveu sua peça ao mesmo tempo que as negociações para pôr fim ao tráfico estavam em andamento. Como se sabe, a Lei Eusébio de Queirós foi promulgada no início de setembro de 1850. Sua diatribe contra a Inglaterra revela, no entanto, um estado de espírito de boa parte da população brasileira da época.

Em 1851, o dramaturgo paulista Paulo Antônio do Vale apresentou dois dramas ao Conservatório Dramático: *Caetaninho ou o Tempo Colonial* e *O Capitão Leme ou a Palavra de Honra*. Ambos foram aprovados, o segundo com mais elogios, como se pode ler no parecer de Manuel de Araújo Porto-Alegre:

---

[13] J.L. de La Vega, *Os Ingleses no Brasil*, p. 66.

2 O CONSERVATÓRIO DRAMÁTICO E A CENSURA À ESCRAVIDÃO NO TEATRO

"Acho o primeiro ato um primor dramático, assim como o 3º. Não posso deixar de lastimar, ao menos pela impressão que senti, a tibieza que causa no correr do drama essas cantilenas africanas, que a meu ver interrompem o magnífico fio de uma concepção tão bela, tão preciosamente realizada."

Ao lado dos elogios, uma restrição à presença de escravos cantando, que aparecem apenas no segundo ato, em dois momentos, quando a ação da peça se passa no sítio do capitão Leme. O enredo não ficaria prejudicado se o canto dos escravos fosse suprimido. A história de amor entre Antônio e Maria corre o risco de um final infeliz, pois o pai da mocinha, o capitão Leme, prometeu-a ao filho de Fernando de Camargo e precisa cumprir sua palavra. O impasse criado será resolvido com a intervenção de Amador Bueno, autoridade expressiva na São Paulo do século XVII. Mas por que o autor incluiu o canto dos escravos, desnecessário ao enredo? Certamente porque tinha algo a dizer sobre a escravidão. Assim, o segundo ato se abre com o Capitão Leme sozinho, no alpendre, ouvindo os escravos que atravessam o fundo do palco, com machados e foices, cantando tristemente, em coro, que nasceram apenas para trabalhar. Vendo-os, ele faz um monólogo, no qual notamos facilmente a voz do escritor Paulo Antônio do Vale por trás da fala da personagem, dirigindo-se aos espectadores:

> Oh! quanto eu daria, contudo, por uma enxada e por um coração como o vosso, minha pobre gente! – Tendes razão de queixar-vos; – mal haja o homem que primeiro se lembrou de tirar-vos de vossas brenhas felizes, para vos vender à barbaridade de outros canibais!... Vender seus irmãos: trair por preço vil a consciência, Deus e a natureza! Amaldiçoados sejam para sempre os traficantes, principalmente esses que vão aos mares d'África pescar homens, como se iscam os peixes, oh! maldição eterna sobre esses mais que ladrões, que assassinos, que aniquilaram a liberdade do Africano, e o ataram à dura braga do cativeiro!... – Queixai-vos sim, não de mim que sou mais vosso amigo, que vosso senhor; – queixai-vos do cativeiro, lançai vosso brado lúgubre e choroso às últimas gerações até o fim do mundo, até o dia do juízo inexorável de Deus![14]

Observe o leitor que a ação da peça se passa no século XVII e que o discurso do capitão Leme tem a ver com a situação brasileira de meados do século XIX, quando muitas vozes se juntaram para criticar o tráfico e determinar o seu fim. Como é a única fala da personagem sobre a escravidão, e como não há cenas fortes na peça, o parecerista considerou que não era preciso proibi-la. De qualquer forma, no terreno da dramaturgia brasileira, *O Capitão*

---

14   *O Capitão Leme ou a Palavra de Honra*, p. 152-153.

Leme ou a Palavra de Honra ecoava a crítica contundente ao tráfico da peça *O Marujo Virtuoso ou os Horrores do Tráfico da Escravatura*, de João Julião Federado Gonnet.

Ainda em 1851, mais uma peça foi censurada no Rio de Janeiro por apresentar cenas envolvendo escravos. O manuscrito da comédia em um ato *A Filha do Sapateiro* foi apresentado ao Conservatório Dramático, sem indicação de autoria, pela Sociedade Dramática Particular Melpômene. Chama a atenção que o pedido da licença tenha sido feito por Joaquim Heleodoro Gomes dos Santos, que era secretário do grupo de artistas amadores. Em 1855, como já lembrei alguns passos atrás, ele se tornaria empresário do Teatro Ginásio Dramático, que instaurou o realismo na cena fluminense. O censor sugeriu mudanças na pequena comédia, perguntando-se: "Será conveniente, que em cena se apresente um velho branco aos abraços com uma negra? Será conveniente o ridículo da primeira cena entre a Velha Rigorosa e a sua escrava falando-se em mesinhas, goelas, canudos etc. Creio que não." Os amadores fizeram as mudanças exigidas e *A Filha do Sapateiro* pôde subir à cena, merecendo apenas um registro no *Diário do Rio de Janeiro*.

No final da década de 1850 e início da seguinte, várias peças que abordam a escravidão, como assunto principal ou secundário, foram apresentadas ao Conservatório Dramático. Apenas uma foi proibida, em dezembro de 1862: *O Mulato*, de José Ricardo Pires de Almeida. O censor Joaquim Bethencourt da Silva, em poucas linhas e sem entrar nos detalhes do enredo, autorizou a representação, mas Antônio Félix Martins, em despacho igualmente breve, escreveu: "Tem inconvenientes a representação deste drama. Nego a licença." É impossível saber quais são os inconvenientes, pois a peça não foi publicada, mas é muito provável, pelo título, que o censor tenha levado em conta a cor da personagem ou tenha considerado algumas cenas ofensivas à moral e aos costumes.

As peças liberadas e encenadas no Rio de Janeiro, entre 1857 e 1861, foram as seguintes: *O Demônio Familiar* e *Mãe*, de José de Alencar; *O Escravo Fiel*, de Carlos Antônio Cordeiro; *História de uma Moça Rica*, de Francisco Pinheiro Guimarães; e *Sete de Setembro*, de Valentim José da Silveira Lopes. Todas serão comentadas mais à frente, ao lado de *O Cego*, de Joaquim Manuel de Macedo, e de outras que não passaram pelo crivo do Conservatório Dramático.

Alencar apresentou anonimamente *O Demônio Familiar*. A peça foi aprovada com muitos elogios pelo censor João José do Rosário, em 27 de setembro de 1857. Em relação ao escravo Pedro, o moleque ingênuo, mas enredador e mentiroso, que causa uma série de problemas para a família de Eduardo, ele observou o seguinte: "Parece-me, é certo, que a personagem Pedro está por demais acurada, isto é um pouco exagerada; mas tendo-se em

2 O CONSERVATÓRIO DRAMÁTICO E A CENSURA À ESCRAVIDÃO NO TEATRO

consideração o fim para que foi escrita a comédia, isso mesmo se desculpa, se olvida." O presidente do Conservatório Dramático, Diogo Bivar, em seu despacho, derramou-se em elogios à construção das personagens, à linguagem espirituosa, às cenas de família típicas das comédias de costumes e nem sequer mencionou o escravo, sinal de que não viu nenhum inconveniente no modo como Alencar o concebeu. Os dois censores não se incomodaram com a crítica amena à escravidão doméstica, que de fato não é tão contundente quanto no drama *Mãe*, de 1860, cujo parecer se perdeu. É uma pena que não possamos saber o que escreveram os censores sobre uma peça em que uma escrava se suicida para não envergonhar o filho branco diante da sociedade preconceituosa.

O drama *O Escravo Fiel* foi apresentado ao Conservatório Dramático em abril de 1859 e recebeu um parecer muito negativo quanto aos seus méritos artísticos. Joaquim Bethencourt da Silva considerou a linguagem fraca e as personagens mal desenhadas. Nem mesmo o protagonista, o escravo Lourenço, lhe pareceu bem construído: a seu ver, não diz nada que o eleve e se expressa de modo empolado. O censor não comenta a escravidão que alimenta o enredo da peça; afinal, a instituição não é contestada e Lourenço não só aceita a sua condição como se orgulha de ser fiel ao seu senhor.

Bethencourt da Silva liberou também *História de uma Moça Rica* e *Sete de Setembro*, em agosto e setembro de 1861, respectivamente. A segunda, com um parecer de duas ou três linhas, no qual afirma apenas que a peça podia ser representada. De fato, o autor não criou nenhuma cena forte e o enredo apresenta com sobriedade a posição contrária à escravidão de algumas personagens. Já a peça de Pinheiro Guimarães aborda o tema da escravidão doméstica por um prisma mais ousado: a escrava da casa torna-se amante de seu senhor, que é casado. O censor não se importou com esse dado que aparece apenas no segundo ato da peça, uma vez que a questão maior é a da prostituição a que é levada uma mulher cujo marido lhe foi imposto pelo pai. Em seu parecer, bastante elogioso, nem menciona a escrava Bráulia.

A liberação das peças acima mencionadas poderia indicar que o Conservatório Dramático, na virada da década de 1850 para a de 1860, estava mais tolerante em relação à presença da escravidão na dramaturgia da época. Na verdade, os censores continuavam atentos, principalmente quando os valores morais e os preconceitos da sociedade escravista eram questionados.

A CENSURA DE MACHADO DE ASSIS

Entre 16 de março de 1862 e 12 de março de 1864, Machado de Assis emitiu dezesseis pareceres para o Conservatório Dramático, nos quais julgou dezessete peças. Embora rigoroso como censor preocupado com a qualidade literária do que seria encenado nos teatros do Rio de Janeiro, proibiu apenas três, porque ofendiam a moral. As demais – que lhe pareceram boas ou más – foram liberadas na íntegra, com exceção de uma, para a qual sugeriu uma série de alterações, como condição para sua aprovação. Trata-se de *Mistérios Sociais*, drama em quatro atos do português Augusto César de Lacerda. O parecer, datado de 30 de julho de 1862, é surpreendente porque o jovem Machado, que tinha apenas 23 anos de idade, censura o casamento de um ex-escravo com uma mulher branca, uma baronesa, como se pode ler abaixo:

> O drama original português do Sr. César de Lacerda – *Mistérios Sociais* – pode subir à cena, acho eu, feitas certas alterações. Uma dessas afeta a parte principal do drama; é a alteração da condição social do protagonista. O protagonista é um escravo que, tendo sido vendido no México conjuntamente com sua mãe, pelo possuidor de ambos, que era ao mesmo tempo pai do primeiro, dirige-se depois de homem e liberto a Portugal em busca do autor dos seus dias. No desenlace da peça, Lucena (o protagonista) casa com uma baronesa. A teoria filosófica não reconhece diferença entre dois indivíduos que como aqueles tinham as virtudes no mesmo nível; mas nas condições de uma sociedade como a nossa, este modo de terminar a peça deve ser alterado. Dois expedientes se apresentam para remover a dificuldade: o primeiro, é não efetuar o casamento; mas neste caso haveria uma grande alteração no papel da baronesa, supressão de cenas inteiras, e até a figura da baronesa se tornaria inútil no correr da ação. Julgo que o segundo expediente é melhor e mais fácil: o visconde, pai de Lucena, teria vendido no México sua amante e seu filho, pessoas livres; este traço tornaria o ato do visconde mais repulsivo; Lucena dar-se-ia sempre como legalmente escravo. Este expediente é simples. Na penúltima cena e penúltima página, Lucena depois das suas palavras: "Ainda não acabou"; diria: "Uma carta de minha mãe dava-me parte de que éramos, perante a lei, livres, e que entre a prostituição e a escravidão ela resolveu guardar silêncio e seguir a escravidão cujos ferros lhe deitara meu pai."
>
> As outras alterações que julgo devem ser feitas não afetam a ação mas o diálogo; deixo-as indicadas na peça com traços a lápis. Na página 39, depois das palavras de Lucena: – "a falta de certo pundonor"; acrescente-se: – "a dos escravos". Na página 78 vai indicada outra supressão. Na página 136 há uma grande supressão e o diálogo ficará arranjado do seguinte modo:

2 O CONSERVATÓRIO DRAMÁTICO E A CENSURA À ESCRAVIDÃO NO TEATRO

> - Depois das palavras de Lucena: "pagamento da parte do roubo" acrescente-se: "Entre esses objetos havia alguns escravos". A frase traçada na página 74 deve ser substituída por esta: "Olá temos mulher!"
> Feitas estas correções julgo que a peça pode subir à cena.[15]

Por incrível que pareça, nem mesmo Machado escapou aos preconceitos de seu tempo. Poucos anos antes, como visto há pouco, as peças francesas *Le Chevalier de Saint-Georges* e *Le Docteur noir* haviam sido proibidas pelo Conservatório Dramático, exatamente porque em seus enredos havia o casamento de um liberto com uma mulher branca de alta linhagem social. Difícil saber se Machado teve acesso ou leu os pareceres sobre essas peças, mas pelo menos os dois que interditaram *Le Chevalier de Saint-Georges* foram publicados no *Diário do Rio de Janeiro*, de 4 de novembro de 1857. Por outro lado, é bem possível que tenha lido o parecer que fundamentou a proibição do drama *Mistérios Sociais* em 1859, quando foi apresentado pela primeira vez ao Conservatório Dramático. O argumento principal de Machado – a inconveniência de ser o protagonista da peça um ex-escravo – coincide com o do censor Antônio José Victorino de Barros, conforme se pode ver abaixo:

> Creio que o Sr. Lacerda não convirá em alterar o seu drama para que em nossos teatros possa ele ser representado. Como, porém, o cargo de censor me incumbe de propor as modificações, que julgar necessárias, entendo que sem o desaparecimento da condição servil de Lucena, protagonista da peça, o que a fará mudar de fundo e de forma, não possa ela subir à cena.
> É infelicidade nossa haver escravos em nosso país, mas uma vez que os há, e fora mesmo impolítico e ruinoso abrir mão deles sem substituí-los por braços livres de tão difícil aquisição, é além de inconveniente perigosa a representação de um drama, cujo herói nasceu escravo. Não é por timidez que o digo, é para prevenir os excessos a que obriga a conquista da liberdade, a possibilidade de cenas de insurreições, que têm ensanguentado algumas províncias do Império e a frequência de processos e execuções de assassinos de seus senhores.

Machado desenvolveu com maior largueza a ideia de alterar a condição social do protagonista, dando sugestões concretas para que a peça pudesse ser encenada. Victorino de Barros especificou no segundo parágrafo da citação, com evidente exagero, o que a tornava perigosa. Suas palavras traduziam a formulação de Machado, mais contida, de que era inconveniente a representação de *Mistérios Sociais*, nas "condições de uma sociedade como a nossa".

[15] M. de Assis, *Do Teatro*, p. 273-275.

Observe-se que os dois censores acusam um só problema: o fato de Lucena ser um ex-escravo. A cor da personagem – provavelmente ele é pardo, pois é filho de um homem branco com uma escrava – não é mencionada como empecilho para o casamento com a baronesa. O preconceito maior da sociedade era contra aqueles que não conseguiam esconder que haviam sido escravos ou que tinham pais escravos. Em algumas peças brasileiras dos anos 1860, essa questão aparece com muita força. Em *Mãe*, de José de Alencar, como já observado, a escrava parda Joana se suicida e nega a maternidade para que o filho branco não se envergonhe de sua origem. Em *Cancros Sociais*, de Maria Ribeiro, o protagonista fica aliviado no desfecho, pois alguns papéis comprovam que nasceu livre e que foi vendido ilicitamente como escravo quando criança.

No parecer, Machado redige uma fala para a personagem Frederico de Lucena, na qual propõe uma alteração na condição social da personagem: ele era livre, como sua mãe, e ambos foram ilegalmente vendidos. As palavras censuradas e que deveriam ser substituídas para que a peça fosse liberada são as seguintes:

> Ainda não acabou. O escravo tornou-se um negociante honrado e felicíssimo. Por toda a parte lhe consagravam o maior respeito e estima; porém os invejosos atiravam-lhe constantemente com o apelido de – filho d'um ladrão. Aquele gênio independente e probo não podia viver assim, rodeado pelas vítimas de seu pai. Juntou dinheiro e pagou-lhes![16]

Outra alteração sugerida, à página 39, se dá num diálogo entre Frederico de Lucena e seu pai, o visconde de S. Silvestre. Trata-se de acrescentar "a dos escravos", ao final das seguintes palavras: "Sim, senhor. Há lá uma classe que serve nos trabalhos agrícolas, e mesmo mecânicos; mas a falta d'instrução, e sobretudo a falta de certo pundonor..." [p. 39]. Feita a alteração, é de se crer que Machado tenha cortado o restante do diálogo:

> VISCONDE: Que classe é?
> FREDERICO (*tornando a cravar os olhos nele*): A dos... escravos.
> VISCONDE (*com indiferença*): Ah! sim; uma espécie d'animais sem inteligência, sem...
> FREDERICO: Mas com alma, senhor Visconde! Embrutecida pelo azorrague dos feitores, e por isso inapta para os trabalhos d'inteligência. Esta classe está quase antítese (*sic*) por falta de civilização, queria eu vê-la acabada por uma vez, e substituída pela dos verdadeiros operários [p. 39-40].

[16] A.C. de Lacerda, *Mistérios Sociais*, p. 138.

2 O CONSERVATÓRIO DRAMÁTICO E A CENSURA À ESCRAVIDÃO NO TEATRO

Difícil dizer exatamente quanto Machado cortou desse diálogo, mas é possível que todo ele, se considerarmos que na sequência o visconde muda de assunto. Por outro lado, é fácil verificar que a frase "Olá temos mulher" substitui "Olá, temos fêmea", dita por um operário, ao ver Maria, moça que será resgatada da pobreza com seu pai e sua avó, pois é prima de Frederico de Lucena.

Machado indica uma supressão à página 78, mas sem explicitá-la no parecer. A única fala que poderia merecer um corte é a de Frederico, dirigindo-se a Maria, que o chama de "meu senhor". "Com um pouco de repugnância", segundo a rubrica, ele diz a ela: "Menina Maria, peço-lhe, encarecidamente, que me não trate com tanta submissão! Esse – meu senhor – constante... aflige-me, desgosta-me. (*À parte*) Recorda-me o passado!... *Meu senhor!*... foi a primeira frase que o escravo soube dizer!" [p. 78]

Claro está que o aparte de Frederico deve ser cortado para que a fala sugerida por Machado no parecer não fique incongruente, no final da peça.

Nosso censor indica ter feito "uma grande supressão" à página 136. A fala de Frederico diz respeito à fuga de seu pai do México, com uma fortuna roubada. Diz ele:

> Depois da fuga do estrangeiro, os negociantes da terra, intimamente convencidos de que estavam roubados, procederam ao inventário das propriedades do seu colega ausente, e foi tudo vendido em hasta pública, para pagamento de parte do roubo. Entre os objetos vendidos, haviam (*sic*) alguns d'esses miseráveis, a quem Deus concedeu os privilégios de homens, mas a quem outros homens deram a propriedade de animais. [p. 136]

Machado substituiu as palavras duras da última frase por: "Entre esses objetos havia alguns escravos." O diálogo que se segue, ocupando o restante da página 136, foi provavelmente cortado, talvez por escancarar a violência da escravidão. Frederico conta a história da sua vida aos presentes, como se estivesse inventando um romance. Eis a sequência da fala acima transcrita:

> BARONESA: Eram escravos?
> FREDERICO: Sim, minha senhora. Entre os objetos que se iam vender, avultava uma grande... (*sorrindo com ironia amarga*) *manada* d'esses padrões vivos da perversidade humana!
> BARONESA: O senhor Lucena não tem escravos na sua pátria?
> FREDERICO: Não, minha senhora. Há em minha casa alguns homens e mulheres, que me servem, a quem o mundo chama meus escravos; porém tenho a felicidade de eles mesmos se chamarem – meus amigos!
> VISCONDESSA: Mas o romance?

FREDERICO: Vou continuá-lo, minha senhora. Não se pode pintar com verdade uma cena d'escravatura, e muito menos nas circunstâncias daquela. Os escravos d'uma propriedade rural, depois d'alguns anos, são todos parentes, ou amigos íntimos. Quando chegam a ser vendidos e comprados por diferentes pessoas, é um quadro de lástima, de miséria, de desgraça, enfim, de tal forma patético, que não há pincel que o desenhe, nem pena que o escreva, nem palavras que o digam! É uma aglomeração de sentimentos tão diversos, que se o coração chorasse uma lágrima por cada um, não haveriam [sic] mais lágrimas para chorar! [p. 136]

Provavelmente Machado manteve a fala de Frederico, da página 137, em que ele conta que foi comprado por um homem bondoso que o educou. O menino tornou-se negociante bem-sucedido e comprou a própria mãe, que morreu livre, um dia depois de alforriada. Ao final da história, a fala sugerida por Machado anula a condição servil do protagonista. Em vez de dizer que havia sido um escravo, ele esclarece que uma carta de sua mãe revelava que haviam sido vendidos ilegalmente, pois eram livres perante a lei. As personagens que o ouvem ficam horrorizadas com o crime perpetrado pelo visconde de S. Silvestre. Embora se trate de referências à escravidão no México, nenhum brasileiro teria dúvidas de que poderiam também dizer respeito ao Brasil.

A descoberta do parecer de Machado se deu em 1952, juntamente com outros quinze, por Eugênio Gomes, na seção de manuscritos da Biblioteca Nacional. A *Revista do Livro*, no número de junho de 1956, publicou-os pela primeira vez. Lúcia Miguel-Pereira, que havia escrito uma biografia de Machado, sem mencioná-los, surpreendeu-se com o conteúdo do parecer sobre *Mistérios Sociais*, e afirmou que o escritor mostrou-se "timorato e conservador, atingindo a extremos de convencionalismo, de acatamento às instituições, embora fossem nefastas"[17]. Também Eugênio Gomes criticou Machado, que teria demonstrado "preconceito social" e agido "francamente com a sociedade intolerante de sua época"[18].

De fato, não há como negar que Machado compactuou com a sociedade escravista de seu tempo. Poderia ter dado a licença à peça, como fez o primeiro censor, Bethencourt da Silva, em maio de 1859, ao escrever: "Moralizadora e honesta, nada contém a presente comédia que impeça a sua representação." Teria deixado, assim, o ônus da proibição, se fosse o caso, em 1862, ao presidente do Conservatório Dramático. Jean-Michel Massa pondera que o parecer se opõe ao que Machado afirmava sobre o problema da escravidão nos seus

---

[17] L. Miguel-Pereira, Colcha de Retalhos, *Escritos da Maturidade*, p. 16.
[18] E. Gomes, Machado de Assis, Censor Dramático, *Machado de Assis*, p. 14-15.

textos jornalísticos. Como censor, porém, "aceitava a moral e a ética da época". Se não endossava a escravidão, "resignava-se" e "aceitava ser reformista"[19].

Em 13 de agosto de 1862, *Mistérios Sociais* sobe à cena no Ateneu Dramático, anunciada como "comédia-drama". Na coluna "As Vespas Dramáticas", da *Semana Ilustrada* do dia 17, A. de C. (talvez Augusto de Castro) lembra que o Ginásio Dramático quis representar a peça em 1859, mas foi impedido pelo Conservatório Dramático. Como então o Ateneu Dramático conseguiu a liberação? O colunista sugere que o Ginásio Dramático foi prejudicado pelo "mau humor" do censor, pois a peça, em sua opinião, em nada ofende os costumes, a moral e as instituições do país. Ironicamente, conclui: "Parece que o tempo modificou os perigos dos *Mistérios*." O Ateneu Dramático defendeu-se da acusação implícita de favorecimento por parte do Conservatório Dramático, explicando nos anúncios da peça que ela foi liberada "porque, não já o tempo, mas os cortes que a peça sofreu, fizeram *modificar os perigos dos Mistérios*, segundo a expressão irônica, se não maliciosa, do autor das *Vespas*"[20].

Como se vê, as alterações sugeridas por Machado foram atendidas. Quero crer que ele mesmo comentou a encenação da peça no "Noticiário" do *Diário do Rio de Janeiro* de 15 de agosto de 1862. Embora não seja um texto assinado, sabe-se que Machado se desdobrava na redação desse jornal, escrevendo até mesmo editoriais. Os elogios a artistas de sua predileção, como Gabriela da Cunha e Antônio Moutinho de Souza, a recomendação de maior espontaneidade e menos ênfase ao ator De Giovani – recomendação sempre feita aos artistas que exageravam nos gestos e declamação – e o modo de construção de algumas frases, que lembram outras no conjunto da crítica teatral do autor, são garantia de que posso estar certo. Além disso, há uma expressão que é utilizada tanto no parecer quanto no texto do jornal, na altura em que a peça é resumida: "O enredo é simples: trata-se de um filho que tendo sido vendido com sua mãe pelo próprio autor de seus dias, na república do México, ganha a liberdade, ilustra-se, enriquece, paga as traficâncias de seu pai, e vai depois encontrá-lo em Portugal, mostra-lhe a enormidade de seu crime, e restitui à felicidade e à fartura a família indigente e desamparada do ex-negociante do México."

Observe-se que a criança vendida não é referida como escrava. A condição para a peça ser liberada era exatamente essa: Lucena é vendido com a mãe, como se fossem escravos, mas eram livres. A expressão que se repete no parecer e no texto acima é "autor de seus dias"[21].

19 J.-M. Massa, *A Juventude de Machado de Assis*, p. 338.
20 *Diário do Rio de Janeiro*, 17 ago. 1862, p. 4.
21 Sobre a censura a *Mistérios Sociais*, ver "O Escravo Que Machado de Assis Censurou e Outros Pareceres do Conservatório Dramático", de Alex Castro, *Afro-Hispanic*

Creio que o posicionamento de Machado se deveu menos às suas convicções pessoais do que ao conservadorismo do Conservatório Dramático. Diante de um parecer anterior que condenava *Mistérios Sociais*, ele deve ter ponderado que um mal menor seria sugerir mudanças para que a peça pudesse ser representada. Não podemos esquecer que, nesse início da década de 1860, o jovem escritor militava no jornalismo liberal, contratado pelo *Diário do Rio de Janeiro*, e que, como crítico teatral, desde 1859, vinha elogiando e aplaudindo peças brasileiras que criticavam a escravidão. É o que veremos mais à frente.

Quando o Conservatório Dramático encerra suas atividades, em 1864 – será reativado em 1871 e funcionará até 1897 –, a escravidão é uma instituição já combatida por escritores, jornalistas, intelectuais e políticos do Partido Liberal. Nessa altura, várias peças de cunho romântico e realista já haviam sido escritas e representadas, questionando a manutenção da ordem escravocrata que nos envergonhava diante das nações civilizadas.

3
A Escravidão nas Peças Românticas e Realistas

Em 1958, Brito Broca escreveu um artigo intitulado "O Bom Escravo e as Vítimas Algozes", chamando a atenção para a presença do cativo em textos românticos e realistas[1].

Ele comenta algumas obras que abordaram a questão da escravidão e formula a seguinte hipótese: a propaganda abolicionista se fez na literatura de duas maneiras: em uma, "mostrando o escravo como uma criatura cheia de virtudes, superando os males da instituição; noutra, mostrando-o como um ser infeliz e miserável, levado ao vício ou ao crime por culpa exclusiva do cativeiro". No primeiro caso, a obra literária fornece "uma imagem idealizada e romântica do negro"; no segundo, "uma imagem realista: o escravo dificilmente poderia ser bom na condição nefanda a que o relegava o cativeiro".

Brito Broca diz ainda que o protótipo do escravo idealizado surge com o romance *Uncle Tom's Cabin; or, Life Among the Lowly*[2], de Harriet Beecher Stowe, em 1852, com o qual o abolicionismo romântico ganha impulso. Trata-se de um "abolicionismo que pretendia inspirar o horror ao cativeiro por meio da exaltação do escravo". A essa linhagem, afirma, pertence o romance *A Escrava Isaura*, de Bernardo Guimarães (1875), e a peça teatral *Mãe* (1860), de José de Alencar; ao abolicionismo realista pertencem a comédia *O Demônio Familiar* (1857), de José de Alencar, e as novelas intituladas *As Vítimas Algozes* (1869), de Joaquim Manuel de Macedo. Brito Broca acrescenta ainda duas obras posteriores ao período romântico em que se encontra o abolicionismo realista: *O Escravocrata* (escrito em 1882 e publicado em 1884), drama de Artur Azevedo e Urbano Duarte, e *A Carne* (1888), romance de Júlio Ribeiro.

São poucos os exemplos que o autor dá para ilustrar sua ideia. E talvez não seja correto falar em literatura abolicionista para se referir a obras de meados do século XIX, nas quais há sem dúvida críticas à escravidão, mas não

---

[1] *Românticos, Pré-Românticos, Ultra-Românticos*, p. 271-273.
[2] No Brasil, o título do romance foi traduzido como *A Cabana do Pai Tomás*. (N. da E.)

3 A ESCRAVIDÃO NAS PEÇAS ROMÂNTICAS E REALISTAS

uma manifestação clara a favor do fim imediato da nefasta instituição. De modo geral, como se sabe, as manifestações contra o cativeiro, após a interrupção do tráfico, em 1850, enfatizaram a necessidade de uma emancipação gradual, que culminou na Lei do Ventre Livre, em 1871. De qualquer modo, Brito Broca acerta quanto às duas maneiras mais comuns de apresentar o escravo no interior das obras literárias brasileiras ao longo do século XIX: a idealização romântica e o retrato realista, entendido este como o contrário do outro, ou seja, como resultado de uma visão igualmente exagerada na criação de personagens com defeitos. Claro que, por vezes, os excessos são evitados e a escravidão aparece em cena de modo mais verdadeiro e convincente.

No terreno do teatro, há que se lembrar que o romantismo teatral foi hegemônico até 1855, quando a criação do Teatro Ginásio Dramático, no Rio de Janeiro, trouxe a novidade realista francesa a um público ávido de novidades. Peças de Alexandre Dumas Filho e Émile Augier, entre outros, faziam sucesso na França, colocando no palco um retrato positivo da burguesia e de seus valores morais e sociais. O trabalho, a honestidade, o casamento e a família eram defendidos em cena por personagens *raisonneurs*, que emitiam opiniões e juízos de valor no interior de um universo ficcional que buscava reproduzir com naturalidade os costumes burgueses contemporâneos. Traduzidas e encenadas no Rio de Janeiro, as peças francesas conquistaram o favor dos jovens intelectuais que atuavam na imprensa. O romantismo teatral, presente no Teatro São Pedro de Alcântara, sob a direção do grande ator João Caetano, passou a ser considerado anacrônico. Na pintura dos costumes ligados à vida em família, não havia lugar para as grandes paixões e os exageros sentimentais. Numa espécie de manifesto intitulado "A Comédia Brasileira", José de Alencar, em 1857, escreveu: "O tempo das caretas e exagerações passou. *Inês de Castro*, que já foi uma grande tragédia, hoje é para os homens de gosto uma farsa ridícula."[3] Como veremos à frente, o grande escritor, no teatro, preferiu a comédia realista ao drama romântico.

Nas duas ou três décadas seguintes, as duas estéticas teatrais antagônicas orientarão os dramaturgos brasileiros e estarão presentes em nossos palcos, seja em peças que as combinam, seja em peças inteiramente românticas ou realistas. Não poucas vezes, também o melodrama dará sua contribuição para o repertório dramático que será aqui estudado, com ênfase na crítica à escravidão.

---

[3] Em J.R. Faria, *Ideias Teatrais*, p. 473.

JOAQUIM MANUEL DE MACEDO

Depois de Martins Pena, o escritor brasileiro que colocou o negro em cena com algum destaque foi Joaquim Manuel de Macedo, no drama *O Cego*, representado pela primeira vez no Rio de Janeiro, em 1849. Antes dele, nossos dramaturgos do período romântico escreveram dramas, melodramas e tragédias neoclássicas, com preocupações as mais diversas. A escravidão não estava entre elas, como comprova o fato de a maior parte das peças até então escritas ter a ação dramática situada fora do Brasil. Vejam-se as duas tragédias de Gonçalves de Magalhães, os quatro dramas de Gonçalves Dias ou os melodramas de Martins Pena e Luiz Antônio Burgain.

Macedo situa a ação de seu drama nos arrabaldes do Rio de Janeiro, em 1825. A escravidão se faz presente pela servidão voluntária do negro Daniel, como guia do cego Paulo. Embora não seja propriamente um escravo, ele se comporta como tal, porque acredita ser eterno devedor do homem que o ajudou quando sua mãe ficou doente. No final do primeiro ato, no momento em que Paulo lhe pede fidelidade, responde com uma fala que define sua posição subalterna:

> Serei grato e fiel eternamente.
> Nunca me há de esquecer a mãe enferma.
> Num leito de misérias definhando;
> Nem minha dor ao vê-la assim sofrendo,
> E eu pobre sem recursos pra valer-lhe;
> Nem a hora, em que súbito na porta
> Da nossa pobre casa aparecestes,
> Como um anjo benéfico: oh! maldito
> Eu fosse, se olvidasse o que vos devo!
> Nunca me hão de esquecer as frases trêmulas
> Que ao expirar, como um legado santo;
> Me disse minha mãe; sempre as recordo:
> "Filho!... meu benfeitor te recomendo;
> Se necessário for, morre por ele."
> (*Depois de enxugar uma lágrima*)
> Serei grato e fiel eternamente.
> Sou vosso escravo... – não! Sou mais do que isso,
> Sou cão fiel, que a vossos pés vigia.[4]

---

[4] J.M. de Macedo, *Teatro Completo 1*, p. 250.

3 A ESCRAVIDÃO NAS PEÇAS ROMÂNTICAS E REALISTAS

Daniel é uma espécie de confidente, que fica em cena para que o protagonista tenha a quem se dirigir quando exprime o sofrimento causado pela cegueira, o amor que sente por Maria, o ciúme e a sede de vingança quando acredita que foi traído pela esposa. A trama é bastante simples, centrada em dois irmãos, Henrique e Paulo, que amam a mesma mulher. Como o primeiro, por quem Maria é apaixonada, vai para a guerra como "capitão voluntário da Independência", e é dado como morto, o pai da mocinha a obriga a se casar com o segundo. Quando Henrique volta, depois de um ano, exatamente no dia do casamento, e surpreende a todos, Maria já não pode voltar atrás em sua decisão de se casar, ainda que a contragosto, mas concede ao rapaz um último encontro, à noite, para dizer-lhe adeus. Daniel ouve esse diálogo e, fiel ao seu senhor, conta-lhe o que ouviu. Está preparado o desfecho da peça. Maria, já casada, ouve a declaração de amor de Henrique e, comovida, também se declara. Paulo, escondido, os interrompe. Ciente de não ser amado, apunhala-se na frente de todos e morre em cena no desfecho da peça, cujas últimas palavras são de Henrique para o pai de Maria, responsabilizando-o pela tragédia. Em toda a peça, os diálogos entre as personagens são tensos, explosivos, um tanto retóricos, em versos brancos que devem exprimir a força dos sentimentos.

Nesse drama enxuto, que mais se assemelha a uma tragédia, pois foi escrito em versos, com cinco atos e obediência à regra das unidades de tempo, lugar e ação, tudo gira em torno dos sentimentos de Paulo, Henrique e Maria. Não há espaço para o desenvolvimento do caráter de Daniel. Seu único traço é a fidelidade, levada ao extremo quando conta ao recém-casado que Maria e Henrique vão se encontrar. Diante da reação violenta de Paulo, ele se diz arrependido e argumenta que talvez não haja crime para ser vingado. No longo diálogo entre ambos, no início do quarto ato, Daniel tenta em vão fazer Paulo voltar à razão.

Não há em *O Cego* nenhuma preocupação com o problema da escravidão, o que talvez se explique pelo fato de que na época em que a peça foi encenada a própria ideia da emancipação dos escravos não estava na ordem do dia. Discutia-se, e muito, a questão do tráfico, que seria definitivamente proibido em 1850. Nos jornais, os comentários críticos sobre *O Cego* detiveram-se na trama amorosa e na pintura dos fortes sentimentos de Paulo, Henrique e Maria. No pequeno jornal *O Artista*, de 22 de setembro de 1849, Daniel mereceu duas linhas, caracterizado como "preto, de alma muito branca", formulação que diz tudo sobre os preconceitos da época. Machado de Assis, que estudou o teatro de Joaquim Manuel de Macedo, em 1866, fez elogios e ressalvas a *O Cego*, mas o negro Daniel não lhe chamou a atenção[5].

5   M. de Assis, *Do Teatro*, p. 429-459.

Nas peças que escreveu em seguida, nos anos 1850 e 1860, Macedo não deu proeminência ao escravo. Nem mesmo na qualidade de personagens secundárias aparecem em comédias como *Luxo e Vaidade* ou *A Torre em Concurso*. Por outro lado, envolveu-se na política e elegeu-se deputado pelo Partido Liberal em 1863. Em 1869, ele manifesta claramente sua posição antiescravista em duas oportunidades. Na primeira, em carta escrita ao conde D'Eu, proclama: "Liberal, e presumindo-me da boa escola liberal, sou decidido propugnador da emancipação dos escravos."[6] Na segunda, por meio das três novelas reunidas no livro *As Vítimas Algozes*, traça um duro retrato da escravidão, responsabilizando-a pelos crimes que os escravos cometiam contra os brancos. No prefácio, Macedo evoca a guerra civil recém terminada nos Estados Unidos para concluir que a emancipação é um processo inevitável no mundo ocidental. Será uma vergonha para o Brasil se quiser protelá-la, afinal, "agora é o mundo, agora são todas as nações, é a opinião universal, é o espírito e a matéria, a ideia e a força a reclamar a emancipação dos escravos"[7].

Como escritor, Macedo explica que poderia seguir dois caminhos para provocar no leitor a repulsa à escravidão e fazê-lo aderir à causa da emancipação. O primeiro seria mostrar os sofrimentos do escravo, sua vida miserável e triste, o mal que o senhor lhe faz. O segundo, que escolheu, pinta o mal que o escravo faz ao senhor, quando movido pelo ódio, pela vingança contra a violência de que é vítima. Enquanto houver escravidão, os terríveis crimes descritos nas três novelas se repetirão, afirma. Daí sua posição pela emancipação, mas gradual, não abrupta, para evitar o caos econômico e social. Moderado em sua avaliação política dos males da escravidão, Macedo é radical em sua ficção, construída a partir de um ponto de partida muito bem definido nessa passagem do prefácio:

> Trabalhar no sentido de tornar bem manifesta e clara a torpeza da escravidão, sua influência malvada, suas deformidades morais e congênitas, seus instintos ruins, seu horror, seus perigos, sua ação infernal, é também contribuir para condená-la e para fazer mais suave e simpática a ideia da emancipação.[8]

Ainda que bem-intencionado, Macedo escreveu um livro para chocar os leitores, para fazê-los temer os escravos, que são pintados como assassinos cruéis. O exagero na caracterização das personagens desequilibra o realismo que se quer atingir, embora o escritor afirme que as histórias narradas são

---

6   J.G. de Sousa, *Machado de Assis e Outros Estudos*, p. 150.
7   J.M. de Macedo, *As Vítimas Algozes*, p. 9.
8   Ibidem, p. 10.

verdadeiras. As três novelas se afirmam como propaganda, mas não atingem um bom nível de realização estética.

Em algumas comédias que escreveu na década de 1870, Macedo fez breves referências à escravidão, mas não colocou o escravo como protagonista em nenhuma delas. Lucas é personagem secundária e pouco aparece em *Cincinato Quebra-Louça*. Na burleta *Antonica da Silva*, escravos e escravas entram e saem de cena carregando objetos e recebendo ordens, porém não têm falas. Em *Uma Pupila Rica* há uma personagem que compra e vende escravos e é recriminada pelas demais, questão que não é aprofundada. O que se pode concluir é que não foi como dramaturgo que Macedo deixou seu nome ligado à causa da emancipação e sim como político e autor de *As Vítimas Algozes*.

JOSÉ DE ALENCAR

A primeira peça teatral brasileira protagonizada por um escravo, e vista em nossos palcos, foi escrita por José de Alencar. No dia 5 de novembro de 1857, subiu à cena no Teatro Ginásio Dramático do Rio de Janeiro a comédia em quatro atos *O Demônio Familiar*. Já não estamos mais no terreno do romantismo. O modelo seguido por Alencar foram as peças de Alexandre Dumas Filho e Émile Augier, que começaram a circular no Rio de Janeiro em forma impressa ou no palco do Teatro Ginásio Dramático a partir de 1855. Com certeza ele leu ou viu, do primeiro, *A Dama das Camélias*, *O Mundo Equívoco* e *A Questão do Dinheiro*; do segundo, *O Genro do Sr. Pereira* e *O Casamento de Olímpia*. É possível que tenha assistido às representações de *As Mulheres de Mármore* e *Os Parisienses*, de Théodore Barrière e Lambert Thiboust. Nessas peças, duas questões principais foram abordadas: a prostituição, vista como um perigo para as famílias burguesas, e as relações entre o amor, o dinheiro e o casamento. Os enredos, um tanto maniqueístas – bons burgueses contra maus burgueses –, acabavam por fornecer uma visão positiva de uma sociedade moderna, civilizada, regida por valores éticos e morais, em tudo diferente da nossa realidade escravocrata.

Alencar percebeu que essas peças – conhecidas como dramas de casaca ou comédias realistas – eram uma espécie de "daguerreótipo moral"[9]. Por um lado, fotografavam os costumes burgueses, mas, por outro, aperfeiçoavam o retrato com pinceladas moralizadoras. O papel do dramaturgo devia ir além da criação de um enredo interessante ou da nota realista; era preciso também abordar questões sociais importantes, debatê-las em cena, assumir uma posição clara em relação aos temas tratados, passar lições edificantes para a plateia.

[9] A expressão está presente no artigo "A Comédia Brasileira". Ver supra nota 2.

Ao escrever a peça *O Demônio Familiar*, Alencar concebeu-a como uma comédia de costumes, que retrata a vida e os valores da classe média emergente no Brasil da década de 1850. Em primeiro plano estão as relações entre o amor, o dinheiro e o casamento, que afetam duas moças e três rapazes em idade de se casar. O que o enredo mostra são as maquinações de um escravo doméstico, o moleque Pedro, que arma uma sequência de confusões com suas mentiras, separando jovens que se amam e desestabilizando a família do jovem médico Eduardo. Não há maldade em seus atos: ele quer apenas que seu senhor se case com uma mulher rica para ser cocheiro e vestir um uniforme vistoso.

Alencar abrasileirou a comédia realista francesa, apropriando-se de um de seus temas fortes e vinculando-o a um dos nossos costumes escravistas, o de manter em casa um escravo para fazer pequenas tarefas domésticas. O casamento por dinheiro ou por conveniência deve ser condenado pela boa sociedade, segundo a moral da comédia realista, mas há na peça uma personagem afrancesada que o defende com cinismo. Ele será banido do círculo familiar de Eduardo, assim como o escravo doméstico. Quando as mentiras de Pedro são descobertas, a família se reequilibra e dois casamentos por amor serão realizados. Pedro não será punido com chibatadas ou qualquer outra forma de violência. E nem será posto à venda. Criando um desfecho surpreendente, Alencar faz Eduardo libertar o moleque, mas não sem antes deixar uma mensagem para o leitor/espectador:

> Todos devemos perdoar-nos mutuamente; todos somos culpados por havermos acreditado ou consentido no fato primeiro, que é a causa de tudo isto. O único inocente é aquele que não tem imputação, e que fez apenas uma travessura de criança, levado pelo instinto de amizade. Eu o corrijo, fazendo do autômato um homem; restituo-o à sociedade, porém expulso-o do seio de minha família e fecho-lhe para sempre a porta de minha casa. (*A Pedro*) Toma: é a tua carta de liberdade, ela será a tua punição de hoje em diante, porque as tuas faltas recairão unicamente sobre ti; porque a moral e a lei te pedirão conta severa de tuas ações. Livre, sentirás a necessidade do trabalho honesto e apreciarás os nobres sentimentos que hoje não compreendes.[10]

Espírito polêmico, Alencar provocou a sociedade escravocrata de seu tempo, dando ao moleque Pedro a liberdade. Na imprensa da época, não faltou quem o criticasse pelo desfecho da peça. Paula Brito, em *A Marmota* de 10 de novembro de 1857, afirmou que a atitude de Eduardo não encerrava nenhuma lição moral e que a liberdade era um prêmio que só os bons escravos mereciam. Haveria mais moralidade, a seu ver, se Pedro fosse punido, se Eduardo lhe

---

10   J. de Alencar, *O Demônio Familiar*, p. 226.

ensinasse o certo e o errado para que em futuro próximo tivesse "o prazer de vê-lo depois homem de bem".

O famoso tipógrafo parece não ter entendido que Alencar quis mostrar no palco os problemas que os escravos domésticos podiam causar às famílias e que o melhor para elas era simplesmente não os ter em casa. O folhetinista Sousa Ferreira, dois dias antes, no *Diário do Rio de Janeiro*, havia deixado isso claro para os seus leitores:

> Se nascestes no Brasil ou se pertenceis a uma família brasileira, ide ouvir essa composição e dizei depois se não encontrastes aí reproduzida com uma expressão de verdade, às vezes triste, a vida de família, tal qual a tendes em vossa casa.
>
> Recebemos de nossos pais um triste legado, o escravo. Longo tempo o interesse, o hábito, a indolência não nos deixaram conhecer a fonte de males, que representava essa herança [...].
>
> Hoje todas as inteligências, todas as vontades se unem, porfiam em resgatar a culpa do passado. Destruamos para sempre o cancro que a nossa incúria deixou crescer tanto.
>
> É este o brado da geração atual, é este também o belo e nobre pensamento que inspirou o autor do *Demônio Familiar*.

Para Sousa Ferreira, a peça de Alencar continha um forte sentimento antiescravista, na medida em que condenava a escravidão doméstica e sugeria à família brasileira que se livrasse dessa herança do passado. Machado de Assis, em texto de 1866, concordou com a avaliação de Sousa Ferreira e escreveu que havia um "traço novo" e uma "lição profunda" no desfecho da peça, pois o escravo Pedro passaria a ser responsável por seus atos e teria que prestar contas à sociedade. Assim, "as conclusões do *Demônio Familiar*, como as conclusões de *Mãe*, têm um caráter social que consola a consciência; ambas as peças, sem saírem das condições da arte, mas pela própria pintura dos sentimentos e dos fatos, são um protesto contra a instituição do cativeiro"[11].

Mais à frente comentarei o drama *Mãe*, de Alencar, encenado em 1860. Em relação a *O Demônio Familiar*, é importante salientar que a peça foi publicada em 1858 e que foi lida e encenada em várias cidades brasileiras nas décadas de 1860 a 1880, tornando-se bastante conhecida[12] e sempre considerada como peça antiescravista.

11 M. de Assis, op. cit., p. 414.
12 Duas peças publicadas no Maranhão, em 1861 e 1862 – *Os Estudantes da Bahia* e *A Buenadicha* – revelam o prestígio de *O Demônio Familiar*. A primeira, de Luiz ▶

Na polêmica que travou com Joaquim Nabuco, em 1875, Alencar explicou o que tinha em mente ao criar a personagem Pedro. Seu oponente havia desferido críticas violentas à comédia e censurado o autor por ter trazido a escravidão à cena. A seu ver, era uma mácula social que não se prestava à comédia. Entre os defeitos de *O Demônio Familiar*, o futuro líder abolicionista ressaltava que a linguagem do moleque escravo era falsa e bárbara; que o enredo mostrava oito personagens enganadas por um "analfabeto" ao mesmo tempo estúpido e perspicaz; que "essa comédia de costumes não conta a vida de nossa sociedade, mas deprime e desmoraliza a nossa família, sem mesmo ter o mérito da verdade"[13].

Alencar defendeu-se lembrando que: a linguagem de Pedro era cópia do modo de falar de um escravo que o acompanhou enquanto viveu em São Paulo, quando fez a Faculdade de Direito; a esperteza do moleque tinha longa tradição literária, que remontava a Shakespeare e Molière; seu intuito foi o de "mostrar os inconvenientes da domesticidade escrava, a qual, por isso mesmo que em geral é constante e hereditária, entrava mais em nossa intimidade, insinuava-se insensivelmente no próprio seio da família, cujos pensamentos surpreendia, a ponto de não haver para ela segredos"[14]. Alencar explicou ainda que poderia ter criado um escravo perverso e um enredo diferente, mas que preferiu a face amena do assunto. A parte mais desenvolvida de seus argumentos diz respeito ao contexto social e político em que a peça foi escrita. Chamado de "dramaturgo escravagista" por Nabuco, lembrou que em 1857 não se discutia a questão da emancipação e que os emancipadores da década de 1870 eram escravocratas na ocasião em que foi representada *O Demônio Familiar*. Até o conselheiro Nabuco de Araújo, pai de Joaquim Nabuco, era então um conservador. Diante desse quadro, conclui:

> Entre as aspirações, que no Parlamento e na imprensa começavam, ainda raras, a manifestar-se para a eliminação desse resto da barbaria, a história registrará o tentame de um escritor, que, a exemplo de Aristófanes, de Plauto, de Molière, aplicou-se, quanto lho permitiam seus modestos recursos, a patentear com o prestígio da cena os perigos e horrores dessa chaga social!

> ▷ Miguel Quadros, trata principalmente dos costumes de um grupo de estudantes em Salvador. Bronze é o moleque escravo de um deles, mas a peça não apresenta nenhuma crítica à escravidão. Na segunda, de Sabbas da Costa, o moleque Tomé aparece em apenas uma cena e não é importante para o enredo, que aborda as alegrias e dissabores de jovens apaixonados, bem como a realização de uma profecia. Em compensação, uma personagem leu a peça de Alencar e a cita num diálogo.

13 A. Coutinho (org.), *A Polêmica Alencar-Nabuco*, p. 105.
14 Ibidem, p. 124.

3 A ESCRAVIDÃO NAS PEÇAS ROMÂNTICAS E REALISTAS

> Primeiro tentou o gênero cômico; e atraindo pela intimidade das cenas domésticas, granjeando pelo riso a atenção pública, mostrou o gérmen do mal no próprio seio da inocência.
>
> Depois, mais afoito, descarnou o cancro, e por meio de uma ação natural e simples, de uma fatalidade mais de uma vez acontecida, conseguiu abalar as fibras sociais, do que lhe deram testemunho opiniões muito competentes, e mais do que isso as lágrimas das senhoras.
>
> Pois é a esse escritor, a esse homem que desde 1857, quando o Sr. Nabuco ainda ia ao colégio, de pajem à cola, trabalhava em pró da grande causa da emancipação espontânea; é ao autor de *O Demônio Familiar*, e de *Mãe*, que uns vinte e seis anos, ainda quase inúteis para este país, lembram-se de acusar de degradação do teatro brasileiro, pelo fato de ter exposto em cena os horrores da escravidão![15]

Como se vê, o próprio Alencar reivindica para si o papel pioneiro de ter escrito peças antiescravistas antes mesmo de haver no país uma discussão abrangente sobre a questão da emancipação. Mais importante que o ponto de vista do autor é verificar que a recepção crítica de *O Demônio Familiar*, quando de sua encenação, já havia se pronunciado de modo semelhante, como vimos nos textos de Sousa Ferreira e Machado de Assis. Esse modo de compreender a peça não mudou ao longo do século XIX. Eis o que escreveu Sacramento Blake no quinto volume de em seu prestigioso *Dicionário Bibliográfico Brasileiro*: "É um livro de propaganda abolicionista da escravidão, no qual acha-se perfeitamente esboçado o tipo do moleque, como uma entidade perigosa no lar."[16]

Também o primeiro biógrafo de Alencar, Araripe Júnior, afirmou, em 1881, que a peça fazia "propaganda contra a escravidão". Alencar "propõe-se aí a mostrar os inconvenientes que chegam à família, com a presença em seu seio de elementos sorrateiros de dissolução íntima, como é indubitavelmente o escravo"[17]. Na sequência do texto, o crítico minimiza o estrago feito pelas ações do moleque Pedro, que a seu ver poderia continuar como escravo da casa, concluindo que ele não é um produto da escravidão, mas da família brasileira. Nesse sentido, bastaria corrigi-lo. Alencar teria forçado a mão para acentuar suas "intenções emancipadoras" e fazer propaganda contra a escravidão no desfecho.

É preciso lembrar que Alencar escreveu sua peça aos 28 anos de idade, antes de se tornar o político conservador que se colocou contra a Lei do Ventre Livre e a abolição abrupta da escravidão. Na polêmica que travou com

---

15   Ibidem, p. 120.
16   *Diccionnario Bibliographico Brazileiro*, v. v, p. 77.
17   Araripe Júnior, *Obra Crítica de Araripe Júnior*, v. I, p. 175.

Joaquim Nabuco, afirmou que jamais havia aplaudido a escravidão em seus discursos ou escritos e que a respeitara enquanto lei do país, acrescentando que sempre acreditara na possibilidade de uma extinção espontânea e natural, fruto de uma revolução dos costumes que se daria aos poucos. Nesse sentido, ele diz que continuou "como político a propaganda feita no teatro"[18].

É inegável que no contexto social do escravismo brasileiro, a posição de Alencar soa para nós, hoje, como extremamente conservadora. Defender a ideia de que a escravidão terminaria espontaneamente, por meio de uma revolução dos costumes, cheira a manobra política para preservar o *status quo*, embora não haja razão para duvidar da sinceridade do escritor. Por outro lado, como em 1857 eram raras as manifestações a favor da emancipação, tanto no Parlamento quanto na imprensa, *O Demônio Familiar* abriu caminho para uma discussão sobre as inconveniências da escravidão doméstica e como acabar com ela. Para os contemporâneos de Alencar, era o bastante para enxergar na peça um conteúdo antiescravista.

Posteriormente, os críticos e biógrafos do escritor se dividiram em relação ao significado do desfecho em que Eduardo dá a Pedro a liberdade. Alguns concordaram com a visão predominante ao longo do século XIX, ao passo que outros, levando em conta as posições políticas de Alencar, não viram na peça nenhuma crítica à escravidão. Para dar alguns exemplos, eis a opinião de Sábato Magaldi: "A nosso ver, é impossível não distinguir na peça a condenação do cativeiro, embora o Autor o tenha feito com as armas próprias do ficcionista."[19] Décio de Almeida Prado concorda com esse ponto de vista e aponta o "conteúdo tão marcadamente antiescravagista"[20] de *O Demônio Familiar*. Já R. Magalhães Júnior considera que o final da comédia não passa de uma antecipação da atitude conformista de Alencar, que queria os escravos "fora dos lares e longe das famílias, mas permanecendo nas senzalas e no trabalho forçado dos eitos"[21].

Entre as duas posições, inclino-me pela primeira. O julgamento de Magalhães Júnior extrapola os limites da comédia, uma vez que em nenhum momento Eduardo dá a entender que é a favor da escravidão não doméstica. Contra a visão do biógrafo de Alencar, Brito Broca fez algumas considerações que merecem ser lembradas:

> Magalhães Júnior acha reacionário o desfecho pelo fato de Eduardo ter dado a liberdade ao moleque como quem lhe dá um castigo. Mas parece evidente que o termo punição é empregado pelo personagem em sentido

18 A. Coutinho (org.), op. cit., p. 58-59.
19 *Panorama do Teatro Brasileiro*, p. 94.
20 *Teatro de Anchieta a Alencar*, p. 333.
21 *José de Alencar e Sua Época*, p. 119.

figurativo. Quando ele diz: "Eu o corrijo, fazendo do autômato um homem; restituo-o à sociedade, porém expulso-o do seio da minha família", está formulando uma condenação do cativeiro, responsável pela conduta do moleque, do cativeiro, que o reduzira à situação de *autômato* sem imputabilidade moral. O castigo para a sua falta só pode ser a carta de alforria, uma vez que o moleque não merece castigo enquanto escravo, quer dizer, enquanto *autômato*. Tenho a impressão de que é nitidamente abolicionista o pensamento desse desfecho e estou de acordo com as ponderações de Machado de Assis das quais diverge o meu caro Magalhães."[22]

Também Décio de Almeida Prado, discordando de Magalhães Júnior, não considera *O Demônio Familiar* uma peça reacionária. Ele observa que a alforria de Pedro "nunca poderia partir de um espírito realmente escravagista – oxalá todas as punições de escravos fossem de igual teor"[23]. Em sua interpretação, pondera corretamente que a crítica à escravidão está presente de maneira a abordar a questão pelo lado do senhor: "A escravidão é condenada, em primeiro lugar, pelo mal que faz aos patrões, introduzindo em seus lares a mentira, a alcovitice, o mexerico, a intriga."[24]

Concordo com os argumentos de quem vê um significado antiescravista e uma condenação do cativeiro em *O Demônio Familiar*. Mas, a meu ver, a comédia não aprofunda as críticas a essa instituição, que afinal sustentava a economia do país. Alencar quis mostrar unicamente os inconvenientes da escravidão doméstica, tão comum no Brasil urbano de seu tempo, colocando no centro da ação dramática um escravo travesso, movido por um objetivo fútil. Assim, ele condena esse costume das velhas famílias brasileiras, talvez por duas razões: em primeiro lugar, porque as próprias famílias podiam tornar-se vítimas do escravo doméstico, ou seja, a escravidão não era ruim apenas para o escravo, mas principalmente para o homem branco; em segundo, porque se tratava de costume herdado da tradição colonial. Manter o escravo doméstico, em 1857, era um anacronismo, pelo menos para as famílias modernas dos profissionais liberais que naquela altura viviam de seu trabalho. Eduardo, médico e membro da pequena burguesia emergente de então, dá a liberdade a Pedro e ao mesmo tempo se liberta da última amarra que o prendia à antiga estrutura social.

Se entendermos o desfecho dessa maneira, a comédia pode ser lida como uma provocação à sociedade escravista, que não abdica dos costumes que vêm dos tempos coloniais. Eduardo dá o exemplo, no palco, de uma atitude

22 B. Broca, op. cit., p. 271.
23 D. de A. Prado, op. cit., p. 331.
24 Ibidem, p. 330.

fundamental para a modernização da família brasileira, em termos burgueses. E não só no desfecho, pois toda a sua postura, ao longo da comédia, é de quem se contrapõe aos velhos hábitos no que diz respeito ao namoro, ao casamento e à constituição da família. Importa também observar que Eduardo, num diálogo com Henriqueta, no início do quarto ato, anuncia que vai alforriar Pedro, para "solenizar" a felicidade do casal. Afirma, então, que deseja exercer "um dos mais belos direitos que tem o homem na nossa sociedade". Henriqueta lhe pergunta qual é esse direito e ele responde: "O direito de dar a liberdade." [p. 180] Essa cena ocorre antes de Eduardo tomar consciência de todas as confusões armadas por Pedro. Isso significa que no momento do desfecho ele já tem a carta de alforria em mãos. Daí poder entregá-la ao moleque de imediato, seguida de uma consideração ditada pelo calor da hora: a de que a liberdade seria uma punição, na medida em que Pedro teria que responder pelos seus atos. A atitude de Eduardo, de qualquer modo, é uma manifestação clara da posição defendida por Alencar, a de que a emancipação poderia ser atingida pelo que ele denominava "revolução dos costumes".

■ ■

Se em *O Demônio Familiar* Alencar filiou-se à estética realista, no drama *Mãe*, aproximou-se do romantismo, mas sem descartar totalmente o realismo teatral. O sucesso da peça, cuja estreia ocorreu em 24 de março de 1860, no Ginásio Dramático[25], consagrou Alencar como "o chefe da nossa literatura dramática", nas palavras de Machado de Assis, que considerou *Mãe* "o melhor de todos os dramas nacionais até hoje representados [...], uma obra verdadeiramente dramática, profundamente humana, bem-concebida, bem-executada, bem-concluída"[26]. Como público e crítica uniram-se nos aplausos ao longo da temporada em que a peça ficou em cartaz, tudo indica que a sociedade brasileira, apesar de majoritariamente escravocrata, comoveu-se com a história da personagem Joana, a "mulata velha", como ela mesma se denomina, que, ocultando a maternidade, é escrava do próprio filho.

Pela segunda vez, Alencar punha o escravo em cena, mas agora com a intenção de explorar o *drama* da escravidão, a partir de uma situação potencialmente

25 Alencar exigiu do Ginásio Dramático que *Mãe* fosse representada anonimamente. Marcada a estreia para 15 de março, nesse dia falece o pai do escritor. Os jornais noticiaram então que por justo motivo a primeira representação se daria em 24 de março. Bastou esse fato para que o anonimato se desfizesse. Já no dia seguinte à estreia Alencar recebeu uma carta de Quintino Bocaiúva, que dizia: "Fui assistir à representação do drama que se executou ontem no Ginásio e que sei ser teu." (R. de Menezes, *Cartas e Documentos de José de Alencar*, p. 141.)
26 Machado de Assis, op. cit., p. 419.

3 A ESCRAVIDÃO NAS PEÇAS ROMÂNTICAS E REALISTAS

explosiva. Claro que o segredo da protagonista é o motor da peça. Joana vive com o filho Jorge em perfeita paz e harmonia, pois é efetivamente tratada como mãe, não como escrava. O rapaz, de bom coração, dá-lhe inclusive uma carta de alforria, para comemorar o aniversário de 21 anos – mais uma manifestação da crença de Alencar na extinção espontânea da escravidão. Nada parece ameaçar essa vida calma e o equilíbrio assentado sobre um segredo que é compartilhado apenas por um velho conhecido de Joana, há muito tempo ausente do Brasil. Mas quando a peça se inicia, a visita inesperada desse homem deixa no ar a possibilidade da revelação. O Dr. Lima, médico, sem preconceitos, não aceita que Joana não tenha contado a verdade a Jorge.

Os desdobramentos dessa situação são cuidadosamente calculados. Para que o segredo seja revelado no momento certo e desencadeie o desfecho trágico, entram em cena duas outras personagens: Elisa e seu pai, Gomes. São vizinhos de Joana e enfrentam dificuldades financeiras, agravadas pelos ardis do agiota Peixoto, que ameaça pôr o pobre homem na cadeia se não receber certa quantia de dinheiro até o final da tarde. Como Jorge e Elisa se amam, o rapaz se sente obrigado a salvar o futuro sogro e, sem recursos, recorre ao Dr. Lima, que, todavia, só poderá trazer-lhe o dinheiro na manhã do dia seguinte. A única solução vista pelo rapaz é vender Joana a Peixoto, ainda que por um dia, pois a resgataria em menos de 24 horas.

Não nos esqueçamos: Alencar quer comover. Não lhe interessa o final feliz. Assim, as cenas do quarto ato são carregadas de tensão e dramaticidade. E o momento da revelação do segredo de Joana é preparado para causar um forte impacto tanto nas personagens do drama quanto no espectador. Vejamos como os lances obedecem a uma lógica implacável. Pela manhã, Joana foge de Peixoto e vem para casa ver o filho. Em seguida chega o Dr. Lima, que dá o dinheiro a Jorge, que sai à procura do agiota. Não o encontrando, volta para casa, recebe a visita de Elisa e Gomes e sai de cena para mostrar ao futuro sogro os aposentos que ocupará em breve. Enquanto isso, entra Peixoto, perguntando pela sua escrava. O Dr. Lima fica indignado, mas o agiota lhe mostra o papel assinado por Jorge. O velho médico tira os olhos do papel e depara com o rapaz, que está entrando na sala, enquanto Joana aparece no fundo. A indignação explode em seus lábios: "Desgraçado! Tu vendeste tua mãe!"[27]

Machado de Assis, que assistiu a uma das primeiras representações, escreveu: "Eu conheço poucas frases de igual efeito. Sente-se uma contração nervosa ao ouvir aquela revelação inesperada. O lance é calculado com maestria e revela pleno conhecimento da arte no autor."[28]

---

27 J. de Alencar, *Dramas*, p.175.
28 M. de Assis, op. cit., p. 226.

De fato, é impossível não concordar com Machado. O que se segue é o suicídio de Joana, lance igualmente pungente e bem-preparado, pois o veneno que ela ingere pertencia a Gomes e havia sido arrancado das mãos do filho, que por sua vez o recebera de Elisa.

Como Alencar não recorreu à personagem *raisonneur*, isto é, à personagem que em cena manifesta as opiniões do autor sobre os problemas suscitados pelo enredo, em *Mãe* não há discursos contra a escravidão. A visão crítica exprime-se toda na construção da ação dramática e das personagens. Os contemporâneos de Alencar souberam apreciar essa qualidade da peça, como se vê no texto crítico do sempre arguto Machado de Assis: "Se ainda fosse preciso inspirar ao povo o horror pela instituição do cativeiro, cremos que a representação do novo drama do Sr. José de Alencar faria mais do que todos os discursos que se pudessem proferir no recinto do corpo legislativo, e isso sem que *Mãe* seja um drama demonstrativo e argumentador, mas pela simples impressão que produz no espírito do espectador, como convém a uma obra de arte."[29]

O horror a que se refere Machado pode ser observado tanto no sacrifício que Joana impõe a si mesma – viver ao lado do filho como escrava, sem revelar a verdade para não envergonhá-lo diante da sociedade preconceituosa – quanto na cena em que Peixoto examina a "mercadoria" que está comprando. Ou, principalmente, no desfecho, pois o suicídio da protagonista é uma consequência direta dos males da escravidão.

Misturam-se na peça traços típicos do teatro romântico e realista. Joana é evidentemente uma figura idealizada. Se por um lado a sua condição social a determina enquanto personagem, por outro a sua consciência do que significa ser escrava na sociedade brasileira a transforma em uma mãe abnegada, que tudo suporta, e que é capaz de sacrificar a própria vida para que o filho não carregue o estigma da origem escrava. O lado romântico do drama estende-se também a Jorge, ao tipo de relacionamento que ele mantém com Joana, aos sentimentos que lhe dispensa. Seu comportamento não é obviamente o de um proprietário de escravos. E que dizer de sua reação ao conhecer que Joana é sua mãe? Nenhum espanto, contrariedade ou conflito interior. O bom rapaz não tem preconceitos e aceita a escrava como mãe, exprimindo o seu contentamento numa explosão de júbilo. Ou seja, Alencar pautou-se pela idealização romântica para condenar a instituição do cativeiro. Em vez da crítica direta, do discurso racional, do desfecho à maneira de *O Demônio Familiar*, buscou a emoção para atingir o coração do espectador.

Além de Machado de Assis, outros jornalistas e intelectuais se manifestaram sobre *Mãe*, e não seria exagero afirmar que os elogios recebidos por Alencar de

---

[29] Ibidem, p. 419.

3 A ESCRAVIDÃO NAS PEÇAS ROMÂNTICAS E REALISTAS

seus contemporâneos foram unânimes. O traço antiescravista da peça foi saudado numa nota publicada anonimamente no *Diário do Rio de Janeiro* de 26 de março de 1860: "*Mãe* é uma página luminosa do eterno drama nacional – a escravidão. O autor respeitou as conveniências públicas, é verdade, mas a ideia humanitária salta de cada lance, o instinto liberal respira em cada cena."

Esse comentário, que aponta a desumanidade da escravidão e o alcance político da peça, merece destaque, porque de certa forma é uma resposta ao que se lia no anúncio do espetáculo publicado nos jornais pelo Ginásio Dramático. Diante de um tema que poderia gerar protestos dos escravocratas, a direção do teatro mandou publicar, logo abaixo da lista de personagens e da informação de que a ação da peça se passava em 1855 no Rio de Janeiro, as seguintes palavras: "A *protagonista* deste drama é uma escrava. Respeitaram-se todas as conveniências da sociedade brasileira, para tirar partido unicamente do sentimento da maternidade."

Essa advertência não impediu que folhetinistas e espectadores percebessem o antiescravismo da peça e se emocionassem com o desfecho, coerente com a consciência de Joana em relação aos preconceitos contra os escravos e filhos de escravos, questão que é abordada no folhetim sem assinatura do *Correio Mercantil*, de 26 de março. O autor, após fazer o resumo do enredo, conclui: "A sociedade receberá o homem livre, porque a escrava morrerá com uma sublime mentira nos lábios: *Não sou tua mãe, não, meu filho!*" Para o folhetinista, Joana não poderia reconhecer Jorge como filho, pois o "mundo" não o aceitaria. Como prova disso, Alencar faz Gomes voltar atrás em seu consentimento para Elisa se casar com Jorge, filho de uma escrava: "Sinto muito, porém. O senhor compreende a minha posição... As considerações sociais..." [p. 180] A ingratidão de Gomes dura pouco. Ao saber que sua honra foi salva porque Joana insistiu em ser vendida para Peixoto, pede conselho ao Dr. Lima, que lhe diz: "Não há considerações nem prejuízos, senhor, que me obriguem a cometer uma ingratidão." [p. 181]

Permitir o casamento de Jorge com Elisa, depois de revelado o segredo de Joana, não deixava de ser uma afronta à sociedade escravocrata. O preconceito contra a ascendência escrava era tão grande que nem mesmo o abolicionista Joaquim Nabuco deixou de criticar esse dado da peça, na polêmica que travou com Alencar em 1875: "Fazendo os diversos representantes do que ele [Alencar] chama a nossa sociedade consentirem no casamento de uma rapariga com um liberto, filho natural de uma escrava e que vendera a mãe, o escritor ofendeu todos os sentimentos que fazem a dignidade de nossa raça."[30]

30 A. Coutinho (org.), op. cit., p. 111.

Alencar publicou a peça em 1862 e uma segunda edição em 1864, o que dá a medida do sucesso que obteve. Dedicou-a à própria mãe, justificando a razão de ter buscado a maternidade no cativeiro: quis provar que o coração materno é um "diamante inalterável" em qualquer classe social. Joana, posta no degrau mais baixo, é a demonstração dessa verdade.

Para muitos críticos e estudiosos da obra de Alencar, a dedicatória à mãe confirmaria que o desejo do autor foi apenas fazer o elogio do sentimento materno. Não haveria, portanto, nenhuma conotação antiescravista na construção de seu enredo e personagens. Foi o que afirmou Joaquim Nabuco, para quem o escritor "não concluiu contra a escravidão nesse drama"[31]. Alencar respondeu-lhe que tanto em *O Demônio Familiar* quanto em *Mãe* fez a crítica da escravidão.

Concordando com o próprio autor da peça ou com as considerações de Machado de Assis, que viu em *Mãe* um protesto contra a instituição do cativeiro, posicionaram-se críticos como José Veríssimo, Raymond Sayers, Sábato Magaldi e Brito Broca, para citar os mais importantes. Vejamos o que escreveram:

> Para Alencar, o teatro, segundo o conceito no seu tempo incontestado, é uma escola. Cabe-lhe a honra de haver trazido para a cena brasileira o que depois se chamou o teatro de ideias. *Mãe* (1860), drama cheio de defeitos, mas não sem intensidade e por partes belo, é uma das primeiras manifestações literárias do sentimento nacional contra a escravidão.[32]

> Se o seu desempenho político não pode ser definitivamente vinculado com o dos abolicionistas, não há dúvida de que em duas de suas peças, *O Demônio Familiar* e *Mãe*, ele manifesta-se contra a escravidão [...]. Muito diferente de Pedro é Joana, a heroína negra da peça antiescravista de Alencar.[33]

> Cronologicamente, a peça que se seguiu a *As Asas de um Anjo* foi *Mãe*, muito discutida também quanto ao intuito abolicionista. Reconhecemos-lhe, como a *O Demônio Familiar*, não obstante as opiniões em contrário, o empenho na luta por essa causa [...]. E o suicídio de Joana, que ela julgou necessário para não prejudicar o filho, se transforma também em condenação da sociedade escravocrata, a única responsável pelo ato.[34]

31 Ibidem.
32 J. Veríssimo, *História da Literatura Brasileira*, p. 256.
33 R. Sayers, *O Negro na Literatura Brasileira*, p. 276 e 278.
34 S. Magaldi, op. cit., p. 98.

3 A ESCRAVIDÃO NAS PEÇAS ROMÂNTICAS E REALISTAS

É fato digno de registro: Alencar, depois de colocar-se na linha do abolicionismo realista, com *O Demônio Familiar*, fez, alguns anos depois, puro abolicionismo romântico no drama *Mãe*.[35]

Por outro lado, a interpretação de que Alencar quis fazer apenas o elogio do amor materno, capaz de incalculáveis sacrifícios, aparece em escritos de Araripe Júnior, Artur Motta, R. Magalhães Júnior e Wilson Martins, entre outros. Vejamos abaixo:

> *Mãe* é um outro livro de propaganda, no qual, muito menos do que em *O Demônio Familiar*, o autor consegue acentuar as suas intenções emancipadoras. Não há aí sequer uma cena repulsiva e característica da escravidão. Joana, a escrava, heroína do drama, se prova alguma coisa, é simplesmente que nem o estado servil pode apagar no coração da mulher o sentimento materno. O papel dessa mulata, ocultando-se de Jorge, que, pelas circunstâncias, se tem elevado a uma posição social, a sua qualidade de mãe operando prodígios de dedicação para poupá-lo ao mínimo desgosto, fazendo-se vender pelo próprio filho para, com o produto, salvar a honra do pai de sua amada, matando-se, afinal, para que aquele, em último caso, não tenha diante de si uma escrava como autora de seus dias; tudo isto, incontestavelmente, é sublime e muito natural em uma mãe; mas impróprio, pouco provável em gente de cozinha, gente aviltada, e de todo modo inverossímil no cenário dos costumes brasileiros. Como argumento, parece até contraproducente; porquanto, se a escravidão produz caracteres como o da mãe de Jorge, tanto apuramento de sensibilidade, tanta nobreza de coração, tanta energia, a escravidão não é essa sentina de vícios e corrupção apregoada por nós, os antiescravocratas. O que resulta daí, afinal, é que a ideia abolicionista tornou-se, apesar seu, um pretexto para contrastes e situações que dessem maior relevo à apologia desse sentimento materno, que tumultuava-lhe na alma de poeta, pedindo uma forma eloquente.[36]

Araripe Júnior, que também louva a concepção e a obra artística, insurge-se contra o argumento de se tratar de um livro de propaganda contra a escravidão, negando que o autor conseguisse "acentuar as suas intenções emancipadoras".

Concordamos com Araripe, porque aceitamos o drama como a manifestação eloquente do sentimento materno, desprezando-se a circunstância

---

[35] B. Broca, op. cit., p. 273.
[36] Araripe Júnior, op. cit., p. 176.

secundária de se tratar de uma escrava. Tanto podia ser uma escrava como uma pecadora regenerada ou uma mulher que tivesse um estigma infamante na existência. O tema essencial é o sacrifício da mãe pelo filho, o holocausto imposto pelo amor maternal. Não há cenas horripilantes da escravidão, nem quadros que definam os martírios do cativo.[37]

Com o pensamento voltado para sua mãe, escreveu uma nova peça dramática, confiada, ainda dessa vez, à empresa do Teatro Ginásio. O título da peça era *Mãe* [...]. Tal peça passou por abolicionista, quando, na verdade, não fora essa a intenção de José de Alencar, empenhado apenas em exaltar o amor materno. Pode-se dizer que a peça se tornou antiescravista *malgré lui*.[38]

Deixando-se enganar pelas aparências imediatas, a crítica posterior "reconstruiu" a peça de 1860 como um drama abolicionista ou antiescravista (armadilha de que nem o arguto Machado de Assis conseguiu escapar). Não bastasse a "chave" fornecida pelo título, os críticos deveriam considerar os termos da dedicatória com que Alencar ofereceu a peça, em palavras algo melífluas, "a minha mãe e minha Senhora D. Ana J. de Alencar". Não se trata de homenagem pura e simples de amor filial, mas de um verdadeiro esclarecimento sobre a natureza e as intenções do seu trabalho [...]. Aí está: ele procurava a maternidade no cativeiro, e não o cativeiro na maternidade; pensava mostrar, justamente, que a condição social ou civil em nada altera os sentimentos elementares. Seu problema não era social, era psicológico.[39]

Considerar que *Mãe* foi escrita apenas para enaltecer a maternidade parece-me uma opinião equivocada. O suicídio de Joana foi um ato de amor materno, sem dúvida, mas como não enxergar nessa cena uma condenação do cativeiro? Como aceitar o argumento de que não há cenas revoltantes na peça, se nos lembrarmos de que Peixoto examina Joana como se estivesse num leilão de escravos?

Mais importante para compreender o alcance de *Mãe* é colocá-la no contexto em que foi encenada, atuando sobre as consciências de seus contemporâneos. Nesse sentido, há que se ressaltar que nos anos 1860 os folhetinistas viram na peça tanto a idealização do sentimento da maternidade quanto a condenação do cativeiro. Machado de Assis, por exemplo, não deixou de reconhecer as duas características, afirmando que Alencar realizou um estudo

---

[37] A. Motta, *José de Alencar (O Escritor e o Político)*, p.132.
[38] R. Magalhães Júnior, op. cit., p.139-140.
[39] W. Martins, *História da Inteligência Brasileira*, p. 122.

3 A ESCRAVIDÃO NAS PEÇAS ROMÂNTICAS E REALISTAS

profundo do coração humano e particularmente do coração materno, oferecendo-nos na personagem Joana "a imagem augusta da maternidade". E isso não o impediu de ver igualmente que a peça inspirava no espectador o horror à escravidão. Aliás, houve pelo menos uma vez em que, referindo-se ao drama de Alencar, Machado esqueceu-se de mencionar seu aspecto crítico. Ao comparar *Mãe* com *Cancros Sociais*, de Maria Ribeiro, em texto datado de 3 de abril de 1866, afirmou: "O primeiro, que é de uma simplicidade antiga, tem por único objeto a pintura da maternidade; o drama da Sra. Maria Ribeiro é mais complexo; aí, além de uma mãe escrava, libertada por seu próprio filho, temos os ciúmes de uma mulher e as traficâncias de um estelionatário." Mais à frente comentarei o drama de Maria Ribeiro, encenado em maio de 1865. Mas vale lembrar que essas palavras foram escritas menos de um mês depois do longo estudo que Machado dedicou ao teatro de Alencar, no qual *Mãe* é saudada como drama antiescravista. Não deixa de ser curioso esse recuo, que talvez tenha sido cometido apenas para acentuar o aspecto antiescravista de *Cancros Sociais*.

Já nas décadas de 1870 e 1880, quando as críticas à escravidão e a luta abolicionista se intensificaram na imprensa e no Parlamento, *Mãe*, reencenada muitas vezes, em várias cidades brasileiras, ganhou um significado mais forte, como se vê, por exemplo, no folhetim da *Gazeta de Notícias* de 18 de novembro de 1877: "Fora belo ver novamente em cena o primoroso trabalho do conselheiro Alencar, esse eloquente drama de propaganda, o mais brilhante libelo contra a escravidão." No ano anterior, o folhetim do jornal *A Reforma*, de 6 de setembro, lembrava que Henrique César Muzzio, falecido em Paris cerca de dois anos antes, considerava o drama *Mãe* "uma obra sem preço, pois ao mérito literário unia o valor do libelo abolicionista". Não deixa de ser irônico que essa peça tenha servido à causa abolicionista, enquanto seu autor, no terreno da política, tenha votado contra a Lei do Ventre Livre e se posicionado contra o fim abrupto da escravidão. O historiador Celso Castilho observa que nos anos 1880 as peças que faziam críticas ao cativeiro começaram a ser representadas em datas festivas, estabelecendo-se um vínculo entre a ideia de nação e o ideal abolicionista. A decisão de encenar *Mãe*, em 7 de setembro de 1884, no Recife, "juntava uma reflexão sobre o dia da independência com um drama que captava a brutalidade do sistema escravista"[40].

Talvez tenham sido duas as inspirações de Alencar ao escrever *Mãe*. A primeira é o romance *A Cabana do Pai Tomás*, que circulou em língua portuguesa no Brasil a partir de 1853. Sabe-se que o impacto provocado pelo

---

[40] C. Castilho, "Ao Teatro Pelos Cativos!", em F.J.G. Cabral; R. Costa (orgs.), *História da Escravidão em Pernambuco*, p. 332-333.

livro foi enorme na Europa e nas Américas. Traduzido em várias línguas, foi um autêntico *best-seller*, com centenas de milhares de exemplares vendidos. No ano de 1853, teve três traduções em Portugal, uma delas pensada para o leitor brasileiro, como esclarece Hélio de Seixas Guimarães, para quem "Alencar faz clara alusão ao romance, batizando os jovens protagonistas de Jorge e Elisa – homenagem aos jovens escravos fugitivos da *Cabana do Pai Tomás*, George e Elisa."[41]

Foi Machado de Assis, logo após a estreia de *Mãe* no Ginásio Dramático, quem primeiro mencionou o possível parentesco entre a peça e o romance: "Esse drama, essencialmente nosso, podia, se outro fosse o entusiasmo de nossa terra, ter a mesma nomeada que o romance de Harriet Stowe, fundado no mesmo teatro da escravidão."[42]

Muito provavelmente, além dos nomes Jorge e Elisa, Alencar colheu em *A Cabana do Pai Tomás* o modo romântico de conceber o escravo, um ser dotado de sentimentos como bondade, resignação, humildade e fidelidade. Também o elogio do amor materno está presente no romance. As páginas iniciais do sétimo capítulo descrevem o sentimento de Elisa e o seu desespero diante da possibilidade de perder o filho. É igualmente possível que o negociante de escravos Haley tenha sido o modelo para a criação do vilão Peixoto. Aceita essa aproximação com o romance de Harriet Beeche Stowe, como não reconhecer a dimensão antiescravista em *Mãe*? O que não havia no Brasil de 1860, como bem observa Machado de Assis, era o entusiasmo pela causa abolicionista. As críticas à escravidão ainda eram tímidas – e pouco eficazes – na imprensa e no Parlamento, mas aumentariam, e muito, nos dez anos posteriores à representação da peça.

Se a primeira fonte de inspiração de Alencar foi *A Cabana do Pai Tomás*, a segunda foram talvez as discussões políticas sobre o cativeiro imposto às mães escravas e aos filhos nascidos de relações com seus senhores. Quem levanta essa hipótese é o historiador Robert W. Slenes, lembrando que a ação de *Mãe* se passa no início de fevereiro de 1855, exatamente quando foi assinado um Acórdão, que estabelecia o seguinte: "O ajuntamento ilícito do senhor com a escrava não é razão suficiente que importe a liberdade da escrava e dos filhos posteriores ao ajuntamento ilícito, depois da morte do senhor."[43]

É preciso lembrar que na peça Jorge é filho de Joana com seu amante Soares e que foi registrado sem o nome da mãe. Nascido escravo, ganhou a

---

41 Pai Tomás no Romantismo Brasileiro, *Teresa: Revista de Literatura Brasileira*, n. 12-13, p. 425.
42 M. de Assis, op. cit., p. 226.
43 Apud R.W. Slenes, Senhores e Subalternos no Oeste Paulista, em L.F. de Alencastro (org.), *História da Vida Privada no Brasil: Império*, p. 260.

3 A ESCRAVIDÃO NAS PEÇAS ROMÂNTICAS E REALISTAS

liberdade e um nome na pia batismal. Com a morte de Soares, ele herdou uma escrava, que era sua própria mãe. Slenes relata um caso em que "a vida imita a arte". Em 1861, em Campinas, o menino Isidoro Gurgel Mascarenhas herdou do pai a escrava Ana, que era sua mãe. Mas como conhecia o fato, alforriou-a em 1869, ao se tornar maior de idade.

Quando Alencar escreveu *Mãe*, valia o Acórdão de 1855. De nada adiantaram algumas iniciativas – como as do jurista Caetano Soares, em 1845 e 1851 – para a criação de uma lei que alforriasse mães escravas e filhos tidos com seus senhores. Escreve Slenes:

> Alencar deve ter se inspirado nas resoluções sobre o assunto do Instituto dos Advogados Brasileiros (IAB, futura OAB) em 1859, justamente o ano em que ele escreveu a peça. Afinal, não apenas era sócio do Instituto, mas advogara como assistente de Caetano Soares no início da década de 1850, e a partir do começo de 1859 ocupava os cargos de chefe de seção e consultor do Ministério da Justiça, em que, por obrigação, teria estado atento aos debates jurídicos. A confirmação da natureza *política* de *Mãe* é que o drama está ambientado na corte no início de fevereiro de 1855. Justamente na cidade, no mês e, talvez, no que se refere ao último ato, no *dia* (6 de fevereiro) do Acórdão infame desse ano, tão combatido pelo IAB quatro anos mais tarde.[44]

Parece-me bastante pertinente a hipótese de Slenes, para quem não se pode desvincular *Mãe* do contexto político em que nasceu, como fazem alguns críticos que só enxergam na peça o elogio da maternidade. A verdade é que o Alencar dramaturgo, ao tratar da escravidão, soube chamar a atenção para os problemas que ela causava, tanto para a família brasileira quanto para o próprio escravo. Não foi desprezível a contribuição do escritor para o debate acerca da emancipação dos escravos, a despeito da posição conservadora do homem político, na segunda metade da década de 1860 e início da seguinte. Não custa lembrar que o jovem Alencar escreveu suas peças antiescravistas quando tinha proximidade com as ideias liberais, até por força da influência paterna e de amigos como Francisco Otaviano. Numa das crônicas da série "Ao Correr da Pena", datada de 8 de julho de 1855, ele defendeu o Partido Liberal de críticas feitas por um político conservador, afirmando que esse partido havia fecundado "as instituições do país com o germe civilizador de sua ideia, de suas crenças, de sua constância em pugnar pelas reformas úteis

[44] Ibidem, p. 262.

e necessárias"[45]. No ano seguinte, Alencar escreveu cartas para o conterrâneo Tomás Pompeu de Sousa Brasil, pleiteando, sem sucesso, uma candidatura a deputado pelo Partido Liberal no Ceará; em 1859, mais uma vez não foi bem-sucedido ao buscar apoio entre os liberais cearenses[46]. Morto o pai, em março de 1860, e diante das dificuldades para conseguir se candidatar a deputado pelo Partido Liberal, aproximou-se de Eusébio de Queiroz e foi eleito pelo Partido Conservador, ao qual ficou ligado nos anos subsequentes.

O historiador José Murilo de Carvalho fez um bom apanhado das ideias de Alencar sobre a escravidão, expostas em três cartas escritas em 1867 e dirigidas ao imperador. Na época se debatiam as possíveis formas de promover a emancipação, entre elas a libertação do ventre das mulheres escravizadas. O escritor manifestou-se contra, negando-se a aceitar argumentos de cunho religioso ou filosófico. A seu ver, "a escravidão era uma etapa no processo civilizador" e "tinha que ser avaliada historicamente", uma vez que "surgiu por necessidade histórica e desaparecerá quando não mais necessária, assim como o feudalismo desapareceu"[47]. A imigração contribuiria para resolver o problema. Na opinião de Alencar, o Brasil estava caminhando para a abolição e o governo não devia intervir. Cabia à nação, não ao governo, extinguir o cativeiro. Daí sua posição contrária à proposta de uma Lei do Ventre Livre. Segundo Murilo de Carvalho, os debates "mostraram ainda que Alencar e outros, inclusive os republicanos, consideravam desastroso o método proposto", pois "a liberdade do ventre, ao dividir famílias e gerações entre escravos e livres, iria incendiar o país, causar a ruína dos proprietários e a revolta dos escravos. Seria a guerra social"[48]. Afirma o historiador que esse ponto de vista valeu a Alencar, no passado e no presente, a acusação de escravista e escravocrata, uma acusação que talvez não seja inteiramente justa. Eis como ele termina sua avaliação sobre o escritor e sua visão política da escravidão:

> Em discurso pronunciado na Câmara em 30 de setembro de 1870, Alencar afirmou que há quinze anos lutava, em suas obras literárias e na imprensa, em prol da cruzada santa pela abolição da escravidão em nossos costumes. Devia estar se referindo às peças O Demônio Familiar e Mãe, que de fato foram na época interpretadas por alguns como antiescravistas. Machado de Assis foi um desses intérpretes. Para ele, Mãe valia mais do que todos

[45] J. de Alencar, Obra Completa, v. 4, p. 821.
[46] R. de Menezes, op. cit., p. 13-25.
[47] J.M. de Carvalho, O Primeiro Capital do Homem, Jornal de Resenhas, n. 1, p. 3. Resenha do livro Cartas a Favor da Escravidão, de José de Alencar, organizado por Tamis Parron.
[48] Ibidem.

3 A ESCRAVIDÃO NAS PEÇAS ROMÂNTICAS E REALISTAS

os discursos para inspirar horror ao cativeiro. O tema é controverso. Talvez fosse mais adequado dizer que, nas duas peças e no romance *O Tronco do Ipê*, estava presente a mesma visão da escravidão que aparece nos textos políticos: a de uma instituição profundamente enraizada em nossa história, em costumes e em nossa estrutura familiar.

Seja como for, não há em Alencar qualquer defesa da justiça e da moralidade da escravidão em si, como aconteceu no Sul dos Estados Unidos. Que sua oposição à interferência do governo fosse a de um conservador, não há dúvida: ele mesmo o reconhecia e disso se orgulhava. Que fosse a de um escravista, não me parece.[49]

■ ■

Nas outras peças que escreveu, Alencar não mais tratou diretamente da escravidão. A opção pelo realismo teatral o fez colocar dois moleques em *O Crédito*, para criar a necessária cor local, mas não lhes deu nem nomes nem voz. As famílias abastadas nos anos 1860 não dispensavam os jovens escravos domésticos para pequenas tarefas: abriam as portas para as visitas, traziam cadeiras, levavam e traziam cartas e bilhetes, carregavam livros, como se vê nessa peça. Por outro lado, em *O Que É o Casamento?*, Joaquim e Rita são escravos mais velhos – ele tem 45 anos, ela, 38 – que dialogam entre si e com os seus senhores. Também aqui a ideia é retratar um lar brasileiro, sem abordar criticamente a escravidão. Ao contrário, os protagonistas Miranda e Isabel são bondosos e tratam bem os escravos, que cuidam da casa e veem, preocupados, a crise que abala o casamento dos seus senhores, que sempre fora sólido. De qualquer modo, a peça mostra como os escravos domésticos sabem tudo o que ocorre na vida de um casal. É uma presença que tanto pode ser benéfica – como no caso de Joaquim e Rita, que retribuem o bom trato que recebem com dedicação e preocupação sinceras – quanto nociva, como em *O Demônio Familiar*.

AGRÁRIO DE MENEZES

Em 1856, o dramaturgo baiano Agrário de Menezes escreveu *Calabar*, drama histórico em cinco atos, e inscreveu-o num concurso patrocinado pelo Conservatório Dramático Brasileiro, no Rio de Janeiro. Cansado de esperar pelo resultado, retirou-o da competição e publicou-o na Bahia em 1858. O volume traz uma carta dirigida ao Conservatório e um prefácio em que o autor, então

[49] Ibidem.

com 24 anos de idade, justifica sua atitude e relata como se deu o início de sua vida literária, depois de formado na Faculdade de Direito do Recife. Impressiona o conjunto de atividades desenvolvidas pelo jovem bacharel. Já havia publicado o drama *Matilde* e vários poemas e artigos na imprensa baiana e pernambucana. Radicado em Salvador, fora eleito deputado pelo Partido Liberal em 1856 e em 1857 participara da criação do Conservatório Dramático da Bahia.

Calabar, escrito em versos, aborda a guerra ocorrida no nordeste brasileiro entre portugueses e holandeses, no século XVII. Drama romântico inspirado em um episódio da história nacional, possui a peculiaridade de não seguir o modelo então em voga de Victor Hugo ou Alexandre Dumas. Agrário de Menezes preferiu a lição de Gonçalves de Magalhães, que havia buscado uma espécie de meio termo entre a tragédia e o drama, entre classicismo e romantismo, o chamado "juste milieu" que se encontra nas peças de Casimir Delavigne. No plano do conteúdo, porém, o autor foi mais longe ao construir a figura controversa de Calabar como um grande ciumento, estabelecendo um diálogo com o *Otelo*, de Shakespeare, e o *Marino Faliero*, de Byron. Se a história oficial, digamos assim, legou-nos a versão de que Calabar foi um traidor e mudou de lado ou por interesses particulares, ou porque devia à justiça, Agrário de Menezes lançou mão da imaginação para criar outra hipótese: o protagonista quis se vingar da humilhação que sofreu ao ser rejeitado pela mocinha que amava, a índia Argentina, que por sua vez era apaixonada pelo jovem português Faro.

Dito assim, parece pouco, mas na peça a paixão sem freios de Calabar é levada às últimas consequências, a personagem não hesitando em violentar a jovem e matar o rival. Para ele, a rejeição de Argentina tinha uma causa: a sua cor. Introjetando um sentimento de inferioridade por causa de suas origens mestiças, Calabar manifesta seu pensamento em vários momentos, trazendo à tona a questão do preconceito racial, que era forte na sociedade brasileira de meados do século XIX, para quem o drama foi escrito. Logo em seu primeiro embate verbal com Faro, no primeiro ato, exprime-se nestes termos:

> Desconheceis o afeto do mulato?
> Negais-lhe coração, negais-lhe alma?
> Tudo o que tendes, brancos, também tenho!
> Alma às vezes melhor do que é a vossa,
> Coração que se esmalta de virtudes,
> São igualmente dotes que nos cabem![50]

50   A. de Menezes, *Calabar*, em E.R. Azevedo (org.), *Antologia do Teatro Romântico*, p. 26.

3 A ESCRAVIDÃO NAS PEÇAS ROMÂNTICAS E REALISTAS

É preciso esclarecer que nessa altura Argentina ainda desconhece o sentimento de Calabar, a quem ela dedica amor filial, não só porque ele é mais velho, mas também porque moram juntos e ele a protege desde que ficou sozinha, após seu pai, o chefe indígena Jaguarari, ser dado como morto numa batalha. Quando Faro convence a mocinha de que é amada e desejada como mulher, ela não consegue acreditar. Mas na sequência o próprio Calabar se declara a ela, numa linguagem lírica em que as imagens criadas a partir da natureza brasileira mesclam o nacionalismo do escritor e o sentimentalismo romântico. A certa altura ele revela o receio que tinha de confessar sua paixão, porque talvez não fosse ouvido:

> E eu nunca lhe disse que a adorava!
> Nunca, Argentina! Os lábios do mulato
> Temeram descerrar-se! Quem dissera
> Que as suas vozes fossem escutadas,
> Que os seus protestos fossem atendidos?... [p. 29]

A sua condição de "mulato" foi decisiva para ocultar o sentimento. O medo da rejeição fica explícito nessa fala que Argentina ouve, sem entender muito bem onde Calabar quer chegar. E quando finalmente ele diz com todas as letras que a ama, ela reage com um estremecimento e com palavras que deixam transparecer seu desespero diante da revelação. Calabar interpreta da pior maneira possível a reação da mocinha. E mais uma vez a sua suposta inferioridade racial vem à tona, em palavras ressentidas de quem sofre com o preconceito:

> Astro horrendo luziu sobre o meu berço;
> E negro, como era, me imprimira
> A sua cor!... Assim nasce o mulato!...
> (*arrebatadamente*)
> E tu, mulher, me julgas pelo rosto,
> Ou pelo que por ti hei praticado?!...
> Decide-te!... [p. 31]

Cego pela paixão, como típico herói romântico, Calabar é capaz das piores ignomínias. Quer à força ser correspondido e faz ameaças terríveis, afirmando que se Argentina não for dele, também não será de Faro, o português que rouba sua pátria e seus afetos. Não resta senão a fuga aos dois jovens.

A guerra entre holandeses e portugueses fornece o pano de fundo para a ação dramática centrada na subjetividade do protagonista e em suas violentas reações causadas pela frustração amorosa. Calabar esboça um discurso nacionalista em algumas passagens da peça, no sentido de enxergar a pátria espoliada pelas duas nações em conflito. Sugere que o ideal seria expulsar os estrangeiros, tiranos que nos escravizam, e construir um país livre, formado por brasileiros – no caso, os mestiços e os índios. Na prática, porém, luta ao lado dos holandeses, que são derrotados. Antes de ser preso e condenado à morte, comete seu maior crime, evidentemente nos bastidores: estupra Argentina. Para Décio de Almeida Prado, "o estupro, nessas condições, assume feições quase de incesto, e como tal é visto pela moça, que passa a oscilar desde então entre a lucidez e a loucura"[51].

No quinto ato, na prisão, Calabar se arrepende dos malfeitos e é perdoado pelos que prejudicou, inclusive por Argentina. A questão racial aparece mais uma vez em suas falas, uma delas reivindicando para si e seus semelhantes o direito à liberdade. Relata, então, a infância miserável, sem prazeres, e a perda precoce da mãe. Diz ter sido criado "entre amarguras", concluindo:

> Mirando o rosto esquálido da fome,
> Vendo o dedo cruel que me apontava
> A cor que eu tinha, como recordando
> A cor do meu destino... Que sentença!...
> (ergue-se)
> Não há lugar no mundo pra mulato
> Além do que lhe aponta o cativeiro?!...
> Era grande a injustiça... revoltei-me!
> Quis também ser partícipe dos gozos
> No opíparo banquete da existência... [p. 158]

Com inteligência e força física, Calabar superou o nascimento humilde e conquistou uma posição social de respeito. Mas caiu em desgraça, na versão da peça, porque a paixão desenfreada e não correspondida o levou ao crime e à traição dos companheiros de luta. Em sua compreensão do que se passou, a origem de todos os males estava em sua cor. Daí se perguntar se só cabia o cativeiro aos homens semelhantes a ele, que era livre, não escravo. Por que não podiam aspirar aos prazeres da vida? É possível vislumbrar nessa passagem a crítica do autor – um jovem político com ideias liberais, não esqueçamos – à escravidão, ao mesmo tempo que reivindica a igualdade de direitos para todos. Calabar enxerga-se como vítima do preconceito racial. Ainda que tenha subido na hierarquia militar, ressente-se de

---

[51] *O Drama Romântico Brasileiro*, p. 150.

3 A ESCRAVIDÃO NAS PEÇAS ROMÂNTICAS E REALISTAS

sua suposta inferioridade diante dos brancos. É um sentimento insuportável, que o leva a amaldiçoar os que o cercam:

> Homens, que me enxotastes atrevidos
> Da lauta mesa, em que vos assentáveis;
> Mulheres, que zombastes do mulato,
> Porque ousou mostrar-vos a sua alma
> Em êxtase de amor; sede malditos!!... [p. 160]

A recepção crítica de *Calabar* foi muito positiva. Os membros do Conservatório Dramático da Bahia o aprovaram em março de 1858, depois de ouvirem a leitura de um "juízo crítico" bastante elogioso, redigido por A. Álvares da Silva. Nesse texto, o autor afirma que há dois pontos altos no drama: "um é o pensamento literário, que rege em favor da história pátria; o outro é o pensamento social, que dirige-se a confraternizar-nos contra um prejuízo"[52]. Em relação ao segundo aspecto, que nos interessa, registre-se a percepção da crítica ao preconceito racial presente em várias passagens de *Calabar*, como procurei mostrar acima, transcrevendo algumas falas do protagonista. A. Álvares da Silva realçou a qualidade dos versos e a liberdade de Agrário de Menezes em relação à história, entre outros aspectos, assinalando que ao criar uma personagem atormentada por ser um "mulato", o dramaturgo estabeleceu uma ponte com o escravismo de meados do século XIX, igualmente fonte de sofrimentos. Note-se o cuidado com que o autor se refere a essa questão, escolhendo bem as palavras: "Há, ainda [em Calabar], um alto e fecundo pensamento social, que lhe fervia no espírito; era uma semente, que a custo germinava num terreno ingrato. Se é verdade que as épocas fazem os homens, Calabar talvez que, há dois séculos, tivesse anunciado uma alta verdade humanitária, e que hoje, graças a Deus, circula sancionada."[53]

Em 1858, as críticas à escravidão estavam apenas se iniciando no Brasil. Agrário de Menezes pode não ter sido fiel à história ao escrever seu drama, mas fê-lo dialogar com o seu tempo, colocando em primeiro plano a questão do preconceito racial contra os negros e seus descendentes diretos.

A publicação de *Calabar* se deu em meados de 1858. Nas prestigiosas "Páginas Menores" do *Correio Mercantil* do Rio de Janeiro, de 6 de julho daquele ano, o folhetinista Henrique César Muzzio elogiou o drama, chamando a atenção para a figura do protagonista, que tanto pode ter sido um

---

52 A. Álvares da Silva, Juízo Crítico Lido Perante o Conservatório Dramático da Bahia, em A. de Souza Menezes, *Calabar*, 1858, p. 185.
53 Ibidem, p. 181.

traidor quanto um homem que escolheu, entre os dois lados, "o que lhe pareceu mais favorável aos instintos de sua raça, e Calabar era mulato". Muzzio considera que ele opta pela bandeira holandesa não apenas porque Faro rouba-lhe a mulher amada, mas também porque seu oponente é português, branco, e se comporta como homem que se julga superior. Há aí um "antagonismo de raça e de cor" que, mais desenvolvido, daria maior vigor ao drama, afirma o folhetinista. Pena não ter ido além em suas considerações críticas, apenas esboçadas no tocante ao problema do preconceito racial.

Bem avaliado ao tempo de seu aparecimento, *Calabar* circulou apenas em sua forma impressa, chegando a uma segunda edição em 1888. Não há notícias de que tenha sido encenado, o que limitou bastante o alcance das falas de seu protagonista, realçadas acima. Iluminar o que significam, e como podem ser interpretadas, foi o que busquei fazer, sem entrar em detalhes sobre outros aspectos formais ou conteudísticos do drama. Sem dúvida alguma, ao criar a personagem Calabar como um homem ferido em sua susceptibilidade, por carregar o fardo da suposta inferioridade racial, Agrário de Menezes deu uma notável dimensão antiescravista à peça, que não escapou aos seus contemporâneos. Como expoente do pensamento liberal que então começava a seduzir os jovens intelectuais, soube expor o preconceito e reivindicar a igualdade de direitos a todos os brasileiros. Em outros escritos, ele foi ainda mais incisivo nas críticas à escravidão, como no discurso feito na inauguração do Conservatório Dramático da Bahia, em 1857, quando lembrou que a autoridade policial havia proibido o romance *A Cabana do Pai Tomás*, porque sua autora "considerava o escravo um ente moral, e dotado de todos os sentimentos elevados". Propôs-se, então, "a combater este estúpido entender da nossa sociedade, que nos mostra no escravo um ente inferior ao bruto"[54]. Para Agrário de Menezes, a escravidão era uma anomalia social absurda, que impedia o país de alcançar o progresso e a civilização. Sua morte precoce, em 1863, privou o país de um escritor que cerraria fileiras com os que lutaram pelo fim do cativeiro.

CARLOS ANTÔNIO CORDEIRO

No Rio de Janeiro, alguns meses antes da representação de *Mãe*, de José de Alencar, os espectadores do Teatro São Pedro de Alcântara já haviam assistido a outro drama romântico que trazia para a cena brasileira um protagonista escravo. No dia 24 de dezembro de 1859, houve a estreia de *O Escravo Fiel*,

---

54 Apud J. de S. Menezes, *Agrário de Menezes: Um Liberal do Império*, p. 58-59.

3 A ESCRAVIDÃO NAS PEÇAS ROMÂNTICAS E REALISTAS

de Carlos Antônio Cordeiro. Ao contrário de Alencar, esse autor lançou mão do esquematismo melodramático para contar uma história que vou resumir em poucas linhas: Lourenço é escravo de Lemos, que está à beira da morte. Os vilões, um irmão padre e Salgado, cunhado do moribundo, querem dividir a herança, não reconhecendo a jovem Eulália como filha de Lemos. Lourenço ouve a conversa e a relata ao seu senhor, que já havia feito um testamento e o confia ao escravo. Lemos morre, mas como Lourenço não sabe ler, guarda o testamento e começa a aprender a ler, recortando letras dos jornais. Passam-se seis meses, período em que Eulália é vítima de toda sorte de humilhações, tornando-se empregada da casa de Salgado. O enredo se complica com o plano do vilão de fazer a mocinha casar-se com um feitor bronco para garantir a herança, caso algum testamento aparecesse. Lourenço, também perseguido e ameaçado, consegue finalmente aprender a ler, impede o casamento, desmascara os vilões e faz valer o testamento, que institui Eulália como herdeira dos bens do pai: ela poderá então se casar com o mocinho a quem ama. Outra cláusula do testamento dá alforria ao bom e fiel escravo Lourenço.

Do ponto de vista literário e dramático a peça é fraca, abusa dos clichês e exagera no maniqueísmo. Seus defeitos foram primeiramente apontados por Francisco Joaquim Bethencourt da Silva, no parecer que emitiu para o Conservatório Dramático em abril de 1859. A seu ver, as personagens eram mal construídas e a linguagem muito fraca e às vezes imprópria. Nem mesmo a caracterização do protagonista o agradou, pois o que desejava ouvir não eram as suas falas "empoladas", mas "o poético e o filosófico do pensamento". Como a peça não feria as disposições do Conservatório, foi licenciada e representada no Teatro São Pedro de Alcântara.

Dois dias depois da estreia, no *Correio Mercantil*, um texto assinado por "Um fiel de cartório" criticava violentamente *O Escravo Fiel*, referido como um "composto de disparates", um "composto de banalidades fúteis". O articulista incomodou-se com a aprovação do drama pelo Conservatório porque em cena se via uma família de tratantes cometendo todo tipo de infâmias e, como contraponto, um escravo bom. No seu entender, o enredo se constituía "com algumas peripécias *inverossímeis, imorais,* e outras da maior inconveniência, para serem reproduzidas em cena, na presença de uma sociedade onde existe escravatura".

Percebe-se, no artigo, o desconforto do articulista com o elogio do caráter do escravo, sua superioridade moral em relação às demais personagens, uma delas, padre! Liberada essa peça, diz ele, nenhuma outra poderá ser proibida. Em defesa de Carlos Antônio Cordeiro, no *Correio Mercantil*, de 28 de dezembro, "O Justiceiro" rebateu as críticas relativas à pintura dessa família, defendendo a ideia de que os bons sentimentos não são prerrogativa dos brancos e que se o seu oponente pensa que "um pardo, um preto não os pode ter, faz um verdadeiro insulto a essas classes, porque a história mesma nos apresenta nelas grandes rasgos de heroísmo". Na sequência, para mostrar como a plateia compreendeu bem que o escravo é que merecia os aplausos, "O Justiceiro" comenta uma cena do quarto ato, em que Firmino, o filho de Salgado, entra no quarto de Eulália com a intenção de molestá-la. Lourenço havia entrado pela janela, poucos minutos antes, para deixar algum alimento para ela, que estava trancafiada pela família, a pão e água, porque se negava a aceitar um casamento contra a sua vontade. Firmino ameaça o escravo e ele mantém-se firme na defesa de Eulália; no diálogo com o rapaz, "expande o que sente seu coração agradecido, e eis por que o drama nessa passagem foi tão estrepitosamente aplaudido". Ficava evidente a "diversidade dos sentimentos entre o preto e o moço". O intento do autor, ao pintar a família de tratantes e criar um contraponto com duas personagens honestas, diz ainda o articulista, "foi fazer brilhar a resignação e virtude da pobre órfã Eulália, a quem haviam despojado do que era seu, e a humildade e dedicação de um escravo grato a seu benfeitor, aquele que o havia criado".

Na defesa do drama, que qualificou equivocadamente de "magnífico", o articulista fez uma observação infeliz, que mais revela a mentalidade escravista do brasileiro da época do que a provável intenção de Carlos Antônio Cordeiro, que foi a de pintar um escravo merecedor da liberdade, por ser bom e fiel ao seu senhor. Segundo o articulista, o drama deveria ser visto por todas as classes sociais, inclusive pelos escravos, que receberiam "magníficas lições de humildade, dedicação e fidelidade". E mais: "Um escravo, tudo afrontando, tudo fazendo para velar sobre a sorte da filha de seu benfeitor, que belo rasgo, que proceder sublime!"

No dia 30 de dezembro, "O fiel de cartório" voltou à carga, ironizando as palavras transcritas acima, sugerindo uma representação do drama num domingo à tarde para que "nós todos pudéssemos mandar nossos escravos *moralizarem-se*". Além disso, ainda lançando mão da ironia, afirmou que o fracasso de público – a segunda representação, num domingo, não atraiu muitos espectadores, dando "menos de meia casa", e a terceira foi uma "vazante vergonhosa" – se deveu ao fato de que os escravos não podiam ir ao teatro.

De fato, *O Escravo Fiel* não fez muito sucesso, saindo de cartaz após cinco representações. O folhetinista Carlos, na "Crônica da Quinzena" de 1º de janeiro de 1860, publicada na *Revista Popular*, também o criticou duramente. O enredo lhe pareceu inverossímil, com cenas imorais e repulsivas; o protagonista, um tipo sem verdade, porque "diferente de todos os que conhecemos". Ele "sacrifica a sua liberdade ao mais duro cativeiro; guarda consigo o documento comprobatório

3 A ESCRAVIDÃO NAS PEÇAS ROMÂNTICAS E REALISTAS

da sua condição de homem livre, e entrega os pulsos às algemas da escravidão, para no futuro premiar a virtude e castigar o vício".

O folhetinista Carlos parece não ter compreendido que Carlos Antônio Cordeiro não quis retratar um escravo com tintas realistas. O comportamento de Lourenço tem evidentemente como modelo o protagonista de *A Cabana do Pai Tomás*. Fidelidade ao seu senhor, espírito cristão, bondade, resignação, senso de justiça são as suas qualidades e estas o fazem merecedor da liberdade. Ele mesmo, num breve monólogo, se revela para os espectadores como um escravo grato ao seu senhor, que sempre o tratou "como filho". Não permitirá que Eulália seja prejudicada: "Deserdar uma menina tão boa que, sem olhar para a minha cor, era o mesmo que se fosse minha filha? nunca! nunca! Sou preto, é verdade!... sou escravo; mas debaixo desta pele negra meu coração é de homem! O ser agradecido não foi só inventado para os brancos; um pobre preto pode também pagar a seus benfeitores."[55]

A caracterização de Lourenço serve como um bom exemplo do que Brito Broca chamou de "abolicionismo romântico". Era preciso despertar entre os espectadores de *O Escravo Fiel* a simpatia pelo escravo que tudo suportou nas mãos do truculento Salgado[56], para no final fazer valer o testamento de seu senhor, que nunca o havia tratado mal. Parece que o autor conseguiu, a despeito das fragilidades formais da peça. Machado de Assis, em seu comentário crítico publicado no jornal *O Espelho*, observou que os aplausos dados pelos espectadores foram motivados pela repulsa à escravidão. Nem por isso ele deixou de apontar os defeitos que viu na construção do enredo e na linguagem do escravo. No entanto, ressalvou: "As tendências liberais do autor, alguma coisa nacional que há, intenção de moralizar, salvaram o pensamento que tanto peca pela manifestação."[57]

Creio que é importante atentar ao elogio às "tendências liberais" que Machado enxergou no drama de Carlos Antônio Cordeiro. Ainda que as críticas à escravidão não sejam vigorosas, elas estão presentes em algumas falas de Lourenço, como no momento em que fica sabendo que Salgado quer vendê-lo, no segundo ato:

> Querem-me vender! querem me dar outro senhor! paciência! Podem fazê-lo; porque sou escravo, e estão no seu direito; um escravo não tem escolha, e há de por bem ou por mal servir a todo aquele que o comprar. Assim

---

[55] C.A. Cordeiro, *O Escravo Fiel*, p. 19.
[56] "Meu defunto senhor nunca me pôs um dedo, nem mesmo me deu uma repreensão, e estes sem motivo, por cousa nenhuma, me batem e maltratam-me", diz Lourenço a Eulália [p. 39].
[57] M. de Assis, op. cit., p. 205.

sempre quiseram os brancos, que são os mais fortes! Quem nasceu na triste condição de escravo tem de sujeitar-se à sua sorte. Mas será isto o que Deus manda? Não, Deus não pode querer, que quem não tem culpa, como eu, sofra castigo. [p. 48]

O monólogo apela para os bons sentimentos dos espectadores ou leitores e para seu espírito cristão. Deus não pode ser a favor da escravidão. Lourenço continua a fala, mas o teor crítico é deixado de lado e ele mostra que sua maior preocupação é com Eulália, que ficará desamparada. Quando a venda está para ser consumada, no terceiro ato, mais uma vez seu pensamento se fixa na mocinha e a crítica ao cativeiro se dilui: "Quanto é desgraçado um pobre escravo! [...] Um escravo não pode estimar a filha do seu benfeitor, servi-la e estar onde está? É obrigado a esconder em seu coração tudo o que sente." [p. 56]

Com razão, Miriam Garcia Mendes, comentando essas passagens da peça, afirma que Lourenço aceita a escravidão passivamente e não pensa jamais em se contrapor a ela: "Estar com o seu bom senhor, servir e estimar sua filha, constituem o horizonte do 'escravo fiel', satisfazem inteiramente suas aspirações."[58]

Apesar do limitado alcance político da peça, Machado viu nela "tendências liberais". Tivesse sido um pouco mais ousado, Carlos Antônio Cordeiro teria estabelecido um diálogo mais produtivo com as novas aspirações políticas que começavam a se fazer presentes entre os brasileiros descontentes com a escravidão, instituição que era uma vergonha para o país. De qualquer forma, ainda que no drama prevaleça um estereótipo do escravo e o cativeiro não seja um fardo para Lourenço, a não ser no curto período de seis meses sob o chicote de Salgado, reconheça-se o mérito do autor que ao menos fez a plateia do Teatro São Pedro de Alcântara deparar no palco com uma questão que dizia respeito a toda a sociedade brasileira.

PAULO EIRÓ

Em São Paulo, no dia 2 de dezembro de 1861, foi encenado um drama romântico abertamente antiescravista: *Sangue Limpo*, de Paulo Eiró. No prefácio, o autor explica que o escreveu para participar de um concurso promovido pelo Conservatório Dramático Paulistano, com objetivo de premiar "o melhor

[58] M.G. Mendes, *A Personagem Negra no Teatro Brasileiro*, p. 79. Antes de Carlos Antônio Cordeiro, Casimiro de Abreu criou um "escravo fiel" na cena dramática *Camões e o Jáo*. A ação se passa em Lisboa – onde a peça foi representada, em 1856 – e aborda o final da vida de Camões, na miséria. Jáo faz tudo para minimizar o sofrimento do poeta.

3 A ESCRAVIDÃO NAS PEÇAS ROMÂNTICAS E REALISTAS

drama original, revestido de moralidade, que tivesse por assunto alguns dos gloriosos episódios da história de nosso país"[59].

Paulo Eiró situou a ação dramática em São Paulo, entre os dias 25 de agosto e 7 de setembro de 1822. Sem pôr em cena as figuras históricas – apenas no último ato dom Pedro I e seu séquito atravessam o fundo do palco –, procurou não apenas enaltecer o ideal patriótico da independência, mas também utilizar o pano de fundo histórico para abordar a questão da escravidão e os preconceitos raciais e sociais que decorrem dela. O enredo gira em torno dos amores de Aires de Saldanha, jovem oficial português, e Luísa, mestiça clara, afrodescendente. A diferença de classe social não impede que se amem e que desejem o casamento, mas o pai do rapaz, Dom José de Saldanha, se opõe e o leva para Santos. As peripécias do enredo apenas postergam o final feliz para o casal, no desfecho da peça.

O prólogo mostra os ânimos políticos acirrados, duas semanas antes da declaração da independência. Portugueses e brasileiros provocam-se mutuamente nas ruas e comentam a iminência da inevitável separação política. A cena em praça pública favorece a aproximação entre Aires e Luísa, que logo será do conhecimento de Dom José e de Rafael, irmão mais velho e protetor da mocinha. Essas duas personagens encarnam os valores da metrópole e da colônia, a primeira personagem presa ao orgulho nobiliárquico e aos preconceitos, a segunda ligada à ideia da formação de uma nacionalidade própria e mestiça, nascida do amálgama de brancos, índios e negros.

Assim sendo, interessa o diálogo que travam quando Dom José vai à casa de Rafael pedir-lhe que o ajude a separar os dois jovens. Seus argumentos contra o casamento são de natureza a provocar falas indignadas no interlocutor, que a certa altura entende ser a sua cor e a da irmã uma ofensa ao fidalgo português:

> Por causa da minha cor? Tem razão. A sorte do homem pardo é tão miserável! O pobre pode chegar à fortuna; o plebeu pode alcançar honras e glória: mas o homem que traz em si o selo de duas raças diversas e inimigas, o que poderá fazer ele? Dirá às suas veias que conservem este e não aquele sangue? Dirá à sua epiderme que tome esta ou aquela cor? Obstáculo insuperável, que esmaga os maiores arrojos da vontade! Preconceito bárbaro e monstruoso que vota ao desalento e à obscuridade tanta alma grande! [p. 393]

Percebe-se a voz do dramaturgo por trás da voz de Rafael, que se dirige mais ao espectador/leitor do que à outra personagem. Aliás, é preciso observar

---

[59] P. Eiró, *Sangue Limpo*, em E.R. Azevedo (org.), op. cit., p. 307.

que Dom José não havia completado a sua fala sobre uma possível concordância com o casamento. Não se oporia que seu filho se unisse a uma "moça do povo" se ela fosse semelhante a Luísa, ele afirma, observando, porém, que o "caso presente" era muito especial. Provavelmente se referia ao fato de Luísa ser quase branca. Mas quando vai completar seu pensamento, Rafael o interrompe, supondo que havia uma referência negativa à sua cor. Com essa estratégia, Paulo Eiró encaixou na peça a crítica ao preconceito racial. Só depois da fala acima transcrita, Dom José explica o que queria dizer com suas palavras. O obstáculo verdadeiro era outro, muito maior, "invencível", a seu ver: "Que importa uma ligeira modificação do sangue?... mas deixar pesar sobre a minha família uma nódoa indelével... Sargento Proença, seu pai era escravo?" [p. 393]

O preconceito contra o escravo ou o filho de escravo era muito forte na sociedade brasileira escravocrata. Já vimos no drama *Mãe*, de José de Alencar, que Joana se suicida, renegando a maternidade, para que seu filho branco não se envergonhe de suas origens. Paulo Eiró aborda a mesma questão, embora o preconceituoso Dom José seja português; afinal, os brancos brasileiros, nessa época, descendiam de portugueses. Ora, também os pardos tinham sangue português, como o pai de Rafael e ele próprio. Paulo Eiró aproveita para fazer a crítica aos proprietários que abusavam sexualmente das escravas, engravidando-as e tendo filhos mestiços que muitas vezes eram escravizados e até vendidos. Para responder à pergunta que lhe foi feita, Rafael diz a Dom José que vai contar a história de seu pai, que nada tem de rara, ele observa, sugerindo que outros como ele fariam narrativas semelhantes. Ele conta, então, que um fazendeiro ainda robusto ficou viúvo, já tendo alguns filhos. Para que casar de novo, se nas senzalas havia tantas escravas? Eis o restante do relato:

> A preferida, senhor, era uma pobre mulata que, criada com mimo por sua senhora, não fora rasgar os pés na roça ou nas matas virgens, nem crestara o rosto nas exalações ardentes do engenho de açúcar. Foi a minha avó, senhor Dom José. Ela não resistiu aos afagos de seu senhor... pois não seria ridículo? Daí a nove meses o fazendeiro tinha mais um filho e mais um escravo. Sim, mais um escravo: e para que lhe concederia a liberdade? Que direitos lhe dava a ele esse pingo de sangue limpo que se lhe introduzira nas veias? Para que diminuir a herança dos filhos queridos? A pobre criança viveu pois com os outros crioulinhos, feliz por lhe deixarem sua mãe. Quando morreu o fazendeiro, seus filhos tiveram escrúpulos de associar-se àquela injustiça atroz: meu pai recebeu a sua carta de alforria. Eu já o tinha dito: esta história é vulgaríssima, mas era preciso dar uma resposta a V. Exa. [p. 394-395]

3 A ESCRAVIDÃO NAS PEÇAS ROMÂNTICAS E REALISTAS

A reiteração de que se tratava de uma história "vulgaríssima" dá a medida da visão crítica de Paulo Eiró sobre o processo histórico da formação do Brasil, da violência contra o escravo que está em sua base. Daí Rafael continuar sua fala – que Dom José quis interromper para dizer que o casamento de Aires e Luísa seria impossível –, ligando a escravidão dos negros à da pátria. Sim, ele era filho de um escravo e não via nisso uma "mancha indelével", porque "o Brasil é uma terra de cativeiro", onde todos são escravos:

> Sim, todos aqui são escravos. O negro que trabalha seminu, cantando aos raios do sol; o índio que por um miserável salário é empregado na feitura de estradas e capelas; o selvagem, que, fugindo às bandeiras, vaga de mata em mata; o pardo a quem apenas se reconhece o direito de viver esquecido; o branco enfim, o branco orgulhoso, que sofre de má cara a insolência das cortes e o desdém dos europeus. Oh! quando caírem todas essas cadeias, quando estes cativos todos se resgatarem, há de ser um belo e glorioso dia! [p. 395]

Na pátria mestiça vislumbrada por Paulo Eiró todos têm que ser livres. Não há lugar para a escravidão em sua humaníssima concepção.

A solução para o impasse criado por Dom José não é das melhores, em termos de construção dramática. Para separar os jovens ele leva o filho à força para Santos, mas o rapaz foge e no quinto e último ato o vemos num pouso à beira da estrada que leva ao litoral, mas já próximo de São Paulo, local para onde vai também Luísa, numa dessas coincidências que desafiam as leis da verossimilhança. Igualmente chega a esse pouso um escravo que fugiu de Santos, onde havia assassinado ninguém menos que Dom José. Mais uma coincidência necessária ao desenlace da peça desejado pelo autor: a notícia de que não há mais o obstáculo para a união dos jovens é trazida pela própria personagem que o removeu.

Digamos que se apenas a notícia da morte de Dom José tivesse chegado ao pouso, o desfecho feliz para o casal apaixonado poderia se dar, sem grandes complicações. Mas Paulo Eiró preferiu colocar o escravo em cena, por uma razão muito simples: queria expor a violência da escravidão. O escravo, cujo nome, ironicamente, é Liberato, pede cachaça, bebe e conta a sua história:

> Liberato teve três cativeiros. Primeiro senhor dele era um velho muito bom. Dava esmola pra pobre: Liberato morria de fome. Senhor velho ouvia missa todos os dias, não saía de igreja: Liberato trabalhava sem parar, não tinha dia santo seu. Um dia, branco quis fazer uma capela; não tinha dinheiro, vendeu Liberato na fazenda. Foi mulher que comprou ele. Marido já tinha

morrido. Era bonita... bonita... cara de anjo... fala dela era música. Negro apanhava todo dia, negro comia barro pra não morrer de fome, negro não tinha licença de dormir. Sinhá dizia: Feitor não presta! E sinhá ajudava feitor. Um dia mucama quebrou o espelho grande: sinhá arrancou os olhos de mucama. [p. 403]

Uma fala como essa, com o contraponto irônico que justapõe à bondade e à beleza angelical a dura violência contra o escravo, devia ser enorme incômodo aos escravocratas que porventura tenham ido ao teatro assistir à representação de *Sangue Limpo*. Paulo Eiró é contundente em sua visão da escravidão. Os senhores de escravos podem aparentar que são bons ou ter até "cara de anjo", mas é o chicote que trazem às mãos. Só depois dessas palavras é que Liberato conta o fato ocorrido em Santos e que tem importância para o enredo. Ele retoma a narrativa, interrompida por uma das personagens que o ouviam, e diz que não pôde aguentar o que via em seu segundo cativeiro. Fugiu. Mas acabou preso e a ordem da sinhá foi para que o surrassem até a morte. Isso só não aconteceu porque foi comprado por um homem que o colocou a seu serviço. Esse homem era Dom José, que o incumbiu de vigiar o filho. Como Aires fugiu, Liberato ia ser castigado com o açoite. Mas ao receber a primeira chicotada, esfaqueou o seu algoz. No pouso, o escravo conta a sua história e o seu crime, pelo qual seria preso, se não se suicidasse em cena quando chegam guardas que lhe dão voz de prisão.

A história é narrada de modo a evidenciar os males da escravidão. Por outro lado, a morte de Dom José abre caminho para um desfecho que traz um forte acento nacionalista. Aires perdeu o pai e está sozinho no Brasil. Rafael, que até então era contra o casamento da irmã, diz a ele que não o considera mais um inimigo e lhe estende a mão, perguntando-lhe: "Queres aceitar a minha pátria e a minha família?" E mais: "Dá-me tua mão, Luísa. Hoje é o dia do Ipiranga e da felicidade. Aires de Saldanha, queres ainda ser meu irmão?" [p. 423]

Ouve-se fora o grito de "Independência, ou morte!" Um novo país estava nascendo. Esse desfecho mereceu uma interpretação de Décio de Almeida Prado que me agrada muito. Em seu entender, Liberato, "personagem simbólica a começar pelo nome", visto em suas relações com a realidade brasileira, "mata o português para que o filho deste possa tornar-se brasileiro casando com uma mulata. Essa seria a experiência vital do processo de abrasileiramento que está na base da nacionalidade"[60].

Sangue Limpo, como se vê, é uma peça que concilia a crítica à escravidão à ideia da construção de uma nacionalidade própria, brasileira. Nacionalista

---

60 D. de A. Prado, *O Drama Romântico Brasileiro*, p. 169.

3 A ESCRAVIDÃO NAS PEÇAS ROMÂNTICAS E REALISTAS

e romântico, por fazer o elogio da independência do país utilizando os recursos formais do drama, Paulo Eiró contrapôs a liberdade conquistada em 1822 com a falta de liberdade dos escravos, vendo aí um forte componente dramático, como escreveu no prefácio à peça, publicada em 1863: "Não será dramático desenrolar a velha bandeira do Ipiranga, e nela apontar como antítese monstruosa a nódoa negra da escravidão, verme nojoso que rói a flor de nossas liberdades? Não será dramático mostrar o que fizeram nossos pais, e o que temos a fazer para coroar sua obra?" [p. 309] Eis aí o romantismo brasileiro de tinta social, que terá em Castro Alves a sua maior figura. Paulo Eiró o precede, e isso não é pouco. Afonso Schmidt, que escreveu uma biografia romanceada do escritor, afirma com razão que ele foi um "precursor da poesia abolicionista" e que quando Castro Alves entrou na Faculdade de Direito de São Paulo, em 1866, "aqui já encontrou a poesia abolicionista e republicana"[61]. Como exemplos, cita os poemas "Verdades e Mentiras", de Paulo Eiró, e "Mauro, o Escravo", de Fagundes Varela. Esclareça-se que o autor de *Sangue Limpo* também foi acadêmico, a partir de 1859, mas desistiu do curso de Direito depois de um ano e meio.

Quanto à ideia da construção da nacionalidade, ela não só aparece no interior do drama, quando Rafael se refere ao fato de que todos, brancos, negros e índios, são cativos no Brasil, mas também no prefácio, em que Paulo Eiró reivindica uma emancipação completa de todos os brasileiros, vislumbrando uma pátria unificada pela liberdade:

> Todos sabem de que elementos heterogêneos se compõe a população brasileira, e os riscos iminentes que pressagia essa falta de unidade. Não é somente a diferença de homem livre para o escravo; são as três raças humanas que crescem no mesmo solo, simultaneamente e quase sem se confundirem; são três colunas simbólicas que, ou hão de reunir-se, formando uma pirâmide eterna, ou tombarão esmagando os operários! Penso eu (e este pensamento parece-me digno de ser a divisa de todos aqueles que trabalham no magnífico edifício da arte nacional), penso eu que o presente deve ser preparador do futuro; e que é dever de quantos têm poder e inteligência, qualquer que seja a sua vocação e o seu posto, do poeta tanto como do estadista, apagar essas raias odiosas, e combater os preconceitos iníquos que se opõem à emancipação completa de todos os indivíduos nascidos nesta nobre terra. Essa grande revolução, infalível porque é lógica, triunfante porque é santa, não há de ser contemplada pelos mais mancebos de hoje; restar-nos-á porem a glória de haver-lhe aplainado o caminho. [p. 308-309]

---

61   A. Schmidt, *A Vida de Paulo Eiró*, p. 88-89.

A estreia de *Sangue Limpo* foi prestigiada pelos estudantes da Faculdade de Direito e, segundo Afonso Schmidt, muito bem recebida. Os aplausos não foram poucos e a atriz Eugênia Câmara trouxe o autor até o proscênio para receber a merecida ovação. Dois dias depois, porém, no *Correio Paulistano* de 4 de dezembro de 1861, uma crítica sem assinatura arrasava com o drama: "A empresa deu uma prova de péssimo gosto representando este drama; é um trabalho que não revela nem estudo, nem vocação, nem conhecimento da arte dramática e, por isso, está abaixo da crítica."

Com o jornalismo ainda incipiente em São Paulo, tudo indica que não houve outros artigos sobre *Sangue Limpo*. Paulo Eiró amargou essa crítica injusta ao seu drama, que tem, sim, qualidades dramáticas e é bem arquitetado. Aliás, lembre-se que ele já havia escrito várias outras peças, representadas em Santo Amaro e infelizmente perdidas. Entre elas, uma que talvez já revelasse sua repulsa à escravidão: *O Traficante de Escravos*, em um ato. Essa peça foi lida em 11 de agosto de 1861, no Conservatório Dramático Paulistano, por Rodrigo Otávio de Oliveira Menezes, segundo informação dada quatro dias depois no *Correio Paulistano*. O que é interessante na notícia é que, na mesma sessão, Sizenando Nabuco leu *A Túnica de Nessus*[62]. Ora, Rodrigo Otávio era aluno do 5º ano da Faculdade de Direito, secretário do Conservatório e, mais importante, autor do drama antiescravista *Haabás*, publicado nesse mesmo ano de 1861. Sizenando, por sua vez, será um entusiasta da abolição. Não é coincidência a proximidade de Paulo Eiró com esses dois jovens acadêmicos.

Localizei apenas mais uma notícia sobre *O Traficante de Escravos*. Uma correspondência de Mogi-Mirim, publicada no *Correio Paulistano* de 26 de fevereiro de 1863, informava que a cidade aproveitara a presença da atriz Maria da Glória para promover alguns espetáculos. Um deles foi composto por um dançado espanhol, a comédia *Xícara de Chá* e a pecinha de Paulo Eiró. O autor da "Carta Particular" achou-a "fraca", parecendo mais um "ensaio", ressalvando, porém, que "teve bom êxito pelo seu desempenho". É provável que *O Traficante de Escravos*, por ser peça curta, tenha sido apresentada em outras ocasiões, por grupos amadores. Afonso Schmidt menciona uma representação em Santo Amaro, em 1854, num capítulo de sua biografia romanceada do escritor, mas não consegui confirmar que ela tenha de fato ocorrido.

Paulo Eiró, como se sabe, começou a dar mostras de perturbação mental antes mesmo de ingressar na Faculdade de Direito. Durante anos alternou momentos de lucidez e loucura, mas a piora se acentuou em 1866, quando seu pai se viu obrigado a interná-lo no Hospital dos Alienados de São Paulo, onde faleceu cinco anos depois.

---

62   A. Rolmes, Paulo Eiró, Paladino da Abolição, *O Estado de S. Paulo*, p. 4.

3 A ESCRAVIDÃO NAS PEÇAS ROMÂNTICAS E REALISTAS

RODRIGO OTÁVIO DE OLIVEIRA MENEZES

Ainda em 1861, em São Paulo, como dito acima, Rodrigo Otávio de Oliveira Menezes[63] publica o drama *Haabás*, no qual encontramos um forte componente antiescravista, construído pela óptica romântica. O protagonista é o escravo José Haabás, que teve a esposa surrada até à morte pelo feitor da fazenda, porque ela resistiu às suas investidas sexuais. O escravo o mata e foge. Do lugar onde se esconde vê a filha de seu senhor, Justina, chegar com um bebê nos braços e abandoná-lo sobre uma pedra. Haabás salva o bebê e, dezoito anos depois, sob falsa identidade – a de pai Felipe –, vive com o agora rapaz Henrique, num pedaço de terra que pertence aos herdeiros de seu antigo senhor. Eles são os pais de Henrique. O enredo se complica quando vemos o rapaz salvar a vida de Maria, uma mocinha cujo cavalo havia disparado. Maria é obviamente sua irmã e ambos se sentem atraídos um pelo outro. Não é preciso dizer que o incesto será evitado; no desfecho Haabás se dá a conhecer aos pais da mocinha, revela a história de Henrique e a família se recompõe. O escravo é recompensado com a liberdade e com as terras onde vive. Seu nobre caráter é enfim reconhecido.

O resumo do enredo não dá conta da pobreza literária da peça. Os exageros sentimentais, o maniqueísmo na construção das personagens, o artificialismo dos diálogos, os clichês do melodrama, tudo colabora para que *Haabás* seja uma obra mal realizada. No entanto, sua crítica à escravidão é forte, principalmente nas cenas iniciais, quando o protagonista, fugindo depois de ter assassinado o feitor da fazenda, lamenta sua condição servil num monólogo em que conta sua história. Na África, havia se casado com Mimosa e era feliz. Seu pai era o rei de Cambebo e ele seria seu sucessor, pois havia sido vitorioso nas guerras. No Brasil, nada tem, a não ser "a enxada, o trabalho, o chicote"[64].

Haabás é religioso e, tendo renegado os cultos africanos, tornou-se cristão. Acredita na palavra de Deus e na igualdade entre os homens. Daí questionar os brancos – "Os negros não são homens?" – e deplorar a si próprio por ter cometido um crime. Transtornado ao final do monólogo – a cena se passa

---

[63] Em *A Academia de São Paulo: Tradições e Reminiscências*, p. 104, Almeida Nogueira corrige Sacramento Blake quanto à data de nascimento de Rodrigo Otávio de Oliveira Menezes, na Bahia. O ano correto é 1838, não 1839. Formado em 1861, Rodrigo Otávio exerceu a advocacia em Campinas e na corte; foi deputado provincial pela Bahia e presidiu a província do Paraná entre março de 1878 e março de 1879. Em 1875, ele publicou no Rio de Janeiro, pela tipografia do jornal *A Reforma*, a novela antiescravista *Haabá*, que reproduz, em prosa, o enredo da peça *Haabás*, com alguns acréscimos. Não assinou o livro, atribuindo a autoria a "Um acadêmico".

[64] R.O. de O. Menezes, *Haabás*, p. 4.

num bosque – vai ferir-se com a faca ensanguentada que ainda tem em mãos, quando ouve seus perseguidores e se esconde. O que se segue é um retrato da mentalidade escravista vigente no país. O fazendeiro afirma que vai arrancar-lhe as carnes com o chicote, que vai "tirar a pele daquele demônio e enterrá-lo vivo". E ao ouvir seu afilhado defender Haabás, dizendo que ele era o escravo mais inteligente e trabalhador, retruca:

> Era o mais danado diabo que eu tinha. Estas e outras devem servir de lição. Se o primeiro senhor daquele patife não tivesse tido com ele o luxo que só se deve ter com o filho, isso não havia de se dar. (*Enumerando com os dedos.*) Batizá-lo com o nome de um homem santo, dar-lhe por sobrenome o maldito nome que trouxe do inferno, mandá-lo aprender a ler, fazê-lo seu secretário, tratá-lo como se fora gente e... se não tivesse morrido de repente, teria forrado a essa endiabrada parelha, que por infelicidade minha, arrematei na praça. Aziago dia! Por isso morreu pobre. Bem-feito lhe seja também; consentir negros casados. [p. 5]

Essas palavras dizem tudo sobre o capitão Antônio, o fazendeiro que ordena a dois escravos, Moçambique e Congo, que encontrem Haabás e o prendam, ou o matem, se resistir. Promete-lhes a alforria e terras como recompensa – mas em aparte revela que terão apenas mais chicote. Retrato fiel de um escravocrata, personagem para ser desprezado pelo espectador/leitor. Ao sair de cena, Haabás aparece e dialoga com Moçambique e Congo. Quer que o prendam, pois ouviu a promessa de liberdade feita pelo fazendeiro. Mas ambos se recusam, pois são homens bons. Na sequência, uma cena que enfraquece a peça. Haabás e os dois escravos fazem uma espécie de profissão de fé religiosa, o primeiro mandando Moçambique e Congo convencerem os escravos da fazenda de que o Deus verdadeiro é o dos brancos e dizendo frases como: "Escravo! Obedecei ao seu senhor, porque no céu será premiado!" A crítica à escravidão perde força também no desfecho do prólogo. Haabás toma nos braços a criança deixada sobre uma pedra por Justina, filha do capitão Antônio, beija-a e diz: "Poderosa criança! Meu pequeno senhor de algumas horas, perdestes vossa mãe, ganhastes um escravo!" [p. 9]

Um salto no tempo, de dezoito anos, nos coloca diante de Haabás transformado em pai Felipe, nova identidade forjada para se proteger do antigo senhor, nessa altura já morto. Justina herdou as terras do pai e se casou com Fausto, que a havia seduzido. Os dois são, portanto, os pais de Henrique. Haabás ainda lamenta ter cometido um crime e seu arrependimento é sincero. Logo que fugiu, buscou apoio na igreja e um padre o ajudou a criar Henrique. Nos dezoito anos em que vive sob falsa identidade, ele só faz o

3 A ESCRAVIDÃO NAS PEÇAS ROMÂNTICAS E REALISTAS

bem e mostra-se bom cristão. Quero crer que o autor, dando-lhe o nome de pai Felipe, pede-nos que nos lembremos do escravo bondoso e igualmente cristão, resignado com sua sorte, de *A Cabana do Pai Tomás*.

A escravidão fica em segundo plano nos dois atos que vão girar em torno dos jovens Henrique e Maria, até a revelação do segredo guardado por Haabás, numa cena bastante tensa. Mas no desfecho, o tema é evocado numa fala do escravo Moçambique. É ele que impede Haabás de se matar com uma faca, lembrando ao amigo a profissão de fé religiosa do prólogo, quando concordaram que Deus "não quer que nós nos matemos nem matemos aos outros". Eis como a peça termina:

> FELIPE (*deixando cair a faca, abraçando a Moçambique*): Vejo, meu irmão, que o pai dos homens lançou sobre ti a bênção divina... (*Choroso.*) Essas lágrimas são de alegria... tu és um homem além de um mártir.
> JOSÉ MOÇAMBIQUE (*calmo e saudoso*): Eu não é homem, é negro. Não é mártir, é escravo... Lá onde não há Cristo, Moçambique era guerreiro; lá, onde não há injustiça, Moçambique era livre, como a água dos Zambeze.
> HENRIQUE (*comovido, indicando os dois*): Compreendes, Maria? Oh! Não podes compreender mesmo!... é a cruz de Cristo que ainda se arrasta pelas ruas de Jerusalém vendida. [p. 23]

Apesar das fraquezas de composição, *Haabás* teve razoável recepção crítica. Machado de Assis, em sua resenha, observou que de fato o livro era "tosco pela forma e brilhante pelo fundo; é uma bela ideia mal-afeiçoada e mal-enunciada, o que não tira ao livro certo mérito que é forçoso reconhecer"[65]. Simpático às ideias liberais, Machado valoriza o conteúdo, que é francamente antiescravista, e identifica os dois fatos sobre os quais se baseia a peça: "Primeiro, a condição precária dos cativos; depois, a generosidade que pode existir nessas almas, que Herculano diria atada a cadáveres." É preciso lembrar que Haabás, apesar de ter assassinado o feitor, não é um homem mau nem violento. O que o caracteriza é a alma generosa referida por Machado. Lida pelos seus contemporâneos como peça de propaganda contra o cativeiro, *Haabás* mereceu a seguinte apreciação de Pessanha Póvoa, o editor da *Revista Dramática*, publicada pelos alunos da Faculdade de Direito do Largo de S. Francisco: "*Haabás* é um grito contra a escravidão, é um protesto santo e justo contra a usurpação consagrada sob o título de direitos."[66] Em outro texto, o mesmo crítico finaliza um perfil do autor com estas palavras:

---

65   M. de Assis, op. cit., p. 262.
66   P. Póvoa, *Anos Acadêmicos: São Paulo – 1860-1864*, p. 25.

"Escreveu dois dramas. Um – *Haabás* – imprimiu-o, outro, não conheço. Tem mostrado na imprensa e neste drama quais são os males da escravidão; acusa o governo de hoje e o primeiro que a introduziu – e neste empenho não descansará, porque é a preocupação predominante de seu espírito e deve ser a de todo brasileiro ilustrado."[67]

■ ■

Rodrigo Otávio de Oliveira Menezes deixou, entre seus manuscritos, uma peça em que a escravidão não é assunto central, mas um escravo, depois liberto, desempenha um papel importante. *Faustênio*, que o autor denominou "ensaio dramático", apresenta logo no primeiro ato uma cena que exprime o ponto de vista do autor em relação ao cativeiro. Para comemorar o ingresso do jovem Faustênio na Faculdade de Medicina – a ação se passa na Bahia –, o chefe da família concede a alforria ao único escravo que possuía, Basílio, e que sempre tratara bem. Antes mesmo que conheçamos o enredo que será desenvolvido, nas cenas iniciais, em que todos dão presentes ao calouro, destaca-se este diálogo:

> JÁCOME (*tirando do bolso um papel*): Este é que é o meu verdadeiro presente do dia de hoje. Sabe o horror que me inspira essa moeda que por aí corre em nossa terra, a escravidão. Em nossa casa não há um só escravo e graças a Deus vou muito melhor assim do que aquele que os tem. Toma (*oferecendo a Faustênio o papel*). Basílio talvez considere isso uma falta de amizade, uma ofensa, eu quero que ele mesmo guarde esse papel. A lei é que exige estas formalidades.
>
> FAUSTÊNIO (*depois de ter lido o papel*): Ele nunca se ofenderia, meu tio. Basílio, é um papel que já há vinte e três anos diz o que todos sabemos, menos talvez a quem eu o entregue (*oferecendo a Basílio*). Desde que entrou para esta casa ficou um homem livre. (*Basílio recebe o papel da mão de Faustênio e em ação de agradecimento, nobre se encaminha para Jácome. Este se levanta e encontra-o, aperta-lhe a mão. Basílio beija a mão de Jácome.*)[68]

A felicidade da família dura pouco. Faustênio não é sobrinho de Jácome, como pensava. O maldoso Albino lhe contou que fora adotado quando lhe morreram os pais e que na sociedade dizem que ele adula os protetores, a fim

---

67 Ibidem, p. 152.
68 R.O. de O. Menezes, *Faustênio*, p. 8.

de herdar a fortuna e a filha Margarida, uma menina então com doze anos. Para salvar a própria honra e a da família, o rapaz parte sem explicar nada a ninguém e só volta sete anos depois. Margarida é agora uma mocinha, noiva de Albino e com casamento marcado. Claro que esse compromisso vai ser desfeito, porque Faustênio explica sua decisão de partir a Jácome, que em seguida aceita a união da filha com o rapaz. Mas antes ele terá que mostrar seu valor como voluntário na guerra do Paraguai. Basílio, nos dois últimos atos, encarna a figura do "escravo fiel". É um liberto que não abandona o antigo senhor e que liga a sua felicidade ao bem-estar da família e de Faustênio.

VALENTIM JOSÉ DA SILVEIRA LOPES

Com a extinção do tráfico de africanos, em 1850, um grave problema se colocou para o governo e para os grandes proprietários rurais: em pouco tempo, a diminuição da mão de obra escrava se faria sentir e, mais à frente, a sua natural e espontânea extinção. Os nascimentos não seriam suficientes para repor em número necessário o contingente de escravos, principalmente nas fazendas de café do Rio de Janeiro e São Paulo. Inicialmente, o tráfico interprovincial pareceu uma possível solução, mas, como havia maior demanda que oferta, os preços das mulheres e homens escravizados trazidos do Nordeste para o Sul dispararam. A vinda de imigrantes europeus, que vinha sendo estimulada desde a década de 1840, passou a ser levada em conta como uma tábua de salvação para a lavoura. Nos anos posteriores ao fim do tráfico, o trabalho livre iria conviver cada vez mais com o trabalho escravo ou até mesmo substituí-lo em alguns casos.

Os jornais do Rio de Janeiro da década de 1850 publicaram dezenas de artigos sobre a necessidade da imigração e acolheram em suas páginas o debate sobre as vantagens e as desvantagens do trabalho livre em relação ao trabalho escravo. Evidentemente, os escravocratas e os grandes fazendeiros do café eram pessimistas quanto à capacidade de trabalho dos imigrantes europeus no campo, mas tiveram que se adaptar à nova realidade. Em 20 de outubro de 1855, um editorial do *Diário do Rio de Janeiro* comentava as mudanças que vinham ocorrendo:

> O trabalho livre já vai ganhando seus foros entre nós; e até no centro da agricultura, onde outrora não penetrava nem sequer a ideia da possibilidade de braços livres para a lavoura, já se começou a desenvolver em grande escala o princípio da colonização, e o espírito das empresas industriais fundadas sobre o sistema de parceria.

> Todos esses sintomas benéficos indicam uma grande verdade: e é que não só o tráfico está verdadeiramente extinto, mas também que a instituição que o alimentava está morta de todo no ânimo público e na opinião do país [...] O Brasil pode acordar um belo dia livre dessa pecha, que lhe lançam todos os países civilizados.

Como se vê, a escravidão já é contestada pela imprensa liberal, que vem acompanhando e aplaudindo as iniciativas em prol da substituição do trabalho escravo, como a da companhia Farol Agrícola e Industrial. *O Diário do Rio de Janeiro* de 17 de novembro de 1855 publicou os seus estatutos, um dos quais prevendo "empregar logo que seja possível o trabalho livre no estabelecimento".

Várias sociedades de colonização foram criadas no Rio de Janeiro e São Paulo, com o objetivo de trazer colonos europeus para a nossa lavoura. Num artigo intitulado "Extinção do Tráfico – Colonização", assinado por I.B.S. e publicado no *Diário do Rio de Janeiro* de 17 de janeiro de 1856, o autor afirma: "Temos esperança de que os agricultores e fazendeiros, conhecendo e apreciando as vantagens do trabalho livre, o prefiram em breve, e nem mais se lembrem de empregar o braço escravo, braço forçado e maquinal na cultura dos terrenos."

Também no *Correio Mercantil* abundam os textos em prol do trabalho livre. No dia 3 de março de 1857, foi publicado o artigo intitulado "Trabalho Livre e Trabalho Escravo", do pernambucano Aprígio Justiniano da Silva Guimarães. Todos os seus argumentos vão na direção de demonstrar que o trabalho livre é mais produtivo e mais barato que o trabalho escravo. Nesse mesmo jornal, em 27 de junho de 1859, João Artur de Souza Corrêa defende a vinda de imigrantes europeus, vaticinando que o Brasil será uma grande nação "quando a horrível praga da escravidão desaparecer da nossa sociedade pela concorrência do trabalho livre".

Todo esse preâmbulo tem um único objetivo: o de demonstrar que o debate em torno da substituição dos braços escravos pelos braços livres estava na ordem do dia, quando o escritor Valentim José da Silveira Lopes, português radicado no Brasil, pai da escritora Júlia Lopes de Almeida, escreveu e fez representar, em 1861, no Teatro Ginásio Dramático, o drama em dois atos *Sete de Setembro*. Embora o assunto pareça não se prestar para o palco, estamos diante de uma autêntica peça de ideias a favor do trabalho livre, do pensamento liberal e contra a escravidão.

O primeiro ato se passa numa sala pobre, com poucos móveis e objetos, de uma pequena propriedade rural, no interior da província do Rio de Janeiro. No diálogo inicial, entre Raimundo e Maria, as primeiras falas dão a entender que são pai e filha, porém mais à frente saberemos que ela, ainda bebê, havia sido abandonada à porta da casa desse homem, que a criou com cuidado e carinho. Raimundo tem um filho, Carlos, que ele qualifica como honesto, honrado e trabalhador. O casamento dos dois jovens se fará em breve, unindo as virtudes do rapaz e da mocinha, que foi educada com os mesmos valores. Ainda no diálogo que abre a peça, chama a atenção a caracterização de Raimundo como um homem que se recusa a ter escravos, apesar do duro trabalho no campo, que divide com o filho. Para ele, não há nobreza em enriquecer com a escravidão:

> RAIMUNDO: Sabes que os meus únicos bens são este pequeno *sítio*, e alguns animais. Podia ter escravos! Sim, podia ter uma grande fazenda e muitas léguas de matos sem serventia, porém o velho Raimundo pensou sempre de modo avesso a isso. Ah! conheço que não nasci para este mundo.
> MARIA: Por que, meu pai?
> RAIMUNDO: Porque nunca fui ambicioso!... nunca pretendi fazer a minha casa à custa do suor alheio; chamam-me tolo, chamam, sim, porque eu bem sei que todos pensam de um modo diferente; mas pelo menos se não tenho riquezas para deixar a meu filho e fazer-te feliz, tenho a alma livre de remorsos. Foram só os meus braços que me deram estes bens. Fui eu que derrubei; eu que plantei; eu finalmente que fiz tudo quanto vês, e já nada é meu, mas teu e de meu filho.[69]

Maria louva a educação que recebeu de Raimundo e concorda com os seus "honrados sentimentos" e "nobre desinteresse", acrescentando: "Se eu houvesse nascido cercada de escravos, se houvesse aprendido a ver na posse deles a única felicidade da minha vida, talvez pensasse de outro modo." [p. 15]

O diálogo entre ambos continua e logo entra Carlos. O desenho de uma família proba e trabalhadora se completa. São felizes com o que têm e conversam sobre as melhorias ainda a fazer na pequena propriedade e sobre o casamento. Com o filho, Raimundo volta a falar sobre a sua maneira de ver o mundo, de sua disposição de viver só de seus braços e de seu suor, comparando-se com os que se alimentam de vaidades e ambições e que consomem seu tempo no ócio. Pergunta-se: "Qual de nós irá mais errado? Eu, que faço consistir a minha ventura em ver meus filhos felizes por meio do trabalho; que lhes ensino ser ele a fonte de todo o nosso bem sobre a terra" ou os outros que, "se metem a mão na consciência, a retiram escaldando e requeimada de remorsos?!" [p. 21]

---

69 V.J. da S. Lopes, *Sete de Setembro*, p. 14.

As primeiras cenas da peça mostram uma família em harmonia e equilíbrio. Seu único ponto vulnerável é a origem desconhecida de Maria. Não se sabe quem a deixou à porta da casa de Raimundo. No final do primeiro ato, a surpresa: um oficial de justiça e dois guardas se apresentam para levar Maria. Uma denúncia anônima revelou que ela era filha de uma escrava. De acordo com a lei, era escrava também.

O segundo ato se passa na fazenda de Jacinto, logicamente o proprietário de Maria. Para dar mais dramaticidade à peça, era de se esperar que esse rico fazendeiro fosse um escravocrata insensível e que veríamos a mocinha sofrendo maus tratos. Curiosamente, a personagem se apresenta como um homem bom, que está cuidando bem de Maria e que, vendo-a triste, deplora a denúncia que o obrigou a reaver a escrava, dezoito anos após seu nascimento. Soa um tanto forçado o monólogo de Jacinto no qual ele se mostra comovido com a sorte da mocinha e lamenta viver numa sociedade escravocrata. Só mesmo a vontade do autor de fazer a crítica ao cativeiro o justifica:

> A febre inda não a deixou conhecer onde está, nem qual é seu novo estado! Ai dela, quando acordar!... Ai dela, sim, que do céu onde era livre, se achará sepultada no inferno da escravidão! (*Comovido*.) Maldita fortuna! Que para se conservar nos faz ter corações de bronze! Ou pelo menos, aparentá-lo! Malditas riquezas, em que só contamos por cabedais misérias da humanidade! Riquezas!... e chamam riqueza uma coisa que o homem, se um dia se lembrar que é homem, tem de esbanjar deitando pela porta fora! Não, chamem-lhe tudo, menos isso! (*Pausa.*) Eu não tenho um peito de fera; eu também sou homem, mas desde menino que me fizeram ver nestes miseráveis o meu patrimônio; desde a mocidade que me ensinaram a zelar neles a minha propriedade! – Hoje, libertar a todos, fora eu constituir-me cativo da miséria! Estou velho, o que tenho é de meu filho, não posso deserdá-lo. Se ele, que já nasceu noutra época, que tem diante dos olhos outro horizonte mais vasto e mais promissor do que eu tive, quiser obrar de outro modo, pode fazê-lo. Quanto a mim terei inda coração para chorar as desgraças dos que, como essa pobre *rapariga*, são cativos, mas olhos não, que a sociedade mo proibiria com um sorriso de escárnio! Oh! se lá na minha última velhice eu pudesse gozar do aspecto que deve oferecer um país todo livre! [p. 37-38]

Se do ponto de vista da construção dramática a peça apresenta fragilidades – além da caracterização de Jacinto há outras que não vem ao caso evidenciar –, no terreno das ideias a condenação do cativeiro coloca Valentim José da Silveira Lopes na vanguarda da dramaturgia brasileira que primeiro trouxe para

3 A ESCRAVIDÃO NAS PEÇAS ROMÂNTICAS E REALISTAS

o palco o debate sobre assunto tão espinhoso. É claro que se compararmos as falas de Jacinto com as de Raimundo, parecem mais dignas as do segundo, que afronta a pobreza e não se dobra à ignomínia da escravidão.

Armado o conflito, é preciso desenvolvê-lo e dar-lhe um desenlace. Nas cenas que se seguem ao monólogo transcrito acima, vemos Maria desesperada e infeliz, lamentando sua condição servil, herdada da mãe, e o futuro de moça casada abortado. Nesse mesmo dia, por coincidência, volta da Europa com o diploma de bacharel o filho de Jacinto, Artur. Adepto das ideias liberais, ele representa na peça o pensamento antiescravista ilustrado, o homem brasileiro moderno, que acredita na ciência e no trabalho como motores das sociedades civilizadas. Por isso, quando Raimundo e Carlos chegam para comprar a liberdade de Maria, com o dinheiro da venda do sítio, e contam o ocorrido, Artur intervém. Nesse momento ecoam tiros de canhão comemorando o dia 7 de Setembro. Ele faz o elogio da pátria livre e lamenta ter ouvido a triste história de Maria. Afirma ainda que seu pai pode ter vivido sob a influência de pessoas ambiciosas e preocupado com o olhar alheio, mas que ele era cristão e brasileiro, razão pela qual "sabe como eu que a liberdade humana não se pode mercadejar. Guardai esse dinheiro, voltai ao vosso sítio! Levai vossa mulher" [p. 52].

Não é uma coincidência que Artur dê a liberdade a Maria no dia em que se comemora a independência do país. É uma opção do dramaturgo, que vislumbra o fim da escravidão por meio da consciência de que se trata de uma instituição ultrapassada. Numa pátria livre, todos os seus cidadãos devem ser livres. No desfecho, Carlos estende a mão a Artur e lhe diz: "Apertai esta mão, mancebo, é a mão do homem do trabalho, que se ufana e apertar a mão ao homem da ciência. A ciência e o trabalho, unidos pela virtude, farão de hoje em diante uma sociedade para atear a inveja de estranhos." [p. 53]

Outro aspecto importante que a peça aborda é a do preconceito contra o escravo. Maria se envergonha de sua origem e receia não ser digna do amor de Carlos. Chega mesmo a dizer que "o mundo" vai olhá-la com desprezo. Mas o rapaz e seu pai têm a grandeza moral de recebê-la de volta, pois conhecem a nobreza de seu caráter.

Sete de Setembro é uma peça afinada com as ideias liberais que começam a conquistar uma parcela da população, em especial escritores e jovens intelectuais que atuavam na imprensa. A defesa do trabalho livre e a crítica à escravidão, em 1861, fazem de Valentim José da Silveira Lopes um dramaturgo sintonizado com os anseios de construção de um país moderno e civilizado, que se encontram em muitos artigos nos jornais da época. Não por acaso, dois meses após a estreia da peça, que se deu no dia 7 de setembro, Tavares Bastos defendia, em uma das suas "cartas do solitário", publicada no *Correio Mercantil*, a superioridade do trabalho livre, feito por imigrantes, sobre o trabalho escravo[70].

Apesar de seu conteúdo progressista – ou talvez por causa dele – *Sete de Setembro* não fez sucesso no palco do Ginásio Dramático, saindo de cartaz depois de três representações. Na imprensa, um artigo anônimo publicado em *A Marmota*, um dia antes da estreia, elogia a concepção da peça e seu fundo moral. O *Jornal do Comércio* transcreve esse artigo no dia seguinte. O que há de interessante nele é a referência a um dado do enredo que não aparece na versão publicada da peça, no mesmo ano de 1861. O articulista menciona que a mãe de Maria foi interrogada e "esta respondeu que a tinha enjeitado, porque não queria que sua filhinha fosse cativa". Difícil saber o que aconteceu. Talvez a escrava Rosa, que é quem conforta Maria na casa de Jacinto, tenha sido originalmente concebida como mãe da mocinha.

O melhor comentário sobre *Sete de Setembro* foi publicado na *Revista Popular*, no número de julho-dezembro de 1862, por Leonel de Alencar, irmão de José de Alencar. Percebe-se, já no parágrafo inicial, que a peça suscitou no articulista uma crítica contundente à escravidão e suas leis desumanas, bem como à coisificação do escravo:

> O escravo é um objeto ou uma coisa de que o seu possuidor pode dispor como lhe aprouver: pode vender, dar, emprestar, como faria de um livro ou de um cavalo. O escravo é um instrumento cego da vontade de seu senhor; deve obedecer-lhe em tudo; se o escravo foge, o senhor tem o direito de ir buscá-lo onde ele se tiver escondido; se tiver achado abrigo em casa de alguém, esse será responsável por ter ocultado a propriedade alheia. Em certos casos previstos pela lei o escravo é arrematado em praça a quem mais alto preço oferecer, o filho pode ser separado da mãe, o irmão da irmã, o marido da mulher. Um homem diz – tenho tantos escravos –, e isso corresponde a dizer – tenho tantos contos de réis –, aproximadamente. O pai, que, morrendo, lega a seu filho um certo número de cativos, lega-lhe uma certa fortuna; a questão é de espécie, o resultado é o mesmo como se tivesse deixado dinheiro em moeda, em casas ou em terras. Se a mãe enjeitou o filho, o senhor pode ir buscá-lo em qualquer tempo, ou em qualquer lugar que se ache, contanto que tenha provado que é sua propriedade.

No final do parágrafo, encontra-se a ideia que norteou a construção de *Sete de Setembro*. Mas como Maria é mestiça, Leonel de Alencar lembra que em suas veias "corre uma metade de sangue livre" e reivindica que há muito por fazer

---

[70] A.C.T. Bastos, *Cartas do Solitário*, p. 88-89.

em relação aos escravos nessa condição. Em meio aos elogios à ação dramática e às personagens, o articulista realça os sentimentos "filantrópicos e tendências liberais" de Raimundo, que, mesmo sabendo Maria ser filha de uma escrava, vence os preconceitos e favorece o casamento de seu filho com ela. Demonstrando ter compreendido o aspecto político da peça, Leonel de Alencar assim se refere à construção da personagem Artur: "Louvamos a maneira como o Sr. Silveira Lopes apresentou-nos o homem moderno, o homem do século em que vivemos, o homem enfim do progresso e do coração liberal."

Machado de Assis, no *Diário do Rio de Janeiro*, também escreveu uma nota crítica à peça, noticiando sua publicação no final de 1861. Eximiu-se de fazer uma análise mais longa, alegando que seus leitores tinham na memória a representação ocorrida no Ginásio Dramático. Em poucas linhas, e sem tocar no problema da escravidão, observou apenas que, "postos de parte certos pontos de composição, contra os quais se oferecem muito boas razões, mas que não constituem defeitos capitais, contém essa peça beleza de estilo e de arte digna de menção"[71].

PINHEIRO GUIMARÃES

O maior sucesso do Teatro Ginásio Dramático em 1861 foi o drama em quatro atos *História de uma Moça Rica*, de Francisco Pinheiro Guimarães, que estreou no dia 4 de outubro. Com enorme repercussão na imprensa, no final do ano alcançou a expressiva marca de 22 representações. A escravidão não é seu assunto principal e aparece apenas numa breve discussão no primeiro ato e mais fortemente no segundo. Em primeiro plano estão as terríveis consequências de um casamento imposto por Vieira à filha Amélia, que não suporta a truculência e as humilhações do marido, Magalhães, foge de casa, cai na prostituição e se regenera pela maternidade no desfecho. Afinado com o realismo teatral, Pinheiro Guimarães criou personagens e enredo para sensibilizar a plateia e fazê-la refletir sobre os inconvenientes de um dos costumes da época: o casamento arranjado pelos pais, muitas vezes por dinheiro. Alencar já havia abordado essa questão, defendendo o direito dos jovens de escolherem seus parceiros, como se vê em *O Demônio Familiar*. E em *As Asas de um Anjo* – peça de 1858 – já havia trazido para a cena a prostituição e a regeneração da prostituta pela maternidade. Pinheiro Guimarães seguiu seus passos, sem copiá-lo, conseguindo um bom resultado se considerarmos o repertório do realismo teatral em sua totalidade.

[71] M. de Assis, op. cit., p. 249.

O *raisonneur* de *História de uma Moça Rica* é o Dr. Roberto, amigo da família de Amélia. Cabe a ele exprimir os pontos de vista do autor sobre as questões sociais discutidas na peça. Assim, embora a escravidão seja assunto secundário, no primeiro ato é discutida nos seguintes termos:

> BARONESA: Artur, não conheces o Dr. Roberto?
> ARTUR: Ainda não lhe fui apresentado.
> ROBERTO: Essa cerimônia parecia-me inútil. (*a Artur*) Creio que ainda se há de lembrar do tempo em que o vi empinando papagaios.
> ARTUR (*vexado*): Sim, é verdade... agora me recordo.
> ANTUNES: Senhora baronesa, V. Exa. perdeu um jantar delicioso!... Que moquecas!... que peru!... que arroz de forno!... que magnífico Lisboa!... que excelente Porto!... O cozinheiro do meu velho amigo merece uma coroa.
> ROBERTO: Dê-lhe coisa que mais lhe convenha: alguns mil réis para a sua alforria.
> ANTUNES: Qual, doutor!... concorrer para sua liberdade seria querer infelicitá-lo. O negro nasceu para ser escravo, como o porco para ser comido.
> ROBERTO: De maneira que, quando um está no matadouro e o outro sob o azorrague de seu senhor, devem ficar contentíssimos; cumprem a sua missão. (*irônico*) O Sr. Antunes é um profundo filósofo.
> ARTUR: Ah! O Sr. Dr. é negrófilo?
> VIEIRA: Um pouco, para ter somente o prazer de contrariar os outros. E o senhor?
> ARTUR: Negrófilo!... Deus me livre de cair nesse ridículo.[72]

A cena se passa na casa de Vieira. Aí está, em uma rápida pincelada, o desenho da sociedade brasileira no início da década de 1860, dividida entre os poucos que se posicionam contra a escravidão e a maioria escravocrata. Roberto é o único caráter digno nesse diálogo. A baronesa, falida, quer casar o filho Artur com Amélia; o especulador Antunes cobra vinte contos de Magalhães para fazê-lo vitorioso na disputa pela mão da mocinha de dezesseis anos de idade. Vieira é um homem que só pensa no dinheiro e é em razão disso que afasta Amélia do primo Henrique, rapaz pobre, fazendo-a infeliz.

Pinheiro Guimarães não avança a discussão travada entre as personagens, que logo mudam de assunto, mas pelas palavras do *raisonneur* explicita sua posição crítica em relação à escravidão.

O segundo ato, cuja ação se passa quatro anos depois, mostra como a vida de Amélia se tornou um inferno. Morto o pai, não tem quem a defenda.

---

[72] F.P. Guimarães, *História de uma Moça Rica*, em J.R. Faria (org.), *Antologia do Teatro Realista*, p. 139-140.

3 A ESCRAVIDÃO NAS PEÇAS ROMÂNTICAS E REALISTAS

Magalhães é grosso, truculento, trata mal e humilha a esposa sempre que pode. Mas não é ele quem protagoniza as cenas principais desse segundo ato e sim a escrava Bráulia, com quem Magalhães vive amancebado. Inicialmente a vemos como alcoviteira, ajudando o sedutor Alberto a aproximar-se de Amélia, que, apesar de infeliz, repele as investidas do rapaz. Determinada a fazer a esposa honesta cair, Bráulia garante a Alberto que vai pôr em curso um plano mais ousado e diz a si mesma: "O combate está travado: uma de nós há de sucumbir. Há de ser ela." [p. 195]

No diálogo que se segue, com João, o outro escravo doméstico da casa, Bráulia revela que odeia Amélia, porque é sua senhora; sofre quando precisa obedecê-la. João lembra-lhe que é bem tratada, que foram criadas juntas, que Amélia a ensinou a ler e escrever. Bráulia mostra-se extremamente ressentida. Quer ser livre, diz, e não apenas isso: também quer ser senhora. A razão desse desejo fica sugerida nestas falas:

> JOÃO: Bráulia, não se arrisque!... Veja que não pode ter vida melhor do que esta. Sinhá trata a você com muita amizade, e aos próprios filhos de você... e ela bem sabe.
> BRÁULIA: Faz o seu dever, porque esta casa é mais deles do que dela.
> JOÃO: Não a desesperes; olha que tem sofrido de ti o que uma santa não suportaria. [p. 197-198]

Fica evidente que Magalhães tem filhos com Bráulia, daí o desejo dela de ser senhora. E, para fazer Amélia "sucumbir", ela não hesitará em lançar mão dos mais baixos recursos, como se vê nas cenas seguintes. A escrava se recusa a obedecer a senhora, enfrenta-a, insinua que ela bate em seus filhos, diz que a casa não é dela e que só obedece ao seu senhor. Magalhães entra, fala "com doçura" a Bráulia, que chora, e lhe dá razão. Amélia, indignada, ainda o ouve dizer que ela tem ciúmes da escrava e que deve deixá-la em paz. A humilhação, insuportável, continua. Bráulia, que havia saído por um breve momento, volta à cena falsamente "banhada em pranto", com um filho machucado, e acusa Amélia de ter agredido a criança, que na verdade se ferira sozinha. Exagerando e mentindo, faz-se de vítima, pede teatralmente para ser vendida e simula ter medo de uma agressão física. Magalhães segura Amélia pelos pulsos, torce-lhe os braços e a joga sobre uma cadeira, saindo em seguida com Bráulia. Sem pensar, a esposa ultrajada corre para a janela como para atirar-se, mas eis que vê Alberto e decide fugir com ele. São cenas fortes, de intenso colorido dramático. O retrato da escrava tem por objetivo impressionar os espectadores, principalmente aqueles que mantêm escravos domésticos em suas casas.

Os demais atos mostram apenas a trajetória de Amélia, então não mais veremos Bráulia em cena. No último ato, que se passa muitos anos depois do prólogo, saberemos apenas que ela envenenou e matou Magalhães. Tudo indica que não era intenção do autor explorar uma possível linha de enredo envolvendo essa personagem. Mas a marca que ela deixa na peça é forte. Caracterizada como "mulata escrava", ela tem papel fundamental na trama, pois acelera a queda de Amélia. Além disso, é um exemplo nocivo de como a escravidão doméstica pode abalar e mesmo destruir a estrutura familiar. Se em *O Demônio Familiar* Alencar já havia demonstrado, apelando para a leveza e a comicidade, o quanto o escravo no interior da casa era prejudicial para a família brasileira, Pinheiro Guimarães aborda o problema de modo mais contundente, por meio da criação de uma personagem insidiosa e má. Brito Broca não hesitaria em caracterizar o que vemos no segundo ato de *História de uma Moça Rica* como "abolicionismo realista", uma vez que o caráter de Bráulia é forjado pela sua condição de escrava.

Como observei acima, a imprensa recebeu a peça com elogios rasgados, porém com ênfase na questão central que dizia respeito ao casamento infeliz de Amélia e suas consequências. Mesmo assim, o segundo ato mereceu algumas considerações. No *Diário do Rio de Janeiro* de 27 de outubro de 1861, Henrique César Muzzio observou que havia na peça um quadro dos costumes da época, uma "reprodução quase fotográfica de cenas íntimas, que por aí se representam às portas fechadas", e que o autor fora corajoso ao fazer a defesa "da mulher sacrificada pelos preconceitos sociais e atirada pelo crime aos abismos de uma degradação sem nome". E mais: "Com mão certeira cortou ele por essa chaga da escravidão, que avilta e corrompe a nossa sociedade, e o antagonismo natural das duas castas e das duas condições forneceu-lhe as comoventes cenas do segundo ato. Tremeram alguns, empalideceram outros, vendo copiado com cores que lhes pareceram exageradas à força de serem verdadeiras, o quadro da sua própria vida, da sua própria degradação."

O realismo da peça, no sentido de reproduzir no palco o que se podia encontrar na sociedade escravista brasileira, é reconhecido pelo folhetinista como uma conquista do autor. Muzzio volta a bater nessa tecla ao escrever o prefácio para a peça, publicada no final de 1861. E mais uma vez toca no problema da escravidão, responsabilizando-a pelo caráter de Bráulia, a escrava "aviltada" pela ignóbil instituição, "e a quem desde o berço desfolharam n'alma, um por um, todos os instintos santos"[73]. Muzzio é incisivo em sua crítica à

---

73 H.C. Muzzio, Ao Dr. Francisco Pinheiro Guimarães, em F.P. Guimarães, *Na Esfera do Pensamento Brasileiro*, p. 493.

3 A ESCRAVIDÃO NAS PEÇAS ROMÂNTICAS E REALISTAS

escravidão, que em sua opinião corrompe tanto o escravo quanto a família branca, exposta à sua "influência deletéria".

Também o folhetinista Sousa Ferreira, no *Correio Mercantil* de 13 de outubro, louvou o alcance do segundo ato, que desvenda: "uma chaga repugnante que lavra e se esconde nas sombras do lar doméstico [...], os vícios e crimes de um marido brutal e devasso, que profana o teto conjugal e avilta a dignidade da esposa". Machado de Assis, no *Diário do Rio de Janeiro* de 18 de outubro, não ficou atrás nos elogios às qualidades da peça e interpretou o segundo ato assim: "Mas eu lembrarei que o poeta quando escreveu o seu segundo ato não quis dizer às Amélias da nossa sociedade: suportai e resignai-vos; mas, sim, mostrar à sociedade a consequência das torpezas dos Magalhães." Embora não explicite o significado dessas palavras, Machado refere-se sem dúvida ao fato de que Magalhães vivia amancebado com Bráulia.

Quem abordou com palavras mais claras e diretas o que acontece no segundo ato de *História de uma Moça Rica* foi um articulista oculto sob o pseudônimo de "Eufêmia", em texto publicado em *A Marmota* de 22 de outubro. Depois de afirmar que para justificar a queda de Amélia não era preciso que a amante do marido fosse uma escrava, o autor interpreta a escolha de Pinheiro Guimarães da seguinte maneira:

> A circunstância de fazê-la escrava foi para mostrar aos olhos de todos, nas cenas de um teatro, o que se passa muitas vezes no lar doméstico e, desgraçadamente, numa sociedade como a nossa, onde o senhor tem o direito de impor silêncio à escrava que resiste, tapando-lhe a boca com uma bofetada, para que ela se curve e obedeça.
>
> A condição avilta, é verdade; mas não se fique julgando, já que desgraçadamente temos escravos e os teremos ainda por alguns anos, que todas as mulatas de casa são *Bráulias*, e que só a violência e o rigor podem fazer com que elas não comecem e acabem por onde ela desgraçadamente começou e acabou.

Embora a peça não denuncie a violência que pode estar na base de uma relação entre o senhor e a escrava – Magalhães trata Bráulia "com doçura", segundo uma rubrica –, o autor do texto deixa claro que essa possibilidade sempre existe numa sociedade escravista. A seu ver, as cenas do segundo ato tinham ainda outro propósito, para além da reprodução fotográfica dos costumes: o de estabelecer uma tese, demonstrando "que a escravidão é um mal; o ter escravos no centro das famílias, um precipício que se deve sempre evitar".

O próprio Pinheiro Guimarães escreveu algo parecido quando se envolveu em polêmica literária com alguém oculto pelo pseudônimo "Ateniense".

No *Correio Mercantil* de 1º de janeiro de 1865, explicou que, ao escrever o segundo ato de *História de uma Moça Rica*, tinha em mente mostrar que "a escravidão não é só um mal para os escravos, é também para os senhores". Foi a maneira que encontrou para criticar essa "instituição absurda e revoltante". Embora seja impossível saber se a sua mensagem foi levada em conta pelos espectadores e leitores da peça, conhece-se pelo menos um depoimento nesse sentido, divulgado por Escragnolle Dória, segundo o qual uma senhora ficou muito impressionada com a personagem Bráulia e tomou a decisão de não mais ter em casa escravas domésticas mestiças:

> Viveu nesta cidade uma senhora de fina linhagem, cuja geração representava a confluência do sangue de duas famílias ilustres no Brasil, a do marquês do Paraná e a do conde de Porto Alegre. Em casa da referida senhora nunca houve meio de ser admitida qualquer mulata para alugada. Podia trazer atestados de oitava maravilha, era mulata; acabou-se, não servia. Perguntando-se uma vez à dona da casa a razão de tal ojeriza, respondeu com fino, arguto e convencido sorriso espalhado no gesto: "Mulatas na minha casa? Eu não quero desgraças. Depois que vi a *Moça Rica*, nunca mais me passam da porta da rua."[74]

O depoimento permite uma dupla interpretação. Ou a referida senhora percebeu que a escravidão podia ser um mal para os senhores, como queria o autor, ou a peça despertou nela um sentimento inferior, projetando seu preconceito racial. O tom de anedota do relato fez Raymond Sayers considerar que a reação do público "pode não ter sido a de encarar a peça como um ataque contra a escravidão, mas antes como um ataque contra os mulatos"[75]. A verdade é que a recepção de uma obra muitas vezes escapa às intenções do autor.

■ ■

Uma segunda peça de Pinheiro Guimarães – *Punição* – subiu à cena do Teatro Ginásio Dramático em 7 de maio de 1864. Não fez tanto sucesso quanto a anterior, e é bem diferente. Trata-se de um drama rural, em um prólogo e três atos, com forte colorido romântico na criação do enredo e das personagens. O filho do fazendeiro rico é impedido pelo pai de se casar com a filha do agregado pobre. Mandado para a Europa, volta quatro anos depois e encontra o pai casado com a mocinha. Poupo o leitor dos detalhes da ação

---

[74] E. Dória, *Cousas do Passado*, p. 143.
[75] R. Sayers, op. cit., p. 290.

3 A ESCRAVIDÃO NAS PEÇAS ROMÂNTICAS E REALISTAS

que culmina num desfecho trágico para os jovens. O que nos interessa aqui se passa nos bastidores, no prólogo da peça. Durante o diálogo entre o agregado João Manuel e sua irmã, Madalena, ficamos sabendo que o fazendeiro "mata os negros no serviço" e que se estão cantando naquele domingo é porque o filho lhes deu uma folga. Não fosse assim, estariam no eito, como nos outros dias da semana. O Comendador, como é chamado na peça, é um típico escravocrata para quem os negros vieram ao mundo para trabalhar. E ainda que não os vejamos em cena, ouvimos seu canto, em coro, em dois momentos. No primeiro, logo na abertura do prólogo, cantam:

> UMA VOZ
> Quando vim de minha terra
> Me chamava capitão;
> Agora em terra de branco
> Puxa a enxada pai João.
> CORO
> Trá, lá, lá, lá, lá, lá, lá,
> Trá, lá, lá, lá, lá, lá, lá,
> Agora em terra de branco
> Puxa a enxada pai João.[76]

O prólogo se passa na sala de uma casa da roça muito simples, onde vivem Madalena, João Manuel e sua filha Júlia. Madalena explica ao irmão que a cantoria é dos escravos da fazenda do Turvo, a fazenda do comendador. Mais à frente são novamente interrompidos para que ouçamos o restante da música:

> UMA VOZ
> Dês que nasce té que morre
> Leva o negro a trabalhar;
> Só depois no cemitério
> É que pode descansar.
>
> Trá, lá, lá, lá, lá, lá, lá,
> Trá, lá, lá, lá, lá, lá, lá,
> Só depois no cemitério
> É que pode descansar. [p. 611-612]

A ação dramática que vem na sequência nada tem a ver com os escravos, mas o pano de fundo da sociedade escravista é realçado na cena inicial, com

---

[76] *Punição*, em F.P. Guimarães, *Na Esfera do Pensamento Brasileiro*, p. 607.

uma das versões do conhecido "Lundu do Pai João", cuja letra diz tudo sobre a desumanidade do cativeiro[77].

É preciso esclarecer que Pinheiro Guimarães foi um crítico da escravidão antes mesmo de escrever suas duas peças teatrais. Entre 29 de abril e 28 de maio de 1856, no *Jornal do Comércio*, ele havia publicado o romance *O Comendador* em forma de folhetim, romance que ficou esquecido e ignorado pelos estudiosos da nossa literatura, talvez por não ter sido editado em forma de livro ou por não ser obra de grande valor literário. Não se pode, porém, ignorar o seu papel pioneiro enquanto denúncia da violência da escravidão. Antes dele, salvo engano, apenas uma novela antiescravista havia sido escrita no Brasil: *Páginas de uma Vida Obscura*, de Nísia Floresta, também publicada em forma de folhetim, em *O Brasil Ilustrado*, entre 14 de março e 30 de junho de 1855, e fortemente calcada em *A Cabana do Pai Tomás*.

O Comendador não trata diretamente da escravidão. A maior parte do enredo se ocupa dos amores de Alfredo e Emília e das dificuldades que enfrentam para ficar juntos. Mas entre os quatorze capítulos do romance há um inteiramente dedicado a nos dar um retrato da escravidão no campo. Na fazenda do comendador, quinhentos escravos mal alimentados, muitos doentes e enfraquecidos, vivendo em senzalas imundas, são submetidos a uma carga excessiva de trabalho e ao chicote do feitor. O narrador em terceira pessoa chega a pedir desculpas ao leitor pelas descrições terríveis que faz e a certa altura a voz do autor se sobrepõe à dele para comentar o que ficou dito e expressar uma opinião sobre o cativeiro. Depois de observar que a fazenda daria mais lucro com trabalhadores livres, mas que o comendador jamais entenderia isso, continua o narrador:

> Felizmente, a maior parte dos nossos agricultores, justiça lhes seja feita, já não partilham as ideias erradas do Comendador, e reconhecem que a sua salvação está na colonização; somente, por esse hábito de viver, sempre debaixo da tutela do governo, esperam que ele dê andamento à vinda dos colonos, e nada ainda ousam fazer por si sós para obter o que tão ardentemente desejam; apenas falta-lhes ânimo, que a boa vontade existe.
>
> Como cristão, como homem, como Brasileiro, daqui bradamos-lhes: coragem, arriscai alguma coisa para ganhar muito e muito, acabai com a maldita escravatura, que, como a cárie, nos corrói os membros, nos desmoraliza, nos amesquinha e rebaixa perante o mundo civilizado, nos enfraquece

---

[77] C. Moura, *Dicionário da Escravidão Negra no Brasil*, p. 300. Versão diferente do lundu aparece na peça *O Orfeu na Cidade*, do ator Vasques, encenada e publicada no Rio de Janeiro em 1870.

3 A ESCRAVIDÃO NAS PEÇAS ROMÂNTICAS E REALISTAS

e mesmo nos empobrece, apesar das suas enganosas aparências em contrário, pois se opõe não só ao progresso moral, mas também ao material. Muito se fez acabando com o tráfico, que ameaçava afogar-nos debaixo de uma onda negra; mas isso ainda não basta; acabai, ainda vos repetimos, com a escravatura; povoai de colonos as vossas grandes fazendas, e em breve sereis ricos, a humanidade folgará, e o Brasil será uma poderosa, moralizada e respeitada nação.[78]

Qual terá sido o efeito das descrições dos sofrimentos dos escravos e da exortação de Pinheiro Guimarães sobre os leitores do *Jornal do Comércio*? Impossível saber, mas pelo menos um leitor muito especial manifestou-se nas páginas do *Correio Mercantil* de 20 de julho de 1856. Manuel Antônio de Almeida dedicou um folhetim a *O Comendador*, fazendo algumas restrições, mas elogiando exatamente a descrição da fazenda, "um dos pedaços mais felizes do romance", pelo alcance de sua crítica à escravidão: "Que desastrosos lances, que ensanguentadas peripécias, que dramas medonhos não se passam no interior desses domínios da prepotência, da estupidez e da impunidade!"

Ainda estudante de medicina ao publicar seu romance, Pinheiro Guimarães deve ter ficado bastante satisfeito com o folhetim que lhe dedicou o autor de *Memórias de um Sargento de Milícias*. Por outro lado, seu apelo para povoar as fazendas de colonos não foi ouvido naquele momento. Essa tentativa de substituir a mão de obra escrava nas fazendas de café vinha sendo implementada desde 1847, em São Paulo, mas ao longo de dez anos mostrou-se inviável. O sistema de parceria previsto em contrato não funcionou, com descontentes dos dois lados, e os colonos não se fixaram no campo. Como explica Emília Viotti da Costa, poucos fazendeiros se interessaram pelos imigrantes, convencidos de que a lavoura de café exigia o braço escravo[79].

Pinheiro Guimarães continuou como político a sua propaganda contra a escravidão. Eleito deputado à Assembleia Provincial do Rio de Janeiro em 1864, pelo Partido Progressista, no ano seguinte partiu como voluntário para a guerra do Paraguai, de onde voltou como herói. Entre as homenagens que recebeu, destaca-se a reapresentação de *História de uma Moça Rica* em 18 de maio de 1870, por Furtado Coelho e Ismênia dos Santos. Teatro cheio, o espetáculo foi precedido pela execução do hino nacional e declamação de poemas, entre eles "A Francisco Pinheiro Guimarães", de Machado de Assis, por Furtado Coelho. Seguiu-se um banquete, com a presença de escritores, artistas, jornalistas e figuras ilustres do Partido Liberal. Na descrição da

[78] *O Comendador*, em F.P. Guimarães, *Na Esfera do Pensamento Brasileiro*, p. 461.
[79] E.V. da Costa, *O Abolicionismo*, p. 34-36.

festa feita pelo jornal *A Reforma*, dois dias depois, lê-se que entre os brindes levantados, o de Pinheiro Guimarães – "como representante da geração nova que, em cinco anos de luta e de sacrifícios de sangue, adquiriu o direito de falar em patriotismo" – saudou o "dia próximo em que, trazida pela mão da prudência, a liberdade surja eterna para todas as raças na terra do Cruzeiro". Segundo o jornal, esse brinde "foi ainda mais que todos os outros estrepitosamente aplaudido". Mas seu autor, morto precocemente em 1877, não teve a felicidade de ver esse desejo realizado.

MANUEL DE ARAÚJO PORTO-ALEGRE

Permaneceu inédito o drama em três atos *A Escrava*, de Manuel de Araújo Porto-Alegre. No manuscrito que pode ser lido no *site* da Academia Brasileira de Letras, a página de rosto traz a data de 1863 e informa que o autor o escreveu na cidade de Dresda – Dresden –, no então reino da Saxônia, onde exerceu função diplomática por alguns anos. Sem ter sido publicado ou encenado, o drama não atuou na consciência dos brasileiros de seu tempo, mas é mais uma evidência do interesse que o problema da escravidão vinha despertando em nossos homens de letras.

Escritor romântico por formação, Araújo Porto-Alegre criou uma trama marcada por revelações e coincidências incríveis, que desafiam a verossimilhança, quando vem à tona o passado do chefe de uma família rica e influente no Rio de Janeiro de 1820. O viés melodramático predomina na construção da ação dramática e na caracterização das personagens, que são simplesmente boas ou más, sem qualquer complexidade psicológica. Assim, logo de cara o primeiro ato expõe como pensam e agem os membros dessa família endinheirada, desejosa de se nobilitar, seja pela compra de títulos, seja pelo casamento das duas filhas com fidalgos. Dos outros dois filhos, apenas Carlos, rapaz que está terminando os estudos para se ordenar padre, tem bons sentimentos. Hipólito, já no início da peça, entra em cena com um vergalho na mão, perseguindo a escrava Elisa, que aparece com a camisa e o vestido rasgados pelo rapaz. A violência da escravidão materializa-se no palco, com a revelação do assédio sexual nos bastidores e a ameaça feita à mocinha de que será vendida ao Rio Grande para trabalhar numa charqueada, que é onde se fabrica o couro do "bacalhau", isto é, do chicote.

O caráter de Hipólito se completa na sequência, depois que Carlos protege Elisa e se vê acusado pelo irmão de estar interessado na escrava. E mais: ao saber que sua velha ama de leite, Joana, viera visitá-lo, trazendo um raminho de flores, diz grosseiramente que a mulher "vendeu o seu leite e minha mãe

3 A ESCRAVIDÃO NAS PEÇAS ROMÂNTICAS E REALISTAS

comprou-o" [p. 4]. Quando acrescenta que tentou seduzir a filha de Joana e nada conseguiu, Carlos fica horrorizado com o que ouve, pois Hipólito não respeitou sequer a "irmã de leite".

O diálogo entre ambos termina com a entrada dos outros membros da família: o comendador Apolinário, sua esposa Leonor e as filhas Branca e Clara. Acabaram de dar uma festa luxuosa e preparam outra para o dia seguinte, em comemoração do aniversário da dona da casa. A conversa entre eles gira em torno de valores materiais, casamentos vantajosos, aspirações de grandeza e o título de barão com que Apolinário será agraciado. Quando Carlos sugere ao pai que contrate alguns barbeiros que tocam bem, a mentalidade escravocrata e os preconceitos da personagem vêm à tona:

> APOLINÁRIO: Pois aqueles negros hão de entrar em minha sala? É isso! Este rapaz está louco.
> CARLOS: E de que cor são os da Quinta? Só se vierem de cara caiada, como o fazem quando lá representam comédias.
> APOLINÁRIO: Há grande diferença. São escravos da casa, e não andam a pôr a navalha na cara de marujos, boleeiros e gente cativa. [p. 12]

Uma informação curiosa acerca de Apolinário é que ele se diz descendente de irlandeses católicos e que seu nome completo é Apolinário Jorge Artur Blakings.

Apresentada a família ao leitor/espectador, pode-se dizer que termina a primeira parte do primeiro ato. A segunda parte é que vai alimentar o enredo, pois entra em cena Eleazar, um homem que conhece o passado de Apolinário – cujo nome verdadeiro é Mateus – e o chantageia. Cúmplices de um assassinato e de um roubo, Apolinário fugiu com o dinheiro para a Europa e Eleazar foi preso e degredado para a África. Vinte e cinco anos se passaram. O diálogo entre ambos é interrompido pela chegada de Manoel, um padre que traz uma carta de recomendação do governador da Bahia. Ele não diz o que veio fazer no Rio de Janeiro, mas pede dinheiro emprestado a Apolinário, prometendo pagar-lhe logo. Na sequência, mais uma vez a brutalidade da escravidão se faz presente, com a entrada em cena de Dom Antônio, o fidalgo com quem Branca pretende se casar. Elisa está vindo para servir água e eis o que ocorre:

> DOM ANTÔNIO (*indo para Elisa e fazendo-a parar*): Anda cá moça, que estou ardendo, (*baixo para ela*) mas é de amores por ti, cachorrinha! Cada vez estás mais bela e sedutora; és a flor da casa. (*Alto.*) Esta Elisa sabe lavar um copo! É uma delícia beber desta água.

MANOEL: Elisa! Que nome tão caro, tão saudoso, e tão tristes recordações!
DOM ANTÔNIO: Então, moça, quando há de tirar esta coisa do braço? (*Baixo.*) Deste braço tão bonito que estou quase a morder. (*Alto.*) Senhor Apolinário, tenho um remédio que trouxe de Portugal, que tira todos esses sinais sem dor alguma, e em poucos dias. Mande-me esta coitadinha lá à casa, que lhe quero fazer a caridade. [p. 27]

A desfaçatez da personagem não tem medida. A ameaça do estupro é verbalizada em termos desavergonhados, que dão a ideia exata da voracidade sexual dos senhores escravocratas. Elisa – que é branca – tem uma marca de nascença num dos braços, em forma de cruz avermelhada, que Manoel, o padre, vê e reconhece: "Minha querida filha, enfim achei-te!" [p. 28]

As peças que seguem os padrões do melodrama têm dessas enormes surpresas, que exigem explicações e esclarecimentos do passado. Afinal, como um padre pode reconhecer uma moça como sua filha? Segue-se esta narrativa: Elisa fora raptada em Minas, quando criança, e vendida como escrava por ciganos; a mãe enlouqueceu e morreu, o pai tornou-se padre.

As surpresas e coincidências não param aí. A máquina do enredo melodramático exige mais, como veremos no terceiro ato. O segundo mostra os esforços de Manoel para libertar a filha, com a ajuda de Carlos e Eleazar. Mas Apolinário exige documentos que provem ser verdadeira a história contada pelo pai da mocinha. A certa altura, levada para o interior da casa, Elisa é açoitada. Pouco antes, numa cena em que o autor injeta ironia, Leonor havia demonstrado sua "bondade" a oito escravos da casa, a quem concedeu graças no dia de seu aniversário. Eles entram em cena com ramos de flores, que entregam à senhora, e ajoelham-se para ouvi-la:

LEONOR: Agora quero fazer algumas graças. A Carolina e a Luísa têm licença para deixarem crescer o cabelo, contanto que o penteiem todos os dias; a Maria Justa pode andar calçada, e trazer meias em casa como a Elisa; a Júlia não há de carregar mais água na rua, e tão somente aqui dentro. O Sebastião fica servindo de segundo copeiro, e andará calçado nos dias em que houver gente de fora na mesa; e o mestre boleeiro e o Joaquim da traseira, hão de mudar de libré. O cozinheiro há de pôr avental e barrete branco, bem-lavado, como nas casas grandes. Estão feitas as graças, e aumentado o nosso tratamento. Vão-se embora. [p. 32]

As concessões de Leonor são mínimas, como se vê, e não significam que os escravos terão uma vida melhor. Tanto que na sequência Elisa será castigada por ter entrado na sala sem permissão. Diante da negativa de Apolinário e

3 A ESCRAVIDÃO NAS PEÇAS ROMÂNTICAS E REALISTAS

Leonor de devolver a liberdade à mocinha, um comentário de Eleazar, aparentemente sem muito sentido, antecipa uma revelação surpreendente: "É coisa notável! O escravo é sempre o mais cruel de todos os senhores, quando chega a sê-lo." [p. 41] É ele quem vai ajudar Manoel, advertindo-o sobre o perigo que corre de nunca mais ver a filha, pois os senhores escravocratas utilizam um expediente desonesto em situações semelhantes: "Compra-se um cadáver; e este vai ser enterrado com o nome de Elisa, e a Elisa viva é crismada com o nome de Maria ou Juliana, e assim vendida." [p. 46]

Eleazar dialoga com Manoel e, ao conhecer seu passado, espanta-se com os fatos que parecem, para ele, "incríveis semelhantes coincidências" [p. 49]. No terceiro ato, a explicação: Apolinário é Mateus, escravo fugido de Manoel! O próprio Araújo Porto-Alegre fez a personagem se referir a essa coincidência como incrível, porque talvez tenha percebido que sua imaginação o levou longe demais. Nessa altura, por outro lado, notamos como foi irônico ao fazer Apolinário dar os nomes de Branca e Clara às filhas e a si mesmo o sobrenome Blackings. A família escravocrata desmorona. Leonor e as filhas se desesperam com a humilhação.

Mas como a peça é um melodrama, o final não pode ser infeliz. Eleazar exige que Elisa se case com um dos filhos de Apolinário e Carlos é o escolhido. Era preciso compensá-la de tanto sofrimento e garantir-lhe uma posição social. Com esse arranjo, Manoel não reivindicará o seu escravo e poderá dedicar-se à vida eclesiástica. Outra reviravolta importante: Eleazar e Apolinário, que se odiavam, se sensibilizam com as palavras de Carlos, ao ouvi-lo explicar ao vigário geral por que não será padre e por que vai se casar com Elisa. Ambos se arrependem e se regeneram: Eleazar devolve o dinheiro da chantagem e diz que vai dedicar-se a cuidar de doentes num hospital; Apolinário, arrependido de uma vida presa a valores materiais, afirma que sua queda o purificou. Não só abençoa o casamento do filho, como abraça Elisa e a chama de "filha de minha alma" [p. 81].

Está claro que *A Escrava* é uma peça com defeitos de fatura, que não explicitei como poderia nas linhas precedentes. Basta ter apontado o recurso a coincidências que beiram a inverossimilhança, no encaminhamento do enredo. O que interessa, aqui, é o seu alcance crítico em relação à escravidão. E este é visível nas cenas e diálogos aos quais me detive. Se nos lembrarmos de que Araújo Porto-Alegre, em 1851, como censor do Conservatório Dramático Brasileiro, lastimou a inclusão do canto de escravos na peça *O Capitão Leme ou a Palavra de Honra*, de Paulo Antônio do Vale, doze anos depois posicionou-se no campo progressista, denunciando as mazelas da escravidão e os malfeitos dos escravocratas.

MARIA RIBEIRO

No dia 13 de maio de 1865, uma voz feminina contra a escravidão se fez ouvir no Rio de Janeiro. No Teatro Ginásio Dramático, sob a direção de Furtado Coelho, ocorreu a estreia de *Cancros Sociais*, peça em cinco atos de Maria Ribeiro. Dois anos antes, no mesmo teatro, a dramaturga havia posto em cena o drama *Gabriela*, revelando sua inclinação pelo realismo teatral, ao fazer o elogio da esposa honesta e conciliar naturalidade e moralidade na construção do enredo.

Não é diferente a sua opção estética em *Cancros Sociais*, ainda que possamos identificar um ou outro elemento romântico em sua concepção. A presença de personagens *raisonneurs* define a natureza da peça, que aborda várias questões sociais já no primeiro ato: o casamento por conveniência ou pelo dinheiro, que merece reprovação; a infelicidade da mulher obrigada pelo pai a se casar com quem não ama e que, para não viver ao lado de um marido desonesto, opta pela separação, a qual lhe custa o desprezo da sociedade; a possibilidade ou a impossibilidade da regeneração da cortesã; o apego ao luxo e à ostentação, que é recriminado. Mais importante é salientar que entre as questões debatidas na peça, em primeiro plano está a denúncia da escravidão como uma instituição que deprava, humilha e envergonha as suas vítimas. Maria Ribeiro criou o ponto de partida do enredo com base numa ideia nobre do protagonista Eugênio, um negociante bem-sucedido no Rio de Janeiro. Os dois primeiros atos se passam no dia do aniversário de quinze anos de sua filha Olímpia, exatamente em 2 de julho de 1862. Para comemorar a data, vai libertar uma escrava da sua terra natal, a fim de dar à mocinha um exemplo de consideração e bondade para com os cativos e, ao mesmo tempo, celebrar outro aniversário, o da emancipação política da Bahia. É o que explica no diálogo que trava com a personagem Matilde, que merece transcrição. Ela pergunta a ele se é uma escrava da casa e ele lhe responde:

> EUGÊNIO: Não, Sra. D. Matilde; em minha casa não há cativos; todos os meus servos são pessoas livres.
>
> MATILDE: Tal e qual como na minha! Abomino os escravos! São criaturas destituídas de toda a moralidade e de todos os sentimentos nobres!
>
> EUGÊNIO (*com amável censura*): Estou desconhecendo a habitual retidão de V. Exa.
>
> MATILDE: Crê-me então injusta?
>
> EUGÊNIO: Pelo menos, pouco benevolente para com essa mísera classe, deserdada de todos os gozos sociais, e lançada, como uma vil excrescência, fora dos círculos civilizados.

3 A ESCRAVIDÃO NAS PEÇAS ROMÂNTICAS E REALISTAS

> MATIDE (*surpresa*): Está falando sério, Sr. Comendador?!...
> EUGÊNIO: Sim, minha senhora; estou intimamente convencido que existem muitíssimos escravos morigerados e dedicados às pessoas e aos interesses dos seus senhores.
> MATILDE: Discordo da sua convicção. Que haja alguma exceção de regra que a autorize, concedo; mas, muitíssimas?!
> EUGÊNIO: Vejo que V. Exa. é do número daqueles que pensam que o cativeiro impõe a estupidez e a desmoralização.
> MATILDE: Não, Sr. Comendador; sei que os instintos das paixões, boas ou más, se manifestam e se desenvolvem em qualquer estado ou condição da criatura. E nem julgue que sou apologista dessa monstruosa aberração do direito das gentes, que dá ao homem a propriedade individual sobre o seu semelhante! À ideia grandiosa do herói da nossa independência, tão magnanimamente por ele realizada nos campos do Ipiranga, devia ter-se seguido a completa abolição de uma lei que nos apresenta ao estrangeiro como um povo bárbaro e ainda por civilizar! Esse cancro, que solapa a base da nossa emancipação. Lamento a sorte anômala desses infelizes; porém... aborreço-os! Devo todos os meus infortúnios a escravos, dos quais era eu mais mãe do que senhora. É gente muito ingrata![80]

Matilde é amiga de Paulina, mulher de Eugênio. Por razões particulares, que não são detalhadas na peça, ela despreza os escravos e não os tem em casa, mas afirma ser contra a escravidão, que, a seu ver, deveria ter sido abolida logo após o 7 de Setembro de 1822. Suas palavras finais no diálogo acima, que é interrompido e não tem continuidade, revelam a visão crítica de Maria Ribeiro acerca do cativeiro, que é marca de nosso atraso e uma vergonha para a nação. Eugênio diz com orgulho que não tem escravos e não os vê como sua interlocutora. Ao contrário, só tem opiniões positivas sobre eles. Na sequência do enredo, não saberemos exatamente quais foram os infortúnios que os escravos trouxeram para Matilde; por outro lado, a simpatia que merecem de Eugênio tem razões que logo serão explicitadas e que surpreenderão o leitor/espectador.

Ainda no primeiro ato a autora nos dá algumas poucas informações sobre a escrava que vai ganhar a liberdade. Seu proprietário, Forbes, "procurador de causas", conta ao barão de Maragogipe que ela fora seduzida no passado, com promessas de liberdade e casamento, não cumpridas, porque ninguém dá valor a juramentos feitos a uma escrava. O barão – que é um dos *raisonneurs* da peça – observa que infelizmente há homens "que se julgam

---

[80] M. Ribeiro, *Cancros Sociais*, em J.R. Faria (org.), *Antologia do Teatro Realista*, p. 301-303.

desobrigados dos mais santos deveres para com a honra da mulher cativa" [p. 284]. Essa fala define o seu caráter de homem íntegro e crítico da exploração sexual das escravas. Forbes se revelará mais à frente, no segundo ato, como homem vil, capaz de chantagens inomináveis. Mas ele está na casa de Eugênio para vender Marta – "parda clara", como se lê na lista de personagens –, que trouxe da Bahia para o Rio de Janeiro, onde está estabelecido. A cena final do primeiro ato traz uma dessas surpresas que abalam a atmosfera tranquila em que vinha caminhando a ação dramática. Ao ver Marta, Eugênio exclama um "Meu Deus!" e ela, por sua vez, mostra para Forbes um retrato que está sobre um móvel, admirada com a "semelhança" com alguém, quando olha para Eugênio e também exclama "Jesus!", dizendo-lhe: "Será isto um sonho?! Perdoe, meu senhor... não me conhece? Repare bem para mim... Interrogue as suas reminiscências, as suas mais antigas recordações..." [p. 305-306]

Para um leitor experiente, está claro que um segredo do passado de Eugênio veio à tona. Aquela mulher é sua mãe, mas ele faz um esforço para negar o fato evidente, dizendo que a não conhece, o que a deixa aniquilada. Ao saber que o retrato que tinha em mãos era o do pai de Paulina, Marta explode: "Sua mulher!! (*Dolorosamente.*) Desgraçado!... o que fizeste!..." [p. 306]

O ato termina com um grande susto e uma pista falsa. A fala de Marta sugere algo grave, como um incesto, por exemplo, pois ainda não sabemos quem é o pai de Eugênio. Seria ele meio-irmão de Paulina? O que significa aquele "desgraçado"? O que teria feito para Marta dirigir-se a ele "fulminada", como diz a rubrica? Se algum leitor ou espectador interpretou a cena como as palavras e as atitudes sugerem, equivocou-se. O possível incesto é descartado mais à frente.

O segundo ato se passa na noite do mesmo dia, durante a festa de aniversário de Olímpia. Em três diálogos importantes, o tema central da peça aparece com bastante força. Trata-se de mostrar como o preconceito contra o escravo é uma dura realidade da sociedade escravista. Eugênio está abalado e chama Forbes para pedir informações sobre Marta, mas acaba chantageado. O vilão soube interpretar as emoções de mãe e filho na cena final do primeiro ato e revela até que foi ele que vendeu o "mulatinho endiabrado", quando tinha cinco anos, para uma pessoa do Rio de Janeiro. Eugênio terá seu segredo preservado, mediante pagamentos que fará a Forbes, quando solicitado. A cena é tensa, bem construída, o caráter de ambos desenhado com mão firme.

O segundo diálogo é o mais importante. Foi o barão quem comprou Eugênio e o educou para ser um homem honrado e um negociante bem-sucedido. Ao ouvir o que acontecera na manhã desse dia, fica chocado. Eugênio conta-lhe que se negou a reconhecer a mãe, receando a desonra que recairia

3 A ESCRAVIDÃO NAS PEÇAS ROMÂNTICAS E REALISTAS

sobre ele se soubessem que é filho de uma escrava e que também fora escravo. Toda a consideração social que conquistara cairia por terra, diante dos preconceitos da sociedade. Mais: morreria de vergonha se Paulina e Olímpia viessem a conhecer o seu passado. O barão o repreende. Como *raisonneur*, critica os preconceitos e defende a ideia de que o homem vale pelo que é e pelo que faz. Eugênio não deve se envergonhar de ter sido escravo, diz ele: "Se nasceste escravo, não deixas por isso de ser honrado. Não é a condição que desonra o homem, são os seus próprios atos" [p. 328]. Ao princípio liberal dessa fala, o barão toca na questão delicada que é a da revelação da identidade de Marta. Eugênio afirma temer a reprovação da sociedade e ouve outra recriminação: "Queres então sacrificar a tais preconceitos, a felicidade de tua mãe, e o sossego da tua consciência? (*Ergue-se severo.*) Que ideia fazes tu da honra, Eugênio?!..." [p. 329]

Como se vê, de um lado, uma personagem introjeta os valores de uma sociedade tacanha e escravocrata até a medula; de outro, uma personagem que apresenta o ponto de vista da autora, de condenação e superação dos preconceitos contra o homem que foi escravo, mas que ascendeu na escala social por meio do trabalho honesto. Esse tipo de argumento era comum nas comédias realistas que vinham sendo representadas no Teatro Ginásio Dramático.

O terceiro diálogo se dá entre Eugênio e Marta e encerra o segundo ato. As rubricas indicam que ambos estão tomados por grande agitação e comoção. Mas enquanto ela insiste e implora para que ele a chame de mãe e que diga que a reconhece, ele a repele. É uma cena forte, que deve ter impactado os espectadores quando representada. Marta apela para os sentimentos de Eugênio, tenta pegar em suas mãos, suplica, chora e percebe que ele também está emocionado, mas não consegue dobrá-lo.

A consequência funesta da escravidão está ali, palpável: o filho envergonha-se da mãe escrava, repudia-a porque tem medo de perder a família e a consideração social. Por contraste, a cena lembra o final do drama *Mãe*, de Alencar, em que se dá exatamente o contrário: o filho aceita a mãe escrava sem pensar nos preconceitos sociais. Evidentemente Maria Ribeiro conhecia a peça de Alencar e quis talvez mostrar outra maneira de abordar uma situação semelhante. Se Joana toma veneno e se suicida, negando a maternidade para proteger o filho dos preconceitos da sociedade, em *Cancros Sociais* a mãe afirma a maternidade e é o filho que se envergonha de suas origens. Ocorre que essa cena encerra o segundo ato, não a peça. A autora ainda não esgotou o manancial de suas críticas à escravidão e Eugênio é um bom homem, apenas assustado com tudo que aconteceu. Seu bom coração ainda falará mais alto, como revela o início do terceiro ato, que se passa dois meses depois, no dia 6 de setembro.

A passagem do tempo exige que os diálogos atualizem o leitor/espectador sobre os fatos ocorridos nesse período. No diálogo de abertura entre o barão e Paulina, somos informados que o casal está em crise. E a causa não é outra que não a presença de Marta, que foi contratada para cuidar de Olímpia. Paulina desconfia de algo, vê o marido triste, sente que ele a evita. Eugênio, por sua vez, colocou-se numa posição delicada e é advertido pelo barão, que lhe sugere cuidar de Marta em outra casa. Eis sua resposta: "Hoje, sinto que não posso viver longe dela! A natureza recobra enfim os seus direitos, e brada mais alto em meu coração do que no meu espírito o temor dos escárnios sociais." [p. 339]

Como na peça de Alencar, o amor filial coloca-se na altura do amor materno. Mas Eugênio não teve coragem de contar a Paulina o seu segredo. E como trata Marta com deferência, a esposa flagra olhares ternos entre eles e o ciúme explode em seu coração, tornando-se ríspida e severa para com a pobre mulher, imaginando até um relacionamento amoroso onde há apenas afeto. Quer enfim que ela seja mandada embora e fica contrariada com a recusa do marido.

Dividido agora entre o amor que sente pela mãe e o medo de ser rejeitado por Paulina, Eugênio sofre as consequências de viver numa sociedade escravista. Sem conseguir pensar numa solução para o impasse, a ajuda virá da personagem Matilde. O passado invade a cena e explica o presente, nos últimos três atos, por meio de narrativas repletas de revelações marcadas por coincidências que desafiam as leis da verossimilhança. Para começar, seis personagens envolvidas nos fatos que ocorreram na Bahia, trinta anos antes, encontram-se numa mesma casa no Rio de Janeiro. Tudo para deixar claro que Eugênio não tinha do que se envergonhar, que Marta cresceu e foi educada junto com a mãe de Paulina e alforriada um ano antes de nascer seu filho. É o que relata Matilde, que na época era casada com Forbes, o vilão que se apossou da carta de liberdade e escravizou ilegalmente mãe e filho. Ela descreve ainda um dos piores sofrimentos impostos às mães escravas. Não bastasse Marta ter sido seduzida e enganada quando tinha apenas quatorze anos, foi separada de seu filho, vendido cinco anos depois: "A infeliz mulher chamava a todos os momentos por seu filho, ao qual queria reunir-se no céu. (*Enxuga os olhos.*) Apesar de se terem passado tantos anos, não posso deixar de entristecer-me ao lembrar-me de seus sofrimentos." [p. 363-364]

Forbes tinha um companheiro de traficâncias na Bahia, que no tempo presente da peça é o visconde de Medeiros. Apesar de seus 56 anos de idade, anuncia no primeiro ato que vai pedir a Eugênio a mão da menina Olímpia. A grande surpresa que a peça reserva para o espectador/leitor é que ele é o pai de Eugênio. Não bastassem essas coincidências, Matilde diz ao barão que ele não a reconheceu, mas que eram apaixonados um pelo outro na Bahia

3 A ESCRAVIDÃO NAS PEÇAS ROMÂNTICAS E REALISTAS

antes do infeliz casamento dela com Forbes. Maria Ribeiro deve ter sentido uma necessidade de amarrar bem o enredo e acabou por exagerar nos detalhes. As personagens secundárias ganham relevo e o enredo se enovela com tantas revelações, mas garantindo o final feliz para Eugênio e Paulina, que pedirá a bênção a Marta, mostrando-se livre de preconceitos.

A despeito das fraquezas apontadas, *Cancros Sociais* é uma peça corajosa, que aponta, nas situações dramáticas criadas, as aberrações da nossa sociedade escravista, os crimes que possibilita, os sofrimentos que impõe aos mais fracos. A escravidão é causa de todos os males. E as trajetórias de Eugênio e Marta, separados um do outro e vendidos por um especulador quando já eram livres, dão a medida da iniquidade da instituição, que em 1865 já era bastante combatida por amplos setores da sociedade.

Encenada por Furtado Coelho com capricho, segundo os folhetinistas, *Cancros Sociais* fez um sucesso considerável. No dia 31 de maio, a récita em benefício de Maria Ribeiro foi uma consagração para a autora, que teve a satisfação de ver seu talento reconhecido. Em 6 de junho, a peça alcançava sua décima primeira representação. Em jornais como *Correio Mercantil*, *Jornal do Comércio*, *Semana Ilustrada* e *Bazar Volante*, os elogios foram praticamente unânimes. Mas os folhetinistas não exploraram, como poderiam, as críticas à escravidão presentes na peça. Referiram-se ao assunto com parcimônia, sem tecer comentários que mereçam citação.

Felizmente, no *Diário do Rio de Janeiro*, um crítico mais atento escreveu uma boa página sobre *Cancros Sociais*. Ninguém menos que Machado de Assis reconheceu e apontou o caráter antiescravista da peça, que definiu como "um protesto contra a escravidão", acrescentando: "Apraz-nos ver uma senhora tratar do assunto que outra senhora de nomeada universal, Mrs. Beecher Stowe, iniciou com mão de mestre."[81] A lembrança do romance abolicionista *A Cabana do Pai Tomás* reforça o significado da peça de Maria Ribeiro atribuído por Machado, que foi além em sua apreciação, relacionando-a também com o drama *Mãe*, de Alencar, pelo fato de que nas duas obras o ponto de partida é semelhante: uma escrava tem um filho em boa posição social e ele não conhece a mãe. Continua o crítico teatral: "E se notamos esta analogia, é apenas para mostrar que, na guerra feita ao flagelo da escravidão, a literatura dramática entra por grande parte."[82]

As palavras de Machado são claras: há uma guerra contra a escravidão no Brasil de meados da década de 1860. Nessa altura, o debate político era alimentado pelos escritos de Tavares Bastos e Perdigão Malheiros, entre outros.

---

81 M. de Assis, op. cit., p. 368.
82 Ibidem, p. 369.

A emancipação gradual das pessoas escravizadas começa a ser considerada como possibilidade concreta, até como resposta às pressões internacionais que não eram pequenas. Lembre-se, por exemplo, da chamada "Questão Christie", que obrigou o governo a levar a sério a exigência inglesa de libertar os africanos livres escravizados desde 1831, culminando com um decreto assinado em 24 de setembro de 1864. A opinião pública não podia ficar indiferente a notícias como a da abolição da escravidão nos Estados Unidos, proclamada pelo presidente Lincoln em 1º de janeiro de 1863. As ideias liberais avançavam na consciência dos brasileiros. O papel do teatro, nesse cenário, é o de coadjuvante, mas "entra por grande parte", diz Machado, certamente porque tinha na memória as peças que comentei nas páginas precedentes. No caso de *Cancros Sociais*, sua contribuição para a luta contra a escravidão extrapolou o plano das ideias. Nos anúncios publicados nos jornais, divulgando a representação da peça no dia 11 de outubro de 1865, lê-se que a renda do espetáculo será "em benefício para liberdade de um escravo".

A simpatia de Machado pela dramaturgia de Maria Ribeiro o levou a escrever mais uma vez sobre *Cancros Sociais*, já em 1866, quando a peça foi publicada. No texto acima comentado, ele faz algumas ressalvas quanto à construção do enredo, que são retomadas e ampliadas, porque a seu ver a autora deu muito espaço para as explicações acerca do passado de Eugênio e Marta. Queria um drama mais enxuto, centrado no que realmente interessava: o embate entre os sentimentos de Eugênio, o amor filial, o amor à esposa e o medo dos preconceitos. Afinal, considera: "O que prende a atenção do espectador, e o comove, é a luta do filho entre o coração e a sociedade, o obscuro sacrifício de Marta, o ciúme mal fundado de Paulina; os antecedentes do drama têm apenas um interesse explicativo."[83]

Machado não se estende no comentário sobre o caráter antiescravista da peça. Mas anota que a escravidão é um "delicado assunto, que é sempre fecundo, quando estudado com arte."[84] A observação era mais um elogio para a autora de *Cancros Sociais*.

BENJAMIM AUGUSTO E ANIBAL TEIXEIRA DE SÁ

Duas peças datadas de 1866 foram ignoradas pela imprensa e não tiveram qualquer repercussão nos debates sobre a escravidão. *O Escravo*, drama em um

---

[83] Ibidem, p. 428.
[84] Ibidem, p. 427.

3 A ESCRAVIDÃO NAS PEÇAS ROMÂNTICAS E REALISTAS

ato do português Benjamim Augusto[85], foi publicado em Coimbra; *Os Extremos*, "comédia-drama" em três atos do brasileiro Anibal Teixeira de Sá[86], no Rio de Janeiro. Como os textos não foram encenados, provavelmente alcançaram poucas pessoas. No caso da peça portuguesa, é de se crer que apenas alguns exemplares tenham chegado ao Brasil.

O Escravo tem a ação dramática situada "na América", embora os nomes das personagens sejam Elvira, Eduardo, Júlio e Tomás. Não há propriamente um conflito na peça, mas uma situação típica do escravismo que se apresenta logo nas primeiras cenas. O escravo Tomás se queixa a Elvira das más condições em que vive há vinte anos, suportando a alimentação insuficiente, a cama de poucas palhas e o azorrague. O pai da mocinha, Eduardo, é um escravocrata rude, que não tem nenhuma consideração pelos seus escravos. As palavras com que se refere a eles são as piores possíveis – "raça maldita, vergonha da humanidade, ralé da sociedade"[87] –, como observa a própria filha.

Elvira consola Tomás, trata-o bem, e ambos se apoiam na religião, pois é preciso crer e esperar. Ela diz a ele que – à semelhança do protagonista de *A Cabana do Pai Tomás* – acredita haver um Deus no céu, que seja justo.

Como Tomás é um homem idoso e não dá mais conta do trabalho, Eduardo o coloca à venda. Elvira fica com pena do escravo, mas ao mesmo tempo feliz, pois vê o pai como um tirano desalmado. As cenas seguintes contam com uma nova personagem, Júlio, que vem comprar Tomás. Ex-escravo e médico, também ele tem uma história de vida ligada à escravidão, como relata a Elvira:

> Eu também já estive num desses leilões, que são o opróbrio da humanidade; mas quis Deus que um homem bom se compadecesse de mim... e me resgatasse, porque não era nenhum contratador de escravos!... Levou-me para sua casa, e tratou-me como seu verdadeiro filho. Foi então que principiou a minha felicidade. Depois de me dar a primeira instrução, quis que eu frequentasse as ciências e ordenou-me que escolhesse a que mais me agradasse; escolhi pois a medicina, e hoje... sou médico. [p. 8-9]

Esclarecido o passado de Júlio, os diálogos que se seguem se voltam para o passado de Tomás, que era livre no Panamá e que fora aprisionado por piratas e vendido, depois de ter sido separado da mulher e do filho de cinco anos.

---

85 Não encontrei informações sobre esse escritor nas várias histórias do teatro português que consultei e nem mesmo na volumosa *Carteira do Artista*, de Sousa Bastos.

86 Segundo Sacramento Blake, esse dramaturgo teria nascido na Bahia. Escreveu também as comédias *O Poeta Rangel* e *Um Casamento da Época ou Moléstia de Muita Gente*.

87 B. Augusto, *O Escravo*, p. 7.

Evidentemente, Júlio é o filho de Tomás e estava à procura do pai. Final feliz para quem acreditou e esperou, amparado pela religião. Mas nesse tipo de peça é preciso um pouco mais para sensibilizar o leitor ou eventual espectador. Nos diálogos entre Eduardo e Júlio, o primeiro destila todo o seu ódio e desprezo pelos escravos; o segundo responde à altura e mostra quem é verdadeiramente a ralé do gênero humano, numa fala que abre os olhos do escravocrata para o ser desprezível que tinha sido até aquele momento. Assim, quando o filho toma o braço do pai para sair, segue-se esta cena que encerra a peça e que deve surpreender o leitor ou espectador:

> EDUARDO (*indo-lhe ao encontro*): Ainda não.
> JÚLIO (*parando*): E por quê?!...
> EDUARDO: Porque ainda falta... (*a Tomás e ajoelhando*) o teu perdão, Tomás.
> TOMÁS (*levantando-o*): O meu perdão?!...
> ELVIRA (*com alegria*): Como é bom, meu pai!...
> EDUARDO: Sim. Só agora reconheci que há um Deus...
> ELVIRA (*abraçando Eduardo*): Oh! meu querido pai.
> JÚLIO (*que tem ficado imóvel, diz*): Quem operaria tão extraordinária transformação?!...
> EDUARDO (*aponta para Tomás*): O Escravo! (*Formam quadro.*) [p. 19]

A peça atinge o propósito de fazer a crítica à escravidão, mas às boas intenções do autor não corresponde uma realização formal que lhe dê qualidade artística. A fraqueza da composição está presente no enredo previsível, nos diálogos frouxos, roçando pela pieguice, e na caracterização estereotipada das personagens.

Não é melhor a peça de Anibal Teixeira de Sá, na qual a escravidão é assunto lateral. O autor quis apresentar um contraponto entre os comportamentos de quatro personagens: Margarida, prostituta, e Pedro, seu amante, vivem desregradamente, sem quaisquer valores morais; Aires é o bom rapaz que protege Amélia, seduzida e abandonada por Pedro. Em relação à escravidão, o que a peça mostra é o desprezo de Margarida pelo escravo Francisco. Embora não haja violência física, nos diálogos que ela trava com ele abundam as palavras ofensivas, como nesta passagem:

> MARGARIDA: Vê quem toca a campainha, não ouvistes?... Há de ser a bebedeira que te ensurdeceu.
> FRANCISCO: No siô, inda no bibi hozi.
> MARGARIDA: Anda, canalha!... salta, vai ver quem é [...]. Não presta para cousa alguma esta lesma.[88]

[88] A.T. de Sá, *Os Extremos*, p. 7-9.

3 A ESCRAVIDÃO NAS PEÇAS ROMÂNTICAS E REALISTAS

Francisco é um escravo doméstico que entra em cena ou para ser maltratado por Margarida ou para reclamar das ofensas que ouve. Como não participa da trama, aparece apenas no primeiro e terceiro atos, com seu modo de falar que talvez reproduza a fala dos escravos da época – pelo menos parece ser essa a intenção do autor. Nesse sentido, sua presença na peça tem apenas a função de proporcionar a "cor local". Não há propriamente uma crítica à escravidão, a menos que vejamos em Margarida um modo de a sociedade brasileira tratar o escravo. O quadro mais fortemente traçado, todavia, é o dos costumes corrompidos pela prostituição. A protagonista é o que se convencionou chamar na época uma "mulher de mármore", uma "Dalila", personagem conhecida do drama homônimo de Octave Feuillet, que troca de amantes após arruiná-los. É o que acontece em *Os Extremos*, em que Pedro, mergulhado em dívidas, se suicida no desfecho e seu cadáver não comove Margarida, que sai dando gargalhadas com o novo amante.

Francisco ao menos protagoniza uma cena, que não deixa de ter a sua graça. No início do terceiro ato ele finge que lê o *Jornal do Comércio* e mostra estar a par das notícias: "Notiça di Paraguai. Sinhô Lope nô se zincontrô... zêre tava fuzido; mais gente procurô zêre, e se zincontrô ronge, numa campo de capim, muito açocegaro. Antão si botô cabresto ni zêre, zêre pinoteou e nô deiçava." [p. 52] E por aí vai até que é surpreendido por uma escrava que lhe puxa uma orelha. Cena de comédia numa peça se presta mais a estudos de linguistas do que de literatura dramática dedicada à escravidão[89].

CASTRO ALVES

Poeta precoce, Castro Alves publicou seus primeiros versos abolicionistas em 1863, aos dezesseis anos de idade. Estava morando no Recife, preparando-se para ingressar na Faculdade de Direito, quando escreveu o poema "A Canção do Africano", espécie de paródia, no sentido de "canto paralelo", da "Canção do Exílio" de Gonçalves Dias. Em 1865, já na faculdade, a militância contra a escravidão se materializa em um conjunto de poemas que circulam principalmente entre os acadêmicos, alguns deles incluídos no volume póstumo *Os Escravos*, de 1883, como "O Século", "A Visão dos Mortos", "Tragédia no Lar" e "Adeus, Meu Canto".

No início de 1866, de acordo com um de seus biógrafos, um grupo formado por Castro Alves, Rui Barbosa, Plínio de Lima, Augusto Álvares

---

[89] Ver T. Alkmim, Português de Negros e Escravos, *Estudos Portugueses e Africanos*, v. 31.

Guimarães e Regueira Costa, entre outros, funda uma sociedade abolicionista[90]. Mas o fato principal na vida do poeta, nesse ano, é a paixão pela atriz Eugênia Câmara, que ele vê representar no palco do Teatro Santa Isabel. É bastante conhecida a polêmica que travou com Tobias Barreto, admirador e defensor da atriz Adelaide Amaral. Formaram-se dois partidos na cidade, liderados pelos dois escritores, que pelejaram por suas damas na imprensa do Recife. Seja pelos belos versos, seja pela bela figura, Castro Alves conquistou o coração de Eugênia Câmara. No final de 1866, estavam vivendo juntos e, em fevereiro de 1867, o poeta se transforma em dramaturgo para dar uma prova de amor à sua amada, finalizando a redação do drama *Gonzaga ou a Revolução de Minas*, no qual havia um papel de relevo para a atriz.

Nesse autêntico drama de ideias, Castro Alves não se preocupou muito com a verdade histórica da inconfidência mineira. A imaginação falou mais alto, tanto na armação do enredo, centrado no triângulo amoroso formado por Gonzaga, Maria Doroteia e o governador – o Visconde de Barbacena –, quanto na justaposição da luta pela liberdade da pátria com a ideia abolicionista. Assim, não é Tiradentes o protagonista da peça, mas o poeta Gonzaga, espécie de *alter ego* do poeta-autor, tanto nas expansões amorosas, em que a linguagem lírica se eleva, quanto no discurso antiescravista, marcado pelo inconformismo com o sofrimento dos cativos.

O primeiro ato – significativamente intitulado "Os Escravos" – é quase que inteiramente dedicado a despertar no espectador/leitor a repulsa à escravidão. Nas duas cenas iniciais, o protagonismo é do negro e liberto Luís, que serve a Gonzaga como se fosse um "escravo fiel", pois o viu crescer e o acompanha desde sempre, grato por ter sido tratado com desvelo e ser forro.

A história de vida de Luís é a de muitos escravos, que carregaram ao longo da vida a dor da separação de seus entes queridos. Ele e Gonzaga se alternam na narração dos fatos passados, que são terríveis. Tudo se inicia com a chegada de Cora à fazenda da mãe de Gonzaga, que a acolhe. Dizendo-se livre – era uma escrava fugida –, casa-se com Luís, mas depois de alguns anos seu paradeiro é descoberto. Eis o que acontece, nas duras palavras da personagem negra:

> LUÍS: Um dia um homem chegou à fazenda... Era à tarde... ainda me lembro. Caíam as sombras por detrás da serra – o sabiá cantava nos coqueiros da mata, e uma doce tristeza rodeava as senzalas. O negro e a mulher de volta do trabalho, sentados à porta da senzala, brincavam com uma criancinha que esperneava rindo no chão. Como era linda! Neste momento

[90] A. Peixoto, *Castro Alves: O Poeta e o Poema*, p. 31.

tocavam as ave-marias. A mulher levantou-se apanhando a criança e começou risonha e feliz a ensinar-lhe uma oração... O pai olhava este quadro, louco de felicidade... De repente uma chicotada interrompeu o nome de Deus na boca da pobre mãe e uma chuva de sangue inundou a criancinha que continuou a rir.
ALVARENGA, CLÁUDIO E PADRE CARLOS: Miserável!...
LUÍS: Era o que ia dizer-lhe a ponta de uma faca, mas no ouvido das entranhas... quando muitos braços agarram o negro pelas costas. Amarram-no ali mesmo e então, enquanto o sangue e a loucura subiam-lhe aos olhos, ele ouviu isto. O estrangeiro dizia: tu vais ser castigada com teu filho. A desgraçada ousou ajoelhar-se... creio que despiram-na e ali mesmo os açoites estalaram... Sim... lembro-me que de vez em quando um borrifo de sangue acordava-me do meu delírio. E eu... só tinha ao alcance o meu braço, por isso, esfregava-o com os dentes...[91]

Eis aí um quadro da escravidão em que à violência física acrescenta-se um outro tipo de sofrimento: o da separação de casais ou de pais e filhos. Ainda que na peça se trate de reaver uma escrava fugida, a cena evoca uma prática comum de senhores de escravos: a venda em separado de membros de uma mesma família. Para se ter uma ideia de como esse costume desumano foi duradouro, basta dizer que foi proibido apenas em 1869 – depois, portanto, das encenações de *Gonzaga ou a Revolução de Minas*, em 1867 e 1868. Como ministro da Justiça, José de Alencar assinou o decreto n. 1695, de 15 de setembro de 1869, em cujo artigo segundo se lê: "Em todas as vendas de escravos, ou sejam particulares ou judiciais, é proibido, sob pena de nulidade, separar o marido da mulher, o filho do pai ou mãe, salvo sendo os filhos maiores de 15 anos."[92] Teria a peça de Castro Alves sensibilizado o político conservador Alencar, que a havia lido um ano antes, como veremos à frente?

O drama de Luís é comovente: ele perdeu a esposa, que se atirou num rio e morreu afogada para não voltar a ser escrava, e no tempo presente da peça ainda não reencontrou a filha. Gonzaga promete-lhe que a trará de volta, se ele também se engajar na luta pela liberdade da pátria, que por sua vez é cativa de Portugal. Castro Alves equipara as duas escravidões. Ambas devem ser extirpadas para que todos possam ser livres. Afinal, assim como o chicote machuca a carne do escravo, igualmente fere a face do povo brasileiro. No momento em que os inconfidentes estão reunidos, traçando os planos da revolução, ouve-se uma voz que canta ao longe uma cantiga. É uma

---

91   C. Alves, *Teatro Completo*, p. 24-25.
92   Texto disponível no portal da Câmara dos Deputados.

escrava, que lamenta ser a "pobre cativa" em terra estrangeira e que pede à "viajeira andorinha" que vá dizer à sua mãe que quando morrer o vento há de levá-la de volta à terra natal. É um momento de lirismo dentro da peça, mas a cantiga inspira o discurso fortemente abolicionista de Gonzaga, que vem na sequência:

> Não, pobre cativa, tu não gemerás até a morte. Não, tu não irás como tuas companheiras atirar-te um dia nas lagoas, crendo que vais reviver em tua pátria. Não, infeliz! Em breve, sob estas selvas gigantescas da América, a família brasileira se assentará como nos dias primitivos... Não mais escravos! Não mais senhores. Todas as frontes livres poderão mergulhar o pensamento nos infinitos azulados, todos os braços livres hão de sulcar o seio da terra brasileira. (*A Luís*) Luís, pobre desgraçado! Deve ser um dia sublime aquele em que as crianças souberem o nome de seus pais, porque suas mães serão esposas e não meretrizes... em que as virgens murmurarem sem pejo o nome de seus amantes, porque não serão mais poluídas pelo beijo dos senhores devassos... em que os velhos sentados à beira dos túmulos abençoarem sua geração, porque a túnica da ignomínia deixará de acompanhá-los através dos séculos como o ferrete do judeu maldito!... [p. 29-30]

Ao sonho da pátria livre, sem escravos, Castro Alves justapõe a lembrança de um crime que se comete no universo da escravidão e que não mais ocorrerá se a revolução for vitoriosa: o estupro das escravas pelos seus senhores. Para mostrar a força do proprietário que tudo pode, a peça coloca em cena o traidor Joaquim Silvério dos Reis, que obriga sua escrava Carlota a obedecê-lo por meio de ameaças e chantagem.

Estamos ainda no primeiro ato, que apresenta os conflitos que serão desenvolvidos nos três atos seguintes. Se nas cenas anteriores ao aparecimento de Joaquim Silvério delineiam-se o plano da revolução e a relação amorosa entre Gonzaga e Maria Doroteia, agora o vilão mostrará seu caráter hediondo. A traição que engendra para cair nas boas graças do governador requer a ajuda de Carlota, escrava que ele comprou no Rio de Janeiro e que trouxe a Minas para espionar o casal protagonista. Além disso, ele sabe que ela é a filha de Luís. Para além da questão política, é a relação entre escravo e senhor que a peça explora. Carlota é uma moça honesta e não quer continuar a trair a confiança de Maria Doroteia, de quem é aia. Mas Joaquim Silvério a ameaça, dizendo-lhe que a mandará de volta para a senzala e o chicote do feitor. Mais: vai estuprá-la e depois entregá-la aos outros negros da fazenda, os mais repugnantes, ele enfatiza. Por fim, a revelação crucial: ele diz saber quem é o pai da mocinha e que a desonra dela o matará de

3 A ESCRAVIDÃO NAS PEÇAS ROMÂNTICAS E REALISTAS

vergonha. O diálogo entre ambos mostra o poder de vida e morte que um proprietário tem sobre seus escravos. Carlota não vê saída. Para não matar o pai – que ainda não sabe quem é –, será a traidora da causa revolucionária. O ato termina com a cena em que ela apanha do chão papéis comprometedores dos inconfidentes, que Maria Doroteia deixa cair quando desmaia diante do governador, ao ouvi-lo ameaçar a vida de Gonzaga.

Sem entrar em detalhes sobre as peripécias do enredo enovelado da peça – com cenas no escuro, quiproquós, personagens mascaradas etc. – ou sobre as características das demais personagens e da linguagem, a parte relativa à escravidão tem continuidade nas trajetórias de Luís e Carlota. Ambos se envolvem com a revolução, cada um de um lado. Luís acredita que os escravos querem a liberdade e que lutarão por ela; Carlota faz o que é preciso para não ser ultrajada e evitar a morte do pai, que sonha em conhecer, pois foi o que lhe prometera Joaquim Silvério.

No terceiro ato, pouco antes de serem presos os inconfidentes, a traidora é capturada por Luís. Ele está pronto para matá-la e ela se defende, escorada em sua condição servil. Seu senhor é que havia sido traidor, não ela, que era apenas uma escrava: "Os homens me perderam, e eu fui apenas o seu instrumento, porque eu sou escrava, porque mataram-me a vergonha, tiraram-me a responsabilidade dos crimes, sem me arrancarem o remorso." [p. 139] Essas palavras lembram a fala do médico Eduardo, no desfecho de *O Demônio Familiar*, de Alencar, na qual ele se refere ao moleque Pedro como inimputável e irresponsável pelos seus atos, porque escravo. Carlota lança mão da mesma lógica. Foi um instrumento nas mãos de seu senhor, de cujos crimes não pode ser responsabilizada.

Na sequência, como não poderia deixar de acontecer, vem a cena do reconhecimento, em que pai e filha se reencontram. Antes de receber a punhalada, ela vai beijar o rosário que ganhou de sua mãe. Mas, ao levantar o braço, Luís o vê e não a mata, claro. Castro Alves lançou mão do surrado recurso melodramático da "croix de ma mère" – o objeto que identifica uma personagem –, como tantos outros autores dramáticos de seu tempo. Pai e filha abraçam-se, mas a felicidade não é para eles. A revolução foi derrotada e Joaquim Silvério – vendo que Carlota ajudou Gonzaga e Maria Doroteia a fugir – chama um escravo e lhe dá a mocinha, dizendo depois a Luís que ela será esposa de todos os seus escravos. Carlota faz como sua mãe: suicida-se para não ser desonrada. Luís a carrega nos braços, dizendo: "Deus te escolheu para a primeira vítima! Pois bem; que o teu sangue puro, caindo na face do futuro, lembre-lhe o nome dos primeiros mártires do Brasil." [p. 157]

Apesar de todos os seus defeitos formais, certo exagero retórico, algumas incongruências no enredo e falas muito longas, *Gonzaga ou a Revolução de*

Minas é um drama vibrante, imbuído do mais puro romantismo. Encenado em Salvador, no dia 7 de setembro de 1867, consagrou o poeta em sua terra natal. Jornais como o *Diário da Bahia* e *Bahia Ilustrada* dedicaram algumas de suas colunas para elogiar o drama e o trabalho dos artistas, os poemas declamados nos intervalos entre os atos, os aplausos da plateia maravilhada e embevecida com o talento do escritor conterrâneo. O próprio Castro Alves, em carta ao amigo Augusto Álvares Guimarães, comentou: "No dia 7 de setembro, tive um triunfo como não consta que alguém obtivesse na Bahia. Em suma, vitoriado quanto era possível e coroado, fui além disso levado a nossa casa em triunfo."[93]

Em fevereiro de 1868, o poeta e Eugênia viajaram de Salvador para São Paulo, onde ele ia continuar os estudos na Faculdade de Direito e ela, trabalhar como atriz. Mas antes pararam no Rio de Janeiro, com a intenção de representar *Gonzaga ou a Revolução de Minas*. Castro Alves veio com uma carta de recomendação de Fernandes da Cunha e se apresentou a José de Alencar, para quem leu poemas e o drama. Alencar, em carta pública, estampada no *Correio Mercantil* de 22 de fevereiro, pediu a Machado de Assis uma apreciação do poeta e sua obra. É bem conhecido esse breve diálogo epistolar entre os dois escritores, que apadrinharam Castro Alves no Rio de Janeiro. Alencar elogia o discípulo de Victor Hugo e vê qualidades na peça teatral, embora faça leves restrições à construção do enredo e à exuberância da poesia justaposta à ação dramática.

A resposta de Machado de Assis, também publicada no *Correio Mercantil*, a 1º de março, era ainda mais condescendente. Repetem-se e ampliam-se os elogios ao poeta e ao dramaturgo, que soube abordar o assunto histórico com coerência e criar personagens com verdade artística. Alencar não havia mencionado em sua carta a questão da escravidão que está no centro de *Gonzaga ou a Revolução de Minas*. Mas Machado a aponta e a justifica, sem questionar o fato de que Castro Alves não foi fiel à história. Mais importante era a harmonia interna do drama, que tornava plausível justapor a luta pela liberdade da pátria à ideia da abolição. Eis o que ele escreve:

> Nesta rápida exposição das minhas impressões, vê V. Exa. que alguma coisa me escapou. Eu não podia, por exemplo, deixar de mencionar aqui a figura do preto Luís. Em uma conspiração para a liberdade, era justo aventar a ideia da abolição. Luís representa o elemento escravo. Contudo o Sr. Castro Alves não lhe deu exclusivamente a paixão da liberdade. Achou mais dramático pôr naquele coração os desesperos do amor paterno. Quis tornar

[93] C. Alves, *Obra Completa*, p. 746.

3 A ESCRAVIDÃO NAS PEÇAS ROMÂNTICAS E REALISTAS

mais odiosa a situação do escravo pela luta entre a natureza e o fato social, entre a lei e o coração. Luís espera da revolução, antes da liberdade a restituição da filha; é a primeira afirmação da personalidade humana; o cidadão virá depois. Por isso, quando no terceiro ato Luís encontra a filha já cadáver, e prorrompe em exclamações e soluços, o coração chora com ele, e a memória, se a memória pode dominar tais comoções, nos traz aos olhos a bela cena do rei Lear, carregando nos braços Cordélia morta. Quem os compara não vê nem o rei nem o escravo: vê o homem.[94]

Como se vê, Machado realça os dois sentimentos que movem o ex-escravo Luís: a paixão pela liberdade e o desespero do amor paterno. O segundo é mais forte e traz a *Gonzaga* uma intensidade dramática que permite ao crítico estabelecer um surpreendente paralelo com Shakespeare. Se a comparação parece exagerada, é preciso lembrar que Machado escreveu sob a impressão da leitura que o próprio Castro Alves fez do drama a um grupo de intelectuais reunidos no salão do *Diário do Rio de Janeiro*. Ali estavam Quintino Bocaiúva, Francisco Otaviano, Salvador de Mendonça, Joaquim Serra, Ferreira de Menezes, Henrique César Muzzio, entre outros, maravilhados "ante a arte e a sedução de Castro Alves"[95].

Todo o esforço do poeta para encenar *Gonzaga ou a Revolução de Minas* no Rio de Janeiro foi em vão. Se por um lado ele conquistou o reconhecimento de seu talento pelos escritores e intelectuais, por outro deve ter sofrido o boicote de Furtado Coelho, como aventa na carta de despedida a Alencar, quando viaja para São Paulo. Muito provavelmente o ator português e também empresário teatral aproveitou a oportunidade para prejudicar Eugênia Câmara, com quem vivera durante três anos, entre 1860 e 1862. O fim do relacionamento entre ambos deve ter sido bastante conturbado, pois numa biografia precoce de Furtado Coelho, publicada por Filgueiras Sobrinho, em 1863, o nome da atriz sequer aparece.

Instalados em São Paulo, a partir de meados de março de 1868, Castro Alves matricula-se no terceiro ano da Faculdade de Direito e Eugênia Câmara atua num dos teatros da cidade. No meio acadêmico, ele se destaca rapidamente, publicando poemas na imprensa e declamando-os em saraus e espetáculos teatrais. Seu nome aparece bastante em jornais como *Correio Paulistano*, *O Ipiranga*, *Imprensa Acadêmica*, entre outros. A crítica à escravidão ganha sua expressão mais vigorosa em dois poemas que escreve nesse período, "Vozes d'África" e "O Navio Negreiro", este declamado em duas

[94] Ibidem, p. 797.
[95] L. Viana Filho, *A Vida de José de Alencar*, p. 153.

associações acadêmicas: no Ateneu Paulistano, em sessão de 22 de julho, e no Ginásio Literário, em 7 de setembro. Os jornais noticiam as performances de Castro Alves, sempre aplaudidas com entusiasmo. Já era, pois, um poeta conhecido em São Paulo, quando houve a representação de *Gonzaga ou a Revolução de Minas*, em 25 de outubro de 1868, no Teatro São José. Eugênia Câmara havia contratado um dos melhores atores da época para a sua companhia, Joaquim Augusto Ribeiro de Souza, para fazer o papel de Gonzaga. Um mês antes da estreia, Castro Alves escreveu-lhe uma carta, na qual revelou que não gostara da encenação feita em Salvador, uma "caricatura". Acreditava que o ator faria um trabalho excepcional e acrescentava que a peça faria sucesso junto aos jovens: "Sabe que o meu trabalho precisa de uma plateia ilustrada. Precisa talvez mesmo de uma plateia *acadêmica*. O lirismo, o patriotismo, a linguagem creio que serão bem recebidos por corações de vinte anos, porque o *Gonzaga* é feito para a mocidade."[96]

Não se enganava o autor. O sucesso na noite da estreia era prova de que os jovens acorreram ao teatro, lotando-o, segundo os jornais do dia 27 de outubro de 1868, e recebendo o drama "com todas as honras do triunfo", como se lê em *O Ipiranga*. Também o *Correio Paulistano* saudou o "belíssimo trabalho" de Castro Alves, de "méritos literários" inegáveis. Elogios a Joaquim Augusto e Eugênia Câmara, bem como a outros artistas, compensaram as poucas restrições feitas à *mise-en-scène*. Já no *Diário de S. Paulo*, um longo folhetim assinado por "Júlio" apontava mais defeitos do que qualidades no drama: diálogos extensos e monótonos, má caracterização de Gonzaga e Marília, falta de cor local, para citar os mais importantes, e mais um que nos interessa de perto: "O escravo Luís, bem desempenhado pelo Sr. Augusto Filho, discorre com tanta proficiência, expressa-se com tanta propriedade, usa de comparações tão filosóficas, tão poéticas, que deixa facilmente descobrir-se o dramaturgo fazendo esquecer o personagem."

O folhetinista mostrou-se incomodado com a presença do escravo no drama. Não quis entender que a linguagem de Luís devia ser elevada como a de Gonzaga para que a mensagem abolicionista chegasse aos espectadores com força suficiente para convencê-los e comovê-los ao mesmo tempo. Daí, mais à frente, voltar ao assunto: "Não sabemos a que propósito vem no drama do *Inconfidente* a questão do elemento servil, quando é certo que ele não entrou de modo algum nos planos daqueles apóstolos da liberdade que arrostaram o martírio pelo amor de seu país, pelo mais santo dos patriotismos."

Alguns passos atrás vimos como Machado de Assis não considerou um problema a infidelidade histórica, que se acomodava coerentemente no

96 C. Alves, *Obra Completa*, p. 756.

3 A ESCRAVIDÃO NAS PEÇAS ROMÂNTICAS E REALISTAS

interior do drama que trazia à cena a luta pela liberdade do país. Ao exigir a fidelidade aos fatos numa obra de imaginação tão rica – e politicamente comprometida com uma causa –, o folhetinista deixava claro de que lado estava. A verdade é que, fora da Academia de Direito, na São Paulo do final dos anos 1860, a escravidão era uma instituição forte e pouco contestada, uma vez que sustentava a economia da província, assentada na lavoura cafeeira.

Gonzaga ou a Revolução de Minas teve outras duas récitas, em 29 de outubro e 19 de novembro. Castro Alves tentou mais uma vez, em vão, representá-lo no Rio de Janeiro, como se lê numa carta enviada a Luiz Cornélio dos Santos. Pedia ao amigo que fosse falar com o ator e empresário Vasques, para incentivá-lo a apresentar o drama no Teatro Eldorado, com Eugênia Câmara e Joaquim Augusto. Acreditava que, tendo obtido "um sucesso imenso, um verdadeiro triunfo"[97] em São Paulo, o mesmo aconteceria no Rio de Janeiro. Não há documentos que revelem as razões pelas quais o poeta amargou mais essa frustração. Aliás, o final de 1868 só lhe trouxe tristeza: separou-se de Eugênia Câmara e, durante uma caçada, atirou no próprio pé, ferimento do qual jamais se refez. Poucos anos após a morte do autor, *Gonzaga ou a Revolução de Minas* foi publicado no Rio de Janeiro pelo editor Cruz Coutinho.

Embora a repercussão na imprensa tenha sido pequena, a primeira edição, datada de 1875, esgotou-se. Em 1881, uma segunda edição, feita por Serafim José Alves, já estava na praça. E em 1884, pela Garnier, sai um volume contendo *A Cachoeira de Paulo Afonso*, *Manuscritos de Stênio* e *Gonzaga ou a Revolução de Minas*, reimpresso em 1888. Tudo indica que o drama foi bastante lido, uma vez que esteve à venda nas livrarias das principais cidades do país. Sua mensagem abolicionista, que havia sido pouco ouvida no final do decênio de 1860, pôde então ecoar fortemente entre os brasileiros, até porque não ficou restrita às páginas do livro. Já em 1876, jovens acadêmicos da Faculdade de Medicina, em Salvador, encenaram o drama nas comemorações do 2 de julho – data em que os baianos festejavam a independência. Na mesma cidade, nova encenação em 2 de julho de 1881, com grande afluência de público. De acordo com os jornais, a renda do espetáculo foi destinada à compra de cartas de alforria. Uma segunda récita ocorreu em 6 de agosto, como parte das homenagens a Castro Alves no decenário de sua morte, ocorrida em 6 de julho de 1871. Diga-se de passagem, os festejos ao poeta, organizados por um grupo de intelectuais baianos, tinha como um dos objetivos incrementar a propaganda abolicionista em Salvador. O discurso de Rui Barbosa, numa das cerimônias, ressaltou a importância do drama naquele momento em que a luta abolicionista tinha a simpatia de boa parte da população brasileira:

---

[97] Ibidem. Carta datada de 4 de novembro de 1868.

Agora, a justificação do decenário está em que esse sentimento vosso não se circunscreve a este recinto: retreme, como em vós, no coração do país. Senão, ouçam o seu eco na capital do Império. É que Castro Alves escreveu o poema da nossa grande questão social e da profunda aspiração nacional que a tem de resolver. Pulsa a liberdade até nas suas canções de amor [...]. Ele sentiu, porém, que a liberdade de uma raça fundada na servidão de outra é a mais atroz das mentiras; percebeu que a história da nossa emancipação nacional estava incompleta sem a emancipação do trabalho, base de toda a nacionalidade, e fez da conjuração de Minas o berço não só da nossa independência, como da libertação futura das gerações condenadas ao cativeiro pela política dos nossos colonizadores e pelos interesses dos traficantes. "Não mais escravos! Não mais senhores. Liberdade a todos os braços, liberdade a todas as cabeças!" é o brado que reboa na alma flamejante de Gonzaga; é a nota perene de toda a obra poética e dramática de Castro Alves![98]

Também no Rio de Janeiro – como assinalou Rui Barbosa – houve homenagens ao poeta. A mais significativa, em julho de 1881, foi organizada pelo Grêmio Literário Castro Alves, mas sem a representação de *Gonzaga ou a Revolução de Minas*. Os fluminenses tiveram que esperar até o dia 29 de março de 1884, quando o drama subiu à cena por iniciativa da Sociedade Dramática Particular Filhos de Talma. No anúncio publicado nos jornais, ressaltava-se a representação do "majestoso drama de propaganda abolicionista" no Teatro D. Pedro II, vindo em seguida a informação de que o espetáculo seria finalizado "com uma brilhante apoteose – *o Brasil quebrando os grilhões da escravidão*; a figura da Escravidão será desempenhada por um cativo, que nessa ocasião receberá sua carta de liberdade, entregue por esta sociedade"[99].

A apoteose não deixa dúvida quanto ao espírito com que foi pensada a representação do drama. O último quadro solenizava o embate pelo fim da escravidão, impondo uma forte imagem aos espectadores. Ideia semelhante tiveram os jovens estudantes da Academia de Direito do Recife, quando encenaram *Gonzaga ou a Revolução de Minas* em 3 de junho de 1884, com renda revertida para a Sociedade Abolicionista Ave-Libertas. Uma apoteose à liberdade foi seguida da entrega de quatro cartas de alforria. No Recife, segundo Celso Castilho, houve pelo menos cinco encenações da peça de Castro Alves, entre 1880 e 1885, "com três destas acontecendo naquela época conturbada da política (1884-1885), na qual no Parlamento se debatia uma

---

[98] Publicado no *Diário da Bahia* e transcrito no jornal fluminense *O Abolicionista*, em 28 de setembro de 1881, p. 3.

[99] *Gazeta de Notícias*, 29 de março de 1884, p. 3.

legislação para libertar os sexagenários"[100]. Destaco a representação ocorrida em 3 de outubro de 1885, numa "grande festa emancipadora" organizada pelos jovens acadêmicos. Dessa vez, o espetáculo contou com a participação de dois conhecidos artistas dramáticos profissionais, em passagem pela cidade: Ismênia dos Santos e Eugênio de Magalhães. Nos jornais, incentivava-se a ida ao Teatro Santa Isabel, em nome da grande causa da emancipação dos escravos. No *Diário de Pernambuco*, de 1º de outubro, podia-se ler um rasgado elogio a Castro Alves. E seu drama era assim definido: "É o protesto do poeta contra a escravidão, contra a tirania, contra a ignorância."

Ao longo da década de 1880, em todo o Brasil, o "poeta dos escravos" foi lembrado por seus poemas abolicionistas, inúmeras vezes declamados em saraus e espetáculos teatrais, e também por *Gonzaga ou a Revolução de Minas*, seja pela leitura, seja pelas representações. Não é sem razão que a posteridade consagrou Castro Alves como nosso escritor mais identificado com a luta pelo fim da escravidão no Brasil.

ANTONIO DEODORO DE PASCUAL

Na segunda metade da década de 1860, a ideia de que era preciso primeiro educar o negro escravizado e depois libertá-lo teve muitos defensores entre os partidários da emancipação gradual. Num projeto de lei datado de 18 de maio de 1865, o visconde de Jequitinhonha propunha que a escravidão existisse por apenas mais quinze anos no Brasil, instituindo que "os juízes de paz nos seus distritos, e as câmaras municipais nos seus municípios velarão pela criação e educação dos escravos manutenidos menores de 11 anos"[101]. Em 1866, Pimenta Bueno, visconde de S. Vicente, elaborou cinco projetos para o governo, nos quais propôs a liberdade do ventre das escravas e o fim da escravidão no último dia do século XIX. Adepto da emancipação gradual, preocupou-se em prever em lei a criação de estabelecimentos de educação para os escravos; era preciso, antes de libertá-los, "dar-lhes alguma aprendizagem de viver sobre si, da necessidade do jornal, de amor ao trabalho por seu próprio interesse"[102]. Perdigão Malheiros também se posicionou favoravelmente a esse respeito em seu livro *A Escravidão no Brasil*, publicado em 1867. No mesmo ano, José de Alencar escreveu, em uma de suas "Cartas de Erasmo", que nas colônias francesas "a emancipação, além da desordem

---

[100] C. Castilho, Ao Teatro, Pelos Cativos!, em F.J.G. Cabral; R. Costa (orgs.), *História da Escravidão em Pernambuco*, p. 334.
[101] *Correio Mercantil*, 18 de maio de 1865, p. 1.
[102] Visconde de S. Vicente, *Trabalho Sobre a Extinção da Escravatura no Brasil*, p. 8.

econômica e das insurreições, acarretou a desgraça e ruína da população negra", que não estava "educada para a liberdade", entregando-se à "indolência, à miséria e à rapina"[103]. Concluiu, então, que no Brasil, considerando que a população escrava ainda não era educada, a emancipação corria o risco de repetir o que acontecera nas colônias francesas. Os negros escravizados receberiam a liberdade, mas viveriam na miséria. Em 1869, Joaquim Manuel de Macedo retomou esse ponto de vista na novela "Simeão: O Crioulo", fazendo uma personagem dizer ao protagonista: "Se morrer o velho, a liberdade que ele te vai deixar tem ares de bênção seguida de pontapé!" E a explicação em seguida: "Não te mandaram ensinar ofício, fizeram de ti um famoso vadio, como eu, e se vieres a ficar forro, escorregarás da alforria para a miséria."[104]

Para fazer a defesa dessa ideia, o espanhol naturalizado brasileiro, A.D. de Pascual escreveu a peça *A Pupila dos Negros Nagôs ou A Força do Sangue*, publicada em 1870.

O autor tinha algum prestígio no meio intelectual do Rio de Janeiro. Era membro do Instituto Histórico e Geográfico Brasileiro e já havia escrito dez livros sobre diversos assuntos. Seu romance *A Morte Moral* mereceu elogios de Machado de Assis, no folhetim da série "Ao Acaso", do *Diário do Rio de Janeiro* de 5 de setembro de 1864. Radicado no Brasil desde 1852, abraçou o ideário nacionalista dos nossos escritores românticos e defendeu o país no *Ensaio Crítico Sobre a Viagem ao Brasil em 1852 de Carlos B. Mansfield*. Nesse livro, publicado no Rio de Janeiro em 1861, traduziu e comentou as cartas do viajante inglês, refutando suas opiniões negativas sobre o brasileiro e nossas instituições. Em relação à escravidão, acusou os ingleses de terem sido cruéis e insensíveis no trato dos escravos em suas colônias, segundo ele, ao contrário do que se deu no Brasil de um modo geral. A seu ver, o escravismo entre nós era mais brando, até porque "tratamos, em geral, muito melhor os nossos pretos do que os ingleses os seus proletários"[105]. Além disso, enquanto nas colônias inglesas ou mesmo nos Estados Unidos os negros libertos sofriam com o preconceito e tinham poucas chances de progredir, "o nosso escravo pode chegar a ser um cidadão, um homem de letras, um médico, um advogado, um comerciante, um fazendeiro"[106].

Pascual – esse livro indica – tinha um perfil conservador. Quando escreveu *A Pupila dos Negros Nagôs*, acreditava que a emancipação gradual era melhor para o país do que a abolição imediata da escravidão. Assim sendo,

---

103 J. de Alencar, *Cartas a Favor da Escravidão*, p. 80-81.
104 J.M. de Macedo, *As Vítimas Algozes*, p. 32.
105 A.D. de Pascual, *Ensaio Crítico Sobre a Viagem ao Brasil em 1852 de Carlos B. Mansfield*, p. 173.
106 Ibidem, p. 177-178.

3 A ESCRAVIDÃO NAS PEÇAS ROMÂNTICAS E REALISTAS

fez de algumas personagens porta-vozes de suas ideias. Mas justiça lhe seja feita: no prólogo da peça, ele apresenta um quadro do nosso escravismo sem nenhuma condescendência. Numa fazenda do interior da província do Rio de Janeiro – a ação se passa em 1846 –, a matriarca da família é uma megera escravocrata que não hesita em chicotear os escravos por qualquer motivo, como se vê na quarta cena; seu filho Pedro tem uma filha de oito anos, Colômbia, com a escrava Agar, e cede à pressão da mãe para vendê-las. Casado com Rosaura, ele é pai de Pedrinho, quatorze anos, e de Adelina, oito, o que significa que engravidou a escrava e a esposa praticamente ao mesmo tempo. Os diálogos revelam uma família dividida em relação à escravidão, pois Rosaura e Pedrinho tratam bem os escravos, principalmente o rapaz, que gosta da menina escrava Colômbia, sem saber que é sua irmã por parte do pai, e a ensina a ler. Não é preciso dizer que Agar é uma escrava de pele clara e sua filha é branca. O velho escravo pai José, que o tempo todo observa o que se passa, é bastante apegado à menina. Quando sabe que ela será vendida, rapta-a e foge, terminando o prólogo com o desespero de Agar.

O quadro da escravidão é bem desenhado e é possível compreendê-lo como uma condenação dos hábitos das famílias escravocratas, sua truculência, sexualidade desenfreada e existência de filhos de senhores que permanecem escravizados, podendo até ser vendidos. Por outro lado, o autor contemporiza, criando personagens que tratam os cativos como seres humanos.

Uma reviravolta pega o leitor de surpresa, no início do primeiro ato, que se passa dez anos depois, na cidade do Rio de Janeiro. A família está pobre, mãe e filha costuram para fora, Pedrinho trabalha num jornal e Pedro está seriamente doente. Para o enredo avançar é preciso reagrupar as personagens do prólogo, o que vai ocorrer com algumas coincidências e encontros casuais – pontos fracos da peça. Assim, logo no início Pedrinho entra e diz aos familiares que se encontrou com Agar na rua e que ela virá visitá-los. Está casada com um alfaiate alemão e não sabe onde está a filha. Rosaura pede então ao filho que vá vender ou empenhar um anel para que possa comprar mantimentos, o que o leva a um casal de negros minas, pai Tomás e tia Rosa, que são libertos e ricos. Coincidentemente, foram eles – amigos de pai João – que acolheram e criaram Colômbia, agora uma moça de dezoito anos com outro nome: Benvinda. É para ela, para sua primeira comunhão, que Rosaura e Adelina, evidentemente sem saber, costuram um vestido.

O que chama a atenção na peça não é apenas a ironia de nomear um liberto rico como pai Tomás, mas também o fato de opor a pobreza da família branca à boa situação financeira de Agar e dos protetores da menina raptada na fazenda dez anos antes. A roda da fortuna girou porque o autor quis mostrar que ex-escravos no Brasil podem ser bem-sucedidos nos negócios.

Além disso, o casal tem um filho, Laurindo, que é estudante de medicina. Reagrupadas as personagens, o conflito que se estabelece envolve Pedrinho e Benvinda, atraídos um pelo outro, e Laurindo, a outra ponta do triângulo amoroso. A sombra do incesto aparece para assustar Rosaura, Agar e pai João, que também mudou seu nome para pai Florentino. Mas é Pedro, no desfecho do terceiro ato, que faz a revelação a Pedrinho e Benvinda, esforço que lhe causa a morte. Laurindo então afirma: "É cadáver!... Eis aí um dos episódios medonhos da escravidão!"[107]

A peça poderia ter terminado com essas palavras de condenação do cativeiro. Mas o autor acrescentou um desnecessário epílogo, com duas breves cenas, nas quais, dez anos depois, Pedrinho e Laurindo estão juntos na guerra do Paraguai. O primeiro é um valente capitão, ferido mortalmente em combate; o segundo é o médico que ouve as últimas palavras do moribundo: gostaria que Laurindo se casasse com Benvinda.

Para além do enredo que busca comover o leitor e eventualmente o espectador, *A Pupila dos Negros Nagôs* é uma peça de ideias. Pedrinho é jornalista e porta-voz do autor, como se percebe nestas palavras que diz à mãe, repudiando um costume do escravismo brasileiro: "Temos filhos das nossas escravas e ficam escravos. Elevar essa raça até a altura da igualdade cristã, é sublime; rebaixar a nossa até a escravidão, é infame." [p. 39]

Pedrinho milita pelo Partido Liberal, mas não na facção mais radical. Por isso aceita escrever sobre a emancipação, de modo equilibrado, a convite de um deputado conservador. Eis parte do diálogo entre ambos:

> DR. TEODORO: Um correligionário teu, liberal pelos quatro costados, vai encetar na imprensa, segundo disse nas salas do Parlamento, uma série de artigos sobre a emancipação do elemento servil, preparando deste modo o ânimo dos legisladores para tão melindrosa quão humanitária questão. Desejo que fales na tua folha sobre esta matéria, dizendo que, embora seja tempo de pensarmos nisso, é mister irmos com cautela na enunciação dessa grande transformação social. Eu não quero a escravidão para o nosso Brasil; mas será azada a ocasião para tratarmos nestes momentos da inteira liberdade do elemento servil?
>
> PEDRINHO: A minha opinião é que tanto nós na imprensa, como vós no Parlamento, bem como os múltiplos ministérios, que precederam e sucederam à maioridade, nada fizemos para prepararmos esses desgraçados a fruírem da liberdade. Nós somos agora tão coloniais a este respeito como éramos no tempo do governo d'El-Rei nosso senhor. Religião e

---

[107] Idem, *A Pupila dos Negros Nagôs ou a Força do Sangue*, p. 100.

3 A ESCRAVIDÃO NAS PEÇAS ROMÂNTICAS E REALISTAS

> educação, eis aí os dois polos em que deve girar a liberdade dos brancos e dos pretos, e principalmente destes últimos [...]. Prometo-lhe falar sobre a matéria; mas eu sou partidário da liberdade e, por conseguinte, inimigo da escravidão. Vou te mostrar que, embora idólatra da liberdade, não sou exagerado [p. 43-44].

Eis aí o pensamento de Pascual: contra a escravidão, mas não a favor da abolição imediata. Antes da liberdade, é preciso preparar os escravos, dar-lhes educação e prover-lhes religião. Mais à frente Pedrinho recebe uma proposta do inglês Mr. Harris: "fundar um diário no Rio de Janeiro para advogar três grandes princípios – a liberdade dos escravos, do comércio e das consciências" [p. 66]. Com um capital polpudo de dez mil libras esterlinas, a iniciativa seria financeiramente vantajosa para Pedrinho, que não aceita de imediato, porque se trata de capital estrangeiro. Pede então conselho à mãe, que o incentiva a criar o jornal, cuidando para jamais deixar de ser brasileiro. Transformada em porta-voz do autor, ela responde ao filho, inseguro quanto ao que dirão os seus amigos e conhecidos: "O que dirão?... Falarão e tu escreverás e ensinar-lhes-ás a educar os escravos; falarão, e tu seguirás escrevendo, e eles aprendendo a verdade. Educar os negros é salvar o país: dentro de 30 anos, se os desgraçados escravos forem educados, o Brasil será, se não o primeiro povo do mundo, pelo menos um dos primeiros." [p. 69]

O autor enfatiza a ideia da educação dos escravos em vários diálogos da peça. Quando Laurindo se declara a Benvinda, ele afirma ser um negro inteligente, virtuoso, honesto e, acima de tudo, educado: "A educação é tudo, Benvinda, a cor é uma coisa acidental." [p. 89] Rosaura, em conversa com a filha, diz: "Olha, minha filha, os pretos educados são tão dignos de consideração como os brancos." [p. 34] No segundo diálogo com Mr. Harris, no qual Pedrinho diz aceitar a proposta que lhe foi feita, o autor reafirma seu ponto de vista, colocando estas palavras na boca da personagem:

> A passagem rápida da escravidão para a liberdade, sem ter preparado com a instrução religiosa, moral e elementar essa raça digna de melhor sorte, é uma verdadeira loucura. Que ganharam os ingleses com a emancipação da gente de cor nas suas Antilhas? Povoaram o país de ladrões, vadios e mendigos e converteram em lupanares as choupanas desses desgraçados. Tomei teiró com a civilização moderna e enguei com certas ideias: os livres pensadores abandonaram a religião e esperam tudo do trabalho e da instrução. É um erro fatal, especialmente para as nossas sociedades novas americanas. A liberdade é o eixo do mundo moral; mas sem os dois polos – religião e educação – o mundo voltaria ao caos. [p. 93-94]

Pascual fez a ação dos três atos da peça se passar em 1856, quando não eram comuns os debates sobre a emancipação, seja na imprensa, seja no Parlamento. Mas como queria que os brasileiros de 1870 conhecessem o seu ponto de vista, deve ter achado que o anacronismo era defeito de pouca monta. O importante era manifestar seu pensamento sobre a questão do momento, até porque, nessa altura, já havia uma facção de liberais radicais que defendia a abolição imediata da escravidão.

A Pupila dos Negros Nagôs não foi encenada. Mas o livro teve boa repercussão na imprensa do Rio de Janeiro. Anunciado nos principais jornais, mereceu elogios nas páginas do *Jornal do Comércio, Correio Nacional, Opinião Liberal* e *Diário do Rio de Janeiro*. Neste último, em 13 de abril de 1870, lia-se no "Noticiário" que a peça discutia "uma importante tese de moralidade altamente social" e que os princípios que emolduravam o enredo eram "o ataque à escravidão e a necessidade da educação sobre as massas brutas". A imprensa de um modo geral compreendeu e louvou as intenções do autor, contribuindo dessa maneira para a divulgação de suas ideias acerca da emancipação.

FAGUNDES VARELA

Antes de Castro Alves escrever seus vigorosos versos de crítica à escravidão, precedeu-o Fagundes Varela, que em 1864 publicou no livro *Vozes d'América* o longo poema "Mauro, o Escravo", de força expressiva extraordinária. Acadêmico da Faculdade de Direito de São Paulo, Varela talvez tenha tido contato com Paulo Eiró e outros estudantes que condenavam o cativeiro em seus escritos no início da década de 1860. O poema dramatiza com cores fortes a vingança do escravo que é vítima de todo tipo de violência. Mauro defende a irmã do assédio sexual do filho de seu proprietário – um rico fazendeiro – e por isso é preso. Prestes a ser punido, foge, e a irmã é açoitada até morrer. Passado um tempo, Mauro volta e mata pai e filho, não sem o primeiro revelar, nos seus estertores, que o escravo também era seu filho. Uma tragédia típica do universo escravocrata brasileiro.

Varela não fez da escravidão um tema forte em sua obra poética. Depois de "Mauro, o Escravo", salvo engano, escreveu apenas outros dois poemas com a mesma visão crítica: "O Escravo", publicado em *Cantos Meridionais* (1869), e "A Escrava", que apareceu no livro póstumo *Avulsas* (1876). No entanto, a amizade com Castro Alves, quando conviveram em Pernambuco, enquanto alunos da Faculdade de Direito, e a encenação de *Gonzaga ou a Revolução de Minas*, na Bahia e em São Paulo, devem tê-lo estimulado a escrever o seu

3 A ESCRAVIDÃO NAS PEÇAS ROMÂNTICAS E REALISTAS

próprio drama abolicionista, em três atos, ao qual deu o título de *Baltasar*. Em 1870, Varela enviou-o ao editor Cruz Coutinho, do Rio de Janeiro, acompanhado de uma carta na qual pedia que, antes da publicação, alguém fizesse um juízo crítico sobre seu trabalho. Quem relata esse fato é Pessanha Póvoa, a quem o drama foi encaminhado. Em dois artigos publicados no *Diário do Rio de Janeiro*, em 25 e 27 de junho de 1870, ele emite sua opinião e transcreve a segunda cena do segundo ato de *Baltasar*.

O que se lê nesses artigos é tudo o que se sabe sobre o drama escrito por Varela, que jamais foi publicado ou encenado, e que provavelmente se perdeu. É possível que o editor tenha desistido da publicação, ao ler o resumo do enredo e a crítica negativa de Pessanha Póvoa:

> De tantas e tão repetidas cenas da escravidão o Sr. Varela escolheu uma que é o assunto de seu drama.
>
> A tese é bonita, é real, é cristã, e isto basta para ser verdadeira; mas não serei eu quem a sustente no drama.
>
> Um escravo foge e no fim de quinze anos impõe a sua liberdade ao senhor que o surpreende no momento em que ele na fazenda de um visconde prepara-se para levar consigo a filha desse titular com a qual vai unir-se por matrimônio, tendo a moça ouvido do comendador Mário e do próprio Baltasar, que é este o protagonista do drama, a confissão de que é escravo e aquele comendador o seu senhor.
>
> Eu não posso legitimar esse atentado contra o pudor, nem dar corpo de doutrina a uma aberração tão cínica. Sei até onde o afeto pode desarmar a razão e quanto a suscetibilidade moral influi no espírito de uma mulher; mas estou convencido de que aquele casamento só se realizou na imaginação do poeta.
>
> O Sr. Fagundes Varela é uma inteligência ardente, porém suscetível de levá-la a paradoxos e a criar, na ordem moral, coisas espantosas.

Pessanha Póvoa aconselha Varela a não mandar representar o drama, que seria suportável na leitura, mas não no palco. E condena não apenas o seu conteúdo, que lhe pareceu desprovido de moralidade, mas também a sua forma, em que não vê qualidades dramáticas. Os defeitos são muitos: a falta de verossimilhança, a análise superficial do coração humano, os caracteres mal construídos e até mesmo o desconhecimento da história da escravidão no Brasil. O material trabalhado, observa, caberia melhor num romance. Apesar das críticas, Pessanha Póvoa reconhece o intuito abolicionista de *Baltasar* e transcreve um diálogo que revela o ponto de vista de Varela acerca da escravidão. Por se tratar do único excerto conhecido do drama, reproduzo-o abaixo:

CENA 2A

Baltasar e o Visconde

BALTASAR: Venho lhe pedir um favor.

VISCONDE: Qual?

BALTASAR: O perdão da escrava que mandou castigar.

VISCONDE: Esta punição é necessária; meus escravos tornam-se de dia a dia mais insubordinados. Para essa raça miserável só há uma lei, o terror!

BALTASAR: Mas essa lei é cruel.

VISCONDE: Cruel! E haverá outro meio de conter centenares de criaturas estúpidas, inferiores aos mais desprezíveis animais? Haverá outro modo de reprimir os instintos depravados de uma classe ignóbil, torpe, marcada desde o berço com o ferrete do cativeiro? Haverá outro corretivo, que não sejam o tronco, a corrente e os açoites?

BALTASAR: Há.

VISCONDE: Quais são?

BALTASAR: As palavras do Cristo, os princípios de nossa religião sublime.

VISCONDE: Isso seria bom se tratássemos de homens.

BALTASAR: Então o escravo?...

VISCONDE: Não é homem.

BALTASAR: Que tenebroso espírito lhe ditou esta máxima?

VISCONDE: O espírito da verdade.

BALTASAR: Pobre verdade.

VISCONDE: E no entanto ela constitui a maior riqueza daquele que a possui.

BALTASAR: Se fosse dado a uma criatura humana possuí-la.

VISCONDE: O Sr. é proprietário. Já pôs em prática o seu sistema evangélico?

BALTASAR: Eu me consideraria o mais infeliz dos mortais se a minha fortuna se baseasse sobre a liberdade de meus semelhantes.

VISCONDE: Como? Não tem escravos? Quando lhe vendi a fazenda não lhe vendi também grande número de escravos?

BALTASAR: É verdade, mas libertei-os com a condição de me auxiliarem durante dois anos.

VISCONDE: E por que esta condição?

BALTASAR: Porque havia também necessidade de emancipação moral.

VISCONDE: Que filantropia! Mas diga-me: julga-se seriamente igual a um escravo?

BALTASAR: Eu só conheço uma escravidão: é a do erro.

Não é possível julgar o drama por essa amostra. Mas nas palavras do visconde, Varela retratou a mentalidade escravista brasileira, sem meias tintas. No embate entre as duas personagens, evidentemente nossa simpatia vai para Baltasar, que responde com bons argumentos aos disparates do seu interlocutor.

Pessanha Póvoa comenta rapidamente o excerto e deixa claro no restante do texto que é tão abolicionista quanto o autor do drama. Faz críticas contundentes à escravidão, que define como "um atentado contra as leis sociais, contra o direito natural", um "crime contra a integridade da vida humana". No final de seu texto, louva a obra poética de Varela e o estimula a voltar ao tema da escravidão, porém tratando-a como instituição "que nem se justifica ante as necessidades da indústria, nem ante as conveniências da política". Eis aí "a face da questão para o Sr. Varela escrever um poema, um grande romance, um drama com outros episódios".

Em outras palavras, Pessanha Póvoa justifica a censura que fez ao drama. Queria uma abordagem da escravidão que não fosse ofensiva aos costumes e valores morais da sociedade preconceituosa, que jamais aceitaria o casamento de um escravo fugido com uma mulher branca. Varela tocou numa questão delicada, que alguns anos depois, em 1882, seria aproveitada por Artur Azevedo e Urbano Duarte, no drama *O Escravocrata*. Os autores ousaram colocar em cena a união carnal entre o escravo e sua senhora, que resulta num filho, e a peça foi proibida de subir à cena pelo Conservatório Dramático. *Baltasar*, tudo indica, nem chegou a ser submetido à censura. Como não dispomos de mais informações, ou a crítica demolidora de Pessanha Póvoa influiu no espírito do poeta, que desistiu tanto da publicação quanto da encenação do drama, ou, reiterando o que afirmei acima, o editor Coutinho não quis imprimir uma obra que abordava de modo polêmico a questão da escravidão.

JOÃO PEREIRA DA COSTA LIMA

No mesmo ano de 1870, o ator e dramaturgo português Costa Lima não teve nenhum problema para encenar e publicar, no Rio de Janeiro, a "comédia-drama" em três atos *Os Pupilos do Escravo*. Nos anúncios teatrais, lia-se que ele acabara de chegar da Europa e que a estreia ocorreria no dia 15 de outubro, em espetáculo da companhia dramática de José Antônio do Vale, que atuava no Ginásio Dramático. O próprio Costa Lima incumbiu-se do papel principal, o do velho escravo Caetano, que lembra em tudo o protótipo do escravo abnegado e fiel, idealizado com cores românticas, à maneira do pai Tomás.

O enredo é simples, centrado na figura de Caetano, que criou os irmãos Laura e Júlio, órfãos desde crianças. Com seu trabalho, deu-lhes educação e preparou-os para a vida, conforme promessa feita ao seu senhor no leito de morte. Mais ainda: ao longo do tempo foi separando pequenas quantias para que Laura tivesse um dote ao se casar. Todos os dias, sai pela manhã para vender escovas, espanadores e vassouras que confecciona, além de outros objetos. As primeiras cenas revelam que ele é muito respeitado pelos jovens, tanto que será consultado acerca do pedido de casamento que a mocinha vai receber. Eis o primeiro nó do enredo: Adriano, amigo de Júlio, ama Laura e é correspondido. O segundo nó é o seguinte: Júlio, rapaz de boa índole, cometeu um deslize no passado recente e contraiu uma dívida com o negociante desonesto José Machado, também interessado em sua irmã.

Poupo o leitor dos detalhes do enredo, que terá final feliz para Adriano e Laura, a regeneração de Júlio – que irá embora do Rio de Janeiro para refazer sua vida – e a prisão de José Machado, que fez todo tipo de chantagem até ser pego como moedeiro falso.

O que interessa aqui é o papel de Caetano, que acompanha de perto os passos das demais personagens como espécie de anjo protetor dos jovens que criou. Apesar, digamos, da seriedade da sua missão, ele é em geral bem-humorado e engraçado com suas tiradas e seu português arrevesado, de quem veio da África com certa idade. Além disso, em sua simplicidade e completa dedicação, é também capaz de comover.

No primeiro ato, antes de aparecer em cena, Caetano é referido pelas outras personagens e seu caráter extraordinário é ressaltado. Pimentel, que dá aulas de desenho a Laura, considera que o escravo cumpriu uma missão "cheia de santidade"[108]. Júlio descreve a Adriano o quanto Caetano trabalhou a fim de prover o sustento e a educação para ele e Laura, a quem considera seus filhos. Não o vê como escravo, mas como um "amigo dedicado, o protetor da nossa infância". Há ainda o diálogo entre os irmãos, no qual uma característica extravagante de Caetano é revelada: o traje com que sai às ruas para o trabalho não é adequado à figura de um escravo. Ele se torna risível, diz Júlio, vestido de "casaca preta, calça de riscado, chapéu alto e com um feixe de vassouras às costas" [p. 12]. Os *moleques* o perseguem e é depois de uma perseguição dessas que ele entra em cena, resmungando para fora: "Óia, eu quebra a cambeça di um, c'o páu di vassoura!... Abri olho!..." [p. 13].

Nessa altura, o espectador já conhece Caetano pelo que dele se disse em diálogos que antecipam essa entrada engraçada. Costa Lima soube utilizar esse expediente dramático – tão maravilhosamente aproveitado por Molière em *O Tartufo* – e mostrar nas cenas seguintes como o escravo comprova com palavras e ações a nobreza de seu caráter. Mas, observe-se, sem perder seu traço cômico, como se vê na cena em que faz as contas de suas vendas com

---

[108] J.P. da C. Lima, *Os Pupilos do Escravo*, p. 7.

3 A ESCRAVIDÃO NAS PEÇAS ROMÂNTICAS E REALISTAS

Laura – ela fala em réis e ele em pataca, tostão, vintém, num contraponto que provoca o riso – e no final do primeiro ato, que termina assim:

> JÚLIO: Agora este. Dize lá, Caetano, é de teu gosto que tua senhora case com o Sr. Adriano?
> CAETANO (*depois de pensar um momento, a Adriano*): Seu moço, mim dá canzaca preta p'lo dia di canzamento?
> ADRIANO (*rindo*): Dou, sim, conta com ela.
> CAETANO: Dá? (*pausa*) Antão vá lá. Pai Caetano dá sua consentimento.
> [p. 21]

No segundo ato da peça, o enredo envolvendo Júlio e o vilão José Machado avança e, no terceiro, Caetano provará ainda uma vez o seu valor. Todo o dinheiro que guardou ao longo de anos para formar o dote de Laura pagará a dívida do rapaz, que numa atitude desesperada havia hipotecado o seu escravo. A cena do pagamento é feita para comover. Caetano, emocionado, completa a soma necessária com um medalhão que traz ao pescoço, uma joia que deveria entregar a Laura no dia de seu casamento. Beijando com efusão o retrato de seu senhor no medalhão, humildemente lhe pede perdão – "Perdoa... perdoa ao véio Africano, meu sinhô." [p. 55] O pai de Adriano, ao saber o que ocorreu, dirige-se a Caetano, dizendo-lhe: "Dá cá a tua mão, negro!... Aperta a mão do General Saraiva que tem orgulho da sua honra... mas com trezentos quadrados!... tu és tão honrado como eu!... (*Aperta-lhe a mão; para Júlio, a meia voz.*) Aqui tem, Sr. Júlio, um modelo de honra e abnegação... estude-o... e imite-o." [p. 56]

Caetano dará uma última e definitiva prova de sua dedicação aos órfãos, recusando a carta de alforria que Júlio lhe quer dar. Diz que está velho e que quer morrer perto deles. E mais: trabalhando e vendendo vassouras!

A figura idealizada do escravo nobre e generoso condiz com a ideia de despertar ou reforçar no espectador a repulsa à escravidão, na linha do que Brito Broca denominou "abolicionismo romântico". Embora não haja críticas diretas à nefasta instituição na peça, como aceitar que um homem como Caetano possa ser escravizado? Quem mais digno, mais honesto, mais trabalhador do que ele?

Representada cerca de vinte vezes, entre outubro e dezembro de 1870, *Os Pupilos do Escravo* fez sucesso no palco do Ginásio Dramático, ao mesmo tempo que a sociedade brasileira assistia aos debates que no ano seguinte culminariam na assinatura da Lei de 28 de Setembro, mais conhecida como Lei do Ventre Livre. A imprensa não poupou elogios à comédia-drama e ao desempenho de Costa Lima no papel de Caetano, como se lê no *Jornal do*

Comércio de 18 de outubro: "Bem delineada e conduzida com gradual aumento de interesse, tem ela situações que comovem profundamente o espectador, e sensibiliza com lances patéticos que não excluem a naturalidade." O texto continua com um resumo do enredo da peça e conclui com considerações sobre o "excelente desempenho do papel do escravo pelo Sr. Costa Lima". Dois dias depois, no mesmo jornal, uma pequena nota reforçava a comoção provocada na plateia: "Há muito tempo que não vemos no teatro peça que tanto nos agrade pelos sãos princípios que encerra e pela maneira por que são desenvolvidos. Costa Lima é indescritível no desempenho do papel do escravo. As lágrimas dos espectadores são a sua glória e a prova incontestável do seu alto merecimento artístico."

Apreciações semelhantes foram publicadas no *Diário do Rio de Janeiro* e no *Diário de Notícias*. Animado com o sucesso da peça, o autor publicou-a pela tipografia de J. Villeneuve, proprietário do *Jornal do Comércio*. Como ator, Costa Lima permaneceu no Rio de Janeiro até o início de agosto de 1871. Voltou para Lisboa, depois de ter trabalhado alguns meses nas empresas dramáticas do ator Vale e de Jacinto Heller.

A publicação de *Os Pupilos do Escravo* possibilitou a ocorrência de outras encenações, graças à facilidade de se obter o texto. Assim, já no final de 1872 e início de 1873, Joaquim Augusto Filho – filho do grande ator Joaquim Augusto Ribeiro de Souza – incluiu a peça no repertório de sua companhia dramática e a encenou em Campinas e São Paulo. Em fevereiro de 1874, fez o mesmo Lopes Cardoso, que a apresentou no Rio de Janeiro. Em junho de 1877, o ator Jordani, que havia feito parte da companhia de Joaquim Augusto Filho, representou a peça em Curitiba, montagem à qual se seguiu, em agosto do mesmo ano, à da companhia dos atores Mesquita e Souza. Outro conjunto a levou à cena na cidade do Desterro – atual Florianópolis – em fevereiro de 1878. Na década seguinte, *Os Pupilos do Escravo* continuou em cartaz, representada em Vassouras, em janeiro de 1883, pelo ator Brandão – que ficaria famoso nas décadas seguintes, tamanho o sucesso que fazia em comédias – no papel do escravo Caetano. Em junho do ano seguinte, interpretou-o o ator Rangel, em Juiz de Fora. Em carta a João Luso, Raul Pederneiras lembra: "O saudoso ator Brandão, quando peregrinava pelo interior de Minas e São Paulo, tinha, como peça de resistência, um drama intitulado *Os Pupilos do Escravo*, em que, conforme dizia sempre, brilhava no papel de protagonista."[109]

No contexto da luta pelo fim da escravidão, a peça foi escolhida para ser representada no dia da instalação do Centro Emancipador de Goiás, em 1º

---

[109] J. Luso, O Teatro e a Abolição, *Revista da Academia Brasileira de Letras*, ano 31, v. 56, p.18.

3 A ESCRAVIDÃO NAS PEÇAS ROMÂNTICAS E REALISTAS

de janeiro de 1885. O evento, descrito em carta enviada ao *Jornal do Comércio*, que a publicou em 25 de janeiro, foi marcado pela entrega de 129 cartas de alforria no salão do palácio do governo, com a concorrência de mais de trezentas pessoas. À noite, no Teatro S. Joaquim, a execução do hino do Centro Libertador, uma conferência e a declamação de um poema antecederam a representação de *Os Pupilos do Escravo*, feita por amadores. Encerrou-se assim a festa abolicionista promovida por uma sociedade que pretendia, segundo a notícia, lutar para emancipar a capital, em janeiro de 1885, e toda a província antes do final de 1886.

4
Dramaturgia Antiescravista nas Províncias

Como visto no capítulo precedente, as primeiras peças antiescravistas foram escritas e representadas principalmente no Rio de Janeiro, entre 1857 e 1870. A partir de 1867, com o drama *Gonzaga ou a Revolução de Minas*, de Castro Alves, ocorre uma saudável descentralização e em várias províncias surgem autores engajados na mesma luta pelo fim da escravidão.

O que explica esse fenômeno é que ao longo da década de 1860 os debates sobre a questão servil se intensificaram. Na imprensa, os escritos de Tavares Bastos e Perdigão Malheiros, entre outros, abriram caminho para manifestações favoráveis à emancipação, que foram bem acolhidas pela opinião pública. Uma boa parte dos políticos do Partido Liberal aderiu à causa e o próprio dom Pedro II, em 1865, solicitou ao senador Antônio Pimenta Bueno um projeto para emancipar as crianças nascidas de mães escravizadas. Nessa altura, com o fim da Guerra da Secessão, nos Estados Unidos, o Brasil – ao lado das colônias espanholas de Porto Rico e Cuba – tornava-se o único país das Américas a manter a escravidão. Era uma vergonha: "A maioria da população culta do país não podia deixar de reconhecer essa realidade incômoda. A escravidão era uma instituição ultrapassada, arcaica, símbolo do atraso do país. Todas as nações civilizadas tinham-na condenado."[1]

As pressões internacionais colaboraram igualmente para o clima de condenação do cativeiro. Petições pedindo o fim da escravidão no Brasil foram enviadas pela British and Foreign Anti-Slavery Society, em 1864, e por políticos franceses da Junta Francesa de Emancipação, em 1866. Em novembro desse ano, com o Brasil em guerra contra o Paraguai, o governo concedeu liberdade aos escravos que ingressaram no Exército.

Como o projeto elaborado por Pimenta Bueno em 1865-1866 não foi adiante, dom Pedro II introduziu a questão da emancipação na "Fala do

---

1   E.V. da Costa, *A Abolição*, p. 43.

4 DRAMATURGIA ANTIESCRAVISTA NAS PROVÍNCIAS

Trono" com a qual abriu a Assembleia Geral Legislativa, em 22 de maio de 1867. Dizia, então: "O elemento servil do Império não pode deixar de merecer oportunamente a vossa consideração; provendo-se de modo que, respeitada a propriedade atual e sem abalo profundo em nossa primeira indústria – a Agricultura –, sejam atendidos os altos interesses que se ligam à emancipação."[2]

O presidente do Conselho de Ministros, Zacarias de Goes, do Partido Liberal, tentou levar adiante a discussão, mas não teve êxito, tamanha a oposição no Parlamento, por parte de políticos liberais e conservadores, que se uniram contra qualquer iniciativa ligada à ideia de emancipação. Além disso, na agenda política, a Guerra do Paraguai era o assunto prioritário. Sem suporte político, o gabinete Zacarias cai e em 16 de julho de 1868 dom Pedro II nomeia o visconde de Itaboraí, do Partido Conservador. Em seu livro sobre o movimento abolicionista brasileiro, Angela Alonso observa que a nomeação de Itaboraí gerou uma grave crise política, que resultou no recrudescimento do debate sobre a emancipação:

> Isso porque, em 1869, os Liberais protestaram contra sua derrubada do governo no espaço público. A facção de Tavares Bastos, autointitulada Liberal Radical, armou jornais, clube, conferências públicas e manifesto, que demandavam o fim gradual da escravidão e modernização política e econômica. Os mais moderados, caso de Zacarias, agrupados no Centro Liberal, pediram o ventre livre em manifesto. Essa movimentação, ao atestar a existência de facção reformadora no sistema político, legitimou o debate público sobre a escravidão e indicou possíveis aliados para as sociedades abolicionistas dentro do esquadro institucional.[3]

Apesar do gabinete conservador de Itaboraí, cresceu em todo o país o apoio às ideias emancipacionistas. Prova disso é o surgimento, em 1869 e 1870, de associações emancipadoras na Bahia, Espírito Santo, Maranhão, Pernambuco, Rio Grande do Sul, Ceará, Minas Gerais, Piauí, Rio de Janeiro e São Paulo. Ainda segundo Angela Alonso, essas associações "começaram a fazer propaganda política em prol do ventre livre. Arrecadavam doações para alforriar escravas jovens em cerimônias que vinculavam abolição e Independência"[4]. Para exemplificar como trabalhavam essas associações, a estudiosa descreve as iniciativas de Abílio Borges, na Bahia, à frente da Sociedade Libertadora Sete de Setembro.

[2] Ibidem, p. 43.
[3] A. Alonso, *Flores, Votos e Balas*, p. 39.
[4] Ibidem, p. 39-40.

A força da opinião pública dobrou o Parlamento. Apesar da forte oposição de políticos como Paulino Soares de Sousa e José de Alencar, a Lei do Ventre Livre foi aprovada em 28 de setembro de 1871, graças ao empenho do visconde do Rio Branco, à frente de mais um gabinete conservador. Na realidade, era uma lei ruim, que postergava a libertação por cerca de dezoito anos. A criança nascida "livre" deveria ficar sob a custódia do proprietário de sua mãe até os oito anos de idade. Ele teria então duas opções: entregar a criança ao Estado, recebendo uma indenização em dinheiro, ou mantê-la até os vinte e um anos. Neste caso, podia exigir do "ingênuo" – como eram chamados os libertos pela Lei do Ventre Livre – serviços sem remuneração como pagamento de seu sustento. Estudos demonstram que a segunda opção foi a preferida pelos proprietários de escravos, significando na prática que a escravidão não foi abalada, uma vez que nenhum "ingênuo" chegou a completar a idade para se tornar livre de verdade. A Lei Áurea veio antes.

Os debates sobre a emancipação que culminaram na Lei do Ventre Livre foram acompanhados pelos nossos homens de letras e não foram poucos os que se manifestaram pelos jornais, como observou Raymond Sayers: "Por 1870 era difícil encontrar um poeta que não tivesse escrito pelo menos alguns poemas sobre a vida dos escravos, e, na última década da escravidão, o tema absorvia grande espaço da imprensa periódica."[5] Não é difícil imaginar o impacto dos poemas antiescravistas na opinião pública, principalmente os de Castro Alves, que no final dos anos 1860 foram lidos em jornais e livros e declamados em saraus e festas abolicionistas, às vezes pelo próprio poeta.

A participação do teatro nesse contexto não foi pequena e aumentou bastante na década final da escravidão. Fora do Rio de Janeiro, como afirmei mais acima, surgem dramaturgos que abordam de forma crítica a instituição do cativeiro e os preconceitos contra os escravos.

RIO GRANDE DO SUL

Em meados de 1868, um conjunto de escritores e intelectuais gaúchos fundou a Sociedade do Partenon Literário, com o objetivo de atuar no campo da literatura e do debate de questões sociais e políticas. Em seu programa de ação, incluiu a luta contra a escravidão, protagonizando já em 1869 um rumoroso caso ligado ao teatro. Relata Athos Damasceno que, para solenizar a data de 7 de setembro de 1869, o Partenon programou a realização de um espetáculo, cuja renda seria destinada a alforriar algumas crianças. Os artistas

[5] *O Negro na Literatura Brasileira*, p. 160-161.

4 DRAMATURGIA ANTIESCRAVISTA NAS PROVÍNCIAS

amadores da Sociedade Dramática Particular Ginásio do Comércio concordaram em colaborar com o Partenon, que havia conseguido do empresário Almeida Cabral a cessão do Teatro São Pedro para a data estipulada. Os jornais gaúchos anunciaram o espetáculo, apoiando a inciativa:

> Caminha, caminha a ideia grandiosa da emancipação! Em todas as províncias do Império morrem sem eco os gritos bárbaros dos escravagistas Cotegipe e Alencar, atuais ministros do Gabinete de 16 de julho. Aí está o Parthenon Literário desta capital dando um nobre exemplo, cobrindo-se de glória pela iniciativa que tomou. Quer solenizar o grande dia da pátria, libertando inocentes crianças nascidas sob o nosso céu mas que tiveram seus berços ainda embalados pelas auras do cativeiro. Que bela ideia! Como nobilita seus autores![6]

Por alguma razão, ou interesse, Almeida Cabral voltou atrás e não cedeu o Teatro São Pedro para a récita anunciada. Em nome do Partenon, o escritor Caldre e Fião escreveu violento artigo contra o empresário, denunciando a má vontade e os empecilhos que ele colocou para inviabilizar o espetáculo beneficente. Acrescentava que a cidade havia sido insultada, por não poder dar prova de sua generosidade, e que devia dar uma dura resposta ao homem que não cumpriu sua palavra, colocando o lucro acima da nobre ideia que mobilizava a todos. Outras vozes se somaram à de Caldre e Fião e houve até mesmo um articulista que defendeu a retirada de Almeida Cabral de Porto Alegre. Assustado com a proporção alcançada pela sua decisão infeliz, ele tratou de se entender com o Partenon e a 15 de setembro foi realizado o espetáculo programado no Teatro São Pedro. Depois de uma abertura e um elogio dramático pelos sócios do Partenon, várias crianças entraram em cena e receberam suas cartas de alforria. Seguiu-se então a execução do Hino Nacional, uma valsa-concerto e a representação de duas peças pelos amadores do Ginásio do Comércio.

■ ■

Entre os escritores que vergastaram Almeida Cabral estava Apolinário Porto Alegre, membro ativo do Partenon e autor de três peças teatrais nas quais a escravidão é criticada. Escritas em 1869, são elas o drama *Os Filhos da Desgraça* e as comédias *Mulheres* e *Benedito*, todas publicadas na *Revista Mensal* da Sociedade Partenon Literário, em 1873 e 1874, e assinadas com o pseudônimo Iriema.

[6] *Palco, Salão e Picadeiro em Porto Alegre no Século XIX*, p. 114.

O drama *Os Filhos da Desgraça* foi proibido de ser representado pelo chefe da polícia de Porto Alegre, em 1869, porque uma parte do enredo trata dos amores de uma mulher branca por um escravo de pele clara. A ação da peça se passa na Bahia, no prólogo em fins de 1856, e nos quatro atos doze anos depois.

O prólogo é todo construído para provocar no espectador/leitor a repulsa à escravidão. Desenha-se o caráter desprezível do vilão Basílio, que no passado roubou o sócio e o acusou de um crime, colocando-o na cadeia. No presente, não hesita em lucrar desonestamente com a desgraça alheia, como mostra a cena em que compra por um preço ínfimo as joias da viúva de um amigo. Pior que isso, ele trama a morte de Fábio, o filho do sócio arruinado, que criou em sua casa, mas que lhe é um incômodo.

A crítica à escravidão ocorre em duas cenas. Na primeira, Fábio lamenta que seu filho com Luísa, escrava de Basílio, tenha nascido escravo. Envergonhado, oculta a paternidade, admitindo mesmo que "sentiria o rubor subir-me às faces, e quem sabe até opróbrio, se soubessem que Gabriel é meu filho"[7]. O preconceito contra o escravo é tão forte na sociedade escravista que Fábio o introjeta, nessa fala infeliz. No entanto, aceita a viagem à Europa proposta por Basílio, pois quer enriquecer e libertar a criança. Ao despedir-se, dá a Luísa uma cruzinha de prata, que ganhara do pai, para colocar no pescoço de Gabriel. Quem tem experiência como leitor ou espectador de melodramas sabe que essa cruzinha será importante mais à frente. Na última cena do prólogo, entre Basílio e sua ex-escrava Luísa, repete-se a crítica à escravidão. Ela conseguiu comprar a sua liberdade, mas não a do filho Gabriel. Melhor transcrever uma parte desse diálogo, para se ter uma ideia de como o autor pintou o caráter escravista do vilão:

> BASÍLIO: Como vais com os ares de liberdade!... Quem diria que, há três meses, eras minha escrava?
> LUÍSA: Com a liberdade vou bem, senhor; e apesar disto sofro...
> BASÍLIO: Sofres? É verdade, estás mais magra.
> LUÍSA: Sabe ao que vim, senhor?
> BASÍLIO: Penso adivinhá-lo. Trata-se de teu filho, não?
> LUÍSA: Sim, senhor; enquanto sou feliz na liberdade, ele geme no cativeiro.
> BASÍLIO: A culpa é tua. Por que não trouxeste dinheiro para duas cartas de alforria?
> LUÍSA: O senhor recebeu por mim dois contos de réis e queria o mesmo por meu filho. Era muito, eu não podia, não posso ainda.

7   A. Porto Alegre, *Teatro*, p. 139.

BASÍLIO: Se não podes, menos eu. O interesse é teu. Reflete e verás.
LUÍSA: Onde está o meu Gabriel que debalde o procuro? Lembre-se que sou mãe... Meu pobre Gabriel, onde está?
BASÍLIO: Não o verás, Luísa, já te disse, enquanto não me trouxeres o dinheiro.
LUÍSA: Eu sou mãe, ele é meu filho. Se tirassem ao senhor a Sinhá Carlotinha...
BASÍLIO (*interrompendo-a*): Ele é meu escravo, como tu o eras, há três meses, e eu sou o senhor com plenos direitos sobre a minha propriedade.
LUÍSA: Que coração de homem! Lembre-se que tem também uma filha, e que um dia poderiam arrancá-la dentre os braços...
BASÍLIO: Luísa, se trazes dinheiro, levas Gabriel, senão retira-te, que de lamúrias já estou farto. [p. 140-141]

Luísa trazia o dinheiro, conseguido com empréstimo e esmolas, mas o que se segue é uma cena incrível. Havia um surto de cólera na cidade e Luísa é acometida por uma crise no momento em que ia resgatar o filho e morre na frente de Basílio, que pega o seu dinheiro e não liberta Gabriel.

Todos os atos do vilão no prólogo terão consequências no futuro. O enredo se enovela na sequência e não vem ao caso esmiuçá-lo. Mas é preciso ao menos esclarecer que Fábio não foi assassinado e que depois de alguns anos na Europa está de volta. Soube da morte de Luísa, mas não tem notícias do filho. Apolinário Porto Alegre não desenvolve a ideia, mas no início do segundo ato há uma espécie de elogio ao trabalho livre. Fábio dirige uma oficina de ferreiro em que há operários, não escravos. Eles entoam um "canto do trabalho" e estão satisfeitos. Basílio não gosta e comenta com um amigo que Fábio voltou com certas manias da Europa, mas que as inovações implementadas não trazem tanto lucro. É uma cena que sugere a superioridade do trabalho livre sobre o trabalho escravo. O enredo avança e Basílio continua o vilão de sempre, espoliando pessoas que lhe devem, enquanto conhecemos sua filha, Carlota. Educada no luxo, vaidosa, orgulhosa, ela acha que os homens só querem saber de seu dinheiro. O amor puro e verdadeiro ela o encontra em Armínio, o escravo boleeiro de seu pai. Há uma cena entre ambos que deve ter sido a causa da censura imposta à peça pela polícia. Fazem declarações de amor, planejam uma fuga etc. Quando são descobertos, Armínio é jogado numa prisão, depois de apanhar muito. Um velho que está na mesma cela o socorre e vê no peito do escravo a cruz de prata que dera ao filho Fábio, que chega nesse momento. Esse velho era o sócio de Basílio, que ficou 28 anos preso. Fábio reconhece Armínio, que é seu filho Gabriel, escravizado por Basílio, e reencontra o pai. Esse tipo de arranjo é próprio da estética do melodrama. Coincidências incríveis acontecem para que o enredo caminhe na direção de um desfecho que pune os maus e recompensa os bons. Que é o que acontece na peça.

Na comédia *Mulheres*, Apolinário Porto Alegre quer apenas divertir o leitor/espectador com um enredo centrado num adultério no passado – que criou a possibilidade de um casamento entre irmãos no presente – e em personagens enrijecidas por manias. Enquanto Manoel da Lobeira nos diverte com sua hipocondria, falando a todo momento de sua imaginária doença dos pulmões, Pancrácia desconfia de todos e, numa cena hilária, não abre a porta da casa nem para o filho, achando que algum larápio está imitando sua voz. Não havia nenhuma razão para abordar a escravidão numa comédia como essa, mas o autor quis deixar o seu ponto de vista contra a violência de que o escravo é vítima. Num curto diálogo, Antônia leva Landulfo para a janela e diz a ele que têm uma vizinha nova. Não a conhece, mas vê o que ela faz com uma escrava:

> Durante o dia castiga uma pobre escrava idosa e doente. Na quarta-feira passada, ouvi os gritos e choro da minha tocaia (ela chama-se também Antônia) e tive tanta pena que corri até. Intercedi, supliquei, e enfim ajoelhei-me diante daquela mulher. Debalde! Ela me dizia: minha menina vá-se embora, cada qual cuida do governo de sua casa como bem lhe parece, vá para a sua que talvez por lá não haja muita ordem. Quando saí confusa e envergonhada, pela primeira vez senti ódio. Ódio, meu Landulfo, vê, coisa que eu não conhecia, porque mamãe sempre me dissera: Nunca se deve nutrir ódio, pois é prova de mau coração [...]. Depois, à noite, a pobrezinha de minha tocaia veio aqui abraçar-me e pedir que, quando sua senhora a maltratasse, eu não fosse lá, que era pior, mais sofria. Nunca pensei que houvesse coração assim! [p. 34]

Essas palavras, se fossem tiradas da comédia, não fariam falta para o enredo. É certo que ajudam a caracterizar a boa índole da personagem Antônia, mas sua função principal é denunciar a existência de pessoas que abusam da violência no trato com os escravos.

"Esboço de uma comédia." Assim Apolinário Porto Alegre denominou *Benedito*. Peça curta, em um ato, é uma espécie de homenagem a *O Demônio Familiar*, de José de Alencar. Benedito é o moleque escravo que não dá sossego a Antônio e sua filha Marfiza, sempre pronto a se meter na conversa alheia e dar palpites. Enredador, mentiroso, seu principal oponente é Quincas Sacristão, homem de cinquenta anos, beato e usurário, que pretende se casar com Marfiza. Os dois vivem às turras, um buscando prejudicar o outro, o que resulta em comicidade. O trunfo de Quincas é que Antônio lhe deve dinheiro – como na peça de Alencar, em que Vasconcelos, pai de Henriqueta, deve ao afrancesado Azevedo. Mas a mocinha de dezoito anos ama o primo

Alfredo, tenente de infantaria, que luta na Guerra do Paraguai. Ao contrário da personagem de Alencar, que desfaz casamentos, Benedito torna-se aliado de Marfiza e Alfredo. Há uma sucessão de cenas cômicas, nas quais Quincas Sacristão é ridicularizado, com final feliz para o jovem casal. Benedito, como o Pedro de *O Demônio Familiar*, também é alforriado no desfecho, mas não há nenhum discurso que (des)qualifique a liberdade que vai receber. Ao contrário, seu desejo de ser soldado será atendido. Vai sentar praça no batalhão de Alfredo, embora tenha apenas quatorze anos. Acrescente-se, por último, que por meio do enredo da comédia e de seu protagonista o autor deixa no ar uma sugestão para as famílias brasileiras, como Alencar havia feito: libertar-se dos escravos domésticos, que tantos aborrecimentos lhes causam.

• •

Boa parte da vida teatral em Porto Alegre nos anos 1870 dependeu da ação de amadores, reunidos em associações como a Jovem Talia, a Filantropia e Caridade, a Ginásio do Comércio, a Luso-Brasileira, que representavam principalmente peças de autores gaúchos. A última, criada em 1874, deu guarida a peças antiescravistas como *Mateus*, de José de Sá Brito, e *O Filho Bastardo*, de Artur Rocha.

Mateus foi lida para os membros da Sociedade Ensaios Literários em maio de 1875 e estreou em agosto de 1875. A ação gira em torno da frustração dos jovens Paulo e Clotilde, cujos pais impedem seu casamento. Enquanto a moça definha em casa, o rapaz se entrega à bebida e ao jogo, chegando ao ponto de roubar dinheiro do pai, Rocha, e, no auge do desespero, decidir pelo suicídio. É aí que entra a figura do "escravo fiel", que na verdade nem escravo é mais. O liberto Mateus, de cinquenta anos, que trabalha na casa do pai de Paulo, depois de alforriado, impede o suicídio e faz de tudo para o rapaz voltar à razão. Sua dedicação é extrema, como se vê na cena em que se presta a assumir a culpa pelo roubo do dinheiro: "Aquele que tem dado tantas alegrias a este pobre coração negro, não será difamado; nunca! Nunca! Não foi ele quem cometeu este furto; fui eu! Vai, meu filho! Se ali tens um pai branco para te matar, aqui tens um pai negro para te salvar."[8]

Mateus tem enorme desprezo por Rocha, a quem responsabiliza pela infelicidade de Paulo. Sua consciência acerca da opressão dos brancos sobre

---

8   Apud A. Fischer, O Drama Abolicionista: Introdução a *Antologia da Literatura Dramática do Rio Grande do Sul (Século XIX)*, v. 5, p. 41. Não consegui ler *Mateus*, drama publicado em Porto Alegre, na *Revista Ensaios Literários*, n. 6 a 8, set.-nov. 1875. Baseio-me nas informações de Antenor Fischer, de Moacyr Flores, em *O Negro na Dramaturgia Brasileira: 1838-1888* (p.72-75) e de Lothar Hessel e Georges Raeders, em *O Teatro no Brasil Sob Dom Pedro II*, 2ª parte [p. 48-50].

os negros é expressa em uma de suas falas: "Vá fazer o chá! Muito bem; eu vou. Sempre pronto para o trabalho e para sofrer a ingratidão. Que fazer? Sou negro, raça maldita, destinado à escravidão, raça renegada dos homens. Vítima dos brancos algozes, mártires da humanidade, repelidos na terra, tendes as bênçãos de Deus! Paciência, saibamos conquistá-las."[9]

O enredo caminha para o final feliz, quando o pai de Clotilde resolve procurar Rocha e propor a reconciliação, à qual se segue o casamento dos jovens. Em algumas passagens da peça, aflora o preconceito contra o liberto, cuja conduta exemplar é enaltecida pelo autor. Ao assumir a culpa pelo furto de Paulo, Mateus é ofendido de tal maneira por Rocha, com expressões racistas, que o rapaz se comove e esclarece ao pai o que de fato aconteceu. Para deixar sua mensagem clara ao leitor/espectador, José de Sá Brito afronta mais uma vez os preconceitos da época, fazendo a peça terminar com o casamento sob as bênçãos de Mateus, que será o padrinho de Paulo. Ao receber o convite, o liberto não quer aceitar por causa de sua cor. O rapaz lhe diz então que os preconceitos da sociedade devem ser superados e ficar no passado. As "trevas da ignorância" ofuscam-se diante da "luz da inteligência". Mateus aceita e em sua fala final a Paulo reconhece haver uma parcela da sociedade que está deixando os preconceitos para trás: "Hoje mostraste que há brancos que sabem que o negro também é um ente humano, que a educação pode torná-lo da mais fina têmpera! Oh! Felicidade!... Meu filho, eu te agradeço! O céu me paga por teu intermédio neste momento, toda a minha resignação nos martírios do meu passado de cativeiro e nos desprezos de minha vida de liberto."[10]

O conteúdo antiescravista da peça é evidente. Segundo Lothar Hessel e Georges Raeders, ainda que a dedicação de Mateus a Paulo beire o inverossímil, seu caráter "pesaria fortemente em favor da abolição da escravatura, observando-se entretanto que Mateus já entra na peça na condição de 'preto, liberto, 50 anos', palavras impressas no elenco inaugural"[11].

José de Sá Brito sabia que escrevia numa sociedade escravocrata. Daí criar personagens brancas que pudessem servir de exemplo com suas condutas benevolentes em relação aos escravos ou libertos. Em outra peça de sua autoria, *A Grupiara*, de 1874, Pedro Serrano trata bem o escravo Dionísio e o liberta, ganhando com isso sua gratidão. Quando está à beira da morte, é a Dionísio que Serrano recorre, pedindo-lhe que cuide do filho Décio. Eis o que ouve como resposta: "Quem te deu esta grupiara, fui eu; quem a enriqueceu de diamantes, fui eu ainda! Tu aceitavas tudo como das mãos da Providência, mas

---

9   Apud A. Fischer, op. cit., p. 41.
10   M. Flores, op. cit., p. 75.
11   L. Hessel; G. Raeders, op. cit., p. 49.

4 DRAMATURGIA ANTIESCRAVISTA NAS PROVÍNCIAS

sabes agora que a tua providência era o pobre escravo a quem um dia livraste do açoite, a quem ensinaste a ler nas horas vagas de teus estudos, a quem deste a liberdade privando-te do último recuso que te restava."[12]

■ ■

Companheiro de José de Sá Brito no Partenon Literário, Artur Rocha tinha apenas dezesseis anos, em 1875, quando escreveu *O Filho Bastardo*, que foi encenada no ano seguinte pela Sociedade Dramática Particular Luso-Brasileira. Afrodescendente, sentindo na pele os preconceitos da sociedade, ligou-se à causa da emancipação dos escravos e já em sua primeira peça abordou um tema espinhoso: o da relação entre o homem branco e a escrava, da qual nasce um filho. Pior: esse homem é capaz de vender seu próprio filho e a escrava.

Na peça, esse homem é Aguiar, que cometeu tamanha crueldade há 22 anos e se encontra profundamente arrependido. Desejando reparar o erro cometido no passado, chama o tabelião Almeida à sua casa, conta-lhe sua história e o desejo de reconhecer o filho tido com a escrava Carlota e destinar-lhe parte da herança. Aguiar vive nos arrabaldes do Rio de Janeiro com a filha Celina e quer casá-la com Felinto, que ele criou como filho depois da morte do irmão. Prepara-se para a chegada do Dr. Sérvulo, advogado, que vai hospedar a pedido de um amigo.

O preconceito se faz presente no final do primeiro ato. O Dr. Sérvulo entra e Felinto diz em voz baixa a Celina que talvez seja escravo de algum amigo de Aguiar. Evidentemente, Sérvulo é o filho que fora vendido para o Rio Grande do Sul, mas que teve a sorte de ganhar a alforria de seu senhor, que lhe proporcionou educação esmerada. Ele veio à busca de uma reparação, deixando claro em algumas falas que é vítima de preconceito – "Aquela vida [na corte] convém àqueles que, como eu, nasceram para viver escondidos no centro da multidão, para quem se fecham as portas do grande mundo social"[13] – e do próprio sistema escravista, quando, em diálogo com Aguiar e Almeida, afirma que nossos políticos são vilões: "Liberdade, dizem todos, liberdade no Brasil, em que (*frisando*) os pais vendem seus filhos, em que ser escravo é uma lei!... Liberdade – mentira!" [p. 35-36]

A sós com Almeida, Aguiar exprime a desconfiança de que essas duras palavras eram dirigidas a ele, que julgou mesmo estar ouvindo a voz de Carlota na raiva concentrada do rapaz. Mais uma cena de preconceito se segue. O criado Matias, em monólogo, acha que Sérvulo está cortejando Celina,

---

12   Apud A. Fischer, op. cit., p. 43.
13   A. Rocha, *O Filho Bastardo*, p. 32.

acrescentando em seguida que jamais seu amo consentiria no casamento da filha com um sujeito cuja origem ninguém conhece, filho talvez de uma escrava de Aguiar. Sérvulo ouve e o recrimina. A sós, lamenta ter nascido escravo e sofrer tanto; não quer a fortuna do pai, mas sim um nome, para afrontar os preconceitos sociais e poder amar: "Amor!... que sou obrigado a ocultar no mais íntimo do peito, para não ofender com ele o orgulho daquela a quem o votei. Misérrima condição! Deus, por que estabelecestes distinções quando criastes a humanidade?" [p. 43]

Em outra passagem, Sérvulo relembra a vergonha que sentia na Academia de Direito, quando todos os colegas falavam dos pais e ele se escondia para não revelar a triste origem. Todo o sofrimento no passado alimentou o seu desejo de vingança, até pôr os pés na casa de Aguiar, onde fica durante um mês e muda de ideia, diante da candura de Celina. Agora, quer a reconciliação. Abre-se com Celina e conta-lhe sua história. Os fatos se precipitam quando Sérvulo perde uma medalha no jardim, que contém o retrato da mãe. Aguiar a encontra e vai ao encontro do filho, que o perdoa, terminando a peça com estas palavras; "Ria-se embora o mundo do pobre bastardo; fechem-se-lhe todas as portas do grande mundo social: ele terá os braços da família, a santidade e a doçura do lar doméstico para esconder o rosto e derramar em silêncio as suas lágrimas." [p. 75]

Artur Rocha utilizou o recurso fácil da medalha, no desfecho, fazendo uma concessão ao melodrama. Mas a peça é quase toda escrita no registro do realismo teatral, não faltando nem mesmo o *raisonneur*, que é o próprio protagonista. Assim, ficam claras as críticas que são feitas à sociedade preconceituosa – o filho vai recolher-se à vida familiar – e à própria escravidão, instituição que legitima a desumana venda de um filho por um pai.

Também o drama em um prólogo e três atos, *José*, dialoga com o realismo teatral, ao defender a tese de que o casamento e a família são valores fundamentais para uma sociedade bem organizada. Artur Rocha escreveu-o para o grupo amador Ginásio Dramático, que o encenou em agosto de 1878, no Teatro São Pedro. Mais uma vez, o autor aborda a questão do preconceito contra o escravo e seus descendentes. E assim como fez de Sérvulo um caráter superior, o liberto José é melhor que todos os homens brancos da peça. No prólogo, seu papel é proteger Clara, que foi seduzida por Magalhães e se encontra na pobreza, com a filhinha Ângela. Como entre as pessoas boas não há preconceito, Clara o trata bem e lhe pede que cuide da filha, se vier a faltar. Olhando para o berço onde está a menina, diz: "Ah! minha filha! Já não me assusta o teu futuro; acabo de confiá-lo ao mais digno e virtuoso de todos os homens. Quando cresceres, olhando para aquelas faces escuras, não te envergonhes de chamá-lo pai, que em compensação tem ele n'alma a alvura da bondade e da honra."[14] Magalhães, ao contrário, revela-se um homem violento e se refere a José pejorativamente como "o negro". Na cena em que, bêbado, ele levanta o chicote para bater em Clara, é impedido por José, que lhe diz: "Sim, o negro... o teu inferior, o pária das sociedades modernas, o mulato, o proscrito da ventura, que te diz: Miserável, se baixas essa mão, se tocas nessa mulher, se tens o inaudito arrojo de bater na minha face com a ponta deste chicote, cravo-te esta faca no coração." [p. 16]

É preciso esclarecer que, no passado, a mãe de José havia sido libertada graças à ajuda financeira de Clara. A gratidão o leva mais longe. Nos três atos que vêm na sequência, os fatos já não se passam na Bahia, mas no Rio de Janeiro, dezenove anos depois. José é agora um jornalista respeitado, tendo adquirido fortuna razoável com o seu trabalho. Com a morte de Clara, criou e educou Ângela. Mas de nada adianta ser probo na sociedade escravocrata e preconceituosa. Ângela gosta de Carlos, mas o pai do rapaz não quer o casamento e diz à mocinha:

> Mas sabe o que diz o mundo, o que diz a sociedade, o que dizem os meus amigos? Que Carlos vende-se a seu padrinho, que tem secretamente muito dinheiro; que baixa da sua posição, que abdica dos seus brios de homem, movido unicamente pelo interesse. E mais: sabe como chamam a seu padrinho? O negro. Pois dizem também, que esse negro é seu pai, que V. Exa. é filha de um amor criminoso, que seu padrinho foi escravo de sua mãe. [p. 27]

Personagens secundárias também se referem pejorativamente ao "pai José", ao "pai velho" e a Ângela como "pupila ou coisa que o valha de um preto" [p. 41]. Quem se casaria com ela? O enredo caminha para mostrar a superioridade moral de José em relação às demais personagens, com final feliz para Carlos e Ângela e punição para Magalhães, que enlouquece no final, ao saber que tentara seduzir e desonrar a própria filha.

Artur Rocha escreveu outras peças em que a escravidão é tema central ou subsidiário. Serão vistas mais à frente, com destaque para *A Filha da Escrava*, que foi representada nas principais cidades brasileiras na década de 1880[15].

14   Idem, *José*, p. 12.
15   Sobre a obra dramática de Artur Rocha, ver *Teatro e Escravidão: A Poética Abolicionista na Dramaturgia de Arthur Rocha*, de Renata Romero Geraldes.

SÃO PAULO

A maior parte da produção dramatúrgica em São Paulo, no século XIX, deveu-se aos estudantes da Faculdade de Direito. Jovens vindos de várias regiões do país, com talento literário, escreveram romances, poemas e peças teatrais, animando a vida cultural da província. Um excelente panorama da contribuição que deram ao teatro pode ser lido no livro *Um Palco Sob as Arcadas*, de Elizabeth R. Azevedo. Em sua minuciosa pesquisa, ela aponta duas peças da década de 1860 em que a escravidão foi abordada. Uma delas não foi publicada, razão pela qual não posso comentá-la. Trata-se do drama *Fernando*, de José Ricardo Pires de Almeida. Tudo indica que esse autor tinha simpatia pela causa emancipacionista. Comentei no segundo capítulo que ele teve a peça *O Mulato* censurada pelo Conservatório Dramático. Consta que escreveu o drama *O Tráfico*, do qual não se tem notícia, mas cujo título sugere qual o assunto abordado. Sobre *Fernando*, encenado em São Paulo, há um comentário publicado no *Correio Paulistano* de 21 de junho de 1864. Parece que o dramaturgo se deixou influenciar por José de Alencar, segundo o folhetinista, para quem a peça "ressente-se da grande leitura do *Demônio Familiar* do Sr. Alencar, sendo certo que uma das suas falas é a reprodução de expressão idêntica no trabalho que acima aludimos"[16]. Pelos anúncios da peça publicados no *Correio Paulistano*, sabemos também que sua ação se passa em São Paulo, em 1850. Na lista de personagens, consta que Pedro é o "moleque" de Fernando, estudante.

Outro acadêmico, Ubaldino do Amaral, escreveu em parceria com Cândido Barata Ribeiro o drama em quatro atos *O Soldado Brasileiro*, representado pela primeira vez em Sorocaba, no Teatro São Rafael, em março de 1869, mesmo ano de sua publicação. Por colocar em cena a Guerra do Paraguai, é bem possível que tenha sido montado em outras cidades do interior paulista, por grupos amadores, para reverenciar a vitória brasileira. O que me leva a levantar essa hipótese é uma notícia, à página 2 da *Gazeta de Campinas* de 9 de julho de 1871, de que os alunos do colégio Ipiranga, em Araraquara, haviam representado, em 27 e 28 de junho, o drama *O Soldado Brasileiro*. Embora o jornal não mencione a autoria, tudo leva a crer que se trata do texto de Ubaldino do Amaral e Cândido Barata Ribeiro.

Além de tratar da Guerra do Paraguai, para exaltar a coragem e bravura dos soldados brasileiros no campo de batalha, os autores construíram enredo e personagens para fazer uma dura crítica aos preconceitos raciais e sociais. A ação se passa em São Paulo e no Paraguai. Dois jovens pobres

---

16   Apud E.R. Azevedo, *Um Palco Sob as Arcadas*, p. 131.

e honestos, Francisco de Souza e Egídio, amam as primas Elisa e Adelaide, respectivamente. Oliveira, pai de Elisa e tutor da sobrinha, cioso de sua aristocrática ascendência, pretende que elas se casem com rapazes da mesma classe social, preferencialmente ricos. No caso de Egídio, pesa o fato de ter uma origem obscura; mas com Francisco há um agravante, que Elisa revela no primeiro diálogo da peça, ao dizer a Adelaide que seu pai não consente o casamento porque o rapaz "é de sangue impuro: houve um Souza liberto, avô ou bisavô de Francisco"[17]. Não demora para que o próprio Oliveira diga à filha: "Também queria que te fizesse casar com o tal Francisco de Souza, cujos avós viveram no cativeiro? Antes a morte do que tal indignidade." [p. 3] Para o amigo da família, o médico Frederico, tal preconceito não é aceitável numa sociedade evoluída. Ele tenta convencer Oliveira a permitir os dois casamentos, mas não é atendido. Egídio decide se alistar e ir para a guerra. Oliveira usa sua força política e econômica para que Francisco seja recrutado.

O enredo deve mostrar o quanto Oliveira está errado. Os dois jovens comportam-se como heróis no campo de batalha. Mas, ao final do segundo ato, Francisco é dado como morto. A notícia chega à casa de Oliveira, que se permite sentir um pouco de remorso, o qual logo se dissipa, ao reafirmar seu forte preconceito: "Casar minha filha com um homem de sangue impuro... que não diria o mundo!" [p. 32] A insistência num casamento de conveniência o leva a escolher um noivo rico para Elisa. Mas seu plano não dá certo. Francisco – que sobrevivera aos ferimentos – e Egídio chegam com soldados e prendem o noivo, desertor do exército e ladrão que usava identidade falsa. Nessa altura, Elisa está muito doente e morre em cena, diante de um pai transtornado pelo arrependimento. As últimas palavras da peça são de Francisco, reforçando a crítica dos autores à sociedade preconceituosa: "Adeus, mártir! Sobre tuas mãos frias e inanimadas juro derramar até a última gota de sangue combatendo contra os preconceitos sociais, as aristocracias, as distinções de raça, e levar o nome brasileiro até o fim do mundo." [p. 37]

A peça denuncia também os proprietários de escravos que os mandavam para a Guerra do Paraguai no lugar de seus filhos. São falsos patriotas, diz Francisco a Oliveira, no diálogo que travam no quarto ato, acrescentando que foram os filhos do povo que defenderam a honra nacional, não os aristocratas. Como escreveu um historiador, "a *compra de substitutos*, ou seja, a compra de escravos para lutarem em nome de seus proprietários tornou-se prática corrente"[18].

17   U. do Amaral, *O Soldado Brasileiro*, p. 1. Utilizei a cópia datilografada da peça, que se encontra no acervo da Fundação Biblioteca Nacional do Rio de Janeiro. A autoria é atribuída apenas a Ubaldino do Amaral.

18   A.A. de Toral, A Participação dos Negros Escravos na Guerra do Paraguai, *Estudos Avançados*, v. 9, n. 24, p. 292.

Ubaldino do Amaral não escreveu mais para o teatro. Tornou-se político, foi senador e esteve na linha de frente da campanha abolicionista dos anos 1880. Já Cândido Barata Ribeiro deixou inéditas algumas peças, como *O Divórcio, Mulheres Que Morrem, A Mucama*, que deve ter algo a ver com a escravidão, e *O Segredo do Lar*. Esta última, que dá destaque a uma personagem escrava, foi representada em Campinas, São Paulo e Rio de Janeiro em 1881 e será comentada mais à frente, em outro capítulo.

Também em Sorocaba, segundo uma nota biográfica publicada na *Revista do Instituto Histórico e Geográfico de São Paulo*, Vicente Eufrásio da Costa Abreu, bacharel egresso da Academia de Direito de São Paulo, imprimiu e fez representar o drama *Os Mártires da Escravidão*, em 1870. A nota informa ainda que o autor interpretou um dos papéis femininos na encenação feita por amadores e que o drama, em 1883, depois de apresentado em São Paulo, "andava pelo interior fazendo chorar até os barbaças, conforme o gosto do tempo"[19].

■ ■

Professor público de primeiras letras em Lorena, Olímpio Catão publicou *O Negro*, drama em um prólogo, três atos e um epílogo, em 1879. Infelizmente tinha pouca experiência teatral e não soube construir personagens e ação dramática convincentes. Com recursos tomados de empréstimo tanto ao dramalhão quanto à comédia realista, ele criou um enredo mirabolante, com coincidências inverossímeis, vilão estereotipado, e por meio de personagens *raisonneurs*, vergastou a sociedade que cultiva o dinheiro e as aparências.

O protagonista é o negro Simeão, o "escravo fiel" que no prólogo se mostra o protetor da mocinha da casa, Maria. Alma generosa, ele a vê sofrer porque, apaixonada por José – moço pobre que trabalha no comércio –, sua mãe quer impor-lhe como marido um homem que mal conhece. Ao se ver preterido, e certo de ter perdido Maria, José enlouquece em cena, recurso batido dos melodramas. Os fatos se precipitam e a família, enganada por um negociante inescrupuloso, vai à falência. O pretendente – o vilão Cristovão de Souza – desiste do casamento, mas quer os favores sexuais da mocinha. Quem o impede é Simeão, que se atraca em luta corporal com ele e o apunhala, fugindo em seguida, julgando-se um assassino. O prólogo termina sem que haja um conflito claramente estabelecido. Só nos perguntamos: o que será da viúva Amélia e Maria?

19 Cônego L.C. de Almeida, Excertos de Autores Sorocabanos, *Revista do Instituto Histórico e Geográfico de São Paulo*, v. LIII, p. 335.

4 DRAMATURGIA ANTIESCRAVISTA NAS PROVÍNCIAS

A escravidão não chega a ser discutida pelas personagens. O autor a critica por meio de dois curtos monólogos de Simeão, um deles quando se vê maltratado por Cristovão: "Negro! É o nome favorito que me dão os senhores brancos! Cativo! O ferrete ignominioso que a ambição de meus irmãos me fez imprimir na fronte! Infeliz sou eu! Infelizes são todos os escravos!"[20] No segundo monólogo, após ver a família ludibriada e reduzida à pobreza, exclama:

> Ingratos brancos, que só tendes nos lábios a palavra escárnio e desprezo para o negro, como se tivesse havido dois pais Adão; como se o teu e o meu sangue não fossem iguais! E foi um branco que praticou este ato tão negro como a cor de minha pele! (*pausa*) Meu finado senhor, para que me mandaste dar educação? Desvendar-me os olhos a fim de que me arrepie sempre que ouço a palavra – escravo! Liberdade, luz divina, sonho dourado do cativo, filha dileta do Altíssimo, quem me dera alcançar-te!... [p. 32]

Os três atos seguintes e o epílogo se passam seis anos depois. Poupo o leitor de uma descrição exaustiva das peripécias do enredo. Basta dizer que Amélia e Maria estão mortas, que as personagens do prólogo, no primeiro ato, estão incrivelmente juntas num navio que vem de Portugal para o Brasil: o vilão, com barbas postiças; Simeão, que havia ido como voluntário à guerra do Paraguai e que se tornou contramestre; o louco José e seu protetor, o Dr. Luís. Não bastasse a coincidência, o navio naufraga, mas todos se salvam, inclusive uma nova personagem, Margarida, rica herdeira que havia sido adotada em Portugal e que vem a ser irmã de Maria. O restante da peça gira em torno da disputa pelo dinheiro dessa mocinha, que acaba se casando com José, que recuperou a razão quando a viu.

O papel de Simeão é o de ser a sombra de Cristovão, sempre atento para impedir seus crimes e proteger José e Margarida. Não é mais escravo, porque ganhou a liberdade como "voluntário da pátria" na guerra do Paraguai: "a farda já limpou essa mancha vergonhosa" [p. 77]. No terceiro ato, ele se torna *raisonneur*, num baile a fantasia dado por uma baronesa. Distribui lições morais a todos que valorizam o dinheiro e os títulos de nobreza. E quando tira a máscara e se revela, vem à tona o preconceito social e racial da sociedade privilegiada, que ele condena:

> Sabeis fechar as portas de vossos salões ao homem honrado, porque é negro; mas consentis neles os ladrões, os sedutores, os devassos e os assassinos até! Aqui não se indaga o proceder do conviva, quer-se saber somente se tem ouro, se tem casaca e luvas de pelica e se tem a pele brancacenta.

20   O. Catão, *O Negro*, p. 25.

> Arranque-se os magros vinténs da pobreza; cave-se a ruína de famílias inteiras; seja-se surdo ao pranto da viuvez e da orfandade, frio às agonias do moribundo e aos lamentos da escravidão. [p. 97]

E vai por aí afora o discurso, até que Simeão se retira, abandonando esse "mundo de preconceitos". *O Negro*, como se vê, é uma peça que condena a sociedade escravocrata e a escravidão. Mas não tem a força de um verdadeiro libelo, uma vez que seu autor perde a objetividade na construção de um enredo que é um emaranhado de fatos mal alinhavados. Tudo indica que sua publicação passou quase despercebida, pois os jornais do Rio de Janeiro não deram notícia alguma e em São Paulo localizei apenas duas breves notas: uma saiu no *Monitor Paulista* – este da cidade de Bananal – de 2 de fevereiro de 1879 e outra no *Jornal da Tarde* de 25 de abril. No final do volume, Olímpio Catão acrescentou uma nota, autorizando a representação da peça. Não há notícia de que alguém tenha tido a coragem de enfrentar tamanho desafio, o que significa que deve ter conseguido alguns poucos leitores e contribuído pouco para a luta pelo fim da escravidão. Fica aqui, de qualquer modo, o registro de sua existência.

ESPÍRITO SANTO

Em 1869, João Zeferino Rangel de S. Paio, carioca então radicado em Vitória, publica nessa cidade o drama em um prólogo e quatro atos *Os Preconceitos*. Não encontrei notícia de que tenha sido encenado, mas certamente deve ter despertado entre os seus leitores a visão crítica que expressa a respeito dos preconceitos da sociedade escravista em relação aos negros de pele mais escura ou mais clara.

A questão central da peça, cuja ação se passa no Rio de Janeiro, é introduzida no prólogo, já na primeira cena. Em sua luxuosa casa, Leopoldo e Doroteia conversam sobre a necessidade de casar a filha Isbela e têm pontos de vista diferentes. O pai considera o jovem pintor Fernando o noivo ideal para a mocinha, porque já se conhecem e se amam; a mãe prefere um rapaz rico, Mota, e argumenta com o marido de uma maneira rude e preconceituosa. Fernando é um pintor talentoso, mas para ela o talento se dobra ao dinheiro. Isbela não seria feliz e poderia se arrepender e se envergonhar do marido ao final de um mês. Afinal, "como pode ser feliz a mulher de um mulato!" E mais à frente: "o que diriam nossas amigas?!... Que vergonha! Só o pensar me horroriza, um genro da cor de meus escravos!..."[21]

21   J.Z.R. de S. Paio, *Os Preconceitos*, p. 4-5.

4 DRAMATURGIA ANTIESCRAVISTA NAS PROVÍNCIAS

Está definido o caráter de Doroteia e o conflito que vai desencadear toda a ação da peça. O amigo da família, o médico espanhol Juan, também não consegue convencê-la de que Isbela será feliz com Fernando e infeliz com Mota. O diálogo entre ambos tem a função de torná-la ainda mais antipática aos olhos do leitor/espectador, pois ela repete que não permitirá o casamento de sua filha com um "mulato", acrescentando que, se Fernando vier à sua casa pedir a mão da mocinha, mandará os seus escravos expulsá-lo. São palavras duras que reforçam o caráter negativo da personagem, blindada em seu forte preconceito, surda às palavras de Juan, para quem Fernando é um homem de bem, além de artista talentoso. Tais qualidades, porém, não são suficientes para Doroteia, uma vez que sua maior preocupação é com o olhar da sociedade. "Não vê que Fernando é um mulato?", diz a Juan, que responde: "Oh!... Seu crime é ser mulato!... (*pausa*) Desgraçado país em que os homens são apreciados pela cor e pelos teres! Quantos homens de gênio não terá o Brasil perdido por essas prevenções... ridículas." [p. 8]

O autor dá o seu recado pela boca de Juan. Progressista, contra a escravidão, fará de sua personagem Doroteia uma mulher desprezível. Ainda no prólogo a vemos justificar o cativeiro com o argumento de que Deus condenou os filhos de Cam a servir os de Sem e Jafet, utilizando a religião para afirmar a superioridade dos brancos sobre os negros. Depois, a vemos ameaçar a filha se não aceitar o casamento com Mota, um homem rude e ignorante. Suas palavras assustam a mocinha: "Se resistires, se preferires a ele esse desprezível descendente de negros... eu me vingarei de ti e dele; a ti deserdarei, privar-te-ei da liberdade; e a ele, mandarei lançar pela escada a primeira vez que aqui apresentar-se." [p. 17]

Leopoldo não tem forças para enfrentar Doroteia e salvar a filha de um casamento que se anuncia desastroso. Isbela, com medo do que a mãe pode fazer a Fernando, concorda em se casar com Mota e mente ao amado, dizendo que nada sente por ele, que então vai embora entristecido. Tudo corre de acordo com os planos de Doroteia, mas ela ainda não está contente e reserva uma última humilhação a Fernando. Sem nenhuma necessidade, manda-lhe um bilhete para que venha à sua casa. Não sabemos qual é o teor desse bilhete, mas ela queria apenas uma coisa: dizer-lhe, na presença de Mota, Leopoldo, Juan e Isbela, que não fantasiasse mais "o louco desejo de um casamento impossível". Nessa cena bastante tensa, em que Doroteia se refere a Fernando como "um negro", o rapaz perde a razão e acaba insultando Isbela, que desmaia. O prólogo termina com as piores perspectivas para o jovem casal.

Os quatro atos que se seguem devem mostrar as funestas consequências do que vimos no prólogo. Zeferino Rangel, querendo provar a verdade de sua tese, segundo a qual o preconceito racial destrói pessoas e famílias, exagera no desenvolvimento do enredo e não se preocupa com a psicologia das personagens. Três anos se passaram. Fernando agora frequenta bordéis, embriaga-se, liga-se a prostitutas e torna-se um sedutor sem nenhum respeito às mulheres. Em seu desejo de vingança, seduz até mesmo aquela que o humilhou. Doroteia apaixona-se por ele e se dispõe a tornar-se sua amante. A imaginação do autor parece não ter limites. Doroteia revela a Fernando que seu marido não é o pai de Isbela. Logo depois de casada ela cometeu adultério com um negro, o médico Eudoro da Silva. Fernando assusta-se ao ouvir esse nome. Eudoro da Silva era seu pai! Logo, Isbela é sua irmã.

Os dramaturgos formados na escola do dramalhão tinham uma queda pelo risco do incesto. Zeferino Rangel, embora quisesse discutir questões sociais à maneira do realismo teatral – Juan é claramente um *raisonneur* –, não evita o enredo complicado e as inverossimilhanças típicas da dramaturgia voltada para o público popular. De qualquer modo, ele ataca o preconceito racial e aponta ainda outro problema da sociedade escravocrata: as relações promíscuas entre senhores e escravas. Mota, o marido de Isbela, é um libertino que frequenta os bordéis e em casa não se vexa de assediar as escravas. Em duas cenas, nós o vemos agir despudoradamente. Na primeira, aproxima-se de Brígida, pé ante pé, e a beija no rosto. Quer que a escrava seja sua amante, mas ela se recusa e sai, enquanto ele diz para si mesmo que vai realizar o seu desejo, mesmo que seja preciso dar-lhe a liberdade. Pois foi isso mesmo que prometeu a outra escrava, Pulquéria, que se tornou sua amante. No final do segundo ato, contracenam; ela pede a Mota o vestido prometido e revela ter ciúmes da prostituta Luísa. Mota a enlaça pela cintura, quer que ela diga como sabe de Luísa. Pulquéria conta que o viu na casa de Fernando e acaba revelando a ele o segredo de Doroteia. O diálogo entre ambos revela uma verdade da sociedade escravocrata tão constrangedora, que o amigo de Zeferino Rangel, que assina o prefácio da peça, Correia de Jesus, fez o seguinte pedido ao dramaturgo:

> Se alguma vez for o teu drama ao palco, eu te imploro que cortes a cena na qual há o colóquio amoroso de Mota com Pulquéria.
>
> Sabes melhor do que eu que o pudor da família é uma lei que a ninguém é lícito violar.
>
> Podias revelar esta face hedionda do caráter de Mota por outro meio, por exemplo, por meio de uma narração feita por Leopoldo, ou por outra qualquer personagem. Não te persuadas que condenando esta cena eu o faça por julgá-la exagerada e fora do comum; infelizmente seria preciso que não conhecesse a sociedade em que vivo, para lavrar a condenação por tal motivo. A única razão que encontro é ser inconveniente: – como que ofusca algum tanto a moral da tua obra. [p. xx]

Ainda que *Os Preconceitos* peque pelo enredo, que para avançar requer coincidências, revelações bombásticas, incoerências, desmaios, conversas ouvidas atrás das portas e doença de Isbela – que a leva à morte no desfecho –, o autor conseguiu o seu intento no plano das ideias, criticando o preconceito racial e expondo algumas feridas da sociedade escravocrata. Como a seu ver o teatro deve corrigir os vícios, apresentando-os no livro ou no palco para serem castigados, pode-se dizer que a peça, sem ser uma boa realização no plano da forma, não decepciona quanto ao alcance social de um razoável conjunto de cenas e diálogos.

BAHIA

Em meio às discussões na imprensa e no Parlamento sobre as propostas de emancipação gradual dos negros escravizados, que culminaram na Lei do Ventre Livre, uma peça teatral propõe sem meias palavras a extinção imediata da escravidão. Em 1870, Brício Cardoso publica, na Bahia, *O Escravo Educado*, na qual faz o enredo girar em torno dos planos de vingança do escravo doméstico Paulo. O adjetivo do título se refere ao fato de que lhe deram educação, cuja consequência foi uma consciência aguda do que significa ser escravo. Pesa-lhe ainda na alma o fato de ser meio-irmão de seu senhor, Nabuco, situação típica do escravismo brasileiro em que os filhos das escravas com seus senhores continuam escravos. Paulo sofre também porque é apaixonado pela filha de Nabuco, Aurora, que por sua vez ama Augusto.

É bem possível que Brício Cardoso tenha escrito sua peça sob influência da leitura do romance *As Vítimas Algozes*, de Joaquim Manuel de Macedo, publicado em 1869. Já no primeiro ato, no diálogo com a escrava Ifigênia, que fala em morrer diante da ameaça de um castigo severo, Paulo, que a convence a participar de sua vingança contra a família de Nabuco, lhe diz: "Morrer? Estás louca, rapariga? Morrer sem saborear o prazer da vingança? Morrer sem converter os algozes em vítimas, e as vítimas em algozes? Não! Não! Não!"[22]

A lógica da peça é a mesma do romance de Macedo. A escravidão produz o escravo vingativo e cruel, disposto a se tornar um criminoso. Paulo planeja matar Augusto e a família de Nabuco, poupando Aurora, com quem fugirá para os Estados Unidos, onde poderá ser um cidadão livre. Seu diálogo com Ifigênia reforça o caráter vil que o autor lhe impôs. Ele finge amar a escrava, que está grávida de um filho seu, e a convence a envenenar Constança, a esposa de Nabuco e madrasta de Aurora. Como o plano não dá

---

[22] B. Cardoso, *O Escravo Educado*, p. 18.

certo, Ifigênia é entregue à polícia e Paulo apressa-se em acusá-la de ter planejado matar a todos, roubar o dinheiro e os bens de valor da casa e fugir para o interior. Nabuco, que já vinha se queixando dos escravos domésticos e dizendo que não queria mais esses "inimigos" junto à família, explicita a ideia de que são nocivos e que vai se livrar dos que possui, pois Ifigênia demonstrou o quanto é "pernicioso" ter escravos: "Vede quais são as riquezas que nos deixam: o vício, a corrupção, a imoralidade, o escândalo e o crime! Oh! é preciso que cada um trate de expelir a escravidão de ao pé de si, de bani--la do seio de seu país." [p. 70] Até esse ponto, as palavras de Nabuco dizem respeito ao seu drama particular, nascido dos velhos hábitos escravistas já criticados por Alencar em *O Demônio Familiar*. Mas ele finaliza sua fala como se estivesse numa tribuna: "Na América, na pátria de Washington, Franklin e Lincoln, só deve medrar a liberdade, mensageira da abundância, do prazer, do progresso e da luz." [p. 70]

É o autor que se manifesta pelas palavras da personagem, exercendo a função de *raisonneur*, que no restante da peça cabe a Augusto. Já em seu primeiro diálogo com Paulo, ele se coloca contra a escravidão, lamentando a situação nacional que não permite que ela seja extirpada repentinamente, ponto de vista que ele vai modificar no desfecho. Diante do escravo, que se define como ser inferior, passivo, sem voz, sem vontade, a quem é vedada qualquer iniciativa, Augusto se sensibiliza e promete alforriá-lo, prevendo que em alguns anos não haverá mais escravos no país. Afinal, "a ideia manumissora predomina e se desenvolve", diz a Paulo e lhe pergunta: "Não observas o seu movimento? O seu rápido impulso? Não vês quantos núcleos emancipadores se formam por todo o país? Já não há festa nacional, já não há solenidade religiosa, já não há alegria de família, já não há um só testamento que não consagre a ideia emancipadora." [p. 13-14]

Como a ação da peça se passa no início dos anos 1870, Brício Cardoso descreve nessa fala de Augusto o que estava ocorrendo pelo Brasil afora e particularmente na Bahia, que viu surgir em 1869 a Sociedade Libertadora 7 de Setembro e a Sociedade Humanitária Abolicionista. O autor deve ter participado dos eventos promovidos pelo médico e educador Abílio Borges, seja no Ginásio Baiano em cerimônias cívicas com alunos e professores que declamavam poemas abolicionistas, seja nos leilões de objetos doados, cuja renda era revertida para a compra de cartas de alforria. Segundo Angela Alonso, "as cerimônias cívicas de Abílio Borges seriam rituais de dramatização da escravidão e apelo aos sentimentos, conclamando a abolição como nova Independência. Nelas, 191 títulos de alforria foram concedidos de 1869 a 1871"[23].

23   A. Alonso, op. cit., p. 40-42.

Voltando à peça, é preciso esclarecer que, no diálogo acima citado, Augusto desconhece o verdadeiro caráter de Paulo. Enquanto o enredo avança com outros conflitos e ações – Constança detesta a enteada Aurora e a acusa de ter-lhe roubado um bracelete; Nabuco anuncia que vai se separar da esposa e consente no casamento de sua filha com Augusto –, o escravo arquiteta a sua vingança. No final do segundo ato, tudo o que diz respeito ao mundo dos brancos está resolvido: Aurora era inocente, Nabuco se separa de Constança e o casal jovem se dirige para a igreja.

O terceiro ato é uma surpresa para o leitor/espectador. Começa com um longo monólogo de Augusto, que está preso em algum local longe da cidade. Ele e Aurora foram raptados por Paulo. Na primeira metade do monólogo, em meio a relâmpagos e trovoadas, Augusto faz o relato do que ocorreu quando saiu com Aurora da casa de Nabuco. Em vez de levá-los para uma igreja, Paulo fustigou os cavalos e os conduziu para um abrigo, com a ajuda de outros negros. Augusto se recrimina por não ter percebido a falsidade do escravo e a paixão que nutria por Aurora. Depois de afirmar que teme pela sorte da mocinha, "nas garras da lascívia bestial de um negro", direciona a segunda metade do monólogo para as questões mais abrangentes da escravidão, assumindo a função de *raisonneur*. A citação é longa, mas necessária para o que se pretende demonstrar: a mudança de opinião de Augusto sobre a emancipação gradual. Diante do crime de Paulo, ele conclui que é preciso acabar de vez com a escravidão, em última instância a responsável pelos atos do escravo:

> Oh! que acre são os malditos frutos da escravidão!... Já por toda parte o robusto pé da civilização esmagou a hidra do elemento servil, e na terra de Pedro Alves [sic] Cabral, no estado mais gigantesco da América ainda há escravos!... ainda se conserva essa lepra do trabalho, da moralidade, da segurança e inviolabilidade da vida?... O governo dorme, dormem os particulares, e a lepra devasta, flagela, consome. Sim, dormem todos; porque, que valem esses pequenos núcleos emancipadores, que são o símbolo de Sísifo a rolar eternamente o rochedo para o cimo da montanha? Que vale o sentimento unânime da nação, se há paralisia? Que valem os rasgos de humanidade dos filantropos? Que valem as declamações das gazetas, as discussões banais, supérfluas, e os projetos inexequíveis das câmaras? Todas essas coisas são novas forças que se criam, que se acumulam para impelir com mais veemência a torrente que se despenha do alto da montanha, tudo isto gera no espírito embrutecido dos escravos um estímulo terrível, acorda-lhes a ideia de despedaçar os ferros do cativeiro, insinua--lhes os meios de se insurgir contra o poder senhorial! Todo esse burburinho é uma centelha incendiária. A extinção do elemento servil não é coisa

> que se planeje estrondosamente, sem cautela e sem reserva. Quando esta questão vital vem à luz em um país deve prévia e silenciosamente ter sido estudada e meditada. Por que não nos havemos de mirar no terrível espelho cuja luz fraticida há poucos anos a grande América do Norte volveu para a imensa América do Sul?... (*Pausa*) Não quiseram, não querem a extinção lenta e gradual, hão de ter a extinção explosiva, filha do desequilíbrio entre a liberdade e a escravidão, a extinção precipitada e quiçá sanguinolenta! A pressão atmosférica sobre o pergaminho aderente ao tubo rarefeito pela máquina pneumática produz ruptura e viva detonação. Há consequências necessárias e fatais... o crime de Paulo tira sua origem do fato da escravidão... esse drama obscuro em que me vejo envolvido nasce da propaganda emancipadora, que só deveria ser feita com o acúmulo de todos os elementos hábeis para a realização da grandiosa e civilizadora ideia, a que todos os partidos e todos os homens consagram preito e simpatia. Oh! agora que a torrente se despenha, que a pedra rola do alto da montanha, é preciso dirigi-la para diminuir os seus estragos, é preciso esmagar a hidra para extinguir o veneno, remover a peste para extinguir o contágio, curar a lepra para acabar com os leprosos. É preciso, é necessário banir a escravidão. [p. 97-98]

Brício Cardoso não receou comprometer o andamento do enredo com as inserções de discursos em favor da ideia abolicionista. Escrever uma peça para estimular a repulsa à escravidão significa correr riscos quanto à construção do enredo e das personagens, aspectos que podem ser prejudicados quando o autor quer impor um ponto de vista. O terceiro ato exagera na vilania de Paulo, que parece ter prazer com o sofrimento de Augusto e Aurora, ele ameaçado de morte, ela, de perder sua pureza. Claro que são salvos por Nabuco, que chega com soldados. O destino de Paulo deveria ser a prisão, mas Augusto e Aurora intercedem por ele, argumentando que, sendo escravo, não pode ser responsável pelos seus atos. Afinal, diz Augusto, "os terríveis estragos da escravidão não se podem sanar por meio de castigos, desaparecem com a extinção dela. Oxalá todo o país compreendesse o alcance moral e benéfico destas palavras!" [p. 121-122] Na última fala da peça, Paulo se arrepende de tudo o que fez e promete tornar-se um bom homem, desfecho um tanto forçado, dada a caracterização da personagem e seu forte empenho em se vingar da família que o escravizou. Para Brício Cardoso, no entanto, importa mais a mensagem que deseja passar ao leitor/espectador, convencendo-o de que é preciso extinguir a escravidão.

■ ■

Com a mesma contundência crítica de *O Escravo Educado*, no dia 2 de setembro de 1873, estreou no Teatro S. João, em Salvador, o drama em um prólogo e três atos *Rogério*, de João José de Brito. O espetáculo foi em benefício da Sociedade Libertadora Sete de Setembro, o que mostra o compromisso do autor com a causa emancipacionista.

Logo de cara, o prólogo nos coloca diante de uma cena terrível, típica da escravidão. Numa cabana, no interior de uma floresta na Bahia, a escrava de pele clara Luísa vive com o marido e o filho Rogério, de cinco anos, e o sogro. O menino é esperto e inteligente, o avô é apegado ao neto, o casal vive sem atropelos. Apenas Luísa tem a alma angustiada, por um motivo que ela revela ao leitor/espectador em breves monólogos. Ficamos então sabendo que ela é uma escrava fugida e que se casou sem nada contar a ninguém, com nome falso. O medo de que seu segredo seja revelado a atormenta. Até porque ela sabe que também seu filho é escravo, de acordo com a lei vigente. Eis que cinco capitães do mato aparecem para levá-la de volta ao engenho de onde fugira para não ser vítima de violência sexual de seu senhor. Num quadro comovente, o avô expira ao ver que o neto também será levado. O marido, desolado – e envergonhado por ter se casado com uma escrava –, fica ao lado do cadáver do pai, enquanto o menino Rogério e a mãe Matilde partem com os capitães do mato.

Findo o prólogo, os três atos seguintes passam-se 26 anos depois. Matilde ficou na Bahia, como escrava, mas seu senhor fez o que ela mais temia: tão logo chegaram ao engenho, ele vendeu o menino para um negociante que logo se mudou para o Rio de Janeiro. Mas Rogério teve a sorte de pertencer a um homem que se afeiçoou a ele; logo ganhou a liberdade e pôde estudar. No início do primeiro ato, aos 31 anos, Rogério vive na Bahia e é deputado provincial, noivo da filha de um barão. Conhecido como Bastos, nome que herdou de seu protetor, todos admiram seu talento na tribuna, onde defende o fim do cativeiro. Em conversa com a filha Amélia, diz o barão que naquele dia Bastos havia feito um belo discurso "sobre a extinção do elemento servil, sua questão predileta", observando, porém, que ele malhava "em ferro frio... Pois o Brasil está lá em condições de viver sem escravos? Nem estará nunca?... Um país essencialmente agrícola, onde não se pode confiar nos braços livres"[24].

O barão e Amélia mudam de assunto, pois estão esperando os convidados para o baile em comemoração à eleição de Rogério. Um dos primeiros a chegar é o conselheiro Pires, que esteve na Assembleia e elogia não só a eloquência do jovem deputado, mas também "o modo por que se interessa pela grande causa da emancipação" [p. 32].

---

24   J. de Brito, *Rogério*, p. 28.

Amélia é a única personagem que chama Rogério Bastos pelo primeiro nome, razão pela qual sabemos que ele é o menino do prólogo. Aos poucos, vamos conhecendo sua história e como chegou a deputado e noivo da filha de um barão. O enredo ganha complicações com o aparecimento em cena de um homem rico e nada honesto, Henrique da Costa, credor do barão e rival de Rogério. Numa dessas coincidências que alimentam muitas peças teatrais, eis que surge Matilde, pedindo dinheiro com o intuito de comprar sua liberdade. Para se mostrar bom homem a Amélia, Henrique da Costa compromete-se a alforriar a escrava. Na cena final do primeiro ato, Matilde vê Rogério e exclama um "Meu Deus!", enquanto cai o pano. Claro que ela reconheceu o filho, embora o contrário não tenha se dado. Rogério pensa que a mãe está morta, como revela no início do segundo ato, em breve monólogo, no qual expõe também que Amélia não sabe que ele é um liberto. Tem medo de que ela deixe de amá-lo, se souber, porque o preconceito é forte na sociedade escravocrata. Decide manter o segredo.

Como Matilde olha muito um retrato de Rogério e diz a Henrique da Costa que os traços fisionômicos lembram muito o filho que teve e de quem foi separada, ele pede mais detalhes e ela conta sua história. É um relato forte, que a certa altura traz à tona os horrores da escravidão:

> Meu primeiro senhor chamava-se André Rodrigues, senhor do engenho dos Bambus. Era homem tão mal que só faltava engolir os escravos. Uma feita, porque não quis satisfazer aos seus instintos, me mandou pôr no tronco por uma semana, comendo uma vez ao dia! Ainda aí ele foi me procurar, disse mil coisas, prometeu o que pôde; mas eu apenas lhe respondi que, para ele, meu coração estava tão preso como meu pé. Não foi nada, não, meu senhor! Do tronco mandou que me amarrassem a um carro, e, depois que me matassem de pancadas, lhe levassem o chicote ensopado de meu sangue, para pendurá-lo na cozinha. [p. 76-77]

Nem mesmo os encarregados de cometer tamanha violência conseguiram levá--la a cabo e Matilde pôde fugir para o interior, onde se casou com um homem branco e teve um filho. Diante dos detalhes todos do relato, Henrique da Costa concluiu que tinha um grande trunfo nas mãos: sabia que Rogério era um liberto, o que bastava para afastá-lo de Amélia, uma vez que o barão não permitiria uma aliança condenada pelo preconceito social. De fato, revelado o segredo, o segundo ato termina com o barão dando um abraço em Henrique da Costa, já candidato a ser seu genro, enquanto o desespero toma conta de Rogério e Amélia.

É no terceiro ato que João de Brito promove o encontro da mãe com o filho, separados um do outro por 25 anos. Há muita emoção na cena, pois Rogério está prestes a tomar veneno e ela o impede. Mas o aspecto mais marcante desse ato é a condenação do preconceito contra o liberto, que aparece em vários diálogos, como neste, em que Rogério diz ao criado do barão:

> Liberto!... liberto!... Sempre esta sentença cruel! Sempre este relâmpago a debuxar sinistro nas trevas do meu destino! Liberto!... palavra fatal!... Se eu pudesse parti-la nos lábios de todos os homens! (*Cai quase sem sentido em cima de uma cadeira.*) De que serviu trazer sempre recalcado no fundo d'alma o segredo da minha condição?... Ser agora um grande culpado, porque iludi a todos!... O liberto chegar até onde não devia!... Entretanto ele pôde chegar!...

No último encontro entre Rogério e Amélia, ambos se veem fracos para enfrentar o preconceito e se conformam com a separação. Ela irá para um convento, ele partirá para o interior, onde vai viver com a mãe. O desfecho realça, portanto, a destruição de duas vidas como o resultado dos valores sociais predominantes em uma sociedade escravocrata.

Como demonstram o enredo, as personagens e as ideias da peça, é claro que João de Brito quis intervir nos debates em curso sobre a escravidão. Depois da estreia, porém, a segunda récita foi proibida pelo presidente da província da Bahia. O elogioso parecer do Conservatório Dramático, que autorizou a representação, foi ignorado pelas autoridades comprometidas com a manutenção da ordem escravocrata. O autor deu uma resposta à altura: publicou *Rogério* no início de 1874, dedicando-a ao conselheiro João José de Oliveira Junqueira, "ilustre baiano" que, "a par de Rio Branco, Nabuco, Otaviano e outros, não se poupara a esforços para proporcionar à causa da emancipação um dos seus máximos triunfos com a lei de 28 de Setembro".

Além da dedicatória, João de Brito incluiu no volume um dossiê intitulado "Juízo Crítico", com vários documentos que permitem avaliar como o drama foi recebido e apreciado pela imprensa baiana e pelo Conservatório Dramático. Por fim, ele anexou também o texto da interdição e a resposta do Conservatório ao governo provincial.

Nesse conjunto de documentos vale a pena salientar os comentários que dizem respeito ao antiescravismo da peça. Em março de 1873, o cônego Bernardino de Souza, em carta ao autor, chamou-o de "poeta da liberdade" e o encorajou a levá-la à cena, pois seria compreendida pelas "almas generosas que estremecem pela liberdade, que aplaudiram a lei que inaugurou uma nova época nesta terra de livres instituições" [p. 116]. A lei a que se refere o cônego é a Lei do Ventre Livre.

No parecer do Conservatório Dramático, assinado por Domingos Joaquim da Fonseca, há elogios e reparos a aspectos como enredo e caracterização das personagens, mas a crítica à escravidão é apontada como dado positivo.

Não se pode deixar de recomendar, e muito, afirma o parecerista, "o drama que, como um delicado estilete, penetra em um carbúnculo social, e apresenta a nossos olhos o negro germe, a origem degradante e mortífera que, como principal elemento, concorre para aniquilar a civilização e a moral de nossa sociedade; o drama que tanto põe em relevo a hediondez da escravidão, e as suas terríveis consequências" [p. 120].

Em matéria sem assinatura, o *Correio da Bahia* de 4 de setembro de 1873 saudou a estreia de *Rogério*, sem deixar de fazer restrições em relação a alguns diálogos e ao prólogo, mas reconhecendo que, ao colocar a escravidão em cena, o autor posicionava-se claramente em favor da luta emancipacionista. O padre Romualdo Maria de Seixas Barroso, em carta ao autor, afirmou que o drama, "bem como a *Cabana do Pai Tomás*, há de concorrer poderosamente para a liberdade desses nossos infelizes irmãos" [p. 153].

Todas essas manifestações favoráveis a *Rogério* – talvez com exceção da última, que não é datada – não impediram sua proibição. O ofício da interdição é extremamente vago e não explicita os motivos de tal decisão. Afinal, a peça havia sido aprovada pelo Conservatório Dramático e liberada pela polícia. Arbitrariamente, sem dar explicações, o presidente da Província a tirou de cartaz. Muito provavelmente, as autoridades incomodaram-se com o quadro da escravidão que era pintado em cena. O Conservatório publicou uma nota nos jornais, criticando duramente a interdição autoritária, que feria "a liberdade do pensamento e a dignidade das letras" [p. 155].

■ ■

Sem o mesmo alcance crítico de *O Escravo Educado* ou *Rogério*, mas com o mesmo objetivo de estimular no espectador a simpatia pela ideia emancipacionista, o ator Xisto Bahia concebeu o desfecho da comédia *Duas Páginas de um Livro*, que estreou em Belém, em 1871, no Teatro Providência, segundo Vicente Salles[25]. Publicada no Maranhão em 1872, foi representada também em Salvador e no Recife, em 1874. Não há personagens escravas na peça e todo o enredo diz respeito a um acerto de contas no presente de falcatruas ocorridas no passado. Ao mesmo tempo, um jovem casal procura vencer os obstáculos postos à sua união. A mocinha é rica e o rapaz, Eduardo, pobre. O pai da mocinha quer casá-la com um barão já velhusco, que é o vilão enriquecido ilicitamente. Desmascarado e ameaçado de ir para a cadeia, ele assina uma letra de 250 contos de réis – toda a sua fortuna – em nome de Eduardo, filho do homem que havia sido a vítima dos seus golpes financeiros. Mas o

---

25   *Épocas do Teatro no Grão-Pará ou Apresentação do Teatro de Época*, t. I, p. 82

rapaz, generosamente, destina esse dinheiro a uma nobre causa, pedindo a um médico amigo o seguinte: "Seja V.S. como médico, como sacerdote da caridade, quem aplique esta quantia em favor da – emancipação da escravatura – em memória de uma santa, em nome de minha mãe."[26]

Estas palavras são as últimas que o espectador leva para casa. Mais que o final feliz para os jovens com que se fecha o enredo – que resumi por alto, sem entrar em detalhes –, é a ideia da emancipação que deve falar mais alto, numa clara demonstração do compromisso de Xisto Bahia com a causa que ele abraçou como ator nas décadas de 1870 e 1880.

Ainda em relação à peça, há uma referência ao envio de escravos para a Guerra do Paraguai, por iniciativa de proprietários, que eventualmente receberam favores do governo. É o caso do barão, que, para agradecer o título que lhe foi dado, enviou "uns pretos velhos para voluntários da pátria" [p. 58]. Embora o autor não faça uma crítica explícita a essa prática que foi corriqueira, fica assinalada em seu texto mais uma arbitrariedade dos proprietários de escravos.

De um modo geral, a imprensa em Salvador e no Recife recebeu bem a encenação de *Duas Páginas de um Livro*. Nas duas cidades, Xisto Bahia foi elogiado como autor dramático e ator. Em Salvador, foi chamado à cena e aplaudido pelos espectadores; no Recife, fez o seu benefício com a peça na noite de 3 de junho de 1874. Alguns dias depois, em 26 de junho, Zeferino Rangel de S. Paio – o autor de *Os Preconceitos* – descreveu, num artigo publicado em *A Província*, a festa que teve lugar no Teatro de Santo Antônio. No *Diário de Pernambuco* de 23 de maio, Demétrio de Albuquerque publicou uma carta a Xisto Bahia, com elogios à peça, que corretamente filiou ao realismo teatral.

PERNAMBUCO

Recife foi um dos principais palcos da luta pela abolição da escravidão no decênio de 1880, em grande parte devido à atuação de Joaquim Nabuco. Mas já no final dos anos 1860, a Sociedade Humanitária e Emancipadora Nazarena, a Sociedade Emancipadora Pernambucana e a Sociedade Jovem América promovem todo tipo de atividade para comprar cartas de alforria. Também a atuação dos acadêmicos da Faculdade de Direito do Recife foi decisiva para a conquista da opinião pública em prol do fim do cativeiro. Em 1860, os estudantes criaram a Associação Acadêmica Promotora da Remissão dos Cativos, à qual se seguiu a Sociedade 2 de Julho, fundada em 1867.

---

26 X. de P. Bahia, *Duas Páginas de um Livro*, p. 153.

A propaganda contra a escravidão teve forte apoio da imprensa, que publicava, segundo Coriolano de Medeiros, "artigos doutrinando, estimulando quando não publicavam poesias inspiradas, sentimentais, que, recitadas ao piano, à moda da época, pelos declamadores, iam criar prosélitos entre assistentes de reuniões familiares. E da capital se dilatava a propaganda ao interior"[27]. Afirma ainda o autor que a volta de oficiais e soldados da Guerra do Paraguai deu grande impulso à ideia da emancipação.

Nesse clima, em 1870, o acadêmico Francisco Antônio de Oliveira Sobrinho publicou no Recife o drama em três atos *O Escravo*, com o qual dava sua contribuição para o debate da questão servil. Sua opção foi abordar o tema do preconceito contra o escravo, colocando em cena a destruição de uma família formada pelo casal Júlio e Luísa e a filha Lúcia, de quinze ou dezesseis anos.

No primeiro ato, a família dá um baile e recebe amigos e convidados, entre eles Costa e Ataíde, que conversam sobre o passado de Júlio. Costa tem certeza de reconhecê-lo, apesar de 22 anos passados, como o escravo de treze ou quatorze anos que conheceu na Bahia. Homem honesto, afiança ao amigo que guardará esse terrível segredo. Ocorre que também está na casa o proprietário de quem Júlio fugiu, Antônio de Almeida, disposto a recuperar o prejuízo. Na cena em que dialogam, exige quatro contos de réis por uma carta de liberdade, que já traz no bolso. Interrompidos por Luísa e Lúcia, Júlio, que está com dificuldades financeiras, lhes diz que deve a Almeida e que só tem parte da quantia. Elas se desfazem das joias para ajudá-lo e saem, mas Luísa volta sem ser percebida e vai até a mesa em que Júlio deixou o documento que recebeu. Enquanto o vilão faz mais uma exigência absurda para não revelar o segredo e recebe um soco no rosto, Luísa dá um grito e cai desmaiada. Entram Lúcia e outros convidados, que perguntam o que aconteceu. Eis a resposta de Júlio e o final do primeiro ato:

> JÚLIO: Nada, meus senhores, nada (*Apanha o papel que tem caído junto a Luísa.*). Eis a carta que liberta um infeliz, estou livre, eu era escravo.
> TODOS: Escravo?!
>
> *Os convidados saem apressados; Souza dá o braço a Amélia e sai velozmente, Júlio corre a abraçar Fábio, que tem ficado só no meio da cena, Lúcia debruça-se sobre o colo de Luísa ainda desmaiada.*[28]

A rubrica dá uma ideia precisa do preconceito contra o escravo ou o liberto. Apenas Fábio, um músico pobre que ama Lúcia, permanece com a família.

---

27   O Movimento da Abolição no Nordeste, G. Freyre e outros, *Livro do Nordeste*, p. 92.
28   F. de Oliveira Sobrinho, *O Escravo*, p. 46.

O segundo ato mostra as consequências da revelação do segredo de Júlio. O casal está separado e Luísa se transformou numa mulher de moral duvidosa, que fuma e vai a bailes, que cantarola trechos de *Orphée aux enfers*, de Offenbach, e que convive com Antônio de Almeida. Lúcia envergonha-se da mãe, chora muito, quer morrer e é assediada justamente pelo homem que arruinou a vida de seu pai. Fábio vem resgatá-la e levá-la à casa de Júlio, que está muito doente, enquanto o enredo dá conta de mostrar a queda de Luísa e a ruína de Almeida. Todas as cenas do segundo ato convergem para a fala de Fábio, que qualifica Luísa como uma messalina desesperada, após saber que a filha abandonou-a: "O pincel da escravidão pintou este quadro!" [p. 86]

Uma família destruída pelo preconceito, eis o significado das palavras de Fábio. No terceiro ato, dois meses depois, Lúcia vive com o pai, sem notícias da mãe. Numa casa pobre, passam necessidades e não têm a quem recorrer. A mocinha não pode nem mesmo apelar para as amigas, lhe diz Júlio: "Todas terão um insulto para receber-te, um riso de zombaria para despedir-te." [p. 91]

Lúcia também introjeta o preconceito. Fábio a ama e quer se casar com ela, mas a consciência de que é filha de um homem que foi escravo dita estas palavras ao rapaz: "Esqueça-me, deixe que eu somente seja a infeliz, deixe que eu somente não possa erguer a fronte quando perguntarem por meus pais." [p. 106]

Esse quadro de sofrimentos nem precisava do arremate terrível imaginado pelo autor. Luísa vem ver Lúcia e quer levá-la. Mas ao mesmo tempo chegam alguns soldados à procura de Júlio. A carta de liberdade que ele havia comprado de Almeida por quatro contos de réis era falsa. O vilão, esclarece um soldado, o vendera dois anos após sua fuga e, portanto, não podia libertá-lo. Júlio ainda era escravo. O choque da revelação é fatal e a personagem morre em cena, desfecho esperado para esse tipo de drama construído para condenar a escravidão.

A publicação de *O Escravo* foi noticiada no *Diário do Rio de Janeiro* de 16 de novembro de 1870 e em dois jornais pernambucanos: o *Jornal do Recife* e o *Diário de Pernambuco*. No último, em 15 de novembro de 1870, Justiniano de Melo e Silva escreveu uma resenha bastante favorável ao drama, mas com uma restrição ao modo como as misérias da escravidão são pintadas. A seu ver, era preciso mostrá-las em todo o seu horror, mais vivas e mais reais, para causar "impressões fortes" no leitor/espectador. Talvez o articulista fosse próximo de Francisco Antônio de Oliveira Sobrinho, pois informa que o autor tinha outros dois dramas sem o defeito que apontou. As críticas à sociedade escravocrata seriam mais contundentes em *A Escrava* e *Misérias da Escravidão*. Não consegui encontrar essas duas peças, que provavelmente ficaram inéditas e nem chegaram aos palcos. De qualquer modo, os títulos indicam o compromisso do autor com a causa emancipacionista.

5
"A Cabana do Pai Tomás" nos Palcos Brasileiros

É inquestionável a importância do romance *A Cabana do Pai Tomás*, de Harriet Beecher Stowe, para o fortalecimento de uma consciência antiescravista e abolicionista em nível internacional. Publicado primeiramente como folhetim no jornal *The National Era*, de Washington, entre junho de 1851 e abril de 1852, nesse mesmo ano foi impresso como livro, atingindo milhares de leitores nos Estados Unidos. Logo em seguida, conquistou a Inglaterra e o restante da Europa, traduzido para várias línguas, tornando-se um dos maiores *best-sellers* do século XIX[1].

Não tardou para que a história comovente do escravo Tomás, que sofre os horrores da escravidão com uma forte resignação cristã, e de Elisa, que foge com o filho vendido por seu proprietário, ganhasse adaptações teatrais. E não só nos Estados Unidos, onde a mais bem-sucedida foi a do ator e dramaturgo George L. Aiken, feita em 1852, e que teve mais de duzentas representações em Nova York, a partir de setembro de 1853, sendo posteriormente apresentada em várias cidades americanas. Não foi essa adaptação que chegou aos palcos brasileiros. Como o nosso repertório teatral ao longo do século XIX veio majoritariamente da França e de Portugal, também as adaptações de *A Cabana do Pai Tomás* representadas no Brasil vieram desses dois países. Na França, a tarefa coube a Adolphe D'Ennery e Dumanoir; em Portugal, a Aristides Abranches. O que chama a atenção é que em Paris a estreia no Théâtre de l'Ambigu Comique se deu em janeiro de 1853, ao passo que no Rio de Janeiro a adaptação francesa, que manteve o título do romance,

---

[1] Os números são impressionantes. Trezentos mil exemplares teriam sido vendidos nos Estados Unidos; na Inglaterra, mais de um milhão. Traduzido para cerca de quarenta línguas, entre elas o português, a tiragem do romance chegou a "mais de 4 milhões de exemplares nos primeiros anos de circulação". H. de S. Guimarães, Pai Tomás no Romantismo Brasileiro, *Teresa: Revista de Literatura Brasileira*, n. 12-13, p. 422. Sobre a circulação do romance no Brasil, ver D.J.Z. Ferretti, A Publicação de *A Cabana do Pai Tomás* no Brasil Escravista, *Varia História*, v. 33, n. 61, p. 189-223.

5 "A CABANA DO PAI TOMÁS" NOS PALCOS BRASILEIROS

foi representada pela primeira vez apenas em julho de 1876. Já a adaptação portuguesa, com o título *A Mãe dos Escravos*, estreou no Teatro Ginásio de Lisboa em 1863 e, no Brasil, em Fortaleza, em janeiro de 1881.

A adaptação de Adolphe D'Ennery e Dumanoir foi publicada no mesmo ano em que subiu à cena; a de Aristides Abranches, em 1864. Isso significa que a primeira poderia ter sido traduzida e representada no Brasil no decênio de 1850, à semelhança de muitas outras peças que fizeram sucesso nos palcos parisienses; o mesmo raciocínio serve para a segunda, que poderia ter subido à cena já na década de 1860. Não é difícil formular uma hipótese para explicar esse descompasso em relação à França e a Portugal. Nossa sociedade escravocrata não aceitaria ver em cena o que no romance era descrito de modo a provocar a repulsa à escravidão. Além disso, os empresários teatrais sabiam que o Conservatório Dramático ou a polícia jamais dariam permissão para a representação de peças que poderiam despertar no espectador uma atitude crítica em relação ao cativeiro. Some-se a isso o fato de que na imprensa os folhetinistas que se ocuparam do romance fizeram mais críticas do que elogios, apontando, por exemplo, que a autora exagerou na pintura das atrocidades dos senhores de escravos e que no Brasil a escravidão não era tão violenta quanto nos Estados Unidos[2].

Se em 1853 ou 1863 os ânimos não eram favoráveis a uma encenação de *A Cabana do Pai Tomás*, em 1876 e 1881, o clima político havia se modificado bastante. Imprensa, Parlamento e opinião pública estavam envolvidos no debate sobre a necessidade de se encontrar uma solução que pusesse fim à escravidão. Em 1871, a Lei do Ventre Livre fora uma conquista parcial, ligada ainda à ideia da emancipação gradual, não imediata, das pessoas escravizadas. Os liberais radicais, que já no final dos anos 1860 desejavam a abolição, não ficaram satisfeitos, pois as crianças nascidas sob a proteção da lei – os chamados "ingênuos" – na prática permaneceriam no cativeiro até atingirem a maioridade. Num discurso feito na Bahia em 1874, Rui Barbosa expressou o descontentamento com o pequeno alcance, as incongruências e as ideias contraditórias de uma reforma que "desamparava" as crianças, concluindo:

> Nem me é possível aqui deixar de lastimar, abolicionista como também sou, que os abolicionistas do meu país aplaudissem a essa reforma, sem advertir que era apenas um melhoramento superficial, aparente, com que o trono, ambicioso de colher as glórias da grande ideia, mas incapaz de assumir-lhe magnanimamente a responsabilidade, traçou protelar indefinidamente a reforma real.[3]

[2] Ver D.J.Z. Ferretti, Fortuna Crítica, em H.B. Stowe, *A Cabana do Pai Tomás*, p. 631-700.
[3] Apud O.D. Estrada, *A Abolição*, p. 78.

Pleitear o fim imediato da escravidão passou a ser a divisa dos abolicionistas que não queriam esperar os efeitos da Lei do Ventre Livre. Começa a ganhar corpo na imprensa, na sociedade e entre os políticos a batalha que terminará em 1888. A colaboração dos homens de letras se faz sentir o tempo todo, com a publicação de poemas antiescravistas nos jornais – na esteira do que já fizera Castro Alves – e de romances como: *Cenas da Escravidão* (1872), de Júlio César Leal; *Os Homens de Sangue ou os Sofrimentos da Escravidão* (1873), de Vicente Félix de Castro; e aquele que foi o ponto alto do romance romântico antiescravista, *A Escrava Isaura* (1875), de Bernardo Guimarães, primeiramente entregue pelo autor ao jornal *O Globo*, que começou a publicá-lo na forma de folhetim em 1874. A forte oposição de leitores conservadores e do jornal católico *O Apóstolo* provocou a interrupção da publicação. Nesse jornal, em 20 de setembro de 1874, lia-se numa nota que *O Globo* fora obrigado a retirar de seu rodapé o "inconveniente folhetim", para "evitar o escândalo que estava causando às famílias honestas". No final de maio de 1875, os jornais do Rio de Janeiro já noticiavam a publicação de *A Escrava Isaura* pela editora Garnier. Em alguns deles, como o *Jornal do Comércio* e *A Reforma*, o mesmo anúncio cuidava de estabelecer a relação do romance de Bernardo Guimarães com *A Cabana do Pai Tomás*, e de fazer uma crítica velada à escravidão:

> Este derradeiro romance do talentoso poeta mineiro é um livro de sensações, cenas verossímeis e tocantes acham-se na história daquela escrava que, por ter sido educada por uma alma virtuosa soube no meio de todos os tormentos e perseguições, de que foi alvo, conservar sem mácula sua honra e despertar paixão violenta e sincera no coração de um jovem rico e cheio de nobres qualidades. Se encontram neste livro desenhos corretos de alguns tipos, que infelizmente ainda hoje existem em nossa sociedade. *A Escrava Isaura* pode bem rivalizar com a célebre *A Cabana do Pai Tomás*, da talentosa escritora norte-americana.

O sucesso do romance de Bernardo Guimarães, que apelava para a emoção do leitor por meio de um enredo que fazia da protagonista uma vítima da truculência da escravidão, era mais uma prova definitiva de que uma grande parcela da sociedade brasileira desejava o fim do cativeiro. A interrupção da publicação seriada no jornal *O Globo* fora um incidente de pequena monta, diante da repercussão do romance. Muito provavelmente o ator e empresário português Guilherme da Silveira sentiu que havia um clima favorável para a encenação de uma adaptação de *A Cabana do Pai Tomás* no Rio de Janeiro; o mesmo se pode dizer do empresário Rodrigues Sampaio, em Fortaleza.

5 "A CABANA DO PAI TOMÁS" NOS PALCOS BRASILEIROS

AS ADAPTAÇÕES TEATRAIS

Antes de passar ao objetivo primeiro deste capítulo, que é demonstrar como foram importantes para a luta abolicionista no Brasil as representações das adaptações do romance de Stowe – principalmente a adaptação francesa –, quero comentá-las, ainda que sucintamente, para esclarecer em que medida alteram ou conservam determinados fatos do romance. Ao contrário do ator e dramaturgo estadunidense George L. Aiken, que fez uma adaptação bastante fiel de *A Cabana do Pai Tomás*, seguindo passo a passo o enredo e não poupando da morte personagens centrais como o próprio Pai Tomás e a menina Evangelina, os franceses Adolphe D'Ennery e Dumanoir e o português Aristides Abranches fizeram adaptações livres, não hesitando em cortar cenas e personagens ou modificar o enredo de maneira radical, preservando, porém, a mensagem abolicionista. Essa última característica é talvez a causa do sucesso que obtiveram junto ao público e à crítica nas cidades brasileiras onde foram apresentadas.

Os dois primeiros quadros da adaptação francesa seguem de perto o que ocorre no início do romance, colocando em cena o fazendeiro Shelby com dificuldades financeiras e necessitando vender escravos para pagar dívidas. Algumas modificações foram introduzidas: Saint-Clair e a filha Evangelina estão fazendo uma visita a Shelby e conhecem a escrava Elisa e seu filhinho Henrique. A mocinha – referida pelo pai como "negrófila e abolicionista" – fica encantada com a criança, que é bonita e esperta. O marido de Elisa, o escravo Jorge, que pertence a Harris, trabalha para Shelby, que paga um aluguel ao seu proprietário. São alterações pequenas em relação ao romance, mas que vão desencadear o primeiro conflito importante da adaptação, que se inicia com a chegada de Harris. Shelby conta-lhe que ele e a esposa estão muito satisfeitos com o trabalho de Jorge e que deram a mucama Elisa ao escravo em casamento. Harris fica contrariado, pois queria que Jorge tivesse filhos com as suas escravas. Segue-se um desentendimento, Harris desfaz o contrato de aluguel e leva Jorge consigo. Shelby se propõe a pagar mais e é humilhado por Harris, que lhe joga na cara ser seu credor. Inconformado com a humilhação, o fazendeiro recorre ao negociante de escravos Haley e acaba concordando em vender Tomás e o menino Henrique para pagar a dívida. Elisa ouve a conversa e foge com o filho. Em meio a cenas que revelam o sofrimento da família escrava e de Tomás, que ficará separado da mulher, os autores franceses deram realce a duas personagens cômicas – Beija-flor e Fileno –, que fizeram muito sucesso na montagem brasileira. Inspirados em Andy e Sam, do romance, eles vivem às turras e se agredindo o tempo todo. O contraponto é a caracterização de Harris como o vilão que se coloca contra Jorge e que deseja Elisa para si.

No romance, como se sabe, o enredo se desenvolve em função de duas linhas paralelas: a mais importante tem Tomás como protagonista. O leitor acompanha sua trajetória rumo ao sul, depois de ser vendido por Shelby a Haley, comprado em seguida pelo bondoso Saint-Clair a pedido da filha Evangelina e, após a morte dessas duas personagens, arrematado em leilão pelo violento Legree, que o espancará até a morte. A segunda linha do enredo se concentra na fuga de Elisa, Jorge e o filho Henrique para o Canadá. No romance, essas duas linhas não se encontram jamais. Já na adaptação teatral, apenas Jorge consegue fugir para o Canadá. Tomás, Elisa e Henrique sofrerão juntos a violência do vilão Harris.

Apesar das modificações, até o início do quarto quadro há certa fidelidade em relação aos fatos centrais do romance. Tanto que o terceiro quadro se passa na casa do senador Bird, em Ohio. Elisa bate à porta, pedindo ajuda, depois de atravessar o rio Ohio saltando sobre placas de gelo, com o filho no colo. Essa célebre passagem do romance foi posta em cena na adaptação de Aiken e encantou os espectadores da época, nos Estados Unidos. Adolphe D'Ennery e Dumanoir não ousaram tanto. O quadro enfatiza a ajuda de Bird, que age contra a lei que ele mesmo apoiou no Congresso, segundo a qual seriam punidas as pessoas que ajudassem escravos fugidos. Como ele é um bom homem, engana Haley – que persegue Elisa, porque comprou Henrique – e organiza a fuga da escrava com o filho.

As maiores alterações em relação ao romance vão desse ponto até o final. Adolphe D'Ennery e Dumanoir procederam de modo a deixar em segundo plano os escravos Tomás e Elisa. O senador Bird assume o protagonismo e enfrenta não só Haley, mas também Harris, no quarto quadro, que se passa num bosque. Os dois chegam com Tomás acorrentado e pretendem capturar Elisa e Henrique. Nessa altura, Jorge se juntou aos fugitivos, que são alcançados e sobem numa plataforma, de onde Bird atira e fere Haley. Harris e os capitães do mato fogem. Tomás, que havia escapado, num gesto de bondade socorre o ferido. Haley fica comovido e promete a Bird nunca mais comprar ou vender escravos. No romance, nem Bird, nem Haley, nem Tomás participam dessa cena e não é Haley que é ferido, mas, sim, Tom Locker. Com o caminho livre, seria lógico que os escravos fugissem para o Canadá, como faziam os que chegavam em Ohio, no norte do país. Contudo Bird decide levar todos para a fazenda de Saint-Clair, em New Orleans, onde poderia ocultá-los. Trata-se de uma incongruência que nenhuma narrativa justificaria. Porém, numa peça teatral, a justaposição de quadros que se sucedem em cena a mascara.

Para dar sequência a fatos que não ocorrem no romance, o quinto quadro nasce inteiramente da imaginação de Adolphe D'Ennery e Dumanoir.

5 "A CABANA DO PAI TOMÁS" NOS PALCOS BRASILEIROS

Saint-Clair prepara as cartas de alforria de Tomás, Elisa e Henrique, que comprou de Haley, mas Harris chega para contar que houve um naufrágio de quinze barcos por causa de uma tempestade. Como estavam segurados, a companhia de seguros em que Saint-Clair havia investido foi à falência e os bens do investidor, incluindo os escravos, estavam hipotecados. As alforrias não podem ser dadas e os escravos vão a leilão. Todo o ato é protagonizado pelo vilão Harris, que ameaça Elisa, dizendo-lhe que aceite "pertencer-lhe", caso contrário, mandará matar Jorge.

Adolphe D'Ennery e Dumanoir eram experientes autores de melodramas. A adaptação que fizeram segue as regras desse tipo de peça que exige um conflito forte entre as forças do bem e as forças do mal. Enquanto o vilão tem vantagens, a escravidão se apresenta encarnada em seu comportamento e palavras. Harris, portanto, é uma figura repugnante, que concentra em si todo o mal que deve ser vencido no desfecho, pois também é da regra do melodrama que haja um final feliz.

O sexto quadro se baseia vagamente numa cena do romance, a do leilão de escravos, em que Tomás é vendido a Legree. Mas só a ideia do leilão é aproveitada. Nessa altura, no romance, Elisa, o marido e o filho chegam ao Canadá, enquanto Tomás padece no cativeiro. Na adaptação de Adolphe D'Ennery e Dumanoir, o leilão é um momento para reunir o senador Bird, Harris, Haley, Beija-flor, Fileno, Tomás, Jorge, Elisa e o menino Henrique. Numa cena cômica, Fileno, posto à venda por Beija-flor, finge estar doente, manca, tosse, vira os olhos e é vendido por apenas 25 dólares. O momento mais forte do quadro é a disputa por Elisa. Harris cobre os lances do senador Bird, que desiste. Jorge, vindo do Canadá, oferece quatro mil dólares e nesse momento Beija-flor entra gritando que um engenho perto do rio está pegando fogo, enquanto um sino toca. Harris corre, pensando que o incêndio era em sua propriedade e Jorge compra Elisa. Harris volta furioso, pois fora enganado pela mentira de Beija-flor, e se vinga comprando o pequeno Henrique por cinco mil dólares, uma fortuna na época.

Como se vê, a vantagem do vilão diminui de tamanho, mas ele tem um trunfo para realizar o seu desejo de possuir Elisa. Além disso, ele agora é também o proprietário de Tomás. Todo o sétimo e último quadro deve reverter a situação, o que de fato acontece. Harris desce ainda mais ao insinuar a Elisa que Henrique poderá morrer "acidentalmente" na fazenda, caso não ceda a ele. Bird o confronta, indignado também com o espancamento de que Tomás é vítima. Harris sugere um duelo, que o senador aceita. Mas Jorge chega e esbofeteia o vilão para substituir Bird no duelo. Evidentemente, Harris será morto e, ao final, um machucado Tomás cai de joelhos ao pé do cadáver, exclamando: "Meu Deus, perdoe-lhe!", seguido por Bird, que encerra a peça dizendo: "Decididamente é preciso reformar a lei da escravidão!"[4] Observe-se que o tradutor explicita o que no original francês fica subentendido: "Allons... Il y a encore quelques amendements à introduire dans la loi."[5]

Embora a adaptação de Adolphe D'Ennery e Dumanoir contenha uma série de imperfeições aos nossos olhos de hoje, o sucesso junto ao público brasileiro nas décadas de 1870 e 1880 atesta que a forma do melodrama ainda agradava. O final feliz para os bons e a punição do vilão eram imposições desse tipo de peça. Nos comentários dos jornais que veremos adiante, não li nenhuma queixa acerca das infidelidades da adaptação em relação ao romance. Nem mesmo da maior delas, que foi poupar Tomás da morte. Na adaptação de Aiken, o desfecho se dá exatamente com a morte de Tomás, que diz suas últimas palavras a George Shelby, glorificando a Deus, às quais se segue uma espécie de apoteose, de gosto um tanto duvidoso, reafirmando o espírito cristão do romance: "Lindas nuvens, coloridas com a luz do sol. Eva, vestida de branco, aparece nas costas de uma pomba branca com asas expandidas, como se fosse alçar voo. Suas mãos estão estendidas em forma de bênção sobre Saint-Clair e Pai Tomás, que estão ajoelhados e olhando para ela, no alto. Música expressiva. Cortina lenta."[6]

Convenhamos que o desfecho da adaptação francesa servia melhor à causa abolicionista. Enquanto Aiken enfatiza a mensagem cristã, de resignação diante do sofrimento, e recompensa na eternidade, Adolphe D'Ennery e Dumanoir revestem as palavras de Bird de uma dimensão política que, para a plateia brasileira dos anos 1870 e 1880, fazia mais sentido.

■ ■

A adaptação de Aristides Abranches é inferior à francesa e apresenta problemas semelhantes aos apontados acima. O autor português também optou pela forma melodramática, criando um vilão para perseguir Elisa e o filho, aqui transformados em filha e neto de Tomás, talvez para incrementar junto ao público a simpatia por essas personagens que tanto vão sofrer nas mãos de um negociante de escravos. O primeiro ato lembra muito o da adaptação francesa, trazendo à cena o fazendeiro Shelby e seus problemas financeiros. Mas quem negocia com ele é Tom Locker, que no romance é contratado por Haley às margens do rio Ohio para localizar e capturar Elisa e Henrique. Nessa versão, o senador Bird não aparece. Shelby deve a Locker e, para

---

4   A. D'Ennery; P. Dumanoir, *A Cabana de Pai Tomás*, p. 98.
5   Idem, *La Case de L'Oncle Tom*, p. 30.
6   G.L. Aiken, *Uncle Tom's Cabin*, em J. Gassner; M. Gassner (eds.), *Best Plays of the Early American Theatre: From the Beginning to 1916*, p.184.

pagar a dívida, cede os escravos Tomás, Henrique e um terceiro, chamado Topsy, rapaz que se comporta como um bobo. A novidade introduzida por Abranches é que Locker reconhece em Topsy o filho de uma escrava que assassinou friamente no passado. Topsy, em aparte, quando vê o vilão, se lembra da mãe. Fica no ar um nó do enredo, que terá seu desenlace no final da peça. Como no romance ou na adaptação francesa, Elisa foge com o filho, mas não a veremos bater à porta do senador Bird. No segundo ato, ela surge inexplicavelmente a bordo de um vapor que segue para New Orleans. É uma incongruência para que esteja no mesmo espaço que seu perseguidor e outras personagens importantes para o desenvolvimento do enredo: Saint-Clair, Evangelina e o capitão Kentucki. Todos vão defendê-la, mas a lei está do lado de Locker, que a aprisiona. Só saberemos isso mais à frente, pois o autor criou uma cena final de grande efeito. Elisa ameaça se jogar no rio com o filho e a rubrica diz o seguinte: "Louca de desespero, precipita-se para a amurada na atitude de lançar-se ao rio. Movimento de terror. O pano desce rapidamente sobre esse quadro."[7]

A partir do segundo ato, nota-se que Abranches fez um recorte no enredo do romance, escolhendo centralizar a ação dramática nas passagens protagonizadas por Saint-Clair e a filha Evangelina. É a menina que concentrará em suas ações o espírito abolicionista da peça, com sua bondade e cuidado com os negros. Ela insiste com o pai para que compre Tomás, depois de colocar-se à frente do escravo que estava sendo açoitado por Locker. No romance, Stowe nos comove com a doença e morte dessa criança tão bondosa, à qual se segue a morte de Saint-Clair. Porém, para não trair a essência do melodrama, Abranches poupa-os da morte, para que possam fazer o bem e proteger Elisa, Henrique e Tomás, este também poupado da morte, uma vez que deve prevalecer no desfecho a punição do vilão e a felicidade dos bons.

O terceiro ato, aliás, reforça o caráter de Evangelina. Ela não só cuida bem de Tomás, como se preocupa com outros escravos que sofrem a violência de seus senhores. Como é uma criança doente, sofre um forte abalo ao tentar defender uma escrava que é açoitada em sua frente. Entre a vida e a morte, pede ao pai que liberte todos os seus escravos. E é atendida, pois um "milagre" a devolve à vida, numa cena para comover o público. Em relação ao desenvolvimento do enredo, o fato importante é a chegada de Jorge, do Canadá, à procura de Elisa e Henrique.

O quarto ato da adaptação portuguesa é surpreendente, pois é inteiramente calcado no quadro do leilão de escravos da adaptação francesa. A partir de certa altura, praticamente é um plágio. Elisa e Henrique vão a

---

[7] A. Abranches, *A Mãe dos Escravos*, p. 28.

leilão porque os credores de Shelby, que foi à falência, anularam a venda dos dois. Veremos, portanto, Locker querendo comprá-los e vencendo a disputa por Elisa, quando gritos de "fogo" e sinos tocando fazem o vilão correr para sua casa. Jorge compra Elisa por quatro mil dólares e, quando vai arrematar o menino Henrique, Locker volta e cobre seu lance. Topsy, como Beija-flor, na adaptação francesa, havia mandado pôr fogo em montes de palha seca e dado algum dinheiro para alguém tocar o sino. O desespero toma conta de Elisa e Jorge. Todos se juntam para dar lances mais altos que Locker e o valor chega a trinta mil dólares. É então que Saint-Clair exige do vilão que mostre o dinheiro. Como não o tem em mãos, ele perde a disputa, mas, "possesso de raiva", tenta apunhalar Henrique e é morto por Topsy, que o observava. Fazendo-se de bobo, o rapaz vingou, finalmente, a mãe. A peça termina com a liberdade dos escravos e estas falas:

> TOMÁS (*para os seus*): Meus filhos... Beijemos a mão à mãe dos escravos.
> EVANGELINA: Estão livres, meus amigos... Agradeçam a Deus e orem pelos mortos (*indicando o corpo de Locker*). [p. 56]

Como se vê, em ambas as adaptações os autores fizeram escolhas para acomodar à forma dramática o que no romance tem um desenvolvimento muito maior. A despeito das inconsistências e incongruências apontadas, quando foram encenadas fizeram muito sucesso, principalmente a adaptação francesa, que me parece mais contundente na crítica à escravidão.

TEATRO E PROPAGANDA ABOLICIONISTA NO RIO DE JANEIRO

No dia 7 de julho de 1876, no Teatro São Pedro de Alcântara, no Rio de Janeiro, foi representada pela primeira vez a adaptação de *A Cabana do Pai Tomás*, feita por Dumanoir e Adolphe D'Ennery, e traduzida pelo ator Júlio Xavier. Nos jornais, o anúncio dava destaque aos sete quadros que compunham a peça, cujos títulos vinham em letras garrafais, alguns prometendo grande emoção: "O mercador de escravos", "A Fuga", "A caça aos escravos", "A carta de alforria". O ator e empresário Guilherme da Silveira assinava a "*mise en scène*" e fazia o papel do senador Bird.

As críticas teatrais publicadas nos principais jornais do Rio de Janeiro foram extremamente elogiosas ao espetáculo bem-cuidado em seu aparato cênico e no desempenho dos artistas. Os mais próximos às ideias liberais não esconderam a simpatia pela causa abolicionista que a peça defendia e ressaltaram esse aspecto. Na *Gazeta de Notícias* de 9 de julho de 1876, *A Cabana*

5 "A CABANA DO PAI TOMÁS" NOS PALCOS BRASILEIROS

do Pai Tomás foi definida como "uma peça de propaganda que tem por fim pôr em relevo a maldade de alguns senhores e as desgraças de alguns infelizes que nasceram no cativeiro". Sem assinatura, como era comum na época, o autor fez um resumo do enredo, elogiou os artistas e o efeito dramático de cenas como a da caça aos escravos e a do leilão: "São dois quadros tanto mais impressionáveis quanto é certo que eles são fiel cópia daquelas cenas desumanas".

Chamo a atenção para a classificação da peça como "peça de propaganda". Dois outros jornais também a utilizaram, a exemplo da *Gazeta de Notícias*, poucos dias depois: na *Revista Ilustrada*, de 15 de julho, e na *Ilustração do Brasil*, de 29 de julho, a adaptação teatral levada à cena foi referida como "drama de propaganda abolicionista". Essa classificação só se tornará comum, nos textos críticos e nos anúncios teatrais, após a campanha abolicionista começar para valer, em 1879. Como ainda se verá à frente, vários dramaturgos brasileiros escreverão peças em que as críticas à escravidão virão claramente acompanhadas de mensagens abolicionistas.

A encenação de *A Cabana do Pai Tomás* fortaleceu o desejo por uma dramaturgia ainda mais fortemente empenhada em livrar o país da escravidão. E possibilitou aos jornalistas que dela se ocuparam dizer com todas as letras que, embora a ação se passasse nos Estados Unidos, aquele universo também dizia respeito ao Brasil. De todos os textos críticos que pude ler nos jornais da época, creio que o que foi publicado no dia 18 de julho em *O Mequetrefe*, assinado por Del Marco – possivelmente um pseudônimo – é o mais contundente. A citação é longa, mas por ela se pode perceber que o combate abolicionista precisava de coragem e palavras vigorosas para que a denúncia da ignomínia da escravidão abalasse os brasileiros. Depois de afirmar que o romance *A Cabana do Pai Tomás* havia feito mais do que as armas para a conquista da abolição nos Estados Unidos, continua o articulista:

> Em um país como o nosso, onde o corpo humano está sujeito ao açoite, onde se marca livremente o escravo, onde é bem possível que sucumbam anualmente não poucos centenares de indivíduos pelos excessos dos castigos corporais, nenhum drama melhor que *A Cabana do Pai Tomás* para revoltar os homens de bem, em cujos corações pulsa a sã doutrina do Calvário contra essa instituição que será sempre o ponto negro da memória de nossos avós.
>
> Tudo quanto naquele drama se vê, toda aquela infâmia que revela Sir Harris para gozar a mulata Elisa, procurando inutilizar Jorge, o mulato escravo, encontra-se em nosso interior, dando lugar às mesmas cenas que nos mostram os senhores Dumanoir e D'Ennery.

> Passa-se é verdade a cena nos Estados do Sul da União Americana; mas, nunca página alguma terá melhor aplicação ao interior do Brasil.
> Onde há escravo há quase sempre a mesma índole, o ódio inveterado do homem privado da sua liberdade em benefício de um seu semelhante, e a superioridade do senhor covarde contra o ente indefeso – o escravo.
> Se não temos o leilão e a caça de escravos garantidos pela lei, temos com abuso dela e com a indiferença das autoridades, que nem sempre protegem o escravo como manda essa tão decantada lei de 28 de Setembro, que até hoje só serviu de passaporte ao Imperador para que os homens livres da Europa e América lhe estendam as mãos.

Observe-se no final da citação a crítica à Lei do Ventre Livre, que jogava para o futuro o fim do cativeiro. Além dessas duras palavras, o articulista afirma que o tipo do mercador de escravos que aparece na peça "encontramos na nossa sociedade, tão real, tão verdadeiro como nos apresenta o inteligente ator [Silva Pereira]". O texto termina com a citação da fala do senador Bird, no desfecho – "Precisamos reformar a lei da escravidão" –, seguida desta afirmação: "Que essas palavras nunca mais se percam dos ouvidos de todos quantos a ouvirem naquele teatro! Parabéns ao Sr. Guilherme da Silveira."

Em pelo menos dois órgãos da imprensa – *Revista Ilustrada*, de 15 de julho, e *O Mosquito*, de 29 de julho – a representação de *A Cabana do Pai Tomás* serviu de munição para críticas ao Conservatório Dramático, que havia sido reativado em 1871. Em ambos se cobrou coerência, pois a proibição da peça anticlerical *Os Lazaristas*, do português Antônio Ennes, em 1875, exigia que a adaptação do romance abolicionista também fosse proibida, pois a escravidão tinha o amparo da lei. Sobrou até mesmo um puxão de orelha em Machado de Assis, que era censor do Conservatório Dramático. O articulista "L.O.", da *Revista Ilustrada*, considerou que a peça foi liberada porque "o Conservatório não quis ficar mal com a empresa; mas então... Mas então recorresse ao expediente do conservaterista Machado de Assis: licenciasse a peça, declinando a responsabilidade da representação para a polícia". De fato, o escritor brasileiro havia feito isso no parecer que exarou sobre *Os Lazaristas*, publicado na *Gazeta de Notícias* de 14 de outubro de 1875.

Com praticamente toda a imprensa elogiando a encenação de *A Cabana do Pai Tomás*, ao sucesso de crítica seguiu-se o sucesso junto ao público, que acorreu ao Teatro São Pedro de Alcântara, nos meses de julho e agosto de 1876, enquanto a peça ficou em cartaz, atingindo o número de 24 representações. Além de Guilherme da Silveira, outros artistas mereceram elogios: Antonina Marquelou, como Elisa; Araújo, como Tomás; Silva Pereira, como Harris; Fraga, como Jorge; e Carvalho Lisboa, como Beija-flor. No final de setembro, exatamente no dia 30, a *Gazeta de Notícias* publicou uma pequena carta assinada por "muitas famílias", na qual se pedia a Guilherme da Silveira que fosse apresentar a peça pelo menos uma vez em Niterói, pedido que foi atendido.

Até o final de 1876 e durante o ano de 1877, *A Cabana do Pai Tomás* foi representada algumas poucas vezes no Rio de Janeiro. O repertório de Guilherme da Silveira era extenso e o público pedia novidades. Entre janeiro de 1878 e agosto de 1879, o ator e empresário leva sua companhia dramática para as províncias do sul, com o reforço de uma atriz de prestígio, Ismênia dos Santos, como veremos mais à frente. De volta à corte, ele organiza nova empresa dramática para dar espetáculos no Teatro São Pedro de Alcântara, estreando no dia 7 de setembro de 1879 com o drama abolicionista que, segundo os jornais, voltou à cena com grande aceitação do público. De fato, até o final de 1879, cerca de dez apresentações comprovam que a peça continuou a interessar pelo menos a parcela dos espectadores simpáticos ao fim da escravidão. Nessa temporada, Ismênia dos Santos foi substituída por Apolônia Pinto nas primeiras apresentações, mas, em novembro, ela retomou o papel de Elisa. Apolônia aceitou um contrato em Pernambuco e desligou-se da companhia de Guilherme da Silveira. Ao retornar para a corte em 1881, a atriz foi novamente contratada por essa companhia e voltou a interpretar o papel de Elisa em pelo menos duas apresentações de *A Cabana do Pai Tomás*, em 23 de julho e 12 de agosto.

É preciso lembrar que, nessa altura, estava lançada a campanha abolicionista no Parlamento, com grande repercussão na imprensa e na opinião pública. No dia 5 de março de 1879, discutia-se na Câmara o orçamento do Império e o deputado pela Bahia, Jerônimo Sodré, fez um pronunciamento defendendo a abolição imediata da escravidão. Foi o estopim do grande movimento abolicionista, como reconheceu Joaquim Nabuco, em discurso proferido na Câmara em 2 de setembro de 1880: "Parecia ir-se formando um partido abolicionista, cujos soldados pouco a pouco se arregimentavam, desde o dia em que o nobre deputado pela Bahia, Sr. Jerônimo Sodré, proclamou, não a emancipação gradual, a emancipação transigindo com os interesses conservadores do país, mas a emancipação imediata e pronta."[8] O mesmo Nabuco lembraria em *Minha Formação* a importância do pronunciamento de Jerônimo Sodré, depois de mencionar outros deputados comprometidos com a causa da abolição imediata, como Manuel Pedro, Correia Rabelo e Barros Pimentel: "Esse pronunciamento vem resolvido da Bahia e rebenta na Câmara como uma manga de água, repentinamente. Nada absolutamente o fazia suspeitar... Ao ato de Jerônimo Sodré filia-se a minha atitude dias depois."[9]

8 Apud E. de Moraes, *A Campanha Abolicionista (1879-1888)*, p. 30.
9 J. Nabuco, *Minha Formação*, p. 200.

Entre 1880 e 1888, ao mesmo tempo que a campanha abolicionista se intensificava, a adaptação teatral de *A Cabana do Pai Tomás* foi esporadicamente representada no Rio de Janeiro, num total aproximado de trinta apresentações, segundo as informações que colhi na página de anúncios teatrais da *Gazeta de Notícias*. É possível que tenha havido outras, não registradas por esse jornal. Uma nota publicada na *Gazeta da Tarde* de 31 de janeiro de 1881 relata a reação do público a certas passagens da peça, mostrando-se simpático à causa abolicionista. O espetáculo no Teatro Recreio Dramático teve casa cheia e muitos aplausos:

> Notava-se na expansão das palmas populares, um desejo preciso de afirmar uma tenção – a adesão à propaganda abolicionista. Todas as vezes que no diálogo, transparecia uma alusão ao desumano e feroz regime escravocrata, o público não deixava esperar o seu concurso significativo. A evolução abolicionista tem caminhado com prestigiosa rapidez. O Recreio ontem foi o nosso barômetro.

Nem mesmo a ausência de Guilherme da Silveira, que foi para Portugal em 1884, lá permanecendo por quase quatro anos, impediu a continuidade das apresentações de *A Cabana do Pai Tomás*. Uma das mais significativas ocorreu no dia 15 de abril de 1884. O Ceará havia decretado o fim da escravidão em seu território, no dia 25 de março, e as comemorações no Rio de Janeiro foram espetaculares, como relatam os jornais da época, particularmente a *Gazeta da Tarde*, que fez longa e detalhada descrição da comemoração que teve lugar no Teatro Politeama. A matinê, contando com quatro mil pessoas, teve a execução da marcha "A Marselhesa dos Escravos", de Cardoso de Menezes; discursos de João Clapp, pela Confederação Abolicionista, e de outros oradores; leitura de telegramas de congratulações de várias províncias, alguns dando conta de novas alforrias conquistadas; leitura de uma carta de André Rebouças a Joaquim Nabuco; e um concerto regido pelo maestro Francisco Gomes de Carvalho, para citar o que de mais importante aconteceu naquela tarde. À noite, as festividades continuaram, com uma grande quermesse no jardim do teatro e um espetáculo de números variados organizado pelo empresário teatral português Sousa Bastos. Houve também cortejos pelas ruas, um dos quais homenageou o jangadeiro Francisco do Nascimento, um dos líderes do fechamento do porto de Fortaleza ao embarque de escravos, em 1881[10].

À frente do Teatro Recreio Dramático, o ator e empresário Dias Braga também quis comemorar o fim da escravidão no Ceará e incentivar a luta abolicionista. No dia 15 de abril, ele capitaneou a representação de *A Cabana do Pai Tomás*, dedicando a renda da récita ao jangadeiro Francisco do Nascimento.

---

10   R. Girão, *A Abolição no Ceará*, p. 90-95 e 114-119.

5 "A CABANA DO PAI TOMÁS" NOS PALCOS BRASILEIROS

Para isso, teve o apoio da Sociedade Abolicionista Luso-Brasileira e da Sociedade Abolicionista Cearense. Segundo o anúncio publicado nos jornais, o teatro receberia várias sociedades abolicionistas e, precedendo a peça, uma orquestra apresentaria a sinfonia da ópera *O Guarani* e o hino da Sociedade Libertadora Cearense, este com o auxílio de uma banda de música; em seguida, a menina Cândida Barata, filha do dr. Barata Ribeiro, "vestida a caráter, figurando a África escravizada", num cenário representando um deserto africano, recitaria o poema "Vozes d'África".

O espetáculo contou com o apoio do público, no embalo das festividades pelo fim da escravidão no Ceará. Dias Braga aproveitou os ânimos favoráveis dos fluminenses em relação à abolição e representou a peça mais cinco ou seis vezes.

Em 17 de novembro de 1886, o Teatro Fênix Dramática pôs em cena, pela primeira vez no Rio de Janeiro, *A Mãe dos Escravos*, de Aristides Abranches. A simpatia pela causa abolicionista, nessa altura, era enorme, o que ajudou a manter o drama em cartaz até o início de dezembro, com treze récitas seguidas. Outras três ou quatro, entre abril e julho de 1887, atestam um razoável sucesso, menor, porém, que o obtido por Guilherme da Silveira dez anos antes. De qualquer modo, a imprensa mostrou-se satisfeita com o espetáculo, destacando o vínculo com o romance *A Cabana do Pai Tomás* e ressaltando a crítica à escravidão presente em seu enredo. O jornal abolicionista *Gazeta da Tarde*, em 18 de novembro, assim resumiu o que se via no palco: "um coração de mulher que sente e sofre os sentimentos e as dores de desgraçados, que são oferecidos em público pregão, que veem-se examinados como ínfimos animais, com esquecimento do próprio pudor, para os quais finalmente não existe o lar, não se permite a família". Um dia depois, em outro jornal favorável à abolição, a *Gazeta de Notícias*, lia-se uma nota bastante favorável à peça, dando conta também de informar que a representação fora muito aplaudida pelos espectadores. Depois de afirmar que Aristides Abranches soube extrair "com muita habilidade" um drama do romance de Stowe, conclui o autor da nota:

> Os personagens são os mesmos do magnífico livro. Já se sabe, portanto, que se trata de uma peça em que por um lado são expostos todos os horrores da escravidão, e por outro todos os sentimentos humanos em luta com o infame comércio de escravos. Não faltam, pois, cenas profundamente sensibilizadoras e comoventes, daquelas que fazem com que o espectador se identifique com a sorte dos personagens que mais interesse lhe despertam.

Anunciado como "aparatoso drama de propaganda" ou "magnífico drama de propaganda abolicionista", com *mise en scène* do ator Montedônio, *A Mãe dos Escravos* mereceu ainda elogios de *O País*, *Diário de Notícias* e *Jornal do Comércio*. Neste, o articulista observou que o drama era oportuno pela atualidade do assunto que movimentava nossa vida social e política. Comparada à adaptação de Dumanoir e Adolphe D'Ennery, a de Aristides Abranches deu uma contribuição menor à luta abolicionista no Rio de Janeiro, mas nem por isso deve ser ignorada.

Em novembro de 1887, Guilherme da Silveira está de volta ao Brasil. Contratado por Dias Braga, retoma o papel do senador Bird, que lhe dera tanto prestígio, numa nova série de representações de *A Cabana do Pai Tomás*. No início de 1888, ele constitui mais uma companhia dramática, sempre atento ao debate sobre a questão do cativeiro. Em 5 e 6 de maio, são realizadas duas apresentações do drama abolicionista no Teatro Variedades Dramáticas. No Parlamento, o gabinete de João Alfredo apresenta a proposta de extinção da escravidão em 8 de maio. Na *Gazeta da Tarde* do dia seguinte, lê-se:

> Amanhã, no Teatro Santana, será o ponto de reunião de todos os abolicionistas, que vão assim festejar a apresentação do projeto da abolição da escravatura entre nós.
> Veste-se de galas o teatro, e a companhia do Guilherme da Silveira representará o grande drama de oportunidade *A Cabana do Pai Tomás*.
> Vários oradores conhecidos far-se-ão ouvir.
> A Confederação Abolicionista estará presente. As sociedades abolicionistas, com os seus estandartes, bandas de música, fogos, flores, tudo, tudo há de concorrer para o brilhantismo da festa, que promete ser deslumbrante.
> O espetáculo é dedicado e honrado com a presença do Sr. presidente do conselho, o Sr. conselheiro João Alfredo.

No anúncio do espetáculo, mais informações que atestam a importância que os políticos abolicionistas davam ao teatro. Na *Gazeta de Notícias* de 10 de maio, lê-se que Joaquim Nabuco estará presente e que a Confederação Abolicionista, com seus estandartes, receberá o conselheiro João Alfredo à porta do teatro para conduzi-lo ao seu camarote. Antes da representação da peça, segundo o anúncio, "os notáveis oradores José do Patrocínio, Afonso Celso Júnior, Coelho Neto e outros farão discursos alusivos à grande festa nacional", e Luís Murat recitará um poema escrito especialmente para a ocasião. Todo o evento se dava "em sinal de regozijo pelo grande acontecimento nacional – apresentação do projeto da abolição imediata da escravidão no império brasileiro".

O dia 13 de maio de 1888, como se sabe, foi de intensas comemorações por todo o país. Assinada pela princesa Isabel, a Lei Áurea coroou uma luta de muitos anos, envolvendo a sociedade como um todo, os escravizados e os políticos que levaram a campanha abolicionista para dentro do Parlamento. O teatro não podia ficar de fora da grande festa nacional. E mais uma vez

5 "A CABANA DO PAI TOMÁS" NOS PALCOS BRASILEIROS

Guilherme da Silveira põe em cena *A Cabana do Pai Tomás*, no Teatro Santana. O espetáculo na noite de 13 de maio foi anunciado em letras garrafais nos jornais, para homenagear "os heroicos e beneméritos abolicionistas Conselheiro Dantas, Joaquim Nabuco e José do Patrocínio, em sinal de regozijo pela sua extraordinária vitória". Noite de festa, com a presença dos homenageados e a seguinte programação precedendo a apresentação da peça:

> Ilustres oradores cumprimentarão os beneméritos cidadãos a quem é oferecido este brilhantíssimo festival. Coelho Neto fará o elogio histórico de José do Patrocínio. O distinto poeta dos escravos, Luís Murat, cumprimentará o senador Dantas e o acadêmico Marinho de Andrade saudará em nome dos seus colegas o muito nobre deputado Joaquim Nabuco. O ator Maia recitará uma poesia alusiva ao ato. Uma menina recitará em cena aberta uma esplêndida poesia do poeta Luís Murat, oferecida ao grande ministro-conselheiro Ferreira Viana. Uma comissão da Escola Militar oferecerá um riquíssimo buquê de flores artificiais ao grande abolicionista José do Patrocínio.

Feitas as contas, a adaptação teatral francesa de *A Cabana do Pai Tomás* ficou cerca de doze anos em cartaz no Rio de Janeiro, com representações esporádicas que colaboraram para manter viva a chama abolicionista. Milhares de pessoas viram a peça, cuja importância para a formação de uma consciência abolicionista no Brasil é incontestável. Reveste-se de grande simbolismo o fato de que tenha sido representada na noite de 13 de maio para solenizar a vitória da liberdade sobre a escravidão.

NOS PALCOS DAS PROVÍNCIAS

Guilherme da Silveira não se limitou a representar no Rio de Janeiro a adaptação teatral de *A Cabana do Pai Tomás*. Em dezembro de 1877, ele viajou com sua companhia dramática para São Paulo, onde pretendia apresentar um repertório variado. A estreia, marcada para o dia 15, com o já famoso drama abolicionista, no Teatro São José, sofreu um grande revés: a polícia proibiu a representação, obrigando Guilherme da Silveira a iniciar sua turnê com outra peça. Os fazendeiros paulistas escravocratas tinham ainda enorme força política na província e dependiam da mão de obra escrava para o plantio e colheita do café. É muito provável que tenham feito pressão para impedir a propaganda abolicionista no teatro. Guilherme da Silveira apresentou outras peças e, no início de janeiro de 1878, foi para Campinas. Nessa cidade não foi impedido de encenar *A Cabana do Pai Tomás*. No jornal *A*

Província de São Paulo – atual *O Estado de S. Paulo* – uma nota publicada em 16 de janeiro informava que em Campinas obteve-se a permissão para a representação da peça e, "ao espalhar-se esta notícia, os bilhetes foram vendidos todos, como por encanto, em rápidos instantes". De volta ao Rio de Janeiro – no caminho inaugurou o Teatro São João em Taubaté –, o ator e empresário preparou nova viagem, dessa vez mais longa, começando de novo pela província de São Paulo, em abril de 1878. Até julho desse ano, apresentou-se em várias cidades, segundo notícias que colhi em jornais: São Paulo, Campinas, Santos e Taubaté.

Impedido mais uma vez de representar *A Cabana do Pai Tomás* em São Paulo, Guilherme da Silveira demonstrou de outro modo sua simpatia pela causa abolicionista. Nos dias 6 e 19 de junho de 1878, de acordo com os anúncios publicados no *Correio Paulistano*, fez dois espetáculos com renda revertida para a compra de cartas de alforria. O anúncio do primeiro informava: "A beneficiada roga a todas as pessoas que se dignem concorrer a este ato de caridade para a sua libertação que desde já se confessa grata"; e o do segundo: "A beneficiada irá em um dos intervalos agradecer aos seus convidados o obséquio que lhe dispensaram."

Em meados de julho de 1878, o ator e empresário embarca com sua companhia para o Rio Grande do Sul. No dia 22, estreia na cidade do Rio Grande, com a peça *A Doida de Montmayor*. No mês seguinte, dá espetáculos em Pelotas, mas não consegui informações de que tenha representado *A Cabana do Pai Tomás* nessa cidade. É bem provável que sim, pois a pôs em cena no Teatro São Pedro de Porto Alegre, no dia 3 de setembro, como informou o dramaturgo Artur Rocha – sob o pseudônimo de K. Zéca – no *Álbum do Domingo* do dia 8: "Terça-feira representou a companhia o drama *A Cabana do Pai Tomás*, que, se não prima como obra literária, é um drama que tem o poder de levantar as plateias, e que teve um excelente desempenho". No mesmo jornal, de 13 de outubro, o escritor informou que a peça havia sido representada na cidade do Rio Grande.

Ao longo da década de 1870, foi bastante expressivo o apoio da imprensa e de escritores gaúchos à luta abolicionista. Como visto no capítulo anterior, a criação da Sociedade do Partenon Literário desencadeou o surgimento de peças teatrais antiescravistas – de autores como Apolinário Porto Alegre, José de Sá Brito e Artur Rocha – e de espetáculos em benefícios de alforrias. Acrescente-se a atuação da maçonaria, à qual muitos intelectuais se ligaram e teremos um quadro aproximado do que encontrou Guilherme da Silveira quando chegou ao Rio Grande do Sul[11]. A expectativa em torno de represen-

11   Ver R.R. Geraldes, *Teatro e Escravidão*.

5 "A CABANA DO PAI TOMÁS" NOS PALCOS BRASILEIROS

tação de *A Cabana do Pai Tomás* deve ter sido grande, pois não era novidade o sucesso que a peça obtivera no Rio de Janeiro e o conteúdo que apresentava.

A acolhida em Porto Alegre não decepcionou. A peça foi representada cinco vezes, sempre com bom público. A quinta récita, inclusive, foi a da despedida da companhia, com o teatro completamente cheio. Guilherme da Silveira foi ovacionado e o palco ficou coberto de flores e de chapéus jogados pelos seus admiradores. Depois do espetáculo, uma multidão, com uma banda de música à frente, conduziu o ator ao hotel em que se hospedara. No dia 29 de setembro de 1878, a *Gazeta de Notícias* do Rio de Janeiro transcreveu trechos das matérias publicadas nos jornais *A Reforma*, *Correio Mercantil*, *Jornal do Comércio* e *O Rio Grandense*. De um modo geral, a imprensa gaúcha só teceu elogios, tanto à peça quanto aos desempenhos de Guilherme da Silveira e Ismênia dos Santos, no papel de Elisa. A reação do público foi a melhor possível: ao final dos espetáculos, a companhia era repetidas vezes chamada à cena e aplaudida com verdadeiro entusiasmo pela plateia.

Guilherme da Silveira permaneceu nas províncias do Sul até maio de 1879, apresentando-se alternadamente em várias cidades, como Rio Grande, Pelotas, Porto Alegre, Desterro – atual Florianópolis – e Curitiba. Dentre as notícias dos jornais sobre seus espetáculos, destaco a "Crônica Teatral", sem assinatura, publicada em *O Despertador*, do Desterro, em 4 de março, na qual o articulista descreve o teatro Santa Isabel lotado, apesar da noite chuvosa, para assistir à representação de *A Cabana do Pai Tomás*. Embora não veja qualidade literária na adaptação, o articulista reconhece que se trata de um drama que apresenta "uma sucessão de cenas tocantes e repugnantes" destacadas do romance. E quem o leu ou vê a peça no palco "não pode deixar de revoltar-se contra esse cancro social que nós, os americanos, herdamos infelizmente de nossos antepassados". É de se crer que esse tipo de avaliação – não só por parte da imprensa, mas também pelos espectadores comuns – tenha sido uma constante onde quer que tenha havido uma representação da peça. Nesse sentido, é inegável a sua importância para a propaganda abolicionista.

No *Correio Paulistano* de 28 de maio de 1879, lê-se que Guilherme da Silveira e Ismênia dos Santos, procedentes de Santa Catarina, estão em São Paulo. É a última parada da companhia, antes do retorno ao Rio de Janeiro. A expectativa em torno da possível representação da peça proibida em dezembro de 1877 é grande e pelo menos dois jornais exprimiram o desejo de que a proibição fosse levantada. No *Jornal da Tarde* de 23 de junho, o articulista da coluna "Estros e Palcos" comenta a encenação do drama *Ódio de Raça*, do português Gomes de Amorim, que lhe pareceu pertencer "ao mesmo gênero de *A Cabana do Pai Tomás*, de proibitiva memória". Mais à frente acrescenta:

Já que o *Ódio de Raça* apareceu em cena não será estranhável que possamos assistir, dentro em pouco, à representação de *A Cabana do Pai Tomás*, que, há tempos, foi proibida pela autoridade policial.

A esta aconselhamos que leia com bastante atenção a peça de Adolphe D'Ennery e veja se há razão para obstar a sua aparição no palco, como já se fez, tanto mais que o sucesso obtido ontem pelo *Ódio de Raça* é bastante para mostrar que não podem resultar más consequências de dramas cujo fim representa a verdadeira moral, e que encerram lições bem úteis e proveitosas.

Três dias depois, *A Província de S. Paulo* insistia na liberação da peça, em nota na qual afirmava não ver razão para a proibição, uma vez que a polícia de Campinas havia consentido que nessa cidade fosse representado o drama, "sem que houvesse algum terremoto".

De nada adiantaram os apelos. Ainda que *Ódio de Raça* seja de fato uma peça de cunho antiescravista, escrita em 1854, cuja ação se passa no Pará, sua liberação não alterou em nada a disposição das autoridades policiais em relação a *A Cabana do Pai Tomás*. Apenas em 1881, os paulistanos puderam ver esse drama no palco, em apresentações dadas no Teatro São José. A estreia, em 19 de fevereiro, foi bastante concorrida, segundo nota publicada no *Jornal da Tarde* do dia seguinte. Guilherme da Silveira mereceu elogios em seu desempenho e a peça foi denominada "drama de propaganda abolicionista e democrata". Enviadas para o Rio de Janeiro as notícias sobre o espetáculo, a *Gazeta da Tarde* de 23 de fevereiro relata que o Teatro São José teve bastante público e que "as plateias, na sua maioria abolicionistas, aplaudiram com frenético entusiasmo todas as alusões feitas à grande questão do momento".

Talvez estivessem nessas récitas Luiz Gama e Antônio Bento, os líderes da luta pela abolição em São Paulo. A cidade agitava-se com a questão servil e Luiz Gama atuava como advogado provisionado, tendo já conseguido nessa altura a liberdade de mais de quinhentas pessoas escravizadas, com base na antiga lei de 7 de novembro de 1831, que declarava livres os africanos que aqui chegassem nos navios negreiros[12]. Estava proibido o tráfico, mas, como se sabe, durante mais de vinte anos a lei não foi cumprida. A representação de *A Cabana do Pai Tomás* em São Paulo deve ter colaborado para acalorar o debate em torno da abolição imediata da escravidão. Em outras duas oportunidades pelo menos o público paulistano pôde aplaudir mais uma vez a peça: em fevereiro e março de 1882, com a companhia de Ismênia

[12] Sobre Luiz Gama e seu papel na batalha abolicionista, ver L.F. Ferreira, *Com a Palavra, Luiz Gama*. Sobre Antônio Bento, ver A. Alonso, *Flores, Votos e Balas*.

5 "A CABANA DO PAI TOMÁS" NOS PALCOS BRASILEIROS

dos Santos e Guilherme da Silveira; e em julho de 1884, com a companhia de Apolônia Pinto.

Resta acrescentar que entre os anos de 1886 e 1888, várias cidades do interior de São Paulo foram visitadas pela companhia dramática do ator e empresário português Ribeiro Guimarães: Pirassununga, Guaratinguetá, Pindamonhangaba, Taubaté, Amparo, Mogi-Mirim, Casa Branca, Sorocaba, Bragança e Botucatu, entre outras. Pequenas notas de seu itinerário foram publicadas no *Correio Paulistano*. Numa delas, é encontrada a informação de que ele havia representado *A Cabana do Pai Tomás* em Sorocaba, em 23 de janeiro de 1888. É possível que outras cidades tenham tido a mesma oportunidade, o que amplia consideravelmente o número de espectadores atingidos pela peça que os convidava a ter uma postura favorável ao fim da escravidão no Brasil.

Antes de Ribeiro Guimarães, é também possível que algumas cidades do interior paulista já tivessem sido visitadas pela companhia dramática do ator Vieira Vilas, que tinha *A Cabana do Pai Tomás* em seu repertório. Numa pequena biografia da atriz-mirim Julieta dos Santos, Moreira de Vasconcelos afirma que a menina fazia o papel de Henrique, o filho de Elisa, e se refere a um espetáculo dado em Rio Claro no final de 1881[13]. Não tenho mais informações sobre essa temporada de Vieira Vilas na província de São Paulo. Mas em fevereiro de 1882, segundo o jornal *O Fluminense*, do dia 19, o ator e sua companhia estão em Niterói. Em 26 de março, representam o drama abolicionista, com boa acolhida do público e da crítica. Uma segunda récita ocorre em 21 de abril, promovida pelo Congresso Literário Guarani. O objetivo era comemorar o 90º aniversário da morte de Tiradentes por meio da alforria de uma escrava. Vieira Vilas colaborou com a "festa da liberdade", cedendo gratuitamente o teatro Fênix Niteroiense e doando uma quantia em dinheiro. Ainda na província do Rio de Janeiro, registre-se a representação de *A Cabana do Pai Tomás* na cidade de Campos dos Goytacases, em pelo menos duas oportunidades: no final de julho de 1881, pela companhia dramática dirigida por Alfredo Subtil, e no final de junho de 1883, pela companhia de Apolônia Pinto.

• •

Nas províncias ao norte do Rio de Janeiro, onde mais fortemente se combateu a escravidão na década de 1880, não poderia ser pequena a receptividade à adaptação do romance de Harriet Beecher Stowe. A primeira cidade a ver a peça em cena foi Recife. Quando os jornais anunciaram a vinda da

---

[13] M. de Vasconcelos, *Julieta dos Santos: Esboço Biográfico*, p. 12.

companhia dramática de Apolônia Pinto e seu repertório, a expectativa em relação ao drama abolicionista pode ser avaliada por esta nota sem assinatura publicada no *Jornal de Recife* de 7 de fevereiro de 1880, em que se pede à companhia dramática "o favor de não nos amolar com a *Estátua de Carne*, como nos consta ir breve; lembramos-lhe a *Cabana do Pai Tomás*, ou outro que tire mais resultado; quem o avisa são muitos frequentadores".

Apolônia Pinto, que em 1879 fizera o papel de Elisa, no Rio de Janeiro, contratou alguns artistas da companhia dramática de Guilherme da Silveira que haviam atuado em *A Cabana do Pai Tomás* e apresentou-se aos recifenses em 15 de maio de 1880. Nos anúncios não há o nome do tradutor e a denominação dos quadros difere um pouco da versão original representada no Rio de Janeiro. Trata-se, na verdade, de uma segunda tradução da adaptação francesa, levada a cabo por Feliciano Prazeres, bacharel em direito, que a publicou em 1881, pelo editor Cruz Coutinho. Talvez Apolônia tenha encomendado essa tradução, pois não poderia utilizar a do ator Júlio Xavier, do repertório de Guilherme da Silveira. É difícil precisar quantas vezes a peça foi representada no Recife, mas ao menos há notícias de uma quarta récita que foi uma autêntica festa abolicionista. Já no final de junho de 1880, os jornais começaram a publicar o anúncio de um "espetáculo de gala" marcado para 2 de julho, no qual seriam entregues algumas cartas de alforria. No anúncio do dia do espetáculo, o *Jornal de Recife* descreve como será a "grande festa patriótica":

> Depois que a orquestra executar a grande sinfonia extraída do hino patriótico *2 de Julho*, pelo distinto maestro F.L. Colás, subirá o pano e depois da orquestra tocar o HINO NACIONAL, a comissão encarregada de tão brilhante festa, entregará algumas cartas de LIBERDADE a alguns infelizes que viviam sofrendo sob o peso das duras algemas da ESCRAVIDÃO, ocupando nessa ocasião a tribuna de orador o distinto acadêmico, o Sr. Elpídio Mesquita. Finalizará este imponente ato com o patriótico hino *Dois de Julho*.

Segundo Celso Castilho, o espetáculo foi organizado por um grupo de estudantes baianos da Faculdade de Direito, que pretendiam fazer coincidir a representação da peça com a data em que a independência brasileira era comemorada na Bahia[14]. O *Diário de Pernambuco* comentou o evento no dia 5, observando que a maioria do público era de famílias baianas. Três cativos e três cativas receberam cartas de alforria. Apesar da boa repercussão junto

---

14 C. Castilho, Performing Abolitionism, Enacting Citizenship, *Hispanic American Historical Review*, v. 93, n. 3, p. 395.

ao público, poucos comentários críticos apareceram na imprensa. No geral, a representação correu bem, mas o ator Medeiros, no papel do senador Bird, não agradou completamente.

Três anos depois, em 1883, Guilherme da Silveira e Ismênia dos Santos estão em Recife, após uma breve estada na Bahia, onde apresentaram apenas quatro ou cinco espetáculos, no mês de janeiro, um deles o drama abolicionista. Jornais como o *Diário de Notícias* e a *Gazeta da Bahia* elogiaram a representação e destacaram a atuação de Guilherme da Silveira no papel do senador Bird. Em *O Alabama*, de 25 de janeiro, os termos foram superlativos. O ator foi simplesmente "esplêndido", merecendo "os aplausos loucos e as palmas frenéticas e espontâneas dos espectadores".

No Recife, onde a companhia dramática se demorou mais – de 13 de fevereiro a 3 de junho –, *A Cabana do Pai Tomás* foi representada pelo menos cinco ou seis vezes, com bom público e imprensa favorável. Depois de duas récitas, em 3 e 10 de março, receando que a peça não voltasse ao cartaz, "muitas famílias" – em nota publicada no *Jornal de Recife* de 22 de março – pediam a Guilherme da Silveira "para não deixar de representar ainda mais algumas vezes esta peça, pois lhe garantimos grande enchente". O pedido foi atendido. Em *O Libertador*, de 5 de junho – jornal que tinha em seu corpo editorial o filósofo Farias Brito –, uma nota informava que o drama abolicionista teve "acolhimento generoso e expressivo que soube dispensar-lhe a população desta capital". Elogios são dirigidos a Guilherme da Silveira, Lisboa e Ismênia dos Santos. A nota termina com uma declaração de apoio à abolição: "Nós nos congratulamos por estes triunfos, onde se refletiu soberanamente a grandeza e santidade da causa que também esposamos."

A maior festa em torno de *A Cabana do Pai Tomás* se deu em 18 de junho de 1885. Foi essa a peça encenada pelos artistas amadores do Club Dramático Familiar para receber Joaquim Nabuco no Teatro Santa Isabel, em "grande festa abolicionista" promovida pelo artista Carvalho Lisboa, com apoio das sociedades abolicionistas do Recife. Nessa altura, Nabuco é um político consagrado. Havia publicado o libelo *O Abolicionismo*, em 1883, e feito uma campanha com discursos explosivos contra a escravidão em 1884, no Teatro Santa Isabel, quando então se elegeu para a Câmara dos Deputados pelo 1º Distrito do Recife. Manobras políticas de adversários o afastaram do cargo, mas no início de junho de 1885 surge uma nova vaga para deputado em Pernambuco e ele é eleito novamente. Sua vinda ao Recife se dá nesse contexto de luta política, daí a recepção calorosa que lhe é preparada. As festas do dia 18 foram descritas em detalhes pelo *Diário de Pernambuco* do dia seguinte. A chegada de Nabuco, vindo da corte, para agradecer os seus eleitores e receber o diploma de deputado, foi acompanhada de amigos, acadêmicos e sociedades emancipadoras, que já pela manhã estavam no cais à sua espera. Seguiram-se cortejos pelas ruas da cidade, com cerca de cinco mil pessoas, discursos de políticos e pessoas envolvidas na luta abolicionista, e entrega de duas cartas de alforria. À noite, o espetáculo no Teatro Santa Isabel foi feito "em honra e regozijo à chegada do ilustre e eminente deputado à Assembleia Geral e chefe do abolicionismo brasileiro, o Sr. Dr. Joaquim Nabuco". Pelo que se lê no anúncio publicado nos jornais desse dia, tem-se uma ideia de como foi a homenagem. Assim que o presidente da província e Nabuco chegaram aos seus camarotes, a orquestra executou o "Hino Emancipador", ao qual se seguiu a representação de *A Cabana do Pai Tomás*. Num dos intervalos da peça, a atriz pernambucana Apolônia da Silva, "adepta da abolição", recitou o poema "Glória a Nabuco", do acadêmico Claudino dos Santos, de quinze quartetos, dois dos quais diziam em sequência:

> Eu sou a liberdade! A pátria dos Andradas
> Não deve tolerar a gana dos negristas,
> Ergamos já e já medonhas barricadas
> Ao monstro Escravidão e aos vis escravagistas.
>
> Saúdo a multidão, a grande alma do mundo,
> E dou mil parabéns ao forte Pernambuco
> Por ter se levantado em ímpeto profundo
> Na palavra arrojada e nobre de Nabuco.

Ainda no anúncio, clamava-se pela concorrência do público, principalmente dos simpatizantes da causa abolicionista. Que viessem todos ao teatro "render preito e homenagem" a Nabuco, "dando assim um público testemunho do júbilo que reina entre todos que amam a liberdade". O fato de os festejos terem tido como um dos pontos altos a representação de *A Cabana do Pai Tomás* só reafirma a importância dessa peça no contexto da luta abolicionista no país. Não custa lembrar que Nabuco tinha grande apreço pelo romance de Stowe, como confessa em *Minha Formação*[15] e em carta a Domingos Jaguaribe, datada de 16 de novembro de 1882. Ele lamentava que o movimento abolicionista não tivesse dinheiro para publicar e divulgar obras literárias identificadas com a causa, "como *A Cabana do Pai Tomás*, essa bíblia da emancipação e dos escravos"[16].

Voltemos a Guilherme da Silveira e sua turnê pelas províncias do Norte. Depois do Recife, sua parada seguinte foi em Fortaleza. Mais uma vez, o ator

15 J. Nabuco, op. cit., p. 190.
16 Apud D.J.Z. Ferretti, Fortuna Crítica, em H.B. Stowe, op. cit., p. 687.

5 "A CABANA DO PAI TOMÁS" NOS PALCOS BRASILEIROS

e empresário enviou aos jornais uma seleção de trechos recortados das críticas positivas que recebeu pela interpretação do papel do senador Bird. Como ficou apenas um mês na cidade, representou *A Cabana do Pai Tomás* uma única vez, no dia 14 de junho de 1883. No anúncio que mandou publicar nos jornais, enfatizou que se tratava de um "drama de propaganda abolicionista" baseado no romance escrito pela escritora Stowe, "a mulher que primeiro lutou contra a escravidão e que teve a grande glória de a ver extinta no solo americano". Também chama a atenção um "aviso", no qual se lê que "muitas companhias têm representado imitações desta peça sob o mesmo título, porém a verdadeira, a que tem sido representada mais de 400 vezes na Corte e unicamente por esta companhia, é a que sobe hoje à cena".

Ele inflacionou o número de representações dadas na corte, talvez para despertar a curiosidade do público. O que o motivou a criticar imitações de *A Cabana do Pai Tomás* e reivindicar que sua encenação era melhor foi ter conhecimento de que em março do ano anterior o ator e empresário português Ribeiro Guimarães havia encenado a peça para os cearenses, obtendo boa receptividade. Embora não haja muitos registros nos jornais, o folhetim de *A Constituição* de 23 de março de 1882 relata que no dia 20 houve o benefício da atriz Ana Chaves Guimarães, esposa de Ribeiro Guimarães, com o apoio da sociedade Libertadora Cearense. "Para maior solenidade da festa," – escreveu o folhetinista – "a Libertadora concedeu pelas mãos da beneficiada uma carta de manumissão que foi por ela entregue à pobre vítima da escravidão." E ainda que *A Cabana do Pai Tomás* não tenha sido bem representada – apenas alguns artistas se saíram bem –, "obteve, pela ideia de propaganda, plenos aplausos".

Quando Guilherme da Silveira apresentou a sua versão no Teatro São Luís, o redator do noticiário da *Gazeta do Norte* escreveu, em 16 de junho de 1883, que nada diria do drama – seja como obra de arte ou arma de propaganda –, porque era bastante conhecido e fora aplaudido mais de uma vez pelo público de Fortaleza. Em poucas linhas, afirmou que a representação correu bem, elogiando alguns artistas. Tudo deve ter pesado na decisão do empresário de não apresentar o drama abolicionista uma segunda vez. Outra hipótese que não pode ser descartada: o Ceará era a província mais adiantada na luta pelo fim da escravidão. Não era preciso incrementar a propaganda no teatro, o que liberou o empresário para encenar outras peças de seu repertório.

É preciso lembrar, também, que os cearenses já haviam visto no palco a adaptação teatral de *A Cabana do Pai Tomás* feita pelo dramaturgo português Aristides Abranches. A estreia nacional de *A Mãe dos Escravos*, salvo engano, deu-se no Teatro São Luís de Fortaleza, em 16 de janeiro de 1881, pela empresa dramática de Rodrigues Sampaio. Nos anúncios publicados nos jornais, foi dado grande destaque para o romance, que serviu de base à peça. Na cidade em que a abolição era um assunto de amplo interesse, quatro récitas atestam o sucesso do espetáculo. No jornal *O Libertador*, de 15 de janeiro, uma nota intitulada "É Convosco, Povo!", concitava o público a prestigiá-lo, em termos contundentes:

> Nas ideias da atualidade e sob o generoso impulso do movimento abolicionista, vai o Sr. Rodrigues Sampaio levar à cena no S. Luís a *Mãe dos Escravos*.
> Assistimos ao ensaio geral deste majestoso drama, e não podemos eximir-nos ao dever de chamar para ele a atenção especial de todos os 300 sócios da Cearense Libertadora.
> Somos membros desta grande sociedade, e filhos do povo, e portanto devemos comparecer ao cenário, onde se debate uma causa que é nossa.
> Enchente ao S. Luís.
> Proteção à *Mãe dos Escravos*.
> Impulso ao movimento abolicionista!

O teatro revela no palco o que há de repugnante na escravidão; a imprensa colabora para que o público vá assistir à peça e fique indignado com o que vê e ouve. Esse é o significado de outro texto publicado na *Gazeta do Norte* de 18 de janeiro. O articulista louva a escolha oportuna de *A Mãe dos Escravos*, acrescentando: "Certas organizações indiferentes ao generoso movimento abolicionista que se levanta na província precisam ser abaladas pelo horror dos quadros da escravidão." Na sequência do texto, ele elogia a representação e informa que empresário e artistas foram chamados cinco vezes à cena, o que mostra a receptividade positiva do público.

Em maio de 1881, a companhia dramática de Rodrigues Sampaio apresentou-se em São Luís do Maranhão, mas sem o êxito obtido em Fortaleza. Na *Pacotilha* de 27 de maio, Aluísio Azevedo, sob o pseudônimo de Giroflé, começa um artigo afirmando que "*A Mãe dos Escravos* é um péssimo drama tirado de um excelente romance", para em seguida chamar o autor de "carrasco", porque teria desvirtuado todas as personagens criadas pela escritora Stowe. Nesse tom, refere-se ainda à má construção da personagem Elisa e salva apenas alguns artistas que teriam conseguido interpretar bem os seus papéis. Mais condescendente foi o *Diário do Maranhão* que, no mesmo dia 27, em pequeno artigo, reconhecia o esforço da companhia para apresentar um bom espetáculo. Se alguns artistas dependeram muito do ponto, outros se saíram melhor e, dado o assunto tratado, o auditório sensibilizou-se com "a recordação de cenas, outrora também comuns entre nós, mas que, felizmente, são hoje repelidas com horror pelo máximo da sociedade".

5 "A CABANA DO PAI TOMÁS" NOS PALCOS BRASILEIROS

Depois de Rodrigues Sampaio, apresentou-se em São Luís a companhia do ator e empresário Ribeiro Guimarães. No dia 1º de abril de 1882, ele pôs em cena *A Cabana do Pai Tomás*. Não consegui informações nos jornais sobre a repercussão do espetáculo que, ao que tudo indica, foi dado uma única vez.

Em 14 de julho de 1883, Guilherme da Silveira e sua companhia chegam a São Luís, onde permanecem por cerca de dois meses, apresentando variado repertório. Talvez por não ser mais inédita, ou por qualquer outra razão, Guilherme da Silveira não incluiu o drama abolicionista entre as doze peças que fariam parte da "récita de assinatura". Só no final da temporada é que ele se dispôs a apresentá-lo. Mais uma vez, mandou publicar os trechos de críticas favoráveis que recebera pelo desempenho do papel do senador Bird. No dia 18 de setembro, deu-se a estreia, que mereceu artigos elogiosos da imprensa. No jornal *Pacotilha* do dia seguinte, duas notas foram publicadas, descrevendo o desempenho "esplêndido" da companhia e os aplausos "frenéticos" do público. Também a peça foi referida como fiel na pintura da escravidão nos Estados Unidos e considerada "um drama que não perde a oportunidade – não envelhece, está sempre com as cores da atualidade".

Guilherme da Silveira decidiu representar *A Cabana do Pai Tomás* mais uma vez, no dia 20. No dia 19, ele havia lido na *Pacotilha* uma matéria terrível sobre um velho negro vivendo na maior miséria, à base de esmolas, numa das ruas da cidade. O relato detalha o estado deplorável desse homem exposto ao sol, e informa que o infeliz havia sido abandonado pelos antigos proprietários, depois que não conseguia mais trabalhar. Sugaram todas as suas forças e o mandaram embora. "Amarraram-lhe uma pedra ao pescoço e sacudiram-no ao oceano fundo da miséria." Afirma ainda o articulista que é costume velho da terra proceder dessa maneira com os escravos idosos. Nada mais revoltante, conclui, do que "passar a vida inteira na escravidão e acabá-la na mendicância".

A realidade disputava com a ficção mostrada no palco onde estava o maior sofrimento. E se o público se comovia com a peça, os artistas que a desempenhavam se comoveram com o fato descrito no jornal. Demonstrando solidariedade com o sofrimento daquele escravo, no dia 20 de setembro, a *Pacotilha* trazia não só o anúncio de *A Cabana do Pai Tomás*, mas a seguinte carta enviada ao jornal e assinada por Guilherme da Silveira, em nome do elenco:

> Sr. Redator.
> Os artistas da companhia dramática que tomaram parte na representação da *Cabana do Pai Tomás*, impressionados pela comovente notícia que v.s. deu ontem no seu muito conceituado jornal, sobre o mísero escravo que não podendo mais trabalhar foi abandonado por seus senhores, resolveram

cotizar-se e concorrer assim com o seu insignificante óbolo para minorar a miséria do infeliz.

Rogam os artistas a v.s. que tanto se interessou pelo pobre abandonado, o obséquio de fazer-lhe chegar às mãos a quantia junta.[17]

Logo abaixo da carta, vinha a subscrição dos artistas, com os valores que cada um doou. Curiosamente a lista não trazia os seus nomes verdadeiros, mas sim os nomes das personagens que interpretavam, como se a escrava Elisa ou o senador Bird tivessem feito doações. Evidentemente, para além do gesto caridoso, foi uma esperta jogada de marketing, que ajudou, e muito, a tornar o espetáculo de despedida da companhia um grande sucesso.

Poucos dias depois, em 29 de setembro de 1883, a companhia de Guilherme da Silveira estreava em Belém do Pará. Mais uma vez, fora precedida pelo ator e empresário Ribeiro Guimarães, que em 8 de maio de 1882 havia apresentado *A Cabana do Pai Tomás* no Teatro da Paz. Segundo os jornais, esse "espetáculo de gala" foi bem concorrido. O público talvez tenha se motivado a comparecer por causa da informação, no anúncio, de que uma parte da renda seria destinada a coadjuvar a libertação de escravos. Vicente Salles descreveu a festa:

> Apresentou-se o drama *A Cabana do Pai Tomás*, espécie de cavalo-de-batalha da campanha abolicionista que se intensificara em todo o país. Findo o drama, a cena filantrópica da moda: a popular e festejada atriz Isabel Maria Cândida recitou *A Festa e A Caridade*, de Tomás Ribeiro, e a Sra. Ana Chaves Guimarães veio à cena acompanhada de uma escrava e três crianças negras, seus filhos; apresentou-a ao público como mulher livre, pois naquela hora acabava de lhe ser entregue a carta de manumissão.[18]

A peça foi reapresentada dois dias depois e mais uma vez em 17 de junho, em benefício do Clube Abolicionista Patroni. Com a presença do presidente da província, deu-se a "grande festa artística em favor da liberdade". Antes do espetáculo, foi executado o hino da Cearense Libertadora e, em seguida, o hino do Clube Patroni, composto por Roberto Barros. Com esse benefício, Ribeiro Guimarães cumpria o que prometera no Ceará, em 21 de março, conforme notícia veiculada em *O Cearense* (reproduzida em *O Liberal do Pará*, de 5 de abril): "dar em qualquer parte onde se achar, um espetáculo em benefício do fundo de emancipação da sociedade abolicionista que existir no lugar".

17 D.J.Z. Ferretti, Fortuna Crítica, em H.B. Stowe, op. cit., p. 687-688. A carta e a subscrição estão transcritas nesse volume.
18 *Épocas do Teatro no Grão Pará*, p. 97.

5 "A CABANA DO PAI TOMÁS" NOS PALCOS BRASILEIROS

No balanço final da temporada da companhia, feito pelo jornal *O Liberal do Pará* em 6 de julho, um articulista afirmou que os artistas que trabalhavam com Ribeiro Guimarães e sua esposa Ana Chaves Guimarães eram muito fracos e comprometiam a qualidade das apresentações.

Guilherme da Silveira contava com artistas melhores e teve, portanto, maior apoio da imprensa. Sua estreia se deu com a peça *Divorciemo-nos*, de Victorien Sardou, em 27 de setembro de 1883, no Pavilhão de Recreios de Belém, reformado e rebatizado como Teatro Ismênia, em homenagem à principal atriz da companhia. Três dias depois ele pôs em cena *A Cabana do Pai Tomás*, reapresentando-a em 29 de novembro. Seu compromisso com a causa abolicionista se traduziu em mais um benefício, dessa vez para a sociedade 28 de Setembro. Uma nota no *Diário de Notícias* de 6 de novembro, intitulada "Aos Abolicionistas Paraenses", conclamava o público a ir ao Teatro Ismênia:

> Eia, abolicionistas convictos, tendes agora uma ocasião de mostrardes os vossos préstimos, no benefício dado à sociedade abolicionista "28 de Setembro" pelo Sr. Guilherme da Silveira!
> É de esperar-se concorrência geral!
> É agora tempo de provardes se tendes patriotismo e é tempo de verificar-se se a ideia generosa, patriótica e humanitária tem ou não aceitação do ilustrado público paraense!
> Eia, todos, concorrei ao teatro Ismênia, para dar maior realce a esta festa, principalmente sendo o produto aplicado à libertação de muitos de nossos segregados compatriotas, que gemem ainda debaixo dos grilhões infamantes de um vil cativeiro. Vamos de espreita presenciar se a sociedade "28 de Setembro" merece a coadjuvação pública como desejamos e esperamos.

O forte movimento abolicionista em Belém deve ter motivado a atriz Matilde Nunes a escolher para o seu benefício o drama *A Mãe dos Escravos*, representado em 9 de julho de 1885 pela companhia da atriz e empresária Manuela Lucci. Um artigo publicado em *O Liberal do Pará*, dois dias depois, destacou a atuação do ator Xisto Bahia como o escravo Tomás e elogiou Aristides Abranches, que, a seu ver, fora mais feliz na adaptação do que Adolphe D'Ennery e Dumanoir.

Além das companhias dramáticas de Ribeiro Guimarães e Guilherme da Silveira, outras duas apresentaram *A Cabana do Pai Tomás* em Belém: em 1886, a de José de Lima Penante, pelo menos uma vez, em 6 de agosto; e a de Apolônia Pinto, em 10 e 13 de maio de 1888, já em clima de festejos pelo fim da escravidão. Penante, um ator e empresário que fez carreira nos teatros do norte do país, incluiu a peça em seu repertório, mas parece que não a representou muitas vezes. Já Apolônia Pinto vinha interpretando esporadicamente o papel de Elisa desde 1879. Segundo um artigo publicado em *O Liberal do Pará*, o espetáculo tinha boa *mise en scène*, mas o desempenho dos artistas era apenas regular. Apesar disso, os abolicionistas lotaram o Teatro-Circo Cosmopolita na noite de 13 de maio, dando continuidade aos cortejos pelas ruas da cidade, aclamações, discursos e bandas de música. Estava presente o presidente da província. E algo inusitado aconteceu, conforme registrou o *Diário do Grão Pará* em 15 de maio:

> Representava-se o drama de propaganda – *A Cabana do Pai Tomás* –, em que o dramaturgo pôs por diversas cenas palpitantes no palco os quadros de horror da escravidão.
>
> Ao começar o 2º ato, onde todos sabem, aparece em cena um escravo açoitado, o Sr. Marcelino Barata interrompeu os trabalhos e disse que aquele quadro de horrores não tinha mais razão de ser, que em um dia em que o Brasil inteiro saúda com prazer a liberdade não deve haver lágrimas que chorem a escravidão, que o povo abria mão do espetáculo e pagava só para ver a apoteose da liberdade...
>
> Estas palavras foram interrompidas por um tumulto indescritível.
>
> O espetáculo foi interrompido e ao aparecer a *apoteose da liberdade* foi à cena chamada a companhia, os artistas vitoriados, as aclamações cresceram e o farmacêutico Aprígio Menezes recitou uma bonita poesia.
>
> O Sr. Bertoldo Nunes ofereceu com palavras eloquentes um buquê à Sra. Apolônia pelo auxílio que prestou à Sociedade Reatora da Escravidão.

Nessa descrição, que o *Diário de Notícias* de Pernambuco transcreveu do jornal paraense em 27 de maio de 1888, creio que fica bem claro o papel que desempenhou na luta pela abolição a adaptação teatral de *A Cabana do Pai Tomás*. Enquanto havia escravidão no Brasil, a peça lembrava no palco a sua ignomínia e falava à consciência dos espectadores. Com a Lei Áurea, o combate cessou. Como afirmou o paraense Marcelino Barata, não havia mais sentido em mostrar no palco o que deixava de existir no país. Claro que houve representações da peça depois do 13 de maio, mas para o público o significado já não era o mesmo de antes. Recordava-se com tristeza o que fora a escravidão, sem que isso incentivasse uma mobilização, não mais necessária.

Para completar o panorama aqui apresentado, resta dar ainda algumas informações sobre a representação de *A Cabana do Pai Tomás* em outras cidades brasileiras. Mais uma vez, voltamos a Guilherme da Silveira. Depois que ele encerrou a temporada em Belém, voltou para o Recife, onde deu alguns poucos espetáculos, pois estava com viagem marcada para a Europa. Não

5 "A CABANA DO PAI TOMÁS" NOS PALCOS BRASILEIROS

reapresentou o drama abolicionista nessa cidade, mas sim em Maceió, no dia 4 de abril de 1884, em benefício do Liceu de Artes e Ofício. O jornal *O Orbe*, de 6 de abril, elogiou o desempenho dos artistas – que arrancou lágrimas e palmas do público – e acrescentou que a concorrência foi numerosa, concluindo: "Foi entregue uma carta de liberdade, que a altanada e humanitária Sociedade Libertadora Alagoana das Senhoras ofereceu à Sociedade Propagadora da Instrução Popular."

Com esse espetáculo, Guilherme da Silveira encerra temporariamente suas apresentações de *A Cabana do Pai Tomás* no Brasil, iniciadas em 1876. Como dito anteriormente, ele viaja para Portugal, onde permanece por quase quatro anos, retornando para o Rio de Janeiro no final de 1887, quando volta a representar a peça, nessa altura com o abolicionismo às vésperas de sua maior vitória.

Ao quadro de representações de *A Cabana do Pai Tomás* nas províncias brasileiras, resta acrescentar que em Aracaju, segundo o jornal abolicionista *O Libertador*, houve uma montagem da peça em 1º de dezembro de 1882, por um grupo amador organizado por um certo capitão Alcebíades. É provável que a iniciativa tenha sido promovida para alavancar a criação da Sociedade Libertadora Aracajuana Cabana do Pai Tomás. Em março de 1886, esteve no Paraná a companhia do ator português Simões, da qual fazia parte a atriz Apolônia Pinto. Mais uma vez, ela fez o papel de Elisa, enquanto o ator Moniz interpretou o senador Bird. Segundo o *Dezenove de Dezembro*, de 4 de março, o Teatro São Teodoro em Curitiba ficou lotado e os artistas foram bastante aplaudidos e chamados à cena dez vezes. Dois anos antes, em março de 1884, quando dirigia a sua própria empresa dramática, Apolônia havia representado duas vezes a peça em Porto Alegre. Em Manaus, em 2 de dezembro de 1886, *A Cabana do Pai Tomás* foi encenada pela companhia dramática do ator e empresário Lima Penante. No mesmo ano de 1886, ele a representou em Natal. Não consegui determinar em que dia[19]. Em Minas Gerais, segundo notícias que pude colher na coleção dos jornais da hemeroteca da Biblioteca Nacional, o drama abolicionista foi representado entre 1884 e 1887 em cidades como Ouro Preto, Juiz de Fora, São João del Rei e Cidade da Ponte Nova. Os espetáculos foram dados pela companhia dramática do ator Couto Rocha. Em seu *Noites Circenses: Espetáculos de Circo e Teatro em Minas Gerais no Século XIX*, Regina Horta Duarte menciona uma encenação de *A Cabana do Pai Tomás* no início de maio de 1888, em Cataguases. O jornal *O Povo*, de 6 de maio, informa que a peça fez sucesso, "com o teatro literalmente cheio e as cadeiras sendo disputadas com empenho"[20]. Não

19   S. Othon, *Vida Teatral e Educativa da Cidade dos Reis Magos*, p. 67.
20   R.H. Duarte, *Noites Circenses*, p. 223.

pude confirmar se no final de 1887 esteve mesmo em Juiz de Fora o elenco dirigido por Bernardo Lisboa, que atuava no Teatro Fênix Dramática, no Rio de Janeiro. O jornal *O Farol* anunciou o repertório que seria apresentado, do qual fazia parte o drama abolicionista[21].

■ ■

O volume de informações que movimentei acima ainda não diz tudo. É possível que tenha havido em muitas cidades brasileiras outras representações de *A Mãe dos Escravos* ou de *A Cabana do Pai Tomás* por companhias profissionais ou por grupos amadores e sociedades abolicionistas. Lembremos que a adaptação de Aristides Abranches havia sido publicada em 1864 e a tradução para o português da adaptação de Adolphe D'Ennery e Dumanoir, em 1881. E é certo, por outro lado, que eu mesmo não tive acesso a todos os jornais das províncias, uma vez que a hemeroteca da Biblioteca Nacional que serviu de base para a pesquisa, embora excelente, não possui boa parte deles. De qualquer modo, quero crer que o panorama traçado dá uma boa ideia da circulação das duas versões pelos teatros do país e da repercussão obtida junto ao público e à imprensa, por força de seu teor abolicionista.

Também é possível imaginar a comoção provocada nos espectadores reunidos em teatros enormes, com mais de mil lugares, como o São Pedro de Alcântara, no Rio de Janeiro; o Teatro São José, em São Paulo, e o Teatro da Paz, em Belém. Ou ainda em teatros com cerca de setecentos a oitocentos lugares, como o Santa Isabel, no Recife, e o Teatro São Pedro, em Porto Alegre[22]. É de se crer que a reação indignada de um espectador diante de uma cena de exposição da hediondez da escravidão tenha contaminado outro, e assim sucessivamente. Se a leitura do romance de Harriet Beecher Stowe formou individualmente consciências antiescravistas, a adaptação teatral agiu sobre centenas de corações e mentes simultaneamente. É preciso levar isso em conta para uma avaliação correta da importância da representação teatral de *A Cabana do Pai Tomás* no contexto da luta pelo fim da escravidão no Brasil.

---

21 Após 1888, as adaptações de *A Cabana do Pai Tomás* continuaram a ser apresentadas no Brasil por muitos anos, quase sempre para comemorar o 13 de maio. Para mais informações sobre o assunto, ver C. Braga-Pinto, From Abolitionism to Blackface, em T.C. Davis; S. Mihaylova (eds.), *Uncle's Tom Cabin: The Transnacional History of America's Most Mutable Book*, p. 225-257.

22 E.F.W. Lima; R.J.B. Cardoso, *Arquitetura e Teatro*, p. 85-92. A informação sobre a capacidade do Teatro São José, em São Paulo, foi colhida em Ernani da Silva Bruno, *História e Tradições da Cidade de São Paulo*, v. 2, p. 878.

6
Dramaturgia Antiescravista de Autores Franceses e Portugueses

Em capítulos anteriores – o segundo e o terceiro – já vimos como dramaturgos franceses e portugueses abordaram criticamente a escravidão, alguns tendo até peças proibidas pelo Conservatório Dramático Brasileiro. Também vimos, no capítulo anterior a este, que as duas adaptações do romance *A Cabana do Pai Tomás*, que foram representadas no Brasil, vieram da França e de Portugal. Pois esse fluxo teve continuidade entre 1877 e 1883, graças ao trabalho de dramaturgos, empresários teatrais e artistas empenhados em divulgar o ideário abolicionista por meio do teatro.

DRAMATURGIA FRANCESA

Em 11 de maio de 1877, chega ao Rio de Janeiro a companhia dramática da atriz portuguesa Emília Adelaide Pimentel. No dia 13, a estreia no Teatro São Pedro de Alcântara, com o drama *Madalena*, de Pinheiro Chagas, é um verdadeiro triunfo. A boa acolhida ao repertório variado, formado por peças de Octave Feuillet, Victorien Sardou, Alexandre Dumas Filho, Mendes Leal, Giacommetti, entre outros, continua nos dias subsequentes. Duas semanas após o primeiro espetáculo, sobe à cena, em 27 de maio, o drama *Cora ou a Escravatura*, de Jules Barbier, em tradução do dramaturgo português Ernesto Biester.

Em Paris, a estreia havia ocorrido em 1861, no Théâtre de l'Ambigu-Comique; em Lisboa, em 1862, no Teatro D. Maria II. A demora para a peça atravessar o Atlântico e ser representada no Brasil deveu-se certamente à contundência com que criticava a escravidão nos Estados Unidos, por meio de situações dramáticas e diálogos que, em certa medida, diziam respeito ao nosso próprio universo escravista.

Cora, a heroína, é uma moça educada e refinada que vive em Paris desde os quatro anos de idade e que frequenta a alta sociedade, sem conhecer verdadeiramente sua origem. Órfã de mãe, seu pai, Gérard, é um fazendeiro estadunidense, de origem francesa, na Luisiana, que a proíbe de visitá-lo. É ele quem vai vê-la de tempos em tempos. Não é difícil perceber o que está por trás dessa proibição e que é explicitado logo no primeiro ato, quando Cora, numa reunião social, é observada a distância por Curtis, jovem pretendente à mão de sua melhor amiga. Ela é linda e tem a pele alva, mas alguns traços denunciam, para olhos habituados a ver mestiços, a ancestralidade negra. Na França, explica o rapaz estadunidense a Bessières, com quem dialoga, ninguém se dá conta disso, mas nos Estados Unidos ela não seria recebida pelas famílias brancas. A gota de sangue negro que tem nas veias é um estigma que a excluiria da sociedade. O diálogo entre os dois não serve apenas para esclarecer ao espectador a origem escrava de Cora, mas também para que o autor se coloque como defensor da abolição, pela voz de Bessières. Ele deplora o "odioso" preconceito de cor, afirma que a imensa popularidade que *A Cabana do Pai Tomás* alcançou na Europa significou "o triunfo de uma ideia", e conclui: "Um grito de reprovação deve responder ao último gemido do último escravo, e enquanto estiver de pé uma pedra do execrado edifício, o mais humilde esforço do alvião não será inútil."[1]

Jules Barbier situou a ação da peça no final dos anos 1850, às vésperas da Guerra da Secessão. E se no primeiro ato, único que se passa em Paris, são os discursos das personagens que fazem a crítica da escravidão, nos demais é a própria ação dramática que busca comover o espectador, ao mostrar o sofrimento de Cora na Luisiana. O choque inicial da mocinha se dá com a dolorida descoberta de que sua mãe era uma escrava de seu pai, no diálogo que trava com Toby, um velho escravo da casa; o segundo, ao saber que a mãe havia se suicidado para não ceder às investidas sexuais do senhor a quem havia sido vendida por seu pai, quinze anos antes. Seu calvário continua quando se conscientiza de que, segundo as leis vigentes, era também uma escrava. A falência do pai a leva a ser leiloada e vendida. Em todas essas situações há diálogos fortes e construídos para que a escravidão seja vista como uma instituição abominável. Sirva como exemplo a cena entre Cora e o pai, logo que ela conhece o seu passado pelo relato de Toby. De um modo geral, as personagens escravocratas são execráveis e se comportam de maneira a despertar no espectador uma repulsa a suas palavras e atitudes. O vilão Kraig é o pior deles, com seu forte preconceito e desprezo pelos negros. As peripécias do enredo, centradas nos desdobramentos da revelação para a sociedade de New Orleans de que Cora era filha de um senhor de engenho, não são poucas. E como se trata de fazer prevalecer a vitória dos

---

1 J. Barbier, *Cora ou a Escravatura*, p. 7.

bons sentimentos, o final feliz fica reservado para a heroína, que é amada por Bessières, jovem abolicionista e sem preconceitos.

Antes de seguir em frente com as repercussões da estreia de *Cora ou a Escravatura* no Rio de Janeiro, convém lembrar que na mesma cidade, dois anos antes, em maio de 1875, uma adaptação dessa peça aos costumes brasileiros – ou "acomodação", como se dizia na época – foi levada à cena, com o título *Cenas da Escravidão*. O autor do trabalho permaneceu incógnito e o texto não foi publicado, o que torna impossível uma análise comparativa. O espetáculo protagonizado por Ismênia dos Santos e Dias Braga, no Teatro São Luís, teve acolhida apenas razoável pelo público, em oito representações seguidas. Na imprensa, alguns elogios em jornais pequenos, como *Mefistófeles* e *A Família Maçônica*, não compensaram as duras restrições feitas na "Gazetilha" do *Jornal do Comércio* de 7 de maio de 1875. Importante notar que o desempenho dos artistas foi elogiado, mas não a peça, "acomodação" problemática do texto original, por conta das diferenças entre a escravidão nos Estados Unidos e no Brasil. Para o articulista, Jules Barbier havia mostrado os horrores do cativeiro na Luisiana e o ódio aos escravos que tinham seus habitantes brancos. Daí é que decorriam, a seu ver, as humilhações, a violência, os preconceitos em relação aos negros, tudo parte de uma realidade que não era a nossa. Pondera, então:

> Transplantar, porém, para o Brasil estes costumes da Luisiana, ou antes acomodá-los à índole brasileira, tornando-nos responsáveis por atos que felizmente nunca se deram na nossa sociedade, é uma excentricidade que, longe de tornar o drama simpático, fá-lo empalidecer e torná-lo odioso.
>
> Não há um único espectador que tenha consciência de que este drama se passa no Brasil, senão quando ouve, de vez em quando, as palavras *Rio de Janeiro*, *Pernambuco*, *Paraíba* etc. Todos os tipos, todos os costumes, todas as frases são da América do Norte.
>
> Quando é que num vapor nacional, que se dirige de uma província a outra, obrigou-se uma moça, bem-educada, aceita na alta sociedade, e sobre a qual apenas pesa a desconfiança de não ter somente sangue caucásico nas veias, a retirar-se para a proa, quando vai em primeira classe?
>
> Quando é que, depois da lei de 28 de Setembro, na qual se fala, elogiando-se os que para ela contribuíram, foram escravos postos em leilão, que lei muito anterior já havia proibido?
>
> Quando é que no Brasil, à vista da nossa legislação, pode chamar-se ao cativeiro a filha do senhor que educou-a como tal e apresentou-a publicamente como sua descendente?
>
> Foi, portanto, infeliz a lembrança de abrasileirar o drama, aliás, bonito, e que pode chamar concorrência ao Teatro S. Luís.

6 DRAMATURGIA ANTIESCRAVISTA DE AUTORES FRANCESES E PORTUGUESES

Tudo indica que a adaptação preservou a linha do enredo e não conseguiu evitar as incongruências apontadas pelo articulista do *Jornal do Comércio*. De qualquer modo, em oito récitas, entre 5 e 25 de maio de 1875, os espectadores puderam assistir a uma peça que fazia a crítica à escravidão. No final desse mês, não esqueçamos, os jornais começavam a anunciar a publicação do romance *A Escrava Isaura*, de Bernardo Guimarães. Teatro e literatura davam sua contribuição para o debate em torno da questão servil.

Voltemos a *Cora ou a Escravatura*. A estreia atraiu um bom público ao teatro, mas a imprensa não comentou o drama em seus detalhes. O cronista S. Saraiva, na *Gazeta de Notícias* de 2 de junho de 1877, limitou-se a afirmar que se tratava de "uma peça de propaganda abolicionista", dando maior atenção ao repertório variado de Emília Adelaide em seu folhetim. No *Jornal do Comercio* de 29 de maio, uma nota curta nada dizia do conteúdo da peça, que nem seria a melhor para a atriz portuguesa mostrar o seu talento.

Depois de dois meses no Rio de Janeiro, Emília Adelaide e sua companhia dramática seguem para São Paulo, onde permanecem por igual período, indo em seguida para o Rio Grande do Sul. Em São Paulo, não encenam *Cora ou a Escravatura*, conforme constatei consultando os jornais. Em Porto Alegre, Pelotas e Rio Grande, não sei dizer, pois a hemeroteca da Biblioteca Nacional não tem os periódicos dessas cidades. Athos Damasceno comenta a temporada da atriz no Sul do país, mas não arrola a peça entre as que foram então representadas[2]. Difícil saber se ele teve acesso a todos os jornais da época.

De volta ao Rio de Janeiro em maio de 1878, Emília Adelaide reencena *Cora ou a Escravatura* em 4 de junho, mais uma vez sem grande atenção da imprensa, a não ser alguns elogios genéricos e uma crítica negativa publicada na *Revista Ilustrada*. Mas no dia 28 desse mês, a peça volta ao palco do Imperial Teatro Dom Pedro II num espetáculo de gala, anunciado com pompa nos jornais. Tratava-se de um benefício cuja renda seria destinada para a "inauguração da sessão emancipadora da transformação do trabalho escravo pelo trabalho livre pela Mutuação Filantrópica e Protetora". A presença de dom Pedro II, membros do ministério e corpo diplomático endossava a iniciativa e dava colorido político ao espetáculo. Para a ocasião, Augusto Emílio Zaluar escreveu o poema "A Mãe Cativa", que Emília Adelaide declamou, no intervalo do primeiro quadro, seguindo-se a entrega aos convidados da associação de um diploma de sócio e a libertação de um cativo.

Emília Adelaide permaneceu no Rio de Janeiro até fevereiro de 1880 e deu outras mostras de sua simpatia pela causa da abolição. Representou *Cora ou a Escravatura* mais uma vez, em 15 de dezembro de 1878; e em 6 de maio de

---

[2]   A. Damasceno, *Palco, Salão e Picadeiro em Porto Alegre no Século XIX*, p. 169.

1879, pôs em cena a peça *As Duas Órfãs*, de Adolphe Dennery, anunciando nos jornais que fazia um benefício para a liberdade de "uma escrava com cinco filhos". Em 28 de setembro de 1879, duas récitas extraordinárias solenizaram o aniversário da promulgação da lei de 28 de setembro de 1871. Aliás, a atriz estava no Brasil por ocasião dos debates que resultaram na liberdade do ventre escravo. Em sua primeira temporada no Rio de Janeiro, de 26 de março a 3 de setembro de 1871, trabalhou com Furtado Coelho e fez enorme sucesso. Machado de Assis, que a viu em várias peças, não se cansou de elogiar seus desempenhos[3]. Sensibilizada com o sofrimento dos cativos, Emília Adelaide coroou sua estada entre nós com a seguinte atitude, que o *Jornal do Comércio* de 1º de outubro de 1871 registrou em sua terceira página:

> A atriz Emília Adelaide pediu, antes de embarcar para Lisboa, ao Sr. Dr. J.A. Fernandes Lima, que libertasse uma pardinha de nove anos, quase branca, que lhe pedira uma esmola para a sua alforria. O Dr. Fernandes Lima, solícito, cumpriu o pedido e conseguiu que o senhor da criança lhe desse a liberdade por 600$000. Foi passada a escritura no cartório do escrivão, Hilário Ferrão, que cedeu em favor da libertada a espórtula que pelo seu trabalho lhe fora ofertada.
>
> Não contente com dar a liberdade a esta criança, a Sra. Emília Adelaide propõe-se a educá-la e ampará-la.
>
> Não é este certamente o menor dos triunfos obtidos pela festejada atriz.

Voltemos à segunda temporada de Emília Adelaide no Brasil. No início de 1880, ela é contratada pelo empresário teatral Vicente Pontes de Oliveira para dar espetáculos em Belém do Pará. A estreia ocorre em 24 de fevereiro, com *Madalena*, de Pinheiro Chagas. Em cerca de quatro meses, a atriz apresenta seu vasto repertório e em seguida embarca de volta para Portugal. *Cora ou a Escravatura* subiu à cena no dia 4 de março. Com exceção do *Diário de Belém*, que numa breve nota elogiou os artistas e criticou a peça, os outros jornais não se manifestaram, talvez porque os paraenses já a haviam visto no ano anterior, nos dias 22, 24 e 27 de abril, e 24 de maio, pela mesma companhia de Vicente Pontes de Oliveira, com outros artistas. Nessa ocasião, o espetáculo mereceu um comentário – sem assinatura – no *Diário de Belém*, de 24 de abril, que vale a pena destacar. Em primeiro lugar, porque registra que a plateia, demonstrando "sentimentos bons e humanitários", aplaudiu com entusiasmo o desfecho do drama, no qual Cora e Toby são libertados, ao mesmo tempo que Kraig é punido. Para o articulista, esse "grito de guerra contra a

---

[3] M. de Assis, *Do Teatro*, p. 513-521.

escravatura", que se via no palco, devia chamar a atenção dos poderes constituídos para que não se esquecessem de "apressar a completa exterminação do cancro social que se chama – escravatura". O que é interessante no texto é que o autor afirma que "felizmente, aquelas cenas cruéis não se reproduzem em nosso país, nem estão na índole do povo brasileiro".

Essa observação faz lembrar o comentário do *Jornal do Comércio* sobre a peça *Cenas da Escravidão*, citado alguns passos atrás. O ponto de vista segundo o qual nossa escravidão não era tão cruel como a que havia nos Estados Unidos levava em conta uma visão equivocada do que seria certa "índole" brasileira, como se fosse possível atribuir a todos os senhores um mesmo comportamento complacente em relação aos negros escravizados. A realidade desmentia o discurso: a violência que grassava em nossas fazendas, ou mesmo nas cidades, era um dado palpável, conforme relatos publicados nos jornais abolicionistas da época.

Cora ou a Escravatura foi encenada em outras cidades brasileiras. Em Fortaleza, o ator e empresário José de Lima Penante incluiu-a em seu repertório e a representou duas vezes: em 28 de março e em 2 de abril de 1881. A segunda récita teve o apoio da Sociedade Cearense Libertadora. Nos anúncios publicados nos jornais, lia-se que os membros dessa sociedade ajudaram a vender os bilhetes para que a ideia da abolição chegasse a um número expressivo de espectadores. Eis o que escreveu Penante: "O artista Lima Penante agradece aos seus consórcios e amigos da Sociedade Cearense Libertadora o interesse que tomaram na distribuição dos bilhetes para esta récita, a fim de, auxiliando sua empresa, verem propagada vantajosamente a ideia da abolição da escravatura." O estímulo para que as pessoas fossem ao teatro apareceu também num breve artigo publicado no jornal *O Cearense*, de 29 de março, e assinado coletivamente por "Os Abolicionistas". Louvando a peça por ser obra de propaganda e fazer a crítica ao preconceito de cor, o texto terminava assim: "Nesta época em que uma sociedade e quase toda a população cearense se manifesta em favor da liberdade de escravos, a escolha do drama *Cora ou a Escravatura* foi maravilhosa, porque sendo incentivo àqueles que ainda não se compenetraram com a ideia da emancipação, lhe dará um resultado feliz."

É possível que Lima Penante, abolicionista de primeira hora, tenha apresentado a peça em outras cidades do Norte e Nordeste, onde atuou. Já em Salvador e no Recife, a tarefa coube mais uma vez a Emília Adelaide, que veio para o Brasil novamente no segundo semestre de 1884. Nessa altura, a campanha abolicionista estava a todo vapor e no Ceará já não havia mais cativos. Multiplicava-se o número de sociedades libertadoras pelo país. O clima era propício para a representação de peças como *Cora ou a Escravatura*. Assim, em 23 e 27 de julho, Emilia Adelaide apresentou-a em Salvador. No Recife, no dia 8 de setembro, o Teatro Santa Isabel foi palco, à tarde, da instalação solene da sociedade abolicionista Ave-Libertas, em cuja diretoria só havia mulheres; à noite, da estreia do drama de Jules Barbier, que mereceu elogios no *Diário de Pernambuco*. Simpática à causa humanitária da abolição, Emília Adelaide enviou uma carta à direção da Ave-Libertas, oferecendo metade da renda de um espetáculo para essa sociedade; a outra metade seria destinada à Sociedade Portuguesa Beneficente. Na noite de 16 de novembro, deu-se o benefício – uma comédia curta, uma cena cômica, uma ária de uma ópera, a declamação de um poema e o quarto ato de *A Dama das Camélias* –, que se transformou numa festa abolicionista, coroada com a entrega, em cena aberta, num dos intervalos, de sete cartas de liberdade por uma comissão de sócios da Ave-Libertas. Embora Emília Adelaide não tenha apresentado *Cora ou a Escravatura* nessa noite, tanto a peça quanto a atriz portuguesa merecem ser lembradas pela contribuição dada à batalha pelo fim da escravidão no Brasil.

■ ■

Uma peça do velho repertório romântico, que o Conservatório Dramático Brasileiro havia proibido em 1859, pôde finalmente ser representada no Rio de Janeiro. Em 1881, os censores não encontraram motivos para barrar *O Doutor Negro*, de Anicet Bourgeois e Dumanoir. Se o leitor se lembra, no segundo capítulo, resumi o enredo novelesco desse drama em sete atos, centrado no casamento de um liberto com uma mulher branca, filha de uma marquesa. O doutor do título, Fabiano, é vítima do preconceito da aristocracia, na época da Revolução Francesa e, preso na Bastilha, enlouquece. No desfecho, após o 14 de julho, sai da prisão e vai ao encontro da esposa, que está fugindo com seus familiares. Ao ver que ela vai ser atingida por um disparo, coloca-se na frente dela e a salva, morrendo em seguida.

Apesar dos exageros típicos dos dramalhões, a peça prestava-se ao movimento abolicionista então em curso. O caráter nobre de Fabiano, a dedicação aos doentes, o amor pela esposa, tudo fazia dele um herói romântico que honrava sua condição de ex-cativo. A crítica à escravidão se fazia presente na ação dramática e nos diálogos.

A ideia de encenar *O Doutor Negro* foi de Ismênia dos Santos e Guilherme da Silveira, artistas e empresários que vinham se notabilizando por repetidas representações de *A Cabana do Pai Tomás*. Tendo já dado provas de que apoiavam fortemente a luta abolicionista, não se contentaram apenas em representar a peça de Anicet Bourgeois e Dumanoir. Decidiram que a estreia tinha que ter um significado político. Assim, mandaram anunciar nos jornais que na noite de 15 de julho de 1881, no Teatro Santana, haveria uma verdadeira "festa abolicionista", com a presença das principais sociedades libertadoras do Rio de Janeiro e Niterói: Sociedade Brasileira contra a Escravidão, Associação Central Emancipadora, Clube Abolicionista do Riachuelo, Clube dos Libertos contra a Escravidão, Clube Abolicionista José do Patrocínio, Sociedade Emancipadora da Escola Militar, Caixa Emancipadora da Escola Militar e Caixa Emancipadora José do Patrocínio. Dizia ainda o anúncio: "O teatro achar-se-á esplendidamente ornado, entrelaçados entre coroas os nomes dos cidadãos brasileiros e estrangeiros que mais têm pugnado pela causa abolicionista."

Tanto empenho teve como reconhecimento os aplausos entusiasmados do público, tanto aos artistas, principalmente Ismênia e Eugênio de Magalhães, quanto ao ensaiador Guilherme da Silveira e ao tradutor Cardoso de Menezes, que foram várias vezes chamados à cena ao final do espetáculo. Nos jornais, os comentários foram em geral favoráveis. Na *Gazeta de Notícias* de 17 de julho, o articulista elogiou a *mise en scène* e o desempenho dos artistas, reservando para a peça o seguinte comentário: "Em primeiro lugar, é um drama de propaganda abolicionista, e em quase todas as suas principais cenas, ao efeito dramático alia-se a ideia emancipadora."

Também na crônica teatral da *Revista Ilustrada* de 16 de julho, *O Doutor Negro* foi denominado "um drama abolicionista". Depois de resumir o enredo da peça e ressaltar que o protagonista tem contra si os preconceitos da nobreza e é "um infeliz que sofre injustamente até morrer no último ato", o articulista conclui que foi oportuna sua representação: "Como se pode ver pelo assunto, era uma peça de representar aqui, e a sua recepção por parte do público correspondeu à expectativa da empresa, que a encenou com esmero e a distribuiu com inteligência". Definido como um drama "que trata da redenção do escravo", em nota elogiosa publicada pelo jornal *O Abolicionista* de 1º de agosto, *O Doutor Negro* só teve restrições na "Gazetilha" do *Jornal do Comércio* de 17 de julho. O autor do texto não negou a qualidade da encenação, feita com capricho, nem o trabalho dos intérpretes, reconhecendo que Ismênia teve "momentos sublimes no 5º ato", e que Eugênio de Magalhães foi excelente na cena da loucura. O problema estava em mostrar cenas da escravidão das quais não se poderia tirar "nem séria, nem proveitosa lição", não só porque eram exageradas, mas também porque não diziam respeito à nossa realidade e contrariavam a "índole bondosa" do brasileiro para com os cativos. De um jornal de perfil conservador, não se poderia esperar avaliação diferente:

> A história – e mais do que a história, a índole bondosa do nosso povo – prova-nos, em cada página e a todo momento, que a escravidão no Brasil

nunca foi acompanhada do cortejo de horrores que Dumanoir e com ele todos os dramaturgos propagandistas, se lembrou exibir nos seus dramas. Esta exageração é, porém, inerente a todas as produções literárias ou dramáticas que tenham por fito um gênero de propaganda qualquer.

No *Doutor Negro*, o escritor faz caminhar de parceria este grande problema social com um preconceito que a evolução das ideias modernas tende rapidamente a desvanecer. Seja como for, e por menos que a tese possa aplicar-se ao nosso país, o que é certo é que o drama de Dumanoir é uma peça de esplêndido efeito, e ao menos, como ideia associada, foi bem-aproveitado na ocasião presente.

O Doutor Negro teve sete representações seguidas, a última no dia 24 de julho, à tarde. À noite, a empresa dramática de Ismênia apresentou *A Cabana do Pai Tomás*, que já havia subido à cena no dia anterior. É evidente que no repertório da atriz havia muitas outras peças, mas no mês de julho seu engajamento na luta pela abolição, ao lado de Guilherme da Silveira, mostrou-se na escolha de duas obras que convidavam os espectadores a refletir sobre a escravidão. Ainda no dia 28 do mesmo mês a atriz fez uma "grande festa abolicionista para a libertação do escravo Bento", conforme os anúncios dos jornais, representando um dos seus maiores sucessos, a *Morgadinha do Val--Flor*, de Pinheiro Chagas.

Não foram os fluminenses que viram a primeira montagem no Brasil de *O Doutor Negro*. Sem grande repercussão na imprensa, mas bem recebido pela plateia, o drama havia estreado em Fortaleza, no dia 6 de fevereiro de 1881, pela companhia dramática de Rodrigues Sampaio. Uma segunda récita, três dias depois, não motivou nem mesmo algum artigo sobre seu viés antiescravista. Já em São Luís do Maranhão, as duas representações, em 12 e 19 de maio, tiveram bom público e dois comentários nos jornais. O curioso é que Rodrigues Sampaio alterou o nome da peça para *O Doutor Mulato*. Provavelmente quis pegar carona no sucesso de escândalo que vinha causando o romance *O Mulato*, de Aluísio Azevedo, posto à venda na redação do jornal *O Pensador* a partir de 9 de abril[4]. O comentário mais próximo de uma compreensão do espírito crítico da peça foi publicado em nota curta do *Publicador Maranhense*, em 14 de maio: "Tem ações em épocas já remotas, mas ainda assim mostra ao vivo certos costumes, reprovados hoje, e que aliás tinham aceitação em tempos que não nos vão longe." Linguagem um tanto cifrada para falar da escravidão. O segundo artigo, de Aluísio Azevedo, sob o pseudônimo de Giroflé, na *Pacotilha*, de 13 de maio, é uma crítica contundente ao

---

[4] J. Montello, *Aluísio Azevedo e a Polêmica d'O Mulato*, p. 4

"dramalhão" de Bourgeois e Dumanoir. Sem mencionar a crítica à escravidão presente na peça, condenou-a em bloco, dizendo que não tinha valor algum. Para um estudioso da obra de Aluísio, ele não viu com bons olhos o oportunismo do empresário teatral e, já familiarizado com a estética naturalista, "fez uma crítica feroz de *O Doutor Mulato*, que, por seu caráter romântico, pela falsidade dos personagens e pelas situações dramáticas, estava no polo oposto do gênero teatral em favor do qual Aluísio militava como crítico"[5].

Sem uma cobertura jornalística que abordasse e transmitisse para os leitores uma visão crítica do cativeiro e do preconceito de cor, tanto em Fortaleza quanto em São Luís a peça agiu apenas sobre a consciência dos espectadores que a viram no palco.

■ ■

Romance publicado no final do século XVIII e dos mais lidos no século XIX, *Paulo e Virgínia*, de Bernardin de Saint-Pierre, ganhou uma adaptação teatral que foi encenada pela primeira vez no Rio de Janeiro, em 22 de julho de 1882, no Teatro Fênix Dramática. A companhia do ator Torres não divulgou se se tratava de uma tradução ou de trabalho feito por algum escritor português ou brasileiro. O anúncio da estreia publicado nos jornais trazia os nomes dos artistas, os títulos dos quadros e a informação de que a plateia assistiria a um "drama de grande espetáculo". Isso significava que a montagem lançaria mão de aparatos e maquinismos para simular, por exemplo, no quinto quadro, o naufrágio do navio que trazia Virgínia de volta da França para a ilha Maurícia.

De um modo geral, os anúncios com detalhes do que se veria no palco serviam para despertar curiosidade e interesse nos leitores. *Paulo e Virgínia* teve bom público e boa recepção crítica nos jornais. A história comovente dos dois adolescentes que descobrem o amor e que são separados abruptamente por mais de dois anos, sobrevindo em seguida um desfecho trágico, levou a plateia às lágrimas. O desafio de adaptar para o teatro um romance quase sem ação, com muitas descrições da natureza e repleto de preceitos morais e religiosos, foi razoavelmente vencido. Apolônia Pinto e Torres, como protagonistas, tiveram seus desempenhos elogiados.

Diante da boa aceitação do espetáculo, como entender o acréscimo que foi feito nos anúncios publicados nos jornais a partir de 26 de julho, dia em que houve a quarta récita? Logo após o título em letras garrafais, *Paulo e Virgínia*, lia-se abaixo: "peça de propaganda abolicionista".

5   J.-Y. Mérian, *Aluísio Azevedo: Vida e Obra (1857-1913)*, p. 246.

Infelizmente a adaptação teatral do romance se perdeu, de modo que não é possível saber exatamente como se dava a crítica à escravidão no espetáculo. No romance, como se sabe, Domingue, o escravo de Marguerite – mãe de Paul – se casa com Marie, escrava de Madame de la Tour, mãe de Virginie. O casal de "escravos fiéis" não se queixa de sua situação e vive feliz, bem tratado pelas duas senhoras e amado pelos adolescentes. Há apenas uma passagem em que a escravidão aparece com um colorido mais forte. Numa manhã de domingo, uma escrava fugida bate à porta e pede comida a Virginie. O narrador descreve sua magreza, suas roupas puídas e as cicatrizes em seu corpo. A boa menina a alimenta e se propõe a levá-la de volta a seu senhor, junto ao qual intercederia para que a perdoasse e a aceitasse de volta, sem castigá-la. Paul a acompanha na longa jornada rumo à fazenda. O proprietário, depois de um breve diálogo, promete perdoar a escrava. Impressionado com a beleza de Virginie, olha-a de modo lúbrico, o que a assusta e a faz retirar-se apressadamente com Paul. Em poucas linhas, há uma referência aos escravos que fazem diversas tarefas no campo. E mais à frente saberemos que a pobre fugitiva foi severamente castigada.

Talvez se possa considerar essas poucas passagens como uma crítica à escravidão ou pelo menos ao mau senhor. Mas o romance está longe de se preocupar com essa questão. Tanto que a certa altura Madame de la Tour e Marguerite conversam sobre a possibilidade de Paul ir para as Índias trabalhar no comércio e juntar dinheiro para comprar ao menos um escravo que as pudesse ajudar nos seus pedaços de terra, pois Domingue está velho e Marie, adoentada.

Para que a adaptação teatral representada no Rio de Janeiro tenha ficado com as características de uma "peça de propaganda abolicionista", é provável que as passagens do romance acima mencionadas tenham sido desdobradas em várias cenas e diálogos com o objetivo de fazer a crítica à escravidão. Como o texto que serviu de base para o espetáculo se perdeu, lanço aqui a hipótese de que talvez seu autor tenha se inspirado não apenas no romance, mas também na ópera *Paul et Virginie*, de Victor Massé, com libreto de Jules Barbier e Michel Carré, que havia estreado em Paris em 1876 e feito enorme sucesso. O libreto foi escrito com bastante liberdade em relação à obra original. E alguns acréscimos dizem respeito exatamente aos papéis desempenhados pela escrava fugida e pelo fazendeiro escravocrata, que nem são nomeados no romance.

Não esqueçamos que Jules Barbier havia escrito antes *Cora ou a Escravatura*. Nessa peça, há uma personagem secundária chamada Méala. Pois esse foi o nome dado à escrava que pede proteção a Virginie. O diálogo entre ambas, no libreto, é mais extenso do que no romance e serve para caracterizar a violência da escravidão na figura do fazendeiro Sainte-Croix. Igualmente mais extensa é a cena na fazenda, em que Virginie intercede por Méala. A cena ocupa todo o segundo quadro do primeiro ato, porque os libretistas a ampliaram. Sainte-Croix obriga Paul e Virginie a participarem de uma festa que ele improvisa com seus escravos. Méala, vendo o interesse de seu senhor pela mocinha, canta uma música cuja letra sugere a ela e Paul que vão embora, pois estão em perigo. Enfurecido e já bêbado, o fazendeiro manda açoitar Méala. Seus gritos, nos bastidores, se misturam com a música dos escravos que cantam e dançam a mando de Sainte-Croix, numa cena que vai num crescendo até o pano tombar.

Nada disso está no romance. A escravidão é retratada com cores fortes no libreto. Quando a ópera foi representada em Montevidéu por uma companhia francesa, em 1881, o *Jornal do Comércio* recebeu uma matéria de seu correspondente, que foi publicada no dia 26 de setembro, na qual a cena que resumi acima era assim descrita: "É que no segundo ato a cena passa-se em uma fazenda. Os escravos sujeitam-se à imposição brutal de um senhor que se embriaga repetidas vezes, e que à *força de chicote* obriga os escravos a cantar e a dançar. É uma cena repugnante, que me comoveu profundamente, e a cujo final não tive a coragem de assistir, retirando-me do camarote."

Não vem ao caso detalhar outras mudanças feitas no romance, mas é preciso acrescentar que Méala e Sainte-Croix participam de mais algumas cenas, tornando a escravidão um assunto forte na ópera. Embora seja impossível saber ao certo se a adaptação teatral que foi encenada no Rio de Janeiro aproveitou o antiescravismo do libreto – os comentários nos jornais não se referem à escravidão –, o fato é que foi muito bem acolhida pelo público. No dia 9 de novembro de 1882, a *Gazeta de Notícias* anunciava a 28ª representação do "drama de propaganda abolicionista". Um número expressivo naqueles tempos.

O sucesso da adaptação de *Paulo e Virgínia* levou a atriz Apolônia Pinto a incluí-la no repertório de sua companhia dramática e apresentá-la em 25 de agosto de 1883, numa "festa abolicionista" que ela promoveu no Teatro São Luís. No anúncio, dava-se destaque à presença das Majestades Imperiais e representantes da imprensa. Mais uma vez a peça era denominada "drama de propaganda abolicionista". No anúncio da terceira representação, publicado na *Folha Nova* de 28 de agosto, o engajamento da atriz transparecia de modo contundente com a inclusão da frase "Abaixo a escravidão!", em negrito e caixa alta, como que convidando o público simpático a essa ideia a ir ao teatro. Mais ainda, no dia 2 de setembro, um domingo, Apolônia Pinto representou *Paulo e Virgínia* à tarde e *A Cabana do Pai Tomás* à noite, mandando colocar no anúncio: "Nunca em um só dia se tem representado duas peças de tanta importância e que mais atrativos ofereçam." É de se crer, portanto, que a adaptação do romance de Bernardin de Saint-Pierre encenada nos palcos fluminenses trazia críticas à escravidão, à semelhança do libreto de Jules Barbier e Michel Carré para a ópera de Victor Massé.

Não foi apenas no Rio de Janeiro que o drama foi representado. Em março e abril de 1884, Apolônia Pinto o levou à cena em Porto Alegre; depois, em fevereiro de 1886, em Curitiba. No Norte e Nordeste, foram outros artistas que o encenaram. A companhia dramática do ator e empresário teatral português Soares de Medeiros, que tinha a atriz brasileira Isolina Monclar como figura principal, também explorou nos anúncios o teor abolicionista de *Paulo e Virgínia*, posto em cena primeiramente no Recife, em julho de 1883, e em seguida em Belém, em novembro de 1885. Incluído no repertório da companhia dramática, o drama voltou a ser representado em dezembro de 1886, em Salvador, no início de 1887, em Maceió, e em maio de 1887, no Recife. Somadas todas as representações, as do Rio de Janeiro e as das outras cidades, foram milhares de espectadores os que assistiram a essa adaptação teatral que enfatizava a crítica à escravidão em seu enredo.

DRAMATURGIA PORTUGUESA

Representado em várias cidades brasileiras, a partir de 1878, o drama em três atos *Ódio de Raça*, de Francisco Gomes de Amorim, tem esse título forte porque o autor pretendeu fazer uma denúncia vigorosa da escravidão no Brasil. É bom esclarecer que a imaginação o fez criar as personagens e o enredo, mas a observação da realidade lhe deu o pano de fundo da ação dramática. Gomes de Amorim viveu cerca de dez anos no Pará, onde chegou ainda menino, em 1837, seguindo um irmão mais velho. Trabalhou duro em várias atividades e conheceu a região amazônica e os índios, os costumes e as crendices, a flora e a fauna, retornando a Portugal em 1846[6]. A amizade com Almeida Garrett foi um estímulo para a carreira literária, que começou com poemas e peças teatrais, duas delas com ação dramática na província que conheceu de perto: *Ódio de Raça* e *O Cedro Vermelho*. A primeira foi representada em Lisboa, no Teatro de D. Maria II, em 1854; a segunda, no mesmo teatro, em 1856. Ambas foram publicadas anos mais tarde, em 1869 e 1874, respectivamente.

Ódio de Raça é centralizada nas relações conflituosas entre negros, brancos e mestiços, tanto no ambiente de trabalho quanto no familiar. E o sentimento

[6] No prefácio ao seu livro de poemas *Cantos Matutinos*, de 1858, Francisco Gomes de Amorim relata o que foi sua experiência de vida no Brasil.

que alimenta o enredo é o ódio que sentem um pelo outro o escravo negro José e o escravo mestiço Domingos, que odeia igualmente o seu senhor branco Roberto, proprietário de uma fazenda no interior do Pará. Enquanto José é o protótipo do escravo fiel, Domingos é um ressentido que se define desta maneira: "Eu não tenho mãe nem pai, porque sou mulato e odeio tanto os brancos como os pretos."[7] Ou ainda: "A minha raça é única, e por isso aborreço as outras todas. Eu sou a escória, o refugo dos homens, e sou escravo. Mas hei de pagar-lhes em ódio e sangue tudo que lhes devo em desprezo." [p. 21] Domingos odeia também o sobrinho de seu senhor, Manuel, rapaz recém-chegado de Portugal e que trabalha para o tio.

Efeito da escravidão, a mestiçagem gera homens desprovidos de identidade racial, para ficar nos termos da peça. José, ao contrário, é negro puro e se orgulha disso, sentindo-se superior, embora escravo. Quando Domingos o chama de "parente", ele responde, um tanto indignado: "Parente? Um mulato?... Não há disso na minha terra. Eu sou cabinda, de sangue puro e raça fina. Os mulatos não têm raça." [p. 17]

O primeiro conflito entre as duas personagens é rapidamente resolvido no primeiro ato. Domingos tenta incriminar José, roubando dinheiro de uma venda de produtos da fazenda, e é descoberto e açoitado. Seu ódio só aumenta e alimenta o enredo: ele foge e planeja incendiar a casa da fazenda, matar Manuel e Roberto e raptar Emília, a filha de seu senhor, por quem é apaixonado. Para levar a cabo seu plano, conta com a ajuda da índia tapuia Marta, espécie de agregada da casa, que o criou. Em troca de aguardente, ela facilita o acesso a uma arma, mas quando sabe que Domingos quer matar Roberto, revela-lhe o segredo guardado por anos: ele é filho de seu senhor com uma escrava. Essa revelação serve apenas para fazer crescer o ódio no coração do escravo mestiço: ser escravo do próprio pai! Ressalve-se que Roberto ignorava tal paternidade, embora sentisse algum afeto por Domingos, que não conseguia explicar. Não foram poucas as vezes que perdoou suas faltas. Na sequência do enredo, vemos o escravo fiel atento aos desejos e movimentos do seu oponente. E à custa da própria vida, ele, que também amava a mocinha – sabendo ser um amor impossível –, salva-a duas vezes: a primeira, de ser raptada, quando é ferido pela faca de Domingos; a segunda, do incêndio da casa, quando a carrega nos braços em meio ao fogo, para morrer em seguida. É Manuel quem acaba matando o vilão, fato apenas narrado, não mostrado em cena.

Como peça de ideias, *Ódio de Raça* tem várias passagens em que a escravidão e suas consequências maléficas são enfatizadas. Gomes de Amorim quis marcar sua posição e não hesitou em fazer as personagens emitirem

---

7   F.G. de Amorim, *Teatro: Ódio de Raça – O Cedro Vermelho*, p. 84.

discursos para o leitor/espectador. José, por exemplo, embora seja dedicado e proteja a família que o escraviza, não está feliz com sua condição. Num breve monólogo, que se inicia com a queixa de um apelido que lhe puseram, lamenta ser escravo:

> Pai Cazuza, Pai Cazuza! Todos me tratam por este nome ridículo em desprezo de minha cor preta! De que me serviu ter um senhor generoso, que me mandou educar-me, se depois da sua morte tornei a ser vendido como um animal de trabalho! Oh! Cabinda! Minha terra! Meu pai, minha mãe, meus irmãos? Quem sabe se os terei já encontrado na terra do cativeiro, sem nos podermos conhecer? Cabinda! Oh! Minha mãe… quem te diria que o teu filho havia de ser escravo? A gente branca inventou o direito de vender os pretos, porque os pretos são mais fracos! O preto não pode ter família, nem pátria, nem liberdade. Liberdade! Palavra de escárnio, inventada para encobrir o despotismo! Liberdade, tu és uma mentira… até para os brancos. [p. 26-27]

Mais à frente, num diálogo com Emília, José explicita o que acima está apenas sugerido: o sofrimento provocado pelo desmantelamento das famílias caçadas na África e trazidas para o Brasil. Para ele, a escravidão é "uma vida em que tudo são trevas", pois "na alma do escravo não há nenhuma luz, desde que em pequeno o desembarcaram no Brasil, separando-o do pai, mãe e irmãos, vendidos cada um a seu senhor diferente, para nunca mais se verem nem conhecerem!" [p. 56-57]

O fato de ser um escravo honrado e fiel, como reconhecem Roberto e Emília, não livra José da tristeza de uma vida sem perspectivas. O prêmio pela dedicação à família branca será a carta de alforria, mas que chega muito tarde, quando está gravemente ferido. O diálogo entre pai e filha, quando decidem dar a liberdade ao escravo, tem uma função didática: enaltecer o caráter da mocinha, que herdou da mãe a vontade de libertar todos os escravos. Ela mesma já conseguira convencer o pai a alforriar outros seis. José seria o sétimo. E nenhum abandonara a fazenda, gratos a ela e ao próprio senhor, que não os tratava mal.

Roberto se define como um senhor de engenho que tem "humanidade", ao contrário de muitos outros. E chega a se comover quando José agradece a ele e Emília pela liberdade concedida. No entanto, seu passado não é completamente limpo. Embora a peça não dê detalhes, ele engravidou uma escrava e é pai de Domingos. Apenas por conveniência do enredo, ele desconhece essa paternidade, típica do escravismo brasileiro. No diálogo que transcrevo abaixo, Gomes de Amorim critica a promiscuidade entre senhores e escravas, que resultam em filhos mestiços que continuam escravizados e podem até ser vendidos:

> MARTA: O mulato quer matar o Senhor Branco? A tapuia não tem nada com isso, mas a preta Maria disse-me, quando estava para morrer, que deixava um filho do seu senhor.
> DOMINGOS: A preta Maria era minha mãe? Eu não tenho irmãos?
> MARTA: Não.
> DOMINGOS (*com ansiedade*): Então esse filho?... Sou eu?
> MARTA: É.
> DOMINGOS (*pasmado*): E ele?... o branco?... O meu senhor?
> MARTA: É o pai do mulato.
> DOMINGOS (*aniquilado*): Meu pai! Ele? E mandou açoitar-me! Sou escravo de meu pai! Sou filho do meu senhor!...
> MARTA: Há muitos assim... Oh! Muitos! É o negócio dos brancos. Vivem com as suas escravas e...
> DOMINGOS: E vendem os filhos? Porque não me disse a tapuia há mais tempo quem era meu pai?
> MARTA: A senhora moça podia zangar-se sabendo que o mulato é seu irmão.
> [p. 81]

Um outro aspecto ligado à violência do cativeiro que o autor pretende denunciar é o abuso do castigo físico. Domingos faz menção aos açoites que recebeu por ter roubado seu senhor. Mas é no primeiro ato que vemos o pavor de José ao se ver prestes a receber um número absurdo de chibatadas, pelo roubo que não cometera. Roberto se queixa de que é preciso pedir autorização às autoridades para o uso do chicote como punição, mas estipula trezentos açoites em Domingos, desmascarado por Emília como ladrão do dinheiro do pai. Gomes de Amorim, quando publicou a peça, acrescentou nada menos que 72 notas de rodapé, para explicar aos leitores portugueses os usos e costumes brasileiros, boa parte delas acerca da escravidão. Sobre o hábito de castigar os escravos com açoites, observou que muitos eram mortos, principalmente nos engenhos e roças distantes da fiscalização das autoridades, onde "os pobres negros acham-se inteiramente à mercê do senhor ou de seus feitores, que nem sempre medem o castigo pela grandeza do delito, mas sim pela crueldade ou brandura de ânimo de quem o manda aplicar" [p. 106]. A seu ver, só havia um meio de acabar com tais atrocidades: abolir a escravidão.

No prefácio à peça, o autor manifesta com veemência seu espírito abolicionista. Conta que em conversas com Almeida Garrett relatou-lhe fatos terríveis e repugnantes dos quais fora testemunha e que foi estimulado pelo poeta a escrever dramas para pôr em relevo os horrores da escravidão. Em seguida, lembra que *Ódio de Raça* comoveu e impressionou os espectadores portugueses quando levado à cena, em 1854, mas que o alcance das suas denúncias fora limitado, não tendo chegado ao Brasil. Com a publicação da peça, quinze anos depois, esperava que a ideia "semeada" no palco pudesse se tornar "produtiva e fecunda" na forma do livro, até porque, em 1869, o debate sobre a questão servil estava mais adiantado: "Hoje que, na Europa e na América, parece tratar-se seriamente de abolir a escravidão, todo documento autêntico, como este, por humilde que seja o seu autor, tem, pelo menos, a importância da oportunidade para servir na instauração do processo contra a instituição que se quer derrubar." [p. 9] O autor se defende antecipadamente de críticas que eventualmente pudessem taxá-lo de exagerado na pintura da escravidão. Afirma ter sido fiel ao que viu nos anos vividos no Pará e detém-se particularmente na concupiscência dos senhores que engravidam as escravas para vender seus filhos. Espera do leitor brasileiro que acredite na "sinceridade" com que soltou "esse brado de indignação contra o mais cínico e afrontoso de todos os vícios sociais" [p. 10-11].

Como se vê, Gomes de Amorim foi um pioneiro do teatro abolicionista em língua portuguesa, antecipando-se a todos os dramaturgos brasileiros que se engajaram na luta pelo fim da escravidão. Mas sua voz só foi verdadeiramente ouvida quando o drama *Ódio de Raça* começou a ser representado no Brasil. A estreia se deu no dia 2 de agosto de 1878, no Teatro Fênix Dramática, por artistas da empresa dramática de Jacinto Heller e alguns artistas portugueses que deixaram a companhia de Emília Adelaide para formar um conjunto próprio. Dois dias depois, num domingo, o drama foi representado à tarde e à noite. No final do ano, em novembro, voltou à cena duas vezes por iniciativa de um grupo amador. Em 1879, o ator e empresário Dias Braga incluiu *Ódio de Raça* em seu repertório e o apresentou em cidades da província do Rio de Janeiro. Em Campos dos Goytacases, a récita dada em 16 de agosto foi em benefício de uma escrava chamada Concórdia. No início de 1880, pela mesma empresa dramática, o drama teve cinco representações seguidas no Rio de Janeiro e pelo menos uma em Niterói, espetáculo "sempre muito aplaudido, sendo os artistas repetidas vezes chamados à cena", segundo a *Gazeta de Notícias* de 10 de janeiro. Dias Braga voltou a encená-lo em 27 de setembro, mandando pôr no anúncio dos jornais desse dia que o "magnífico" drama tratava do assunto do dia – "a questão da escravatura".

Embora não tenha sido alvo de comentários críticos extensos na imprensa, a peça de Gomes de Amorim atingiu um número razoável de espectadores e interessou a outros artistas e empresários, como Helena Balsemão, que deve tê-la representado em cidades da província do Rio de Janeiro em 1881.

6 DRAMATURGIA ANTIESCRAVISTA DE AUTORES FRANCESES E PORTUGUESES

O *Monitor Campista* de 29 de outubro desse ano registra o espetáculo dado em Campos dos Goytacases, no Teatro São Salvador. É de se crer que sua companhia mambembe a tenha levado em outras praças. Ainda no Rio de Janeiro, em 12 de julho de 1882, um grupo de artistas – Cardoso da Mota, Domingos Braga, Julia Gobert, entre outros – representou a peça no Teatro São Luís. No anúncio publicado nos jornais, pela primeira vez, *Ódio de Raça* é denominada obra de "propaganda abolicionista", sinal de que o grupo de artistas que a encenou tinha simpatia pela causa da abolição e acreditava que essa informação devia atrair espectadores.

Os artistas e empresários Guilherme da Silveira e Ismênia dos Santos também incluíram a peça em seu repertório, apresentando-a em São Paulo, no dia 22 de junho de 1879, com boa aceitação do público, que lotou a "grande sala" do Teatro São José e aplaudiu bastante o espetáculo, como se lê no *Jornal da Tarde* do dia seguinte. Também o *Correio Paulistano* registrou a boa acolhida dada a *Ódio de Raça*, que teve mais duas representações em São Paulo e possivelmente algumas outras em cidades do interior visitadas pela companhia dramática. Pelo menos é o que sugere a notícia de que em Piracicaba o drama foi encenado em 27 de julho, estampada no jornal dessa cidade, *A Democracia: Folha Popular*, de 2 de agosto.

Guilherme da Silveira e Ismênia dos Santos dirigiram-se em seguida para o Rio de Janeiro. Como vimos no capítulo anterior, vinham do Sul, onde representaram, entre outras peças, *A Cabana do Pai Tomás*, proibida de ser apresentada em São Paulo. Daí talvez a decisão de pôr em cena *Ódio de Raça*, para que os paulistas vissem ao menos uma obra de cunho abolicionista. Curiosamente, não a representaram no Rio de Janeiro. Mantida no repertório da companhia, apenas em 1883 Guilherme da Silveira a aproveitaria, na excursão feita ao Norte e Nordeste. Assim, os paraenses a puderam ver no dia 17 de novembro. No ano seguinte, em 20 de março, o drama foi representado em Maceió. No dia 13 de abril, estreou no Recife, onde teve mais duas récitas, dada a receptividade do público. Nessa mesma cidade, às vésperas da assinatura da Lei Áurea, o grupo amador Clube Dramático Familiar preparou a representação do "lindo drama de propaganda" e "drama histórico e de combate", que subiu à cena do Teatro de Variedades em 29 de fevereiro. A escravidão já havia sido abolida quando a sociedade dramática particular "Carlos Ferreira", em Porto Alegre, encenou *Ódio de Raça*, em setembro de 1888[8].

Gomes de Amorim não conseguiu ver a sua obra discutida pelos intelectuais brasileiros. Pelo menos nos jornais que consultei, as matérias não

---

8   A. Damasceno, op. cit., p. 235

foram além de breves registros do trabalho dos artistas e elogios genéricos. Por outro lado, tendo tido um número razoável de representações, atuou na consciência dos espectadores, chamando sua atenção para alguns dos traços mais hediondos da escravidão, bem resumidos por Vítor Manuel de Aguiar e Silva em suas considerações críticas sobre a peça: "o desprezo absoluto pelo negro, o ódio monstruoso alimentado pelo mulato tanto contra o negro como contra o branco, a brutalidade e o primarismo dos senhores brancos que fazem das negras suas concubinas e depois vendem ou guardam como escravos os frutos dessas ligações eróticas"[9].

■ ■

A brutalidade dos senhores é o ponto de partida de *Misérias Humanas*, de Furtado Coelho, representada no Rio de Janeiro na segunda metade de março de 1879, em nove récitas seguidas, e anunciada como "peça realista". No prólogo, que se passa em 1853, vemos a escrava Mariana deixar, no convento da Ajuda, o filho que teve com o comendador Botelho, seu senhor, homem extremamente violento. Vinte e cinco anos depois, a criança enjeitada é o homem por quem a filha de Botelho está apaixonada. Claro que não sabem que são irmãos. E quando Mariana faz a revelação ao filho, é tarde demais: o incesto já se havia consumado. A escravidão é uma das misérias humanas do título.

Furtado Coelho era, na ocasião, um ator, dramaturgo, ensaiador e empresário teatral bastante conhecido no Rio de Janeiro, além de um dos mais importantes, com enorme folha de serviços prestados ao teatro brasileiro. Chegara de Portugal em meados dos anos 1850 e, em pouco tempo, adquirira prestígio com seu modo natural de atuar, no Teatro Ginásio Dramático. Sempre evitou os exageros típicos da interpretação romântica e foi o introdutor do realismo cênico em nossos palcos. Machado de Assis admirava-o como intérprete, à semelhança de vários escritores e intelectuais que escreviam nos jornais[10].

Não há notícias de que *Misérias Humanas* tenha sido publicada. Baseio-me nos poucos artigos publicados na imprensa para dar uma ideia do que a peça busca apresentar. Parece que Furtado Coelho quis vergastar a sociedade como um todo, apontando seus piores vícios. É o que se depreende da leitura de um texto estampado na *Gazeta de Notícias* de 21 de março e assinado por Jacques Senna. Além do cativeiro, são criticados: "o jogo, a libidinagem, a fraqueza d'alma, o luxo, a ambição bastarda, a avareza, o furto, a falsificação,

---

9   V.M. Aguiar e Silva, *O Teatro de Actualidade no Romantismo Português (1849-1875)*, p. 59.
10 Sobre Furtado Coelho, ver: G. Zambrano, *A Trajetória Artística de Furtado Coelho nos Palcos Brasileiros (1856-1867)*; J.R. Faria, *O Teatro Realista no Brasil: 1855-1865*, p. 129-136.

o estelionato, o adultério, o incesto, o assassinato". Ou seja, a peça é um painel das misérias humanas que são encarnadas por personagens que agem em conformidade com seus defeitos morais. Os críticos não gostaram do que viram no palco e reclamaram do pessimismo do autor, que não salva ninguém. Na opinião de Jacques Senna, todos são detestáveis: "escravos, senhores, pai, mãe, esposa, filhos, convivas". O espectador não leva para casa nenhuma lição edificante, uma vez que diante dos olhos tem somente "o arrastar chato de misérias humanas em solo lamacento". Nem mesmo a escrava Mariana é poupada de críticas, pois o autor não seguiu o modo romântico para caracterizá-la. No número 155 da *Semana Ilustrada*, "Tony" assim se refere a ela: "A escrava, devotada ao filho que ama estremecidamente, devia ser um tipo de bondade e é no entanto repulsivo; o autor fá-la vingativa e só alimentando-se de ódio, de maldade e de infâmias." Em outra passagem, ele reafirma que Mariana é quase um estereótipo: o da escrava que, tendo um filho com seu senhor, jura "vingar-se de toda a sociedade".

Infelizmente não tenho a peça em mãos para avaliar de maneira melhor o papel desempenhado por Mariana e também pelo moleque Ananias, que aparece pelo menos em uma cena, expressando alegria ao ver o seu senhor ser preso como moedeiro falso. Tudo indica que ao apontar o dedo para várias misérias humanas, a crítica à escravidão se tenha diluído. Não por acaso, parece-me, a escrava Mariana não chamou a atenção do redator da "Gazetilha" do *Jornal do Comércio*, que não a mencionou em sua coluna. Em 17 de março, dois dias depois da estreia, ele resumiu a peça em poucas linhas, elogiando seu título e sua abrangência, pois "cada miséria, cada vício, cada paixão torpe e degradante tem ali o seu representante". Em cena, o que se via era uma "assembleia de velhacos".

Misérias Humanas recebeu mais críticas do que elogios, porque o retrato negativo da sociedade foi considerado exagerado pelos articulistas. Além disso, à estreia seguiu-se uma acusação grave a Furtado Coelho; ele teria escrito a peça com base num original de Maria Ribeiro, que lhe havia sido confiado em forma manuscrita. Nem ela nem ele se manifestaram nos jornais sobre o possível plágio. Algum tempo depois, posta em cena a peça de Maria Ribeiro, *A Opinião Pública*, a *Revista Ilustrada* inocentava Furtado Coelho, em breve artigo que comparava as duas produções.

■ ■

Não deixou muitas pistas sobre sua brevíssima trajetória artística no Brasil o ator amador e dramaturgo português Custódio de Oliveira Lima, que fez representar no Teatro São Luís do Rio de Janeiro, em 28 de setembro de

1882, o drama *A Órfã e o Escravo*. Ele mesmo interpretou o papel principal, o do escravo Mário. O espetáculo foi em comemoração ao 11º aniversário da Lei de 28 de Setembro – a Lei do Ventre Livre – e em homenagem à memória do visconde do Rio Branco. Festa solene, com discursos, hino nacional e, por último, a representação da peça. A renda, segundo os anúncios, seria revertida em favor das Caixas Emancipadoras.

Apesar da boa intenção, a concorrência foi apenas regular, talvez pelo fato de Custódio de Oliveira Lima ser um artista pouco conhecido. Na verdade, ele era funcionário do Ministério da Agricultura e trabalhava como agrimensor desde 1875, tendo chegado ao Brasil no ano anterior, segundo apurei numa notícia publicada no *Diário do Rio de Janeiro* de 2 de julho de 1874. Sua experiência como dramaturgo era pequena. Havia feito uma adaptação teatral do romance *Eurico, o Presbítero*, que foi publicada, e escrito o drama *Heróis Portugueses*, representado no Teatro São Pedro de Alcântara do Rio de Janeiro em 24 de abril de 1882, para comemorar o descobrimento do Brasil.

O fracasso de *A Órfã e o Escravo* foi descrito na *Revista Ilustrada* de 30 de setembro de 1882. O jornalista "D. Junio" afirma que o teatro estava quase vazio, elogia as falas do poeta Múcio Teixeira e de José do Patrocínio e conclui o relato sugerindo que o "drama abolicionista" era muito fraco. A consequência foi a deserção do público já a partir do primeiro ato. O autor insistiu com uma segunda representação, em 14 de outubro, "em benefício de uma liberdade". Em seguida, dirigiu-se a Campos dos Goytacases, onde convocou os artistas amadores da sociedade dramática "Amantes de Talma" para participarem da encenação. O anúncio publicado no *Monitor Campista* de 31 de dezembro de 1882 nos deixa ver que a peça tem oito personagens – o protagonista é o escravo Mário – e que a ação dramática se passa numa fazenda próxima da corte. Como nenhum jornal fez um resumo do enredo, é tudo que sabemos, até porque o texto permaneceu inédito.

É bem provável que Custódio de Oliveira Lima tenha se concentrado no seu trabalho como agrimensor nos anos seguintes, pelo menos até 1885, quando se muda para Belém do Pará e se torna membro do grêmio artístico e literário "A Caridade de um Anjo". Como diretor de cena, reúne artistas amadores e representa *A Órfã e o Escravo* em 21 de junho. Por alguma razão, muda o local da ação dramática da peça para São Paulo. Dois dias depois, o *Diário de Belém* elogia a ideia desenvolvida pelo autor, sem explicitar exatamente qual é, dizendo apenas que "bastante usada já em outros trabalhos da mesma tese". Provavelmente o articulista referia-se à ideia abolicionista. Na sequência, ele lamentava o mau desempenho por parte dos amadores e afirmava que também a peça tinha muitos defeitos, concluindo: "é sofrivelmente regular e suportável o trabalho do Sr. Lima".

6 DRAMATURGIA ANTIESCRAVISTA DE AUTORES FRANCESES E PORTUGUESES

Custódio de Oliveira Lima pode não ter sido um bom dramaturgo, mas era um abolicionista sincero. No Rio de Janeiro, havia destinado a renda de um espetáculo para uma alforria. Em Belém, representou três vezes *A Órfã e o Escravo*. Na segunda, destinou o valor de dez bilhetes para colaborar com a compra de cartas de liberdade, conforme se lê em *O Liberal do Pará* de 19 de julho de 1885.

■ ■

Como muitos portugueses, Tomás Espiúca, nascido no Porto, veio para o Brasil ainda menino, a fim de trabalhar no comércio. O gosto pelo teatro o fez ingressar na companhia dramática do grande ator romântico João Caetano, em 1851. Atuou no Rio de Janeiro e em várias províncias brasileiras[11], até radicar-se no Recife, em 1874. Nesse ano, abandonou o teatro profissional e tornou-se dentista, habilitado pela Faculdade de Medicina da Bahia. Mas continuou suas atividades artísticas como ator amador. No dia 8 de setembro de 1883, para comemorar o segundo aniversário da Sociedade Dramática Nova Talia, escreveu e pôs em cena *A Atriz Escrava*, que denominou "a propósito em três atos".

O fato de ter sido um espetáculo de amadores não impediu que os jornais reconhecessem os méritos dos intérpretes, que se saíram bem. Quanto à peça, seu intuito abolicionista não passou despercebido. No *Jornal do Recife* de 11 de setembro, lia-se que "o trabalho do Sr. Espiúca conquistou aplausos gerais", não só pela qualidade literária, mas também pelo assunto tratado: "a extinção do elemento servil". Para o articulista, "é esta a tese do drama, e o autor desenvolveu-a com tanta vantagem lógica quanto efeito cênico". A apreciação positiva continua: "A argumentação pela grande causa emancipadora e a disposição das peripécias do drama arrancaram por vezes manifestações entusiásticas da plateia, que tanto as aplaudia como vitoriava o autor."

Também no *Diário de Pernambuco*, a peça e os intérpretes foram elogiados. Em *O Binóculo* de 15 de setembro, ao julgamento favorável do espetáculo seguiram-se estas palavras: "É mais um trabalho de mérito que recomenda ao Tomás este seu bem-arranjado drama de propaganda e que por certo levado à cena com as proporções que ele exige, fará como muitos outros o ruído numa plateia abolicionista."

A boa acolhida que *A Atriz Escrava* teve no pequeno teatro da Sociedade Dramática Nova Talia fez com que Espiúca aceitasse representá-la no principal teatro do Recife, o Santa Isabel, no mês seguinte. Movia-o a ideia

---

11   Informações dadas por Sousa Bastos em sua *Carteira do Artista*, p. 420.

de ajudar, com a renda do espetáculo, a família de um amigo recém-falecido, Antônio da Rocha Accioly Lins. Era também uma oportunidade de levar suas ideias abolicionistas para um público maior. Em nota publicada no *Jornal do Recife* de 10 de outubro, deu explicações sobre as circunstâncias em que escreveu a peça, a convite dos membros da Nova Talia: "Acedi ao pedido e imaginei fazer passar um drama no pequeno palco da sociedade; distribuir as peripécias dramáticas pelo próprio corpo cênico e desviar o desenlace da ação para o dia da festa aniversária." Na sequência, ele relata as dificuldades que enfrentou para "transformar os sócios de cena em personagens de drama", acrescentando que precisou também criar personagens de ficção: "Foi nestas condições difíceis que criei dois personagens, um padre e uma atriz, isto é, um senhor e uma escrava. Com esses dois princípios, adivinha-se facilmente a tese."

Infelizmente não consegui localizar nenhum volume de *A Atriz Escrava*, que foi publicada no Recife, provavelmente numa edição de poucos exemplares, ainda na década de 1880. Mas é possível supor em sua ação dramática a oposição entre o padre escravista e as outras personagens para configurar a luta abolicionista então em curso na vida social e política.

Tomás Espiúca foi membro ativo do Clube do Cupim, uma sociedade criada em outubro de 1884, cuja divisa era libertar os escravizados por todos os meios possíveis. Seus membros, abolicionistas radicais, não se pautavam pelos rigores da lei. Ao contrário, furtavam os negros e os encaminhavam para o Ceará, onde já não havia escravidão. A história desse grupo destemido de homens e mulheres está documentada num longo artigo do poeta, dramaturgo e cenógrafo Carneiro Vilella, publicado no *Jornal Pequeno*, do Recife, de 15 de maio de 1905. Segundo seu relato, tudo começou quando o guarda-livros João Ramos, impaciente com o pequeno número de alforrias conseguido pelas sociedades emancipadoras, decidiu associar-se a outros que pensavam como ele para acelerar o processo de libertação das pessoas escravizadas. O grupo cresceu rapidamente com muitas adesões, chegando a ter mais de trezentos membros que formavam uma rede de proteção aos escravos fugidos. Sem estatutos ou sede própria, o Clube do Cupim agia secretamente, como uma espécie de maçonaria, recrutando simpatizantes entre estudantes, comerciantes e nas repartições públicas. Como conta Carneiro Vilella, "os cupins iam exercendo a sua ação e propagavam-se, multiplicavam-se", acrescentando:

> Foi então que agindo em silêncio, como que nas trevas, com o rigoroso sigilo de bons conspiradores, que se alargou o furto dos escravos, ao princípio de um a um, depois aos dois, aos quatro, e mais tarde aos dez, até chegar

à fábrica inteira dos engenhos, alguns dos quais quase ficaram despovoados. O auxiliar Lino Falcão disfarçava-se em vendedor de fumo, penetrava pelas senzalas, pernoitava nos engenhos e aí induzia os escravos à fuga, guiando-os depois para o Recife, onde o Clube os recebia e lhes dava destino para fora da Província.

O texto é recheado de histórias semelhantes, algumas engraçadas, outras mais sérias, a revelar as estratégias para enganar a polícia e acoitar os escravizados até que pudessem ser levados por barcaças para longe do Recife. Entre 1884 e 1888, cerca de três mil homens e mulheres ganharam a liberdade, graças aos abolicionistas do Clube do Cupim[12].

Para comemorar o primeiro aniversário da Lei Áurea, Tomás Espiúca foi convidado pelos companheiros a escrever uma peça que rememorasse o que fizeram entre 1884 e 1888. Representada no dia 13 de maio de 1889 por membros de sociedades amadoras do Recife, a "comédia-drama" em quatro atos *O Cupim e a Lei 13 de Maio* não deixa de ser um documento acerca das lutas travadas por abolicionistas radicais contra os escravocratas de Pernambuco. O autor repetiu o método adotado para escrever *A Atriz Escrava*, isto é, colocou em cena os principais líderes do Clube do Cupim ao lado de personagens inventadas. Assim, vemos José Mariano Carneiro da Cunha, João Ramos, Barros Sobrinho, Guilherme Pinto, Nuno da Fonseca e Numa Pompílio organizando fugas e raptos de pessoas escravizadas ou escondendo-as – alguns casos são os mesmos relatados por Carneiro Vilella – e enfrentando a polícia e os coronéis. Além disso, participam do enredo ficcional, que gira em torno de uma velha questão do universo escravista: um jovem bacharel de Direito é criado por um protetor e vem a saber que sua mãe é uma escrava, que ele não renega. As peripécias desse drama se misturam com as histórias verdadeiras dos negros que foram libertados por meio de ações corajosas e inteligentes dos membros do Clube do Cupim.

Tudo indica, pois, que Tomás Espiúca foi um abolicionista militante, não só como ator e dramaturgo, mas igualmente como cidadão. No *Dicionário da Escravidão Negra no Brasil*, Clóvis Moura o coloca no mesmo nível de importância das principais lideranças radicais recifenses na luta pelo fim da escravidão[13].

■ ■

---

12 C. Castilho, Performing Abolitionism, Enacting Citizenship, *Hispanic American Historical Review*, v. 93, n. 3, p. 394.
13 C. Moura, *Dicionário da Escravidão Negra no Brasil*, p. 101.

Raymond Sayers[14] menciona outras três peças portuguesas que abordaram a escravidão: *Paulo*, melodrama em um ato de Maximiliano d'Azevedo, representado em Lisboa em 1874 e publicado apenas em 1891; *Negros e Negreiros*, de Domingos Fernandes; *Escravos e Senhores*, de Luís F. de Castro Soromenho. O autor não dá informações nem sobre as datas de publicação das duas últimas nem se foram encenadas em Portugal. Tudo indica que nenhuma delas foi levada à cena em nossos teatros no período aqui estudado.

A essas peças podemos acrescentar mais duas. *Cenas do Brasil*, drama em três atos de Diogo José Seromenho, foi publicado em 1875, em Lisboa. Estava à venda numa livraria do Rio de Janeiro em 1878, segundo apurei num jornal, mas não foi aqui encenado. *O Demônio Negro*, peça em quatro atos de Sousa Bastos, dedicada a Joaquim Nabuco, foi representada apenas em Portugal e talvez não tenha sido publicada. O *Jornal do Comércio* de 17 de abril de 1881 deu notícia da estreia, ocorrida no mês anterior, no Teatro do Príncipe Real, em Lisboa, realçando que se tratava de espetáculo aparatoso, com linda música e ótimos cenários, além de magníficos adereços e maquinismo excelente. Com um prólogo, quatro atos e seis quadros, informava o jornal que o primeiro ato se passava "a bordo de um navio negreiro, no momento de ser aprisionado; o segundo, num depósito de mercadorias em Moçambique; o terceiro, numa fábrica do interior, terminando por um incêndio e derrocada de grande efeito; o quarto, no sertão com os gentios; o quinto, a bordo de um vapor de guerra que naufraga; o sexto, no alto mar". Sousa Bastos trabalhou muito no Brasil, principalmente no Rio de Janeiro, na década de 1880. Apesar da dedicatória a Joaquim Nabuco e do tema que tinha a ver com a nossa realidade escravista, não encenou essa peça em nossos teatros. Difícil saber a razão. Talvez o alto custo da montagem.

As cinco peças acima citadas pouco ou nada influíram no debate sobre a abolição, ao contrário das outras, comentadas anteriormente. Quantas pessoas teriam lido o drama *Cenas do Brasil*? Fica o registro apenas para demonstrar que a questão servil motivou também alguns dramaturgos portugueses. No caso de Sousa Bastos, veremos à frente que ele colaborou ativamente com a luta abolicionista no Rio de Janeiro.

14   *O Negro na Literatura Brasileira*, p. 293-294.

7
O Teatro e a Abolição

Deflagrada a campanha abolicionista no Parlamento, em 1879, o envolvimento de artistas, dramaturgos e empresários teatrais com a causa humanitária, que já não era pequeno, intensificou-se. Se, de um modo geral, em peças escritas e encenadas nas décadas anteriores havia críticas à escravidão e até mesmo sugestões de emancipação gradual dos negros escravizados, seja pela benevolência de proprietários, seja por força de leis que não confrontavam diretamente a instituição do cativeiro, a partir de 1880 o quadro muda de figura: a dramaturgia torna-se um instrumento de luta pela abolição imediata da escravidão; os dramaturgos passam a escrever peças com ações dramáticas desenvolvidas para mostrar que não era mais possível conviver com o sofrimento imposto aos cativos; algumas personagens são incumbidas de defender a ideia abolicionista nos diálogos que travam em cena.

Em todo o Brasil, foram escritas, representadas e publicadas, num período de oito anos, algumas dezenas de peças teatrais comprometidas, em maior ou menor grau, com a causa da abolição. Lamentavelmente, boa parte desse repertório permaneceu inédita e se perdeu, o que limita o alcance da análise e interpretação do conjunto. Mesmo assim, com informações colhidas nos jornais da época sobre as encenações e as publicações, é possível avaliar a contribuição de cada produção dramática para o debate então em curso no país. Igualmente decisivo foi o engajamento de artistas-empresários, seja ao incluir peças abolicionistas no repertório de suas companhias dramáticas, seja na organização de espetáculos com renda revertida para a compra de cartas de alforria. Ressalte-se ainda a participação de dezenas de artistas em eventos organizados por sociedades emancipadoras, nos quais recitavam poemas e representavam peças curtas para atrair o público.

7 O TEATRO E A ABOLIÇÃO

UM PAÍS ESSENCIALMENTE AGRÍCOLA

Um dos argumentos mais utilizados pelos escravocratas para defender a manutenção da escravidão, seja nas discussões travadas no Parlamento, seja em artigos publicados em jornais, era o de que a abolição provocaria a falência da lavoura e, consequentemente, a do país. Em discursos e textos dos escravocratas, uma expressão repetia-se à exaustão para justificar a necessidade da mão de obra escrava: "o Brasil é um país essencialmente agrícola". O jornalista Ernesto Mattoso não deixou escapar a oportunidade de fazer troça dessa ideia conservadora. No dia 18 de dezembro de 1880, no Teatro Recreio Dramático do Rio de Janeiro, a empresa de Guilherme da Silveira pôs em cena a "comédia a propósito em um ato" *Um País Essencialmente Agrícola*.

Infelizmente, o autor não a publicou. Mas em seu livro de memórias, *Cousas do Meu Tempo*, esclarece como e por que a escreveu. Abolicionista, ele era um dos redatores do jornal *O Cruzeiro*, que, para se livrar de dificuldades financeiras, aceitou uma subvenção do presidente do conselho de ministros, Martinho Campos. Com isso, o jornal passou a defender abertamente as ideias escravocratas do ministério. Os redatores Jerônimo Ribeiro e João Machado deixaram os seus postos e publicaram em outros jornais um artigo para explicar que, abolicionistas não podiam permanecer em *O Cruzeiro*. Ernesto Mattoso afirma então que para demonstrar sua simpatia pela causa da abolição não escreveu um artigo de jornal, mas a comédia *Um País Essencialmente Agrícola*. Como não é possível comentá-la em detalhes, valho-me da matéria jornalística da *Gazeta de Notícias*, de 20 de dezembro, que melhor resume a sátira aos escravocratas, para dar ao leitor uma ideia de seus tipos e enredo:

> O Sr. E. Mattoso, aproveitando-se do assunto da atualidade, movimento abolicionista e resistência dos escravocratas, escreveu uma pequena comédia intitulada *Um País Essencialmente Agrícola*, em que introduziu com habilidade todos os personagens que tomam parte na questão importante, que ora se debate entre nós, desde o escritor que esforça-se para obter adeptos para a causa, que defende, até os fazendeiros que se reúnem em clubes para opor-se à *onda que sobe* e impedir que se realize aquilo que virá trazer forçosamente a *desorganização do trabalho*, bem se vê, neste *país essencialmente agrícola*.
>
> Estas chapas todas, que a todo momento são citadas pelos personagens da peça, entre os quais um moleque liberto, um proprietário de africanos, uma velha, que na qualidade de fazendeira, a toda hora acentua que vive do suor de seu rosto, um repórter que assiste às discussões do Clube, foram recebidos entre gargalhadas pelo público, que, apesar do mau tempo, concorreu à primeira representação da comédia.

Esta termina, como todas, por um casamento entre o advogado abolicionista e a filha do velho escravocrata, o qual submete-se a isso, porque é pelo advogado pilhado em falta, tendo em seu poder africanos criminosamente reduzidos à escravidão. Estes são declarados livres e o velho torna-se abolicionista, cantando-se para terminar uma copla, que conclui pela frase que é o título da peça.[1]

A pequena comédia teve cinco representações até o final de 1880 e alguns jornais deram destaque à boa receptividade do público, que se divertiu bastante com os atores Areias e Machado. Este, a certa altura, faz um aparte que a *Revista Ilustrada* de 18 de dezembro achou de mau gosto e que não devia ser dito no palco. Um fazendeiro pede a palavra e quando vai começar o seu discurso, Machado, que faz o papel de um moleque liberto, diz em aparte: "Lá vai bosta!"

Ernesto Mattoso ganhou elogios do *Jornal do Comércio* e de *O Mequetrefe*, que destacaram a oportunidade de abordar em cena o debate entre escravocratas e abolicionistas, bem como o talento do autor para o gênero cômico. Na *Gazeta da Tarde* de 20 de dezembro, uma pequena nota aplaude a posição política do autor e sua saída de *O Cruzeiro*. Além disso, louva o título da comédia, que satiriza a propaganda escravocrata, matando-a "a risadas".

JOSÉ DE LIMA PENANTE

Ator, dramaturgo e empresário teatral paraense, José de Lima Penante atuou incansavelmente nas praças do Norte e do Nordeste. Do Amazonas a Pernambuco, apresentou-se nas capitais das províncias e em algumas outras cidades, lançando mão de um repertório eclético de dramas, comédias e operetas, bem como de suas próprias peças. Não se dispôs a viajar para outras regiões, daí ser pouco conhecido e não aparecer nos estudos sobre o teatro brasileiro do século XIX, feitos invariavelmente a partir do que acontecia no Rio de Janeiro.

Simpático à causa abolicionista, Lima Penante estava em Fortaleza, quando foi criada, em 8 de dezembro de 1880, a Sociedade Cearense Libertadora. Nesse dia, ele dedicou a renda do espetáculo em cartaz – a opereta *Mme. Angot na Monguba*, do engenheiro Francisco Picanço – à libertação de um cativo. Era, então, empresário do Teatro São José. No início de 1881, Penante presenciou, ainda em Fortaleza, a greve dos jangadeiros, que deixaram de transportar os negros escravizados para os navios, nos dias 27, 30 e 31 de janeiro. Em 7 de fevereiro, o jornal *Libertador*, órgão da Sociedade Cearense Libertadora, descreve os eventos com entusiasmo cívico:

1   Apud E. Mattoso, *Cousas do Meu Tempo*, p. 283-284.

7 O TEATRO E A ABOLIÇÃO

> No dia 27 de janeiro uns senhores que não conhecem outro meio de vida, senão comprar e vender criaturas humanas, trataram de exportar para os portos do sul quatorze homens e mulheres.
>
> Quando, à luz da civilização, a sociedade inteira se levanta contra a escravidão, o povo cearense não podia ficar aquém de seu século e colocar-se na retaguarda dos tempos que já lá foram.
>
> Assim entendeu ele de seu dever protestar contra o desumano tráfico, e um por um afluíram à praia mais de 1.500 homens de todas as classes e condições.
>
> Lá estavam os jangadeiros prestando os valiosos e indispensáveis serviços de sua profissão.
>
> A eles, pois, se dirigiram os negreiros solicitando o embarque dos infelizes que destinavam vender no sul.
>
> – No porto do Ceará não se embarca mais escravos!
>
> Esta resposta terminante e decisiva partiu ao mesmo tempo de todos os lábios.
>
> Não se sabe mesmo quem primeiro a proferisse.
>
> Era uma ideia que estava em todas as inteligências, um sentimento que brotava em todos os corações.

É claro que na sequência do movimento surgiram líderes que organizaram a resistência aos senhores escravocratas. A iniciativa dos jangadeiros está na origem do fim da escravidão no Ceará, a primeira província a dar liberdade a todos os cativos, a partir de 25 de março de 1884.

Lima Penante aproveitou a atmosfera de repúdio à escravidão e em poucos dias escreveu um drama de propaganda abolicionista, em dois atos, que encenou no dia 18 de fevereiro de 1881, intitulado *A Emancipadora*. Uma pena que a peça não tenha sido publicada, pois sua ação dramática tinha como pano de fundo o movimento dos jangadeiros. Segundo os jornais, a representação fez parte de uma festa literária que começou na noite anterior, promovida pela Sociedade Cearense Libertadora para solenizar o primeiro aniversário da abolição da escravidão em Cuba. No Passeio Público de Fortaleza, uma grande multidão ouviu discursos e poemas e viu o cidadão Luiz Eustáquio Vieira dar uma carta de liberdade para Maria, mulher de 38 anos.

No dia 18, uma passeata por algumas ruas terminou em frente ao Teatro São José, pouco antes da representação da peça. Segundo o *Libertador*, de 3 de março de 1881, "o desempenho correu bem, e foi em todas as cenas intermediado de palmas e bravos sempre crescentes até o desfecho final no último ato onde o frenesi do entusiasmo levou à tribuna L. Pessoa, Barbosa de Freitas e F. Severo, tendo este último lido a carta de liberdade de um escravo".

Frederico Severo, vale lembrar, era um dramaturgo cearense de prestígio e abolicionista de primeira hora, tendo composto o hino da Sociedade Cearense Libertadora e escrito a peça *Os Abolicionistas*, representada em setembro de 1881, como veremos mais à frente.

Em 28 de setembro de 1883, Lima Penante encenou seu "drama de propaganda abolicionista" no Recife, com o título modificado: *A Libertadora Cearense*. A récita se deu em comemoração do 12º aniversário da Lei do Ventre Livre e foi oferecida às sociedades abolicionistas da cidade. Dois dias depois, nova representação para comemorar a emancipação do município de Mossoró, no Rio Grande do Norte. Os jornais de Pernambuco deram destaque a esse fato: uma cidade inteira sem escravos, a primeira daquela província. Por coincidência, Lima Penante havia oferecido, em 7 de setembro, a renda de um espetáculo à Libertadora Norte Rio Grandense, assim comentada pelo jornal *O Binóculo*, de 16 de setembro: "Com um numeroso auditório, donde ouviram-se oradores reconhecidos já agradecendo aos artistas que tão espontaneamente prestaram seu auxílio e já censurando o governo por ainda consentir que a escravidão seja um fato legal muito embora injusto, correu o espetáculo com muita ordem e bom êxito."

O envolvimento de Lima Penante com o abolicionismo deve ter sido maior do que sugerem estas poucas linhas. Registre-se ainda que, em 25 de março de 1884, ele estava se apresentando em Natal, quando participou de um banquete em regozijo pelo fim da escravidão no Ceará, ao lado dos líderes da campanha abolicionista do Rio Grande do Norte, conforme informou o correspondente do *Diário de Pernambuco*, em 10 de abril. Lembre-se também que, além de *A Libertadora Cearense*, ele escreveu a comédia abolicionista *Os Efeitos da Liberdade*. E incluiu, no repertório de sua companhia dramática, peças como: a adaptação francesa de *A Cabana do Pai Tomás*; *A Órfã e o Escravo*, de Custódio de Oliveira Lima; *Mãe*, de José de Alencar[2]; e *Cora ou a Escravatura*, de Jules Barbier.

CÂNDIDO BARATA RIBEIRO

Em 6 de setembro de 1881, estreou no Teatro Lucinda, no Rio de Janeiro, o drama em quatro atos *O Segredo do Lar*, do dramaturgo e médico Cândido Barata Ribeiro. À frente da encenação estavam artistas de prestígio, como Furtado Coelho, Lucinda Simões e Xisto Bahia. No final de julho, pelos mesmos artistas, o drama havia sido representado pela primeira vez em Campinas,

---

[2] V. Salles, *O Teatro na Vida de José de Lima Penante*, p. 38.

7 O TEATRO E A ABOLIÇÃO

onde residia o autor. *A Gazeta da Tarde,* do Rio de Janeiro, na edição de 28 de julho, reproduziu a matéria elogiosa publicada na *Gazeta de Campinas,* da qual destaco a seguinte passagem:

> O personagem principal é um negro cativo, e nisto consiste a verdadeira originalidade da nova peça.
> Não é decerto impunemente que se realiza uma audácia destas, porquanto dá ela lugar às mais graves interpelações, a juízos desencontrados e às arguições austeras da crítica.
> Pelos tempos que correm, no estado de acerbas apreensões em que se acha a sociedade brasileira moderna, relativamente ao elemento servil, é decerto temeridade arriscar um personagem, ainda que bem traçado como o *Jorge,* em pleno cenário, saltando várias vezes por cima do verossímil, o que decerto a crítica dramática não pode deixar passar sem reparo.

De fato, residindo em uma cidade que se opôs o quanto pôde à ideia da abolição, Barata Ribeiro – que já havia feito críticas à escravidão na peça *O Soldado Brasileiro,* escrita em parceria com Ubaldino do Amaral – não se incomodou em lançar mão do estereótipo do "escravo fiel" em *O Segredo do Lar.* Qual a justificativa para se manter no cativeiro escravos como Jorge, exemplo de dedicação e lealdade ao seu senhor?

Uma vez que o drama permaneceu inédito, valho-me dos comentários estampados nos jornais para dar uma ideia de seu enredo, personagens e ideias.

O tema central é o adultério. A esposa jovem, Olímpia, não ama o marido mais velho, com idade para ser seu pai, mas é loucamente amada por ele. A mocinha romântica tem um amante, com quem troca cartas apaixonadas, e acaba sendo surpreendida por Jorge, que ameaça denunciá-la ao marido ou mesmo matá-la, se insistir em manter-se infiel. Tudo indica que as principais cenas do drama têm a presença do escravo, seja para atrapalhar o adultério, seja para proteger o marido traído. Jorge serve ao seu senhor desde criança. Acompanhou-o como estudante e estudou com ele. Considera-o um amigo e gosta tanto dele que recusou a carta de alforria que lhe foi oferecida. Agora, quer protegê-lo do sofrimento e da desonra, enfrentando uma inimiga ardilosa, que consegue incriminá-lo como ladrão junto ao marido, enquanto arquiteta um plano de fuga com o amante. Os fatos se precipitam. Jorge está para ser expulso da casa. A mocinha, descuidada, deixa cair uma carta comprometedora e seu adultério é descoberto pelo marido. Na cena final, ele avança sobre ela com a intenção de matá-la, mas enlouquece e é Jorge que a apunhala. O amante ameaça suicidar-se e é impedido pelo escravo que lhe diz o que suponho serem as últimas palavras do drama: "Vá dizer lá fora que ele endoideceu porque eu a matei!"

A generosidade do "escravo fiel" não poderia ser maior. Ele irá para a cadeia por seu crime e seu senhor terá a honra preservada junto à sociedade. Um desfecho digno da atmosfera romântica que preside a ação dramática, com suas fortes tensões, e com a idealização do protagonista.

Depois da estreia em Campinas, *O Segredo do Lar* foi apresentado uma única vez em São Paulo, sem despertar comentários na imprensa. Já no Rio de Janeiro, o drama ganhou elogios e restrições nos principais jornais, mas não empolgou o público, suficiente para apenas cinco ou seis récitas. Não era fácil, em 1881, competir com o teatro cômico e musicado, que fazia muito sucesso.

Na *Gazeta de Notícias* de 8 de setembro, um longo folhetim, sem assinatura, ocupou as oito colunas da primeira página, oferecendo aos leitores um resumo detalhado do drama e algumas considerações críticas. O que interessa, aqui, é a descrição de Jorge, o escravo instruído, companheiro de infância de seu senhor. Para o articulista, Barata Ribeiro deu-lhe uma linguagem muito áspera e modos que impedem o espectador de percebê-lo apenas como realmente é: "um nobilíssimo coração, o mais dedicado e afetuoso dos amigos, a honradez personificada". Mesmo assim, "é o tipo mais bem descrito da peça"; afinal, o autor mostra "quanto vale o homem de bem, quanto ele é superior, quando tem no peito um coração dedicado, embora esse peito seja o do homem escravo, embora esse coração não tenha sequer o direito de expandir-se, porque não lho permite a mais bárbara e a mais cruel das instituições".

Eis aí o drama despertando no articulista a crítica à escravidão. O caráter de Jorge é o de um homem superior, porém tolhido pela sua condição de escravo. Na *Revista Ilustrada*, de 10 de setembro de 1881, lê-se que "o tipo do escravo está vigorosamente descrito" e que Xisto Bahia foi "justo, verdadeiro, natural no desempenho do seu difícil papel de Jorge". No *Jornal do Comércio*, os elogios foram dirigidos apenas aos artistas; o autor não teria sido claro quanto a suas intenções ao escrever o drama.

Barata Ribeiro tornou-se professor da Faculdade de Medicina do Rio de Janeiro em 1883. Abolicionista e republicano, mereceu um perfil biobibliográfico em *O Álbum*, de Artur Azevedo, dez anos depois – em abril de 1893 –, quando era prefeito do Rio de Janeiro. Assinado por Paulo Augusto, o texto é bastante revelador do espírito democrático desse homem que se dedicou à medicina, à política e às letras. Além de *O Segredo do Lar*, que Paulo Augusto define como drama de "propaganda abolicionista", escreveu outras peças, entre elas *A Mucama*, provavelmente perdida, mas certamente ligada à realidade escravista. Em São Paulo, foi dos primeiros, ao lado de Luiz Gama e Américo de Campos, a se levantar contra a escravidão. No Rio de Janeiro, continuou "sua gloriosa campanha em prol da Liberdade, escrevendo, fundando clubes, fazendo conferências públicas, desenvolvendo, enfim, uma atividade de corpo e de espírito verdadeiramente excepcional". Acrescente-se que esteve presente em vários festivais abolicionistas, em teatros, nos quais sua filha Cândida, menina ainda, declamava poemas de Castro Alves, principalmente "Vozes d'África" e "O Navio Negreiro", como se vê em anúncios teatrais da década de 1880.

ARTUR AZEVEDO

Entre os dramaturgos brasileiros que se envolveram com a causa da abolição, avulta o nome de Artur Azevedo. Em 19 de setembro de 1881, estreia no Teatro Lucinda, no Rio de Janeiro, a comédia em um ato *O Liberato*. Em novembro do mesmo ano, o autor a publica na prestigiosa *Revista Brasileira*, com a seguinte dedicatória: "Oferecida ao Exm. Sr. Dr. Joaquim Nabuco."

A dedicatória tem um significado óbvio: homenagear o líder abolicionista que não conseguira se reeleger na eleição de deputados à assembleia geral, em outubro de 1881, e reconhecer o papel fundamental que havia desempenhado no Parlamento desde 1878. Artur Azevedo acompanhava com vívido interesse o debate em torno da abolição e escreveu a comédia com o objetivo claro de estabelecer uma ponte entre a política e o teatro, expondo o seu ponto de vista sobre a questão que mobilizava toda a sociedade.

O Liberato, curiosamente, não apresenta nenhum escravo em cena. Com evidente ironia, Liberato é o nome da personagem que permanece nos bastidores, doente, ardendo em febre, enquanto a ação se desenvolve no palco, com personagens brancas, divididas em dois grupos: as que são favoráveis à abolição e as que são contrárias. A ação se passa no Rio de Janeiro, em 1880.

Na cena de abertura, um retrato da mentalidade escravista: Dona Perpétua entra mal-humorada, porque fora ao quarto de Liberato buscá-lo, com um vergalho na mão, pronta para açoitá-lo, e o "diabo do negro", o "desavergonhado" estava ardendo em febre. Ela manda o marido chamar um médico, pois o escravo vale bem uns oitocentos mil réis. Dona Perpétua, autoritária e escravocrata, é quem manda na casa, na filha Rosinha e no marido Gonçalo. Ela e Moreira formam o grupo de personagens contra a abolição. Moreira, homem de cinquenta anos, é pretendente à mão de Rosinha, com quem dialoga na segunda cena, dando-se a conhecer em falas como esta, quando comenta com a mocinha a doença de Liberato: "Isto de negros, põem-se finos com duas boas lambadas. Lá na fazenda, tenho o Doutor Bacalhau, que faz milagres!"[3]

3 A. Azevedo, *O Liberato*, em *Teatro de Artur Azevedo*, t. 1, p. 652.

Chamava-se bacalhau o chicote de couro cru com que os cativos eram açoitados. Moreira é um escravocrata que representa na comédia a visão contrária à abolição. Seu diálogo com Rosinha, que ama o primo Ramiro, coloca no palco a atmosfera política do início da década de 1880, quando surgem inúmeras sociedades emancipadoras e são comuns as conferências abolicionistas nos teatros. O diálogo entre ambos tem a função de revelar a posição política de Moreira e seu efeito sobre o espectador para antipatizar com a personagem devia ser bastante eficaz:

> ROSINHA (*voltando da janela*): O senhor viu por aí primo Ramiro?
> MOREIRA (*muito sério*): Vi, minha senhora, vi, e também vi seu tio!
> ROSINHA (*interessada*): Onde?
> MOREIRA: Na tal conferência!
> ROSINHA: Que conferência?
> MOREIRA: Pois não sabe que se trama entre nós uma grande conspiração contra a propriedade particular?
> ROSINHA: Uma grande conspiração?
> MOREIRA: Que meia dúzia de rapazolas inconsequentes, que nada tem que perder, que não possui um moleque ou uma negrinha para remédio, arvorou-se em defensora da emancipação dos escravos, empunhou o facho da discórdia, e anda a proclamar *urbi et orbi* – pelos botequins, pelas gazetas e até pelos teatros – a dilapidação da fortuna particular?!
> ROSINHA: Deveras?
> MOREIRA: Em outra qualquer parte que não fosse o Rio de Janeiro, isto seria uma quadrilha de ladrões; aqui chama-se a isto o Partido Abolicionista! (*Erguendo-se, e percorrendo a cena, de muito mau humor.*) Pois não! Uma gente sem eira nem beira, nem ramo de figueira: uns pobres diabos, carregados de esteiras velhas, que se ralam de inveja, quando veem um cidadão prestante como eu, que possuo cinquenta escravos, ganhos com o suor do meu rosto! (*Surpreendendo um sorriso de Rosinha.*) Sim, senhora: ganhei-os com o suor do meu rosto, a trabalhar (*Gesto como se tirasse suor da testa com o polegar.*), e não a dizer baboseiras no teatro...
> ROSINHA: E foi no teatro que se encontrou com primo Ramiro?
> MOREIRA: No teatro, sim, senhora: agora há comédias também de dia. E seu primo dava palmas, e gritava: – Bravo! – àquela caterva de desmiolados que desejam a ruína do país.
> ROSINHA: Oh!
> MOREIRA: Do país, sim, que depositou na grande lavoura as suas esperanças. – E seu tio, o Doutor Lopes, um homem formado, que deve ter juízo, nem sequer repreendia o filho!

7 O TEATRO E A ABOLIÇÃO

> ROSINHA: Modere-se, Senhor Moreira!
> MOREIRA (*esbravejando*): A ruína do país ainda não é nada!... Mas o aniquilamento da riqueza particular? E o meu dinheiro?
> ROSINHA: Vejo que o senhor é um patriota...
> MOREIRA: Patriotismo é isto (*bate no ventre*), e isto! (*Sinal de dinheiro.*) Já não bastava a famosa lei de 28 de setembro, que me obriga a educar moleques que não são meus filhos, e que, se são meus filhos, não são meus escravos! Canalha! (*Muito exaltado, e ameaçando com os punhos cerrados, a porta da rua.*) Canalha! [p. 652-653]

Observe-se no diálogo que Rosinha não se manifesta sobre a questão da abolição, interessada que está em saber do primo Ramiro, que é filho de Lopes, irmão de Dona Perpétua. As intervenções da mocinha são quase sempre perguntas curtas a Moreira para que ele se mostre ao espectador como um homem que defende a instituição do cativeiro com os piores argumentos. Ele considera a luta abolicionista uma conspiração contra os proprietários de escravos, que se verão privados de seus bens particulares, chama os militantes do abolicionismo de ladrões, que querem a ruína do país, bate na tecla conservadora de que a lavoura será fortemente prejudicada com o fim da escravidão, critica a lei de 28 de setembro – a Lei do Ventre Livre – com um argumento perverso: lamenta que os filhos que eventualmente teve com escravas, depois de 1871, não são seus escravos; queixa-se de uma "conferência", ocorrida em um teatro e aplaudida por Ramiro e seu pai.

É preciso explicar que Artur Azevedo refere-se a acontecimentos que marcaram o ano de 1880, como a formação de um bloco abolicionista na Câmara, por iniciativa de Joaquim Nabuco. Moreira o chama de "Partido Abolicionista", sem mencionar que o projeto apresentado pelo deputado era bastante moderado, prevendo abolição gradual, com indenização para os senhores escravocratas e fim da escravidão apenas em 1890. Outro fato importante foi a criação da Associação Central Emancipadora, no Rio de Janeiro, por André Rebouças, José do Patrocínio e Vicente de Souza, responsável pela organização das primeiras conferências em prol da abolição, que nos anos seguintes se multiplicaram[4].

O retrato negativo de Moreira se completa com a revelação de que deseja o casamento porque sabe que Rosinha será herdeira de um padrinho rico. Como a seu lado, desconhecendo esse detalhe, está Dona Perpétua, o enredo da comédia se alimenta, por um lado, da disputa entre Moreira e Ramiro pela mão da mocinha; por outro, do empenho de Ramiro e Lopes para conseguir a alforria de Liberato. Rosinha tem o apoio do pai, mas ele não tem

---

4   A. Alonso, *Flores, Votos e Balas*, p. 494.

coragem de afrontar a esposa, o que gera um tanto de comicidade às cenas em que está presente. Como Artur Azevedo parece ter mais interesse em discutir a abolição do que provocar o riso, no primeiro diálogo entre Ramiro e Rosinha, o rapaz entra entusiasmado com a causa abolicionista, depois de ter assistido a uma conferência. Se antes só pensava em namorar a prima, agora ela tem uma rival: a liberdade. E ele explica: "É que nunca me lembrei de que um milhão e meio de homens amargam neste país a sorte mais bárbara, o mais horrível destino!" [p. 656]

Ramiro está disposto a alforriar Liberato e convoca um conselho de família para discutir o assunto. Lopes se orgulha do filho: "És o homem que eu sonhava, quando te acalentava ao colo. No período abolicionista que atravessamos, ser escravagista já não é ser mau nem absurdo: é ser ridículo." [p. 657]

Com falas como as de Ramiro e Lopes, Artur Azevedo pretende conquistar a simpatia dos espectadores para a causa da abolição. As duas personagens, porém, devem se entender com Dona Perpétua acerca da alforria de Liberato. Ela não concorda, evidentemente, e não se comove nem mesmo quando Ramiro lembra-lhe que o escravo a salvou de ser morta por um ladrão, dez anos antes. Enquanto pai e filho querem recompensar o escravo por vinte anos de serviços prestados à família, Dona Perpétua o desqualifica, chamando-o de desavergonhado, preguiçoso e beberrão. O "conselho de família" transforma-se numa discussão acalorada, com agressões verbais, sem chegar a bom termo. Gonçalo é chamado a opinar e se omite, indo para dentro de casa ver Liberato. Lopes, como porta-voz do autor, faz o diagnóstico da situação, relacionando-a com o que ocorre no país:

> LOPES (*a Ramiro, enquanto Moreira vai conversar com Rosinha à janela*): Esta casa é hoje a imagem perfeita do país em que vivemos. Cada instituição tem hoje aqui o seu emblema. Nós somos os filantropos: a utopia e o direito; aquele fazendeiro pedante, a lavoura, uma força; a mana e Rosinha, a representação nacional: imposição, sofisma, sujeição; Gonçalo, o povo: indiferença e pusilanimidade.
> RAMIRO: E lá está o pobre Liberato, para simbolizar a escravatura. [p. 661]

Diante do impasse, Lopes invoca então a lei número 2040, a chamada Lei do Ventre Livre, que em alguns dos seus parágrafos trata da alforria do escravo por meio da indenização de seu proprietário, e sai com o filho para buscar uma guia no juízo de órfãos a fim de fazer um depósito de quinhentos mil réis no Tesouro e garantir a liberdade de Liberato.

Para Moreira, a cena é "o resultado das tais conferências abolicionistas! Só servem para semear a discórdia no seio das famílias" [p. 661]. A segunda

7 O TEATRO E A ABOLIÇÃO

linha do enredo tem continuidade com a discussão entre Dona Perpétua e Rosinha. A mãe quer obrigar a filha a se casar com Moreira e ela se recusa, com veemência. Para resolver essa questão, uma providencial carta do vigário de Maricá informa à família que o major Gaudêncio morreu e fez Rosinha herdeira de sua fortuna, menos dos escravos, que foram libertados. Uma outra cláusula condicionava o recebimento da herança ao casamento com o primo Ramiro. Final feliz para os jovens, como se vê em todas as comédias. E que se completaria, para ambos, com a alforria de Liberato, agora exigida pelo rapaz. Eis que Gonçalo entra para contar que o escravo acabara de morrer. Tristeza de todos, menos de Dona Perpétua, que lamenta ter recusado os quinhentos mil réis. A peça termina com a fala de Lopes para Ramiro: "Disseste que o Liberato simbolizava a escravatura; vês? Decididamente a morte é o único meio eficaz de emancipação" [p. 664].

Embora nos anúncios dos jornais não constasse a expressão "peça de propaganda abolicionista", está claro pelo exposto que Artur Azevedo utilizou o teatro como instrumento de propagação de seu ponto de vista favorável ao fim da escravidão. A última fala da comédia devia fazer a plateia refletir sobre a morte de Liberato e consequentemente sobre a desumanidade do cativeiro e a necessidade da abolição.

A imprensa, de um modo geral, elogiou a comédia, como se vê em *O Globo* e no *Jornal do Comércio*, que ressaltaram a atualidade do quadro mostrado em cena. Destaco o comentário do jornal abolicionista *Gazeta da Tarde* de 20 de setembro de 1881: "A nova peça é a comédia social do momento que atravessamos. Aqueles personagens, poderosamente acentuados, são a síntese psicológica da nossa época: a questão abolicionista é a tese que preocupa a opinião da sociedade de hoje, em nosso país."

■ ■

Sintonizado com o anseio de vasta parcela da população, Artur Azevedo voltou à carga em 1882, coadjuvado por Urbano Duarte, com o drama *O Escravocrata*. Os autores o apresentaram ao Conservatório Dramático com o título original, *A Família Salazar*, e esperavam vê-lo encenado no Teatro Recreio Dramático. Não contavam, porém, com o parecer negativo do Conservatório e a proibição da representação. Uma nota sem assinatura em *O Globo*, de 8 de dezembro de 1882, fez a defesa do drama contra a acusação de imoralidade. Segundo o autor, há ousadia e mesmo algumas "escabrosidades" no interior da peça, mas tudo é atenuado pelo tratamento dado à forma e à linguagem dos diálogos. A nota argumenta ainda que o moderno teatro realista se caracteriza pelo modo como apresenta assuntos controversos em cena, que são debatidos pelas personagens de modo incisivo, mas procurando não ferir as conveniências morais. Era o caso de *O Escravocrata*.

A fim de demonstrar que foram injustiçados pelo Conservatório Dramático, Artur Azevedo e Urbano Duarte publicaram o drama em 1884. Queriam que o público o julgasse. No prefácio que escreveram, informam que o Conservatório não explicitou os motivos da proibição e levantam a hipótese de que a crítica poderia atacar dois pontos da obra em questão: imoralidade e inverossimilhança. Um breve resumo do enredo e uma consideração sobre fatos que ocorrem numa sociedade escravista dão conta de situar o leitor diante do que vai ler:

> O fato capital da peça, pião em volta do qual gira toda a ação dramática, são os antigos amores de um mulato escravo, cria de estimação de uma família burguesa, com a sua senhora, mulher nevrótica e de imaginação desregrada; desta falta resulta um filho, que, até vinte e tantos anos de idade, é considerado como se legítimo fosse, tais os prodígios de dissimulação postos em prática pela mãe e pelo pai escravo, a fim de guardarem o terrível segredo.
>
> Bruscamente, por uma série de circunstâncias imprevistas, desvenda-se a verdade; precipita-se então o drama violento e rápido, cujo desfecho natural é a consequência rigorosa dos caracteres em jogo e da marcha da ação.
>
> Onde é que se acha o imoral ou o inverossímil?
>
> As relações amorosas entre senhores e escravos foram e são, desgraçadamente, fatos comuns no nosso odioso regime social; só se surpreenderá deles quem tiver olhos para não ver e ouvidos para não ouvir.[5]

Trazer para o palco o que ocorre na vida social é uma das tarefas da dramaturgia de todos os tempos. Se em princípio era imoral, nos anos 1880, pôr em cena um adultério cometido por uma mulher branca com o escravo da casa, devia o dramaturgo cuidar para que a forma de apresentação da ação dramática e a linguagem não ofendessem as conveniências sociais. Artur Azevedo e Urbano Duarte acreditavam que *O Escravocrata* não era imoral e que conseguiriam encená-lo se se dispusessem a uma disputa com o Conservatório Dramático. Como os trâmites seriam muito demorados, preferiram publicá-lo; afinal, "a ideia abolicionista caminha com desassombro tal, que talvez no dia da primeira representação d'*O Escravocrata* já não houvesse escravos no Brasil" [p. 178].

Exatamente por se tratar de um drama abolicionista, havia pressa em mostrá-lo ao público, ainda que em forma de livro. O importante era contribuir

---

5   A. Azevedo; U. Duarte, *O Escravocrata*, em *Teatro de Artur Azevedo*, t. II, p. 179.

7 O TEATRO E A ABOLIÇÃO

para a causa e não correr o risco da obsolescência. Encenada em outro contexto que não o dos anos 1880, dizem os autores, o drama "deixaria de ser um trabalho audacioso de propaganda, para ser uma medíocre especulação literária. Não nos ficaria a glória, que ambicionamos, de haver concorrido com o pequenino impulso das nossas penas para o desmoronamento da fortaleza negra da escravidão" [p. 178].

O prefácio é uma espécie de profissão de fé abolicionista, que o drama *O Escravocrata* confirma com veemência. Logo de cara, em suas primeiras cenas, desenha-se o funcionamento da máquina escravista: o tráfico interprovincial alimenta as fazendas de café do Rio de Janeiro e São Paulo; o fazendeiro Salazar se associa com o negreiro Sebastião; e o feitor da fazenda – Evaristo – tem sempre o chicote à mão. À semelhança de Moreira, de *O Liberato*, Salazar assim se exprime acerca de escravos que adoecem: "Para moléstia de negro há um remédio supremo, infalível e único: o bacalhau. Deem-me um negro moribundo e um bacalhau, que eu lhes mostrarei se o não ponho lépido e lampeiro com meia dúzia de lambadas!" [p. 184].

A entrada de um comprador de escravos proporciona uma das mais repulsivas cenas da escravidão que o palco poderia reproduzir. Ele está interessado em escravas com pele mais clara para prostituí-las. Artur Azevedo e Urbano Duarte tocam num grave problema do escravismo urbano e, ainda que não o desenvolvam, não deixam de denunciar a prática criminosa de muitos proprietários de escravas e até mesmo proprietárias que as colocavam para trabalhar como prostitutas. É o que mostra também o historiador Sidney Chalhoub, num de seus livros em que estuda as últimas décadas da escravidão no Rio de Janeiro, com base em farta documentação[6]. Na peça, três escravas são levadas ao comprador. E segue-se este diálogo:

> COMPRADOR: Bom frontispício. (*A uma mulata.*) Abre a boca, rapariga. Boa dentadura! (*Passa-lhe grosseiramente a mão pela face e pelos cabelos, vira-a e examina-a de todos os lados.*) Boa peça, sim, senhor! Tira fora este pano. (*A mulata não obedece.*)
> SALAZAR: Tira fora este pano; não ouves? (*Arranca o pano e atira-o violentamente fora. A mulata corre a apanhá-lo, mas Sebastião empurra-a. Ela volta ao lugar e desfaz-se em pranto, cobrindo os seios com as mãos.*)
> [p. 190]

Os autores do drama pretendem mostrar como os escravocratas são desprezíveis, exibindo em cena seus piores atributos. Ao longo do primeiro ato,

---

[6] S. Chalhoub, 1871: As Prostitutas e o Significado da Lei, *Visões da Liberdade*, p. 189-201.

os escravos sofrem agressões físicas e verbais, são humilhados e ameaçados o tempo todo. Difícil saber se a passagem transcrita acima estava no original entregue ao Conservatório Dramático. Embora revele com crueza a violência a que estavam sujeitas as escravas, não poderia ser posta em cena como manda a rubrica. A nudez não era permitida no teatro.

O primeiro ato apresenta ainda o empregado de Salazar, Serafim, hipócrita e covarde, valente apenas quando se trata de açoitar os escravos, embora diga, em apartes, que é membro do Clube Abolicionista Pai Tomás.

A escravidão é o pano de fundo do enredo, mas também sua substância principal, como se vê no desenvolvimento da ação dramática, que se inicia com o anúncio da transferência do escravo doméstico Lourenço para a fazenda. Salazar não o suporta, mas sua esposa Gabriela e o casal de filhos o defendem. Uma ponta do mistério que envolve as personagens aparece numa cena curta entre Lourenço e Gabriela. Há um segredo entre eles, guardado por 22 anos. E por alguma razão ele protege o filho de Salazar, Gustavo, viciado no jogo e endividado.

No segundo ato, ao mesmo tempo que a linha do enredo tem continuidade com a revelação de que Gustavo é, na verdade, filho de Lourenço, os autores tratam de introduzir uma nova personagem, que defende a abolição, para fazer o contraponto à mentalidade escravista de Salazar. *O Escravocrata* é um drama de ideias, e o Doutor, jovem médico apaixonado por Carolina, filha de Salazar, faz o papel de *raisonneur*, numa fala um tanto longa, na qual afirma que tem feito tudo o que pode pela causa da emancipação dos escravos, continuando com as seguintes palavras:

> Estou perfeitamente convicto de que a escravidão é a maior das iniquidades sociais, absolutamente incompatível com os princípios em que se esteiam as sociedades modernas. É ela, é só ela a causa real do nosso atraso material, moral e intelectual, visto como, sendo a base única da nossa constituição econômica, exerce a sua funesta influência sobre todos os outros ramos da atividade social que se derivam logicamente da cultura do solo. Mesmo no Rio de Janeiro, esta grande capital cosmopolita, feita de elementos heterogêneos, já hoje possuidora de importantes melhoramentos, o elemento servil é a pedra angular da riqueza. O estrangeiro que o visita, maravilhado pelos esplendores da nossa incomparável natureza, mal suspeita das amargas decepções que o esperam. Nos ricos palácios como nas vivendas burguesas, nos estabelecimentos de instrução como nos de caridades, nas ruas e praças públicas, nos jardins e parques, nos pitorescos e decantados arrabaldes, no cimo dos montes, onde tudo respira vida e liberdade, no íntimo do lar doméstico, por toda a parte, em suma, depara-se-lhe o sinistro aspecto do

escravo, exalando um gemido de dor, que é ao mesmo tempo uma imprecação e um protesto. E junto do negro o azorrague, o tronco e a força, trípode lúgubre em que se baseia a prosperidade do meu país! Oh! não! Cada dia que continua este estado de coisas, é uma cusparada que se lança à face da civilização e da humanidade. [p. 199]

Os termos são fortes, típicos dos discursos abolicionistas dos anos 1880, que eram feitos nas conferências promovidas pelas sociedades emancipadoras. Com essas ideias, o Doutor entraria em choque com Salazar, se fosse pedir Carolina em casamento. Esse conflito, porém, não é explorado, pois no centro da ação está o segredo de Gabriela e Lourenço, que será desvendado na sequência. Gustavo, endividado e só pensando em jogar, arromba a escrivaninha do pai e rouba uma soma em dinheiro. Lourenço o flagra e exige que devolva o dinheiro, ao que o rapaz reage com uma bofetada no escravo. Gabriela entra nesse momento e ouve Lourenço revelar o segredo. As rubricas indicam um final de ato melodramático. Gabriela dá um grito e cai, desfalecida; Gustavo, fulminado com o que ouviu – "Eu sou teu pai!" –, fica com olhar desvairado. Lourenço cai de joelhos e soluça diante de Salazar, que entra e o acusa de ter roubado o dinheiro que tem nas mãos.

Os autores tiveram o cuidado de fazer apenas Gustavo conhecer quem é seu pai verdadeiro. Assim, o terceiro ato, que se passa na fazenda, alguns dias depois, começa com algumas informações necessárias ao andamento do enredo. Gabriela enlouqueceu e está internada no hospício; a febre de Gustavo foi debelada, mas ele continua doente; Lourenço fugiu e Serafim está em seu encalço. Nos bastidores, indicam as rubricas, a violência da escravidão se faz presente nos gritos do feitor, no estalar do chicote e nos gemidos dos escravos. Em suas falas, Salazar e Evaristo defendem a eficácia do tratamento desumano à base de castigo físico e má alimentação.

Ganha destaque, no terceiro ato, a irmã de Salazar, Josefa, personagem risível no ato anterior, mas fundamental para o desenlace trágico, por ser ela quem revela ao irmão o adultério de Gabriela no passado. No diálogo entre ambos, uma outra verdade incômoda, mas guardada em segredo pela família: o bisavô materno, diz ela, fora escravo até os cinco anos. E era "mulato". Com base na perspectiva cientificista dos anos 1880, explica Josefa que "a aliança com galegos purificou a raça, de sorte que tanto você como eu somos perfeitamente brancos... Temos cabelos finos e corridos, beiços finos e testa larga" [p. 207]. Também os escravocratas descendem de negros, sugerem os autores do drama, para apontar uma incoerência da sociedade brasileira de seu tempo. Afinal, os descendentes de escravos deviam ser os primeiros a defender a abolição.

Nas cenas finais, Lourenço é capturado e levado para a fazenda. Gustavo o reconhece como pai e o abraça, discutindo em seguida com Salazar, que o renega. Febril, quase delirando, o rapaz faz uma crítica contundente à escravidão e a responsabiliza pelo que ocorreu: "Ah! os senhores pisam a tacões a raça maldita, cospem-lhe na face?! Ela vinga-se como pode, introduzindo a desonra no seio de suas famílias! (*Cai extenuado e em prantos.*) Ó minha mãe!" [p. 211]

A ideia de que a escravidão é prejudicial para as famílias brancas – conclusão que se tira da fala de Gustavo – está presente em peças como *O Demônio Familiar*, de José de Alencar, e *História de uma Moça Rica*, de Pinheiro Guimarães, que Artur Azevedo e Urbano Duarte seguramente conheciam. Mas justiça seja feita a *O Escravocrata*, que vai mais longe e mostra principalmente o outro lado da moeda. Aqui, em primeiro plano, está o sofrimento do escravo, a verdadeira vítima da escravidão, como se vê ao longo do drama e em seu desfecho trágico: o suicídio de Lourenço e a morte de Gustavo, que é encontrado junto do cadáver do pai.

A publicação de *O Escravocrata* coincidiu com os festejos pela comemoração da abolição da escravidão no Ceará, em 25 de março de 1884. No Rio de Janeiro, a Sociedade Abolicionista Cearense programou uma série de eventos, entre os quais um bazar em que seriam vendidas, durante uma semana, prendas doadas pelos habitantes da cidade. *A Gazeta de Notícias* listava as doações diariamente e em 24 de março noticiou o seguinte:

> Dos Srs. A. Guimarães & C., o primeiro exemplar (*avant la lettre*) do *Escravocrata*, drama de Artur Azevedo e Urbano Duarte. O livro é ornado com os retratos dos autores e traz a seguinte dedicatória impressa:
>
> "Os editores A. Guimarães & C., têm o prazer de ofertar para o bazar da Sociedade Abolicionista Cearense, o primeiro exemplar, tirado *avant la lettre* da peça original brasileira *O Escravocrata*, de Artur Azevedo e Urbano Duarte. O valor material da oferta é exíguo, mas torna-se esta bastante significativa, não só em razão de ser um trabalho inédito, original de dois escritores brasileiros, como também pela analogia do assunto com as grandes festas que se efetuarão a 25 de corrente. Os demais exemplares de *O Escravocrata* só mais tarde serão publicados."

Fica evidente o valor simbólico da doação. Um drama declaradamente abolicionista teria como primeiro leitor um simpatizante da causa humanitária da abolição. Talvez a ideia tenha sido de Artur Azevedo que, diga-se de passagem, colaborou com o bazar como vendedor de prendas, segundo informação dada pela *Gazeta de Notícias*.

7 O TEATRO E A ABOLIÇÃO

Ainda que *O Escravocrata* apresente algumas fraquezas de construção, que não vem ao caso apontar, de um modo geral a imprensa do Rio de Janeiro recebeu-o com palavras elogiosas, reconhecendo que pintava com realismo um quadro da nossa sociedade escravocrata e que era um libelo contra a escravidão. Na *Gazeta de Notícias*, de 24 de abril de 1884, um articulista anônimo fez a defesa da moralidade de *O Escravocrata* e a crítica do cativeiro, que "deturpa e degrada os sentimentos, cria vícios ignóbeis, aberrativos, desmoraliza, rebaixa, apodrece todos os naturais estímulos do espírito". A seu ver, os autores levantaram "o véu de hipocrisia convencional com que até hoje se tem procurado encobrir as pavorosas úlceras morais, abertas no seio da família pelo contato corrosivo da instituição maldita".

Três dias depois, comentado na *Revista Ilustrada* de Angelo Agostini, em artigo sem assinatura, o drama é considerado "inteligente e corajosamente abolicionista", cheio de "ação e verdade". O autor do texto afirma que, embora nunca tenha visto amores de senhoras com escravos, as más línguas "contam muita história análoga, que as línguas boas repetem". O grande problema, afinal, é a existência da escravidão, que afeta "o nosso caráter, o nosso temperamento, a nossa organização física, moral e intelectual".

Outro comentário positivo foi publicado na *Gazeta da Tarde*, de 8 de maio de 1884. Nesse jornal francamente abolicionista, o drama é elogiado pelo realismo das cenas e pelo retrato negativo da escravidão. Talvez a única voz contrária na imprensa tenha sido a da *Gazeta Literária*, que acolheu um duro artigo contra *O Escravocrata*, em 13 de junho de 1884. O curioso é que esse jornal, em que colaboravam Artur Azevedo e Urbano Duarte, havia publicado em primeira mão, em 15 de janeiro, o prefácio ao drama, dando notícia de que o livro estava no prelo. O crítico anônimo, porém, não foi nada condescendente e recriminou os autores por terem desejado levar à cena fatos terríveis que não eram regra, mas exceção, na sociedade brasileira. A escolha do assunto foi infeliz, afirma o articulista, porque não há vantagem alguma para o público em expor no palco o que é "asqueroso e repugnante". O texto termina com uma condenação sumária: "*O Escravocrata* não deve figurar em nossas estantes como livro nem repetir-se no teatro como drama. Obra de propaganda, terá o pejo funesto dos brandões que incendeiam; nunca a chama benéfica que aquece e ilumina."

Embora seja evidente que uma encenação do drama atingiria um público maior do que o de leitores, a publicação do livro teve uma razoável cobertura da imprensa e a notícia de seu aparecimento atingiu um grande número de pessoas, se nos lembrarmos que apenas a *Gazeta de Notícias*, em 1884, tinha uma tiragem de 24 mil exemplares.

Quando Urbano Duarte faleceu, em 1902, Artur Azevedo homenageou-o num folhetim publicado em *A Notícia*, de 13 de fevereiro. Lembrou que foram parceiros numa peça de grande sucesso, *O Anjo da Vingança*, e escreveu algumas linhas sobre a censura imposta a *O Escravocrata* pelo Conservatório Dramático, que merecem transcrição:

> A douta instituição, que felizmente desapareceu, negou-nos o seu visto, porque, disse ela, a heroína do nosso drama "deprimia o caráter da mulher brasileira".
>
> O motivo não era esse, mas sim a audácia com que atacávamos a escravidão e os escravocratas; tanto assim, que propusemos mudar a nacionalidade da nossa heroína, fazê-la inglesa, francesa, alemã, espanhola, o que quisessem – e o Conservatório não nos atendeu.
>
> Pois ainda hoje lastimo profundamente que o nosso *Escravocrata* não visse a luz da ribalta; o efeito seria seguro, e assim o digo porque a peça, como o *Anjo da Vingança*, era mais de Urbano Duarte que minha. Não duvido que, se tivesse sido representada, figurasse hoje em dia na história da propaganda abolicionista. Lembra-me que Xisto Bahia, a quem distribuíramos o papel de um velho escravo, pai do seu "senhor moço", ficou desesperado quando soube que o drama empacara no Conservatório.
>
> Tempos depois, li o 1º ato de *O Escravocrata* numa festa abolicionista que se realizou no Liceu de Artes e Ofícios: o efeito foi estrondoso. Que seria então no palco?

Provavelmente seria um espetáculo teatral de forte impacto entre os espectadores, dadas as fortes críticas à escravidão que a peça encerra. Infelizmente os autores não puderam se fazer ouvidos no recinto de um teatro.

A leitura a que se refere Artur Azevedo foi feita em 25 de maio de 1884, numa sessão comemorativa do 1º aniversário da libertação do município de Fortaleza. Na véspera, a *Gazeta de Notícias* anunciou que Joaquim Nabuco estaria presente, bem como vários escritores simpáticos à abolição: Valentim Magalhães, Luís Murat, Aluísio Azevedo, Araripe Júnior, Urbano Duarte e Filinto de Almeida.

■ ■

Como fervoroso abolicionista, Artur Azevedo não se limitou a escrever *O Liberato* e *O Escravocrata*. Em suas revistas de ano, encenadas a partir de 1884, ele nunca deixou de incluir cenas e personagens para condenar o cativeiro e fazer a defesa da abolição.

A revista de ano era uma peça teatral cômica e musicada que seguia uma série de convenções, entre elas a mais importante: passar em revista, aos

7 O TEATRO E A ABOLIÇÃO

olhos dos espectadores, os principais fatos ocorridos no ano anterior. Uma sucessão de quadros, costurados por um enredo ágil, com personagens em constante movimento, possibilitava ao dramaturgo abordar os assuntos mais diversos, tais como a situação política, as calamidades, os livros publicados, os espetáculos teatrais, os crimes, a situação dos jornais, a moda, os inventos, tudo, enfim, que havia marcado o ano findo e fora notícia.

Artur Azevedo e Moreira Sampaio escreveram *O Mandarim*, que estreou em janeiro de 1884, no Teatro Príncipe Imperial. O fio condutor do enredo foi inspirado na vinda do mandarim Tong-King-Sing ao Brasil, para negociar a imigração de trabalhadores chineses que substituiriam a mão de obra escrava, iniciativa que não foi adiante. Na peça, o mandarim Tchin-Tchan-Fó afirma que veio verificar se o Brasil era digno do povo chinês. No Rio de Janeiro, é guiado pelo Barão de Caiapó, que o coloca em contato com o que a cidade tem a oferecer. De cara, porém, ele é apresentado aos males do país, presididos pela "Política" – evidentemente personalizada em cena por um ator. Um dos males é a Escravidão, que possibilita a exploração desumana das amas de leite, referida nestes versos:

> Lá vai a ama de leite, a desgraçada
> Cujo sangue é vendido a quem mais der;
> A abandonar o filho foi forçada,
> Porque não pode a escrava ser mulher...[7]

Nessa síntese, a denúncia de uma prática corriqueira da nossa sociedade escravocrata. Muitas mulheres escravizadas eram separadas de seus filhos e alugadas a famílias com recém-nascidos. Aos proprietários pouco importava se os "ingênuos" passassem fome, adoecessem ou mesmo viessem a falecer.

Em outro quadro, o mandarim cumprimenta a *Gazeta da Tarde*: "Não posso deixar de saudá-la como a mais esforçada paladina de uma santa causa." [p. 265] Todos os espectadores sabiam que esse jornal era fortemente engajado na luta abolicionista. Por outro lado, uma das cenas do terceiro ato é dedicada a satirizar *O Cruzeiro*, jornal que vinha sendo subsidiado pelos escravocratas desde 1880 e que fechou as portas em 1883. Os outros jornais, favoráveis à abolição, comentam jocosamente a agonia dessa folha e alegremente – como se lê na rubrica – a veem morrer. O mandarim comenta que nunca viu uma morte ser recebida com tanta indiferença. Lembre-se que *O Cruzeiro* havia sido alvo de críticas quando passou para o lado dos escravocratas e que o jornalista Ernesto Mattoso o satirizou na peça *Um País Essencialmente Agrícola*.

---

7   A. Azevedo, *O Mandarim*, em *Teatro de Artur Azevedo*, t. II, p. 224-225.

Artur Azevedo e Moreira Sampaio repetiram a parceria com a revista de ano *Cocota*, que estreou no Teatro Santana em 6 de março de 1885. Se em *O Mandarim* as referências à escravidão e à luta abolicionista são poucas, na nova produção elas ganham um notável destaque. O enredo gira em torno das confusões vividas pelas personagens Gregório, a sobrinha Cocota e seu namorado Bergaño, que vão da roça para a corte, onde se perdem uns dos outros. Antes mesmo de a viagem acontecer, no início do primeiro ato, os autores fazem a crítica da mentalidade escravista dos fazendeiros. Na sala da fazenda de Gregório, Bergaño provoca Serapião, que tinha em mãos uma *Gazeta de Notícias*. Pergunta-lhe sobre o movimento abolicionista na corte e começam um diálogo em que o fazendeiro diz frases terríveis, como esta: "porque eu estou convencido, como disse um estadista notável, que, para o negro, a verdadeira liberdade é a própria escravidão"[8]. Ou esta: "Pena tenho eu que não esteja nas minhas mãos restituir aos senhores dos ingênuos a propriedade de que foram esbulhados pela lei de 28 de setembro; (*inflamando-se*) essa lei bárbara que obriga um homem a educar pequenos que não são seus filhos, e que, se são seus filhos, não são seus escravos!" [p. 295] Com essas mesmas palavras detestáveis, em *O Liberato*, Moreira havia criticado a Lei do Ventre Livre, revelando-se a Rosinha como escravocrata convicto. Observe-se também a alusão aos filhos que os senhores tinham com suas escravas e que antes de 1871 podiam ser vendidos.

Serapião chama os abolicionistas de "vadios" e conta o que leu no jornal: que haverá grandes festejos na corte, no dia 25 de março, para comemorar o fim do cativeiro na província do Ceará – fato que ele deplora –, e que um jangadeiro será homenageado. Bergaño se diverte durante o diálogo, ironizando as falas do interlocutor, que ao defender o presidente do Clube da Lavoura ao qual pertence, diz: "Meia dúzia de homens como aquele, e eu lhe diria com quantos paus os abolicionistas haviam de fazer uma canoa!" Bergaño replica: "Diga antes – uma jangada!" [p. 295] Um ótimo chiste para divertir a plateia.

Já na cidade, as personagens vão assistir às festas feitas ao jangadeiro Nascimento, e a rubrica indica que deve haver uma multidão em cena, com vivas e aclamações ao herói cearense, que entra sobre uma jangada carregada pelo povo. Um orador começa seu discurso: "Senhores, a escravidão é um roubo!..." Ora, toda a plateia sabia que essa frase era o lema da Confederação Abolicionista, fundada em 1883, e que remetia à conhecida formulação de Proudhon, para quem toda propriedade era um roubo. A cena é um tanto cômica, com o orador cometendo erros de português, mas dizendo duras

---

[8] Idem, *Cocota*, em *Teatro de Artur Azevedo*, t. II, p. 295.

verdades a respeito do cativeiro, que impunha o sofrimento a 1,5 milhão de brasileiros. A referência a esse número de escravos no Brasil já havia aparecido em O Liberato, na cena em que Ramiro diz a Rosinha que ela tinha uma rival: a liberdade.

Outro escravocrata ridicularizado na peça é Romualdo. Ainda que só tenha o velho Tomé como escravo, refere-se a ele a todo momento com o bordão "uma relíquia de família", tornando-se risível. Além disso, ao comprar uma *Gazeta da Tarde* de um vendedor de jornais, lê que foi apresentado ao Parlamento o projeto de libertação dos sexagenários. Eis sua reação: "Que vejo! Livres os escravos maiores de sessenta anos! E Tomé? E o meu velho Tomé, uma relíquia de família!... Não temos tempo a perder! Salvemos a nossa propriedade! (*Sai arrebatadamente.*)" [p. 357]

Logo mais à frente, vemos uma cena hilária, que merece transcrição. Romualdo chama Tomé:

> TOMÉ: Siô?
> ROMUALDO: Senta-te! (*Tomé obedece; Romualdo tira do bolso um frasco e um pincel, e começa a pintar de preto o cabelo branco de Tomé.*)
> TOMÉ: Uê! Que é isso, siô véio?...
> ROMUALDO: Estou tingindo de preto o teu cabelo... estou te fazendo moço!... É absolutamente preciso que, de hoje em diante, sejas menor de sessenta anos... Mas agora reparo: estou sujando a sala com esta droga! Vamos lá para o quintal.
> TOMÉ: Siô véio tá judiando co Tomé!
> ROMUALDO: Anda! Passa adiante! (*Contemplando.*) Uma relíquia de família. (*Saindo.*) Eu mostrarei aos tais senhores do projeto qual de nós é o mais ladino! (*Sai com Tomé.*) [p. 361]

A cena exemplifica bem como Artur Azevedo e Moreira Sampaio foram mestres da comicidade. Eles conseguiam extrair de um assunto sério uma possibilidade cômica, apostando na caricatura e no exagero. A parte da plateia simpática ao abolicionismo se divertia com a estupidez do tolo escravocrata.

Também aparece nessa revista de ano o registro de uma atividade extraordinária dos abolicionistas: o trabalho de ir de casa em casa de uma determinada rua – previamente escolhida pela Comissão Central Emancipadora – para convencer seus moradores a libertar os eventuais escravos que tivessem. Claro que há um inevitável tom de comédia na cena, em pelo menos dois momentos. No primeiro, quando um dos abolicionistas vai verificar se Tomé é "africano", isto é, se foi trazido ao Brasil depois de 1831 e, portanto, escravizado ilegalmente:

2º ABOLICIONISTA (*baixo, aos outros*): Vejamos se é africano! (*Alto, a Tomé.*) Salamaleco?
TOMÉ: Salamaleco salam. Bença!
2º ABOLICIONISTA: Ô cuô ô bá bá.
TOMÉ: Ô cuô ô lê lê, ô ô.
2º ABOLICIONISTA (*erguendo-se as mãos para o céu*): É cidadão africano!
[p. 327]

Tomé é libertado "em nome da humanidade" e os abolicionistas pregam um letreiro na porta de Romualdo com os dizeres: "Aqui não há escravos."

O segundo momento cômico é quando querem pregar o mesmo letreiro na casa do vizinho, Venâncio, que diz ter uma escrava, mas que está fugida há dezoito anos. Os abolicionistas o convencem a assinar uma carta de liberdade e saem comemorando a vitória, mas não o ouvem dizer que a escrava Genoveva tinha fugido em 1868, com 62 anos de idade.

Brincalhões, Artur Azevedo e Moreira Sampaio vão compondo o pano de fundo da peça, que se passa numa cidade transformada pela luta contra a escravidão. Até mesmo Gregório, que no início não vê com bons olhos a abolição, muda sua posição e manifesta simpatia pelo gabinete de Manuel de Souza Dantas, do Partido Liberal, responsável pelo projeto de libertação dos escravos maiores de sessenta anos. Em diálogo com Bergaño, Gregório lhe diz que quer levar os emigrantes italianos recém-chegados para suas terras, onde pretende fundar uma colônia agrícola. E mais: vai libertar todos os seus escravos. O contato com a cidade foi decisivo:

> Foi uma ideia que me veio subitamente esta noite. Confesso que as festas abolicionistas... o entusiasmo do povo fluminense, e agora o corajoso e humanitário programa do Ministério que acaba de subir, me abalaram profundamente. Que diabo! Afinal de contas, pensando bem, que direito temos nós de escravizar os pretos, que são filhos de Deus como nós, e de viver à custa do trabalho deles? O compadre Serapião há de ir às nuvens... mas que me importa! Não gostou, gostasse!... [p. 353-354]

Praticamente todos os fatos importantes de 1884, relativos à luta abolicionista, foram incluídos na revista de ano *Cocota*. No quadro dos teatros, há referência à encenação da adaptação do romance *O Mulato*, feita pelo próprio autor, Aluísio Azevedo, e recebida como manifestação abolicionista. No terreno da política, foram lembrados o projeto do gabinete Dantas defendendo a alforria dos sexagenários, a campanha de libertação junto a moradores de determinadas ruas da corte e a festa em comemoração do fim do cativeiro

7 O TEATRO E A ABOLIÇÃO

no Ceará. É na apoteose que Artur Azevedo e Moreira Sampaio lembram outros dois fatos importantes: o fim da escravidão na província do Amazonas e na cidade de Porto Alegre.

Como é da convenção desse tipo de peça que se termine com uma apoteose, uma personagem comunica à plateia que serão homenageadas as províncias que fizeram 1884 ficar na história como "o ano da liberdade!" No fundo do palco, a mutação proporciona o quadro final da peça, a imagem que os espectadores levarão para casa: "As províncias do Ceará, do Amazonas e do Rio Grande do Sul estão abraçadas sobre um pedestal. Seguram uma flâmula em que se lê em letras de fogo: *Não parar, não recuar, não precipitar.* Tomé ajoelha-se, a orquestra executa o Hino Nacional" [p. 366].

As palavras inscritas na flâmula eram inspiradas no lema do gabinete Dantas e bastante conhecidas, pois amplamente divulgadas na imprensa. A *Gazeta da Tarde* de 9 de junho de 1884 estampou o programa do ministério, que defendia, em relação ao elemento servil, que "não se deve nem retroceder, nem parar, nem precipitar". Artur Azevedo e Moreira Sampaio deram ao desfecho da peça uma forte conotação política. Com o sucesso do espetáculo, que teve 39 récitas num teatro com mais de mil lugares, é possível deduzir que a mensagem abolicionista dos autores atingiu um número expressivo de pessoas.

Na revista do ano seguinte, *O Bilontra*, representada pela primeira vez no Teatro Lucinda, em janeiro de 1886, e apresentando os fatos de 1885, os dois parceiros não deram destaque nem à escravidão, nem ao movimento abolicionista. Em compensação, voltaram com toda força a esses temas na revista de ano *O Carioca*, que estreou no Teatro Santana em 31 de dezembro de 1886.

A motivação dos autores partiu de um acontecimento terrível naquele mesmo ano: uma mulher chamada Francisca da Silva Castro seviciou até a morte uma jovem escrava chamada Joana e deixou outra, Eduarda, bastante machucada. Os jornais deram ampla cobertura ao crime e ao julgamento que se seguiu. Sizenando Nabuco, irmão de Joaquim Nabuco, foi o advogado de acusação. Laudos médicos sobre a sanidade mental da assassina divergiam, um atestando a sanidade, outro, a loucura da mulher; depoimentos de testemunhas também eram conflitantes quanto ao tratamento que ela dava às escravas. Apesar das evidências de que houvera mesmo um crime, Francisca da Silva Castro, mulher rica, com bons advogados, foi absolvida. Na opinião unânime dos jurados, ela não havia praticado ou mandado praticar as sevícias nas duas moças.

Artur Azevedo relatou, numa curta e impressionante crônica da série "De Palanque", publicada no *Diário de Notícias* de 16 de fevereiro de 1886, sua ida ao necrotério para ver de perto a vítima de tão bárbaro crime:

Fui ontem ao Necrotério ver o cadáver da desgraçada Joana, assassinada pela Exma. Sra. D. Francisca de Castro.

A mártir era uma criança: teria dezesseis anos, quando muito. Os sinais das sevícias são evidentes em todo o corpo, e o termo da autópsia a que ontem se procedeu basta, cuido, para abrir as portas da Casa de Correção à desumana senhora.

O cadáver estava estendido numa das mesas do piedoso estabelecimento. Tinha os braços abertos, como implorando a misericórdia divina para este amaldiçoado país, onde o homem estrangeiro pode vender o nacional.

Muitas pessoas que se achavam ontem comigo no Necrotério deixavam correr as lágrimas em fio, contemplando esse cadáver, que seria um revolucionário, se nesta população heterogênea, composta de elementos tão diversos e tão apáticos, pudesse haver o espírito das revoluções.

Quanto a mim, esse cadáver ensanguentado fala mais alto que todas as conferências abolicionistas havidas e por haver; aquelas chagas, putrefatas como a própria escravidão, são mais eloquentes que todos os artigos da *Gazeta da Tarde* publicados e por publicar.

Donde se infere que a verdadeira propaganda abolicionista é feita pelos próprios escravocratas. Joana é uma dessas vítimas sacrificadas a uma grande causa. O seu lugar no empíreo está marcado entre os grandes mártires da liberdade. Aquilo não é um cadáver: é uma bandeira.

Como incluir assunto tão sério numa revista de ano? Artur Azevedo e Moreira Sampaio criaram a personagem Chiquinha – diminutivo de Francisca, evidentemente – como uma mulher que maltrata a escrava Genoveva, como se vê logo na segunda cena da peça:

> GENOVEVA (*entrando.*): Sinhá, Pedro já veio da cidade... aqui está o coco que sinhá mandou relar... (*Mostra-lhe um prato.*)
> DONA CHIQUINHA: Oh! sua relaxada!... Não tens vergonha de me trazeres um prato destes! Atrevida! Não sei onde estou, que não te quebro a cara com ele!
> GENOVEVA: Sinhá, estas mancha é mesmo do prato... Lavei ele antes de relar o coco.
> DONA CHIQUINHA: Não me respondas! Não vê mesmo que eu aturo escrava respondona! Sai, some-te da minha presença, antes que eu... (*Empurra-a.*)
> GENOVEVA: Mas este, eu lavei ele...
> DONA CHIQUINHA (*empurrando-a até a porta*): Some-te! Este diabo quer deitar-me a perder! (*Genoveva sai empurrada. Ouve-se a queda de um corpo e a bulha de um prato quebrado.*)
> MINDOCA (*correndo à porta*): Ah! Mon Dieu! Coitada! Caiu, maman!...

> (*Entra e continua a falar no bastidor.*) Cortaste-te?... Vai pôr arnica... na despensa tem... (*Tornando a aparecer.*) Pobre Genoveva! Caiu sobre o prato e cortou a mão.
> DONA CHIQUINHA: Que grande desgraça!
> MINDOCA: A maman um dia se arrepende. Ela foge, vai ter com os abolicionistas, eles vão à polícia...
> DONA CHIQUINHA: E o que é que a polícia há de me fazer? Eu sou histérica! Tenho uma porção de atestados médicos que o provam.
> A VOZ DO DOUTOR: Dá licença, Senhora Dona Francisca?
> AS DUAS: Oh! Doutor, pode entrar.[9]

Todos os elementos para que a plateia soubesse a quem os autores se referiam estão postos nesse diálogo, a começar pela violência física contra a escrava. Depois, a advertência de Mindoca à mãe, inspirada no fato verdadeiro relatado pelos jornais: a escrava Eduarda conseguiu fugir de casa e foi ajudada por uma mulher que a encaminhou ao prédio da *Gazeta da Tarde*, onde os abolicionistas a protegeram. Mais do que isso: fizeram a denúncia das sevícias à polícia, resgataram Joana e organizaram uma "procissão cívica" pelas ruas do Rio de Janeiro para denunciar o ocorrido. Isso se deu em 11 de fevereiro de 1886. Joana faleceu três dias depois. A resposta da mãe à filha também indicava uma das linhas de defesa da escravocrata criminosa no julgamento, em outubro do mesmo ano: era histérica e tinha laudos médicos para provar que não poderia ser responsabilizada pelo que fazia com Genoveva. Evidentemente, laudos falsos. À desonestidade da personagem, para que nenhum espectador tivesse dúvida de sua identidade, o nome por extenso – Dona Francisca – é dito pelo Doutor, ao entrar. Logo mais à frente, Dona Chiquinha ainda tem a desfaçatez de dizer ao Doutor que Genoveva cortou-se quando brincava com outra escrava, acrescentando: "Já não sabe como é esta gente? Amanhã ou depois está dizendo que fui eu que a maltratei."

Não há comédia nessas breves cenas, mas Genoveva foge e Dona Chiquinha se tornará risível ao alimentar uma das linhas do enredo da peça, que é procurar a escrava pelas ruas do Rio de Janeiro, repetindo com poucas variações o bordão "onde diabo se meteu o diabo daquela mulata!" Pois o primeiro lugar que lhe vem à mente é a *Gazeta da Tarde*, como diz à filha: "Pois não sabes que eles andaram outro dia em procissão com as escravas de uma pobre senhora, coitadinha! que ficou com as mãos em mísero estado de tanto dar pancada? Até tiraram o retrato com elas."

---

9   Idem, *O Carioca*, em *Teatro de Artur Azevedo*, t. II, p. 376.

A ironia em relação à brutalidade do crime de Francisca da Silva Castro é demolidora. Mas o riso que nasce das palavras transcritas é amargo. Mais à frente, a referência ao julgamento também vem marcada pela ironia. Ao saber que a ré fora absolvida pelo júri, Dona Chiquinha comenta: "Fizeram muito bem... Coitadinha!" E como os jornais descreveram até as roupas e joias que a criminosa usara no tribunal, uma personagem acrescentou: "Não era possível condená-la. Ela estava tão bem-vestida! E que bons brilhantes!" Na peça, pelo menos, a escrava Genoveva conseguiu escapar da truculência de sua senhora. Ao final, ela é libertada pela Câmara Municipal.

Artur Azevedo e Moreira Sampaio conseguiram incluir o crime e o julgamento na revista de ano, explicitando suas críticas à injusta absolvição de Francisca da Silva Castro. Além disso, aludiram a duas vitórias do movimento abolicionista: a primeira dizia respeito à decisão de alguns jornais de não mais publicar anúncios de recompensa a quem encontrasse escravos fugidos; a segunda foi a extinção da pena de açoites. Esta é mencionada num diálogo que merece transcrição, pois ridiculariza a mentalidade escravista no interior do país. A cena se passa na província de São Paulo e o Tenente-coronel se queixa a Soares – pretendente à mão de Mindoca –, dizendo-lhe, com seu modo caipira de falar, que é preciso tomar providência contra a propaganda abolicionista. Segue-se este diálogo:

> SOARES: Ah! O senhor é escravocrata?
> TENENTE-CORONEL: Eu não sou nada: sou sinhô da fazenda co escravatura e todo; isso é que eu sou, e querem tirar a minha porpriedade: não admeto.
> NIQUELINA: O Tenente-coronel é talvez emancipador.
> TENENTE-CORONEL: Aí! Agora é que mecê falou direito. Eu quero que os escravo todo fique forro, mas é quando morrê; enquanto for vivo, que trabalhe, que é pra isso que se fez o negro, vá com o que lhe digo. Inda bem que a nova lei arrumou tudo no tronco por mais ano e meio, e ainda há de vi outra que a há de arrumá eles na escravidão por toda a vida, vá com o que lhe digo.
> SOARES: Engana-se, Senhor Tenente-coronel: os abolicionistas acabam de alcançar uma grande vitória e, com o favor de Deus, não há de ser a última.
> TENENTE-CORONEL: Uma vitória? Diga mecê qual foi.
> SOARES: A pena de açoite foi abolida.
> TENENTE-CORONEL: O reio? O bacaiau? Não me diga isto pelo amô de Deus, seu aquele!
> SOARES: Pois foi! Já não há no Código semelhante pena!
> TENENTE-CORONEL: Que importa co códio! O códio lá em casa sou eu mais a dona, vá com o que lhe digo!

7 O TEATRO E A ABOLIÇÃO

> DONA ENGRÁCIA: É. Nós é o códio. (*Baixo a Niquelina.*) O que é códio, moça?
> NIQUELINA: É uma coisa ao que parece desconhecida nestas paragens.
> TENENTE-CORONEL: Eu hei de mostrá aos negrinho se ronca ou não ronca o bacaiau. Apôs! Negro nasceu pra sê surrado, cumo porco pra sê comido. Vá com o que eu lhe digo! [p. 446]

O tipo é engraçado, por força da estilização cômica necessária para provocar o riso nos espectadores, mas sua defesa da violência contra o escravo torna-o ao mesmo tempo um escravocrata execrável. A lei extinguindo a pena de açoites foi decretada em 15 de outubro de 1886, na esteira de crimes como o de Francisca da Silva Castro e de outros semelhantes, conforme relata Evaristo de Moraes, ao mencionar a intensa emoção causada pela notícia da morte de escravos de um fazendeiro de Entre-Rios, "que tinham sido açoitados barbaramente em cumprimento de sentença judicial e depois arrastados para a fazenda e sujeitos a novos castigos"[10]. Evaristo de Moraes lembra que esse crime foi denunciado por Joaquim Nabuco, em *O País* de 29 de julho de 1886. Como nesse dia aniversariava a princesa Isabel, o líder abolicionista dirigiu-se a ela para que soubesse como eram tratados os negros escravizados no Brasil. Vale a pena ler a sua breve nota:

> Ontem, em Entre-Rios, um amigo nosso assistiu a uma das mais terríveis tragédias da escravidão, nestes últimos anos.
> Cinco escravos do Sr. Caetano do Vale, da Paraíba do Sul, acusados de terem morto um feitor, foram condenados pelo júri, um a galés perpétuas e os outros quatro a trezentos açoites cada um. Depois de açoitados, eles foram mandados a pé para a fazenda. A cena a que o nosso amigo assistiu ao passar no trem pela estação de Entre-Rios, foi esta: dois dos escravos estavam ali mortos, enquanto os dois outros, moribundos, seguiam num carro de boi para o seu destino. Será triste para a Princesa Imperial ler esta notícia no dia de seus anos, e eu sinto profundamente dever publicá-la hoje, mas esse quadro facilitará a futura imperatriz a conhecer a condição de nossos escravos e a compreender a missão dos abolicionistas no reinado de seu pai.

Artur Azevedo, evidentemente, estava a par de fatos como esse, que escancaravam a brutalidade da escravidão no cotidiano brasileiro. Sua denúncia do crime de Francisca da Silva Castro no interior de *O Carioca* deve ter repercutido com muita força na opinião pública do Rio de Janeiro. Em duas

---

10 E. de Moraes, *A Escravidão Africana no Brasil*, p. 223.

semanas, cerca de trinta mil pessoas haviam visto a peça – como informam os anúncios teatrais –, que ficou em cartaz até o final de fevereiro de 1887.

Já na revista do ano seguinte, *O Homem*, também escrita com a colaboração de Moreira Sampaio, não há críticas tão contundentes à escravidão. Os autores se limitaram a colocar em cena uma alusão ao "*meeting* abolicionista" que, na noite de 6 de agosto de 1887, no Teatro Politeama Fluminense, foi inviabilizado por secretas e capoeiras que invadiram o recinto aos gritos, jogaram bombas, interromperam a fala de Quintino Bocaiúva e forçaram o encerramento da reunião, que transcorria pacificamente. Os jornais do dia seguinte descreveram o incidente, indignados com a truculência da tropa de choque escravista. De acordo com o que se lê em *O País* de 7 de agosto, foi uma verdadeira batalha. Para repelir a "horda selvagem dos facínoras a soldo da polícia e para repeli-los e contê-los, o povo lançou mão das cadeiras e dos bancos", impedindo também que fosse agredido o orador. No tumulto, muitas pessoas ficaram feridas.

A Confederação Abolicionista, promotora do evento, marcou novo *meeting*, no Campo da Aclamação, a ser realizado dois dias depois. Mas a polícia adiantou-se e proibiu oficialmente ajuntamentos de pessoas em ruas e praças. Mesmo assim, muita gente se dirigiu ao local, que estava tomado pela força policial. Correria e pancadaria marcaram aquela tarde de 8 de agosto, na qual os abolicionistas se viram privados do direito de se manifestar com liberdade. Esses acontecimentos dão uma ideia da luta pelo fim da escravidão sob o gabinete Cotegipe, então no poder.

Artur Azevedo e Moreira Sampaio situaram a ação do quarto quadro de *O Homem* no Campo da Aclamação, no momento em que se iniciaria o "*meeting* abolicionista". Lá estão curiosos, dois abolicionistas e Prud'Homem – a plateia sabia que se tratava de José do Patrocínio, que assinava seus artigos com o pseudônimo de Proudhomm –, ansiosos quanto à realização ou não do evento. Quando um dos oradores começa a falar para um pequeno grupo, logo se ouve o apito da polícia e correm todos.

Embora breves, as cenas cumprem o que é da natureza da revista de ano, isto é, registrar os fatos importantes de um determinado ano. Como *O Homem* estreou em 3 de janeiro de 1888, no Teatro Lucinda, os espectadores seguramente se lembrariam das agressões sofridas pelos abolicionistas no Teatro Politeama e no Campo da Aclamação.

■ ■

Em outras peças que escreveu antes de 1888, Artur Azevedo colocou em cena o Brasil escravocrata, mas sem fazer críticas à escravidão. Para ser fiel

7 O TEATRO E A ABOLIÇÃO

à realidade de seu tempo, não podia deixar de fora o escravo em comédias que se passam na cidade ou no campo. Em alguns casos, o registro não vai além de uma referência, como a "preta velha" de *A Filha de Maria Angu*, ou de entradas e saídas rápidas, como a do moleque vendedor de balas, com uma única fala, em *O Rio de Janeiro em 1877*. Já na opereta *Nova Viagem à Lua*, cujo primeiro ato se passa no pátio de uma fazenda, os escravos formam um grupo que vem à cena para cantar e dançar o jongo. Na opereta *Os Noivos*, escravos e escravas, ajoelhados junto de seus senhores, rezam a "Ave Maria" logo na abertura da peça, que se passa toda numa fazenda. Maior importância no desenvolvimento dos enredos cômicos, tiveram as personagens das comédias *Uma Véspera de Reis* e *A Mascote na Roça*. Na primeira, o escravo doméstico José lembra o "demônio familiar" de Alencar, fumando charutos de seu senhor e convencendo a mocinha da casa a receber uma carta de um pretendente; na segunda, a escrava Fortunata é disputada por dois homens que acreditam ser ela uma mascote que dá sorte. A personagem é hilária, como também a mucama Marcolina da opereta *A Bela Helena*. O sucesso de *Uma Véspera de Reis* levou Artur Azevedo a escrever uma continuação ainda mais engraçada, *O Barão de Pituaçu*, opereta em que o moleque José, agora forro, disfarça-se de barão para seduzir uma cortesã.

O comediógrafo, que sabia retratar o Brasil escravista pelo prisma da crítica contundente ou pela leveza da comédia, engajou-se na luta pelo fim da escravidão também como jornalista. Embora sua principal função nos jornais fosse escrever críticas teatrais e matérias afins, por vezes abordava outros assuntos, entre eles o movimento abolicionista. Na crônica "De Palanque", publicada no *Diário de Notícias* de 16 de maio de 1885, por exemplo, transcreveu um projeto de lei do deputado Leopoldo Bulhões, de 1883, que decretava o fim imediato da escravidão. Fez isso porque alguns dias antes, em *O País*, um projeto de lei semelhante fora proposto por um anônimo sem nenhuma menção ao deputado eleito por Goiás, que era próximo de Joaquim Nabuco e membro do Partido Liberal.

Artur Azevedo jamais compactuou com a ideia de que a escravidão no Brasil era mais amena do que em outros lugares e que nossos cativos eram bem tratados por seus senhores. Em outra crônica da série "De Palanque", de 21 de setembro de 1885, comentou um caso ocorrido no interior de São Paulo, segundo notícia veiculada no *Correio de Campinas*. Em dificuldades financeiras, o proprietário de um escravo teria enlouquecido por se ver forçado a vendê-lo. Estimava-o como se fosse um irmão e não suportou ver-se separado dele. O relato do jornal enfatizava a ligação afetiva entre senhor e escravo, como se escravidão não houvesse. Artur Azevedo relativizou a veracidade da notícia, dizendo, primeiramente, que não acreditava que a causa do enlouquecimento fora a necessidade da venda do escravo, porque, se lhe tivesse tanta amizade, esse homem "não seria senhor de seu amigo". O cronista afirma não compreender que "um homem seja amigo de outro a ponto de enlouquecer por seu respeito, e conserve o direito de o chamar seu escravo". Duro em suas considerações sobre o fato ocorrido, complementa o seu pensamento, referindo-se às relações entre senhores e escravos no Brasil: "É muito comum dizer-se no Brasil: – Oh! Fulano é muito amigo dos seus escravos! – ou ainda mais: – Beltrano para os seus escravos não é um senhor: é um pai! – Não há nada mais ... mais... como direi?... mais sacrílego! Sim, que é sacrílego fazer semelhante emprego desses dois vocábulos: *amigo* e *pai*."

Em outra crônica, publicada no mesmo *Diário de Notícias*, de 15 de dezembro de 1885, Artur Azevedo polemiza com o escritor Valentim Magalhães acerca do suicídio de um menino de treze anos. Órfão de pai e mãe, empregado numa loja de comércio, esse menino deixou uma carta dizendo-se triste por ver sofrer os irmãos e nada poder fazer porque não tinha salário, apesar de ser bem tratado pelo patrão. Valentim Magalhães havia escrito um artigo em que defendia o suicida e seu direito de tirar a própria vida, privada de afetos. Artur Azevedo respondeu duramente, condenando o suicídio como saída para os que não têm família, amigos ou proteção e lembrando as próprias dificuldades que enfrentou quando criança. Além disso, havia na sociedade brasileira um grupo de desassistidos que não podia ser esquecido. Perguntava então ao seu oponente: "E o escravo, que é feito da mesma massa que o menino Castilho, o escravo que não tem o direito de saber quem é seu pai; o escravo que é filho de uma desgraçada a quem não se concede ao menos a faculdade natural do pudor; o escravo, que nem sequer tem liberdade para matar-se: quais são os seus irmãos? Quem o protege?"

Com intervenções como essas, Artur Azevedo colocava-se ao lado dos jornalistas fluminenses que batalhavam pelo fim da escravidão. Ainda no *Diário de Notícias*, de 18 de março de 1886, finalizou um folhetim dedicado ao ator português Foito, vítima da febre amarela, com estas palavras: "Dificilmente seremos alguma coisa, enquanto a civilização brasileira lutar com esses dois tremendos obstáculos: a febre e a escravidão." Um último exemplo para reforçar aqui o retrato do militante pode ser encontrado numa crônica de 11 de agosto de 1886, publicada no semanário *A Vida Moderna*. O cronista noticia a distribuição de quarenta cartas de liberdade pela Câmara Municipal, que convidou a princesa Isabel a participar do evento, e faz o seguinte comentário:

> Entre os escravos havia dois que eram brancos. Sua Alteza admirou-se muito de que houvesse escravos da sua *cor*, e comoveu-se bastante. Há mesmo quem diga que Sua Alteza chorou. A mim confesso que tanto me

7 O TEATRO E A ABOLIÇÃO

> comovem escravos brancos como amarelos ou pretos: a minha sensibilidade não faz questão de ótica. Também não compreendo que a nossa princesa se admirasse de ver escravos brancos; há quinze anos, isto é, antes da lei de 28 de setembro, os homens da nossa raça bem que os faziam, com o simples adjutório de uma mulher branca e cativa. Escravos brancos não faltam no Brasil em número talvez proporcional ao dos senhores que não o são.[11]

A crítica à "sensibilidade" da princesa é bastante clara. Como podia ela se comover apenas com a existência de escravos brancos? Os negros não mereciam a mesma consideração? Como podia ela desconhecer um fato tão corriqueiro do nosso escravismo como as crianças nascidas das relações sexuais entre senhores e escravas de pele mais clara? Antes da Lei do Ventre Livre, essas crianças continuavam escravizadas e podiam até ser vendidas pelos próprios pais.

Na mesma crônica, Artur Azevedo aborda uma notícia dada pela *Gazeta da Tarde*, relativa à iniciativa dos frades carmelitas, que libertaram 66 cativos que pertenciam à sua ordem. O cronista não acompanha o jornal nos elogios feitos aos religiosos. O gesto filantrópico lhe pareceu um tanto ocioso, para não dizer oportunista, uma vez que os "ministros de Deus" se conservaram até aquele momento escravocratas. Por que não libertaram os seus escravos antes? Agora que o fim da escravidão era iminente, nada mais fácil do que agir em conformidade com o pensamento da maioria da população. Sem papas na língua, o abolicionista de primeira hora, conclui:

> Suas Reverendíssimas resistiram ao influxo da lei Rio Branco, ao tremendo discurso de Torres Homem, ao 25 de março, ao ministério Dantas: viram passar, indiferentes, do fundo de suas celas, todo esse movimento abolicionista com a sua imprensa inflamada, as suas festas, as suas consagrações, e todo o brilhante cortejo de *matinés* e *quermesses*, e só agora, depois de tudo isso, é que se lembram de restituir à liberdade esse punhado de homens, a maior parte dos quais são talvez sexagenários, libertos por lei? Tarde piaram, meus santarrões: a mim não me apanham loas enternecidas nem melífluas candongas. Isto de escravatura está por pouco tempo, graças a Deus: mas tenho ainda esperanças de ver desaparecer o último frade antes do último escravo.[12]

Essas palavras dizem tudo sobre o nível de envolvimento de Artur Azevedo com a luta abolicionista. Olhos atentos aos fatos e discernimento sobre seus reais significados, não se deixou enganar por falsas aparências. Nas palavras

---

11 A. Azevedo, *Crônicas em* A Vida Moderna (1886-1887), p. 59.
12 Ibidem, p. 60.

transcritas acima, a verdade sobre a igreja, que demorou para aceitar a ideia da abolição. Em suma, o comediógrafo e jornalista batalhou pelo fim da escravidão na linha de frente, com as armas que tinha em mãos, atuando sobre a consciência de seus espectadores e leitores. Sua contribuição para a causa humanitária não foi pequena, como espero ter demonstrado.

FRANÇA JÚNIOR

Um dos maiores sucessos teatrais de 1882, no Rio de Janeiro, a comédia em três atos *Como se Fazia um Deputado*, de França Júnior, estreou em 14 de abril, no Teatro Recreio Dramático. Em 22 de agosto, teve sua quinquagésima representação, à qual se seguiram algumas outras nos meses seguintes. A escravidão não é matéria central, mas está presente o tempo todo, como pano de fundo do universo rural apreendido pelo ângulo do exagero caricatural em tempos de eleições. Sátira de costumes políticos, o enredo é construído em torno da união dos líderes do Partido Liberal e do Partido Conservador, por meio do casamento do sobrinho do major Limoeiro com a filha do tenente-coronel Chico Bento. O argumento cínico que justifica o enlace, sem que antes sejam consultados os jovens Henrique e Rosinha, é que o governo estará sempre "em casa", não importa qual partido esteja no poder. Se o primeiro ato pode ser visto como uma forte denúncia das práticas clientelistas que caracterizaram nossa vida política na segunda metade do século XIX, o segundo vai mais longe, lançando mão de recursos do baixo cômico – pancadaria em cena e disfarces risíveis – para ridicularizar uma eleição que é uma verdadeira farsa. O terceiro ato acomoda as arestas dos dois anteriores. O casamento não se fará por imposição dos líderes políticos, pois Henrique e Rosinha acabam se entendendo. O rapaz, bacharel em Direito, eleito deputado provincial, tem uma crise de consciência pelo modo como venceu a eleição, mas a futura esposa o convence a assumir o cargo, que ele promete honrar com trabalho sério e honesto.

Essa breve súmula do enredo não dá conta das qualidades de *Como se Fazia um Deputado*, enquanto sátira de costumes políticos que articula com perfeição a comicidade de situações, os tipos e a linguagem. Fique o leitor avisado disso. Meu objetivo é outro: verificar como se dá a presença da escravidão no interior da peça e ponderar se é possível determinar como França Júnior posicionou-se em relação à questão servil.

No primeiro ato, a cena de abertura na fazenda do major Limoeiro, no interior da província do Rio de Janeiro, mostra escravos e escravas dançando e cantando, satisfeitos com a festa para Henrique, que está para chegar, com o diploma de "doutô". É um dia de "pagode", canta o coro, no qual os cativos terão liberdade para beber aguardente e dançar o "batuque", isto é, o jongo, uma dança de roda, com canto e ritmo ditado por tambores. Mas tudo comedidamente, diz a eles o major: "Hoje e amanhã não se pega na enxada. Brinquem, durmam, dancem, façam o que quiserem. Mas fiquem sabendo, desde já, que o que tomar carraspana leva uma tunda mestra."[13]

Entre os negros, só um é destacado e tem nome: Domingos. É o único que conversa com o major, até porque foi ele quem preparou os fogos e fez melhorias na entrada da fazenda, tudo para receber o afilhado de seu senhor. Os escravos carregam Henrique em seus braços, cantando em coro: "Os seus escravos, meu branco / Que vos amam com ardor / Aqui trazem satisfeitos / Da casa o doce penhor."[14]

A escravidão não é retratada como instituição violenta. Ao contrário, a cena mostra harmonia entre senhor e escravos, desenhando uma convivência sem conflitos e a benevolência do fazendeiro. Também a família de Chico Bento, que vem receber Henrique, chega à fazenda de Limoeiro com um pajem e uma criada, que traz um "crioulinho" no colo, segundo a rubrica. Esses figurantes não intervêm na ação e talvez tenham sido incluídos na cena para caracterizar um costume da época, sugerindo proximidade entre senhores e escravos. Tal modo de apresentar nossos fazendeiros escravocratas rendeu críticas a França Júnior, não na época em que a peça foi encenada, mas recentemente, num estudo que parte de uma premissa: um escritor conservador em política e em costumes deve fazer necessariamente uma comédia conservadora[15]. Assim, a presença de escravos contentes, cantando e dançando, logo na primeira cena, foi interpretada como sinal de antiabolicionismo do comediógrafo.

Ao contrário de seu amigo Artur Azevedo, França Júnior não militou na campanha abolicionista. Tampouco se manifestou abertamente nem a favor nem contra o fim da escravidão, seja nos folhetins seja nas peças teatrais que escreveu. Talvez uma passagem de *Como se Fazia um Deputado* explique sua posição. Limoeiro e Chico Bento estão elaborando um programa de atuação política para Henrique. Em primeiro lugar, como fazendeiros, concordam que se deve proteger a lavoura. Segue-se este breve diálogo:

> CHICO BENTO: E o elemento servil? Aí é que eu quero ver-lhe a habilidade.
> LIMOEIRO: Não, não se fala nisto. Deus nos livre. (*Continuando.*) Proteger a lavoura...

13 França Júnior, *Teatro de França Júnior*, t. II, p. 126.
14 Ibidem, p. 129.
15 Ver M.A. Coelho, *Muito Siso e Pouco Riso*.

CHICO BENTO: Já está escrito.[16]

Não tocar no assunto parece ter sido a opção de França Júnior. A escravidão em seus escritos está presente apenas como instituição que faz parte do cotidiano. Há descrições dos escravos nos seus afazeres domésticos, nas relações com os seus senhores, nas trapalhadas em que se metem, nas conversas entre eles, com a linguagem deturpada, e assim por diante. O cronista não condena o cativeiro e nem o defende, limitando-se a registrar os costumes de seu tempo, em termos amenos[17]. No entanto, há um detalhe na peça que merece atenção. Limoeiro faz de Domingos seu braço direito na eleição que ocorre no segundo ato. O escravo se disfarça para votar, leva algumas bordoadas dos adversários – em cenas e diálogos hilários –, atento à promessa de ser alforriado caso Henrique se eleja. Limoeiro não decepciona. Eis a cena final de *Como se Fazia um Deputado*:

> DOMINGOS: Meu sinhô; se vosmecê nos dá licença, nós vem saudar também sinhozinho com a nossa festa.
> LIMOEIRO: Chegaste a propósito. (*Com ar solene.*) Domingos, de hoje em diante serás um cidadão livre. Aqui tens a tua carta, e na minha fazenda encontrarás o pão e o trabalho que nobilita.
> DOMINGOS (*ajoelhando-se e abraçando as pernas de Limoeiro*): Meu senhor!
> LIMOEIRO: Levanta-te! (*Levanta-o e dá-lhe um abraço.*) Venha agora à festa. (*Entram os negros e negras e dançam o batuque.*) [p. 168]

Lida hoje, fora do contexto em que foi encenada, poderíamos dizer que essa cena mostra apenas a benevolência de um proprietário de escravos e que na verdade Domingos vai continuar como antes, trabalhando o mesmo tanto e talvez até mais para merecer um salário, se é que terá um. Uma liberdade bastante relativa, portanto, que levou uma estudiosa do autor a afirmar o seguinte: "As peças de França Júnior vão ao encontro da mentalidade mais conservadora de sua época. Nelas, toda empreitada abolicionista é ridicularizada e aduzida como falaciosa. É como se toda investida de libertação dos escravos fosse uma jogada política usurpadora."[18] Ocorre que no palco do Teatro Recreio Dramático, naquele 14 de abril de 1882 – e depois nas representações que se seguiram –, a cena em questão adquiriu um significado

---

16   França Júnior, op. cit., p. 161.
17   Ver idem, *Folhetins*.
18   M.A. Coelho, op. cit., p. 72. Também Raquel Barroso Silva discorda da autora, afirmando que França Júnior não fez literatura dramática antiabolicionista. Ver *Ecos Fluminenses*, p. 98.

político evidente para os espectadores. Em plena campanha abolicionista, França Júnior fez sua peça terminar com uma alforria. Também era cheio de simbolismo o gesto de Limoeiro, que levanta Domingos do chão e lhe dá um abraço, como que sugerindo o que outros senhores de escravos podiam – ou deviam – fazer.

Creio que o desfecho da peça permite essa interpretação, pelo simples fato de que França Júnior não precisava libertar um escravo em cena, se seu objetivo fosse apenas o de divertir o público com a sátira dos costumes políticos. Aliás, o enredo e a graça da comédia não seriam em nada prejudicados, caso não houvesse a alforria de Domingos. Se o autor quis dar um recado ou marcar posição, não podemos saber com certeza. Mas podemos pensar que sim; afinal, depois de fazer os espectadores rirem muito com as estripulias de Domingos na cena da eleição, deu-lhes um final um tanto "solene", como se lê numa das rubricas. Era o momento de fazê-los refletir sobre a questão social do momento. Observe-se que não há um *raisonneur* para explicitar o ponto de vista do autor e veja-se que o desfecho adquire um significado que pode ser percebido se levado em conta o contexto político em que a peça foi apresentada.

Um outro dado corrobora a interpretação acima. O anúncio de *Como se Fazia um Deputado* nos jornais trazia uma descrição do cenário dos três atos e dos números de música. Para o primeiro, o terreiro da fazenda do Riacho Fundo, a casa do major Limoeiro e "árvores e morros com plantação de café"; para o segundo, a praça da freguesia do Barro Vermelho, onde se dá a eleição, "cheia de peripécias curiosas"; para o terceiro, "a mesma cena do 1º, em que terá lugar uma manifestação ao Dr. Henrique pela vitória das urnas, sendo entregue nessa mesma ocasião a carta de liberdade ao escravo Domingos". O destaque no anúncio à alforria de Domingos manifesta uma intenção bastante clara: tratava-se de um espetáculo teatral alinhado com iniciativas cada vez mais comuns nos teatros do Rio de Janeiro, no sentido de colocar o teatro na linha de frente da luta contra a escravidão. Não custa acrescentar que a récita do dia 27 de abril teve a renda revertida "em benefício do escravo João", como se lia no anúncio publicado nos jornais. Lembre-se, também, que o papel de Limoeiro foi interpretado por Xisto Bahia, ator engajado na campanha abolicionista. Seu benefício, diga-se de passagem, foi prestigiado por ninguém menos que Vicente de Souza, um dos principais líderes do abolicionismo no Rio de Janeiro. Ao final do espetáculo, como representante de duas sociedades abolicionistas, ele subiu ao palco para saudar o ator. França Júnior estava no teatro nessa noite.

A repercussão de *Como se Fazia um Deputado* foi enorme. Todos os principais jornais comentaram a estreia da peça e a elogiaram bastante. As restrições foram feitas, curiosamente, por dois jornais conservadores:

O Cruzeiro e o *Jornal do Comércio*. Para o primeiro, o comediógrafo não teria tido o cuidado de ligar bem as cenas e o enredo era falho. De tão descabido, o comentário foi contestado pela *Gazetinha* de 17 e 18 de abril, em nota escrita provavelmente por Artur Azevedo, que dirigia esse jornal. Também a *Revista Ilustrada*, de Angelo Agostini, em 2 de abril, saiu em defesa da peça, afirmando que França Júnior "há de achar que a crítica do órgão negreiro carece de senso, de verdade e de gramática". Observe-se a referência a *O Cruzeiro* como jornal alinhado com os escravocratas.

Já na "Gazetilha" do *Jornal do Comércio*, a restrição foi de outra natureza, pois o desempenho dos intérpretes e também a peça ganharam elogios. O articulista não gostou da festa no final, logo após Domingos ganhar a carta de alforria: "O *batuque dançado pelos escravos e escravas da fazenda*, destaca-se da comédia, como um trecho de música escrito em tom diferente: fere o bom gosto como a nota desafinada fere o ouvido. Acresce que para representar os escravos e escravas foi-se procurar gente estranha ao palco, o que parece-nos concessão exagerada ao realismo."

Essa é uma informação importante, dada também por outros jornais. A empresa dramática contratou capoeiras para o segundo ato e negros e negras para cantarem e dançarem. Nenhum outro jornal fez restrições à presença desses figurantes no espetáculo. Lembre-se ainda que França Júnior acompanhou os ensaios e deu sugestões para a encenação – "conselhos de observador", como se lê na *Gazeta de Notícias* de 10 de abril –, o que significa que aprovou a totalidade da montagem de sua peça.

As críticas mais contundentes a *Como se Fazia um Deputado* foram as de autoria de "Um Roceiro", que assinou alguns artigos publicados pelo *Jornal do Comércio* no final de abril. No mês seguinte, os artigos foram reunidos num pequeno livro de apenas 28 páginas. As "ligeiras observações críticas" do autor partiam do princípio de que a comédia ignorava completamente o que era a roça e que França Júnior criara uma "fantasia" com sua potente imaginação. Enredo, personagens, situações cômicas, nada escapou ao "Roceiro", indignado com a ridicularização dos coronéis do interior. Quanto ao que nos interessa aqui, diz ele: "Onde viu, ou quem contou ao Sr. Dr. França Júnior, que um chefe de partido, fazendeiro de mais a mais, houvesse consentido que *um seu* escravo, por ordem *sua*, fosse votar em chapa de *seu* partido? Qual deles permitirá as liberdades que o *major Limoeiro* permite a seu escravo Domingos? Onde os laços de disciplina, que em uma fazenda são imprescindíveis?"[19]

---

[19] Um Roceiro, *Ligeiras Observações Críticas Sobre a Comédia Como se Fazia um Deputado do Exm. Sr. Dr. França Júnior*, p. 21-22.

7 O TEATRO E A ABOLIÇÃO

O realismo exigido pelo crítico é incompatível com a estilização cômica necessária a uma sátira de costumes políticos. A esculhambação no segundo ato atinge o processo eleitoral e a própria escravidão, podemos concluir, fato lamentado na citação acima.

França Júnior pode não ter sido um militante do abolicionismo – como não foi também Machado de Assis. Mas não é possível que tenha ficado indiferente à causa humanitária, ou que tenha se posicionado contra a abolição enquanto cidadão e escritor. Não teria sido aceito como colaborador de jornais progressistas como *O Globo*, *O País*, *Gazeta de Notícias* e *A Gazetinha* – onde publicou *Como se Fazia um Deputado* em folhetins. E essa peça não teria sido elogiada pela *Gazeta da Tarde* ou pela *Revista Ilustrada*. E não teria sido incluída na matinê realizada pela Confederação Abolicionista, no Teatro Recreio Dramático, no dia 12 de outubro de 1884, que teve como orador oficial José do Patrocínio. Alguns meses antes, França Júnior havia doado um quadro para o bazar da sociedade Abolicionista Cearense, como se lê na *Gazeta de Notícias* de 27 de março. Por último, mas não menos importante, ele não teria tido entre seus admiradores e amigos homens como Quintino Bocaiúva, Aluísio Azevedo, Artur Azevedo, Joaquim Serra, Urbano Duarte, Xisto Bahia, entre outros, todos adversários ferrenhos da escravidão. Aliás, quando veio o 13 de maio, França Júnior publicou dois artigos em *O País*, nos dias 14 e 21-22 de maio de 1888, nos quais explicitou suas ideias acerca da abolição. No primeiro, saudou a liberdade e a redenção do país, "que não há de esquecer os nomes dos que batalharam pela santa causa". No segundo, estendeu-se em várias considerações, começando pela alegria que contaminou a todos e principalmente aquele que, "condenado à noite do eterno cativeiro, ouve de repente uma voz, que parece antes partida do céu que da terra, dizer-lhe: és livre!" Não há alegria que se compare; é maior que a de Colombo, que a de Galileu, que a de Arquimedes, porque não há bem superior à liberdade, acrescenta. A abolição, afinal, "foi um triunfo universal em que todos os cristãos se abraçavam" e "veio lavar uma nódoa, que nos deformava e empobrecia, como os hediondos tubérculos da lepra". O texto termina com otimismo e crença no futuro do país:

> As previsões negras de futuro e as manchas escuras que espíritos pessimistas, levados pela perda de um interesse mal entendido, veem no horizonte, hão de converter-se em nuvens de azul e rosa, as cores da aurora.
>
> Se a pátria ainda escrava, de 1871 até a época em que escrevo, progrediu, com muito mais força e pujança há de caminhar doravante, desembaraçada do grande trambolho que impedia o completo desenvolvimento de sua civilização.

O fato de ter sido simpático à monarquia e conservador nos costumes – como bem revela a comédia *As Doutoras* – não impediu França Júnior de considerar a escravidão um mal para o país, ainda que não a tenha vergastado como poderia em seus escritos. Mas não cometamos a injustiça de alinhá-lo entre os antiabolicionistas. Num estudo sobre algumas de suas peças, Iná Camargo Costa faz exatamente isso. A seu ver, na comédia em um ato *A Lotação dos Bondes*, o autor "ridiculariza um adversário político progressista: a sociedade carnavalesca, abolicionista e republicana Tenentes do Diabo" e "desqualifica como coisa de carnavalescos desocupados e mal-intencionados um instrumento de luta pela abolição do trabalho escravo"[20].

Na pequena comédia, os cinco membros da sociedade carnavalesca são jovens glutões, brincalhões, e o que fazem de mais importante é pedir donativos para ajudar as vítimas de uma epidemia em Buenos Aires. Houve aí, segundo Iná, uma "descaracterização da bandeira de luta dos abolicionistas (a coleta de fundos para a compra de cartas de alforria foi transformada numa campanha em benefício das vítimas de uma epidemia na longínqua Buenos Aires)"[21].

O problema dessa interpretação é que ela parte do equívoco de que *A Lotação dos Bondes* foi escrita em 1885, quando a campanha abolicionista estava a todo vapor. Na verdade, França Júnior escreveu-a entre abril e maio de 1871 – a estreia ocorreu em 1º de junho –, reportando-se a uma epidemia de febre amarela que devastou Buenos Aires já a partir de janeiro de 1871, fazendo milhares de mortes – entre 1º de fevereiro e 14 de abril, exatamente 10.586, segundo notícia veiculada nos jornais. A população do Rio de Janeiro mobilizou-se para ajudar as vítimas. Uma comissão organizada pelo visconde do Rio Branco foi incumbida de fazer subscrições e coletar as doações. Não é improvável que os Tenentes do Diabo tenham dado sua colaboração, exatamente como ocorre na comédia, pedindo donativos nas ruas. Ou seja, França Júnior transpôs para a comédia um fato real, o que significa que não quis nem "ridicularizar" nem "desqualificar" a sociedade carnavalesca. Ao contrário, os rapazes que a representam em cena são simpáticos, vistos por outra personagem como "mancebos em cujos peitos pulsam os mais generosos sentimentos"[22].

A escravidão e a abolição não são assuntos abordados em *A Lotação dos Bondes*. Há uma única referência ao que se discutia no Parlamento e nas ruas em 1871: a liberdade do ventre escravo. Dialogando com os rapazes da sociedade carnavalesca, Ramiro lhes diz que há outra epidemia no Rio de

---

20   I.C. Costa, *Sinta o Drama*, p. 159.
21   Ibidem, p. 164.
22   França Júnior, *Teatro de França Júnior*, t. I, p. 224.

7 O TEATRO E A ABOLIÇÃO

Janeiro: a da caridade. Pede-se esmola para todas as desgraças do mundo. Ele dá dinheiro para as vítimas da epidemia em Buenos Aires, mas critica quem faz caridade para alardear sua filantropia:

> O Evangelho diz que a mão direita não deve saber o que dá a esquerda. O que a mão direita dá, entre nós, não só o sabe a esquerda, como um terceiro, que se coloca entre o rico e o pobre como procurador deste. Um filantropo quer comemorar o nascimento de um filho ou o aniversário natalício da mulher, liberta o ventre de uma escrava de oitenta anos, e manda publicar logo em todas as folhas diárias: "Ato de filantropia. O Sr. Fulano dos Anzóis Carapuça, querendo solenizar o dia, etc., etc., libertou o ventre de sua escrava Quitéria". Atos como este não se comentam. Outros libertam ventres, que ainda podem dar frutos e vivem desconhecidos da sociedade. [p. 224]

Como interpretar essas palavras? Parece que França Júnior aplaude quem é discreto em sua ação generosa e critica a filantropia como autopromoção. Iná Camargo Costa vê no argumento de Ramiro – para ela, porta-voz do autor – um exemplo do "método usado à exaustão pelos militantes do antiabolicionismo para desqualificar e tentar desacreditar seus adversários políticos", acrescentando que o "apelo à discrição, com sua aparente casualidade desmentida por estar sendo lançado a um Tenente do Diabo, corresponde ponto por ponto aos ataques da imprensa antiabolicionista aos maiores abolicionistas"[23]. Como já sabemos que *A Lotação dos Bondes* é de 1871, essa interpretação não se sustenta, até porque, para criticar o ponto de vista de Ramiro, a estudiosa o equipara a críticas endereçadas a Joaquim Nabuco em 1880, que o acusavam de querer se engrandecer com o projeto de abolição apresentado ao Parlamento nesse ano.

O fato é que não há nem abolicionismo nem antiabolicionismo na pequena comédia, escrita para divertir o público com as confusões provocadas por uma determinação do governo que, em abril de 1871, proibiu as pessoas de ocuparem as plataformas dos bondes. A consequência foi uma insatisfação geral da população do Rio de Janeiro, pois os 22 lugares para passageiros sentados não eram suficientes para a grande demanda por transporte público. França Júnior criou o enredo da comédia a partir das possíveis consequências desse problema, tais como um pai separado da filha ou um marido da esposa, por não conseguirem um lugar no bonde.

Pouco antes da estreia de *A Lotação dos Bondes*, França Júnior havia posto em cena outra comédia em um ato, *O Tipo Brasileiro*. A primeira representação

---

[23] I.C. Costa, op. cit., p. 162.

se deu em 26 de abril de 1871, e a pecinha satirizava os brasileiros esnobes ou parvos, que valorizavam apenas o que vinha de fora do país. Assim, Teodoro Paixão, homem rico, quer que a filha se case com Mr. John Read, um espertalhão, um "inglês maquinista" – para lembrar a comédia de Martins Pena. A mocinha ama o brasileiro Henrique e é claro que no desfecho tudo vai dar certo para o casal. Logo na segunda cena, Teodoro discute com Henrique e revela seu caráter ingênuo, ao defender o inglês. Vejamos o que mais revela o diálogo:

> TEODORO: Falo de Mr. John Read, engenheiro distinto, que acaba de chegar de uma viagem que foi fazer ao Norte a fim de melhor conhecer este país.
> HENRIQUE: Dou-lhe os meus parabéns e há de permitir que me felicite por tão distinto hóspede.
> TEODORO: E deve felicitar-se. É um bretão às direitas, sangue azul puríssimo e homem de vistas largas. Uma empresa importante o trouxe ao Brasil!
> HENRIQUE: Ah!
> TEODORO: É uma ideia de alta conveniência pública, de que os tais senhores brasileiros ainda não se lembraram.
> HENRIQUE: Trata-se sem dúvida da liberdade do ventre?
> TEODORO: Não, senhor, trata-se de uma ideia que só poderia germinar num cérebro maravilhosamente organizado. Mr. John Read pretende obter do governo um privilégio para encanar cajuadas em toda a cidade.[24]

Se Henrique é a personagem simpática da peça, por quem os espectadores devem torcer para que fique com a mocinha, sua alusão à questão do momento – o debate em torno da liberdade do ventre – não revela a simpatia de França Júnior pela ideia emancipacionista? Claro que não há no diálogo uma defesa explícita dessa ideia, mas ela está posta na comédia como sinônimo de "alta conveniência pública" pelo rapaz. Ou, em outras palavras, como algo necessário para o bem do país. É mais uma evidência, quero crer, de que não se deve alinhar o comediógrafo entre os militantes do antiabolicionismo.

Nas outras peças que escreveu, França Júnior trouxe a escravidão para a cena em duas comédias em quatro atos, representadas respectivamente em maio e outubro de 1870: *O Beijo de Judas* e *Direito Por Linhas Tortas*. O manuscrito da primeira se perdeu e dela só sabemos pelos comentários dos jornais que uma escrava participa de uma intriga para separar dois jovens que se amam. Já a segunda – que fez mais sucesso que a outra – foi publicada em 1871. Trata-se de uma comédia centrada na caricatura de lares comandados por mégeras. A mocinha dócil do primeiro ato transforma-se numa esposa terrível e autoritária no

---

24   França Júnior, *Teatro de França Júnior*, t. I, p. 139.

7 O TEATRO E A ABOLIÇÃO

segundo, que é muito engraçado. Mãe e filha não demonstram o menor respeito pelos maridos; gritam com eles, fazem o que bem entendem e os atormentam tanto, que acabam saindo de casa, só voltando no final, quando elas prometem que serão submissas. Paralelamente a essa linha do enredo, a liberta Felisberta forma um par com o liberto Santa Rita, com quem pretende se casar. Também ela é vítima das mulheres, que a tratam a beliscões e pancadas, como se fosse uma escrava. Recebem os mesmos maus tratos os escravos nos bastidores. Inacinha, diz Felisberta a Luís no início do segundo ato, "já deu dois cachações em tia Maria porque não pôs goma bastante nas saias e prometeu-me uma grande sova porque fiz a cintura do vestido muito larga"[25].

Felisberta é chamada de "diabo", "demônio", "ladra de uma figa" e é surrada pela mãe de Inacinha nos bastidores. Entra em cena chorando e dizendo: "Sinhá velha está hoje com o diabo no corpo e por uma coisa à toa caiu de bordoada em cima da gente." [p. 89] O retrato da família escravocrata é apresentado sem nenhum julgamento por parte das outras personagens. Não há um *raisonneur* para condenar a violência física e demonstrar a posição do autor em relação ao que é mostrado nessa passagem da peça. Parece que o tratamento dado à liberta e aos escravos pelas duas mulheres é apenas um reforço de caracterização cômica pelo exagero caricatural. Porque não são esposas que vemos em cena e sim caricaturas de esposas. Afinal, elas tratam os maridos da mesma maneira, menos a agressão física, é claro. A comédia se caracteriza mais pelo registro dos costumes – os escravos apanhavam por nada – do que por uma intenção crítica em relação à escravidão, embora nada impeça que se considere por esse prisma o que se passa no segundo ato. Tenhamos em mente que o objetivo principal de França Júnior, com *Direito Por Linhas Tortas*, foi unicamente o de divertir o espectador. Em 1870, a luta pelo fim da escravidão estava só começando. E, como vimos em *O Tipo Brasileiro*, é possível que o comediógrafo tenha se posicionado favoravelmente à lei que libertou o ventre escravo, promulgada em setembro de 1871. À semelhança, aliás, de muitos conservadores, porque se tratava de uma medida que garantia um fim gradual da escravidão, não a abolição imediata.

O REPERTÓRIO ABOLICIONISTA DE MOREIRA DE VASCONCELOS E JULIETA DOS SANTOS

Esquecidos pela nossa historiografia teatral, Francisco Moreira de Vasconcelos e Julieta dos Santos merecem ser lembrados como artistas que movimentaram a

---

[25] França Júnior, *Teatro de França Júnior*, t. II, p. 77-78.

cena teatral brasileira na primeira metade dos anos 1880. Ele, como dramaturgo, ator e empresário; ela, como uma atriz-mirim que foi admirada em todo o Brasil.

Filha e neta de artistas teatrais, Julieta dos Santos, nascida em 1873, em Alegrete, cidade do Rio Grande do Sul, tornou-se conhecida no Rio de Janeiro em 1882, quando a imprensa começou a noticiar que, em Niterói, a companhia dramática do ator Vieira Vilas tinha em seu elenco uma menina-prodígio, digna rival da atriz-mirim italiana Gemma Cuniberti, que então se apresentava com enorme sucesso nos teatros da corte. Moreira de Vasconcelos, ator nascido no Rio de Janeiro e contratado por Vilas, escreveu a comédia *O Colibri do Lar ou Um Diabrete de Nove Anos* especialmente para Julieta dos Santos. Depois de fazer pequenas pontas em peças representadas pela companhia dramática em que atuava, e de recitar poemas nos intervalos dos espetáculos, a pequena atriz estreava como protagonista, em fins de abril de 1882, sob aplausos e elogios da imprensa.

O Rio de Janeiro quis conhecê-la. E ela apresentou-se no Teatro Recreio Dramático em 15 de maio, recitando um poema. No dia 22, representou a comédia *O Colibri do Lar* e, segundo a *Gazeta dos Teatros* do dia seguinte, "o entusiasmo levou ao delírio, provocando as mais espontâneas e desvairadas gargalhadas". O imperador foi a um dos espetáculos e fez questão de recebê-la no palácio da Quinta da Boa Vista. Com uma segunda comédia no repertório – *Vingança de Bilu*, de Francisco de Freitas – e alguns poemas que declamava, Julieta dos Santos confirmava seu talento inegável e firmava seu nome como grande promessa para o futuro.

Moreira de Vasconcelos criou então uma companhia dramática e passou a cuidar da carreira artística da atriz. Mas em vez de ficar no Rio de Janeiro, em fins de julho de 1882 partiu em viagem para o sul. Antes de tratar dessa viagem, é preciso esclarecer que ele era um abolicionista ferrenho e que havia escrito um drama em quatro atos, intitulado *O Mulato*, que nada tem a ver com o romance homônimo de Aluísio Azevedo. A estreia ocorreu em Niterói, em 20 de maio de 1882. Um articulista da *Gazeta dos Teatros* presenciou um dos ensaios e, em 16 de maio, escreveu:

> Extratado com aquele fino tato que lhe admiramos, dos costumes das fazendas de São Paulo, fez um verdadeiro drama moderno onde cada assunto é uma tese que ele desenvolve admiravelmente, fazendo convergir a piedade para os infelizes bastardos da lei, de forma tão honesta, tão refletida, tão sincera, que sem temor de errarmos, avançamos a dizer que é o primeiro drama abolicionista que conhecemos.
>
> A propaganda ali não margeia a parte sã, apresenta, também, a podridão – o escravo, que torna-se ignóbil e infame pelo bárbaro princípio que o equiparou a um animal.

7 O TEATRO E A ABOLIÇÃO

Como o drama não foi publicado, o que está dito acima é o máximo que se pode conhecer do que trata o enredo. Em junho de 1882, *O Mulato* teve duas ou três representações no Teatro São Luís do Rio de Janeiro. A *Gazeta da Tarde* de 12 desse mês relata que, no dia anterior, o autor de 23 anos havia sido homenageado pelo *Jornal da Noite* por advogar ideias abolicionistas.

A viagem para o sul teve uma primeira parada em Iguape, litoral de São Paulo, e, em seguida, Antonina e Morretes, já no Paraná. A companhia dramática também se apresentou em Curitiba e Paranaguá, sempre com boa aceitação do público, maravilhado com o talento de Julieta dos Santos, cujo repertório se ampliava aos poucos.

A estreia da atriz em Desterro – atual Florianópolis –, em 25 de dezembro de 1882, no papel-título do drama *Georgeta, a Cega*, foi consagradora. A imprensa cobriu-a de elogios e um jovem poeta de 21 anos, Cruz e Sousa, manifestou seu entusiasmo no jornal *O Caixeiro*:

> Ela começou a falar. Sua voz levemente embaraçada, insinuante, tinha de vez em quando vibrações cristalinas: seus alvinitentes bracinhos, estendidos ao longo, buscavam os tropeços que por acaso houvessem em sua passagem. Eu, boquiaberto, extático, às vezes colado à cadeira, sentia a algidez de uma estátua de aço; às vezes, como impelido por uma mola secreta, erguia-me insensivelmente, sentindo-me percorrerem-me nas fibras d'alma uns fluidos magnéticos.[26]

Outros dois jovens poetas, Virgílio Várzea e Santos Lostada, igualmente impressionados com o que viram no palco, juntaram-se a Cruz e Sousa e os três publicaram um livreto intitulado *Julieta dos Santos: Homenagem ao Gênio Dramático Brasileiro*, no qual enfeixaram os poemas que vinham escrevendo e publicando nos jornais a cada atuação da atriz. Mas quem tomou uma decisão verdadeiramente surpreendente foi Cruz e Sousa, que se empregou como ponto da companhia dramática de Moreira de Vasconcelos e seguiu com a trupe para o Rio Grande do Sul.

A Companhia Dramática Julieta dos Santos estreou em Rio Grande em fevereiro de 1883 e depois se apresentou em Porto Alegre e Pelotas, regressando mais uma vez a Rio Grande para os últimos espetáculos, antes de seguir viagem de volta a Santa Catarina. Grande sucesso de público e crítica nas três cidades, com imprensa favorável, registrando não só o desempenho de Julieta dos Santos, mas também as homenagens que lhe fizeram. O fato mais importante,

---

[26] Apud C. e Sousa; V. Várzea; S. Lostada, *Julieta do Santos: Homenagem ao Gênio Dramático Brasileiro*, p. 13.

porém, aconteceu em Rio Grande. Moreira de Vasconcelos convenceu o dramaturgo Artur Rocha a escrever uma peça para a atriz. Em poucos dias estava pronto o drama em três atos *A Filha da Escrava*, cuja estreia ocorreu em fins de maio no Teatro 7 de Setembro. Segundo o relato do empresário, ele e Cruz e Sousa ouviram a leitura do drama na casa do autor, que em carta à "gentil comprovinciana" explicou não ter escrito um "drama", mas defendido uma "ideia". Referia-se, claro, à ideia abolicionista, como esclarece mais à frente:

> Não podendo ser artista, contentei-me em ser simplesmente propagandista, de uma causa generosa e grande.
>
> Como brasileiro, que me orgulho de ser, e patriota, pensei em transplantar para o teatro, em forma de drama, alguma das muitas catástrofes que na sociedade e na família, a escravidão está cotidianamente produzindo.
>
> A abolição do elemento servil, é uma ideia que na atualidade, caminha gigantescamente.
>
> Colocar a defesa dessa grande cruzada de redenção sob o vigoroso patrocínio do teu talento, é sem dúvida nenhuma, serviço feito à ideia e homenagem prestada à civilização.[27]

Artur Rocha já havia escrito outras peças de cunho abolicionista, como *O Filho Bastardo* e *José*. Mas nenhuma teve tanta repercussão como *A Filha da Escrava*, que foi representada do Rio Grande a Belém do Pará, como ainda veremos, levando a mensagem abolicionista a um grande número de brasileiros.

O enredo do drama é parcialmente calcado em *Mãe*, de José de Alencar. A menina Ersília é filha da escrava Elvira, de pele mais clara, e de Lourenço, o moço branco da casa, mas pensa que é órfã de mãe. Os avós, Ataíde e Dona Ana, mantêm o segredo e são recriminados pelo amigo Carlos, que estava de volta depois de sete anos ausente, porque não alforriaram Elvira e não contaram a verdade a Ersília, criada como membro da família.

Estabelecido o conflito, seu desenvolvimento se apoia no fato de que Lourenço é um canalha cheio de dívidas que vem provocando a falência do pai, não hesitando nem mesmo em roubá-lo. Como vilão, será punido no desfecho, que trará um final feliz para mãe e filha.

Como peça de propaganda abolicionista, *A Filha da Escrava* apresenta passagens que abordam o problema da escravidão, trazendo para o palco o debate que se dava na sociedade. Se o primeiro ato trata de estabelecer a linha do enredo e a caracterização das personagens, o segundo inicia-se com um diálogo entre Ataíde e Carlos, no qual o primeiro se diz emancipacionista,

---

[27] Apud M. de Vasconcelos, *Julieta dos Santos: Esboço Biográfico*, p. 40.

a favor da Lei de 28 de Setembro de 1871, que garante, a seu ver, "o melhor e o mais seguro passo para extinção pacífica e gradativa da escravatura"[28]. Carlos se afirma "abolicionista", e faz críticas à lei que emancipou o ventre escravo, mas não a mulher. Só a abolição para extinguir a escravidão: "um crime que não pode ser punido; tem de ser esmagado" [p. 79].

Os dois discutem longamente, Ersília prestando muita atenção. A certa altura, Ataíde argumenta que o pior da Lei do Ventre Livre é que os filhos vão corar de vergonha quando se lembrarem de que suas mães são escravas. A menina o interrompe e "com ingênua indignação e extraordinário calor", diz:

> Os que assim procedessem não seriam dignos de ter uma mãe!... Pois eu sinto que, se fosse filha de uma escrava, bem longe de desprezá-la e envergonhar-me dela, teria orgulho de tomar-lhe a mão e, apresentando-a ao mundo inteiro, dizer-lhe: É cativa, mas é minha mãe!... Não é ela que deve corar de sua condição, e sim aqueles que a escravizaram. (*Todos têm se levantado e ouvem, com pasmo e comoção, as palavras de Ersília.*) Bem vejo que é preciso não ter conhecido mãe, para saber o seu valor!... Pois eu declaro que meu maior desejo era ter uma mulher que, boa ou má, feia ou bonita, moça ou velha, livre ou escrava, eu pudesse abraçar com transporte, cobri-la de beijos e dizer-lhe de dentro da alma: Amo-te! És minha mãe! [p. 82]

Ersília, que já no primeiro ato se mostrara inteligente e sensível, com muito afeto por Elvira, a quem pedia que a chamasse de filha, nessa fala emociona a todos e quase Carlos revela o segredo de seu nascimento. É possível imaginar no palco como Julieta dos Santos devia conquistar a plateia em passagens como essa, que apelava para os sentimentos puros de uma criança sem preconceitos contra o escravo.

É no final do segundo ato que Ersília vem a saber que é filha de Elvira, quando a ouve discutir com Lourenço. Diante de ameaças de violência física, a escrava lembra a ele que vai espancar a mãe de sua filha. A menina intervém e Lourenço sai depois de roubar o dinheiro do pai, para pagar dívidas de jogo.

Nas cenas iniciais do terceiro ato, um policial bate à porta, com uma carta para Ataíde. Como ele não está, a carta fica com Ersília, que em seguida trava um diálogo com Carlos, no qual se percebe a ideologia do branqueamento que predominava entre intelectuais da época, mesmo em negros e mestiços, como era Artur Rocha. Ersília diz a Carlos que está lendo *A Escrava Isaura* e que acha a história inverossímil, porque, para ela, não pode haver uma escrava branca. Carlos explica-lhe que nem todos os escravos são negros e

---

28 A. Rocha, *A Filha da Escrava*, em A. Fischer, *Antologia da Literatura Dramática do Rio Grande do Sul (século XIX)*, v. 5, p. 79.

que, sim, pode haver, escravos brancos, pela seguinte razão: "As raças aperfeiçoam-se entre si e se apuram à proporção que vão se mesclando com os tipos intermediários e com os genuínos da melhor." [p. 89]

Ersília entende, então, por esse modo enviesado, mas sem dizer nada a Carlos, por que é branca. O enredo se encaminha para o desfecho com a descoberta do roubo do dinheiro. Ataíde acusa Elvira e diz que vai vendê-la, mas Ersília discute com ele e exige que volte atrás, porque não quer separar-se da mãe. É nesse momento que Carlos, Dona Ana e Ataíde ficam sabendo que já não havia mais nenhum segredo para guardar. Além disso, a menina mostra ao avô a carta que o policial entregara, convocando-o a ir à delegacia porque um gatuno que dizia ser seu filho fora preso com uma grande quantia de dinheiro. Nas últimas cenas do drama, Ataíde pede perdão a Ersília e Elvira e diz a Carlos que era mesmo necessário extinguir a escravidão. Passava de emancipacionista a abolicionista, dando a liberdade para Elvira. A última fala da peça, a que os espectadores levavam para casa, era de Ersília. Como Carlos lhe dissera que havia escravos porque os proprietários não abriam mão de seu valor, ela diz:

> Pois olhe: é porque eles nunca viram um livro, onde eu li estas palavras, que decorei: – "O interesse egoístico de um indivíduo não pode prevalecer sobre o interesse coletivo de uma nação. Se há homens que não sabem ter a grande virtude do patriotismo, a geração moderna que se levante e, vestindo a clâmide do Direito e empunhando a espada da Justiça, espedace os grilhões do cativeiro, deixando, em toda a parte, por onde passar, os ecos deste brado de entusiasmo: – Abaixo a escravidão! Viva a liberdade!" [p. 97]

A mensagem abolicionista vinha na voz de uma atriz de dez anos, que comovia a plateia no papel de uma menina que fora privada da mãe, tornada escrava da filha. Essas palavras com que o drama se encerra calaram fundo em Cruz e Sousa, que transcreveu a primeira frase no texto "O Padre", publicado em *Tropos e Fantasia* (1885), no qual faz um retrato crítico de um padre escravocrata. A admiração do poeta catarinense por Artur Rocha traduziu-se também na participação das homenagens feitas ao dramaturgo na noite de 26 de maio de 1883, data da estreia de *A Filha da Escrava*. Cruz e Sousa dedicou-lhe um poema e o declamou diante dos espectadores, no palco do Teatro 7 de Setembro. Uma semana depois, o último espetáculo da companhia na cidade do Rio Grande foi uma grande festa abolicionista. Além da representação da peça, houve um discurso de Artur Rocha e foi alforriada uma escrava branca de dezesseis anos de idade, chamada Conceição. No dia 6 de junho, o jornal *O Artista* reproduziu as palavras de Artur Rocha. Em primeiro lugar, ele discorreu sobre a necessidade de se incrementar a propaganda abolicionista em

7 O TEATRO E A ABOLIÇÃO

Rio Grande, colocando-se à disposição para auxiliar o "exército patriótico" que levasse adiante tal tarefa; em seguida, esclareceu que foi o intermediário entre a companhia dramática e a escrava, conseguindo então o benefício. Depois de agradecer aos que o coadjuvaram, continuou:

> [O autor] em nenhuma ocasião se sentiu mais fortemente comovido do que neste momento, em que vê que o seu trabalho, o fruto de algumas vigílias, o insignificante testemunho do profundo amor que consagra à grande ideia da atualidade, vai servir para resgatar dos horrores da escravidão uma pobre moça de 16 anos, restituindo assim à sociedade brasileira uma mulher, que, em todo o caso, representa uma mãe de família do futuro.[29]

No restante do discurso, Artur Rocha fez a crítica da escravidão, em termos contundentes. Para ele, os escravos eram mártires; o Brasil precisava se libertar desse "crime que revolta"; deviam ser abençoados os brasileiros que lutavam para espedaçar "os grilhões do cativeiro". A certa altura, ele conduziu Conceição para a frente do palco e a apresentou à plateia, enfatizando o fato de que era dada a liberdade a uma escrava branca, acrescentando: "E se a escravidão que, no Brasil, é oriunda da África e da raça negra, chegou a produzir destes fenômenos, é preciso concluir o seguinte: ou que os senhores desceram até os seus escravos, ou que os escravos subiram até os seus senhores."[30] Evidentemente a crítica era endereçada aos senhores de escravos, os únicos responsáveis pelos abusos sexuais que vitimaram as mulheres negras em todo o país.

• •

Terminada a temporada no Rio Grande do Sul, Moreira de Vasconcelos começa a viagem que levará a sua companhia dramática às províncias do Norte. A primeira parada é em Santa Catarina, para uma breve estada, em que Julieta dos Santos brilhou em dois desempenhos: o de Ersília, em *A Filha da Escrava*, e o de Pedro, o moleque escravo de *O Demônio Familiar*, de José de Alencar. Alargava-se o seu repertório, com peças mais longas, que exigiam maior preparo. Os jornais de Desterro louvaram-na nos dois papéis. Em *O Despertador*, de 16 de junho de 1883, um articulista lembrava que o moleque Pedro já havia sido interpretado por Martins, Eugênia Câmara e Vasques, mas que Julieta dos Santos igualava ou até mesmo excedia esses artistas, "pela naturalidade inimitável" com que atuava.

29 Apud R.R. Geraldes, *Teatro e Escravidão: a Poética Abolicionista na Dramaturgia de Arthur Rocha*, p. 280.
30 Ibidem, p. 282.

A inclusão de *O Demônio Familiar* no repertório da companhia de Moreira de Vasconcelos foi motivada não só pelo fato de ser considerada abolicionista, mas também porque a atriz-mirim Gemma Cuniberti a representava, evidentemente em italiano. A oportunidade de comparar o trabalho das duas meninas estimulava o público a ir ao teatro. Em relação a *A Filha da Escrava*, o jornal *O Despertador*, de 20 de junho, destacou o desempenho de Julieta dos Santos no final da peça, quando Ersília defende a mãe. O elogio maior, porém, foi para a mensagem abolicionista de Artur Rocha, que escreveu um "drama de propaganda, vazado nos moldes do mais puro realismo, e de palpitante atualidade". Como em todo o Brasil se levanta "o grito abolicionista", escreve o autor do texto, "todos os verdadeiros brasileiros desejam ver a sua pátria extirpada do maldito cancro da escravidão; um drama, pois, que nos apresenta a hediondez das muitas cenas domésticas, dos escândalos de família, derivados da escravidão, não pode deixar de ser bem acolhido pelo público".

Seguindo viagem para São Paulo, a companhia dramática de Moreira de Vasconcelos parou em Santos, onde representou *O Demônio Familiar* e *A Filha da Escrava*, entre outras peças, com excelente receptividade. Em seguida, dirigiu-se para Rio Claro e depois Campinas. Nessa cidade, Julieta dos Santos chamou a atenção de uma jovem escritora em início de carreira: Júlia Lopes de Almeida, então com vinte anos de idade, folhetinista da *Gazeta de Campinas*, que assinava os seus textos com o nome de solteira, Júlia Lopes. Impressionada com o talento da atriz, escreveu para ela, em poucos dias, o drama em um ato *Caminho do Céu*, que foi posto em cena e teve boa recepção do público.

Abolicionista desde jovem, Júlia Lopes de Almeida condenou a escravidão nessa pequena peça, cuja protagonista é a menina Laura, que festeja o seu nono aniversário. O cenário indica uma família de posses e, no primeiro diálogo com a mãe, Clotilde, a menina conta que sonhou ter sido presa e escravizada. O sonho foi estimulado pela aula de seu professor, Gama, que lhe falou da África, em termos que a deixaram impressionada: "Oh! Minha mãe, então tudo pode ser verdade! Não dizem que arrancavam as crianças de suas terras, e que as levavam roubadas para longe de seus pais?! Ah! Era horrível! Era horrível!..."[31]

Sensibilizada com o que passou a saber sobre a escravidão, Laura pede a Gama, na aula seguinte, que lhe fale da África, dos povos africanos, dos "negros escravizados". A pequena peça nem chega a apresentar um conflito a ser desenvolvido e solucionado. É a ideia da proteção ao escravo que está em primeiro plano, pois Gama, além de ter vindo dar uma aula, trouxe consigo

---

31 J.L. de Almeida, *O Caminho do Céu*, em M.A. Fanini, *A (In) visibilidade de um Legado*, p. 67.

uma criança negra, um "ingênuo", chamado Gustavo, que apresenta a Clotilde, pedindo-lhe que cuide de sua educação:

> É este o ingênuo de que falei a V. Exa. O réprobo da sociedade de hoje, que, embora livre amanhã, terá sempre gravado na fronte o ignominioso selo do berço em que nasceu, se não lho arrancarem as mãos da caridade, mãos que devem mostrar-lhe o caminho da honra e do dever, elevando-lhe o espírito amesquinhado pela escravidão ao nível do gladiador na arena da liberdade, e dando ao país, em vez de um ente que é a sua vergonha, um homem que é a sua utilidade! [p. 77]

O nome do professor abolicionista é claramente uma homenagem de Júlia Lopes de Almeida a Luiz Gama, o famoso advogado provisionado, jornalista e escritor que havia falecido alguns meses antes em São Paulo e dedicado sua vida à causa da abolição. Na peça, Clotilde acolhe Gustavo e Gama conta a história desse menino a Laura, a mesma de tantas outras vítimas da escravidão:

> Aquele pequenino é filho de uma escrava do Norte, que lá tinha mãe e irmãs. Um dia, venderam-na e andou ela de terra em terra, de senhor em senhor, até que foi parar a uma fazenda. Viveu ali algum tempo e, quando ia tomando amor àquela casa, foi dada por dívida a um homem que a tornou a vender, separando-a do filho! Levaram-na... para onde?... (*apontando para Gustavo*) ignora-o... Se é viva, chama por ele, que não pode responder-lhe; se é morta, vê quanto por ela chora, o coitadinho! [p. 81]

A fala é para comover o espectador com o triste destino da criança separada da mãe. Clotilde e Laura também se emocionam com o relato. A menina, inteligente e sensível, compreende a dimensão do sofrimento de Gustavo e que ele estará também sob sua proteção. Aceita de bom grado a tarefa que lhe passam Gama e Clotilde: "Querem que seja eu quem ensine, quem reparta com um filho da desgraça os bens que Deus me deu! E como eu lhes agradeço!" [p. 83] O quadro final é uma espécie de elogio da caridade, nessa pequena peça cheia de boas intenções, mas formalmente muito limitada, assinalando a pouca experiência de uma escritora que dava os primeiros passos de uma carreira bem-sucedida. De qualquer modo, *O Caminho do Céu* foi representada na hora certa, contribuindo com sua mensagem para a campanha abolicionista, numa cidade em que a mentalidade escravista era muito forte.

Em 12 de agosto de 1883, vindo de Campinas, a companhia dramática de Moreira de Vasconcelos estreia em São Paulo, com *O Demônio Familiar*. Em seguida, são representadas *A Filha da Escrava*, *O Caminho do Céu* e algumas comédias curtas. O último espetáculo da companhia se deu em 22 de agosto, em benefício de Julieta dos Santos. O anúncio trazia a informação de que algumas famílias pediram que fosse representada pela segunda vez *A Filha da Escrava*. Tudo leva a crer que o repertório apresentado em São Paulo correspondia à expectativa de seus cidadãos e à inclinação política de Moreira de Vasconcelos. Além disso, ficava cada vez mais claro para o ator e empresário que Julieta dos Santos se excedia nos papéis de Pedro e Ersília, conquistando aplausos entusiasmados do público e elogios rasgados da imprensa. Assim, ao partir de São Paulo para o Rio de Janeiro, Moreira de Vasconcelos aceita parar em Taubaté para apresentar dois espetáculos, escolhendo justamente *O Demônio Familiar* e *A Filha da Escrava*.

Como não havia teatros disponíveis no Rio de Janeiro, a trupe foi para Niterói, onde apresentou uma série de peças para uma plateia que um ano antes havia acompanhado com deslumbre o início da carreira de Julieta dos Santos. Mais uma vez, o repertório abolicionista foi majoritário, com a representação de *O Demônio Familiar*, *A Filha da Escrava* e *O Caminho do Céu*. Os jornais deram notícias sobre os espetáculos, destacando que o público não compareceu em massa. Momento difícil para a companhia dramática, que tentou em vão um contrato para se apresentar regularmente no Rio de Janeiro. Tudo o que o empresário conseguiu foi representar *A Filha da Escrava*, no Teatro São Luís, em 22 e 23 de setembro de 1883. Era preciso ir para as praças em que a oferta teatral era menor. A trupe segue viagem, apresentando-se em algumas cidades do interior da província do Rio de Janeiro, como Campos dos Goytacazes, São Fidélis e Macaé.

■ ■

Em janeiro de 1884, a companhia dramática dirige-se para a Bahia, onde consegue boa receptividade ao longo dos dois meses e meio em que atuou no Teatro São João, de Salvador, com um repertório variado, que incluiu *A Filha da Escrava*, o pequeno drama *Georgeta, a Cega* e a comédia *A Vingança de Bilu*, entre outras peças.

Fato que merece destaque é o acréscimo de mais um drama abolicionista ao repertório da companhia. *Corja Opulenta*, de Joaquim Nunes[32], escrito especialmente para Julieta dos Santos, estreou em 5 de março de 1884.

32 Português radicado no Rio de Janeiro, Joaquim Nunes ganhava a vida como barbeiro. Em 1883, encenou e fez publicar o drama em três atos *Os Filhos da Canalha*, muito criticado nos jornais. Entre as personagens, Anastácio é o típico "escravo fiel", mas a escravidão não é o assunto principal. Não encontrei outras informações sobre o autor, que não é mencionado nem no *Dicionário Bibliográfico Brasileiro*, de Sacramento Blake, nem na *Carteira do Artista*, de Sousa Bastos.

7 O TEATRO E A ABOLIÇÃO

Em seus três atos, o drama condena veementemente a escravidão, em particular o costume hediondo de proprietários de escravos que engravidam as escravas propositadamente e vendem seus filhos. Pior, vendem os filhos que são "ingênuos", isto é, nascidos depois da Lei do Ventre Livre, um crime que o autor denuncia ao criar duas personagens que o praticam com frequência. Num bom primeiro ato, às cenas iniciais em que o espectador é apresentado a Alice, uma menina esperta e inteligente, no dia de seu aniversário de nove anos, segue-se um diálogo entre seu pai, o capitalista Antônio Guerra, e Tibúrcio, negociante de escravos, que é de um realismo chocante. Ambos admitem os crimes que praticam e o segundo propõe comprar todos os escravos do primeiro, inclusive a pequena Alice. Um dos argumentos de Tibúrcio é que a ideia abolicionista vem avançando entre os brasileiros: "Por toda a parte se ouve: Sou abolicionista! Morram os escravocratas! Viva a abolição! Etc. etc. Eu não tenho prejuízo, tu sabes: quando os compro, passo-os logo adiante; mas contigo dá-se o contrário: quanto mais tempo os tiveres em casa, mais perdes."[33]

Antônio Guerra, que já fora negociante de escravos, reconhece que a campanha abolicionista é uma ameaça aos escravocratas e menciona o "barulho" que vem fazendo um jornalista da *Gazeta*, um tal de "Pronome". Tibúrcio o corrige, pois não se tratava de "Pronome" mas sim de "Proudhomme", que era o pseudônimo de José do Patrocínio, como se sabe. O ignorante Antônio Guerra, que só pensa em dinheiro, aceita vender seus escravos, inclusive a filha, mas mantendo para si a mãe da menina, Henriqueta. Essa cena devia revoltar o espectador, diante da frieza do negociante que dizia não se importar com o sofrimento que traria essa separação para mãe e filha. Para as queixas de Henriqueta, ele teria sempre o chicote à mão.

A transação seria realizada imediatamente, não fosse a reação de Jorge, o guarda-livros de Antônio Guerra. Ele se revolta ao ouvir que Alice seria vendida, porque, além de filha do patrão, havia nascido depois de 1871, ou seja, era livre. O diálogo entre ambos termina numa discussão acalorada, o rapaz despedido depois de dizer muitas verdades em tom exaltado sobre os crimes praticados pelos escravocratas, a "corja opulenta" do título da peça, da qual fazem parte Antônio Guerra e Tibúrcio. Jorge sai e a transação fica em suspenso, pois ele pode denunciar os negociantes.

Se o primeiro ato tem como objetivo estarrecer e indignar o espectador, o segundo pretende comovê-lo. Alice fica em primeiro plano e reafirma sua inteligência num diálogo com Tibúrcio; em seguida, para sua tristeza, é maltratada pelo pai, que, irritado com o que ouviu Jorge dizer, chega a empurrá-la, fazendo-a cair no chão. Alice chora e vai ter com a mãe. Não entende o que

[33] J. Nunes, *Corja Opulenta*, p. 22.

está acontecendo, não tem consciência de que é escrava e tem uma noção vaga do que é a escravidão. Havia ganho alguns presentes do pai no dia de seu aniversário e a mãe não lhe dera nada. Queixa-se. Segue-se então este diálogo:

>HENRIQUETA: Alice, os escravos não são ricos.
>ALICE: Bem, mas... são os escravos. E nem tão pouco isso vem a propósito.
>HENRIQUETA: E o que sou eu senão uma escrava?
>ALICE: Escrava?!
>HENRIQUETA: Sim; sou escrava.
>ALICE: Mamãe é escrava?!
>HENRIQUETA: Sou.
>ALICE: Então eu... eu também sou escrava?!
>HENRIQUETA: És. Não o deverias ser porque a lei não o consente, mas a lei neste país, minha filha, só é severa com os pobres.
>ALICE: Pois eu sou escrava!... E quem é meu pai?!
>HENRIQUETA: Teu pai é o Sr. Guerra.
>ALICE: Meu pai é o Sr. Guerra!... (*para si*) Não entendo nada disto... Quem é o meu senhor?! (*alto*) E como é que nós somos brancos e os outros pretos?!
>HENRIQUETA: Que queres, minha filha, como nós há muitos.
>ALICE: Mas, explique-me, mamãe, o que vem a ser escravo?!
>HENRIQUETA: É um ente condenado ao trabalho perpétuo e gratuito, e a ser vendido de um momento para outro como qualquer objeto.
>ALICE: E quem vende esse escravo?!
>HENRIQUETA: O senhor dele.
>ALICE: E quem é o nosso?
>HENRIQUETA: Teu pai.
>ALICE: Meu pai?! Pois eu sou escrava de meu pai?! Eu! Eu, sujeita a ser vendida por ele?! Vendida por meu pai?!... (*Atirando o leque e a pulseira para longe.*) Não! Não quero mais nada do que ele me deu! (*Despe o vestido e atira-o também.*) Não preciso disto! Eu quero a minha roupa antiga, e de hoje em diante não lhe chamarei mais de pai!... [p. 56-59].

A cena é interrompida pela entrada de Antônio Guerra e Tibúrcio, este insistindo na compra dos escravos. Alice enfrenta o pai com altivez, num diálogo que deixa clara a sua superioridade moral. Ela agora sabe o que é a escravidão. Mas a força vence e ela é levada por Tibúrcio, enquanto a mãe desmaia, vendo a filha ser vendida.

Como o primeiro, o segundo ato também é de boa qualidade dramática e linguagem fluente. No terceiro, porém, Joaquim Nunes não soube

7 O TEATRO E A ABOLIÇÃO

como concluir o enredo e caiu no convencionalismo ao querer punir Antônio Guerra, que fica louco quando vê Henriqueta morta.

O que há de importante no terceiro ato, que se passa algum tempo depois, é que Jorge denunciou o negociante, resgatou Alice e comprou a liberdade de Henriqueta, levando as duas para morar com ele e a mãe, Luísa. A nota abolicionista está presente desde o início, quando o pano se abre e vemos Henriqueta muito doente, deitada numa cama, Alice a seu lado e Jorge cantando "O Cântico da Escravidão". Joaquim Nunes pediu ao poeta Múcio Teixeira que escrevesse um poema para a sua peça e ao maestro Abdon Milanez para que o pusesse em música. São sete quartetos que exprobram a escravidão e o sofrimento dos escravos, terminando com estes dois:

> À escrava... nem lhe é dado ser esposa!
> E se mãe – nas senzalas, às risadas,
> Arrancam-lhe o seu filho! E há quem ousa
> Violentar-lhes as filhas... – a pancadas!...
>
> E dizer que inda existem criaturas,
> Que escravizam seus próprios semelhantes:
> E lhes infligem bárbaras torturas,
> Matando-as em suplícios lacerantes... [p. 100]

As mensagens abolicionistas recheiam a ação do terceiro ato. Luísa, lamentando a sorte de Henriqueta, diz em monólogo que sofre quando vê a violência física de que é vítima o escravo e conclui: "Ah! e nós, os brasileiros, conservamos ainda esta lei bárbara e fatal: consentindo o homem escravo do homem." [p. 70]

No plano do enredo, Antônio Guerra invade a casa de Jorge com um capanga para matá-lo e raptar Alice, mas é impedido. Henriqueta, antes de dar o último suspiro, ainda consegue deixar sua mensagem, dizendo ao seu protetor (e ao espectador): "Continua, amigo; continua, homem do progresso; continua a trabalhar pela santa causa dos escravos e não te importes com os maldizentes – a história levará os teus feitos cobertos de louros ao conhecimento das gerações vindouras!" [p. 95] É nesse momento que Antônio Guerra é encarado pela moribunda, que morre chamando-o de assassino. E ele, impressionado, começa a gargalhar como louco – um desfecho infeliz para uma peça que merecia melhor resolução. Mesmo assim, é inegável a sua contundência na crítica à escravidão e na defesa do abolicionismo.

Além da representação de *Corja Opulenta*, outro feito importante na temporada em Salvador foi a participação da companhia dramática na grande festa que os baianos fizeram para comemorar o fim da escravidão no Ceará, fato ocorrido em 25 de março de 1884. O *Diário de Notícias* do dia seguinte fez uma minuciosa descrição do espetáculo de gala dado no teatro e que foi precedido de cortejos promovidos pelas associações libertadoras, com apoio da população que, em grandes grupos, se dirigiu à igreja de São Pedro Novo para o *Te Deum* em comemoração do feito cearense. A descrição da festa no teatro, em que um dos pontos altos foi a representação de *A Filha da Escrava*, merece citação:

> À noite teve lugar o espetáculo de gala. Como raras vezes, o teatro regurgitava de povo e apresentava, externa e internamente, enorme profusão de luzes, flores, bandeiras e sanefas finíssimas.
>
> Às 9 horas subiu o pano.
>
> Uma apoteose, em plena cena, a despejar ondas de luz. Sobre um pedestal, o busto do *poeta dos escravos*, Castro Alves, cercado de figuras da História e da Poesia, tendo sobre o alto, no último plano, a figura grandiosa da Fama.
>
> Aos pés da coluna central estavam sentados os 8 escravos libertados pela *Libertadora Baiana*, e à direita e esquerda os membros da associação e a redação da *Gazeta da Tarde*.
>
> Depois de a orquestra executar o suntuoso *Hino Castro Alves*, falou o orador oficial da *Libertadora*, o Sr. Dr. Aristides Spínola.
>
> S. Exa. pronunciou um discurso eloquentíssimo; enriquecido de dados estatísticos provando eloquentemente as vantagens do elemento livre sobre o escravo.
>
> S. Exa. foi muito aplaudido.
>
> Em seguida falou em frases ardentes, cheias de entusiasmo e de talento, o Sr. Cruz e Sousa, em nome da redação da *Gazeta da Tarde*.
>
> Findo esse discurso, bastante aplaudido, a inteligente e simpática atriz Adelina Castro recitou entre bravos a formosa poesia *Liberdade*, de Pinheiro Chagas.
>
> Em seguida, numa nuvem alvinitente, iluminada a lindos fogos de bengala, desceu a talentosa atrizinha Julieta dos Santos, entregando as cartas de liberdade.
>
> Representou-se em seguida o drama de propaganda *A Filha da Escrava*, cheio de grandes comoções e bem escrito.

Nos intervalos e depois da representação da peça foram ainda recitados alguns poemas de autores baianos, entre eles João de Brito, autor do drama abolicionista *Rogério*, encenado em Salvador em 1873. Na longa citação acima, nota-se o envolvimento da companhia dramática de Moreira de Vasconcelos

7 O TEATRO E A ABOLIÇÃO

com a causa humanitária da abolição e o prestígio de Julieta dos Santos, incumbida de dar as cartas de liberdade aos cativos. Presença marcante na festa, o poeta Cruz e Sousa, ponto da companhia e colaborador da *Gazeta da Tarde*, pôde também expressar as suas ideias contra a escravidão. Para ele, foi organizada uma "grande festa artística" com apoio dos clubes abolicionistas Libertadora Baiana e Luiz Gama e também da redação da *Gazeta da Tarde*. A homenagem aconteceu no dia 5 de abril de 1884, com a representação de *O Demônio Familiar*. Julieta dos Santos também recebeu uma homenagem, além de poemas e aplausos: a Sociedade Libertadora Baiana deu-lhe o título de sócia benemérita.

Alguns dias depois, a companhia dramática de Moreira de Vasconcelos já estava em Pernambuco. Em 20 de abril, no Recife, a estreia no Teatro Santa Isabel se dá com *A Filha da Escrava*. A temporada se estende até 1º de junho, com várias peças do repertório, como: *Georgeta, a Cega*, de Giacinto Cucinello; *O Anjo da Vingança*, de Artur Azevedo e Urbano Duarte; *Como se Fazia um Deputado*, de França Júnior; *Diabruras de Julieta*, de Sena Pereira; a opereta *Artur*, de Dupenty; e *A Primeira Dor*, de Carlo Fabricatore, entre outras. *Corja Opulenta* e *O Demônio Familiar* foram representadas duas vezes. Também *A Filha da Escrava* teve uma segunda representação.

O Jornal do Recife e o *Diário de Pernambuco* não se cansaram de elogiar Julieta dos Santos, incentivando os leitores a ir vê-la em cena. Numa cidade em que a campanha abolicionista tinha forte apoio popular, e que contava com várias associações libertadoras, não admira que uma delas tenha desejado promover o benefício da principal estrela da companhia, "uma voz infantil que na sua sonoridade tem arrebatado muitas lágrimas... pérolas que muito realçam a púrpura da abolição"[34].

O espetáculo na tarde de 4 de maio, promovido pelo Clube Ceará Livre, foi uma "matinê abolicionista" com grande concorrência do público, que ouviu a orquestra do Clube Dramático Familiar, a conferência de José Isidoro Martins Júnior e Moreira de Vasconcelos recitar o poema abolicionista "Tragédia no Eito", de sua autoria; que viu Julieta dos Santos atuar em *Diabruras de Julieta* e recitar o poema "Homenagem ao Ceará", de Alexandre Fernandes, e mais algumas outras atrações. Por fim, a diretoria do Clube Ceará Livre subiu ao palco e entregou o diploma de sócia honorária à pequena atriz, que aos onze anos de idade estava sempre pronta a participar das festas abolicionistas por onde passava. Aliás, lê-se no *Jornal do Recife* de 1º de junho, que ela ia colaborar, dois dias depois, com um espetáculo realizado por rapazes da Faculdade de Direito, que iam encenar *Gonzaga ou a Revolução de Minas*,

[34] M. de Vasconcelos, op. cit., p. 69.

de Castro Alves, para auxiliar a sociedade libertadora Ave-Libertas: "Haverá também uma apoteose, representando a estátua da liberdade a interessante atrizinha Julieta dos Santos, e consta-nos que serão alforriados nessa ocasião alguns escravos."

Ao chegar em Fortaleza, a companhia dramática de Moreira de Vasconcelos se faz anunciar nos jornais como a que mais tem viajado pelo Brasil, sempre com o apoio da imprensa e do público, tendo percorrido a corte, Rio Grande do Sul, Santa Catarina, Paraná, São Paulo, Rio de Janeiro, Bahia e Pernambuco. Mais uma vez, a peça de estreia, em 12 de junho de 1884, foi *A Filha da Escrava*, à qual se seguiram *O Demônio Familiar* e *Corja Opulenta*. Apresentar inicialmente essas peças na capital da província em que já não havia escravos significava mostrar ao público cearense que a companhia sempre apoiou a abolição. Além disso, não poderia deixar de representar a peça de José de Alencar em sua província natal. O resultado foi contar com uma imprensa simpática que comentou os espetáculos dados ao longo de um mês, elogiando sempre o repertório e o desempenho dos artistas, fazendo poucos reparos. *O Libertador*, de 14 de junho, por exemplo, considerou *A Filha da Escrava* uma "joia de subido valor" e o desempenho de Julieta dos Santos "inimitável" em algumas cenas. Dois dias depois, no mesmo jornal, mais elogios ao "formoso talento" da atriz em *O Demônio Familiar*. Intelectuais e artistas cearenses, bem como pessoas da sociedade, ao final da temporada, ofereceram-lhe um álbum com encadernação de luxo, no qual estamparam poemas e manifestações de admiração pelo seu talento precoce.

O Libertador era um jornal publicado pela Sociedade Cearense Libertadora, daí a simpatia pelo repertório apresentado. No dia 27 de junho, um articulista noticia que Moreira de Vasconcelos está escrevendo o poema "Espectro do Rei", cujo assunto é "a grande questão da abolição". Alguns versos são transcritos e o articulista os comenta, dizendo que tratam da "luta da civilização contra a barbaria, da luz contra as trevas, da igualdade humana contra a escravidão, amparada pela monarquia".

Moreira de Vasconcelos deve ter se aproximado da Sociedade Cearense Libertadora, pois, no dia 11 de julho, *O Libertador* publicou um artigo que só ele pode ter enviado ao jornal. No final da temporada em Recife, ele havia terminado de escrever um novo drama abolicionista, intitulado *O Preto Domingos*, no qual havia um papel para Julieta dos Santos. Talvez quisesse apresentá-lo em Fortaleza, mas, por alguma razão, não foi possível. O que ele fez foi enviar ao jornal a apreciação de Claudino dos Santos, escrita no Recife.

Como essa peça ficou inédita, transcrevo algumas linhas desse artigo em que o autor, que a denomina *Tio Domingos*, dá uma ideia de seu compromisso político. Depois de afirmar que "o tema da extinção do elemento

7 O TEATRO E A ABOLIÇÃO

servil" é desenvolvido com felicidade, aponta que o drama "sintetiza os péssimos costumes escravocratas que se digladiam no seio familiar curvando-se à potente dicção de uma voz libertadora que lança nesse estéril terreno o germe fecundo da liberdade". Sendo esse o pensamento predominante, tudo indica tratar-se de uma peça de combate, de exposição de ideias antagônicas, as personagens debatendo a questão da abolição. É o que se deduz da leitura da sequência do texto, que esclarece haver duas personagens que defendem, uma a abolição, outra a escravidão. Uma delas é o Dr. Teodoro; sua "argumentação liberal e forte é, com efeito, uma série de invectivas atiradas a todos os pontos que se jogam contra a onda do abolicionismo como que para impedi-la". Ele é um homem "dotado de largo conhecimento, bem versado nas finanças da nação", enquanto seu adversário parece levar vantagem de vez em quando, "porque atira-lhe às vezes umas palavras fogosas, cheias de ditirambos mordazes, e, que eu não estou longe de afirmar que podem fazer estremecer uma plateia que ainda não esteja de todo dominada pela ideia". Claro que Dr. Teodoro fará suas ideias prevalecerem no final. Como o autor do texto não fez um resumo do enredo, não sabemos sequer qual seria o papel reservado a Julieta dos Santos. De qualquer modo *O Preto Domingos* vem se somar a outras produções abolicionistas de Moreira de Vasconcelos, como o drama *O Mulato* e os poemas "Tragédia no Eito" e "Espectro do Rei".

Finda a bem-sucedida temporada em Fortaleza, a companhia seguiu para o Maranhão, uma província em que a ideia da abolição sofria maior resistência da população. Talvez por isso, a estreia em São Luís, em 16 de julho de 1884, tenha se dado com o drama *A Primeira Dor* e a comédia *As Almas do Outro Mundo*. Aliás, em toda a temporada, que durou dois meses, não foram representadas *A Filha da Escrava* e *Corja Opulenta*, peças de crítica mais contundente à escravidão. Também não houve a primeira representação de *O Preto Domingos*. Do repertório abolicionista, subiram à cena apenas as peças mais leves: *O Demônio Familiar*, de José de Alencar, e *Caminho do Céu*, de Júlia Lopes de Almeida. Os jornais *Diário do Maranhão*, *Pacotilha* e *O País* acompanharam as representações com elogios principalmente a Julieta dos Santos. O máximo que Moreira de Vasconcelos conseguiu foi destinar a renda do último espetáculo em São Luís para a compra de uma carta de liberdade. Subiu à cena o drama *Como se Arranja Fortuna*, de Jerônimo de Oliveira. A *Pacotilha* de 17 de setembro informou que foi uma noite animada, "não obstante a minguada concorrência de espectadores".

Poucos dias depois, em 23 de setembro, a companhia de Moreira de Vasconcelos estreava em Belém do Pará, com *A Filha da Escrava*. E ao anunciar para o dia 27 a representação de *Corja Opulenta*, informava no anúncio que essa peça havia sido proibida pela polícia do Maranhão. O mesmo aconteceu com o drama abolicionista de Artur Rocha, como veremos mais abaixo, mas Moreira de Vasconcelos voltou a São Luís em janeiro de 1885 e apresentou *A Filha da Escrava* com outro título: *A Filha da Mártir*. Dessa vez, sem Julieta dos Santos. No jornal *Pacotilha*, do dia 30, um texto elogiava o drama, cujo merecimento era grande para "os que andamos empenhados nesta luta homérica entre a liberdade e a escravidão". Para o articulista, Artur Rocha havia escrito um "drama de combate", que se tornara "um auxílio inestimável aos que trabalham pela verdade e pelo direito, pela felicidade e prosperidade da pátria, contra os interesses egoísticos de alguns". Mas não foi tranquila a estreia de *A Filha da Mártir*, segundo o relato de um dos presentes:

> A festejada atriz Adelina Castro exibiu em a noite de seu benefício a famosa peça abolicionista – *A Filha da Escrava* – de Artur Rocha, e cuja representação pela companhia de Moreira de Vasconcelos fora proibida.
> Houve mudança de título – foi desta vez com o de – *A Filha da Mártir*.
> A magnífica composição de A. Rocha causou um delírio extraordinário. Os aplausos multiplicavam-se. Os bravos saíam rápidos e espontâneos. Cruzavam-se ditos. Os escravocratas levantam-se da plateia. Houve um barulho nunca visto no teatro do Maranhão.
> Os escravocratas mais perros fizeram pressão sobre os jornalistas.
> A *Pacotilha* foi o único jornal da imparcialidade.
> Um dos redatores do *País* chegou a levantar-se da plateia na soberba discussão da lei do Rio Branco, no 2º ato.
> O entusiasmo foi tanto, que a peça repetiu-se para a libertação de uma infeliz escrava, cuja carta lhe foi entregue.
> A passeata do Clube Francisquinha foi toda abolicionista.
> Os burgueses, alulam, fremem, e tortegam... mas a ideia há de conseguir independência social como conseguiu a independência política.[35]

Sabe-se que não foi fácil a luta pela abolição no Maranhão, província que era a favor da emancipação gradual, com base na Lei do Ventre Livre.

Voltando à temporada da companhia de Moreira de Vasconcelos no Pará, o repertório apresentado entre 23 de setembro e 22 de novembro de 1884 foi bastante variado, com destaque para as peças em que atuava Julieta dos Santos, principalmente as de cunho abolicionista e as comédias *Um Diabrete de*

---

[35] Esse artigo, assinado por "Brutus", foi publicado no *Diário de Notícias* do Pará, em 26 de fevereiro de 1885. Alguém escreveu a ele, fazendo o relato do que tinha acontecido na noite da apresentação de *A Filha da Mártir* em São Luís. Não encontrei relato semelhante nos jornais maranhenses.

7 O TEATRO E A ABOLIÇÃO

Nove Anos, O Gaiato de Lisboa e *Diabruras de Julieta*. A imprensa foi simpática o tempo todo, estimulando o público a ir ao teatro.

Os anúncios dos últimos espetáculos informavam que a companhia voltaria a Pernambuco, mas não foi o que aconteceu. A companhia se desfez e Julieta dos Santos, seu pai e a avó – os artistas Irineu dos Santos e Francisca Leal – voltaram para o Rio de Janeiro[36], enquanto Moreira de Vasconcelos permaneceu no Norte e Nordeste[37]. As viagens pelo Brasil haviam começado em julho de 1882. E duraram até o final de novembro de 1884. Foram 28 meses, nos quais as principais capitais das províncias brasileiras puderam aplaudir a talentosa menina Julieta dos Santos e um repertório de muitas peças escritas especialmente para ela. A fim de colaborar com a luta abolicionista, Moreira de Vasconcelos escreveu os dramas *O Mulato* e *O Preto Domingos* e encenou *A Filha da Escrava, O Demônio Familiar, O Caminho do Céu* e *Corja Opulenta*. Não é pouco no contexto da primeira metade dos anos 1880.

DRAMATURGIA GAÚCHA ABOLICIONISTA

A campanha abolicionista ganhou expressiva contribuição teatral no Rio Grande do Sul. E não só em Porto Alegre, livre da escravidão a partir de 7 de setembro de 1884. Dois anos antes, no interior da província, na cidade de Cruz Alta, Aparício Mariense publicou *O Filho duma Escrava*, drama em um prólogo e três atos. Como se lê na página de abertura, dedicou-o à memória do visconde do Rio Branco e a todas as sociedades abolicionistas do Brasil. Informava também que o produto da venda do livro seria destinado à compra de cartas de alforria.

Não há notícias de que o drama tenha sido representado, o que reduziu o alcance de sua mensagem abolicionista. Também não sabemos quantos exemplares foram publicados e se de fato algum escravo foi libertado com

---

[36] A Companhia Dramática Julieta dos Santos, sob a direção do pai da atriz, deu apenas dois espetáculos no Teatro Recreio Dramático do Rio de Janeiro, no início de 1885. A trupe partiu para Minas Gerais e se apresentou em Juiz de Fora e São João del-Rei, de janeiro a maio de 1885. Em seguida visitou cidades do interior de São Paulo. É bem possível que Julieta dos Santos tenha abandonado a carreira artística, pois, segundo o *Correio Paulistano* de 15 de novembro de 1887, ela fixou residência em Rio Claro, no interior da província de São Paulo. Uma notícia em *O Farol*, de Juiz de Fora, de 23 de novembro de 1889, relatou o casamento de Julieta dos Santos com João Ferreira de Miranda, em Araras, cidade próxima de Rio Claro.

[37] Para saber mais sobre a trajetória artística de Moreira de Vasconcelos, consultar Sílio Boccanera Júnior, *Autores e Atores Dramáticos, Baianos em Especial*, p. 323-345.

sua venda. De qualquer modo, fica registrada a boa intenção do autor e seu compromisso com a causa humanitária.

O prólogo do drama, que se passa na Bahia, é todo dedicado a denunciar a violência do cativeiro. Logo na cena de abertura, Paulo conversa com a esposa Adelaide sobre o vizinho português, que é um "carrasco", pois ouvem os gritos dos escravos que ele açoita. Dois haviam sido mortos há pouco tempo pelos maus tratos. Como porta-voz do autor, Paulo exprobra a escravidão, lamenta a indiferença das autoridades quanto ao sofrimento dos cativos e critica os negociantes que "arrancam uma criança aos afetos maternos" e não se comovem com "o pranto da mãe desgraçada". Ou ainda: "Arrancam ao consorte a esposa, que se não uniram-se à face da Igreja, porque não lhes foi permitido, uniram-se à face de Deus... e arrojam-na a longínquas plagas, sem se importarem com a mágoa que a separação desperta."[38]

No plano do enredo, uma das escravas do vizinho bate à porta da casa de Paulo, com um filho no colo. Em andrajos, doente, com o rosto marcado pelas sevícias, Joana é a prova concreta dos crimes do negociante português. Paulo se comove e, com as poucas economias que tem, compra a mulher e o filho, alforria a ambos em seguida e os acolhe em sua casa. Os diálogos e as situações dramáticas do prólogo revelam, pois, a crueldade da escravidão e o caráter nobre de um homem que a considera ignóbil.

O primeiro ato se passa no Rio de Janeiro, dezoito anos depois. Desde suas cenas iniciais, a questão em pauta é o preconceito contra o liberto. E no restante da peça, as funestas consequências provocadas pelo preconceito. O menino do prólogo, Oscar, foi criado como enjeitado, após a morte da mãe, e ignora sua origem. Paulo, agora viúvo e razoavelmente rico, tem uma filha, Elisa, que ama o rapaz com quem cresceu. Pois o homem que esbravejava contra a escravidão e se comovia com o sofrimento dos cativos, considera essa união uma vergonha para a sua família. Oscar é "quase branco", mas nasceu escravo. Paulo então relata aos jovens o que ocorreu no passado e a mocinha, que se mostrara apaixonada pouco antes, fica horrorizada com a possibilidade de unir-se ao filho de uma escrava. Oscar abandona a casa, dizendo ser grato a Paulo pelo que fez para ele e para a mãe, mas profundamente entristecido com a reação de Elisa, tão preconceituosa quanto o pai.

No restante da peça, Elisa vai pagar um preço alto pelo que fez. Obrigada a se casar com um homem de posses, que não suporta, foge com um amante e é abandonada algum tempo depois. Passam-se dez anos, ela está na miséria. O reencontro com Oscar não aponta para um desfecho feliz. Ele vai ajudá-la com o dinheiro que recebeu como herança de Paulo, mas a trata como

---

38 A. Mariense, *O Filho duma Escrava*, em A. Fischer, op. cit., p. 157.

irmã. Como é preciso deixar uma lição para o leitor ou eventual espectador, acerca das consequências do preconceito, é Oscar quem tem a palavra final. Depois de um diálogo com o tio de Elisa, que lhe pede que entregue algumas moedas para ela, sem lhe dizer quem as envia, segue-se este monólogo:

> Sempre o orgulho, o preconceito, esse demônio social abafando até os sentimentos de caridade! Julgou-se humilhado em chamar sua sobrinha a essa pobre criatura que a desgraça lançou na senda da perdição e não teve a caridade de buscar essa infeliz para salvá-la, ou atirar-lhe esta miserável esmola! Deixou esse proceder generoso ao liberto, àquele que outrora enxotaram de seus lares como um cão leproso; porque teve o atrevimento de amar com toda a pureza de sua alma a essa donzela, que vive hoje no paul da corrupção; porque ousou consagrar um culto de adoração a essa vestal, cuja virtude não merecia o filho da escrava Joana. Não são os paços dos nobres, com seus tetos recamados de florões e alegorias tradicionais, a morada da virtude. Não é a grandeza do nascimento, os berços luxuosos, a cor, que dão à criatura esses dotes que a bondade de Deus distribuiu simultaneamente por todas as camadas sociais. Porém, eu era o filho de Joana; ela – a moça – branca e rica. Pois bem, o filho da escrava – subiu, porque suas vistas prendiam-se a tudo que é nobre e generoso; e a moça branca e rica – caiu, como caem as estátuas carunchosas!... [p. 180]

Aparício Mariense abordou duas questões centrais da sociedade escravista brasileira em sua peça, mostrando por um lado o desumano comércio de compra e venda de escravos e, por outro, o preconceito social. Curiosamente, fez de Paulo o seu porta-voz no prólogo, mas não lhe deu a mesma grandeza nos três atos, mostrando que uma coisa é querer o fim da escravidão, e outra, aceitar a entrada de um liberto na família. O preconceito da sociedade fica devidamente caracterizado nos comportamentos de pai e filha. Quem mostra superioridade moral, no fim das contas, é o filho da escrava, que sobe na vida pelo trabalho e que vai amparar a ex-amada, salvando-a da miséria.

■ ■

Em 1883, Porto Alegre agita-se com a propaganda abolicionista. Segundo Athos Damasceno, a atuação dos diferentes grêmios políticos repercute no teatro: "Empregando elementos de todas as classes sociais, sob a direção e comando de amadores teatrais entusiastas da causa abolicionista, novas sociedades dramáticas particulares são fundadas, ao influxo e inspiração da ideia humanitária."[39] O autor menciona três: a Sociedade Dramática Particular Bandeira de Sorte, a Sociedade Dramática Particular Emancipadora Rio-Grandense e a Sociedade Dramática Particular João Caetano. Ao lado das sociedades dramáticas, atuaram também algumas sociedades literárias preocupadas com a situação política, como a Rio Branco, a José Bonifácio e a 28 de Setembro. Sem distinguir os trabalhos que realizaram, Athos Damasceno aponta o repertório apresentado por elas, com destaque para as peças que teriam compromisso com o abolicionismo: *O Filho Bastardo*, de Artur Rocha; *Armando*, de Antônio Ramos; *Cenas de Ontem*, de Ramiro de Araújo; *Epidemia Política*, de Apolinário Porto Alegre e *Um Fruto da Escravidão*, de Boaventura Soares.

A peça de Artur Rocha já havia sido representada na década anterior, como vimos no capítulo sobre a dramaturgia antiescravista nas províncias. As duas seguintes, de Antônio Ramos e Ramiro de Araújo, não foram publicadas e não consegui nenhuma informação sobre elas, seja em obras críticas e historiográficas que consultei, seja nos jornais gaúchos da hemeroteca da Biblioteca Nacional. *Epidemia Política*, que fez muito sucesso na encenação da Emancipadora Rio-Grandense, não trata da escravidão. Os poucos escravos que aparecem em cena não interferem na ação da comédia, escrita para divertir o espectador com a disputa política entre os chefes do Partido Liberal e do Partido Conservador. O exagero caricatural provoca o riso, mas o fanatismo dificulta a vida de um casal de jovens, em luta contra a intransigência dos pais.

Do conjunto de peças mencionadas acima, já pelo título, *Um Fruto da Escravidão* é obra comprometida com a questão servil. Ao publicá-la em 1884, Boaventura Soares esclareceu no prefácio que a Sociedade Literária 28 de Setembro pediu a ele que escrevesse um "drama abolicionista". O objetivo era dar liberdade a alguns cativos com a renda do espetáculo teatral.

Pouco experiente, o autor não foi feliz na elaboração dos diálogos, utilizando um linguajar um tanto piegas e por vezes resvalando na retórica do melodrama para indicar os sentimentos das personagens. Já o ponto de partida da ação dramática era muito verossímil: Eurico, 46 anos, teve um filho com uma escrava e o criou como afilhado, escondendo esse fato de todos, inclusive da esposa. Para Américo, o filho, disse que os pais estavam mortos. A peça explora no presente as consequências do que ocorreu no passado. Américo está para chegar de São Paulo, onde se formou na Academia de Direito. Nas cenas iniciais, Eurico abre-se com um amigo, o Doutor, e o vemos consumido pelo remorso e pela preocupação de ver seu segredo revelado.

[39] A. Damasceno, *Palco, Salão e Picadeiro em Porto Alegre no Século XIX*, p. 199.

Sabe que a sociedade não abriria as portas para o filho, caso soubesse que sua mãe era uma escrava. No tenso diálogo com o Doutor, Eurico tem uma síncope, possibilitando assim a primeira intervenção da personagem que é porta-voz do autor: "Vamos buscar o gérmen destas cenas dolorosas e vejamos se não é o fruto dos erros ou da perversidade humana! É a escravidão, a página dos dramas horripilantes da nossa pátria, a condenação perpétua dos nossos antepassados! E nós ainda não sentimos o seu mal... Ainda não feriram os nossos ouvidos os agudos gemidos das vítimas do cativeiro."[40]

Em outra passagem da peça, novo diálogo entre Eurico e o Doutor. O primeiro quer evitar que o filho seja apontado nas ruas como bastardo, quando é sua a culpa e não do rapaz. O segundo comenta: "Tudo isto é uma das tantas cenas que se representam à frente de nossa pátria, cujos cúmplices são os nossos antepassados, que não previram as desgraças trazidas pela maldita escravidão." [p. 125] Mais à frente, vendo o sofrimento de Eurico, o Doutor reafirma seu ponto de vista, definindo a escravidão como "a página da história brasileira salpicada de sangue tirado do corpo dos infelizes, nossos irmãos, com o látego, com sevícias bárbaras!" [p. 139]

Há várias passagens semelhantes na peça, dirigidas aos espectadores. A condenação do cativeiro ocorre também no relato que Américo faz do suicídio de uma escrava, que se jogou do alto de um sobrado para livrar-se dos maus tratos de sua senhora.

Mas é no plano do enredo que veremos o que de pior a escravidão pode provocar. Eurico tem uma filha de treze anos, idade com que no século XIX as mocinhas começavam a se preparar para o casamento. Cecília é seu nome. E é claro que ela e Américo vão se apaixonar. A mãe, Eduarda, apoia o casal, que troca juras de amor, deixando no ar a possibilidade de um inaceitável incesto. Não há mais como manter o segredo. Quando Américo pede a mão de Cecília a Eurico, ele nega veementemente e se segue este diálogo:

> AMÉRICO (*com desvario*): Oh! Por quê?... Sou um desgraçado... Cecília não ser minha esposa?
> EURICO (*imponente*): Não! Cecília não é tua esposa, é tua irmã!... Eu sou teu pai!...
> AMÉRICO (*como louco*): Meu pai!... Meu... pai.... (*Dá uma gargalhada e sai correndo.*)
> *Confusão das personagens, ouve-se um estampido de um tiro.*
> CRIADO (*à porta, com grande algazarra*): Suicidou-se!... Suicidou-se.
> *Cecília dá um profundo gemido e desmaia nos braços de Eduarda.*

---

40 B. Soares, Um Fruto da Escravidão, em A. Fischer, op. cit., p. 111.

DOUTOR (*com voz imponente e sentimental, apontando para Eurico, que está firme*): Eis um fruto da escravidão! [p. 148]

A peça termina como um teorema. Só faltou o Doutor acrescentar: como queríamos demonstrar. Os frutos da escravidão são a tristeza, o preconceito, o sofrimento e a morte de inocentes.

■ ■

Ainda em 1883, Porto Alegre assiste, no Teatro São Pedro, a mais um espetáculo abolicionista, com o apoio da sociedade Parthenon Literário. A representação de *A Escrava Branca*, drama em quatro atos de Júlio César Leal, foi bastante rumorosa, segundo Athos Damasceno, e, num dos intervalos, o poeta João Damasceno Vieira recitou um longo poema, no qual conclamou os patriotas a lutar pelo fim da escravidão, "esta nódoa de desdouro / que o rosto nos faz corar!"[41]

O autor, nascido na Bahia e radicado por um tempo no Rio Grande do Sul, adaptou para o teatro o romance *Cenas da Escravidão*, que havia publicado na cidade alagoana de Penedo, em 1872. De enredo enovelado, a peça envolve três gerações de personagens às voltas com as consequências de relacionamentos entre senhores e escravas. O primeiro ato está repleto de mensagens abolicionistas. O patriarca da família, José Gregório, anuncia já na cena de abertura que vai libertar todos os seus escravos, para comemorar o aniversário de oitenta anos. E logo à frente entrega 21 cartas de liberdade, aproveitando para fazer a crítica à escravidão em várias falas. Assim, tanto lamenta que os senhores de escravos não percebam o "grande crime" que cometem quando compram e vendem "homens, irmãos reduzidos a simples coisas", quanto argumenta com a religião, dizendo que todos os homens deviam ser livres, "porque Deus não podia ter feito um escravo à sua imagem e semelhança". A seu ver, a maior glória que alguém pode ter, "há de ser o que descobrir um meio de emancipar os escravos, com toda a brevidade. Sem a resolução deste grande problema social, sem o aniquilamento da negra cadeia do cativeiro, não se poderá jamais ter orgulho de ser brasileiro!"[42]

Colocadas nos diálogos, essas falas se prestam ao papel de captar a benevolência dos espectadores em relação à causa da abolição. No plano do enredo, José Gregório anuncia também a intenção de revelar ao filho Lúcio que Inês, a escrava branca do título, é sua filha. Quer deixar parte da herança para ela.

---

41   A. Damasceno, op. cit., p. 203.
42   J.C. Leal, *A Escrava Branca*, p. 14 e 22.

7 O TEATRO E A ABOLIÇÃO

Quinze anos antes, Inês partira para o engenho em Valença, acompanhando Lúcio e a esposa Carlota. Não só José Gregório quer vê-la, mas também a mãe, a liberta Marta, agregada da casa. As revelações que vêm em seguida são terríveis. Contrariando as ordens do pai, e obrigado pela esposa, Lúcio havia vendido Inês. Forçado a revelar esse fato a José Gregório – que desmaia e se sente morrer –, o golpe de misericórdia é dado por Carlota, que se defende ao se ver acusada pelo marido: "Vendeste-a porque ela era mãe de teu filho!" [p. 26]

O incesto como consequência da escravidão é uma possibilidade que a peça explicita. José Gregório não resiste à forte emoção e morre, amaldiçoando Lúcio. A partir do segundo ato, o enredo se apoia em coincidências incríveis, para não dizer inverossímeis. Basta dizer que Inês foi vendida e comprada por vários senhores e que o último é um médico chamado Anselmo, seu próprio filho. Como na peça *Mãe*, de Alencar, ela guarda esse segredo para não o prejudicar junto à sociedade preconceituosa. Mas outro fato terrível acontece: Anselmo se apaixona por uma moça chamada Maria Lúcia, órfã justamente de Lúcio e Carlota. Mais um incesto se anuncia, contudo dessa vez será dramaticamente evitado na cena final, quando Inês interrompe a cerimônia do casamento e revela aos noivos que são irmãos e que é mãe de Anselmo. Simplifiquei drasticamente o enredo, repleto de detalhes que não vêm ao caso comentar. O que importa é que a crítica à escravidão é feita em várias passagens, como a que se segue à visita de um conhecido de Anselmo, impressionado com a presença de uma escrava branca em sua casa. Diz o anfitrião que não é para ninguém se impressionar, porque há milhares como Inês no Brasil. É triste, horrível e abominável, ele diz, mas "somos uns bárbaros", acrescentando: "Quando o Brasil envergonhar-se dessa grande nódoa que o desonra; quando o governo assumir o direito natural que o autoriza a de um só golpe terminar a escravatura e esmagar a tirania; então sim, poderemos falar em liberdade." [p. 37]

A mensagem abolicionista da peça é bastante forte no desfecho. Apesar do golpe que é a revelação para Anselmo e Maria Lúcia de que são irmãos, o filho aceita e reconhece a mãe, que na verdade não era uma escrava, pois tinha sido alforriada por José Gregório na pia batismal. Em sua última fala, Anselmo, dando a mão direita a Maria Lúcia e a esquerda a Inês, dirige-se mais aos espectadores do que às demais personagens em cena. Depois de prometer à mãe que combaterá os preconceitos sociais, exclama: "Pugnarei hoje mais do que nunca para que em breve repercuta por todos os ângulos de minha pátria este brado vitorioso: Viva a santa causa da abolição dos escravos!" Não bastassem essas palavras, Júlio César Leal quis reforçar ainda mais o caráter abolicionista da peça, com a inclusão de uma apoteose – recurso mais comum em peças aparatosas, como as mágicas, com seu universo de fantasia, e as revistas de ano. Assim, deixa a seguinte indicação para o quadro final, cuja função é impressionar o espectador com o enaltecimento de uma ideia: "Rasga-se o pano de fundo e representa-se o seguinte quadro vivo e luminoso: o vulto do visconde do Rio Branco, suspendendo o dístico: Lei de 28 de Setembro de 1871. Um anjo põe-lhe uma coroa de louros sobre a fronte. Toca o hino nacional e cai o pano."[43] [p. 96]

Ainda que *A Escrava Branca* seja uma peça que não prima pela boa realização dramática, em função de um enredo construído com coincidências forçadas e algumas incongruências, atingiu plenamente o propósito com que foi escrita. Fez a defesa da abolição por meio da denúncia de fatos que, segundo o autor, acontecem comumente no seio das famílias brasileiras, "onde se tem infiltrado o abuso e escândalo da junção de alguns senhores com suas próprias escravas, originando-se daí lutas domésticas, dissenções entre esposos e cenas altamente repugnantes à civilização e moralidade compatíveis com o progresso do século"[44].

■ ■

Duas cenas dramáticas, publicadas em 1883 e 1884, somaram-se às peças abolicionistas representadas em Porto Alegre: *O Escravo*, de José Bernardino dos Santos, e *Uma Cena do Futuro*, de Artur Rocha. Ambas escritas em versos, a primeira foi dedicada à sociedade dramática particular Emancipadora Rio-Grandense.

O cenário de *O Escravo* é uma clareira, no meio de uma floresta: sob uma árvore alta, um monte de terra indicando uma sepultura. Entra em cena o velho escravo José, trazendo uma cruz de madeira e uma corda. Em um monólogo, descreve como se deu o suplício e a morte de seu filho, açoitado cruelmente. Não lhe valeram as lágrimas da mãe ou o fato de José ter sido o "escravo fiel" em cujos braços havia expirado o pai do rapaz que ordenou a sentença de morte. Em versos que denunciam a desumanidade e as atrocidades da escravidão, acompanhamos os lamentos do velho escravo que resolve dar cabo da própria vida, enforcando-se num galho da árvore em que o filho havia sido amarrado e morto. Seu suicídio é "outro quadro da pungente escravidão"[45], ele diz. Mas eis que entram em cena um sacerdote e um magistrado. Ambos prometem conforto e liberdade a José e, contra a sua vontade, o salvam da forca. O escravo se debate, com desespero e ansiedade,

[43] Ibidem, p. 96.
[44] Idem, *Cenas da Escravidão*, p. 3.
[45] Apud R.R. Geraldes, op. cit., p. 261.

segundo a rubrica, e diz aos dois que apenas o "homem físico" foi salvo, pois morto está o "homem moral". E irrompe em gargalhadas, sinalizando que enlouquece, ao mesmo tempo que se abre o pano de fundo, deixando ver em cena uma praça e em seu centro "a estátua da liberdade defendendo uma criança", a qual traz "a inscrição em letras de ouro: 28 de setembro de 1871. Rodeiam-se reverentes escravos de ambos os sexos. O corpo cênico em grande gala, formando alas à direita e à esquerda"[46].

Vê-se nessa "apoteose" que a intenção do autor é reverenciar a Lei do Ventre Livre, embora o que se passa na cena dramática não tenha relação direta com a liberdade do ventre escravo. Após as gargalhadas de José, parece estranho abrir-se o pano para o quadro fixo final, descolado da forte denúncia de um crime de um senhor escravocrata. A menos que entendamos que, graças a essa lei, o Brasil do futuro logo estará livre da escravidão.

Talvez não seja coincidência que Artur Rocha tenha se contraposto a essa visão em *Uma Cena do Futuro*. Mesclando narrativa e diálogos, o autor imagina um fato possível de acontecer em 1892, se ainda nesse ano houver escravidão no Brasil. Façamos as contas: uma criança nascida pouco depois de 28 de setembro de 1871 será um adulto livre, de vinte ou vinte e um anos de idade. Mas não sua mãe, que permanecerá escrava. Que tragédias podem nascer dessa situação anômala?

Artur Rocha situa a ação de sua cena dramática numa estância. O narrador conta um sonho terrível que teve, envolvendo um soldado, um fazendeiro muito rico e uma escrava. Dirigindo-se a hipotéticos ouvintes, anuncia uma história que fará tremer, mas também refletir. Já de cara, o encontro entre o soldado e a mãe escrava serve para fazer a crítica à Lei do Ventre Livre. Indagado por ela se o envergonha, ele responde:

> – Vergonha de ti!?… Acaso
> É culpa tua, se a sorte
> Deu-te a vida e deu-te a morte,
> Deu-te a luz e a escuridão?!…
> É culpa tua se existe
> Lei que em plena sociedade,
> Aos *filhos* dá liberdade,
> Deixa as *mães* na escravidão?![47]

Para demonstrar como essa lei pode provocar tragédias, a ação vem em seguida. O soldado chega para prender o fazendeiro, que havia cometido um crime.

---

46 Ibidem, p. 262.
47 A. Rocha, *Uma Cena do Futuro*, p. 7-8.

O diálogo entre ambos é tenso, o rapaz recebe proposta de suborno – que não aceita – e sofre ameaças. Nada o demove de cumprir seu dever. Ainda mais porque sabe como os escravos são tratados pelo "mau senhor". O fazendeiro concorda então em se entregar, mas antes pede para conversar com o feitor. Quando estão saindo, já fora da casa, o soldado ouve a mãe soluçar e a vê amarrada ao tronco, prestes a ser açoitada. Para salvá-la da morte, deve deixar o fazendeiro em liberdade, o que significa abdicar da própria honra. Diante do impasse, opta pelo suicídio e se dá um tiro. A mãe, vendo o filho caído, ensanguentado e morto, grita para o seu algoz: "– Desgraçado!... Era teu filho!..." [p. 15]

Terminada a narrativa do sonho "fantástico", "medonho", que "uma lição encerra", as últimas palavras da cena dramática são do narrador:

> Para evitar do sonho a triste ação,
> Acabai desde já co'a escravidão! [p. 16]

A mensagem abolicionista da cena dramática de Artur Rocha não podia ser mais clara. E pôde ecoar na vasta sala do Teatro São Pedro, quando encenada por uma sociedade dramática particular, em 1885. Vale lembrar que o dramaturgo já havia feito críticas à Lei do Ventre Livre num diálogo inserido em *A Filha da Escrava*, como visto alguns passos atrás. Ele queria o fim imediato da escravidão, não medidas que o protelassem em nome de uma alegada segurança que teria a emancipação gradual. A cena dramática mostra exatamente o contrário: filhos livres e mães escravas numa mesma sociedade geram tragédias que só poderiam ser evitadas com a liberdade para todos. De quebra, o desfecho ainda revela que o rapaz era fruto do abuso sexual sofrido pela escrava, outra questão largamente abordada pela dramaturgia abolicionista.

• •

Em 1885, na cidade do Rio Grande, José Alves Coelho da Silva publica *Escrava e Mãe*, drama em cinco atos, pela tipografia do *Diário do Rio Grande*, de Z. Salcedo e Andrade. Nascido na Bahia e radicado durante muitos anos em Jaguarão, cidade ao sul da província do Rio Grande do Sul, 1º tenente reformado da armada nacional, ele foi um militante aguerrido na luta pelo fim da escravidão, como prova a contundência do drama que escreveu, "dedicado à patriótica, humanitária e civilizadora Confederação Abolicionista do Rio de Janeiro"[48].

48 J.A.C. da Silva, *Escrava e Mãe*, em A. Fischer, *Antologia da Literatura Dramática do Rio Grande do Sul (Século XIX)*, v. 6, p. 57. Segundo Antenor Fischer, Coelho da Silva é também autor de outro drama abolicionista, *Boêmia* (1879), representado em Porto Alegre, em 1885, e em Jaguarão, em 1887.

7 O TEATRO E A ABOLIÇÃO

A ação dramática de *Escrava e Mãe* se passa no Rio de Janeiro, numa quinta em Andaraí, em 1884 ou 1885. Trata-se de uma peça que tem três objetivos claros: denunciar o jogo como um vício que pode destruir uma família; criticar a monarquia e defender a república como sistema de governo ideal; fazer a apologia da abolição, bem como demonstrar a iniquidade da escravidão e a brutalidade dos escravocratas, que se servem sexualmente de suas escravas, gerando filhos que serão alvo de preconceitos.

O enredo traz, portanto, discussões entre as personagens, que expõem suas ideias, enquanto evolui de uma situação de crise em que está mergulhada a família de Pedro de Lima, com dívidas de jogo, para uma derrocada completa com a possibilidade da perda dos bens. Viúvo, ele vive com a filha Henriqueta, de dezessete anos, e com o afilhado Otávio, de vinte anos e cego. A família tem cinco escravos e dois deles, Andreza e Paulo, mais velhos, têm importância fundamental na trama, assim como o jovem médico Agripino e o vilão Soares.

No primeiro ato, apresentam-se as personagens e armam-se as situações a serem desenvolvidas nos atos seguintes. Vemos a bondade dos dois escravos e sua dedicação a Henriqueta e Otávio, que os tratam bem, ao contrário de Lima, sempre ríspido com eles, pois é um escravocrata. Os dois jovens se amam, mas a cegueira do rapaz os torna inseguros em relação aos sentimentos e a mocinha sofre por ser órfã de mãe e ver que o pai pouco se preocupa com ela. Fica no ar a possibilidade de que Otávio seja curado por Agripino, amigo e protetor do casal, que discute o caso com um médico francês, para quem não há solução. Por fim, Lima já aparece endividado e disposto a jogar mais, estimulado por Soares, interessado em Henriqueta e em se apropriar da fortuna do amigo.

À medida que a peça avança, vamos conhecendo melhor as personagens. Otávio acredita que foi deixado à porta da irmã de Lima, Dona Ricardina, quando bebê, e lamenta não ter uma mãe. Chega a dizer que gostaria de ser filho de Andreza, que o trata como tal. Ela retruca, introjetando o preconceito da sociedade contra os filhos dos escravos. Dá-se então o seguinte diálogo:

> ANDREZA: O filho de uma escrava, embora livre, bom e talentoso, é sempre um espúrio da sociedade, que a todo momento o humilha com os seus preconceitos.
>
> OTÁVIO: Preconceitos malditos! Sou, talvez, filho de uma mulher livre, e quem sabe se poderosa e rica. Entretanto, ao passo que a escrava alquebrada pelo cansaço, flagelada pelo açoite, amamenta o seu filho, a mulher rica e livre nega o leite materno ao fruto de suas entranhas, confiando-o a seios mercenários e quase sempre escravos.
>
> ANDREZA: Pelo amor de Deus, não diga estas coisas, sinhozinho!

> OTÁVIO: Tu disseste que o filho da escrava é uma vítima dos preconceitos sociais, entretanto, quando a pobre escrava cobre com o seu corpo desnudado o inocente filhinho, para que não lhe toquem os golpes do azorrague, a mulher livre, em nome destes preconceitos, para salvar uma honra mentida, atira para bem longe, à primeira porta ou aos cães da rua, o fruto do seu amor, o filho de suas entranhas!
> ANDREZA: Ao menos nas veias desse filho gira o sangue da liberdade.
> OTÁVIO: Eu antes quisera nas minhas artérias o sangue bebido nos seios de minha mãe, embora escrava! [p. 74]

O rapaz branco revela seu bom coração, livre de preconceitos contra os filhos de escravas, no que é acompanhado por Henriqueta, que concorda com ele. O segredo do nascimento de Otávio está numa pequena caixa com documentos que lhe foi entregue por sua protetora antes de morrer. Como ele não pôde lê-los, dá a caixa a Agripino, pedindo-lhe que revele o conteúdo dos documentos apenas no dia em que considerar que sua cegueira, que está sendo tratada, é irreversível. Claro está que esse mistério será desvendado mais à frente, com uma revelação bombástica.

Agripino é o porta-voz do autor. Cabe a ele criticar o vício do jogo e fazer a defesa da república em vários diálogos, enquanto, no plano do enredo, a situação de Lima se agrava com mais dívidas, como vemos no terceiro e quinto atos. No quarto, duas cenas se destacam. Em uma delas, Soares quase consegue seduzir Henriqueta, pondo-a contra o pai, de quem é credor, e ameaçando-a com a pobreza. Na outra, um longo diálogo opõe Agripino e Otávio de um lado, Lima e Soares de outro. Abolicionistas contra escravocratas. Coelho da Silva tem agora dois porta-vozes para argumentar em favor de suas ideias. Na opinião de Lima, só não são a favor da escravidão os que não têm escravos; os que são a favor da abolição geralmente têm nas veias sangue de escravos, ele diz. É então interrompido por Agripino e o diálogo continua desta maneira:

> DR. AGRIPINO: Perdão, senhor Lima. Geralmente, os abolicionistas são como eu. Quando fui homem, já era senhor e o primeiro passo que dei na sociedade foi restituir a liberdade a dez criaturas livres como eu, perante Deus, e escravizadas pela cruel desumanidade dos meus antepassados. É esta a norma invariável do abolicionista, mesmo sendo os seus pais tão conhecidos quanto são os meus.
> LIMA: Deve ter certeza que não me referi ao doutor.
> DR. AGRIPINO: E eu me refiro aos abolicionistas em geral. Eles são os verdadeiros patriotas, que morrem de vergonha pela degradação que macula

a sua pátria, como o filho se suicida pela desonra que nodoa as faces de sua mãe. Os abolicionistas respeitam a raça escrava como se respeita a desgraça, e esse respeito é uma barreira levantada entre os seus instintos de homem e o aviltamento imposto àqueles infelizes.

SOARES: E, porventura, os escravocratas não procedem da mesma forma?

DR. AGRIPINO: Ao menos, as suas teorias e vida prática não justificam tais princípios. O escravagista, vivendo do escravo e com ele convivendo, como o negociante com as suas mercadorias, facilmente com ele se familiariza, como o mercador com o gênero de seu comércio; e como, para esse tráfico, o homem já tem esquecido todos os sentimentos do pudor e humanidade, convencido que do senhor para o escravo há o direito pleno e absoluto, julgando ainda que honra a escrava com a sua intimidade, daí resulta que muitos escravocratas, que hoje habitam esplêndidos palácios, tiveram a sua origem em asquerosas senzalas.

LIMA: Se houvessem desses homens e fossem conhecidos, deviam ser expulsos da comunhão social, doutor.

OTÁVIO: Por que, meu padrinho?

LIMA: Porque, além da degradação que lhes vêm dos pais, sendo filhos de ventre escravos são escravos ingênitos, e como tal, enxertos apodrecidos que procuram medrar no seio da sociedade pura, de gente honesta.

OTÁVIO: Um tal procedimento seria um horror perante Deus! Não pode, porventura, ser honesto o filho de uma pobre escrava? Não pode ser virtuosa a mãe desse infeliz? A virtude está no coração, meu padrinho, e muitas mães cativas têm mais honradez em sua alma do que muitas mães que se ostentam nessa sociedade pura.

LIMA: Cala-te, insensato.

SOARES (*escarnecendo*): Também é abolicionista, senhor Otávio?

OTÁVIO: Sou brasileiro, senhor comendador. E um filho do Brasil, em respeito à religião de Cristo, que professa, à sua própria dignidade e sentimento de honra, à moralidade e civilização do seu país, não pode admitir a persistência de um crime que tão infamemente avilta, degrada e desonra a sua nação. Sou abolicionista! [p. 91-92]

O diálogo continua por um bom tempo, cada grupo de personagens defendendo seus pontos de vista, com argumentos melhores e mais bem construídos nas palavras de Agripino e Otávio. Em toda a sua extensão e, principalmente, no trecho transcrito, um diálogo como esse poderia ser apenas um enxerto desligado do enredo, destinado a convencer o leitor/espectador de que a escravidão é um crime hediondo e que a abolição é uma necessidade urgente para que o país se livre dessa mácula. Mas é preciso levar em conta que Agripino se refere criticamente à intimidade entre senhores e escravas e que Lima revela todo o seu preconceito contra os filhos de escravas, ao passo que Otávio, pela segunda vez, os defende. O que é dito pelas personagens antecipa revelações que serão feitas por força do rumo dos acontecimentos, no quinto ato.

Nas cenas iniciais, Soares é desmascarado. Lima lhe deve uma fortuna e entregará seus bens para pagar a dívida. Agripino, tendo lido o conteúdo da caixa de documentos que Otávio lhe entregara, revela que ele é filho de Andreza e Soares. O vilão a havia comprado de Anselmo, pai de Lima, em 1848. Vendeu-a anos depois, em 1864, para o pai da esposa de Lima, após tê-la engravidado e entregado o filho a uma pessoa que, por sua vez, o deixou com Dona Ricardina.

Todas essas coincidências são necessárias para o andamento do enredo. Otávio fica feliz em saber que é filho de Andreza, coerente com o que havia dito sobre filhos de escravas. Mas Soares fica insensível a esse fato e insiste com Lima para que lhe entregue os bens, uma vez que não tem dinheiro para pagar o que deve. Ou seja, Andreza será, mais uma vez, sua escrava. Paulo intervém, dizendo que Lima não poderia vendê-la. Seria um crime que nem Deus perdoaria. E dá uma carteira de Anselmo – de quem fora "escravo fiel" – com documentos para Agripino ler. Nova revelação: Lima também é filho de Andreza. Seu pai fora apaixonado pela escrava e ele é fruto dessa ligação. Omito os detalhes das explicações e não vou descrever os diálogos cheios de emoção entre as personagens. O mais importante é a mensagem que o autor quer passar: a escravidão é a causa primeira de todos os sofrimentos. E como o desfecho deve dizer alguma coisa para o leitor ou espectador, a felicidade será garantida a todos, com exceção do vilão Soares, que não fará parte do grupo social que na peça supera os preconceitos e condena o cativeiro. Lima se arrepende de seu passado escravocrata, reconhece a mãe e liberta os cinco escravos da casa. Sua dívida é paga pelo Dr. Agripino, que afinal curou a cegueira de Otávio. Na cena final, as palavras confirmam o compromisso de Coelho da Silva com a crítica à escravidão e a defesa da abolição:

> LIMA: Nesta casa, já não há cativos! Há irmãos de Cristo, mártires como Ele e livres como manda a sua lei! Desse triste passado, existe aqui um homem cujo coração se despedaça torturado pelo remorso de Iscariote; que sente escaldar-lhe a fronte o torpe e aviltante estigma de escravocrata! Só agora compreendo e sinto, em minha alma, a vergonha que enluta a minha pátria!
>
> DR. AGRIPINO: Oxalá que o Brasil inteiro testemunhasse essa história, exemplo de outras mil que se passam no seio da família brasileira. Porém, Deus não consentirá que, por mais tempo, a terra de Santa Cruz seja transformada em Gólgota de uma raça de mártires!

7 O TEATRO E A ABOLIÇÃO

> OTÁVIO (*apontando para fora da janela*): Vejam que dia esplêndido! Olha, Pedro, a natureza festeja a redenção de nossa mãe!
>
> ANDREZA: É o Altíssimo, que abençoa a remissão de cinco escravos!
>
> HENRIQUETA: É o céu, que se ilumina com a luz da liberdade. Cada elo que se quebra dos ferros da escravidão é uma estrela que Deus crava na celeste amplidão. [p. 117-118]

Em *Escrava e Mãe* o autor conciliou aspectos dos dramas românticos e das comédias realistas. Percebe-se a criação de cenas e diálogos para comover, com personagens infelizes que sofrem muito, por um lado, e a presença de lições edificantes, por outro. Há, também, ecos da peça *Mãe*, de Alencar, na qual o filho de uma escrava a aceita como mãe, sem se preocupar com os preconceitos da sociedade. Inclusive, a certa altura, a frase de Agripino a Lima, quando vê que ele vendeu Andreza a Soares, é tomada de empréstimo a Alencar. Ele exclama: "Vendeu sua mãe, desgraçado", assim como em *Mãe*, o médico amigo da família diz a Jorge: "Desgraçado, vendeste tua mãe!". Talvez se possa compreender essa "citação" como uma homenagem de Coelho da Silva ao escritor cearense falecido em 1877.

AZEVEDO: "O MULATO" EM CENA

Irmão mais moço de Artur Azevedo, Aluísio Azevedo também foi um abolicionista de primeira hora. Em 1881, escandalizou a sociedade provinciana de São Luís do Maranhão com o romance *O Mulato*, no qual atacou violentamente o clero e expôs a brutalidade da escravidão. Quanto ao primeiro aspecto, seu anticlericalismo o levou a criar um cônego hipócrita e assassino, de importância capital na trama; quanto ao segundo, não contemporizou nas descrições de castigos físicos infligidos aos escravos, criticou o tráfico negreiro interprovincial e trouxe para o primeiro plano a questão do preconceito racial. Raimundo, o protagonista, é a vítima da sociedade escravocrata e racista, apoiada pela Igreja.

Publicado no Maranhão, o romance teve a edição de mil exemplares esgotada em pouco tempo. Evidentemente, o retrato negativo da sociedade maranhense tornou Aluísio malvisto em São Luís. Sufocado pelo conservadorismo da província, ele muda-se para o Rio de Janeiro, onde dá seguimento à carreira literária.

Alguns jornais fluminenses haviam saudado o aparecimento de *O Mulato* com apreciações muito positivas e era de se esperar que logo saísse uma segunda edição, pois pouquíssimas pessoas puderam ler o livro fora de São Luís. Mas foi preciso esperar até 1889. Aluísio fez uma revisão radical da primeira versão, mudando palavras e frases, fazendo supressões e acréscimos. Apesar da pequena distância temporal entre as duas edições, a segunda veio a lume sem a mesma força de combate e propaganda contra a escravidão, ainda que o autor tenha preservado sua visão crítica da província escravocrata e mantido algumas passagens bastante fortes. Num estudo comparativo entre ambas, Jean-Yves Mérian mostra como na de 1889 foram suprimidos vários trechos que o próprio autor deve ter considerado dispensáveis após o fim da escravidão[49]. Sirva de exemplo a supressão de uma grande parte do diálogo entre Manoel Pescada e Raimundo, no décimo capítulo. O rapaz não tem papas na língua quando denuncia a desumanidade do mercado de compra e venda de escravos ou quando defende que o escravo fuja e que, capturado, não se submeta aos castigos de seu senhor: "Enterra-lhe dois palmos de ferro na barriga. Mata-o! para dar mais uma boa e dura lição ao governo, que não teve energia para acabar por uma vez com a escravatura!"[50] É possível imaginar a reação dos maranhenses escravocratas diante dessas palavras. Nem mesmo as senhoras católicas escaparam das críticas do escritor, nesta contundente passagem:

> Em que consiste a religião dessas senhoras maranhenses, que travam do chicote e escadeiram um negro a ponto de matá-lo?! (Eu vi). Entretanto o senhor as encontrará nas igrejas, com uma carinha de santas, a devorarem padre-nossos. Sei de uma que saiu para a missa, deixando em casa um escravo debaixo do relho e ordem para não interromperem o castigo, senão quando ela voltasse da igreja. E quando voltou, o pobre preto, que era um homem forte, musculoso, bonito, estava quase morto![51]

No romance, é igualmente forte a descrição do castigo que sofre Domingas, a mãe de Raimundo, nas mãos de Quitéria, mantida com poucas modificações na segunda edição. A caracterização de Maria Bárbara como mulher que surra os escravos por nada e deixa claro que não quer "mulatos" na família – proibindo o casamento da neta Ana Rosa com Raimundo – também colabora para o retrato da sociedade escravocrata e preconceituosa que o autor traça sem condescendência. Afinal, como escreveu num artigo publicado no jornal fluminense *A Folha Nova*, em 24 de fevereiro de 1883, o Maranhão era "indecentemente a mais escravocrata de todas as províncias do Brasil", e seu romance "atacava de frente a escravidão".

[49] J.-Y. Mérian, *Aluísio Azevedo: Vida e Obra (1857-1913)*, p. 276-294.
[50] A. Azevedo, *O Mulato*, p. 279-280. Esta primeira edição está digitalizada e disponível para leitura no *site* da Biblioteca Brasiliana Guita e José Mindlin.
[51] Ibidem, p. 278.

7 O TEATRO E A ABOLIÇÃO

Passar para o palco essa obra de combate foi a tarefa que se impôs Aluísio em 1884. Provavelmente deve ter levado em conta que o romance teve poucos leitores no Rio de Janeiro e que uma adaptação teatral seria uma maneira de divulgá-lo e, como pensava em uma segunda edição, de despertar o interesse de alguma editora. Por outro lado, a campanha abolicionista havia criado um clima favorável no Rio de Janeiro para representações teatrais de peças comprometidas com a causa humanitária. Acrescente-se a possibilidade de algum ganho financeiro e o eventual desejo de experimentar o naturalismo no teatro para se chegar à conclusão de que Aluísio tinha boas razões para fazer a adaptação teatral, cuja estreia ocorreu em 17 de outubro de 1884, no Teatro Recreio Dramático.

Foi um verdadeiro acontecimento literário e teatral. Pelo menos dez jornais e revistas abriram espaço para acolher comentários críticos favoráveis e desfavoráveis ao texto, aos intérpretes e à encenação como um todo. O papel de Raimundo coube ao ator Dias Braga e o de Ana Rosa, a Helena Cavallier. O teatro estava cheio e, ao final de cada ato, Aluísio foi chamado ao proscênio e aplaudido. Infelizmente, a adaptação teatral de *O Mulato* não foi publicada, impossibilitando que seja feito um estudo completo de suas qualidades e defeitos. Mas pela leitura dos artigos de jornal é possível reconstruir razoavelmente o que foi aproveitado do romance na transposição para a forma do drama.

O primeiro ato apresenta o protagonista, um belo rapaz de 26 anos de idade, que acaba de chegar ao Maranhão, com o objetivo de vender alguns bens que herdou do pai e em seguida se estabelecer no Rio de Janeiro. Aos cinco anos, havia sido mandado para Portugal, onde se educou, sem saber nada de sua própria história. É de se crer que as outras personagens dialoguem sobre o seu passado, informando que seu pai fora assassinado e que ele era filho de uma escrava. Hospedado por um tio paterno, Raimundo apaixona-se por Ana Rosa, filha do dono da casa, que pretendia casá-la com um de seus empregados, o caixeiro Dias. Segue-se a cena em que o rapaz pede a mão da mocinha e ouve uma recusa. Como insiste em saber a razão, Manoel Pescada lhe diz então que não pode deixar a filha se casar com um "mulato", filho de uma escrava e forro na pia batismal. O que diria a sociedade maranhense, que sabia de toda a história? Vítima do preconceito racial, Raimundo fica chocado com a revelação, pois sempre se viu como branco e assim os outros o viam. Mas promete ao tio não mais pensar em casamento e logo depois diz a Ana Rosa que vai para o Rio de Janeiro e que nunca a amou.

Assim termina esse ato. O diálogo entre Raimundo e Ana Rosa não existe no romance. A mocinha sabe pelo pai que o rapaz desistiu do casamento e que vai embora para o Rio de Janeiro. Em primeiro plano, como se vê, está a questão do preconceito. Deve ter sido uma cena de impacto, a revelação feita a Raimundo por Manuel Pescada. Como os resumos publicados nos jornais se preocuparam em esclarecer apenas o enredo da adaptação, não é possível saber se nos diálogos houve também alguma crítica direta à escravidão, que no romance estão presentes na voz do narrador.

No segundo ato, Manoel Pescada e o cônego vão ao porto ver o embarque do rapaz, que havia liquidado seus negócios. Ana Rosa está em casa com o moleque Benedito, que tem consigo uma carta para lhe ser entregue depois que o navio partir, conforme instrução de Raimundo. Porém o escravo se antecipa e a mocinha sabe então que é amada, mas que ele a deixa porque ficou sabendo que era um "mulato" e que "a sociedade a chamaria mulher do negro e nossos filhos teriam casta". No final, conclui: "Lembra-te somente que eu só desejava ser branco para merecer-te."[52] Lida em cena, a carta reforçava a crítica ao preconceito. Contudo, a maior consequência é que Ana Rosa consegue levar Raimundo para sua casa e insiste em se entregar a ele como forma de forçar a família a aceitar o casamento. Claro que o que é narrado no romance não se vê no palco. O diálogo entre ambos deve ter sugerido o que ia acontecer.

O terceiro e último ato começa com a entrada de Manuel Pescada e do cônego, contrariados porque constataram que Raimundo não embarcou. Mas o pai mente à filha; diz a ela que o rapaz partiu para o Rio de Janeiro para ver como ela reage. Ela desmaia. O cônego exige a verdade do que se passou e o pai a amaldiçoa ao ouvir que ela fora "desonrada". Raimundo entra, discute com os que estão em cena e sai dizendo que vai procurar o amparo da lei, pois Ana Rosa é maior de idade e pode se casar sem a permissão do pai. Nos bastidores, Dias lhe desfere um tiro e ele vai agonizar no palco. O moleque Benedito saca um punhal e sai correndo para vingá-lo, exclamando: "Aqui ainda há gente da tua raça!" O cônego apresenta um crucifixo ao moribundo, que o afasta, dizendo suas últimas palavras: "Cristo sofreu muito, mas não era filho de uma escrava." Os jornais transcreveram essas duas falas, que ganharam destaque porque agitavam a questão da escravidão e reforçavam a crítica ao preconceito racial. No *Diário Fluminense* de 19 de outubro de 1884, lê-se também que Raimundo, antes de expirar, diz a Ana Rosa que "se tiver dele algum filho, o esmague no seu ventre, para não ser filho de um mulato". O romance, como se sabe, não termina assim. É o cônego que dá uma arma a Dias, que mata Raimundo sem que ninguém saiba. Tanto que seis anos depois está casado com Ana Rosa, ambos felizes com seus três filhos. No romance, o protagonista não deixa nenhuma mensagem ao morrer.

As mudanças feitas por Aluísio talvez tenham a ver com as dificuldades próprias do teatro do século XIX para colocar duas épocas diferentes no

---

52 Ibidem, p. 385-386.

mesmo ato, sem nenhum corte. Por outro lado, dada a militância abolicionista do escritor, é possível entender que o impacto do desfecho foi um lance calculado para atingir as consciências dos espectadores. Imagino também que a passagem do romance em que Raimundo discute com Manuel, o cônego e Maria Bárbara, transposta para o drama, deve ter provocado alguma reação na plateia. Enquanto o rapaz se diz disposto a casar para "reparar" sua falta, a avó de Ana Rosa o ofende com seu ódio escravocrata, chamando-o de "filhote de uma preta escrava", "cabra", dizendo que não quer "mulatos na família" e que prefere ver a neta "morta ou prostituída"[53].

Os comentários críticos publicados nos jornais – com elogios e restrições – enfatizaram o desempenho dos artistas, os aspectos naturalistas da montagem e a questão do preconceito. Acertadamente, o colunista anônimo da *Gazeta de Notícias*, em 19 de outubro de 1884, escreveu que o enredo do drama não era complicado, acrescentando: "O eixo principal é o preconceito de cor; isto que podia ser um acidente que influísse deste ou daquele modo sobre a ação, é a própria ação." Na sequência do texto, porém, há uma crítica à passividade com que Raimundo aceita o preconceito. Afinal, ele fora educado na Europa, com outros valores, e nunca se vira como criatura inferior. O drama seria mais natural e realista se fosse baseado na rebeldia do rapaz, "rebeldia manifestada em todos os seus atos e em todas as suas palavras. Devia haver mais, para bater o preconceito, o contraste de virtudes entre o filho da escrava e os que o repelem". O colunista critica algumas cenas do drama, mas reconhece o talento de Aluísio e elogia com entusiasmo o desfecho, que considerou bem preparado, observando: "Se a inspiração de Aluísio, quando escreveu esta cena, o tivesse acompanhado em todo o drama, teria ele feito uma obra esplêndida."

Dois outros jornalistas fizeram objeções ao modo como o autor abordou a questão do preconceito. Em um segundo texto publicado na *Gazeta de Notícias*, de 22 de outubro, "V." caracteriza o drama como "obra filosófica, como obra de propaganda e combate", porém afirma que o autor deveria fazer a família recusar o pedido de Raimundo, e concordar quando soubesse que ele era rico: "Este golpe feriria mais certeira e profundamente a questão, lançaria o preconceito de pernas para o ar." Também lhe pareceu que o protagonista não deveria ter nascido escravo e ter sido "forro à pia", porque "esta circunstância muda inteiramente a face da questão; o preconceito amplia-se e modifica-se para pior". Apesar dessas restrições e de algumas outras que não vem ao caso comentar, o colunista aplaudiu o alcance crítico do drama.

Já no *Jornal do Comércio*, Carlos de Laet exprimiu o seu desagrado com o assunto posto em cena, escrevendo, em 26 de outubro, que Aluísio atacou um

---

53   Ibidem, p. 450-454.

"moinho", pois "se país existe em que tal preconceito não haja, é certamente este nosso". A seu ver, seria uma exceção na vida real o que o drama apresenta, uma vez que no Brasil homens como Raimundo são "alguns dos nossos mais estimáveis e respeitáveis estadistas", todos sempre "recebidos em nossa melhor sociedade". Embora reconhecendo que o drama tinha "o inconveniente de agitar questões desta ordem e nesta ocasião" – referindo-se provavelmente à escravidão e à campanha abolicionista –, Carlos de Laet afirmou que o autor não prestou nenhum serviço à causa da emancipação. Teria que ter abordado não o preconceito, mas a dura condição dos escravos nas fazendas, a opressão que sofriam e os abusos sexuais dos senhores. Provocativo, considerou que "evocar esse tremendo fantasma do ódio de raça" seria contraproducente, se o drama fosse "uma dessas produções de gênio que levantam as multidões".

Antes de Carlos de Laet, nos dias 19 e 23 de outubro, o *Jornal do Comércio* já havia publicado duas matérias sobre a encenação de *O Mulato*, com críticas contundentes. Uma pequena polêmica se estabeleceu com a *Gazeta de Notícias*, em cujos artigos as restrições ao drama não impediram o reconhecimento de suas qualidades. O órgão conservador não hesitou em classificar o trabalho de Aluísio como imoral. Nos outros jornais, a tendência geral foi repetir o julgamento equilibrado que se vê na *Gazeta de Notícias*.

A enorme repercussão na imprensa não ajudou o espetáculo a ficar em cartaz por muito tempo. Apenas seis récitas seguidas e o Teatro Recreio Dramático o tirou de cartaz. A prova definitiva de que Aluísio estava alinhado com a luta abolicionista quando escreveu o drama foi dada um mês depois da estreia. No dia 17 de novembro, houve mais uma representação, em benefício do autor. Dois dias depois, os jornais descreveram as homenagens que lhe foram prestadas e em *O País* lia-se o seguinte:

> Durante toda a representação do *Mulato*, foi Aluísio Azevedo muito vitoriado e chamado à cena repetidas vezes. Foram-lhe oferecidos inúmeros *bouquets* e um bonito ramo de rosas da atriz Helena Cavallier; outro de seu amigo Mallet e um alfinete de gravata da Exma. Sra. D. Henriqueta Chaves.
>
> Grande número de amigos foram felicitar o talentoso escritor, assim como uma comissão composta dos Srs. Clapp, Sampaio e Júlio de Lemos, por parte da Confederação Abolicionista.
>
> O Sr. Gomes dos Santos foi também, como representante do Centro Abolicionista, cumprimentar Aluísio Azevedo.

A presença de abolicionistas importantes no benefício de Aluísio diz tudo sobre seu compromisso com a causa. Parece certo que a adaptação teatral de *O Mulato* alimentou o debate em curso sobre a abolição da escravidão no meio social e intelectual do Rio de Janeiro e incomodou os conservadores. O drama já não estava em cartaz, mas, em 18 de dezembro, um mês após a récita em benefício de Aluísio, o *Jornal do Comércio* ainda insistia em criticar o Conservatório Dramático – na figura de seu presidente, o barão de Paranapiacaba – por ter permitido a representação. Segundo o folhetinista "Quidam", havia um perigo na tese defendida pelo autor: "O Sr. Barão devia ter-se lembrado, antes de permitir que a peça fosse representada, que a questão incandescente da escravidão achava-se discutida no *Mulato*, e que, em suma, este drama poderia ter ocasionado graves desordens".

No dia seguinte, o barão respondeu no mesmo jornal, dizendo que não cabia ao Conservatório proibir uma obra "por ser propaganda contra a escravidão". O que dizia respeito à segurança ou sátiras pessoais era atribuição da polícia, afirmou. Enfim, todo o debate em torno do drama, desde sua estreia, aponta para o fato de que Aluísio conseguiu realizar o seu intento de levar ao palco um texto forte sobre a questão servil. Em primeiro plano, como escritor abolicionista que era, colocou a crítica ao preconceito racial – fruto da escravidão.

ANA CHAVES GUIMARÃES

No capítulo dedicado às representações de *A Cabana do Pai Tomás* pelo Brasil, os nomes da atriz Ana Chaves Guimarães e de seu marido, o ator e empresário Ribeiro Guimarães, mereceram destaque pelo apoio que deram à causa abolicionista, quando se apresentaram em Fortaleza, São Luís do Maranhão e Belém, em 1882. Nessas cidades, foram elogiados pela imprensa liberal, estabeleceram contato com sociedades libertadoras e realizaram espetáculos com renda revertida para a compra de alforrias. Em Fortaleza, na noite de seu benefício, com o qual a companhia se despedia da cidade, Ana Chaves leu uma breve nota de gratidão para os espectadores, publicada nos jornais do dia 21 de março de 1882. Merecem destaque as palavras finais, nas quais ela elogia a província do Ceará como "a pátria dos filhos da grandiosa ideia: – Quebrar as algemas da escravidão!"

Ao longo da década de 1880, o casal viajou por quase todo o país, do Rio Grande do Sul ao Pará, apresentando espetáculos nas capitais e em muitas cidades do interior das províncias. A experiência de Ribeiro Guimarães como homem de teatro e os desempenhos dos principais papéis por Ana Chaves, que era também tradutora de peças francesas, garantiram alguma qualidade ao trabalho da companhia dramática que mantiveram a duras penas, às vezes associando-se a outros atores e empresários.

A forte adesão de ambos à campanha abolicionista não se manifestou apenas com espetáculos dados em benefício da liberdade de pessoas escravizadas.

Em 14 de maio de 1885, no Teatro Santo Antônio, no Recife, a companhia dramática de Ribeiro Guimarães e José Eduardo pôs em cena, pela primeira vez, o "drama de propaganda" em quatro atos e um quadro intitulado *Os Abolicionistas*, escrito por Ana Chaves.

Em letras garrafais, os anúncios nos jornais do dia da estreia enfatizavam que a récita fazia parte de um "grande festival abolicionista", em homenagem a três sociedades libertadoras: Ave-Libertas, Ceará Livre e Nova Emancipadora. A empresa dramática prometia cenários novos, fogos cambiantes e luz elétrica, "destacando-se por entre nuvens em uma auréola de luz a Redenção dos Escravos". O espetáculo ia terminar com o Hino da Cearense Libertadora, a "Marselhesa do Futuro", e um quadro final que mostrava ao fundo "os vultos dos grandes beneméritos visconde do Rio Branco e Joaquim Nabuco", e ao lado "a figura simpática do grande libertador Francisco do Nascimento, sulcando as impávidas ondas que levaram seu nome à posteridade".

A descrição da festa, dois dias depois, no *Jornal do Recife*, revela que o sucesso foi enorme: o quadro final foi de "efeito maravilhoso"; dos camarotes falaram os representantes das sociedades emancipadoras; ao final do espetáculo, Ana Chaves Guimarães foi acompanhada à sua casa por grande número de pessoas, precedidas pela banda marcial do Arsenal de Guerra. A peça, "de efeito extraordinário", foi "com justiça alvo de frenéticos aplausos dos que assistiram a sua representação, e que não cessavam de chamar à cena e aplaudir com o maior entusiasmo a sua distinta autora".

A festa se repetiu com mais uma representação no dia 16 de maio, agora em espetáculo promovido pelas sociedades emancipadoras que haviam sido homenageadas. O anúncio nos jornais destacava que a *mise en scène* era feita pelo "distinto abolicionista condecorado pelas sociedades: Libertadora Cearense, Clube Abolicionista, Patropi do Pará, pelos serviços prestados às mesmas, Ribeiro Guimarães". Ainda no Recife, o casal colaborou com a festa artística que teve lugar no Teatro Santa Isabel, em favor da Associação Mista Redentora dos Cativos e Protetora dos Ingênuos, no dia 19 de maio.

A encenação de *Os Abolicionistas* no Teatro Santo Antônio repercutiu no Rio de Janeiro, em nota publicada em *O País*, no dia 27 de maio, com a reprodução, nesse jornal, de parte da matéria estampada no *Jornal do Recife* a que fiz referência. Tudo ajudava na campanha abolicionista.

Em junho, a companhia dramática de Ribeiro Guimarães apresentou-se em Maceió. No dia 14, subiu à cena *Os Abolicionistas*, com excelente repercussão junto ao público e às sociedades emancipadoras. Ana Chaves Guimarães foi chamada à cena e, após uma fala de Augusto Serafim, recebeu o diploma de sócia honorária do Clube Abolicionista Estudantesco. No jornal *O Orbe*, de 17 de junho, o desempenho do elenco foi considerado "sublime" e alguns

7 O TEATRO E A ABOLIÇÃO

papéis foram destacados. Como o drama não foi publicado e nenhum articulista fez o resumo de seu enredo, o pouco que sabemos dele diz respeito a algumas personagens. Assim, Ribeiro Guimarães interpretou "com verdadeira expressão o papel do grande e intrépido Guilhermo de Andrade, que presidia um clube abolicionista". Já a atriz Balsemão, no papel de Laura, a esposa de Guilhermo, se no início antepunha-se "à realização dos generosos intentos do marido", ao final, "em face do quadro de miséria, dos escravos algemados, da infeliz cicatrizada, não pôde sufocar o brado d'alma". O ator Nóbrega encarnou "um tipo a quem o próprio sentimento que germina no coração do povo brasileiro manda repelir". Havia na peça ainda o escravo Pedro e um "caritativo e filantrópico fazendeiro".

Embora não seja possível reconstituir o enredo, percebe-se o intuito de condenar a escravidão na criação das personagens. Coincidentemente, no mesmo dia da estreia de *Os Abolicionistas*, um triste fato abalou Maceió, segundo se lê no jornal *Guttenberg* de 18 de junho. A nota, intitulada "Cenas da Escravidão", dava a seguinte informação:

> No dia 14 do corrente, pela manhã, apareceram nesta cidade 3 ou 4 escravos, desgraçadas criaturas que suportavam ao pé o peso de grossas correntes, mandadas imediatamente quebrar, na oficina de ferreiro do Sr. Pedro Derfelt, pelo povo indignado em presença de tão contristadora cena, que se nos lôbregos e pestilentos recintos das senzalas é *um preito à justiça e à dignidade humana*, uma cena merecedora de honrosos conceitos, cá, em meio de uma cidade que serve de domicílio a um povo ilustrado, é uma tremenda bofetada à face luminosa da civilização.
>
> O nosso povo, sempre generoso, sempre pacífico, vingará o ultraje dando liberdade àqueles infelizes, para o que solicitou e obteve no mesmo dia um benefício da digna empresa dramática do Sr. Ribeiro Guimarães.
>
> Nesse mesmo dia promoveu-se uma subscrição nas ruas da capital e no teatro, para onde foram levados os escravos, cujo produto consta-nos atingiu a mais de duzentos mil réis.

O apelo a Ribeiro Guimarães revela o conhecimento que se tinha de seu compromisso com as ideias abolicionistas. Prontamente ele atendeu à solicitação que lhe foi feita. Encerrados os espetáculos em Maceió, a trupe viajou para a Bahia. Em Salvador, a estreia de *Os Abolicionistas* se deu em 28 de julho, seguindo-se duas outras récitas nos dias subsequentes. Tudo indica que o drama foi bem recebido na capital baiana, mas não consegui informações mais detalhadas nos jornais. É possível também que tenha sido representado em cidades pequenas que tenham sido visitadas pelo casal a partir de 1885.

Ribeiro Guimarães e Ana Chaves Guimarães foram esquecidos pela historiografia do teatro brasileiro, talvez pelo fato de pouco terem trabalhado no Rio de Janeiro. Não há registro das suas trajetórias artísticas e nem mesmo se conhecem as datas ou locais de nascimento e morte de ambos. Alguns artigos de jornal referem-se a ela como atriz paulistana. Ele é português e deve ter chegado quando jovem ao Brasil. De concreto, consegui apenas a informação de seu falecimento em outubro de 1888, em São Paulo.

FERNANDO PINTO DE ALMEIDA JÚNIOR

Não teve muito público o drama em cinco atos *Os Escravocratas ou a Lei de 28 de Setembro*, do capitão Fernando Pinto de Almeida Júnior, encenado no Rio de Janeiro pela empresa dramática do ator Martins, no Teatro Lucinda, em 31 de outubro de 1885, e reapresentado algumas poucas vezes nos dias subsequentes. Por outro lado, a imprensa foi bastante atenciosa, elogiando em parte a carpintaria teatral do autor e, principalmente, a mensagem abolicionista que procurou passar aos espectadores. Nessa altura, a escravidão era uma instituição agonizante, pois também já havia sido aprovada a lei 3270 ou Lei Saraiva-Cotegipe, que concedia liberdade aos sexagenários. E o apoio popular à causa era enorme. Digno de nota é que o espetáculo de estreia foi dado em homenagem à princesa Isabel e honrado com a presença da família imperial, evidentemente porque dom Pedro II apoiava o fim da escravidão.

Uma primeira versão do drama, com o título *A Lei de 28 de Setembro*, havia sido encenada em outubro de 1877, também no Rio de Janeiro, sem o nome do autor, e sem fazer sucesso, apesar da homenagem ao visconde do Rio Branco, que promulgara a lei do título, libertando o ventre das mulheres escravizadas. Se Pinto de Almeida introduziu emendas e correções para a nova montagem, não foram eficazes para atrair maior número de espectadores. Um breve resumo do enredo foi publicado pela *Gazeta de Notícias* de 2 de novembro de 1885:

> Um fazendeiro ignorante e boçal arrasta a asa a uma escrava casada com um escravo, e que resiste às propostas do seu senhor. Desta recusa da escrava provêm os castigos constantes e cruéis com que é perseguido o casal, para o qual são reservados os trabalhos mais árduos e espinhosos.
>
> Afinal, o escravo liberta-se e enriquece ao mesmo tempo que o seu senhor fica arruinado e enlouquecido, ficando reconhecido, ao fim do drama, que o escravo era filho do seu senhor, e a escrava, irmã de sua mulher.

7 O TEATRO E A ABOLIÇÃO

A nota continua com elogios ao entrecho, que seria "muito dramático" e "muito verossímil", pois o que o espectador havia visto no palco era o que se passava "em algumas fazendas do interior". Esse mesmo ponto de vista foi ratificado pelo articulista responsável pela seção "Foyer" do *Diário de Notícias*, também dois dias após a estreia: "Não se pode negar que há nesse drama uma profunda verdade e um grande espírito de observação; algumas cenas foram como que transplantadas da vida real para o palco." Por exemplo: a cena da sedução da escrava, ou a da compra de escravos. Também a criação das personagens mereceu elogios, como se lê no *Jornal do Comércio*, de 2 de novembro: "O tipo do fazendeiro é perfeitamente estudado embora, se quiserem, entre tipos excepcionais, e o do negociante de escravos não revela menos estudo daquele ente que por muitos anos foi nossa vergonha."

Como o drama não foi publicado, essas informações nos dão uma ideia do que os espectadores viram no palco do Teatro Lucinda: "um desses pavorosos episódios, que só a escravidão tem o poder de criar", segundo a opinião da *Revista Ilustrada* de 16 de novembro. Com total apoio da imprensa, intriga o fracasso de público. Nem mesmo os elogios de Artur Azevedo, com todo o seu prestígio, influíram no ânimo dos fluminenses, talvez já cansados de ver no palco os horrores da escravidão. A peça, afinal, "advoga energicamente a grande causa abolicionista", afirma Artur, em sua coluna "De Palanque", do *Diário de Notícias* de 2 de novembro. E ainda que o título seja ruim, e infeliz a apoteose ao visconde do Rio Branco, continua ele, os espectadores conheceram "uma verdadeira obra de arte", com personagens "bem desenhados", uma peça "das mais brasileiras que tenho visto". Elogios ao desempenho dos artistas completam a apreciação do espetáculo, com destaque para o ator Flávio, que interpretou o papel do fazendeiro Anastácio, "com a sua prosódia fantástica e a sua brutalidade de escravocrata exaltado".

A peça chamou a atenção da Confederação Abolicionista, que promoveu, no dia 7 de novembro, um "grande festival abolicionista" para comemorar o aniversário da lei de 7 de novembro de 1831. Não importava que essa lei – que declarava livres os negros desembarcados no Brasil pelo tráfico ilegal – tivesse sido descumprida por vinte anos. Mais importante era aproveitar a data e promover o drama de propaganda abolicionista com a finalidade de conquistar mais adeptos para a causa humanitária. Os jornais divulgaram a iniciativa com anúncios em letras garrafais. E a programação prometia uma noite de gala no Teatro Lucinda, começando por discursos de Rui Barbosa, Joaquim Nabuco, José do Patrocínio, Ciro de Azevedo e Ferreira Viana. Na sequência, a gratidão da Confederação Abolicionista aos artistas de teatro que vinham dando sua colaboração à luta pelo fim da escravidão. Foram entregues diplomas honoríficos a Francisco Corrêa Vasques, Joaquim da Costa

Maia, Antônio Joaquim de Matos, João de S. Rangel, Emílio Polero, Guilherme Pinto Sepúlveda, Artur Belido Bernardo, A.O. Lisboa, Carlos J. Pestana da Silva, Alfredo Peixoto, Dias Braga, Helena Cavallier, Pepa Ruiz, Emília A. Pestana, Fanny, Mlles. Delmary, Henry e Oudin. Finalmente, a representação do drama. A Confederação Abolicionista aproveitou a oportunidade para vender as coleções dos folhetos que publicava com discursos de seus principais oradores e pedir donativos para continuar com as publicações.

O fracasso de público do drama de Pinto de Almeida – que teve ainda uma representação no dia 19 de novembro – foi compensado pela ampla cobertura da imprensa e pela festa promovida pela Confederação Abolicionista. Pena que o autor, que chegou a escrever outras peças – como *A Peta*, *A Redenção de Tiradentes*, *A Volta do Bermudes* e *As Asas de Ícaro*, entre outras –, tenha mudado de lado às vésperas da abolição. Em meados de 1886, nomeado comandante do destacamento policial de Campos dos Goytacazes, permaneceu nesse cargo até o final de 1887. Aliciado pelo Clube da Lavoura local, passou a perseguir abolicionistas e tornou-se inimigo de Luís Carlos de Lacerda, proprietário do jornal *Vinte e Cinco de Março*, que não se cansou de denunciar seus atos violentos. A imprensa do Rio de Janeiro não ficou indiferente às notícias vindas do interior da província, como se lê em *O País*, de 15 de outubro de 1887: "O capitão Fernando e a força sob seu comando têm cometido verdadeiras atrocidades contra os escravos da fazenda do Beco, que foram apreendidos. Além de presos em tronco, são esses infelizes maltratados com bárbaros castigos, sem se atender ao sexo nem à idade de cada um."

No mesmo jornal, onze dias depois, uma nota intitulada "Como o Diabo as Arma" lembrava a representação do drama *Os Escravocratas ou a Lei de 28 de Setembro*, que fazia propaganda abolicionista, e ironizava os "caprichos do destino", que levaram Pinto de Almeida a perseguir cativos e a aceitar "subvenção" do Clube da Lavoura, concluindo que devia estar escrevendo um outro drama: "*O Reinado Cotegipe ou o Capitão do Mato*". Deplorável a trajetória desse homem, que anos antes frequentara a *Gazeta da Tarde* e mostrara-se a favor da abolição.

TEATRO AMADOR E ABOLICIONISMO

Informações truncadas ou incompletas, inexistência de pesquisas pontuais e pouca cobertura jornalística impedem que tenhamos uma ideia mais completa do que foi a atividade teatral amadora e sua real contribuição à causa abolicionista, ao longo da década de 1880. Infelizmente, a hemeroteca da Biblioteca Nacional não tem digitalizados todos os jornais brasileiros para que possamos

7 O TEATRO E A ABOLIÇÃO

ter mais informações do que as que consegui recolher, suficientes, no entanto, para que se comprove o empenho de pessoas comuns pelo fim do cativeiro.

As chamadas Sociedades Dramáticas Particulares foram criadas nas principais cidades brasileiras como espaços de sociabilidade e entretenimento, mas algumas delas incluíram em seus repertórios peças comprometidas com a crítica à escravidão e à abolição. Outras estabeleceram relações estreitas com as sociedades emancipadoras e trabalharam conjuntamente. Também surgiram grupos amadores com o objetivo específico de levar ao palco as peças que poderiam colaborar para fortalecer uma consciência abolicionista nos espectadores. Já vimos como em Porto Alegre a dramaturgia gaúcha se beneficiou com a atuação das associações literárias e dramáticas. Aliás, no interior da província do Rio Grande do Sul, impressiona o número de cidades que tiveram grupos amadores atuantes, como demonstram Lothar Hessel e Georges Raeders[54]. Embora seja difícil saber exatamente quais contribuições esses grupos deram à causa da abolição, ao menos uma foi registrada pelos autores: em Dom Pedrito, quase na fronteira com o Uruguai, a Sociedade Dramática Particular Talia Pedritense realizou um espetáculo em 7 de setembro de 1884, cuja renda possibilitou a compra de cinco cartas de alforria. Acrescentemos mais uma: em outra cidade no sul da província, Arroio Grande, Cirino Luiz de Azevedo pôs em cena, em 1888, por um grupo de amadores, o drama abolicionista *O Escravo*. O autor, segundo Ari Martins, era "propagandista da Abolição e da República"[55].

Veremos a seguir o trabalho de amadores em outras cidades. Não se trata de um levantamento completo, mas de exemplos concretos de iniciativas de cidadãos brasileiros que manifestaram no palco o desejo de ver o país livre da escravidão. É importante ressaltar que várias peças abolicionistas foram escritas por membros de grupos amadores e apenas representadas por eles.

■ ■

Em Fortaleza, Antônio Papi Júnior escreveu *O Filho de uma Escrava*, drama abolicionista que foi aprovado pelo Conservatório Dramático Brasileiro, como se lê na *Gazeta de Notícias* de 5 de agosto de 1881, em nota que acrescenta ser a obra oferecida à "Sociedade Emancipadora Cearense e dedicada à Exma. Sra. D. Etelvina Xavier, distinta abolicionista da heroica província do Ceará".

Os jornais de Fortaleza divulgaram a aprovação do drama, que estreou no Teatro São Luís em 27 de setembro, em benefício da Sociedade Cearense

---

[54] *O Teatro no Brasil sob D. Pedro II*, 2ª parte, p. 250-269.
[55] *Escritores do Rio Grande do Sul*, p. 55.

Libertadora. A encenação foi feita pela Sociedade Particular Dramática Recreio Familiar, da qual fazia parte Papi Júnior. Com esse espetáculo, começavam os festejos das associações emancipadoras cearenses pelo décimo aniversário da Lei de 28 de Setembro, a Lei do Ventre Livre.

O dia seguinte foi, portanto, dedicado a comemorar a vitória de 1871. Escolas públicas, repartições e lojas fecharam as portas. Um grande cortejo saiu pelas ruas, ao som de músicas, as sociedades libertadoras com seus estandartes à frente da multidão. No caminho, paradas em pontos estratégicos, como as tipografias dos jornais, decoradas para a ocasião especial. No jardim do Passeio Público, o presidente da Sociedade Cearense Libertadora abriu a sessão pública e foram dadas 118 cartas de liberdade, ato saudado com discursos e poemas recitados sob aplausos das pessoas simpáticas ao fim da escravidão.

Não foi apenas a peça de Papi Júnior que colaborou com a festa abolicionista. A programação se estendeu por mais um dia e, na noite de 29 de setembro, no Teatro São Luís, foi representado o drama em três atos *Os Abolicionistas*, de Frederico Severo, dramaturgo já conhecido na cidade. Dessa vez, incumbiu-se da tarefa de encenação a Sociedade Particular Dramática Internacional. Era a segunda representação da peça, que havia estreado duas semanas antes, por iniciativa da Sociedade Particular Dramática 23 de Outubro.

Como os jornais se ocuparam mais da descrição da passeata, das ruas e prédios enfeitados, da presença maciça do público, dos discursos e das manumissões, as peças representadas ganharam pouco espaço e não foram comentadas em detalhes. Há informações de que foram bem recebidas quando encenadas, mas, como permaneceram inéditas, é impossível conhecer os seus enredos. De *Os Abolicionistas* sabe-se ao menos que os três atos do drama tinham os seguintes títulos: "Escrava e Esposa", "Os Jangadeiros" e "Os Abolicionistas". É possível deduzir que os fatos se passam em Fortaleza, onde os jangadeiros desempenharam papel fundamental na luta pelo fim da escravidão, recusando-se a embarcar os negros escravizados que seriam enviados a outras regiões do país. Pelos jornais cearenses, sabe-se também que Papi Júnior e Frederico Severo eram ligados ao teatro amador de Fortaleza e membros ativos de grêmios abolicionistas.

■ ■

No Rio de Janeiro, em agosto de 1881, estava à venda, nas livrarias, a "comédia-drama" em um ato *O Pai da Escrava*, de Manuel Joaquim Valadão, que já havia sido encenada pouco antes pelo Congresso Dramático Fluminense.

7 O TEATRO E A ABOLIÇÃO

Não consegui precisar a data da estreia, mas isso importa menos do que saber que vários grupos amadores a encenaram entre 1881 e 1885. Havia no Rio de Janeiro, nessa época, muitos clubes com associados que formavam grupos para apresentações teatrais e que se intitulavam "Congresso Dramático". Assim, podia-se ler, num anúncio publicado na *Gazeta de Notícias* de 12 de novembro de 1881, que o Congresso Dramático Alunos de Minerva estava promovendo para os seus sócios uma "soirée dramático-dançante", em que três peças curtas seriam apresentadas, sendo uma delas *O Pai da Escrava*.

Valadão deve ter permitido que outros clubes encenassem sua peça, pois, em 1882, ela foi apresentada num espetáculo de variedades no Teatro Politeama Fluminense e na sede de uma associação dramática particular, a União dos Morenistas. Em 1883, duas vezes o Congresso Dramático Almeida Garret a apresentou em reuniões familiares e dançantes. Em 1885, foram ao menos seis récitas no Teatro Recreio da Cidade Nova por um grupo amador que cobrava pelos ingressos: a penúltima delas, em 11 de agosto, teve a renda revertida "em benefício de uma liberdade"; a última, em 7 de setembro, em benefício da Confederação Abolicionista.

É bem provável que os grupos amadores tenham incluído *O Pai da Escrava* em seus repertórios por duas razões principais: em primeiro lugar, por se tratar de uma peça curta e de fácil entendimento, com poucas personagens, exigindo apenas um cenário; em segundo, porque a simpatia popular pela causa da abolição era grande e Valadão soube fazer a crítica da escravidão com clareza e alguma competência para provocar a emoção nos espectadores.

A peça se passa numa fazenda na então província do Rio de Janeiro, cujo proprietário, o comendador Antelmo de Souza, é um notório escravocrata. Na primeira cena, ele faz negócios com o negociante de escravos Geraldo, que está hospedado em sua casa e que se comporta como tal. Quer comprar o moleque Calisto e pede-lhe para ver os dentes. Calisto descende de Pedro, o moleque escravo de *O Demônio Familiar*, de José de Alencar. É esperto, inteligente, sempre atento a todas as conversas para melhor se proteger e para ajudar os que o protegem. Na cena com o negociante, chega a jogar capoeira para se defender do chicote. Sua maneira de falar é uma tentativa de reprodução da fala dos escravos, como neste aparte: "Ué! Sinhô vai fazê negócio com este home... abre zolho seu Calisto... que ele pode vendê você."[56]

O enredo gira em torno do amor de Carlos, filho de Antelmo, por Laura, a escrava branca da casa, que, no entanto, ama Juvenal. Ao se certificar do sentimento de Carlos, Antelmo decide rapidamente vendê-la e mandar o filho cuidar de negócios em Lisboa e Londres. Para o leitor ou espectador

---

56   M.J. Valadão, *O Pai da Escrava*, p. 6.

perspicaz, há aí um segredo que acaba sendo indiretamente revelado pelo negociante de escravos, surpreso com tal decisão em relação à mocinha, que, diz ele a Antelmo, era tratada como filha: "Como filha, sim senhor, e francamente não se me dava apostar o dinheiro que lhe confiei esta manhã, em como essa rapariga é o fruto de algum de seus erros de mocidade." [p. 20]

Não é preciso mais para termos certeza da verdade dessas palavras. Pouco antes, a própria Laura, dialogando com Carlos, diz que sempre foi bem tratada pelo seu senhor, que teve uma infância tranquila e que até mesmo lhe foi permitido aprender a ler e escrever. A única censura que faz diz respeito ao fato de "consentir ele que fosse cultivada a minha inteligência a ponto de compreender a minha posição de escrava" [p. 12].

A ameaça do incesto não existe, porque Laura não ama o seu meio-irmão. Para encaminhar a peça a um final feliz, Juvenal, que havia sido guarda-livros de Antelmo e injustamente acusado de roubá-lo, tendo inclusive ficado preso um ano, aparece com provas que poderiam incriminar o ex-patrão por ter assinado letras falsas. E mais: ele apresenta documentos que revelam a paternidade de Laura. Nas cenas finais, tudo se arranja: Antelmo se arrepende do passado, devolve o dinheiro ao negociante Geraldo, prometendo não mais vender escravos, pede perdão à filha e consente no casamento com Juvenal.

Apesar de não ter mensagens abolicionistas explícitas, *O Pai da Escrava* apresenta criticamente uma situação comum da sociedade escravocrata brasileira, que poderia ser recriminada com mais veemência na peça. Refiro-me não só aos filhos gerados pelos senhores com suas escravas, mas também ao gravíssimo fato de Antelmo ter decidido vender Laura. Não era incomum que proprietários de escravos vendessem seus filhos, como reconhece despudoradamente Geraldo ao afirmar para Antelmo que "algumas vezes" esteve na mesma situação. Valadão preferiu o caminho da conciliação no desfecho da peça, transformando Antelmo num homem de bem. Em vez de enfatizar a denúncia dos males da escravidão, preferiu emocionar o leitor ou espectador com o arrependimento do escravocrata.

A imprensa não deu muito espaço para *O Pai da Escrava*, possivelmente por se tratar de uma peça encenada por grupos amadores. Encontrei apenas dois textos, ambos publicados no jornal abolicionista *Gazeta da Tarde*. O primeiro, datado de 26 de agosto de 1881, é uma breve resenha do livro, bastante negativa em relação à forma: "Se aplaudimos sinceramente a ideia, não o podemos fazer à execução. A forma, sobretudo, é desastrosa." O articulista se queixa tanto do desenvolvimento do enredo, ao qual falta "coerência e lógica", quanto da transformação súbita de Antelmo no desfecho. O segundo texto, datado de 9 de setembro de 1885, é uma breve nota sobre o espetáculo dado no Teatro Recreio da Cidade Nova, dois dias antes, com renda revertida

7 O TEATRO E A ABOLIÇÃO

para a Confederação Abolicionista, com elogios aos artistas amadores, mas sem qualquer comentário crítico sobre *O Pai da Escrava*.

Assim como Manuel Joaquim Valadão, outras pessoas se sentiram estimuladas a colaborar para a campanha abolicionista, escrevendo peças teatrais que poderiam ser encenadas por sociedades dramáticas particulares. Ilídio de Carvalho Viana, empregado da elegante loja de roupas Notre Dame de Paris, localizada na rua do Ouvidor, foi um desses dramaturgos "bissextos". A *Gazeta da Tarde* de 16 de maio de 1881 noticiou que ele havia concluído o "drama abolicionista" *O Escravo Branco*, e a *Gazeta de Notícias*, no dia seguinte, acrescentou que a intenção do autor era "destinar os lucros que auferir à libertação de escravos". Como os jornais não dão mais nenhuma notícia acerca do drama, é provável que não tenha sido nem publicado, nem encenado.

Sempre atenta à representação de peças abolicionistas, a *Gazeta da Tarde* de 3 de janeiro de 1885 elogiou o "magnífico espetáculo" dado dois dias antes pelo Clube Dramático Gonçalves Leite. Em seu "elegante teatrinho", essa sociedade dramática levou à cena o "drama de propaganda abolicionista" *A Escrava Branca*, de José Carvalho de Vasconcelos, porém sem nenhuma informação acerca de seu enredo. O autor era guarda-livros da Estrada de Ferro de Carangola e seu drama em três atos havia sido publicado em Campos dos Goytacazes em 1883 e estreado no Teatro Empíreo, em 11 de outubro de 1884, por inciativa da Sociedade Dramática Duas Coroas. Nessa mesma cidade, o jovem Gustavo de Alvarenga teve menos sorte, pois não conseguiu ver representada a adaptação que fez do romance *A Escrava Isaura*, de Bernardo Guimarães, um drama em sete atos. Publicou-o com o mesmo título, em 1882, mas tudo indica que não interessou a nenhuma sociedade dramática particular. À venda na tipografia do *Monitor Campista*, foi anunciado nesse jornal e ignorado pela imprensa do Rio de Janeiro. O autor deve ter desistido da carreira literária, pelo menos até o final da década de 1880, período em que se dedicou a negócios imobiliários e a organizar leilões.

Não consegui confirmar se de fato foi representado pelo Clube Dramático Kean, em Niterói, o "drama em quatro atos de propaganda abolicionista" intitulado *O Pacto Infernal*, de Júlio Henrique do Carmo. O jornal *O Espectador* anunciou, em 18 de novembro de 1882, que o autor o havia concluído e que ia oferecê-lo àquela sociedade dramática particular. O mesmo jornal, em 3 de junho de 1883, noticia que a peça ia ser encenada por um grupo de amadores no teatro Fênix Niteroiense. Talvez a representação não tenha acontecido, pois nem mesmo em *O Fluminense*, jornal de Niterói, encontrei informações a respeito. É possível que *O Pacto Infernal* não tenha sido aprovado pelos membros do Clube Dramático Kean, ou que tenha sido proibido pelo Conservatório Dramático. Afinal, em 5 de janeiro de 1883, lia-se em *O Fluminense* que Júlio Henrique do Carmo havia concluído o drama e que ia submetê-lo "à aprovação do Conservatório". Difícil saber o que realmente se passou. A favor do autor, que trabalhava como arquivista da Estrada de Ferro D. Pedro II, diga-se que foi militante ativo do abolicionismo, como membro da Sociedade Abolicionista Abraham Lincoln e do Clube Abolicionista Guttenberg.

• •

A campanha abolicionista no Recife contou com a colaboração de vários grupos amadores. Já vimos em outro capítulo o papel desempenhado por Tomás Espiúca, membro do Clube do Cupim e autor de *A Atriz Escrava*, representada pela Sociedade Dramática Nova Talia em setembro de 1883. Pois nesse mesmo mês e ano, um grupo de moços criou o Clube Dramático Emancipador, com o objetivo de apresentar espetáculos com renda revertida para a compra de alforrias. Já no dia 28 de outubro, a nova associação pôs em cena o "drama de propaganda abolicionista" – como se lia nos anúncios dos jornais – *O Mulato*, de Francisco Livino de Carvalho. A récita se deu em favor do fundo de emancipação da Sociedade Musical 28 de Setembro e foi prestigiada pelo presidente da província e membros de sociedades como Clube Abolicionista, Nova Emancipadora e Beneficente Paraibana. Infelizmente os jornais não comentaram a peça e é impossível conhecer o seu enredo. As boas intenções dos amadores foram saudadas pelo *Jornal do Recife* no dia da estreia, nestes termos: "Os generosos moços que formam o Clube, querendo com o produto de espetáculos públicos, como o que hoje dão, adquirir meios para a libertação dos cativos, devem ser animados e correspondidos em sua missão humanitária."

Como se sabe, a campanha abolicionista no Recife sempre contou com a colaboração dos acadêmicos da Faculdade de Direito, que não mediram esforços para apoiar todas as iniciativas que tinham por objetivo contribuir para o fim da escravidão. Eles criaram sociedades emancipadoras, apoiaram candidatos ao Parlamento identificados com a causa da abolição e escreveram poemas e peças teatrais de combate e propaganda. Já vimos que realizaram várias encenações de *Gonzaga ou a Revolução de Minas*, de Castro Alves. Houve outras iniciativas. Em 15 de junho de 1884, no Teatro Santo Antônio, a matinê promovida pelo Clube Abolicionista Martins Júnior apresentou o drama *Uma Cena da Escravidão* e, em seguida, foram recitados os poemas "O Navio Negreiro", de Castro Alves, e "O Abolicionista", de José de Castro e Silva. Infelizmente, os jornais não deram outras notícias e não é possível saber

7 O TEATRO E A ABOLIÇÃO

nem mesmo o nome do autor do drama. Um acadêmico de Direito, Anísio de Abreu, ocupou a tribuna para fazer uma conferência antes do espetáculo.

No mesmo ano de 1884, em 20 de setembro, a Sociedade Distração Dramática Familiar representou, no Teatro Santo Antônio, o "drama abolicionista em quatro atos" *Cora, a Filha de Agar*, do acadêmico José Cavalcanti Ribeiro da Silva, que participou como ator da encenação, uma vez que fazia parte do grupo amador. O autor publicou-o no mês seguinte, explicando num breve prefácio como e por que o escreveu. Havia lido muitos anos antes *A Escrava Isaura*, de Bernardo Guimarães, e lembrou-se de aproveitar o tema desenvolvido no romance, mas num enredo diferente. Modesto, afirmou não se tratar de um trabalho completo, mas apenas a "manifestação de uma ideia", esclarecendo que, para escrevê-lo, recebeu o estímulo do movimento abolicionista presente nas ruas de Recife:

> Nasceu ao influxo dessa agitação nervosa que ora convulsiona todas as cabeças que pensam, desta efervescência abolicionista que se agita em minha província, efervescência que há de em pouco explodir numa sublime apoteose de bênçãos sobre a última cabeça do último cativo brasileiro [...].
>
> Despretensioso, porém, como é, ele deixa de ser uma aspiração a renome e a glórias, para significar tão somente os sentimentos abolicionistas do autor.
>
> É mais um tributo, mais um contingente à nobre causa dos cativos, do que um *debut* dramático-literário.[57]

Diante dessa profissão de fé abolicionista, não há como não levar em conta as palavras do autor e verificar os modos pelos quais suas ideias são apresentadas no interior do drama. O primeiro ato se passa no interior do Pará. O ponto de partida do enredo é a ameaça que paira sobre a jovem Cora, escrava branca que desperta forte desejo sexual em seu senhor, o fazendeiro Andrada. Protegida pelo feitor Pedro, ambos fogem para Pernambuco. Enquanto a ação se concentra em expor essa situação dramática, os diálogos entre as personagens revelam os malefícios da escravidão. A própria Cora é uma "anomalia", uma vez que é branca, toca piano, canta, sabe ler e escrever. Andrada é o fazendeiro escravocrata. Sua fazenda é a que possui mais escravos no Pará e ele não só os castiga cruelmente, como se farta na senzala com as negras. Num debate no Clube da Lavoura, posicionou-se contra um projeto para libertar os escravos no prazo de cinquenta anos, fato que dá a medida de sua resistência às ideias abolicionistas.

[57]   J.C.R. da Silva, Prefácio, *Cora, a Filha de Agar*, sem número de página.

Mas é no segundo ato que a linha do enredo é atravessada por mais críticas à escravidão, em monólogos e diálogos um tanto extensos, que atrapalham o andamento da ação dramática. Passaram-se seis meses e Pedro e Cora vivem numa casa modesta, no Recife, com o temor de serem descobertos. O diálogo inicial entre ambos nos atualiza em relação ao passado de Pedro, que havia sido um homem de negócios em Manaus, 25 anos antes. Em pouco tempo, foi à falência, ficou viúvo e perdeu o filho num naufrágio. Como diz também que o menino levava ao pescoço uma redoma com o retrato da mãe, sabemos de antemão que esse menino está vivo e vai aparecer em algum momento. Faz parte da estética do melodrama esse tipo de recurso. Outra informação dada no diálogo: Cora quase morreu afogada na chegada a Pernambuco e um rapaz se jogou ao mar para salvá-la. É na casa cedida por ele, Carlos, que vivem Pedro e sua protegida. Também é óbvio que Carlos e Cora se apaixonam, mas a mocinha se julga indigna desse amor, porque é escrava, segredo que não pode revelar. Essa situação proporciona críticas à escravidão e ao preconceito em várias falas, como esta: "É necessário que eu seja a filhicida deste amor que nascido da gratidão tem se arraigado no coração da escrava, para que mais tarde não nos abandone aquele generoso homem ao saber que ama a uma cativa! Eu juro-lhe, meu protetor, pela memória de sua esposa, que saberei guardar este sentimento, dissimulando-o." [p. 43] Ainda nesse diálogo, Pedro defende a abolição, como porta-voz do autor, que não se importou com o excesso retórico:

> Tem esperança, minha filha, e não longe raiará a esplêndida aurora de tua redenção. No Brasil já não é um sentimento antipático a santa causa da liberdade dos cativos. O eco da remissão dos escravos de há muito que se fez ouvir em seus alcantilados serros e os obreiros desse grandioso tabernáculo da igualdade são incansáveis na cruzada agigantada e altruísta que desde 1871 abriu para este abençoado canto da América do Sul, novos arraiais à sua vida social. O Brasil, minha filha, vai em breve erguer-se com a fronte aureolada de bênçãos e orgulhoso dessa luta que o nobilita e engrandece no critério e conceito dos povos civilizados. [p. 41]

E por aí vai, no mesmo tom, a fala da personagem. No plano do enredo, a frustração de Carlos, que não compreende por que Cora não pode amá-lo. Ele é 1º Tenente da Marinha e conta sua história à mocinha. Também não conheceu os pais e foi criado por um protetor que foi roubado e assassinado dez anos atrás. Para complicar o enredo, uma nova personagem é introduzida: o patrão de Pedro, o capitalista Jorge de Almeida, vilão que, no final do segundo ato, tenta estuprar Cora. Mais uma vez, ela é salva por Carlos.

7 O TEATRO E A ABOLIÇÃO

Omito alguns detalhes do enredo, que é mal encaminhado. Basta dizer que, no terceiro ato, o segredo de Pedro e Cora é revelado durante um baile por Jorge de Almeida. Algumas personagens secundárias discutem a abolição, uma delas defendendo-a com o argumento de que será benéfica para o progresso do país.

O quarto ato aborda uma consequência terrível da escravidão, que diz respeito ao desfecho do enredo. Pedro e Cora estão refugiados numa casa de campo, mas são encontrados por Jorge de Almeida e Andrada, que veio do Pará à procura de sua escrava. Com ele vieram dois escravos e um deles dá um papel a Pedro, que contém uma revelação bombástica: Cora é filha de Andrada com uma escrava que ele mesmo assassinou. Ou seja: a fuga dela evitou um incesto. As convenções do melodrama exigem mais: Carlos vai dar a Cora o único bem que herdou da mãe. É a redoma com o retrato de sua mãe, a esposa de Pedro. Carlos é seu filho! Há mais ainda: Jorge de Almeida usa nome falso e foi ele o assassino do protetor de Carlos. Enquanto ele se suicida nos bastidores, a cena final é de conciliação entre os demais. O autor parece ter esquecido que pintou Andrada como um escravocrata e assassino. Ele se regenera como num passe de mágica: reconhece a filha e a abraça "freneticamente", segundo a rubrica, e aceita que ela se case com Carlos. Além disso, como era preciso deixar uma mensagem abolicionista para os espectadores, ele anuncia que na sua fazenda não haverá mais cativos.

Apesar de todas as fraquezas da peça – e fui econômico ao apontá-las –, o espetáculo na noite de 20 de setembro de 1884 foi um sucesso de público. Alguns dias depois, o *Diário de Pernambuco* publicou uma nota assinada por "algumas famílias", pedindo ao grupo amador uma nova representação. O grupo não se fez de rogado e a segunda récita se deu em 11 de outubro.

O fato é que *Cora, a Filha de Agar* caiu nas graças das sociedades dramáticas particulares. Em 27 de setembro de 1885, foi encenada na cidade de Nazaré pela Sociedade Eco Dramático Nazareno; em 22 de maio de 1887, em Recife, no Teatro Santo Antônio, pelo grupo Fraternidade; e em 6 de agosto de 1887, no Teatro de Olinda, pelo corpo cênico da Sociedade Melpômene, com renda revertida para a libertação da escrava Joaquina, como anunciou o *Diário de Pernambuco*.

Tudo indica que o drama de aparato e propaganda, vazado em moldes românticos, com recursos tomados ao melodrama, agradou a plateia pernambucana. O acadêmico José Cavalcanti Ribeiro da Silva pôde, assim, realizar o desejo expresso no prefácio que escreveu, dando sua contribuição para a causa da abolição. Nos jornais *Folha do Norte* e *Tempo*, dois artigos o elogiaram e no primeiro uma breve análise colocou em primeiro plano que ele havia feito uma peça de propaganda abolicionista.

Entre os dramaturgos pernambucanos dessa época, Samuel Campelo destaca Joaquim Maria Carneiro Vilella, autor bastante representado por grupos amadores. Bacharel em Direito, jornalista, romancista e cenógrafo de talento, viveu também no Rio de Janeiro, entre 1880 e 1885, onde trabalhou para algumas companhias teatrais. É bem provável que tenha sido motivado pela campanha abolicionista a escrever um drama de propaganda. Pelo menos é o que se lê na *Gazeta de Notícias*, de 23 de abril de 1881: "O Dr. Joaquim Maria Carneiro Vilella está escrevendo um drama de propaganda abolicionista, intitulado *A Escrava*, que pretende fazer representar brevemente em um dos nossos teatros." Não consegui confirmar que o autor tenha realizado seu intento, seja no Rio de Janeiro, seja no Recife. Na lista de peças que escreveu, arroladas por Samuel Campelo, não consta *A Escrava*[58]. Difícil saber se o texto ficou inacabado ou não. Mas seguramente se perdeu, sem ter sido publicado e provavelmente sem ter sido encenado. Marcio Lucena Filho, em sua tese de doutorado sobre Carneiro Vilella, também não se refere a essa peça, embora comente com largueza as atividades do dramaturgo e cenógrafo no Rio de Janeiro e sua militância abolicionista[59].

Em 1887, Manoel Teotônio Freire fez uma pausa em sua carreira de romancista, poeta, crítico e jornalista para escrever uma peça de teatro. Queria dar sua contribuição na luta contra a escravidão nesse terreno. Já havia feito um poema louvando a libertação dos escravos no Ceará e era simpático à causa humanitária. O passo maior foi conceber o drama de propaganda abolicionista em cinco atos, intitulado *Clotilde*. Mas segundo uma nota biobibliográfica sobre o escritor, publicada em 1910, "o original perdeu-se no Clube Dramático Familiar, desta cidade, antes de ter sido levado à cena"[60]. De fato, não encontrei nenhuma notícia desse drama nos jornais do Recife.

■ ■

Professor na cidade da Lapa, no Paraná, Líbero Teixeira Braga escreveu e fez representar em Curitiba, no Teatro São Teodoro, o drama em três atos *A Vingança do Escravo*. A estreia ocorreu em 23 de novembro de 1884 e a montagem foi feita pela Sociedade Dramática Militar Ateneu de Guerra. Uma segunda récita, dada em 26 de abril de 1885, originou uma pequena polêmica nas páginas do jornal *Dezenove de Dezembro*. Oculto pelo pseudônimo "Um apóstolo da moral", alguém acusou o drama de imoral. Duas pessoas saíram

---

[58] S. Campelo, Cem Anos de Teatro em Pernambuco (1825-1925), em G. Freyre e outros, *Livro do Nordeste*, p. 137.
[59] Ver M. Lucena Filho, *Carneiro Vilela: Língua de "Navalha" e Pena de "Ponta de Faca"*.
[60] *Almanaque Brasileiro Garnier Para o Ano de 1910*, p. 437.

em defesa de Teixeira Braga. Uma delas, no dia 28 de abril, escreveu que a peça havia arrebatado o público curitibano e que muitas senhoras choraram de emoção durante o espetáculo. Além disso, dirigindo-se ao seu oponente, dá uma ideia do enredo, afirmando que "o martírio de uma jovem escrava que se deixa imolar pelo senhor, a fim de recatar a sua virgindade não deve, nem pode, realmente agradar: uma Madalena far-lhe-ia, talvez, melhor *paladar*".

O "apóstolo da moral" voltou à carga, reafirmando seu ponto de vista e acrescentando que a peça não tinha valor literário e que o autor pretendeu imitar, sem conseguir influir no espírito público, o romance *A Cabana do Pai Tomás*. No dia 1º de maio, o cronista "Usco" publicou um longo artigo para demonstrar as qualidades e alguns poucos defeitos de *A Vingança do Escravo*. Felizmente, fez também um resumo do enredo, pelo qual se percebe o intuito abolicionista de Teixeira Braga:

> O comendador Jorge de Sá é um fazendeiro e os seus erros de moço deram-lhe um casal de filhos de sua escrava: Paulo e Isaura.
>
> Fernando, filho do comendador, cínico, tipo presumido e libertino, fascinado pela beleza da sua irmã (fato que ignora), escrava Isaura, persegue-a com o intuito de desonrá-la.
>
> Paulo, seu irmão, ignorado, também escravo, vigia cuidadosamente os passos de Fernando, e este, um dia voltando da caça e encontrando Isaura só, tenta por todos os modos conseguir seus malévolos intentos.
>
> No momento de apoderar-se da vítima indefesa, Paulo, que estava oculto e assistira a toda a cena, corre como um leão ferido e apresenta-se entre Isaura e Fernando, obrigando este a pedir perdão de joelhos a sua escrava!
>
> Cansado de lutar sem nada obter, Fernando, às ocultas do comendador, manda castigar Isaura, de cujos castigos ela morre, e depois, Paulo, encontrando-se com o assassino de sua irmã, mata-o!
>
> Ciente do fato, o comendador corre a verificar a verdade e então, louco de dor, declara a Paulo que matara seu irmão e desvenda-lhe assim o mistério horrível, morrendo em seguida, legando-lhe todos os seus haveres e a sua liberdade, a qual Paulo também concede a todos os seus companheiros de escravidão.

Como se vê, um drama centrado nas consequências do comportamento sexual do senhor escravocrata. Provavelmente há detalhes revelados nos diálogos que não foram contemplados no resumo feito pelo cronista. Parece, por exemplo, que o papel do libertino Fernando chocou um pouco a plateia, mas não a ponto de atrapalhar o espetáculo, que foi bastante aplaudido. No desfecho, a liberdade concedida a todos os cativos tem um claro significado político de apoio à abolição.

A Biblioteca Jenny Klabin Segall, do Museu Lasar Segall, em São Paulo, tem o terceiro ato da peça em seu acervo. Começa com a entrada em cena de Isaura, amparada por escravos e pelo feitor da fazenda, depois de ter sido açoitada. Em longo monólogo, Paulo amaldiçoa os brancos, exprobra a escravidão e jura que vai se vingar, reiterando o juramento diante do cadáver da irmã, que não resiste aos ferimentos. O terceiro ato mostra ainda um Fernando insensível, indiferente à morte da escrava, e sua própria morte pelas mãos de Paulo. Por fim, vemos o comendador e seu desespero diante da tragédia consumada e a revelação de um segredo guardado por vinte anos. Tivesse dado a liberdade aos filhos, quando nasceram, Fernando não teria tentado seduzir a irmã. O enredo explora as consequências terríveis da escravidão, que autorizava os senhores escravocratas a se deitarem com suas escravas e escravizarem os próprios rebentos. Os diálogos criados por Teixeira Braga são enfáticos, dignos de um drama de colorido romântico, feito para comover os espectadores. As rubricas não ficam atrás, sugerindo gestos, entonações e reações faciais igualmente carregados para os atores encarnarem as personagens. O propósito abolicionista da peça tem seu momento alto no desfecho. Paulo, tão logo sabe que herdou os bens de seu pai, faz um discurso em tom exaltado para os escravos:

> Oh! Aqui não há mais escravos, nem senhor; porém irmãos ligados pelos laços da desgraça, e regenerados pela santa lei da liberdade!... Oh! Liberdade santa! Três vezes santa! Eu te admiro, adoro e venero!... Basta de homenagens à dor que nos assoberba! (*Avançando um passo.*) Erguei-vos, meus irmãos; alçai vossas frontes curvadas pelo jugo escravocrata; calcai aos pés essas cadeias que vos humilham, e gritai: – Somos livres! Viva a liberdade![61]

Os escravos, em coro, gritam "Somos livres! Viva a liberdade." Com entusiasmo, segundo a rubrica, Paulo se ajoelha diante do cadáver do pai e o perdoa; olhando para o cadáver da irmã, diz que ela está vingada; de pé, grita "Viva a liberdade", seguindo-se a execução do "Hino da Independência", enquanto o pano desce lentamente. Vê-se ainda, para reforçar a mensagem abolicionista, Paulo abraçado ao escravo Antônio e escravos abraçando-se entre si.

■ ■

A Vingança do Escravo foi também representada com sucesso em Santa Catarina e no Rio Grande do Sul, conforme se lê num número do *Dezenove de Dezembro*, de Curitiba. A representação na cidade do Desterro provocou uma

---

[61] L.T. Braga, *A Vingança do Escravo*, p. 64.

7 O TEATRO E A ABOLIÇÃO

pequena celeuma. No jornal *O Despertador*, de 24 de setembro de 1884, um artigo assinado por "Z" deplorava a decisão da Sociedade Dramática Amadores da Arte de substituir o drama *Eduardo* por *A Vingança do Escravo*, no espetáculo marcado para o dia 28. Na sequência do texto, há algumas descrições de cenas "repugnantes" sugeridas nas rubricas da peça. Assim, sabemos que Isaura, açoitada nos bastidores, é trazida para o palco, onde expira amarrada a um tronco, rodeada de negros "armados de vergalho". O cadáver permanece em cena "por muito tempo, sendo afinal retirado por muitos escravos, que o vêm buscar em uma padiola, precedidos por um que conduz uma cruz, cantando orações fúnebres".

O que o autor do artigo chama de "repugnante" é, na verdade, uma denúncia da violência da escravidão. Difícil é saber se os artistas amadores, nas cidades em que a peça foi representada, realizaram a cena como sugerida por Teixeira Braga nas rubricas. O mesmo vale para a passagem da peça em que Paulo crava um punhal no peito de Fernando e "retira o cadáver de cena, arrastando-o pelas pernas para o deitar no mato". Finalmente, o desfecho também é censurado, pois após a morte do comendador Jorge de Sá, seu filho Paulo "declara livres todos os seus parceiros, e sobre o cadáver de seu pai e ex-senhor dá vivas à liberdade". O artigo de "Z" evidencia o conteúdo antiescravista e francamente abolicionista de *A Vingança do Escravo*.

Na capital de Santa Catarina, pelo menos mais uma peça comprometida com a causa da abolição foi encenada por um grupo amador: a comédia em um ato *Pretos e Brancos*. O Grupo dos Pirilampos apresentou-a no Teatro Santa Isabel, em 23 de agosto de 1885. Nesse dia, o *Jornal do Comércio* divulgou o espetáculo, estimulando os leitores a ir ao teatro, porque se divertiriam bastante. Além disso, informava que na pequena comédia "acha-se em ação a grande questão debatida na tribuna e na imprensa de há anos a esta parte – a liberdade dos escravos". Não é possível saber mais acerca dessa pecinha escrita pelo catarinense Horácio Nunes Pires[62].

■ ■

Também são escassas as informações sobre a atividade teatral amadora em São Paulo e em cidades de Minas Gerais, bem como sobre a repercussão que tiveram os espetáculos realizados. Sabe-se, pelo *Correio Paulistano* de 25 de janeiro de 1881, que foi criada em São Paulo a sociedade dramática particular

---

62   Segundo Vera Collaço, o escritor, de pais catarinenses, nasceu no Rio de Janeiro em 1855 e antes de completar um ano já estava em Santa Catarina, "onde foi ardoroso adepto das ideias abolicionistas e republicanas". V. Collaço, *Painel do Teatro Catarinense*, p. 365.

Recreio Dramático Abolicionista, com o objetivo de arrecadar dinheiro para manumissões. Talvez tenha tido vida curta, pois os jornais não dão notícias de suas realizações. Já a Sociedade Dramática Recreio Familiar do Brás aparece com mais frequência no noticiário e participou ao menos de uma iniciativa voltada para a compra de uma carta de liberdade, colaborando com uma companhia dramática profissional, como se lê no *Jornal da Tarde* de 17 de março de 1881. Não é possível afirmar que outros conjuntos amadores como a Sociedade Dramática Filhos de Talia e a Sociedade Dramática Primeiro de Dezembro tenham feito espetáculos com renda revertida para alforrias.

Em cidades do interior da província também houve grupos teatrais amadores. Já em 1879, em Campinas, "alguns moços, pertencentes à coletividade italiana, fundaram uma Sociedade Dramática, propondo-se alforriar os escravos casados com mulheres libertas"[63]. Em Santos, segundo Francisco Martins dos Santos, a partir de 1881, o grupo de jovens Boêmia Abolicionista promoveu espetáculos para comprar cartas de alforria. José André do Sacramento Macuco, advogado formado na Universidade da Pensilvânia, escrevia peças para esse grupo, que eram "sátiras vivas e vergastadas solenes às autoridades escravocratas e aos donos de carne humana que se negavam a apoiar a obra de redenção"[64]. Entre os dramas que deixou inéditos, constam dois que devem ser de cunho abolicionista: *O Escravo* e *O Capitão do Mato*. Não consegui saber se foram encenados. Conta ainda Francisco Martins dos Santos que a representação de *A Sombra da Cabana* teve a renda destinada a libertar "um escravo mulato, quase branco", e que "a carta de liberdade foi entregue ao pobre homem em cena aberta, no Teatro Guarani, enquanto Sacramento Macuco e os rapazes abolicionistas recebiam delirante ovação"[65].

Nos jornais das cidades mineiras que consultei, não há registro de muitos espetáculos de caráter beneficente ou de encenações de peças abolicionistas. Mas é possível destacar algumas inciativas, como a de alguns amadores que participaram de uma encenação de *Ódio de Raça*, de Gomes de Amorim, em São João del-Rei, em 15 de agosto de 1882. Nessa mesma cidade, em 17 de fevereiro de 1884, um espetáculo composto de três comédias teve a renda revertida "em benefício de uma liberdade". E em junho e julho de 1885, como se lê no jornal *Arauto de Minas*, uma sociedade dramática particular representou três vezes o drama *O Mulato*, sem indicação de autoria.

Em Diamantina, houve um espetáculo de gala para recepcionar o conselheiro Mata Machado, que havia pedido demissão do cargo de Ministro dos

---

[63] S. Magaldi; M.T. Vargas, *Cem Anos de Teatro em São Paulo*, p. 14.
[64] F.M. dos Santos, *História de Santos*, v. II, p. 23.
[65] Ibidem, p. 356.

7 ■ O TEATRO E A ABOLIÇÃO

Estrangeiros, em 1885. O drama escolhido foi *Haabás*, de Rodrigo Otávio de Oliveira Menezes, anunciado como "drama abolicionista[66].

Em Juiz de Fora, houve a representação de uma cena dramática intitulada *O Escravo*, em 1881, segundo Albino Esteves, que não dá informações sobre autoria ou enredo[67].

Pouco se sabe sobre o drama *A Vingança do Escravo*, escrito pelo advogado Bento Epaminondas e representado em Sabará, no final de 1887 ou no início de 1888. Tudo indica que não foi publicado. Informa José Seixas Sobrinho que a cidade se envolveu com a causa abolicionista: "Bento Epaminondas, por espírito de caridade ou de negócio, entrou a promover a libertação dos negros das minerações dos ingleses. A sua causa, apesar de desagradar às Companhias, empolgou a multidão e o processo libertador em Sabará precipitou-se. Todos os veículos de propaganda foram usados e as reuniões públicas se renovavam com inteiro apoio popular."[68] Evidentemente, o teatro foi um desses veículos e *A Vingança do Escravo* colaborou para fomentar a consciência abolicionista nos cidadãos de Sabará. Ressalte-se que antes de escrever essa peça, Bento Epaminondas havia sido membro fundador de um clube abolicionista. Segundo o *Liberal Mineiro*, de 25 de abril de 1885, a primeira iniciativa desse clube foi a de promover um espetáculo teatral, com renda destinada a libertar do cativeiro uma mulher chamada Lina. Como advogado, ele assumiu publicamente o compromisso de não aceitar causas contrárias à liberdade dos cativos.

Também em Uberaba, a ideia da abolição ganhou forte apoio popular. Em 1882, a Sociedade Dramática Amor à Arte apresentou o drama *Os Mártires da Escravidão*, de Vicente Eufrásio da Costa Abreu, que já havia sido representado em cidades do interior da província de São Paulo. Em outubro de 1883, intelectuais e homens de negócios criaram a Sociedade Dramática Abolicionista, "com a intenção de utilizar o teatro como forma de arrecadar dinheiro e comprar a liberdade para alguns escravos"[69]. Informa a *Gazeta de Uberaba* que, na noite de 19 de janeiro de 1884, os amadores entregaram uma carta de liberdade a uma moça.

■ ■

É preciso levar em conta que as atividades teatrais amadoras nem sempre eram divulgadas pelos jornais. Algumas sociedades dramáticas particulares

---

[66] J.T. Neves, Teatro de Província, *Revista do Livro*, n. 8, p. 140.
[67] A. Esteves, *O Teatro em Juiz de Fora*, p. 68.
[68] J.S. Sobrinho, *O Teatro em Sabará*, p. 127.
[69] M. Jacob Neto, O Teatro Abolicionista em Uberaba, *Arquivo Público de Uberaba*, sem página.

tinham sede própria, com pequenos teatros para seus associados, e distribuíam convites para familiares e conhecidos assistirem aos espetáculos. Nem mesmo quando conseguiam se apresentar em teatros maiores a imprensa dava atenção aos amadores. Vicente Salles, em sua minuciosa pesquisa em jornais paraenses, anotou que nos dias 3 e 5 de agosto de 1880, pela primeira vez, um elenco de amadores se apresentou no Teatro da Paz, em Belém. A segunda récita foi em benefício da libertação do negro Camilo. Duas peças foram apresentadas: a comédia *Os Trinta Botões* e o drama *Sete de Setembro*. "Ao que parece", afirma o estudioso, "ninguém deu muita importância à iniciativa dos nossos amadores. O noticiário é tão escasso que nem chega a revelar o nome desses esforçados artistas."[70]

Vale lembrar que *Sete de Setembro*, de Valentim José da Silveira Lopes, era peça da década de 1860, que defendia a superioridade do trabalho livre sobre o trabalho escravo. Isso significa que os amadores que a encenaram estavam alinhados com a luta abolicionista, como também prova a renda do espetáculo destinada à libertação de um cativo.

É bem provável que tenha havido muitos outros grupos, espalhados pelo Brasil, cujos trabalhos não foram divulgados pela imprensa ou tiveram apenas um registro parcial. Acima, estão as informações que consegui reunir para ao menos dar uma ideia do envolvimento dos amadores com a luta abolicionista no país.

OUTRAS PRODUÇÕES TEATRAIS: DRAMAS E REVISTAS DE ANO

Para completar o quadro de autores e peças que no decênio de 1880 fizeram a crítica ao cativeiro e a defesa da abolição é preciso lembrar as revistas de ano que foram encenadas no Rio de Janeiro e alguns dramas publicados e não representados.

Comecemos pelos últimos. Evidentemente seus autores tiveram que se contentar em levar a um público menor que o dos teatros as suas mensagens abolicionistas. Curioso é o drama em um prólogo e três atos de Leonardo Rodrigues do Sacramento França, intitulado *O Amor Vencido Pelo Amor e Não Pelo Dinheiro*, de 1882. Na folha de rosto do volume, o autor informa

---

[70] V. Salles, *Épocas do Teatro no Grão-Pará ou Apresentação do Teatro de Época*, p. 88. Também Lothar Hessel e Georges Raeders se referem à pouca atenção dada pela imprensa às atividades teatrais amadoras. Eles perguntam: "Que peças teria apresentado, por exemplo, a Sociedade Dramática Particular Emancipadora Rio-Grandense constituída em Porto Alegre, em 1883, com o fim específico de propagar a ideia da abolição através do teatro?" (*O Teatro no Brasil Sob D. Pedro II*, p. 9.)

7 O TEATRO E A ABOLIÇÃO

ser operário e dedicar a peça ao ator Xisto Bahia, "pelos serviços prestados à causa da abolição". Apesar dessas palavras, a simpatia pela causa não aparece no enredo ou nos diálogos entre as personagens. A questão central trabalhada na peça, que se passa na Bahia, é a forte pressão que Juliana faz à filha Margarida – apaixonada pelo pintor Macedo – para que se case com o comendador Francisco de Assis. O que surpreende nesse conflito, que está na base de centenas de peças, é que Juliana, Margarida e Macedo são negros que frequentam as casas de viscondes e barões. Francisco de Assis é um rico capitalista que diz não se importar com a cor, mas com as qualidades da mocinha, que não são poucas, a despeito de ter apenas catorze anos: "Não olho para a cor. Fala muito bem o francês, o inglês e o alemão, é uma das primeiras modistas."[71] Some-se a isso que Margarida toca piano divinamente.

O enredo se desenvolve no sentido de garantir a vitória do casal apaixonado. Para isso, colaboram Júlio e Etelvina, primos de Margarida. O que chama a atenção é o fato de ouvir Júlio se queixar da tia, nestes termos: "Que descrédito para minha família! Minha tia querer que Margarida case com um homem de cor branca!" [p. 11] Esse preconceito com sinal invertido não é desenvolvido na peça. Logo em seguida, Júlio entra em contradição ao discutir com a tia, defender a pobreza – foi assim que Jesus veio ao mundo – e concluir: "a senhora sabe que a honra do homem não está na cor; mas sim em suas virtudes, e talento, estas sim que são as verdadeiras honras aspiradas por Deus e pelos homens sensatos" [p. 11].

Juliana e Francisco de Assis são enganados e o amor vence o dinheiro. No desfecho, Macedo, "operário digno e laborioso", nas palavras de Júlio, rompe a quarta parede e fala diretamente à plateia, exortando os "senhores pais de família" e "operários" a educar seus filhos, para que cultivem os valores sãos e a inteligência.

A peça em seu todo é muito fraca e se perde em incongruências na armação do enredo, na caracterização das personagens e nos diálogos às vezes mal escritos. A imprensa praticamente a ignorou. *O Globo* noticiou a publicação em 22 de dezembro de 1882, assinalando: "Tudo quanto há de mais primitivo em literatura dramática e escrito em estilo que não prima nem pela novidade, nem pela correção. Em todo o caso, o autor salva-se pelas suas boas intenções e dedicação pelas boas ideias." Pequenos jornais como *O Corsário* e *O Espinho* ironizaram o "talento" do autor. Apesar de tudo, não deixa de ser interessante notar que a ação da peça retrata a existência, antes da abolição, de famílias negras de condição social nada desprezível, se considerarmos as qualidades atribuídas a Margarida. Sacramento França desapareceu dos

---

71   L.R. do S. França, *O Amor Vencido Pelo Amor e Não Pelo Dinheiro*, p. 4.

noticiários. Não encontrei outras informações sobre ele, a não ser que havia escrito e publicado uma primeira comédia em meados de 1882, intitulada *A Calúnia Pelo Sonho*. Artur Azevedo criticou-a duramente no folhetim de *A Gazetinha*, de 14 de junho de 1882.

Entre 15 de agosto de 1885 e 31 de março de 1886, José Ricardo Pires de Almeida publicou no quinzenário *A Mãe de Família*, no Rio de Janeiro, o drama em três atos *O Bastardo*. Difícil dimensionar o público atingido, pois o periódico "científico e literário", dedicado à educação da infância e à saúde da família, não informava o número de assinantes. Como circulou ao longo de dez anos, entre 1879 e 1888, deve ter tido uma razoável clientela de mulheres, a quem era dirigido. Os outros jornais do Rio de Janeiro não comentaram o drama e nenhuma companhia dramática se interessou em encená-lo. Pires de Almeida, médico e escritor, explicou numa nota de rodapé:

> Este drama é o meu primogênito; compu-lo aos treze anos de idade. Com todos seus defeitos, e tal qual o apresento agora, foi representado com aplauso geral no teatro de Santos, pela companhia da atriz Maria Velluti, em 1862; e logo depois no teatro de S. Paulo, pela companhia do ator Domingos Martins dos Santos, sendo suspensas as suas representações por tumultuário e perigoso. Hoje, que as cenas da escravidão se discutem desasombradas, não tem já motivo de ser aquela censura, motivada antes pela dolorosa impressão que produziram as cenas verdadeiramente dramáticas, que mesmo pelo escândalo da tese.

É preciso corrigir algumas informações. O drama foi representado em Santos, provavelmente uma única vez, em 1864, não em 1862. Não há notícias nos jornais de São Paulo de que nessa cidade tenha sido levado à cena pelo ator Domingos Martins de Sousa – não Domingos Martins dos Santos. Talvez Pires de Almeida tenha sido traído pela memória. A peça de sua autoria a que os paulistanos assistiram em junho de 1864 intitulava-se *Fernando*, que, aliás, tinha entre suas personagens o moleque Pedro, calcado no moleque homônimo de *O Demônio Familiar*, de José de Alencar, como apontou um articulista no *Correio Paulistano*. Logo, *O Bastardo* era um drama praticamente inédito, quando foi estampado em *A Mãe de Família*. Ninguém o conhecia no Rio de Janeiro, daí ser comentado nesta parte dedicada a peças publicadas e não representadas na década de 1880. Quanto à afirmação de que tinha treze anos ao escrevê-lo, certamente o autor, nascido em 1843, quis impressionar as suas leitoras.

A representação em Santos foi noticiada pelo *Correio Paulistano* de 19 de maio de 1864, com base em informações dadas por algum jornalista que

7 O TEATRO E A ABOLIÇÃO

esteve no teatro. Tudo indica que os espectadores ficaram incomodados com as cenas em que a escravidão era retratada como instituição desumana: "O assunto força é confessar não granjeou palmas, antes em certos pontos foi acolhido por sussurro por parte da plateia." A razão para o acolhimento frio vem na sequência: "É que há chagas em que o escritor não deve tocar; falar nelas é avivar-lhes a dor; estão nesse caso as cenas pungitivas da escravidão, a que muitas vezes a imaginação muito ardente imprime cores que lhe exageram as sombrias tristezas." A nota termina com a informação de que os aplausos foram "fracamente espontâneos".

No segundo capítulo deste livro mencionei que Pires de Almeida, em 1862, encaminhou o drama *O Mulato* para o Conservatório Dramático Brasileiro, que proibiu sua representação no Rio de Janeiro. Talvez esse drama em três atos tenha se transformado em *O Bastardo*, a fim de ser representado na província de São Paulo, onde não tinha autoridade o Conservatório Dramático Brasileiro. É uma hipótese apenas, baseada no fato de que seu protagonista, Frederico, é "mulato" e filho de uma escrava com seu senhor. Para comprová-la, seria necessário encontrar o manuscrito de *O Mulato*, provavelmente desaparecido.

O enredo de *O Bastardo* é bastante simples. Morto o fazendeiro Aguiar, seu filho Luís recebe na fazenda o irmão – por parte de pai – Frederico, que aos oito anos de idade foi mandado para o Rio de Janeiro, onde recebeu educação formal. Com o rapaz vieram Cecília, com quem pretende se casar, e a mãe da mocinha. Todos estão juntos há vários dias. As cenas iniciais servem para nos apresentar as personagens e os nós do enredo, que são dois: Luís se apaixona por Cecília e entra em conflito com Frederico; o escravo Manoel pretende vingar a morte de sua mãe, açoitada barbaramente no passado, a mando de Aguiar.

No primeiro ato, Luís se mostra falsamente amigo do irmão. Conversam sobre as plantações de café e cana e sobre o testamento do pai, do qual é beneficiário apenas o filho legítimo. O grande problema é que Aguiar morreu sem deixar assinada a carta de liberdade a Frederico. Luís o tranquiliza num diálogo aproveitado pelo autor para passar uma mensagem abolicionista:

> FREDERICO: A tua bondade vai tudo sanar. E agora, Luís, que és senhor de duzentos escravos, sê justo e amável e bom. Esquece esse direito desumano que a tirania legou a nossos avós. Quantas vezes o rigor do nosso pai fez-me derramar lágrimas!? És filho dos dias de luz, deixa a tua bondade triunfar do espírito das trevas, que pretende governar o mundo com suas leis tirânicas.

Luís não tem nenhuma intenção de alforriar os escravos. E seu verdadeiro caráter começa a aparecer, quando insinua a Frederico que está apaixonado por Cecília e quando é rejeitado pela mocinha. Vingativo, e instigado por Manoel, escraviza o próprio irmão, amarra-o no tronco e o humilha em cenas deprimentes. O senhor escravocrata revela-se em toda a sua crueldade. Exige que Frederico abdique do amor de Cecília, mas o casal não se dobra. Cecília mostra não ter preconceito em relação ao escravo e aos filhos dos escravos. Conhece a origem de Frederico, sabe que sua mãe fora uma escrava, e mesmo assim quer se casar com ele. A violência física contra o rapaz aumenta, a mocinha acaba cedendo. O casamento com Luís é feito rapidamente. Frederico terá a sua carta de liberdade. É ela quem a entrega a ele, numa cena pungente, em que se mostram apaixonados, apesar de condenados a viver separados. Manoel os espionava e conta a Luís o que viu e ouviu, aumentando os fatos e provocando o ciúme em seu senhor. Atormentado, ele dá o passo que faltava para mostrar por inteiro o seu caráter. Entrega um punhal a Manoel, abre uma gaveta e mostra ao escravo uma enorme quantia de dinheiro. Oferece-lhe a metade para matar Frederico. Mas Manoel aproveita para levar a cabo sua vingança. Mata Luís e foge com o dinheiro. Na cena final, Frederico dá ordens para que prendam Manoel e perdoa o irmão. A peça termina com mais uma mensagem abolicionista. Cecília, herdeira do marido, liberta Manoel, para que seja punido pelo seu crime, e todos os escravos da fazenda. Diante do cadáver de Luís, e respondendo a Frederico que lhe diz que os escravos esperavam suas ordens, ela diz: "Não tenho escravos, declino de uma herança tão triste. Este véu por mortalha, e por memória a liberdade de tantos infelizes, é tudo quanto pode ainda dar-lhe meu coração em mágoas (*Tira o véu, que estende sobre o cadáver; depois, ajoelha-se.*)."

É impossível saber se as mensagens abolicionistas estavam já no texto de 1864 ou se foram acrescentadas em 1885. Inclino-me pela segunda hipótese, uma vez que a fala de Frederico, transcrita mais acima, e a de Cecília estão mais de acordo com o momento em que a peça foi publicada do que com o momento em que foi encenada, em Santos. A reação contrária da plateia, já referida, provavelmente se deu porque a crítica à escravidão em *O Bastardo* é feita de modo bastante contundente. Luís representa o que há de pior no escravocrata, ao tornar escravo o próprio irmão e submetê-lo à violência física. Além disso, o cativeiro produz escravos maus, vingativos e traiçoeiros, como Manoel. Num diálogo com Cecília, ele revela ter cortado a garganta do executor de sua mãe e envenenado Aguiar. E que dizer do prazer que sente ao ver o sofrimento de Frederico? Cecília lhe pergunta a causa desse prazer e ele responde: "Eu continuo a obra de destruição nos filhos do algoz de minha mãe. É a vingança do negro, minha senhora!" Finalmente,

7 O TEATRO E A ABOLIÇÃO

a escravidão possibilita a existência de filhos espúrios, nascidos da concupiscência dos senhores. De nada adiantou a Frederico receber alguma atenção do pai e educação. Não recebeu o que era mais importante: a liberdade.

A linguagem de *O Bastardo* é um tanto pesada, própria dos dramas românticos da época em que foi escrito. Há excesso de grandiloquência em alguns diálogos e tentativas não bem-sucedidas de lirismo sentimental. De qualquer modo, a peça é reveladora do posicionamento crítico de Pires de Almeida em relação ao cativeiro. Ele foi um autor prolífico, tendo escrito várias peças teatrais e obras sobre saúde, clima, educação e higiene. Colaborador de alguns jornais do Rio de Janeiro, foi um abolicionista comedido, como se percebe no texto "A Educação dos Libertos Pelas Municipalidades", publicado no *Diário de Notícias* de 13 de março de 1886. Conforme sugere o título, ele queria que os municípios se ocupassem de dar aos libertos instrução e incentivo ao trabalho. Mas a seu ver, a emancipação devia ser "parcial, progressiva, e não simultânea e em massa", a fim de evitar "a luta entre os elementos heterogêneos, agravada pela revolução dos partidos políticos, sempre prontos a aproveitar-se das condições especialíssimas do país". A ideia de educar os libertos para a vida em liberdade, que não era só de Pires de Almeida, foi atropelada pela necessidade urgente de não protelar o fim da escravidão.

Pouco se sabe sobre o dramaturgo Totila Frederico Unzer, que talvez tenha escrito apenas uma peça: *O Filho da Escrava*. Publicada em 1886, no Rio de Janeiro, não consegui encontrá-la nas bibliotecas que consultei. Deve ter tido uma tiragem pequena, paga pelo autor, que residia na cidade mineira de Varginha. Segundo apurei em jornais de Minas, ele foi nomeado 2º Tabelião e inspetor municipal da Instrução Pública, naquela cidade, em 1883. Em setembro de 1886, um jornal do Rio de Janeiro – *O Rio de Janeiro* – e outro de Niterói – *O Fluminense* – agradeceram o envio da peça em duas ou três linhas. Mas nenhum comentário crítico sobre ela foi feito pela imprensa da corte, limitando ainda mais o seu alcance. Igualmente dois jornais mineiros acusaram o recebimento do volume, agradecendo o autor, mas nada dizendo sobre a peça: *A Província de Minas*, de Ouro Preto; e *O Arauto de Minas*, de São João del-Rei.

Sem ter sido encenada e pouco divulgada, *O Filho da Escrava* deu modesta contribuição à causa abolicionista. O pouco que sabemos sobre essa peça é pelo breve apanhado que dela nos dá Raymond Sayers:

> Pouco antes da abolição da escravatura, um dramaturgo brasileiro, Totila Unzer, escreveu *O Filho da Escrava*, em que apresenta outro escravo cujo senhor o alforriara, enviando-o a estudar na Europa. Retornado, descobre que a mãe lhe morrera quando do seu nascimento, pelos maus tratos que

lhe infligira a senhora branca, e vinga-se desta urdindo uma trama em cuja consequência ela expulsa de casa a própria filha. Outro caráter, Joaquim, um escravo que fora educado pelo senhor, odeia a este como a todos os opressores brancos. Ele diz que o seu ódio é "o ódio que todos nós aprendemos desde pequenos a sentir pelos brancos que nos oprimem".[72]

Pena que Raymond Sayers não tenha dado mais detalhes acerca do enredo, das personagens e das críticas à escravidão presentes na peça, tornada raridade bibliográfica. Quanto a Totila Unzer, é de se crer que tenha sido abolicionista e que considerou o teatro um veículo para apresentar seu ponto de vista sobre a questão servil.

Enorme repercussão na imprensa teve o drama em quatro atos *Amélia Smith*, do Visconde de Taunay, publicado em 1886. Seu tema central não é a escravidão, mas a tese naturalista de que um pai pode passar uma doença ao filho, levando-o à morte. A protagonista que dá o título à peça comete adultério e fica grávida do amante. A criança que nasce não tem o vigor físico do marido, para espanto do médico, que só entende o que se passa quando ouve a confissão da esposa adúltera. Amélia tem uma mucama, Mariúna, que a amamentou e ainda cuida dela. O autor incluiu no drama um diálogo entre elas para, de certa forma, denunciar uma prática comum do escravismo brasileiro. Mariúna teve uma filha e foi obrigada a deixá-la no engenho e vir à cidade para amamentar Amélia. Dois meses depois, a "filha de escravos" morreu. Mariúna, conhecendo o segredo de Amélia, poderia vingar-se, mas não o faz. Ao contrário, reafirma seu amor e lealdade pela senhora, aconselha-a a não receber mais o amante. Confessa que no passado pensou em matar a criança que lhe puseram nos braços, mas se consolou com a religião. Agora, só tem Amélia para amar: "No mundo não tenho mais ninguém a quem amar."[73]

O diálogo entre as duas mulheres serve para o enredo – o adultério será revelado ou não? – e para a caracterização do triste cotidiano de uma escrava, que não tem o direito nem mesmo de garantir a vida de uma filha, porque seu leite deve alimentar a filha de seus senhores. Tratava-se de um problema real da sociedade escravocrata brasileira, que Artur Azevedo e Moreira Sampaio, dois anos antes, já haviam denunciado na revista de ano *O Mandarim*, encenada em janeiro de 1884. O autor de *Inocência* e *A Retirada da Laguna* o retoma em *Amélia Smith*, motivado talvez pela militância abolicionista que abraçara como político, principalmente quando foi senador por Santa Catarina, pelo Partido Conservador.

[72] *O Negro na Literatura Brasileira*, p. 296.
[73] Visconde de Taunay, *Amélia Smith*, p. 107.

7 O TEATRO E A ABOLIÇÃO

A última peça que merece comentários foi escrita às vésperas da assinatura da Lei Áurea e publicada em 1888 na Bahia. Trata-se do "drama abolicionista e histórico em dois atos" *Maria Luísa*, conforme a definição do autor, João Clodoaldo. Na folha de rosto ele se apresenta: "Estudante da Faculdade do Recife, autor do *Amante Misterioso* e do *Ramalhete* (já publicados), e de *Elvira, a Perdida aos Pés da Cruz*, presidente do clube abolicionista José Bonifácio, membro dos clubes abolicionistas Luiz Gama, Eduardo Carigé e Panfilo da Santa Cruz."

É tudo que sabemos sobre João Clodoaldo. Infelizmente, a coleção dos jornais baianos da hemeroteca da Biblioteca Nacional não é completa. Não consegui informações sobre uma eventual repercussão que seu drama tenha tido na imprensa. Quanto ao militante abolicionista, pode-se dizer que deu uma contribuição expressiva à luta então em curso. Num artigo publicado no *Diário da Bahia*, de 4 de janeiro de 1889, Eduardo Carigé lembra que o clube José Bonifácio acolheu cerca de seiscentos escravos, que foram distribuídos em casas de família, até que fosse acertado o destino de cada um. Carigé elogia também a mãe de João Clodoaldo, que em sua casa recebeu mais de duzentos escravos.

Imbuído do sentimento abolicionista, *Maria Luísa* é um drama que opõe uma filha ao pai, o coronel Campos, fazendeiro e escravocrata convicto. A escravidão está por um fio, mas ele resiste a todos os bons argumentos que ela lhe apresenta, negando-se a libertar os seus escravos. O conflito, assim construído, permite que as personagens discutam ideias. Ao lado do fazendeiro, o feitor e o comprador de escravos formam o bloco que não quer ouvir falar de abolição. Com Maria Luísa estão seu marido, Dr. Monteiro, o médico Silva Lopes e o Dr. Freitas, juiz de direito. Em cada um dos dois atos, a ação dramática é construída para provocar o debate entre os defensores dos dois pontos de vista antagônicos e encaminhar o desfecho para a vitória da ideia abolicionista.

No primeiro ato, a discussão é desencadeada pela venda iminente de vinte escravos. Os diálogos deixam claro quem são as personagens e o que pensam. Maria Luísa mostra-se indignada com o pai, por fazer esse tipo de negócio, e concede alforria a Julieta, sua mucama. Trata com aspereza o negociante e o feitor, que havia sido criado na senzala, um liberto extremamente violento com os escravos. Elogia Silva Lopes, que, após a morte do pai, libertou os escravos que herdou: "Abolicionista, como é, tem mais ódio de um vendedor de gente, que mesmo o escravo, que é a vítima."[74] A ação dramática do primeiro ato gira em torno da fuga de Alfredo, que não quer

[74] J. Clodoaldo, *Maria Luísa*, p. 9.

se separar de Julieta. Maria Luísa assume sua defesa, no longo diálogo que tem com o pai, no qual ficam bem marcadas as diferenças de pensamento entre ambos. Ele afirma não querer voltar atrás no negócio que fez, indiferente aos sentimentos de Alfredo e Julieta; ela se contrapõe à mentalidade escravista, penalizada com a separação do casal. Inspirada pela memória da mãe, que era contra o cativeiro, quer que o pai dispense o negociante, que expulse o feitor e liberte todos os escravos da fazenda. Como percebe que não vai ser atendida, consegue ao menos comprar Alfredo, concedendo-lhe imediatamente a liberdade. As outras personagens participam desse diálogo, que é bastante tenso, fazendo comentários paralelos. Mas é Maria Luísa a principal porta-voz do autor. É ela que escancara o funcionamento da máquina escravista, denunciando a violência contra os escravos – coadjuvada por Julieta –, a natureza desumana dos negócios e a inexistência de compaixão ou generosidade entre os escravocratas.

O primeiro ato termina com a relação entre pai e filha abalada. Ele se crê desrespeitado e insultado pela "filha ingrata"; ela comemora discretamente sua pequena vitória, chamando Julieta e mostrando-lhe a carta de liberdade de Alfredo. Restam ainda 93 escravos na fazenda.

A luta continua no segundo ato, depois de algum tempo, não determinado pelo autor. Maria Luísa e o marido viajaram ao Rio de Janeiro e estão de volta à fazenda, acompanhados de Julieta e Alfredo, agora casados. Os escravos continuam a sofrer os maus tratos do feitor. A novidade é que o gabinete Cotegipe caiu e o fim da escravidão está próximo, como todos pressentem. Nos diálogos, as personagens se referem aos líderes abolicionistas baianos, aos jornais que apoiam a abolição, aos escravos que fogem das fazendas, aos fazendeiros que estão aderindo à nobre causa, às associações libertadoras, às conferências, ao clima, enfim, estabelecido com a subida ao poder do gabinete de João Alfredo, empossado em 10 de março de 1888, como se sabe. Enquanto o grupo de personagens simpáticas ao abolicionismo comenta com alegria o fim próximo da escravidão, o coronel Campos lamenta a mudança em curso, aludindo ao desamparo em que ficarão os fazendeiros e ao prejuízo da lavoura.

O segundo ato é quase desprovido de ação dramática. As personagens dialogam sobre a situação presente o tempo todo. Como era preciso encaminhar o desfecho de maneira a fazer vencer a ideia abolicionista, Maria Luísa entra em cena para ajudar os escravos da fazenda, que ameaçam revoltar-se e fugir se o feitor não for mandado embora. Pensam até mesmo em matá-lo, se for necessário. O diálogo com o pai se dá na presença do Dr. Freitas, juiz de direito da comarca em que quase já não há cativos. A filha argumenta que não é mais possível se opor à libertação dos escravos, que é melhor se

7 O TEATRO E A ABOLIÇÃO

antecipar à lei, seguindo o exemplo de outros fazendeiros: "Vamos libertar essa legião de mártires, que a lei começou a amparar. Olhe, o cons. Moura libertou seus últimos escravos; é um senhor de engenho, e assim outros. Imite-lhes, papai. Deus lhe protegerá também." [p. 49-50]

O coronel Campos cede à filha e o autor, sem se preocupar com a psicologia da personagem, faz com que ele se arrependa por ter explorado a escravidão, a seu ver, agora, uma "vil instituição". O final de uma peça abolicionista não poderia ser diferente. Era preciso fazer Maria Luísa vencer e transformar o pai em aliado. Humilde, ele lhe pede perdão e diz que pode morrer tranquilo, como se o passado não contasse. A última fala de Maria Luísa resume a vitória sobre a escravidão: "E agora tenho a felicidade de estreitar papai, que acaba de perpetuar no seio social a santa memória de minha mãe, votando à *troupe* de mercadores do sangue humano, cuja impureza lavou-se no Gólgota, o desprezo que inspira. E terminei assim, a grande tarefa libertando-se 93 infelizes!" [p. 56]

João Clodoaldo, no breve prefácio à peça, afirma que se inspirou na luta abolicionista então em curso, principalmente na Bahia, mas que fez questão de colocar nos diálogos, como forma de homenagem, "os nomes imortalizados de Dantas, João Alfredo, J. Bonifácio, Saraiva, Rui Barbosa, Nabuco, J. Mariano, Antônio Prado, A. Celso, S. da Mota, C. de Oliveira, Otaviano e outros, nossos chefes prestimosos, generais fidelíssimos nessas lutas, que têm por louros a integridade nacional" [p. vii]. Abolicionista sincero, o autor, com parco conhecimento do gênero dramático, retratou as mazelas da escravidão em sua terra natal e a resistência dos escravocratas quando a abolição era iminente.

■ ■

Já vimos que Artur Azevedo foi exímio revisteiro, hábil na construção das cenas alusivas aos principais fatos que marcaram o ano a ser revisitado no palco. O sucesso de *O Mandarim*, nos primeiros meses de 1884, e de *Cocota*, em 1885, abriu o caminho para outros escritores tentarem o gênero, que logo conquistou a simpatia dos espectadores. Até 1889, a luta pelo fim da escravidão foi evocada nas revistas de ano de Valentim Magalhães, Filinto de Almeida, Oscar Pederneiras, Figueiredo Coimbra, Augusto Fábregas, Moreira Sampaio, Lopes Cardoso e Cardoso de Menezes. Infelizmente, a maior parte dessa produção permaneceu inédita, o que dificulta o trabalho de análise e interpretação. Apesar disso, é possível saber pelos jornais da época que algumas revistas de ano tiveram milhares de espectadores e que a eles chegaram as mensagens abolicionistas presentes em seus enredos. Eis, por exemplo, o que se lê em *A Semana*, de 16 de janeiro de 1886, sobre *A Mulher-Homem*, de Valentim Magalhães e Filinto de Almeida, cuja estreia havia ocorrido três dias antes, no Teatro Santana:

> Febo, esse jovem ator, tão inteligente e trabalhador quanto modesto, revelou mais uma vez a abundância e riqueza dos seus recursos artísticos. Representava o Abolicionismo na figura do seu principal propugnador; e com tão flagrante verdade e tão minuciosa felicidade o representou que, aos espectadores, parecia estar ali no palco o próprio abolicionista célebre, esforçando-se vivamente para obrigar a Opinião a interessar-se pelas ideias abolicionistas e apressar-lhes a vitória.

Também a *Gazeta da Tarde* elogiou o ator Febo e sua imitação perfeita de José do Patrocínio. A campanha abolicionista em 1885, a queda do Gabinete liberal de Dantas e a Lei dos Sexagenários ganharam destaque em *A Mulher-Homem*, reforçando nos espectadores o sentimento antiescravista. O sucesso dessa revista de ano foi registrado pelos principais jornais do Rio de Janeiro, como a *Gazeta de Notícias* e o *Jornal do Comércio*. Segundo os anúncios da empresa dramática responsável pelo espetáculo, quando houve a quadragésima e última representação da peça, mais de cinquenta e duas mil pessoas já a haviam visto no palco.

Valentim Magalhães e Filinto de Almeida escreveram outras peças em parceria e compartilharam a ideia abolicionista. Ambos participaram de eventos promovidos por sociedades emancipadoras e se pronunciaram contra a escravidão, seja como escritores, seja como homens da imprensa. O segundo casou-se em 1887 com a escritora Júlia Lopes, que acrescentou o sobrenome do marido ao seu, formando um casal comprometido com a abolição. Valentim Magalhães fez parte do "Clube dos Advogados Contra a Escravidão", cujos associados se batiam pela aplicação da Lei de 7 de novembro de 1831, decretada para libertar africanos introduzidos ilegalmente no Brasil, e da Lei do Ventre Livre, para impedir a escravização dos "ingênuos" nascidos depois de 1871. Digno de nota é o conto "Praça de Escravos", publicado na *Gazeta de Notícias* de 23 de março de 1884, no qual Valentim Magalhães expõe a desumanidade das vendas de escravos que continuavam a separar pais e filhos.

Em 29 de janeiro de 1887, houve a estreia de *Zé Caipora*, de Oscar Pederneiras, dramaturgo e homem da imprensa. Os fatos marcantes de 1886 foram levados à cena com muita graça, segundo os comentários críticos, na maioria positivos e prevendo o sucesso que se concretizou nos meses seguintes. A propaganda abolicionista se fez presente por meio da apoteose final à Liberdade, um quadro vivo em homenagem aos que combateram a escravidão no

7 O TEATRO E A ABOLIÇÃO

passado, como José Bonifácio, e aos que a combatem no presente. A *Gazeta da Tarde*, de 1º de fevereiro, assim se referiu à apoteose: "No templo da Pátria a plêiade abolicionista – os que já morreram e os que ainda batalham – monta guarda à Liberdade. O Obscurantismo curva-se e a Câmara Municipal continua a sua tarefa redentora. É este um quadro esplêndido, movimentado, digno dos aplausos com que foi recebido."

Uma curiosidade em relação a *Zé Caipora* é que foi aprovada pelo Conservatório Dramático com parecer positivo de Machado de Assis. Em apenas três linhas, nosso maior escritor anotou que não havia nada a censurar na peça. Por outro lado, quando lhe caiu nas mãos a revista de ano *Cobras e Lagartos*, de Augusto Fábregas, em novembro de 1887, ele exprimiu-se da seguinte maneira:

> Há nesta peça coisas que não poderão ir ao palco sem modificação – umas porque revivem de modo burlesco episódios graves, outras por serem puras personalidades. Notei-as à parte, para indicá-las aqui: mas, advertindo bem, acho que, nos termos do decreto que criou o Conservatório, escapariam à sua ação; cabem exclusivamente à polícia. Para isso basta que o Sr. Exmo. Sr. Presidente do Conservatório oficie à Polícia chamando a sua atenção, de modo geral para os defeitos apontados.
> Quanto à moral e decência, que é o que nos incumbe, nada achei que censurar; e a licença do Conservatório deve *limitar-se explicitamente* a esses pontos. Cada um cumprirá o seu dever.[75]

O ano de 1887 não havia ainda terminado, quando houve a estreia de *Cobras e Lagartos*, em 17 de dezembro. Foi um enorme fracasso, devido provavelmente, como aventou o *Jornal do Comércio*, aos cortes feitos pelo Conservatório Dramático e pela polícia. Talvez mais pela polícia do que pelo Conservatório, se atentarmos às palavras de Machado de Assis. Tudo indica que as mutilações descaracterizaram a peça. Outros jornais fizeram comentários críticos negativos, ressaltando defeitos como a falta de graça e leveza, a desconexão dos fatos postos em cena e alusões que não eram muito claras. A luta abolicionista foi evocada por meio de uma personagem denominada "Gênio da Escravidão", pela presença de "escravos não matriculados" e pelo "batuque" desses escravos. Segundo o *Diário de Notícias* de 19 de dezembro, nem mesmo o assunto que galvanizava a opinião pública ganhou tratamento adequado: "A própria questão do elemento servil, tão simpática ao público, está tratada de modo tal que não achou simpatia na plateia." Ao cabo de três representações, *Cobras e Lagartos* saiu de cartaz.

[75] M. de Assis, *Do Teatro*, p. 588.

Quanto ao autor, Augusto Fábregas, jornalista e dramaturgo, esclareça-se que foi um militante ativo do abolicionismo. Os jornais trazem notícias de sua participação em eventos como a inauguração do Clube Abolicionista Guttenberg, em 1882, e a participação no Primeiro Grande Festival Libertador, promovido pelo Centro Abolicionista Comercial, em 1883, no Teatro Politeama. Recitou poemas nos dois eventos, o segundo deles com discurso oficial de Raul Pompeia e presença de artistas como Vasques e Eugênio de Magalhães. Em 25 de março de 1884, Fábregas colaborou na festa promovida pela Sociedade Abolicionista Cearense, ensaiando e dirigindo a execução do hino dessa sociedade, cantado por cinquenta alunas do Colégio de Santa Cândida. Foi um dos organizadores de uma grande marcha cívica pela abolição, em abril de 1884, e recebeu uma medalha de bronze da Sociedade Abolicionista Cearense. A par de seu engajamento, foi autor de várias peças, entre elas uma polêmica e bem-sucedida adaptação do romance *O Crime do Padre Amaro*, de Eça de Queirós.

Em 7 de abril de 1888, no Teatro Santana, houve a estreia de *Notas Recolhidas*, de Lopes Cardoso e Cardoso de Menezes. Apesar de ter feito mais sucesso de crítica do que de público, em nove representações seguidas a revista de ano teve milhares de espectadores que puderam ver no palco os fatos alusivos ao ano anterior e uma apoteose à abolição e à província de São Paulo – provavelmente porque em 1887 o abolicionismo ganhou a adesão do líder político paulista Antônio da Silva Prado. Segundo matéria publicada na *Gazeta de Notícias*, em 9 de abril, os últimos dois quadros apelaram "para o dramático e sentimental – inovação no gênero, que o público recebeu com aplausos".

Lopes Cardoso e Cardoso de Menezes não repetiram a parceria. O primeiro foi autor de algumas poucas comédias, poeta e jornalista. Simpático ao abolicionismo, participou dos festejos pelo fim da escravidão no Ceará, em 1884. Não deve ter sido um militante ativo, pois os jornais não registram seu nome em outros eventos.

Já Cardoso de Menezes foi um dos nossos principais homens de teatro das duas últimas décadas do século XIX. Autor de várias comédias, adaptou para a cena o romance *O Primo Basílio*, de Eça de Queirós, em 1878. Em 1881, traduziu o drama abolicionista *O Doutor Negro*, de Dumanoir e Anicet Bourgeois. Exímio pianista, compôs valsas e polcas às dezenas, como se vê nos anúncios publicados na imprensa da época, e emprestou seu talento para os palcos. Musicou muitas peças, destacando-se como colaborador dos autores de revistas de ano. Abolicionista militante, participou de inúmeras iniciativas de associações libertadoras, sempre disposto a prestigiar as festas e os benefícios teatrais organizados para a compra de cartas de liberdade. Em

7 O TEATRO E A ABOLIÇÃO

30 de junho de 1882, no Teatro São Luís, entregou uma delas a um cativo, ao final da encenação de sua comédia *Um Deputado Pela Eleição Direta*, récita que contou com a presença de membros do Clube dos Libertos de Niterói e de seu presidente João Clapp. Em fevereiro de 1883, compôs uma "marcha triunfal" para uma procissão cívica realizada pelo Clube Abolicionista Guttenberg. Em maio do mesmo ano, tocou piano num festival abolicionista e, em outubro, não só organizou um concerto para o Clube dos Libertos Contra a Escravidão, no qual foram entregues dez cartas de liberdade, como se apresentou numa matinê promovida pela Confederação Abolicionista.

Seu maior feito talvez tenha sido a autoria da "Marselhesa dos Escravos", uma marcha sinfônica para orquestra e banda militar, composta a pedido da Confederação Abolicionista para comemorar o fim do cativeiro no Ceará. Executada pela primeira vez no Teatro Politeama em 25 de março de 1884, foi repetida muitas vezes em outros eventos. Conforme se lê na *Gazeta de Notícias* do dia seguinte ao da estreia, "ao terminar os últimos acordes, de todos os lados da sala partiram estrepitosos aplausos ao maestro, a quem foi oferecida pela Confederação uma rica coroa de flores". Quando os representantes da imprensa do Rio de Janeiro se reuniram, em 12 de maio de 1888, para organizar festejos populares pela promulgação da Lei Áurea, em vias de ser assinada, foi nomeada uma comissão com jornalistas e intelectuais que atuaram na linha de frente da campanha abolicionista. Dois homens de teatro foram escolhidos para fazer parte dessa comissão: Artur Azevedo e Cardoso de Menezes.

Voltando às revistas de ano, não é preciso dizer que as que foram representadas no início de 1889 saudaram a Lei Áurea, o fato mais importante de 1888. Em *D. Sebastiana*, de Moreira Sampaio, *Abolindemrepcotchimdegó*, de Valentim Magalhães e Filinto de Almeida, *1888*, de Oscar Pederneiras, *Fritizmac*, de Artur Azevedo e Aluísio Azevedo, e *Bendegó*, de Oscar Perderneiras e Figueiredo Coimbra, os espectadores puderam ver em cena apoteoses e alegorias à lei de 13 de maio, numa clara demonstração do apoio que nossos autores dramáticos deram à causa abolicionista. Destaque-se que na revista de Valentim Magalhães e Filinto de Almeida o quadro final reproduziu a missa campal realizada em São Cristovão, no dia 17 de maio, celebrada em ação de graças pelo fim do cativeiro. É de se crer que as revistas de ano, abordando criticamente a escravidão em cena, tenham contribuído fortemente, senão para despertar, ao menos para reforçar o ânimo abolicionista de milhares de espectadores[76].

---

[76] Em carta a João Luso, Raul Pederneiras afirma que as revistas de ano representadas antes da Lei Áurea traziam sempre "um jongo de negros em prol da liberdade" e transcreve uma quadra de um deles, de autoria de Henrique de Magalhães, irmão de Valentim Magalhães: "Ai, ai sinhô! / Ai, ai, que dô! / Ai blanco non mi maltrata, / ▶

ARTISTAS ABOLICIONISTAS, BENEFÍCIOS, FESTAS E ALFORRIAS EM CENA ABERTA

Nas páginas precedentes, ao mesmo tempo que tratei da dramaturgia e das encenações, bem como da recepção crítica que tiveram peças e espetáculos de cunho abolicionista, referi-me inúmeras vezes a artistas que abraçaram a causa humanitária da abolição. Foram eles que levaram às plateias das principais cidades brasileiras a crítica à escravidão e a defesa da liberdade para todos os cativos. Fizeram isso no palco e fora dele, como cidadãos.

Vimos como Guilherme da Silveira e Ismênia dos Santos viajaram pelo país, apresentando a adaptação teatral de *A Cabana do Pai Tomás*. Igualmente, Moreira de Vasconcelos e Julieta dos Santos se fizeram ouvir, com um repertório de peças abolicionistas, entre as quais se sobressaía *A Filha da Escrava*, de Artur Rocha. Artistas-empresários foram acompanhados em suas iniciativas por outros com o mesmo perfil, como Apolônia Pinto, Ribeiro Guimarães e Ana Chaves Guimarães. No Norte e Nordeste, destacaram-se Lima Penante e Rodrigues Sampaio; no interior de São Paulo e Minas, Couto Rocha. Não esqueçamos dos artistas amadores, que de Norte a Sul levaram à cena um repertório comprometido com a luta pela abolição. Todos eles, profissionais e amadores, realizaram espetáculos com renda revertida para a compra de cartas de alforria e multiplicaram o alcance da propaganda abolicionista por meio do teatro. Voltemos agora a nossa atenção para outros artistas que merecem ser lembrados e que atuaram principalmente no Rio de Janeiro.

■ ■

O primeiro deles, sem dúvida alguma, é Francisco Correa Vasques, o ator cômico mais admirado de seu tempo. Afrodescendente, a popularidade que desfrutava no Rio de Janeiro era imensa, não só pelos desempenhos antológicos em comédias, mágicas, operetas e revistas de ano, mas também pela autoria de cenas cômicas que interpretava sozinho no palco, provocando gargalhadas na plateia. Em uma delas, intitulada *Olhai! Olhai!*, representada pela primeira vez em 20 de abril de 1881, no Teatro Fênix Dramática, condenou a escravidão. Dois dias depois, lia-se na *Gazeta de Notícias*: "O final dessa

> ▷ Ai non mi maltrata à toa, / Ai zi cativelo mata, / Zi cativelo magoa!" Segundo o autor, em uma revista de seu irmão Oscar Pederneiras havia um ator que personificava o líder abolicionista Antônio Bento, que cantava a seguinte estrofe: "Também invoco o meu canto / Em favor da grande ideia, /Nesse combate, que é santo, / Também entra a Pauliceia." J. Luso, O Teatro e a Abolição, *Revista da Academia Brasileira de Letras*, ano 31, v. 56, p. 18-19.

cena, uma alusão à questão da escravatura, provocou o maior entusiasmo na sala, tendo o artista de repeti-lo entre aplausos gerais."

A trajetória artística de Vasques teve início na segunda metade dos anos 1850 e se consolidou nas duas décadas seguintes. Nos jornais da época, o reconhecimento de seu talento é unânime, afirmado o tempo todo pelos folhetinistas e críticos teatrais. Não vou aqui tratar das qualidades de Vasques como ator cômico, até porque isso já foi feito em alguns estudos[77]. Vou me deter no seu sentimento antiescravista, no seu enorme envolvimento com a luta pelo fim do cativeiro na década de 1880.

Para começar, deve-se louvar a colaboração dada às matinês e festas abolicionistas nos teatros do Rio de Janeiro – principalmente o Santana, o Politeama e o Recreio Dramático. Entre os anos de 1882 e 1887, ele foi uma voz sempre presente nos eventos, seja para declamar um poema, seja para interpretar uma cena cômica ou até mesmo para fazer um discurso. As matinês e festas abolicionistas eram em geral promovidas pelas associações emancipadoras ou pela Confederação Abolicionista, criada em maio de 1883, e realizadas aos domingos, ao meio-dia. Via de regra compunham-se de três ou quatro partes: havia números de música, uma conferência ou um discurso feito por um orador oficial designado com antecedência – a cargo de líderes como José do Patrocínio, João Clapp, Vicente de Souza, Rui Barbosa, Joaquim Nabuco, Nicolau Moreira, Júlio de Lemos, José Agostinho dos Reis e vários outros –, declamação de poemas e apresentação de uma cena cômica, uma comédia em um ato ou um trecho de uma peça. O dinheiro arrecadado na bilheteria, com ingressos a quinhentos ou mil-réis, uma quantia modesta, era destinado à compra de cartas de alforria, algumas vezes entregues durante os eventos. As matinês podiam ser gratuitas, mas nesse caso esperava-se de cada espectador que contribuísse com a quantia que quisesse ou pudesse dar.

Segundo os relatos dos jornais, os teatros, com mais de mil lugares, ficavam lotados, todos vibrando com os discursos inflamados dos oradores e se divertindo com a música e a parte teatral. Quem tiver a paciência de consultar os anúncios das matinês na *Gazeta da Tarde* poderá constatar que Vasques foi o mais assíduo dos artistas teatrais que se apresentavam nessas festas abolicionistas. Como afirmei acima, ora se fazia intérprete de cenas cômicas, ora declamava os próprios poemas, escritos para vergastar a escravidão e clamar pela abolição. Transcrevo abaixo a primeira das quatro estrofes do poema "Liberdade", que a *Gazeta da Tarde* publicou em 9 de abril de 1883 e que o ator havia recitado no dia anterior, no Teatro das Novidades:

---

77   Ver P. Ferreira, *O Ator Vasques*; e A. Marzano, *Cidade em Cena*.

> Na terra de Castro Alves
> De Gonzaga e Tiradentes...
> Os ferros dos inocentes
> Devem rolar pelo chão!
> Façam depois das algemas
> A grandiosa epopeia
> Bandeira da nossa ideia
> Gritando – revolução!

Fora do palco, Vasques exerceu a militância abolicionista nas ruas, talvez, e na imprensa, com certeza. No primeiro caso, teria sido uma ideia para ajudar José do Patrocínio a conquistar mais adeptos para a causa humanitária. Dado o seu prestígio como ator, teria ido diversas vezes a locais frequentados por muita gente, como a rua do Ouvidor, por exemplo, e, em determinado momento, começado a falar alto, chamando a atenção de quem estava por perto. A aglomeração era previsível. Seguia-se um breve discurso a favor da abolição.

Quem conta essa história é Henrique Marinho, historiador do nosso teatro, em depoimento a Procópio Ferreira. Ele assegura que Vasques gastou boa parte de seu tempo livre nas ruas, nos cafés, onde enfim houvesse uma multidão disposta a ouvi-lo. Como se tratava de uma autêntica *performance*, na qual o assunto sério era abordado com graça, "essas orações do Vasques por fim já eram procuradas", afirma Henrique Marinho, completando: "O encanto dos ouvintes tornava-se indescritível, dando assim mais força e prestígio à causa, porque Vasques era, sobretudo, uma figura respeitadíssima."[78]

Não tenho como comprovar a veracidade do relato. *Se non è vero...* Por outro lado, a militância de Vasques na imprensa está bem documentada. Ele tornou-se, a convite de José do Patrocínio, folhetinista da *Gazeta da Tarde*. Entre outubro de 1883 e julho de 1884, escreveu 27 folhetins, nos quais abordou assuntos diversos, entre eles a ignomínia da escravidão e a luta abolicionista. Intitulou-os "cenas cômicas", embora nem sempre tenha tratado a matéria pelo ângulo da comicidade. Lembre-se, para exemplificar, o folhetim de 27 de dezembro, ao qual o autor deu o título de "Rita" e o subtítulo de "Romance em Cinco Capítulos". Trata-se, na verdade, de um conto, no qual o enredo traz à tona um problema que devia ser comum nas fazendas de senhores escravocratas. Carlos, o filho do fazendeiro Antunes, volta depois de dez anos na Europa e se encanta com a escrava mestiça Rita, mocinha que é tida como filha do velho escravo fiel Romualdo. Órfã de mãe, ela

---

[78] P. Ferreira, op. cit., p. 36.

7 O TEATRO E A ABOLIÇÃO

foi criada na casa de Antunes, que lhe deu esmerada educação. De madrugada, Carlos tenta entrar no quarto de Rita e é impedido por Romualdo. O barulho acorda Antunes, que tira o filho dali e desce com ele para outro cômodo da casa. O velho está trêmulo, "banhado em pranto", emocionado; "agarrando-se ao moço e para não cair, disse-lhe em voz baixa com medo que as paredes o ouvissem: – Carlos, meu filho, que ia fazer? Rita é tua irmã!"[79]

O final previsível não atenua a força da denúncia do escravismo brasileiro: Antunes se aproveitou sexualmente de uma escrava e mantém a filha na mesma condição social. Em alguns folhetins, Vasques bateu numa mesma tecla. Para incentivar o debate sobre a abolição e incentivar a participação feminina na campanha abolicionista, a *Gazeta da Tarde* havia lançado uma pergunta aos seus leitores: a mulher brasileira é escravocrata? Como alguns textos publicados no jornal argumentavam de maneira afirmativa, nosso folhetinista negou veementemente tal possibilidade, levando em conta vários aspectos, entre eles o de que nos lares brasileiros as mulheres se submetiam à autoridade do pai e, depois, do marido. Aceitavam, resignadas, o meio em que viviam, o que as eximia de culpa, no caso de haver cativos em casa. Para conquistar a simpatia das leitoras, Vasques elogia os encantos e a bondade das mulheres, conclamando-as a abraçar a ideia abolicionista. E para demonstrar que a mulher brasileira não era escravocrata, num dos folhetins inventou uma história edificante: Leocádia, tendo perdido o filho com quinze dias, passou a amamentar a filha da escrava Joana, que era alugada como ama de leite. Quando o marido descobre, fica comovido com a atitude da esposa e concede alforria à escrava.

Em quatro folhetins, Vasques descreve as festas abolicionistas de que participou nos teatros do Rio de Janeiro e transcreve os poemas que escreveu e declamou, bem como um discurso que pronunciou num deles. Refere-se também ao trabalho dos militantes, que iam de casa em casa convencer os proprietários de escravos a libertá-los. Como se sabe, ruas e quarteirões da cidade eram escolhidos previamente pela Confederação Abolicionista e seus membros, escalados para o trabalho de convencimento. Corajoso, o folhetinista não hesitou em conclamar dom Pedro II a extinguir a escravidão, pois tinha poder para isso. Eis como avaliava sua própria participação na campanha abolicionista, no folhetim de 10 de abril de 1884: "Eu me sinto feliz de ter concorrido com meu pequeno contingente para esta cruzada. Sinto-me forte ao lado dos meus companheiros. Havemos de chegar ao fim da romaria: nada nos pode embaraçar na viagem; será supinamente *tolo* quem quiser tolher a nossa marcha."[80]

---

[79] F.C. Vasques, *Scenas Comicas*, p. 183.
[80] Ibidem, p. 267.

Dois folhetins ainda merecem destaque. Ambos foram escritos em forma de cartas ao amigo José do Patrocínio. O primeiro, a propósito da viagem do líder abolicionista à Europa, em novembro de 1883, é uma louvação ao jornalista e sua luta por um país formado apenas por homens livres; o segundo, publicado no final de maio de 1884, saúda a volta ao Brasil do "filho querido" e faz um relato das conquistas recentes – alguns quarteirões não têm mais escravos –, bem como da resistência de setores escravocratas, que se organizam para dar combate às iniciativas dos abolicionistas. Além disso, Vasques faz uma grave denúncia: em fazendas remotas, os recém-nascidos estão sendo mortos porque não serão escravizados. A Lei do Ventre Livre, nas mãos dos escravocratas, transformou-se numa "espada de Herodes", afirma, horrorizado, concluindo com estas inspiradas palavras: "A balança da humanidade está suspensa na haste do pavilhão auriverde; em uma das conchas o visconde do Rio Branco escreveu: *Ninguém nasce mais escravo no Brasil*. É preciso igualar o peso; é necessário que ALGUÉM escreva na outra concha: *Ninguém morre mais escravo no Brasil*."[81]

Vasques faleceu quatro anos depois da decretação da Lei Áurea. Querido e admirado pela população do Rio de Janeiro, uma multidão acorreu ao seu féretro, apesar do mau tempo. O seu obituário, nos principais jornais da cidade, mereceu algumas colunas, nas quais os articulistas destacaram tanto o talento e a carreira de quase quatro décadas dedicadas à arte da comédia quanto o engajamento na luta abolicionista. Sobre esse último aspecto, um bom resumo de tudo quanto foi dito pode ser lido no trecho abaixo, de uma matéria publicada no número 654 da *Revista Ilustrada* de dezembro de 1892 e assinada por Farfarello, um óbvio pseudônimo:

> Quando se agitou a questão abolicionista, o distinto artista foi incansável em bem servir à causa dos oprimidos. Lutou por eles com todas as energias de sua grande alma sensível aos males alheios. Quer no teatro, na imprensa, na tribuna e em comícios públicos, os escravizados tiveram nele um amigo dedicado, um defensor impertérrito, um advogado convencido e nobre.
>
> São esses os grandes traços característicos do Vasques, e é essa a sua maior glória de artista e de homem que manteve sempre, até o último instante, as suas convicções sociais, artísticas e políticas. Por isso a população desta capital prestou-lhe todas as homenagens a que tinha direito, concorrendo respeitosamente, saudosamente, à via-sacra do seu enterramento. E nós, que tivemos em Corrêa Vasques um companheiro na campanha da abolição, um amigo dedicado, e que fomos admiradores dos seus méritos,

[81] Ibidem, p. 281.

7 O TEATRO E A ABOLIÇÃO

prestamos ainda este último tributo de gratidão, retratando-o em nossa página de honra.

O enterro de Vasques, descrito nos jornais, foi bastante concorrido: a classe teatral em peso foi despedir-se dele; a imprensa se fez representar por vários jornalistas; os líderes abolicionistas estiveram presentes; no cemitério, à beira do túmulo, o ator foi significativamente saudado por José do Patrocínio, que em breve alocução relembrou os serviços prestados pelo amigo à causa que os tornou camaradas. A se crer no depoimento de Henrique Marinho, citado acima, o "negro sublime" tinha por Vasques um "afeto de irmão" e ia sempre buscá-lo ao fim dos espetáculos para perambular pelas ruas e conversar.

■ ■

Muitos outros artistas participaram da campanha abolicionista. É importante mencioná-los para que se tenha uma ideia precisa do enorme número de simpatizantes que deram sua contribuição à luta pelo fim da escravidão. Nos anúncios das festas e matinês promovidas pelas associações emancipadoras estão os nomes de todos eles, alguns mais assíduos, como por exemplo Xisto Bahia, ator cômico de grande prestígio, que vale a pena destacar. Já vimos que ele escreveu uma comédia intitulada *Duas Páginas de um Livro*, em cujo desfecho deixou uma mensagem abolicionista. Também mencionei que, em 1882, Leonardo Rodrigues do Sacramento França dedicou-lhe o drama *O Amor Vencido Pelo Amor e Não Pelo Dinheiro*, em reconhecimento dos serviços que vinha prestando à causa da abolição. No romance *A Marcha*, ao qual Afonso Schmidt deu o subtítulo de "romance da abolição", há uma passagem em que as personagens estão num bar, quando entra um homem que aparenta ser um fazendeiro. Provocado pelos demais, sua fala é uma cínica defesa da exploração do operário, muito mais barato de manter do que um escravo, concluindo que só os fazendeiros burros insistem em querer preservar a escravidão. Quando perguntam seu nome, o ator revela quem é e todos riem, se divertem e levantam brindes. Afirma Afonso Schmidt: "Xisto Bahia era um grande ator, o humorista da abolição. Sua especialidade era vestir-se à moda dos fazendeiros, imitar-lhes a voz e as atitudes, para fazer discursos e palestras em que sobressaíam, de modo risível, os seus argumentos habituais contra os abolicionistas."[82]

Não tenho como comprovar a veracidade do relato, que lembra um pouco o que Henrique Marinho afirmou sobre Vasques fazer discursos contra a escravidão nas ruas do Rio de Janeiro. De qualquer modo, o compromisso

---

82   *A Marcha*, p. 73-74.

de Xisto Bahia com a causa humanitária pode ser comprovado pelas inúmeras participações em matinês, nas quais apresentava um número de comédia ou declamava um poema. Artur Azevedo, no esboço biográfico do ator, que redigiu para *O Álbum*, de julho de 1893, assevera: "Direi que ele foi um dos mais valorosos soldados da campanha abolicionista, e acrescentarei que tem um grande coração, aberto aos bons sentimentos." A militância de Xisto Bahia na primeira metade da década de 1880 foi intensa, tornando-o merecedor da homenagem que lhe fizeram o Clube dos Libertos de Niterói, a Associação Central Emancipadora, o Clube Abolicionista Nicolau Moreira e o Clube Central dos Libertos, conforme se lê na *Gazeta da Tarde* de 28 de abril de 1882. Essas associações lhe ofereceram um "mimo, como prova de reconhecimento pelo muito que ele tem feito em prol da ideia abolicionista".

Entre as iniciativas de Xisto Bahia, pode-se lembrar o benefício que organizou em Niterói, em favor da Caixa Emancipadora do corpo policial da cidade, em 9 de novembro de 1883. Levou vários colegas artistas do Rio de Janeiro consigo e interpretou o papel que o consagrou como ator: o do tabaréu Bernardes, em *Véspera de Reis*, de Artur Azevedo. Nessa noite, entregou uma carta de liberdade.

No romance *A Conquista*, Coelho Neto relembra o que foi a década de 1880 e particularmente o movimento abolicionista. Escreve sobre as conferências que eram feitas nas matinês, elogia a "palavra fogosa" de José do Patrocínio e de outros oradores e assim se refere ao envolvimento de artistas, não só dramáticos, com a causa humanitária:

> Entre os artistas, a ideia tinha fanáticos. Os Bernardelli eram dos mais entusiastas. No teatro: Dias Braga, Vasques, Guilherme de Aguiar, Arêas, Galvão, Peixoto, Matos, Eugênio de Magalhães, Maia, Ferreira, André, Castro, Suzana, Oudin, Balbina, Clélia. Entre os músicos Pereira da Costa, Miguez, Tavares, Nascimento, a doce Luísa Regadas, alma meiga, o rouxinol da propaganda e Francisca Gonzaga, a maestrina.[83]

Coelho Netto se refere provavelmente ao escultor Rodolfo Bernardelli e seus irmãos Henrique, pintor, e Félix, violonista e pintor. Inclui também alguns músicos, entre os quais Chiquinha Gonzaga, que participou de várias matinês e chegou até mesmo a vender partituras de porta em porta para libertar "um escravo que muito a sensibilizava, Zé Flauta"[84]. O escritor poderia ter acrescentado o nome de Carlos Gomes, igualmente sensível à causa abolicionista. Luísa Regadas organizou vários espetáculos em benefício de alforrias e

---

[83] Coelho Neto, *A Conquista*, p. 374.
[84] E. Diniz, *Chiquinha Gonzaga: Uma História de Vida*, p. 148.

7 O TEATRO E A ABOLIÇÃO

se apresentou como cantora lírica, ainda que amadora, em dezenas de oportunidades. Sua morte, em fevereiro de 1887, foi bastante pranteada pelos companheiros de luta. No mês seguinte, Cândida Muniz Barreto e seu marido organizaram um grande espetáculo com números musicais e dramáticos para auxiliar a compra de um jazigo perpétuo para ela.

Entre os artistas de teatro lembrados por Coelho Neto, alguns podem ser destacados. Eugênio de Magalhães e Antônio Joaquim de Matos deram sua contribuição em muitas matinês: o primeiro, sócio benemérito da Associação Central Emancipadora, declamando poemas de Castro Alves, em especial o "Navio Negreiro", e algumas vezes "O Escravo", de Fagundes Varela; o segundo apresentando as cenas cômicas *O Guarda Urbano* e *O Fuzileiro Apaixonado*. Ambos, sempre muito aplaudidos. Suzana Castera organizou, em 12 de maio de 1882, um benefício para libertar a negra Andreia Adélia, no Recreio Dramático. Escolheu representar uma peça de Vasques, *A Honra de um Taverneiro*, e o convidou para fazer a entrega da carta de liberdade. Joaquim da Costa Maia atuou diversas vezes em cenas cômicas, assim como Augusto Maia.

A lista de artistas dramáticos de Coelho Neto é evidentemente incompleta. Ele lançou os nomes de que se lembrou no momento da redação do romance, com o intuito de reverenciar aqueles que participaram ativamente da campanha abolicionista. Podemos acrescentar muitos outros, colhidos como aparecem grafados nos anúncios dos espetáculos promovidos pelas associações emancipadoras e publicados na *Gazeta da Tarde*: Machado, Silva Pereira, Mesquita, Leonor Rivero, Costa, Pepa Ruiz, B. Lisboa, Boldrini, Nino, Mazarino, Bernardo, Pestana, Mota Melo, Massart, Hermínia, Polero, Martins, A. Guerreiro, Corrêa, Fanny, Sepúlveda, Araújo, Mauro, Helena Cavallier, Febo, Dolores Febo, Rangel, Barros, Vicente, Lima, Teixeira, Branca, Heitor, Pires, Foito, Gabriel, Ângelo, Manarezzi, Júlia de Castro, Pozzi, Peret, Aurora de Freitas, Deolinda, Clementina dos Santos, Domingos Braga, Delmary e Cinira Polônio[85].

Todos esses artistas participaram das matinês, entre 1882 e 1887. Não esqueçamos que a própria Confederação Abolicionista concedeu aos mais atuantes um diploma honorífico em 1885. Mencionei-os ao comentar a encenação de *Os Escravocratas ou a Lei de 28 de Setembro*, de Fernando Pinto de Almeida Júnior. Dou-os novamente aqui: Francisco Corrêa Vasques, Joaquim da Costa Maia, Antônio Joaquim de Matos, João de S. Rangel, Emílio Polero,

---

[85] Para conhecer um pouco da vida desses artistas, brasileiros e portugueses, ver *Carteira do Artista*, de Sousa Bastos; *História do Teatro Brasileiro, Figuras de Teatro e Artistas de Outras Eras*, de Lafayette Silva; *Atores e Atrizes*, de Eduardo Victorino; *Cenografias: O Teatro no Brasil* e *Espírito Alheio*, de Múcio da Paixão; *Teatro Nacional: Autores e Atores*, de Sílio Boccanera Júnior.

Guilherme Pinto Sepúlveda, Artur Belido Bernardo, A.O. Lisboa, Carlos J. Pestana da Silva, Alfredo Peixoto, Dias Braga, Helena Cavallier, Pepa Ruiz, Emília A. Pestana, Fanny, Mlles. Delmary, Henry e Oudin.

■ ■

Em seu livro sobre o movimento abolicionista, Angela Alonso historia o surgimento das conferências emancipadoras nos palcos dos teatros, afirmando que a primeira delas ocorreu no Teatro São Luís em 23 de março de 1879, tendo como orador oficial Vicente de Souza. A partir de 5 de setembro de 1880, ainda de acordo com a autora, um novo padrão se firmou, com a incorporação nos eventos de uma "parte concertante", como anunciavam os jornais. O sucesso foi extraordinário. Com os números musicais, o público aumentou expressivamente. Os teatros tornaram-se o local por excelência da propaganda abolicionista: "Cristaliza-se aí a estratégia *mater* da propaganda na primeira metade dos anos 1880: misto de espetáculo teatral e comício político, meio de persuasão e de financiamento, as conferências-concerto."[86] Entre 1880 e 1884, ao menos 63 eventos – chamados de conferências, matinês, festas, festivais, benefícios – foram organizados no Rio de Janeiro, "com agenda abolicionista explícita", nos quais "os artistas usavam seus espetáculos para arrecadar recursos para a campanha ou dar cartas de liberdade"[87]. Para se ter uma ideia da importância dessa estratégia empregada para alavancar a propaganda abolicionista, a autora lembra ainda que dezoito províncias adotaram o mesmo formato empregado nos teatros da corte.

O que pretendo esclarecer aqui é que os artistas dramáticos começaram a participar dos eventos algum tempo depois dos músicos. De acordo com os anúncios publicados na *Gazeta da Tarde*, isso teria ocorrido pela primeira vez na instalação do Centro Abolicionista Ferreira de Menezes, em 21 de maio de 1882. A solenidade se iniciou com a execução de dois números musicais – um deles a polca *Carinhosa*, de Artur Napoleão –, seguindo-se o início da sessão por Nicolau Moreira e o discurso de Júlio de Lemos. Uma carta de liberdade foi entregue ao negro Clarindo. Vieram então mais um número musical e as declamações de poemas por várias pessoas, entre elas "os atores Xisto Bahia, Vasques e Matos". O evento terminou com outros discursos, de líderes como José do Patrocínio e Silveira da Mota.

Também na festa inaugural do Clube Abolicionista Guttenberg, em 24 de junho de 1882, Vasques esteve presente e recitou um poema. No dia seguinte,

---

[86] A. Alonso, op. cit., p. 134.
[87] Ibidem, p. 139.

7 O TEATRO E A ABOLIÇÃO

ele e Xisto Bahia colaboraram na "grande matinê musical" promovida por Luísa Regadas. Até o final desse ano, alguns eventos ainda mantiveram apenas a parte concertante e os discursos políticos. Mas a partir de abril de 1883, a presença de artistas dramáticos tornou-se uma regra. No "festival abolicionista" promovido pelo Clube dos Libertos de Niterói, no dia 22 desse mês, no Teatro das Novidades, além de Vasques, Xisto Bahia e Matos, também participaram Machado, Eugênio de Magalhães, Pepa Ruiz e Leonor Rivero. Ou seja, um maior número de artistas dramáticos que, além de declamar poemas, passaram também a apresentar cenas cômicas, comédias em um ato e trechos de uma peça. Como ficou demonstrado acima, o exemplo dado por eles frutificou junto à classe teatral. Participar de um evento organizado pelas associações emancipadoras ou pela Confederação Abolicionista era uma atitude política que situava o artista no campo progressista.

• •

Antes das matinês, com sua programação bem estabelecida, os espetáculos com renda revertida para a compra de cartas de liberdade foram em geral iniciativas de pessoas comuns, artistas ou empresários teatrais. A título de curiosidade, não custa lembrar que o primeiro "benefício para uma liberdade" – assim anunciado no jornal – aconteceu em 7 de outubro de 1838 e foi promovido por Paula Brito, o famoso editor, como revela Luiz Costa-Lima Neto[88]. Ele acrescenta que nos anos 1840 houve dez espetáculos para o mesmo fim. Esse número praticamente não se altera nas duas décadas seguintes, o que significa que o benefício não era ainda entendido como peça de propaganda, mas como gesto caritativo.

Com o incremento dos debates sobre a emancipação no final do decênio de 1860 e com a decretação da Lei do Ventre Livre, em setembro de 1871, a classe teatral do Rio de Janeiro reafirma seu sentimento antiescravista e realiza cerca de cinquenta récitas "em benefício para uma liberdade" nos nove anos seguintes. Não dou o número exato, porque alguma informação pode ter escapado da busca feita nos anúncios dos jornais. Como ainda não havia um movimento organizado para promover os espetáculos beneficentes – apenas duas associações emancipadoras foram criadas entre 1870 e 1879 –, os empresários teatrais continuaram sua obra filantrópica e humanitária, em escala bem maior do que nas décadas anteriores. Fiquem aqui registrados os seus nomes: Jacinto Heller, Furtado Coelho, Martins, Guilherme da Silveira, Ismênia dos Santos, José Antônio do Vale, Luís Braga Júnior e Emília Adelaide

---

[88] L. Costa-Lima Neto, *Entre o Lundu, a Ária e a Aleluia*, p. 21.

Pimentel. Alguns benefícios foram promovidos por clubes dramáticos particulares, outros pelo Circo Olímpico, de Augusto R. Duarte, em Botafogo.

Um dos episódios mais interessantes envolvendo a classe teatral e sua disposição para lutar pelo fim da escravidão se deu em junho de 1871 e merece ser lembrado. No Parlamento e na imprensa, predominava o debate em torno do projeto de libertação do ventre escravo, apresentado à Câmara em 12 de maio pelo gabinete Rio Branco. Alguns dias antes havia estreado no Teatro Lírico Fluminense o grande ator trágico italiano Ernesto Rossi, com expressiva repercussão entre os folhetinistas. Intérprete shakespeariano por excelência, ele conquistou a admiração dos nossos principais escritores e intelectuais, como Machado de Assis, Joaquim Serra, Saldanha Marinho, que escreveram artigos sobre seus desempenhos. Rossi tornou-se próximo de alguns artistas, principalmente de Furtado Coelho e de Vasques, a quem foi assistir no Teatro Fênix Dramática, divertindo-se com a paródia *O Novo Otelo*, de Joaquim Manuel de Macedo.

O benefício do ator italiano foi marcado para a noite de 27 de junho. Teatro cheio, para vê-lo em dois atos de *Otelo* e um de *Hamlet*, de Shakespeare, e um de *Kean ou Gênio e Desordem*, de Alexandre Dumas. Nos intervalos e no final do espetáculo, ele recebeu homenagens, manifestações de apreço e presentes, entre os quais uma inusitada carta de alforria a um menino de dois anos de idade, que lhe foi apresentado no palco. A ideia partiu dos artistas da companhia do Teatro Fênix Dramática, que se cotizaram para comprar a liberdade da criança. Vasques proferiu um discurso emocionado e Ernesto Rossi respondeu-lhe com palavras eloquentes, segundo os jornais. Vale a pena ler o que o próprio ator escreveu sobre essa noite, em seu livro de memórias. Ele começa por lembrar a luta política entre os partidos políticos, em torno da questão servil, e a decretação da Lei do Ventre Livre, para em seguida contar que ao final da apresentação de *Otelo*, levantada a cortina, dirigiu-se à boca de cena para receber os aplausos, quando uma mulher subiu ao palco e lhe apresentou um menininho, que segurava no colo, dizendo-lhe:

"Pegue-o, senhor, é seu!" – um tal oferecimento com uma tal afirmação de propriedade me surpreendeu e me fez recuar três passos, exclamando: "Eu nunca negociei com gente de cor! E não tenho nem o que dar a eles nem o que receber deles" – (a mulher e o menino eram mulatos). – "Pegue-o", respondeu-me, insistindo; e me obrigou a pegar o menino no colo e então me entregou um papel carimbado. Eu fazia uma bela figura com aquela criança no colo, maquiado como Otelo. Podia-se muito bem acreditar que fosse minha. A mulher acrescentou em bom português: "Este menino é meu filho; é um escravo. Compraram-no de meu patrão e me disseram para trazê-lo

7 O TEATRO E A ABOLIÇÃO

ao senhor. O senhor é europeu e deve abominar esta lei injusta, infame, que nos iguala a bestas, a brutos: leve-o para lá, onde não há nenhum escravo, mas sim homens que são todos iguais", palavras que disse com os olhos umedecidos de lágrimas.

Eu fiquei parado, a olhá-la, pensando na fala com final à Manzoni, que alguém certamente a fez decorar; e a olhar o menino, que tinha estendido os seus bracinhos em minha direção, supondo-me possivelmente, pela minha cor escura, o seu papai. Era uma cena que, à primeira vista, podia ter um lado cômico, mas ali estava um dos sentimentos mais dramáticos da vida humana.

Para dar maior solenidade àquela cena concorria o silêncio geral, produto da viva atenção de ver o que estava para acontecer.

Eu organizei rapidamente as minhas ideias, desordenadas de tanta emoção, experimentada naquela noite durante a representação. Compreendi o que devia fazer! Peguei aquela infeliz criaturinha com as duas mãos; segurei-a erguida em minha frente; olhei-a; então beijei suas bochechas; coloquei-a novamente nos braços da mãe, que ansiosa e trêmula estava esperando a minha resolução. Abri o papel, que era um contrato de compra e posse e disse à pobre mãe: "É teu! Todo teu! Faça dele um homem."[89]

O efeito da cena sobre a plateia foi extraordinário, lembra Rossi, e os jornais da época confirmam que ele foi intensamente aplaudido. Em um livro sobre Artur Azevedo, R. Magalhães Júnior faz um relato da mesma cena, baseado no diário do líder abolicionista André Rebouças, que transcreve trechos do discurso do ator italiano. Ele teria dito no palco, por exemplo, que o melhor que dom Pedro II faria em seu reinado seria acabar com a escravidão. A carta de alforria dada ao menino em cena aberta foi um exemplo seguido, acrescenta Magalhães Júnior. Daí em diante, os benefícios se encerravam, "via de regra, com essas notas sentimentais, infalivelmente destinadas a arrebatar as plateias e arrancar lágrimas dos espectadores. Era patético, mas era humanitário e, sobretudo, servia à propaganda"[90].

Mais recentemente, o historiador Eduardo Silva retomou o fato, servindo-se dos textos de Rebouças e Magalhães Júnior. A seu ver, na noite do espetáculo surgiu o que denominou "fórmula Rossi": "Todos parecem ter aprendido a lição e, daí para frente, não houve grande benefício, festa ou comemoração abolicionista que não se encerrasse com a libertação de um

---

[89] E. Rossi, *Quarant'Anni di Vita Artistica*, p. 62-63. Rossi voltou ao Brasil em 1879 e fez questão de visitar o menino que havia libertado. Relata então que ficou feliz ao vê-lo, com quase dez anos, vestindo o uniforme da escola em que estava matriculado.

[90] R. Magalhães Júnior, *Artur Azevedo e Sua Época*, p. 118-119.

ou mais escravos em cena aberta, levando os espectadores ao arrebatamento, às lágrimas e, por fim, ao convencimento íntimo do ideal igualitário"[91].

Na verdade, o que ocorreu no palco do Teatro Lírico foi uma ação filantrópica e humanitária, que pode ter tido também um significado político, mas sem consequências imediatas nesse terreno. Como já observei, não havia ainda, naquela altura, um movimento abolicionista organizado para tirar daquele espetáculo uma lição, como querem Magalhães Júnior e Eduardo Silva. Os benefícios com renda revertida para a compra de cartas de alforria continuaram ao longo da década de 1870, sempre anunciados nos jornais com a expressão "benefício para uma liberdade", mas sem informações sobre eventuais entregas do documento em cena aberta. Não descarto que isso possa ter acontecido, mas não como regra geral. É preciso lembrar que o emancipacionismo, isto é, a ideia de uma libertação gradual dos cativos, prevalecia sobre a ideia radical da abolição da escravidão, defendida por alguns poucos. Daí a aprovação da Lei do Ventre Livre em setembro de 1871, não sem dificuldades impostas pelos escravocratas, apesar de timorata.

O quadro começa a mudar de figura após o início da campanha abolicionista. Aos poucos, tornam-se comuns as alforrias em cena aberta. Em 21 de outubro de 1879, o prestidigitador catalão Jam Y Nurat ofereceu a renda de um espetáculo para comprar uma carta de liberdade e mandou colocar no anúncio que ia apresentar aos espectadores "a pessoa libertada por meio desta função". Nas "conferências emancipadoras" de 1880 e 1881, algumas cartas de liberdade foram entregues em cena aberta. Ao mesmo tempo, os artistas-empresários continuaram a oferecer a renda de espetáculos para a alforria de negros escravizados, por vezes apresentando-os no palco. Nesse sentido, merece destaque a récita em benefício de um fundo de emancipação, dada por Furtado Coelho no Teatro Lucinda, em 28 de setembro de 1881. Comemorava-se o aniversário de dez anos da Lei do Ventre Livre. Perante o busto do visconde do Rio Branco, três homens e três mulheres receberam suas cartas de liberdade, sob aplausos dos espectadores. Multiplicam-se a partir de então os espetáculos beneficentes, promovidos tanto pelos donos das companhias teatrais quanto pelas associações emancipadoras. Dou dois exemplos. Em 24 de janeiro de 1883, houve o benefício do ator abolicionista Antônio Joaquim de Matos, da empresa de Jacinto Heller, que ocupava o Teatro Fênix Dramática. No anúncio publicado nos jornais, lia-se o seguinte: "O popular ator Vasques – em cena aberta entregará ao seu pupilo Galdino, libertado por distintos cavalheiros, entre os quais alguns artistas deste teatro, a competente

---

[91] E. Silva, Resistência Negra, Teatro e Abolição da Escravatura no Brasil, *Revista do Instituto Histórico e Geográfico Brasileiro*, p. 290-291.

carta de liberdade." Em 24 de fevereiro do mesmo ano, o Clube Abolicionista Guttenberg promoveu um "festival artístico e literário" com números de música, discurso de Ubaldino do Amaral e, conforme se lê nos anúncios, uma apoteose, "na qual o benemérito Clube dos Libertos Contra a Escravidão entregará diversas cartas de liberdade, executando a grande orquestra, por essa ocasião, o hino do Clube Abolicionista Guttenberg".

Para os organizadores desse tipo de espetáculo, as alforrias adquiriam um significado político evidente, para além de seu caráter filantrópico e humanitário. Cada pessoa libertada em cena aberta representava uma vitória do movimento abolicionista. Os espectadores eram envolvidos num clima festivo e otimista em relação ao fim da escravidão. A imprensa também fazia a sua parte, comentando os eventos e descrevendo a emoção que tomava conta do palco e da plateia nos momentos em que eram entregues as cartas de liberdade.

Com a criação da Confederação Abolicionista, em maio de 1883, a colaboração da classe teatral passa a se dar com a presença de artistas nas matinês e festivais abolicionistas, como comentei acima. Organizadas, as associações emancipadoras, sob a presidência da Confederação, promoverem dezenas de espetáculos aos domingos, muitos deles com a entrega de cartas de liberdade em cena aberta. Era uma forma eficaz de propaganda, como atestam os jornais da época. Claro que houve outras iniciativas com o mesmo fim beneficente, principalmente de sociedades dramáticas particulares, mas em número pequeno. O protagonismo coube mesmo à Confederação Abolicionista, que não perdia nenhuma oportunidade para incrementar a campanha pelo fim da escravidão. Para dar mais um exemplo, basta lembrar o que ocorreu em 10 de agosto de 1886, no Imperial Teatro Dom Pedro II, no benefício da cantora lírica russa Nadina Bulicioff. Alguns dias antes, sabendo que um grupo de admiradores promovia uma subscrição para comprar-lhe uma joia valiosa, ela manifestou o desejo de que o dinheiro fosse destinado à libertação de cativos. Assim foi feito. Nadina recebeu dois contos de réis dos admiradores e entregou-os a José do Patrocínio. Sete cartas de liberdade foram compradas e seis delas entregues em cena aberta na noite de 10 de agosto. Os jornais deram ampla cobertura ao evento, ressaltando o belo gesto da cantora. Eis uma parte da descrição da festa, publicada na *Gazeta da Tarde* de 11 de agosto:

> As cartas de liberdade conferidas pela munificência da egrégia e laureada artista foram entregues em cena aberta, sob uma chuva de flores, ao som do hino nacional, executado pela banda dos Meninos Desvalidos. Nessa ocasião é que o entusiasmo do público tocou verdadeiramente ao delírio.

Todos os artistas da companhia associaram-se espontaneamente às indescritíveis demonstrações de apreço de que foi alvo a beneficiada; artistas e espectadores, entre os quais a família imperial, todos de pé, aplaudiam freneticamente a insigne cantora, que já nem sabia como agradecer, tão comovida estava, essas tocantes manifestações.

Ao entregar as cartas de liberdade, Nadina Bulicioff abraçou e beijou, com sincero e jubiloso carinho, os escravos, redimidos pela sua magnanimidade. O nosso colega José do Patrocínio, incumbido de agradecer, em nome daqueles, a sua libertação e apresentar, por toda a redação da *Gazeta da Tarde*, os testemunhos do mais elevado apreço e simpatia à grande artista, ajoelhou-se e beijou-lhe a mão. Ouviram-se gritos de: *Viva a Bulicioff! Viva a libertadora! Viva a abolição dos escravos!* Vivas que foram calorosamente correspondidos.

No embalo das repercussões do benefício de Nadina Bulicioff, a Confederação Abolicionista organizou uma matinê para homenageá-la e entregar-lhe o diploma de sócia benemérita. Reconhecia, assim, a importância da contribuição dada pelos artistas na luta contra a escravidão. Com seu desprendimento e generosidade, Nadina vinha juntar-se às dezenas de atrizes e atores do teatro brasileiro que ao longo da década de 1880 se empenharam fortemente pela causa da abolição.

Conclusão
Um Retrato do Brasil Escravista

Nas últimas páginas do livro *A Campanha Abolicionista (1879-1888)*, publicado em 1924, Evaristo de Moraes dedica um apêndice à "escravidão nas belas letras", lamentando que o romance, o conto, a poesia e o drama não se preocuparam, como poderiam, com a questão que atravessou toda a vida brasileira no século XIX. Em sua opinião, poucos foram os escritores que buscaram inspiração nos "fastos e fatos da escravidão", concluindo: "Pois bem: não obstante ter sido (como já dissemos), o cativeiro a instituição medular da nossa nacionalidade, as belas-letras, entre nós, não se preocuparam com ele tanto quanto era de supor que o fizessem."[1] O autor comenta algumas obras de romancistas e poetas que abordaram a escravidão. Entre os primeiros, destaca: *As Vítimas Algozes*, de Joaquim Manuel de Macedo; *A Escrava Isaura* e a novela *Uma História de Quilombolas*, de Bernardo Guimarães; o conto *Pai Contra Mãe*, de Machado de Assis; e *O Mulato*, de Aluísio Azevedo. Entre os poetas, menciona Castro Alves, o maranhense Trajano Galvão e Melo Moraes Filho, transcrevendo alguns versos dos dois últimos. Na sequência do texto, Evaristo de Moraes trata da dramaturgia. Poucos autores e peças são considerados por ele: José de Alencar, com *O Demônio Familiar* e *Mãe*; Artur Azevedo e Urbano Duarte, com *O Escravocrata*; Castro Alves, com *Gonzaga ou a Revolução de Minas*; e Ernesto Mattoso, com *Um País Essencialmente Agrícola*. Afirma, então, que o teatro poderia "ter sido um bom terreno de propaganda emancipadora ou abolicionista", mas "não o foi, entretanto", arrematando: "As poucas peças que, na fase emancipadora, e na fase abolicionista, visaram emocionar o público, pintando as situações criadas pela escravidão, não lograram êxito, fosse por falta de elementos de teatralidade, fosse pela mediocridade dos autores."[2]

---

[1] E. de Moraes, *A Campanha Abolicionista (1879-1888)*, p. 317.
[2] Ibidem, p. 341.

CONCLUSÃO UM RETRATO DO BRASIL ESCRAVISTA

Quero crer que as páginas precedentes provam exatamente o contrário. Mais de cem peças teatrais foram escritas, publicadas, representadas, entre 1838 e 1888, com o intuito de fazer a crítica da escravidão e, nos anos 1880, a defesa da abolição. Embora no conjunto haja algumas realmente muito fracas, várias delas obtiveram sucesso e foram muito bem recebidas pelo público e pela crítica especializada. Evaristo de Moraes não fez justiça aos dramaturgos brasileiros e esqueceu-se também da colaboração dada ao movimento abolicionista pelos artistas e empresários teatrais.

O equívoco do ilustre jurista e historiador foi repetido por João Luso, em 1938, quando proferiu palestra na Academia Brasileira de Letras, na comemoração do 50º Aniversário da Abolição. Ele cita as peças comentadas por Evaristo de Moraes, afirma que nossa literatura teatral não assumiu um "papel muito amplo" na campanha abolicionista e refere-se ao "alheamento quase completo em que o teatro se mantinha" na época[3]. Apesar dessas considerações sobre a dramaturgia, o autor reconhece a contribuição dos artistas que participaram das matinês.

O desconhecimento da dramaturgia brasileira produzida nos anos 1880 pode ser aferido em outros dois artigos: "O Teatro e a Abolição", de Afonso Schmidt, publicado em 1949[4]; e "Artur Azevedo e o Teatro Abolicionista", de Joaquim Ribeiro, datado de 1956[5]. O panorama só se modifica em 1958, com o aparecimento do livro *O Negro na Literatura Brasileira*, de Raymond Sayers. O capítulo sobre o negro no teatro brasileiro é notável, pois amplia o repertório dramático que vinha sendo considerado até então. Nada menos que dezesseis autores são contemplados, desde Martins Pena até Artur Azevedo. Esse capítulo, que se caracteriza pela análise da dramaturgia, sem se preocupar com o espetáculo teatral e sua recepção crítica, tornou-se referência para os estudos que foram feitos posteriormente. Pena que em número pequeno, insuficiente para dar conta de assunto tão vasto e complexo[6].

Se o leitor me acompanhou até aqui, pode concluir comigo que as peças comentadas ao longo do livro nos fornecem um retrato muito verdadeiro do

---

[3] J. Luso, O Teatro e a Abolição, *Revista da Academia Brasileira de Letras*, ano 31, v. 56, p. 13.
[4] A. Schmidt, O Teatro e a Abolição, *Boletim da SBAT*, ano XXVIII, n. 253, p. 5-6.
[5] J. Ribeiro, Artur Azevedo e o Teatro Abolicionista, *Dionysos*, ano VII, n. 7, p. 7-10.
[6] Eis as principais obras que tratam das relações entre teatro e escravidão no Brasil: *A Personagem Negra no Teatro Brasileiro (1838-1888)*, de Miriam Garcia Mendes; *O Negro Como Arlequim: Teatro & Discriminação*, de Flora Süssekind; *O Negro na Dramaturgia Brasileira: 1838-1888*, de Moacyr Flores; "O Drama Abolicionista", introdução ao quinto volume da *Antologia da Literatura Dramática do Rio Grande do Sul (Século XIX)*, de Antenor Fischer; *Anjo ou Demônio, Malandro ou Herói: Aspectos do Negro na Dramaturgia Brasileira*, de Rubem Rocha Filho; *A História do Negro no Teatro Brasileiro*, de Joel Rufino dos Santos.

Brasil escravista do século XIX, trazendo à tona, em tom de crítica e denúncia, as mazelas de uma instituição desumana, que dava aos proprietários um poder de vida e morte sobre os cativos. Observando a realidade à sua volta, nossos primeiros dramaturgos constataram que o tráfico, à revelia da lei, era um problema que podia ser exposto e condenado no palco. E assim o fizeram, revelando como o contrabando, sob o olhar complacente das autoridades, alimentou as fazendas e as cidades com mão de obra escrava, e como os "meias-caras", que deviam ser libertados, foram em geral escravizados. Nas décadas de 1830 e 1840, pouco puderam fazer os dramaturgos – e também poetas e romancistas – contra a escravidão, que era considerada pela grande maioria da população brasileira uma instituição natural e necessária.

A interrupção do tráfico, em 1850, provocou transformações em nossa organização econômica, social e política. A médio prazo, a escravidão estava condenada a acabar, pois os nascimentos se davam num ritmo lento, sendo insuficientes para repor as mortes que ocorriam pela exploração excessiva da força de trabalho do homem negro. As pressões internacionais, a adoção de um novo liberalismo por uma parcela de políticos do Partido Liberal, a ideia da superioridade do trabalho livre sobre o trabalho escravo, o questionamento da escravidão por parte da imprensa e da opinião pública, as propostas de emancipação gradual, a imigração para substituir o braço escravo, tudo isso passou a ser debatido no Parlamento, nos jornais, nas ruas, a partir da segunda metade da década de 1850 e principalmente ao longo da seguinte. Mas os escravocratas resistiram a todos os ataques e só cederam quando se tornou inevitável a vitória do emancipacionismo, em 1871, com a Lei do Ventre Livre.

Nossos dramaturgos estiveram atentos às discussões e em algumas peças colocaram personagens defendendo o trabalho livre, a emancipação gradual, a Lei do Ventre Livre, ao mesmo tempo que puseram em cena um dado da realidade que não sofreu qualquer alteração: o hábito dos senhores de surrar os negros, por qualquer motivo banal. O abuso do castigo físico, geralmente por meio de açoites, tanto nas fazendas quanto nas cidades, foi denunciado em dezenas de peças. Não são poucas as personagens chicoteadas nos bastidores, e algumas vêm morrer no palco, diante dos olhos dos espectadores, comovendo-os e fazendo-os ver de perto a violência do sistema escravocrata. Estipulada por lei, a pena de açoite – revogada apenas em 1886 – era praticamente uma condenação à morte. Nos jornais da época, há muitos relatos de cativos surrados que não sobreviveram aos ferimentos. O teatro apenas reproduzia na cena o que ocorria na realidade.

O crime dos senhores que mais interessou aos dramaturgos aqui estudados foi o de natureza sexual. Brasileiros brancos no passado estupravam e engravidavam as mulheres escravizadas para em seguida vender os próprios filhos. Não à toa os fazendeiros do Piraí diziam, em 1871, que "a parte mais produtiva da propriedade escrava é o ventre gerador", como lembra Joaquim Nabuco em *O Abolicionismo*[7]. A frase tanto pode dizer respeito aos filhos gerados por negros quanto aos gerados pelos proprietários. Gilberto Freyre, ao estudar o comportamento sexual dos senhores em relação às escravas, observou que não apenas eles, mas também seus filhos jovens eram estimulados a engravidá-las para lucrar com um maior contingente de escravos: "viram sempre com olhos indulgentes e até simpáticos a antecipação dos filhos nas funções genésicas"[8]. Várias peças tocam nessa questão, revelando uma triste verdade do cotidiano escravista. Os senhores, quando não vendiam seus filhos, os mantinham escravizados e podiam fazê-los trabalhar como os demais ou, ao contrário, até mesmo afeiçoar-se a eles e proporcionar-lhes educação. Podiam também, quando casados, libertá-los e criá-los como afilhados, ocultando deles e da esposa a paternidade. Por vezes chegavam a perfilhá-los, mas sem revelar-lhes que eram filhos de uma escrava. Crianças bastardas, nascidas fora do casamento, foram abundantes em nossa sociedade escravista. Dezenas de peças exploraram as diferentes possibilidades de enredo a partir de um mesmo ponto de partida: uma escrava de pele clara tem um filho ou uma filha de seu senhor. O contrário – uma mulher branca se relacionando com um escravo – foi bem menos abordado.

Além da denúncia da voracidade sexual dos proprietários, os dramaturgos procuraram expor as terríveis consequências desse abominável costume. A mais importante, a mais presente nas peças é a existência de um pesado preconceito na sociedade, que atinge os escravos e os libertos, quer sejam brancos, quer tenham a pele mais escura. Quando revelada, a origem escrava das personagens provoca inúmeros sofrimentos. Casamentos desfeitos ou impedidos, suicídios, filhos que se envergonham das mães, pais que se envergonham dos filhos, eis alguns dos "frutos da escravidão", como os chamou um dramaturgo. E que dizer das mães que se tornam escravas dos próprios filhos e são forçadas a renegar a maternidade? Por outro lado, como era preciso mostrar também o outro lado da moeda, em muitas peças o preconceito é superado e ao sofrimento sucede a felicidade: filhos e filhas reconhecem e aceitam a mãe escrava, jovens continuam a se amar apesar de um deles ser liberto, maridos e esposas não se separam por causa da ancestralidade escrava de um dos dois. Pelo menos uma parte da sociedade brasileira não cultiva o "ódio de raça" – para lembrar o título de uma peça – e não vê na miscigenação uma razão para excluir os afrodescendentes do convívio social. De qualquer

7   J. Nabuco, *O Abolicionismo*, p. 61.
8   G. Freyre, *Casa-Grande e Senzala*, v. 2, p. 470.

modo, há um aspecto incômodo nesse repertório dramático, que requer maior investigação: as escravas ou libertas postas em cena para sensibilizar o espectador com sua triste situação são sempre brancas, com raríssimas exceções. Quando se trata de mostrar o sofrimento de uma menina ou de uma mocinha, o protagonismo é preferencialmente dado a uma filha do senhor branco com uma escrava de pele clara, nunca a uma escrava negra. Em peças escritas para criticar o preconceito, essa recorrência é, no mínimo, contraditória.

Para condenar a escravidão, os dramaturgos serviram-se também de outras estratégias. Por exemplo, satirizar os senhores escravocratas para divertir o espectador ou, inversamente, comovê-lo com a figura em cena de um "escravo fiel". No primeiro caso, as comédias e revistas de ano utilizaram o exagero caricatural para caracterizar os proprietários apegados ao velho escravismo colonial, geralmente fazendeiros broncos e incivilizados. Nessas peças, a escravidão se tornava sinônimo do atraso do país, contraposta ao posicionamento progressista do autor, defendido por outras personagens. No segundo caso, a presença em cena de um escravo demonstrando o tempo todo o quanto é bondoso, leal, resignado e cristão apelava para o sentimentalismo. Como deixar no cativeiro esse escravo que tudo suporta pelo bem de seu senhor? Quem mais do que ele merece a liberdade? E não poucas vezes o vemos rejeitá-la, preferindo manter-se cativo e reforçando ainda mais sua caracterização idealizada, como convém às obras de natureza romântica. Em geral, nas peças que colocam em primeiro plano as boas ações do escravo cordato e fiel, há também um bom senhor, que se relaciona com ele de maneira afável. Embora saibamos que a regra foi a violência física no trato com os escravos, é bem possível que tenham existido proprietários que se pautassem por outro comportamento. É o que algumas peças mostram.

No reverso da medalha, os dramaturgos trouxeram para o palco o proprietário truculento e o escravo que reage à violência sofrida, ambos produtos da escravidão. O primeiro é capaz de todos os crimes, pois não vê o escravo como ser humano. As cenas que protagoniza revelam o que havia de pior no escravismo brasileiro: a brutalidade, a concupiscência, a insensibilidade diante de todo tipo de sofrimento imposto ao negro, a falta de escrúpulos para lucrar com o comércio da carne humana, como se vê numa peça em que escravas são compradas para trabalhar como prostitutas. Quanto ao escravo que reage à violência, o que o move é o ódio ao branco que o escravizou ou o desejo de vingança, seja pelas agressões sofridas, seja por ter perdido um ente querido, açoitado até a morte. Nos jornais da época, podemos ler notícias de feitores e proprietários assassinados por cativos, assim como o contrário, o que significa que os crimes tinham uma única causa: a escravidão. Só mesmo o seu fim para impedir a multiplicação de tragédias, defendem várias peças. Afinal, se

CONCLUSÃO UM RETRATO DO BRASIL ESCRAVISTA

os escravos são uma ameaça às famílias brancas, seja no campo, seja na cidade, o melhor é não tê-los. Nem mesmo aqueles que aparentemente não podem causar nenhum mal, como os "moleques" mantidos na intimidade do lar.

Uma outra fonte de sofrimentos para o escravo foi abordada pelos dramaturgos: a venda em separado de pais e filhos ou marido e esposa. Os proprietários pouco se importavam com os laços familiares que iam desfazer, com a dor que iam provocar. Tratava-se de uma prática muito comum, só proibida a partir de 1869. Mas tudo leva a crer que essa disposição não foi plenamente seguida. Algumas peças exploraram as consequências dessas separações e denunciaram que até mesmo depois da Lei do Ventre Livre esse comércio ilegal teve continuidade. Uma forma de separação ainda mais dolorida foi trazida para a cena, mostrando a escrava alugada como ama de leite pelo proprietário e impedida de alimentar o próprio filho recém-nascido, não raras vezes abandonado à porta de uma instituição religiosa.

Expor em cena as piores iniquidades da escravidão, até mesmo as inimagináveis, e propor o fim da nefasta instituição foi a divisa dos dramaturgos na década de 1880. Como vimos, as mensagens abolicionistas nas falas das personagens traduziam a posição política dos autores, que não se importavam em sacrificar a eficácia dramática de uma peça, quando o mais importante era conquistar o espectador ou leitor para a causa humanitária que defendiam. Daí a utilização frequente de uma personagem *raisonneur*, interrompendo por vezes o curso da ação dramática para proferir um discurso de condenação do cativeiro ou de natureza abolicionista. Muitos comentários críticos publicados nos jornais apontaram os defeitos da carpintaria teatral de textos dramáticos intencionalmente críticos, mas ao mesmo tempo guardaram um elogio para o conteúdo progressista que era passado ao público.

Diante da síntese exposta acima – e do que o livro todo revela –, acredito que a contribuição da dramaturgia brasileira para a crítica da escravidão e a defesa da abolição não foi pequena. A maior parte dessas mais de cem peças, representadas ou apenas publicadas, atingiu um público enorme, que riu ou se emocionou com elas, que refletiu acerca dos problemas que apresentaram a respeito da escravidão em nosso país. Embora seja impossível medir o real alcance que tiveram junto a espectadores e leitores, é de se crer que não tenha sido desprezível, se levarmos em conta que chegaram a centenas de milhares de espectadores, como se depreende da leitura dos jornais da época. Alguma parcela da consciência antiescravista e abolicionista que tomou conta da população brasileira deve ser creditada ao teatro e à sua grande capacidade de conquistar corações e mentes.

Ao papel desempenhado pelos dramaturgos na luta pelo fim da escravidão, acrescentemos a contribuição dos artistas e empresários teatrais que representaram as peças comentadas ao longo do livro. Não fossem eles, o alcance da nossa produção dramática de natureza crítica seria muito pequeno. As edições de algumas centenas de exemplares não atingiriam o grande público que frequentava os teatros. Louve-se, pois, a inciativa dos artistas e empresários teatrais que escolheram, por livre e espontânea vontade, encenar peças empenhadas em criticar o escravismo brasileiro e em difundir a propaganda abolicionista. Vimos como alguns deles viajaram pelo Brasil afora, levando parte dessas peças às capitais das províncias e até a cidades menores. Além disso, não esqueçamos o grande número de espetáculos que realizaram com o objetivo de comprar cartas de alforria com a renda obtida. No Rio de Janeiro, some-se às récitas beneficentes a colaboração dada pelos artistas às sociedades emancipadoras, nas chamadas "matinês abolicionistas". Dezenas deles participaram dos eventos, declamando poemas e interpretando papéis geralmente cômicos. Às vezes, fizeram a entrega de cartas de alforria em cena aberta, estratégia política que se tornou comum nos anos 1880 para dar mais visibilidade à campanha abolicionista. Até mesmo alguns artistas estrangeiros, inconformados em se apresentar num país que mantinha a escravidão, organizaram récitas em benefício da compra de cartas de alforria. Por fim, vale lembrar o importante trabalho dos artistas amadores, que, espalhados por todo o país, alimentaram com seus espetáculos os ânimos abolicionistas.

Ao longo do período aqui estudado, mas principalmente a partir do final da década de 1850, o teatro teve na imprensa uma grande aliada. Os espetáculos eram muitas vezes descritos em detalhes, com ênfase no desempenho dos intérpretes e no texto dramático, cujo enredo era quase sempre detidamente resumido. Assim, as peças atingiam não apenas o público que ia vê-las, mas também os milhares de leitores dos jornais, que se inteiravam sobre o que era exposto em cena. A propaganda contra a escravidão e a favor da abolição extrapolava o recinto do teatro, na medida em que os jornalistas, quando enfatizavam o conteúdo antiescravista ou abolicionista de uma determinada peça, funcionavam como formadores de opinião. Daí a importância que dei à recepção crítica dos espetáculos teatrais, transcrevendo as impressões e opiniões dos folhetinistas, escritores e intelectuais que se manifestaram nas páginas dos jornais. Até mesmo os anúncios teatrais foram importante fonte de informação para os leitores, pois definiam a natureza da peça que ia ser encenada, às vezes com muitos detalhes. Nos anos 1880, quando uma companhia dramática especificava nos jornais que ia representar um "drama abolicionista", não só se posicionava politicamente, como supunha que teria uma plateia cúmplice, formada por espectadores simpáticos à causa que seria defendida em cena.

Dramaturgos, empresários teatrais, artistas profissionais e amadores mantiveram vínculos estreitos com os líderes políticos da campanha abolicionista

CONCLUSÃO UM RETRATO DO BRASIL ESCRAVISTA

em todo o Brasil. A importância que estes deram ao teatro está bem documentada nos jornais, como espero ter deixado claro. Dezenas de espetáculos foram prestigiados pela classe política, que não se fazia de rogada quando convidada para proferir discursos em favor da abolição. Os anúncios teatrais destacavam não só a peça que ia ser representada, mas igualmente a presença dos oradores já bastante conhecidos do público, pelo trabalho que desempenhavam no Parlamento, na imprensa e nas associações emancipadoras. Algumas datas eram comemoradas em grande estilo, para alavancar a propaganda abolicionista. O dia 28 de setembro celebrava a Lei do Ventre Livre, com espetáculos que homenageavam o visconde do Rio Branco, o dia 7 de novembro lembrava a lei decretada em 1831, que considerava livres os africanos trazidos pelo tráfico ilegal, e o dia 25 de março passou a ser comemorado após o fim da escravidão no Ceará, em 1884.

Nesses dias, os teatros pelo Brasil afora transformavam-se em locais festivos, onde se reuniam todos que vinham batalhando pelo fim da escravidão: artistas profissionais e amadores, dramaturgos, empresários teatrais, jornalistas, políticos, membros das associações emancipadoras e o público heterogêneo, que congregava várias classes sociais. Irmanados pelo objetivo comum, unidos em torno da ideia abolicionista, todos deram sua contribuição para a conquista do bem maior: a liberdade dos cativos ainda existentes no país. O teatro entendido seja como realização cultural no terreno da dramaturgia e da encenação, seja como espaço físico onde ocorriam os espetáculos, as conferências emancipadoras e as reuniões políticas, esteve no centro dos acontecimentos, não à margem. O lugar que ocupa na história da escravidão e do movimento abolicionista merece ser redimensionado, levando-se em conta o volume de informações que este livro traz. Além disso, com o acréscimo de novos dados sobre autores e peças em grande parte esquecidos em nosso tempo, beneficia-se também a própria história do teatro brasileiro do século XIX; alarga-se o conhecimento que temos das nossas realizações dramáticas e cênicas entre 1838 e 1888.

Bibliografia

DRAMATURGIA

ABRANCHES, Aristides. *A Mãe dos Escravos*. Lisboa: Tip. Panorama, 1864.
ABREU, Casimiro de. *Camões e o Jáo*. Rio de Janeiro: SNT, 1972.
AIKEN, George L. Uncle Tom's Cabin. In: GASSNER, John; GASSNER, Mollie (eds.). *Best Plays of the Early American Theatre: From the Beginning to 1916*. New York: Crown Publishers, 1967.
ALENCAR, José de. *O Demônio Familiar*. Campinas: Ed. da Unicamp, 2003.
____. *Dramas*. São Paulo: Martins Fontes, 2005.
ALMEIDA, José Ricardo Pires de. *O Bastardo*. In: *A Mãe de Família: Jornal Científico-Literário*, Rio de Janeiro, de n. 15, 15 ago. 1885 a n. 6, 31 mar. 1886.
ALMEIDA, Júlia Lopes de. *O Caminho do Céu*. In: FANINI, Michele Asmar. *A (In) Visibilidade de um Legado: Seleta de Textos Dramatúrgicos Inéditos de Júlia Lopes de Almeida*. São Paulo: Intermeios/Fapesp, 2016.
ALVES, Castro. *Teatro Completo*. São Paulo: Martins Fontes, 2004.
AMARAL, Ubaldino do; RIBEIRO, Cândido Barata. *O Soldado Brasileiro*. Cópia datilografada da peça, 1869. (Acervo da Biblioteca Nacional do Rio de Janeiro.)
AMORIM, Francisco Gomes de. *Teatro: Ódio de Raça – O Cedro Vermelho*. Edição de Maria Aparecida Ribeiro e Fernando Matos Oliveira. Braga: Angelus Novus, 2000.
AUGUSTO, Benjamim. *O Escravo*. Coimbra: Imprensa Literária, 1866. (Acervo da Biblioteca Nacional do Rio de Janeiro.)
AZEVEDO, Artur. *Teatro de Artur Azevedo*. Rio de Janeiro: Inacen, 1983. Tomo I.
____. *Teatro de Artur Azevedo*. Rio de Janeiro: Inacen, 1985. Tomo II.
____. *Teatro de Artur Azevedo*. Rio de Janeiro: Inacen, 1987. Tomo III.
BAHIA, Xisto de Paula. *Duas Páginas de um Livro*. Maranhão, 1872. (Acervo de Memória e Documentação Clemente Mariani, da Universidade Federal do Recôncavo da Bahia.)
BARBIER, Jules. *Cora, ou L'Esclavage*. Paris: L'Harmattan, 2006.
____. *Cora ou a Escravatura*. Trad. Ernesto Biester. Lisboa: Livraria de A.M. Pereira, 1862. (Acervo da Biblioteca Nacional do Rio de Janeiro.)
BOURGEOIS, Anicet; DUMANOIR, Philippe François. *Le Docteur noir*. Paris: L'Harmattan, 2009.
BRAGA, Líbero Teixeira. *A Vingança do Escravo*. Curitiba: [s.n.], 1884.
BRITO, João de. *Rogério*. Bahia: Imprensa Econômica, 1874. (Acervo do Gabinete Português de Leitura da Bahia.)
CARDOSO, Brício. *O Escravo Educado*. Bahia: Tip. de Camilo de Lellis Masson, 1870.
CATÃO, Olímpio. *O Negro*. Rio de Janeiro: Tip. da Escola, 1879. (Acervo da Biblioteca Nacional do Rio de Janeiro.)

BIBLIOGRAFIA

CLODOALDO, João. *Maria Luísa*. Bahia: Lit. Tip. de J. Gonçalves Tourinho, 1888.
CORDEIRO, Carlos Antônio. *O Escravo Fiel*. Rio de Janeiro. Tip. de Pinheiro & Comp., 1865.
COSTA, Sabbas da. *A Buenadicha*. São Luís: Tip. do Progresso, 1862.
EIRÓ, Paulo. Sangue Limpo. In: AZEVEDO, Elizabeth R. (org.). *Antologia do Teatro Romântico*. São Paulo: Martins Fontes, 2006.
D'ENNERY, Adolphe; DUMANOIR, Philippe François. *La Case de L'Oncle Tom*. Paris: Théâtre Contemporain Illustré, 1858.
____. *A Cabana do Pai Tomás*. Trad. Feliciano Prazeres. Rio de Janeiro: Cruz Coutinho, 1881.
ESPIÚCA, Tomás. *O Cupim e a Lei 13 de Maio*. Pernambuco: Tip. do Comércio, 1889. (Acervo da Biblioteca Pública do Estado de Pernambuco.)
FRANÇA, Leonardo Rodrigues do Sacramento. *O Amor Vencido Pelo Amor e Não Pelo Dinheiro*. Rio de Janeiro: Tip. a vapor, rua do Hospício 105 A, 1882. (Acervo da Sbat.)
FRANÇA JÚNIOR. *Teatro de França Júnior*. Rio de Janeiro: MEC/SNT, 1980. Tomo I.
____. *Teatro de França Júnior*. Rio de Janeiro: MEC/SNT, 1980. Tomo II.
GONNET, João Julião Federado. *O Marujo Virtuoso ou os Horrores do Tráfico da Escravatura*. Rio de Janeiro: Tipografia de Santa Teresa, 1851. (Acervo da Biblioteca Nacional do Rio de Janeiro.)
GUIMARÃES, Francisco Pinheiro. *História de uma Moça Rica*. In: FARIA, João Roberto (org.). *Antologia do Teatro Realista*. São Paulo: Martins Fontes, 2006.
____. *Na Esfera do Pensamento Brasileiro*. Rio de Janeiro: Ed. do Autor, 1937.
LACERDA, A. César de. *Mistérios Sociais*. Porto: Cruz Coutinho, 1858.
LEAL, Júlio César. *A Escrava Branca*. Porto Alegre: Tip. da Deutsche Zeitung, 1883. (Acervo da Biblioteca Central da Pontifícia Universidade Católica do Rio Grande do Sul.)
LIMA, João Pereira da Costa. *Os Pupilos do Escravo*. Rio de Janeiro: Tip. J. Vileneuve, 1870.
LOPES, Valentim da Silveira. *Sete de Setembro*. Rio de Janeiro: Tip. e Livraria de B.X. Pinto de Sousa, 1861.
MACEDO, Joaquim Manuel de. *Teatro Completo 1*. Rio de Janeiro: SNT, 1979.
MARIENSE, Aparício. O Filho duma Escrava. In: FISCHER, Antenor. *Antologia da Literatura Dramática do Rio Grande do Sul (século XIX)*. Porto Alegre: FischerPress, 2015, v. 5.
MÉLESVILLE; BEAUVOIR, Roger de. *Le Chevalier de Saint-Georges*. Paris: L'Harmattan, 2001.
MENEZES, Agrário de. *Calabar*. Bahia: Tip. e Livraria de E. Pedroza, 1858.
____. Calabar. In: AZEVEDO, Elizabeth R. (org.). *Antologia do Teatro Romântico*. São Paulo: Martins Fontes, 2006.
MENEZES, Rodrigo Otávio de Oliveira. *Haabás*. Microfilme da Biblioteca Nacional. Arquivo Multimeios, Idart, Centro Cultural Vergueiro, SMC de São Paulo.
____. *Faustênio*. Microfilme da Biblioteca Nacional. Arquivo Multimeios, Idart, Centro Cultura Vergueiro, SMC de São Paulo.
NUNES, Joaquim. *Corja Opulenta*. Rio de Janeiro: Tip. Politécnica de Moraes & Filhos, 1887.
____. *Os Filhos da Canalha*. São Paulo: Teixeira, 1943.
OLIVEIRA SOBRINHO, Francisco de. *O Escravo*. Recife: Tip. Mercantil, 1870.
PAIO, João Zeferino Rangel de S. *Os Preconceitos*. Vitória: Tip. Liberal do Jornal de Vitória, 1869. (Acervo da Biblioteca Nacional do Rio de Janeiro.)
PASCUAL, Antonio Deodoro de. *A Pupila dos Negros Nagôs ou a Força do Sangue*. Rio de Janeiro: Instituto Filomático, 1870. (Acervo do Gabinete Português de Leitura do Rio de Janeiro.)
PENA, Martins. *Comédias*. Edição crítica por Darcy Damasceno, com a colaboração de Maria Filgueiras. Rio de Janeiro: MEC/INL, 1956.
PORTO ALEGRE, Apolinário. *Teatro*. Org. Carlos Alberto Baumgarten. Porto Alegre: Instituto Estadual do Livro, 2001.
PORTO ALEGRE, Manuel de Araújo. *A Escrava*. Manuscrito pertencente à ABL, 1863.

QUADROS, Luiz Miguel. *Os Estudantes da Bahia*. São Luís: Tip. do Progresso, 1862.
RIBEIRO, Maria. Cancros Sociais. In: FARIA, João Roberto (org.). *Antologia do Teatro Realista*. São Paulo: Martins Fontes, 2006.
ROCHA, Artur. *O Filho Bastardo*. Porto Alegre: [s. n.], 1876. (Acervo da Biblioteca Central da Pontifícia Universidade Católica do Rio Grande do Sul.)
____. *José*. Porto Alegre: Tipografia da Deutsche Zeitung, 1879. (Acervo da Biblioteca Central da Pontifícia Universidade Católica do Rio Grande do Sul.)
____. *Uma Cena do Futuro*. Porto Alegre: Tip. do Jornal do Comércio, 1884. (Acervo da Biblioteca Central da Pontifícia Universidade Católica do Rio Grande do Sul.)
____. *A Filha da Escrava*. In: FISCHER, Antenor. *Antologia da Literatura Dramática do Rio Grande do Sul (século XIX)*. Porto Alegre: FischerPress, 2015, v. 5.
SÁ, Anibal Teixeira de. *Os Extremos*. Rio de Janeiro: Tip. de J.A. Alves Charega, 1866. (Acervo do Gabinete Português de Leitura do Rio de Janeiro.)
SILVA, José Alves Coelho da. Escrava e Mãe. In: FISCHER, Antenor. *Antologia da Literatura Dramática do Rio Grande do Sul (século XIX)*. Porto Alegre: FischerPress, 2015, v. 6.
SILVA, José Cavalcanti Ribeiro. *Cora, a Filha de Agar*. Recife: Tip. Apolo, 1884. (Acervo da Biblioteca Brasiliana Guita e José Mindlin.)
SOARES, Boaventura. Um Fruto da Escravidão. In: FISCHER, Antenor. *Antologia da Literatura Dramática do Rio Grande do Sul (século XIX)*. Porto Alegre: FischerPress, 2015, v. 5.
VALADÃO, Manuel Joaquim. *O Pai da Escrava*. Rio de janeiro: A. Pontes & Yturri Editores, 1881. (Acervo do Centro de Documentação e Pesquisa da FUNARTE.)
VALE, Paulo Antônio do. *O Capitão Leme ou a Palavra de Honra*. Microfilme da Biblioteca Nacional. Arquivo Multimeios, Idart, Centro Cultura Vergueiro, SMC de São Paulo.
VASQUES, Francisco Corrêa. *O Orfeu na Cidade*. Rio de Janeiro: Tip. Popular de Azeredo Leite, 1870.
VEGA, José Lopes de la. *Os Ingleses no Brasil*. Rio de Janeiro: Tip. Parisiense, 1850. (Acervo do Conservatório Dramático e Musical de São Paulo.)
VISCONDE DE TAUNAY. *Amélia Smith*. 2. ed. São Paulo: Comp. Melhoramentos, 1930.

ESTUDOS SOBRE O TEATRO BRASILEIRO

AGUIAR, Flávio. *A Comédia Nacional no Teatro de José de Alencar*. São Paulo: Ática, 1984.
ALMEIDA, José Ricardo Pires de. *Brasil-Theatro*. Rio de Janeiro, 1901-1907. 3 v.
ALMENDRA, Renata Silva. *Entre Apartes e Quiprocós: Teatro e Malandragem na Capital do Império*. Brasília: Hinterlândia, 2009.
APPEL, Myrna Bier. *Ideias Encenadas: O Teatro de Alencar*. Porto Alegre: Movimento, 1986.
ARÊAS, Vilma Sant'Anna. *Na Tapera de Santa Cruz: Uma Leitura de Martins Pena*. São Paulo: Martins Fontes, 1987.
ARRAIS, Isabel Cencessa. *Teatro de Santa Isabel*. Recife: Fundação de Cultura Cidade do Recife, 2000.
ASSIS, Machado de. *Do Teatro: Textos Críticos e Escritos Diversos*. Org. João Roberto Faria. São Paulo: Perspectiva, 2008.
ÁVILA, Affonso. *O Teatro nas Minas Gerais: Séculos XVIII e XIX*. Ouro Preto: Prefeitura Municipal de Ouro Preto, 1978.
AZEVEDO, Artur. *Croniquetas*. Org. Tatiana Siciliano e Olga Bom. Rio de Janeiro: Contracapa/Faperj, 2017.
AZEVEDO, Elizabeth R. *Um Palco Sob as Arcadas: O Teatro dos Estudantes de Direito do Largo de São Francisco, em São Paulo, no Século XIX*. São Paulo: Annablume, 2000.

BIBLIOGRAFIA

BASTOS, Sousa. *Carteira do Artista*. Lisboa: Antiga Casa Bertrand, 1898.
____. *Recordações de Teatro*. Lisboa, Editorial Século, 1947.
BOCCANERA JÚNIOR, Sílio. *O Teatro Brasileiro: Letras e Artes na Bahia*. Bahia: Imprensa Econômica, 1906.
____. *Autores e Atores Dramáticos, Baianos em Especial: Biografias*. Bahia: Imprensa Oficial do Estado, 1923.
____. *O Teatro na Bahia: Da Colônia à República (1800-1923)*. Bahia: Imprensa Oficial do Estado, 1924.
BORGES, Geninha da Rosa. *Teatro de Santa Isabel: Nascedouro & Permanência*. Recife: Cepe, 1992.
CACCIAGLIA, Mario. *Pequena História do Teatro no Brasil: Quatro Séculos de Teatro no Brasil*. São Paulo: T.A. Queiroz/Edusp, 1986.
CAFEZEIRO, Edwaldo; GADELHA, Carmem. *História do Teatro Brasileiro: De Anchieta a Nelson Rodrigues*. Rio de Janeiro: UFRJ/Funarte, 1996.
CAIRES, Ricardo Tadeu. *Teatro e Abolição na Bahia Oitocentista (1870-1888)*. 6º Encontro Escravidão e Liberdade no Brasil Meridional. Universidade Federal de Santa Catarina, 2013.
CAMPELO, Ací. *História do Teatro Piauiense (1858-2000)*. Teresina: Comepi, 2001.
CAMPELO, Samuel. Cem Anos de teatro em Pernambuco (1825-1925). In: FREYRE, Gilberto e outros. *Livro do Nordeste*. Edição fac-similada. Recife: Secretaria da Justiça/Arquivo Público Estadual, 1979.
CARVALHO, Hilário Veiga de. *Paulo Eiró e os Direitos Humanos*. São Paulo: Teixeira, 1978.
COELHO, Márcia Azevedo. *Muito Siso e Pouco Riso: A Comédia Conservadora de França Júnior*. São Paulo: Linear B/FFLCH, 2008.
COSTA, Iná Camargo. *Sinta o Drama*. Petrópolis: Vozes, 1998.
COSTA, Marcelo. *Roteiro da Dramaturgia Cearense*. Fortaleza: Edições UFC, 1980.
COSTA, Marcelo Farias. *A Cronologia do Teatro Cearense*. Fortaleza: Expressão, 2014.
____. *História do Teatro Cearense*. 2. ed. Fortaleza: Expressão, 2017.
COSTA, Marta Morais da; ALVETTI, Celina; LACERDA, Maria Thereza B.; FRANCIOSI, Eddy. *Teatro no Paraná*. Rio de Janeiro: Minc/Inacen, 1986.
COSTA-LIMA NETO, Luiz. *Entre o Lundu, a Ária e a Aleluia: Música, Teatro e História nas Comédias de Luiz Carlos Martins Penna (1833-1846)*. Rio de Janeiro: Folha Seca, 2018.
COTA, Luiz Gustavo Santos. *Ave, Libertas: Abolicionismo e Luta Pela Liberdade em Minas Gerais na Última Década da Escravidão*. Tese (Doutorado em História Social), Universidade Federal Fluminense, Niterói, 2013.
DAMASCENO, Athos. *Palco, Salão e Picadeiro em Porto Alegre no Século XIX*. Rio de Janeiro/Porto Alegre/São Paulo: Globo, 1956.
DAMASCENO, Athos et al. *O Teatro São Pedro na Vida Cultural do Rio Grande do Sul*. Porto Alegre: Departamento de Assuntos Culturais da SEC, 1975.
DIAS, José. *Teatros do Rio: do Século XVIII ao Século XIX*. Rio de Janeiro: Funarte, 2012.
DINIZ, Edinha. *Chiquinha Gonzaga: Uma História de Vida*. Rio de Janeiro: Jorge Zahar, 2009.
DORIA, Escragnolle. *Cousas do Passado (Separata da Parte II do Tomo LXXXII da Revista do Instituto Histórico e Geográfico Brasileiro)*. Rio de Janeiro: Imprensa Nacional, 1909.
DUARTE, Regina Horta. *Noites Circenses: Espetáculos de Circo e Teatro em Minas Gerais no Século XIX*. Campinas: Editora da Unicamp, 1995.
ESTEVES, Albino. *O Teatro em Juiz de Fora: Apontamentos*. Juiz de Fora: Typ. do Pharol, 1910.
FARIA, João Roberto. *José de Alencar e o Teatro*. São Paulo: Perspectiva/Edusp, 1987.
____. *O Teatro Realista no Brasil: 1855-1865*. São Paulo: Perspectiva/Edusp, 1993.
____. *Ideias Teatrais: o Século XIX no Brasil*. São Paulo: Perspectiva/Fapesp, 2001.
FARIA, João Roberto (dir.). *História do Teatro Brasileiro. I: das Origens ao Teatro Profissional da Primeira Metade do Século XX*. São Paulo: Perspectiva/Sesc-SP, 2012.

FERNANDES, Paulo Chaves; LIMA, Rosário. *Theatro da Paz*. Belém: Secretaria do Estado da Cultura do Pará, 2013.

FERREIRA, Procópio. *O Ator Vasques*. São Paulo: Ed. do Autor, 1939.

FIGUEIRÔA, Alexandre. *O Teatro em Pernambuco*. Recife: Assembleia Legislativa do estado de Pernambuco, [s.d.].

FISCHER, Antenor. O Drama Abolicionista. In: FISCHER, Antenor. *Antologia da Literatura Dramática do Rio Grande do Sul (século XIX)*. Porto Alegre: FischerPress, 2015, v. 5.

FLORES, Moacyr. *O Negro na Dramaturgia Brasileira: 1838-1888*. Porto Alegre: EDIPUCRS, 1995.

FONTES, Henrique. *Cruz e Sousa em A Companhia Dramática Julieta dos Santos e o Meio Intelectual Desterrense e Outros Ensaios*. Florianópolis: Fundação Franklin Cascaes, 1998.

GAMA, Antônio Carlos Chichorro da. *Através do Teatro Brasileiro: Resenha de Autores e de Peças*. Rio de Janeiro: Liv. Luso-Brasileira, 1907.

____. *Os Fundadores do Teatro Brasileiro: Notícias e Excertos*. São Paulo: Nova Era, 1924.

GAMA, Oscar. *História do Teatro Capixaba: 395 Anos*. Vitória: Fundação Ceciliano Abel de Almeida/Fundação Cultura do Espírito Santo, 1981.

GAMA FILHO, Oscar. *Teatro Romântico Capixaba*. Vitória: Centro de Estudos Cênicos do Espírito Santo/Departamento Estadual de Cultura/Inacen, 1987.

GERALDES, Renata Romero. *Teatro e Escravidão: A Poética Abolicionista na Dramaturgia de Arthur Rocha*. Dissertação (Mestrado em Teoria e História Literária), Campinas: IEL/Unicamp, 2018.

GOLIN, Cida et al. *Theatro São Pedro: Palco da Cultura*. Porto Alegre: IEL, 1989.

GOMES, Eugênio. *Shakespeare no Brasil*. Rio de Janeiro: MEC, [s.d.].

GONÇALVES, Augusto de Freitas Lopes. *Dicionário Histórico e Literário do Teatro no Brasil*. Rio de Janeiro: Cátedra, 1975-1982, 4 v.

GRYPHUS (Visconde de Coaracy). *Galeria Theatral*. Rio de Janeiro: Tip. e Lit. de Moreira, Maximino e Cia, 1884.

GUERRA, Antônio. *Pequena História de Teatro, Circo, Música e Variedades em São João Del-Rei (1717 a 1967)*. Juiz de Fora: Gráfica Sociedade Propagadora Esdeva, [s.d.].

HELIODORA, Barbara. *Martins Pena, uma Introdução*. Rio de Janeiro: Academia Brasileira de Letras, 2000.

HESSEL, Lothar. *O Teatro no Rio Grande do Sul*. Porto Alegre: Editora da UFRGS, 1999.

HESSEL, Lothar; HAEDERS, Georges. *O Teatro no Brasil Sob Dom Pedro II*. 1ª parte. Porto Alegre: Ed. da Universidade Federal do Rio Grande do Sul, 1979.

____. *O Teatro no Brasil Sob Dom Pedro II*. 2ª parte. Porto Alegre: Ed. da Universidade Federal do Rio Grande do Sul, 1986.

JACOBBI, Ruggero. *Teatro no Brasil*. Org., trad. e notas de Alessandra Vannucci. São Paulo: Perspectiva, 2012.

JANSEN, José. *Apolônia Pinto e Seu Tempo*. Rio de Janeiro: Departamento da Imprensa Nacional – SNT, 1953.

____. *Teatro no Maranhão*. Rio de Janeiro: Ed. do Autor, 1974.

KHÉDE, Sonia Salomão. *Censores de Pincenê e Gravata: Dois Momentos da Censura Teatral no Brasil*. Rio de Janeiro: Codecri, 1981.

LACERDA, Maria Thereza B. *Subsídios Para a História do Teatro no Paraná: As Associações Literárias e Dramáticas e os Teatros no Paraná (1872-1892). A Associação Literária Lapeana e o Teatro São João (1873/1976)*. Curitiba: Instituto Histórico e Geográfico e Etnográfico Paranaense/Lapa, Prefeitura Municipal, 1980.

LEMOS, Valéria Pinto; OLIVEIRA, Alexandra Almada de; CHEVALIER, Gabriela de; ROCHA, Quézia Júnia de Moraes (orgs.). *Os Exames Censórios do Conservatório Dramático Brasileiro*. Rio de Janeiro: Fundação Biblioteca Nacional, 2014.

BIBLIOGRAFIA

LIMA, Evelyn Furquim Werneck; CARDOSO, Ricardo José Brügger. *Arquitetura e Teatro: O Edifício Teatral de Andrea Palladio a Christian de Portzamparc*. Rio de Janeiro: Contra Capa/Faperj, 2010.

LOPES, Herculano. O Teatro de Alencar e a Imaginação da Sociedade Brasileira. *Perspectivas*, v. 37, jan.-jun 2010.

LOPES, Herculano; LANZARINI, Julia. Abolição e Teatro: Estudo Sobre as Dificuldades de Representação da Escravidão no Palco. *Anais do XXVI Simpósio Nacional de História – ANPUH*. São Paulo, jul. 2011.

LUSO, João. O Teatro e a Abolição. *Revista da Academia Brasileira de Letras*. Ano 31, vol. 56, jul.--dez. 1938.

MAGALDI, Sábato. *Panorama do Teatro Brasileiro*. São Paulo: Difel, 1962.

MAGALDI, Sábato; VARGAS, Maria Thereza. *Cem Anos de Teatro em São Paulo*. São Paulo: Senac, 2000.

MAGALDI, Sábato. *Artur Azevedo*. 2. ed. Rio de Janeiro/São Paulo: Academia Brasileira de Letras/Imprensa Oficial do Estado de São Paulo, 2012.

MAGALHÃES, Augusto. *História do Teatro na Paraíba*. João Pessoa: Ideia, 2005.

MAGALHÃES JÚNIOR, R. *Artur Azevedo e Sua Época*. 4. ed. São Paulo: Lisa, 1971.

____. *Martins Pena e Sua Época*. 2. ed. São Paulo/Rio de Janeiro: Lisa/INL, 1972.

____. *José de Alencar e Sua Época*. 2. ed. Rio de Janeiro: Civilização Brasileira/MEC, 1977.

MARINHO, Henrique. *O Theatro Brasileiro: Alguns Apontamentos Para a Sua História*. Rio de Janeiro: Garnier, 1904.

MARTINS, Leda Maria. *A Cena em Sombras*. São Paulo: Perspectiva, 1995.

MARZANO, Andréa. *Cidade em Cena: O Ator Vasques, o Teatro e o Rio de Janeiro (1839-1892)*. Rio de Janeiro: Folha Seca/Faperj, 2008.

MARZANO, Andréa; MELO, Victor Andrade de (orgs.). *Vida Divertida: Histórias de Lazer no Rio de Janeiro (1830-1930)*. Rio de Janeiro: Apicuri, 2010.

MASSA, Jean-Michael. *A Juventude de Machado de Assis*. Rio de Janeiro: Civilização Brasileira, 1971.

MENCARELLI, Fernando Antonio. *Cena Aberta: A Absolvição de um Bilontra e o Teatro de Revista de Arthur Azevedo*. Campinas: Ed. da Unicamp, 1999.

MENDES, Miriam Garcia. *A Personagem Negra no Teatro Brasileiro (1838-1888)*. São Paulo: Ática, 1982.

MENDONÇA, Carlos Süssekind de. *História do Theatro Brasileiro*. Rio de Janeiro: Mendonça Machado & Cia, 1926.

MENEZES, Jayme de Sá. *Agrário de Menezes: Um Liberal do Império*. 2. ed. Rio de Janeiro: Cátedra/INL, 1983.

MÉRIAN, Jean-Yves. *Aluísio Azevedo: Vida e Obra (1857-1913)*. Rio de Janeiro/Brasília: Espaço e tempo/Banco Sudameris-Brasil/INL, 1988.

MEYER, Marlyse. O Inglês nas Comédias de Martins Pena. *Pirineus, Caiçaras... da Commedia dell'Arte ao Bumba-Meu-Boi*. 2. ed. Campinas: Ed. da Unicamp, 1991.

MONTEIRO, Mário Ypiranga. *Teatro Amazonas*. 2. ed. revista e aumentada. Manaus: Valer/Governo do Estado do Amazonas, 2003.

MORAES FILHO, Mello. *Artistas do Meu Tempo*. Rio de Janeiro: Garnier, 1904.

MOURA, Carlos Eugenio Marcondes de. *Notas Para a História das Artes do Espetáculo na Província de São Paulo: A Temporada Artística em Pindamonhangaba em 1877-1878*. São Paulo: Conselho Estadual de Artes e Ciências Humanas, 1978.

NEVES, José Teixeira. Teatro de Província. *Revista do Livro*. Rio de Janeiro: INL/MEC, n. 8, dez. 1957.

NEVES, Larissa de Oliveira; LEVIN, Orna Messer (orgs.). *O Theatro: Crônicas de Arthur Azevedo*. Campinas: Editora da UNICAMP, 2009.

NONATO, Raimundo. *Aspectos do Teatro em Mossoró*. Rio de Janeiro: SNT, 1967.

NUÑEZ, Carlinda Fragale Pate et al. *O Teatro Através da História. Volume II: O Teatro Brasileiro*. Rio de Janeiro: Centro Cultural Banco do Brasil/Entourage Produções Artísticas, 1994.

OLIVEIRA, Valdemar de. *O Teatro Brasileiro*. Salvador: Publicações da Universidade da Bahia, 1958.

____. *Eça, Machado, Castro Alves, Nabuco e o Teatro*. Recife: Universidade Federal de Pernambuco, 1967.

____. *Castro Alves*. Recife: Universidade Federal de Pernambuco, 1979.

OTHON, Sônia Maria de Oliveira. *Dramaturgia da Cidade dos Reis Magos*. Natal: Editora da UFRN, 1998.

____. *Vida Teatral e Educativa da Cidade dos Reis Magos: Natal, 1727-1913*. Natal: Editora da UFRN, 2006.

PAIXÃO, Múcio da. *Scenographias: Alguns Aspectos do Theatro Carioca*. Rio de Janeiro: Oficinas Gráficas do Jornal do Brasil, 1905.

____. *Espírito Alheio: Episódios e Anecdotas de Gente de Theatro*. São Paulo: C. Teixeira, 1916.

____. *O Theatro no Brasil*. Rio de Janeiro: Brasília Editora, [s.d.].

PASSOS, Alexandre. *Agrário de Menezes e o Romantismo*. Rio de Janeiro: Pongetti, 1956.

PASSOS, Edvard. *Castro Alves: Teatro e Performance*. Salvador: Edufba, 2018.

PRADO, Décio de Almeida. *João Caetano*. São Paulo: Perspectiva/Edusp, 1972.

____. *Teatro de Anchieta a Alencar*. São Paulo: Perspectiva, 1993.

____. *O Drama Romântico Brasileiro*. São Paulo: Perspectiva, 1996.

____. *História Concisa do Teatro Brasileiro: 1570 - 1908*. São Paulo: Edusp, 1999.

REIS, Angela. *Cinira Polônio, a Divette Carioca*. Rio de Janeiro: Arquivo Nacional, 1999.

RIBEIRO, Joaquim. Artur Azevedo e o Teatro Abolicionista. *Dionysos*, ano VII, n. 7, mar. 1956.

ROCHA FILHO, Rubem. *Anjo ou Demônio, Malandro ou Herói: Aspectos do Negro na Dramaturgia Brasileira*. Recife: Fundação de Cultura Cidade do Recife, 1998.

RODRIGUES, Walfredo. *História do Teatro da Paraíba (Só a Saudade Perdura) 1831-1908*. João Pessoa: Imprensa Oficial, 1960.

ROMERO, Sílvio. *Martins Pena*. Porto: Chardron, 1901.

RUIZ, Roberto. *O Teatro de Revista no Brasil, das Origens à Primeira Guerra Mundial*. Rio de Janeiro: MEC/Inacen, 1988.

RUY, Afonso. *História do Teatro na Bahia*. Salvador: Progresso, 1959.

____. *Xisto Bahia: Símbolo do Teatro Baiano (Uma Tentativa Biográfica)*. Salvador: Centro de Estudos Bahianos, 1969.

SACRAMENTO BLAKE, Augusto Victorino Alves. *Diccionario Bibliographico Brazileiro*. Reimpressão de off-set. Brasília: Conselho Federal de Cultura, 1970. 7 v.

SALLES, Vicente. *Épocas do Teatro no Grão-Pará ou Apresentação do Teatro de Época*. Belém: UFPA, 1994.

____. *O Teatro na Vida de José de Lima Penante*. Brasília: Microedição do Autor, 2000.

SANMARTIN, Olyntho. O Teatro em Porto Alegre no Século XIX. *Separata dos Anais do III Congresso Sul-Riograndense de História e Geografia*. Porto Alegre, 1940.

SANT'ANNA, Thiago. "Noites Abolicionistas": As Mulheres Encenam o Teatro e Abusam do Piano na Cidade de Goiás. *Opsis: Revista do Niesc*, v. 6, 2006.

SANTOS, Joaquim Eloy Duarte dos. *Um Valoroso Empresário ou Memórias do Gimnasio Drammatico: Vida e Obra de Joaquim Heleodoro Gomes dos Santos*. Petrópolis: Jeds, 2019.

SANTOS, Joel Rufino dos. *A História do Negro no Teatro Brasileiro*. Rio de Janeiro: Novas Direções, 2014.

SANTOS, Klécio. *Sete de Abril: O Teatro do Imperador*. Porto Alegre: Libretos, 2012.

SANTOS, Marco. *Populariíssimo: O Ator Brandão e Seu Tempo*. Rio de Janeiro: Edição do Autor, 2007.

SANTOS FILHO, Benedito Nicolau dos. *Aspectos da História do Teatro na Cultura Paranaense*. Curitiba: Imprensa Universitária, 1979.

SCHMIDT, Afonso. *A Vida de Paulo Eiró*. São Paulo: Companhia Editora Nacional, 1940.

BIBLIOGRAFIA

_____. O Teatro e a Abolição. *Boletim da Sbat*, ano XXVIII, n. 253, out.-dez. 1949.
SEIDL, Roberto. *Arthur Azevedo: Ensaio Bio-bibliográfico*. Rio de Janeiro: Editora C, 1937.
SERRA, Joaquim de Almeida. *O Abolicionista Joaquim Serra*. Rio de Janeiro: Presença, 1986.
SICILIANO, Tatiana Oliveira. *O Rio de Janeiro de Artur Azevedo*. Rio de Janeiro: Mauad X, 2014.
SILVA, Edson Santos. *A Dramaturgia Portuguesa nos Palcos Paulistanos: 1864 a 1898*. São Paulo: Todas as Musas, 2012.
SILVA, Ezequiel Gomes da. *"De Palanque": As Crônicas de Artur Azevedo no Diário de Notícias (1885-1886)*. São Paulo: Cultura Acadêmica, 2011.
SILVA, Lafayette. *Figuras de Theatro*. Rio de Janeiro: Freitas Bastos, 1928.
_____. *História do Teatro Brasileiro*. Rio de Janeiro: Serviço Gráfico do Ministério da Educação e Saúde, 1938.
_____. *Artistas de Outras Eras*. Rio de Janeiro: Imprensa Nacional, 1939. (Revista do Instituto Histórico Geográfico Brasileiro – v. 169).
SILVEIRA, Rose. *Histórias Invisíveis do Teatro da Paz*. Belém: Paka-Tatu, 2010.
SIMÕES, Lucinda. *Memórias: Factos e Impressões*. Rio de Janeiro: Typ. Fluminense, 1922.
SOBRINHO, José Seixas. *O Teatro em Sabará: Da Colônia à República*. Belo Horizonte: Bernardo Álvares, 1961.
SOUSA, Cruz e; VÁRZEA, Virgílio; LOSTADA, Santos. *Julieta dos Santos: Homenagem ao Gênio Dramático Brasileiro*. Edição fac-similar. Florianópolis: Editora da UFSC, 1990.
SOUSA, José Galante de. *O Teatro no Brasil*. 2 v. Rio de Janeiro: MEC/INL, 1960.
SOUSA, Regina Claudia Garcia Oliveira de. *A Representação da Escravidão em Quatro Peças Brasileiras do Século XIX*. Tese (Doutorado em Letras). São Paulo: FFLCH, 2012.
SOUZA, Silvia Cristina Martins de. *As Noites do Ginásio: Teatro e Tensões Culturais na Corte (1832-1868)*. Campinas: Ed. da Unicamp, 2002.
_____. *Cantando e Encenando a Escravidão e a Abolição: História, Música e Teatro no Império Brasileiro (Segunda Metade do Século XIX)*. 4º Encontro Escravidão e Liberdade no Brasil Meridional. Curitiba, 2009.
_____. *Carpinteiros Teatrais, Cenas Cômicas & Diversidade Cultural no Rio de Janeiro Oitocentista*. Londrina: Eduel, 2010.
SÜSSEKIND, Flora. *O Negro Como Arlequim: Teatro & Discriminação*. Rio de Janeiro: Achiamé, 1982.
_____. *As Revistas de Ano e a Invenção do Rio de Janeiro*. Rio de Janeiro: Nova Fronteira/Fundação Casa de Rui Barbosa, 1986.
TINHORÃO, José Ramos. *Música Popular: Teatro e Cinema*. Petrópolis: Vozes, 1972.
TITO FILHO, A. *Praça Aquidabã, Sem Número*. Rio de Janeiro: Artenova, 1975.
UM ROCEIRO. *Ligeiras Observações Críticas Sobre a Comédia Como se Fazia um Deputado do Exm. Sr. Dr. França Júnior*. Rio de Janeiro: A. Guimarães, 1882.
VASCONCELOS, Moreira de. *Julieta dos Santos: Esboço Biográfico*. Recife: Tip. Industrial, 1884.
VENEZIANO, Neyde. *Não Adianta Chorar: Teatro de Revista Brasileiro... Oba!* Campinas: Ed. da Unicamp, 1996.
_____. *O Teatro de Revista no Brasil: Dramaturgia e Convenções*. 2. ed. São Paulo: Sesi, 2013.
VICTORINO, Eduardo. *Actores e Actrizes; Autores, Jornalistas, Críticos, Políticos e Empresários de Outrora e de Hoje*. Rio de Janeiro: A Noite, 1937.
ZAMBRANO, Gustavo. *A Trajetória Artística de Furtado Coelho nos Palcos Brasileiros (1856-1867)*. Dissertação (Mestrado em Letras). São José do Rio Preto: Unesp, 2018.

GERAL

AGUIAR E SILVA, Vítor Manuel. *O Teatro de Actualidade no Romantismo Português (1849-1875)*. Coimbra: Coimbra Editora, 1965.

ALENCAR. José de. *Obra Completa*. Rio de Janeiro: Aguilar, 1958-1960. 4 v.

_____. *Cartas a Favor da Escravidão*. Org. Tâmis Parron. São Paulo: Hedra, 2008.

ALKMIM, Tania. Português de Negros e Escravos: Atitudes e Preconceitos Históricos. *Estudos Portugueses e Africanos*. Campinas, v. 31, jan-jun. 1998.

ALMANAQUE Brasileiro Garnier Para o Ano de 1910. Rio de Janeiro: Garnier, 1910.

ALMEIDA, Aluísio de. Memória Histórica Sobre Sorocaba (VII). *Revista de História*. São Paulo: Depto. de História da FFLCH/USP, v. 37, n. 75, 1968.

ALMEIDA, Cônego Luís Castanho de. Excertos de Autores Sorocabanos. *Revista do Instituto Histórico e Geográfico de São Paulo*. V. LIII. São Paulo: Gráfica Canton, 1956.

ALONSO, Angela. *Flores, Votos e Balas: O Movimento Abolicionista Brasileiro (1868-1888)*. São Paulo: Companhia das Letras, 2015.

ALVES, Castro. *Obra Completa*. Rio de Janeiro: Aguilar, 1960.

AMARAL, Amadeu. A Literatura da Escravidão. *Letras Floridas*. São Paulo: Hucitec, 1976.

AMORIM, Francisco Gomes de. *Cantos Matutinos*. Lisboa: Tip. Progresso, 1858.

ARARIPE JÚNIOR. *Obra Crítica de Araripe Júnior, v. I (1868-1887)*. Rio de Janeiro: Casa de Rui Barbosa/MEC, 1958.

ASSIS, Machado de. *Relíquias de Casa Velha*. Rio de Janeiro: Civilização Brasileira/MEC, 1977.

AZEVEDO, Aluísio. *O Mulato*. São Luís: Tip. de O País, 1881.

AZEVEDO, Artur. *Crônicas em* A Vida Moderna *(1886-1887)*. Org. Mauro Rosso. Rio de Janeiro: Academia Brasileira de Letras, 2013.

BASTOS, Aureliano Cândido Tavares. *Cartas do Solitário*. 4. ed. São Paulo: Companhia Editora Nacional, 1975.

BERTIN, Enidelce. *Os Meia-Cara: Africanos Livres em São Paulo no Século XIX*. Tese (Doutorado em História). Departamento de História da FFLCH/USP, 2006.

BETHELL, Leslie. *A Abolição do Tráfico de Escravos no Brasil: A Grã-Bretanha, o Brasil e a Questão do Tráfico de Escravos 1807-1869*. Trad. Vera Neves Pedroso. Rio de Janeiro/São Paulo: Expressão e Cultura/Edusp, 1976.

BOSI, Alfredo. *Dialética da Colonização*. São Paulo: Companhia das Letras, 1992.

BRAGA-PINTO, César. From Abolitionism to Blackface: The Vicissitudes of Uncle Tom in Brazil. In: DAVIS, Tracy C.; MIHAYLOVA, Stefka (eds.). *Uncle's Tom Cabin: The Transnacional History of America's Most Mutable Book*. University of Michigan Press, 2017.

BROCA, Brito. *Românticos, Pré-Românticos, Ultra-Românticos*. São Paulo: Polis/INL, 1979.

BRUNO, Ernani da Silva. *História e Tradições da Cidade de São Paulo, v. 2*. São Paulo: Hucitec/Secretaria de Cultura do município de São Paulo, 1984.

CARVALHO, José Murilo de. O Primeiro Capital do Homem. *Jornal de Resenhas*, São Paulo, n. 1, mar. 2009.

CASTILHO, Celso. "Ao Teatro Pelos Cativos!": Uma História Política da Abolição no Recife. In: CABRAL, Flavio José Gomes; COSTA, Robson (orgs.). *História da Escravidão em Pernambuco*. Recife: Editora Universitária UFPE, 2012.

_____. Performing Abolitionism, Enacting Citizenship: The Social Construction of Political Rights in 1880s Recife, Brazil. *Hispanic American Historical Review*, v. 93, n. 3, aug. 1 2013.

CASTRO, Alex. O Escravo Que Machado de Assis Censurou e Outros Pareceres do Conservatório Dramático. *Afro-Hispanic Review*, v. 29, n. 2, Fall 2010. (The African Diaspora in Brazil.)

BIBLIOGRAFIA

CHALAYE, Sylvie. *Du noir au nègre: L'Image du noir au théâtre (1550-1960)*. Paris: L' Harmattan, 1998.
CHALHOUB, Sidney. *Machado de Assis Historiador*. São Paulo: Companhia das Letras, 2003.
_____. *Visões da Liberdade: Uma História das Últimas Décadas da Escravidão na Corte*. São Paulo: Companhia das Letras, 2011.
_____. *A Força da Escravidão: Ilegalidade e Costume no Brasil Oitocentista*. São Paulo: Companhia das Letras, 2012.
COELHO NETTO. *A Conquista*. 3. ed. Porto: Chardron, 1921.
COLLAÇO, Vera. *Painel do Teatro Catarinense Século XIX: Com Enfoque em Nossa Senhora do Desterro*. Dissertação (Mestrado em Teatro). São Paulo: ECA/USP, 1984.
CONRAD, Robert. *Os Últimos Anos da Escravatura no Brasil*. Trad. Fernando de Castro Ferro. Rio de Janeiro: Civilização Brasileira/INL, 1975.
COSTA, Emília Viotti da. *Da Monarquia à República: Momentos Decisivos*. 3. ed. São Paulo: Brasiliense, 1985.
_____. *Da Senzala à Colônia*. 4. ed. São Paulo: Editora da Unesp, 1998.
_____. *A Abolição*. 8. ed. São Paulo: Editora Unesp, 2008.
COUTINHO, Afrânio (org.). *A Polêmica Alencar-Nabuco*. Rio de Janeiro: Tempo Brasileiro, 1965.
ESTRADA, Osório Duque. *A Abolição*. Brasília: Senado Federal, 2005.
FAÇANHA, Dayana. *Política e Escravidão em José de Alencar: O Tronco do Ipê, Sênio e os Debates em Torno da Emancipação (1870-1871)*. São Paulo: Alameda, 2017.
FRANÇA JÚNIOR. *Folhetins*. 4. ed. Rio de Janeiro: Jacinto Ribeiro dos Santos, 1926.
FERREIRA, Lígia Fonseca. *Com a Palavra, Luiz Gama*. São Paulo: Imprensa Oficial do Estado de São Paulo, 2011.
FERRETTI, Danilo José Zioni. A Publicação de "A Cabana do Pai Tomás" no Brasil Escravista: O "Momento Europeu" da Edição Rey e Belhatte (1853). *Varia História*. Belo Horizonte, v. 33, n. 61, abr. 2017.
_____. Fortuna Crítica. In: STOWE, Harriet Beecher. *A Cabana do Pai Tomás*. Trad. de Bruno Gambarotto. São Paulo: Carambaia, 2018.
FREYRE, Gilberto e outros. *Livro do Nordeste*. Edição fac-similada. Recife: Secretaria da Justiça e Arquivo Público Estadual, 1979.
FREYRE, Gilberto. *Casa-Grande e Senzala*. Rio de Janeiro: Nova Aguilar, 2002. (Coleção Intérpretes do Brasil.)
GIRÃO, Raimundo. *A Abolição no Ceará*. 2. ed. Fortaleza: Secretaria de Cultura do Ceará, 1969.
GOMES, Eugênio. *Machado de Assis*. Rio de Janeiro: Livraria São José, 1958.
GUIMARÃES, Bernardo. *A Escrava Isaura*. São Paulo: Ática, 1987.
GUIMARÃES, Hélio de Seixas. Pai Tomás no Romantismo Brasileiro. *Teresa: Revista de Literatura Brasileira*. São Paulo: DLCV/FFLCH/USP-Ed. 34, n. 12-13, 2013.
GUIMARÃES, Pinheiro. *Na Esfera do Pensamento Brasileiro*. Rio de Janeiro: Ed. do Autor, 1937.
GUINSBURG, J.; FARIA, João Roberto; LIMA, Mariangela Alves de (coords.). *Dicionário do Teatro Brasileiro: temas, formas e conceitos*. 2. ed. São Paulo: Perspectiva, 2009.
HESSEL, Lothar et al. *O Partenon Literário e Sua Obra*. Porto Alegre: Flama/IEL, 1976.
JACOB NETO, Miguel. O Teatro Abolicionista em Uberaba. *Arquivo Público de Uberaba*, 2 jun. 2020.
KARASCH, Mary. *A Vida dos Escravos no Rio de Janeiro 1808-1850*. Trad. Pedro Maia Soares. São Paulo: Companhia das Letras, 2000.
LAGO, Luiz Aranha Corrêa do. *Da Escravidão ao Trabalho Livre: Brasil, 1550-1900*. São Paulo: Companhia das Letras, 2014.
LEAL, Júlio César. *Cenas da Escravidão*. Penedo: Tip. do Jornal do Penedo, 1872.
LUCENA FILHO, Marcio. *Carneiro Vilela: Língua de "Navalha" e Pena de "Ponta de Faca"*. Tese (Doutorado em História). Recife: UFPE, 2016.

MACEDO, Joaquim Manuel de. *As Vítimas Algozes*. 4. ed. Porto Alegre: Zouk, 2005.
MACHADO, Humberto Fernandes. *Palavras e Brados: José do Patrocínio e a Imprensa Abolicionista do Rio de Janeiro*. Niterói: Editora da UFF, 2014.
MACHADO, Maria Helena Pereira Toledo. *O Plano e o Pânico: os Movimentos Sociais na Década da Abolição*. 2. ed. São Paulo: Edusp, 2010.
MACHADO, Maria Helena Pereira Toledo; CASTILHO, Celso Thomas (orgs.). *Tornando-se Livre: Agentes Históricos e Lutas Sociais no Processo de Abolição*. São Paulo: Edusp, 2015.
MAGALHÃES JÚNIOR, Raimundo. *Poesia e Vida de Cruz e Sousa*. 2. ed., São Paulo: Lisa/MEC, 1971.
_____. *José de Alencar e Sua Época*. 2. ed. Rio de Janeiro: Civilização Brasileira, 1977.
MALHEIROS, Perdigão. *A Escravidão no Brasil*, t. II. São Paulo: Edições Cultura, 1944.
MAMIGONIAN, Beatriz G. *Africanos Livres: A Abolição do Tráfico de Escravos no Brasil*. São Paulo: Companhia das Letras, 2017.
MARTINS, Ari. *Escritores do Rio Grande do Sul*. Porto Alegre: Ed. da UFRGS/IEL, 1978.
MARTINS, Wilson. *História da Inteligência Brasileira*, v. III. São Paulo: Cultrix/Edusp, 1977.
MASSA, Jean-Michel. *A Juventude de Machado de Assis*. Trad. Marco Aurélio de Moura Matos. Rio de Janeiro: Civilização Brasileira, 1971.
MATTOSO, Ernesto. *Cousas do Meu Tempo*. Rio de Janeiro: Bordeaux Imprimeries Gounouilhou, 1916.
MATTOSO, Katia M. de Queirós. *Ser Escravo no Brasil: Séculos XVI-XIX*. Petrópolis: Vozes, 2016.
MEDEIROS, Coriolano de. O Movimento da Abolição no Nordeste. FREYRE, Gilberto e outros. *Livro do Nordeste*. 2. ed. Recife: Arquivo Público Estadual, 1979.
MENEZES, Raimundo de. *Cartas e Documentos de José de Alencar*. São Paulo/Brasília: Hucitec/INL, 1977.
MÉRIAN, Jean-Yves. *Aluísio Azevedo: Vida e Obra (1857-1913)*. Rio de Janeiro: Fundação Biblioteca Nacional/Garamond, 2013.
MIGUEL-PEREIRA, Lúcia. *Escritos da Maturidade*. Rio de Janeiro: Graphia, 1994.
MONTELLO, Josué. *Aluísio Azevedo e a Polêmica d'O Mulato*. Rio de Janeiro: José Olympio/MEC, 1975.
MORAES, Evaristo de. *A Escravidão Africana no Brasil*. São Paulo: Companhia Editora Nacional, 1933.
_____. *A Campanha Abolicionista (1879-1888)*. 2. ed. Brasília: Editora Universidade de Brasília, 1986.
MOTTA, Artur. *José de Alencar (O Escritor e o Político): Sua Vida e Sua Obra*. Rio de Janeiro: Briguiet, 1921.
MOURA, Clóvis. *Dicionário da Escravidão Negra no Brasil*. São Paulo: Edusp, 2004.
NABUCO, Joaquim. *O Abolicionismo*. São Paulo: Publifolha, 2000.
_____. *Essencial Joaquim Nabuco*. Org. e intr. de Evaldo Cabral de Mello. São Paulo: Companhia das Letras, 2010.
NABUCO, Joaquim. *Minha Formação*. São Paulo: Ed. 34, 2012.
NEVES, Lúcia Maria Bastos Pereira das; MACHADO, Humberto Fernandes. *O Império do Brasil*. Rio de Janeiro: Nova Fronteira, 1999.
NOGUEIRA, Almeida. *A Academia de São Paulo: Tradições e Reminiscências*, v. 5. 2. ed. São Paulo: Saraiva, 1977.
PASCUAL, Antonio Deodoro de. *Ensaio Crítico Sobre a Viagem ao Brasil em 1852 de Carlos B. Mansfield*. Rio de Janeiro: Laemmert, 1861.
PATROCÍNIO, José do; REBOUÇAS, André. *Manifesto da Confederação Abolicionista*. Rio de Janeiro: Tip. da Gazeta da Tarde, 1883.
PEIXOTO, Afrânio. *Castro Alves: O Poeta e o Poema*. 5. ed. São Paulo/Brasília: Companhia Editora Nacional/INL, 1976.
PÓVOA, Pessanha. *Anos Acadêmicos: São Paulo – 1860-1864*. Apresentação de José Aderaldo Castello. São Paulo: Conselho Estadual de Cultura, 1964.

BIBLIOGRAFIA

RABASSA, Gregory. *O Negro na Ficção Brasileira*. Rio de Janeiro: Tempo Brasileiro, 1965.
ROLMES, Almiro. Paulo Eiró, Paladino da Abolição. *O Estado de S. Paulo*, 22/05/1940.
ROSSI, Ernesto. *Quarant'Anni di Vita Artistica*, v. 3. Firenzi: Tip. ed. di L. Niccolai, 1889.
SACRAMENTO BLAKE, Augusto Victorino Alves. *Diccionario Bibliographico Brazileiro*. Reimpressão de off-set. Brasília: Conselho Federal de Cultura, 1970. 7 v.
SANTOS, Francisco Martins dos. *História de Santos*, v. II. São Paulo: Empresa Gráfica da Revista dos Tribunais, 1937.
SAYERS, Raymond. *O Negro na Literatura Brasileira*. Rio de Janeiro: Edições O Cruzeiro, 1958.
SCHMIDT, Afonso. *A Marcha*. São Paulo: Clube do Livro, 1945.
SCHWARCZ, Lilia M. *Retrato em Branco e Preto: Jornais, Escravos e Cidadãos em São Paulo no Final do Século XIX*. São Paulo: Companhia das Letras, 1987.
____. *As Barbas do Imperador: D. Pedro II, um Monarca nos Trópicos*. São Paulo: Companhia das Letras, 1998.
SCHWARCZ, Lilia M.; GOMES, Flávio (orgs.). *Dicionário da Escravidão e Liberdade*. São Paulo: Companhia das Letras, 2018.
SILVA, Eduardo. *As Camélias do Leblon e a Abolição da Escravatura: Uma Investigação de História Cultural*. São Paulo: Companhia das Letras, 2003.
____. Resistência Negra, Teatro e Abolição da Escravatura no Brasil. *Revista do Instituto Histórico e Geográfico Brasileiro*. Rio de Janeiro, ano 179, n. 476, jan.-abr. 2018.
SILVA, Raquel Barroso. *Ecos Fluminenses: França Júnior a Sua Produção Letrada no Rio de Janeiro (1863-1890)*. Dissertação (Mestrado em História). Universidade Federal de Juiz de Fora, 2011.
SOUSA, José Galante de. *Machado de Assis e Outros Estudos*. Rio de Janeiro: Cátedra/INL, 1979.
SLENES, Robert W. Senhores e Subalternos no Oeste Paulista. In: ALENCASTRO, Luiz Felipe de (org.). *História da Vida Privada no Brasil: Império*. São Paulo: Companhia das Letras, 1997.
SOARES, Luiz Carlos. Os Escravos de Ganho no Rio de Janeiro do Século XIX. *Revista Brasileira de História*. São Paulo, v. 8, n. 16, mar.-ago. 1988.
____. *O "Povo de Cam" na Capital do Brasil: A Escravidão Urbana no Rio de Janeiro*. Rio de Janeiro: 7Letras/Faperj, 2007.
TORAL, André Amaral de. A Participação dos Negros Escravos na Guerra do Paraguai. *Estudos Avançados*, v. 9, n. 24, maio-ago. 1995.
VASQUES, Francisco Correa. *Scenas Comicas*. Org. Silvia Cristina Martins de Souza. Curitiba: Prismas, 2017.
VERÍSSIMO, José. *História da Literatura Brasileira*. 5. ed. Rio de Janeiro: José Olympio, 1969.
VIANA FILHO, Luís. *A Vida de José de Alencar*. Rio de Janeiro: José Olympio/MEC, 1979.
VISCONDE DE S. VICENTE. *Trabalho Sobre a Extinção da Escravatura no Brasil*. Rio de Janeiro: Tip. Nacional, 1868.

Índice Onomástico

PEÇAS TEATRAIS

1888 372.

Abolicionistas, Os 345.
Abolicionistas, Os, de Ana Chaves Guimarães 19, 339, 340.
Abolicionistas, Os, de Frederico Severo 15, 263, 345.
Abolindemrepcotchimdegó 372.
Almas do Outro Mundo, As 316.
Amélia Smith 20, 365.
Amor Vencido Pelo Amor e Não Pelo Dinheiro, O 16, 359, 378.
Anjo da Vingança, O 277, 314.
Antonica da Silva 82.
Armando 321.
Artur 314.
Asas de Ícaro, As 343.
Asas de um Anjo, As 93, 126.
Atar-Gull 56, 57.
Atriz Escrava, A 17, 254, 255, 256, 349.

Balbina 49, 379.
Baltasar 13, 164, 166.
Barão de Pituaçu, O 288.
Bastardo, O 19, 361, 362, 363, 364.
Beijo de Judas 299.
Bela Helena, A 288.
Bendegó 372.
Benedito 14, 174, 177, 178, 335.
Bilontra, O 282.
Boêmia 19, 327.
Buenadicha, A 84.

Cabana do Pai Tomás, A 10, 14, 15, 25, 57, 77, 96, 97, 105, 108, 118, 133, 144, 146, 197, 201, 202, 203, 204, 209, 210, 211, 212, 213, 214, 215, 216, 217, 218, 219, 220, 221, 222, 223, 224, 226, 227, 228, 229, 230, 231, 233, 234, 239, 241, 244, 263, 338, 354, 373.
Caetaninho ou o Tempo Colonial 65.
Calabar 10, 100, 101, 102, 103, 104, 105.
Calúnia Pelo Sonho, A 361.
Caminho do Céu, O 17.
Camões e o Jáo 109.
Cancros Sociais 12, 71, 96, 139, 142, 144, 145.
Capitão do Mato, O 357.
Capitão Leme ou a Palavra de Honra, O 10, 65, 66, 138.

Carioca, O 19, 282, 286.
Casadas Solteiras, As 44.
Casamento de Olímpia, O 82.
Case de l'Oncle Tom, La 57.
Cego, O 10, 62, 67, 79, 80.
Cenas da Escravidão 14, 203, 235, 238, 323, 340.
Cenas de Ontem 321.
Cenas do Brasil 257.
Chevalier de Saint-Georges, Le 10, 57, 58, 60, 62, 70.
Cigano, O 9, 43, 45.
Cincinato Quebra-Louça 82.
Ciúmes de um Pedestre, Os 9, 43, 47, 48, 49.
Clotilde 20, 178, 307, 308, 353.
Cobras e Lagartos 20, 370.
Cocota 19, 279, 281, 368.
Code noir, Le 57.
Colibri do Lar ou Um Diabrete de Nove Anos, O 301.
Como se Arranja Fortuna 316.
Como se Fazia um Deputado 16, 291, 292, 293, 294, 295, 296, 314.
Cora, a Filha de Agar 18, 350, 352.
Cora ou a Escravatura 14, 233, 235, 236, 237, 238, 239, 243, 263.
Corja Opulenta 18, 309, 312, 314, 315, 316, 318.
Crédito, O 100.
Cupim e a Lei 13 de Maio, O 256.

Dama das Camélias, A 82, 239.
Demônio Familiar, O 10, 12, 14, 67, 77, 82, 83, 84, 85, 86, 87, 88, 89, 91, 93, 94, 99, 100, 126, 129, 152, 177, 178, 183, 191, 275, 306, 307, 308, 309, 314, 315, 316, 318, 346, 361, 389.
Demônio Negro, O 257.
Desgraças de uma Criança, As 44.
Diabruras de Julieta 314, 318.
Diletante, O 43.
Direito Por Linhas Tortas 299, 300.
Divorciemo-nos 228.
Docteur noir, Le 57, 58, 60, 61, 62, 70.
Doida de Montmayor, A 217.
Dois ou o Inglês Maquinista, Os 9, 32, 37, 42, 43, 44, 50.
Doutor Fabiano, O 58.

Doutor Mulato, O 241.
Doutor Negro, O 10, 11, 15, 58, 60, 239, 240, 241, 371.
Duas Páginas de um Livro 13, 197, 198, 378.
Eduardo 356.
Efeitos da Liberdade, Os 263.
Emancipadora, A 15, 198, 240, 262, 268, 280, 321, 339, 344, 349, 359, 379, 380.
Epidemia Política 321.
Ermolai ou o Servo Russo 10, 60.
Esclave Andréa, L' 56, 62.
Esclave à Paris, L' 57.
Escrava, A, de Joaquim Maria Carneiro Vilella 353.
Escrava, A, de Manuel de Araújo Porto-Alegre 11, 135, 138, 200.
Escrava Andréa, A 10, 57, 58.
Escrava Branca, A, de José Carvalho de Vasconcelos 17, 348.
Escrava Branca, A, de Júlio César Leal 18, 323, 325.
Escrava e Mãe 19, 327, 328, 332.
Escrava Isaura, A 16, 77, 203, 236, 304, 348, 350, 389.
Escravo Branco, O 16, 348.
Escravocrata, O 16, 77, 166, 270, 271, 272, 273, 275, 276, 277, 389.
Escravocratas ou a Lei de 28 de Setembro, Os 19, 341, 343, 380.
Escravo Educado, O 13, 190, 194, 197.
Escravo Fiel, O 67.
Escravo, O, de Benjamim Augusto 12, 145, 146.
Escravo, O, de Cirino Luiz de Azevedo 21, 344.
Escravo, O, de Francisco Antônio de Oliveira Sobrinho 13, 199, 200.
Escravo, O, de José André do Sacramento Macuco 357, 358.
Escravo, O, de José Bernardino dos Santos 17, 325.
Escravos e Senhores 257.
Extremos, Os 12, 146, 148.

Família e a Festa da Roça, A 9, 33, 36.
Família Salazar, A 16, 270.
Faustênio 11, 119, 120.

409

ÍNDICE REMISSIVO

Fernando 12, 183, 361.
Filha da Escrava, A 17, 19, 182, 303, 305, 306, 307, 308, 309, 313, 314, 315, 316, 317, 318, 327, 373.
Filha da Mártir, A 19, 317.
Filha de Maria Angu, A 288.
Filha do Sapateiro, A 67.
Filho Bastardo 14, 17, 178, 180, 303, 321.
Filho da Escrava, O 20, 364.
Filho de uma Escrava, O 15.
Filho duma Escrava, O 17.
Filhos da Canalha, Os 309.
Filhos da Desgraça, Os 12, 174, 175.
Fritizmac 372.
Fuzileiro Apaixonado, O 380.

Gabriela 139.
Gaiato de Lisboa, O 318.
Genro do Sr. Pereira, O 82.
Georgeta, a Cega 302.
Gonzaga ou a Revolução de Minas 12, 149, 150, 152, 153, 154, 155, 156, 157, 158, 163, 171, 314, 349, 389.
Guarda Urbano, O 380.

Haabás 11, 115, 116, 117, 118, 119, 358.
Hamlet 383.
Heróis Portugueses 253.
História de uma Moça Rica 11, 67, 68, 126, 127, 129, 130, 131, 134, 275.
Homem, O 20, 287.
Honra de um Taverneiro, A 380.

Inês de Castro 78.
Ingleses no Brasil, Os 10, 64.

Jogo de Prendas, O 44.
José 14, 181, 303.
Judas em Sábado de Aleluia, O 43.
Juiz de Paz da Roça, O 9, 23, 29, 32, 34, 36.

Kean ou Gênio e Desordem 383.

Lazaristas, Os 211.
Liberato, O 15, 266, 272, 277, 279, 280.
Libertadora Cearense, A 15, 214, 224, 263, 339.
Lotação dos Bondes, A 297, 298.
Luxo e Vaidade 81.

Madalena 44, 132, 233, 237, 354.
Mãe 11, 19, 31, 48, 67, 68, 71, 77, 84, 86, 89, 91, 92, 93, 94, 95, 96, 97, 98, 99, 105, 111, 142, 144, 202, 214, 224, 225, 228, 231, 236, 263, 300, 303, 324, 332.
Mãe de Família 19, 361.

Mãe dos Escravos, A 15, 202, 214, 224, 225, 228, 231.
Magnetismo ou o Preto Fugido, O 10, 62.
Mandarim, O 18, 278, 279, 365, 368.
Marché Saint-Pierre, Le 57.
Maria 57.
Maria Luisa 21, 366.
Marino Faliero 101.
Mártires da Escravidão, Os 13, 17, 185, 358.
Marujo Virtuoso ou os Horrores do Tráfico da Escravatura, O 9, 52, 53, 56, 67.
Mascote na Roça, A 288.
Mateus 14, 178.
Matilde 101.
Misérias Humanas 15, 251, 252.
Mistérios Sociais 11, 69, 70, 71, 73, 74, 75.
Mme. Angot na Monguba 261.
Mucama, A 185, 265.
Mulato, O 357.
Mulato, O, de Aluísio Azevedo 18, 241, 281, 332, 334, 337, 362, 389.
Mulato, O, de Francisco Livino de Carvalho 17, 349.
Mulato, O, de Francisco Moreira de Vasconcelos 16, 301, 302, 316, 318.
Mulato, O, de José Ricardo Pires de Almeida 11, 67, 183.
Mulheres 13, 174, 177.
Mulheres de Mármore, As 82.
Mulher-Homem, A 20, 369.
Mundo Equívoco, O 82.

Namorador ou a Noite de S. João, O 43.
Negro, O 15, 185, 187.
Negros e Negreiros 257.
Noir d'Aïombo, Le 57.
Noivos, Os 288.
Notas Recolhidas 20, 371.
Nova Viagem à Lua 288.
Noviço, O 44.
Novo Otelo, O 383.

Ódio de Raça 14, 218, 219, 245, 246, 249, 250, 357.
Olhai! Olhai! 373.
Órfã e o Escravo, A 16, 253, 254, 263.
Orfeu na Cidade, O 133.
Orphée aux enfers 200.
Otelo, de Ducis 48.
Otelo, de Shakespeare 101, 383.

Pacto Infernal, O 16, 348.
Pai da Escrava, O 16, 345, 346, 347, 348.
Parisienses, Os 82.
Paulo e Virgínia 16, 242, 244, 245.
Planteur, Le 57.
Peta, A 343.

Poeta Rangel, O 146.
Preconceitos, Os 12, 187, 190, 198.
Preto Domingos, O 18, 315, 316, 318.
Pretos e Brancos 19, 356.
Primeira Dor, A 314, 316.
Punição 11, 131.
Pupila dos Negros Nagôs ou a Força do Sangue, A 12, 159, 161, 163.
Pupilos do Escravo, Os 13, 166, 168, 169, 170.

Que É o Casamento, O 100.
Questão do Dinheiro, A 82.

Redenção de Tiradentes, A 343.
Rio de Janeiro em 1877, O 288.
Rogério 13, 194, 196, 197, 313.

Segredo do Lar, O 15, 185, 263, 264, 265.
Sete de Setembro 11, 67, 68, 121, 124, 125, 359.
Soldado Brasileiro, O 12, 183, 264.
Sombra da Cabana, A 357.

Tartufo, O 167.
Tipo Brasileiro, O 13, 298, 300.
Torre em Concurso, A 81.
Traficante de Escravos, O 11, 115.
Tráfico, O 183.
Tráfico ou o Cruzeiro, O 10, 62, 63.
Traite des noirs, Le 56.
Tremblement de Terre de la Martinique, Le 57.
Três Médicos, Os 43.
Trinta Botões, Os 359.
Túnica de Nessus, A 115.

Uma Cena da Escravidão 18, 349.
Uma Cena do Futuro 18, 325, 326.
Uma Pupila Rica 82.
Uma Véspera de Reis 288.
Um Casamento da Época ou Moléstia de Muita Gente 146.
Um Deputado Pela Eleição Direta 372.
Um Fruto da Escravidão 17, 321.
Um País Essencialmente Agrícola 15, 260, 278, 389.
Um Sertanejo na Corte 34.
Uncle Tom's Cabin 10, 25, 57, 77.

Vingança de Bilu 301, 309.
Vingança do Escravo, A, de Bento 19.
Volta de Bermudes, A 343.

Xícara de Chá 115.

Zé Caipora 20, 369, 370.

410

NOMES

Abranches, Aristides 25, 201, 202, 204, 207, 208, 214, 215, 224, 228, 231.
Abreu, Anísio de 350.
Abreu, Casimiro de 109.
Abreu, Vicente Eufrásio da Costa 13, 17, 185, 358.
Agostini, Angelo 276, 295.
Aguiar, Guilherme de 379.
Aiken, George L. 201, 204, 205, 207.
Albuquerque, Demétrio de 198.
Alcebíades, capitão 230.
Alencar, José de 10, 11, 12, 14, 23, 24, 51, 67, 68, 71, 77, 78, 82, 83, 84, 85, 86, 87, 88, 89, 90, 91, 92, 93, 94, 95, 96, 97, 98, 99, 100, 105, 111, 125, 126, 129, 142, 143, 144, 150, 152, 153, 154, 158, 173, 174, 177, 178, 183, 191, 263, 275, 288, 303, 306, 315, 316, 324, 332, 346, 361, 389.
Alencar, Leonel de 125.
Alfredo, João 215, 367, 368.
Almeida Cabral 174.
Almeida, Filinto de 20, 277, 368, 369, 372.
Almeida, José Ricardo Pires de 11, 12, 19, 67, 183, 361, 362, 364.
Almeida, Júlia Lopes de 17, 26, 121, 307, 308, 316.
Almeida Júnior, Fernando Pinto de 19, 341, 343, 380.
Almeida, Manuel Antônio de 134.
Alonso, Angela 172, 191, 381.
Alvarenga, Gustavo de 16, 348.
Alves, Castro 12, 25, 114, 148, 149, 150, 151, 152, 153, 154, 155, 156, 157, 158, 163, 171, 173, 203, 266, 313, 315, 349, 375, 380, 389.
Alves, Serafim José 156.
Amaral, Adelaide 149.
Amaral, Ubaldino do 12, 183, 185, 264, 386.
Amorim, Francisco Gomes de 14, 26, 218, 245, 246, 247, 248, 249, 250, 357.
Andrade, Marinho de 216.
André 379.
André, João Maria 27.
Ângelo 380.
Antier 57.
Araripe Júnior 86, 94, 277.
Araújo 211, 380.
Araújo, Antônio José 52.
Araújo, Nabuco de 85.
Araújo, Ramiro de 321.
Arêas 379.
Arêas, Vilma Sant'Anna 50.
Assis, Machado de 11, 23, 24, 48, 51, 69, 80, 84, 86, 88, 89, 90, 91, 93, 95, 97, 99, 108, 118, 126, 130, 134, 144, 153, 155, 159, 211, 237, 251, 296, 370, 383, 389.
Augier, Émile 78, 82.
Augusto, Benjamim 12, 145, 146.
Augusto Filho, Joaquim 169.
Augusto, Paulo 265.
Azevedo, Aluísio 18, 26, 225, 241, 277, 281, 296, 301, 332, 337, 372, 389.
Azevedo, Artur 15, 16, 18, 19, 20, 26, 77, 166, 265, 266–291, 292, 295, 296, 314, 332, 342, 361, 365, 368, 372, 379, 384, 389, 390.
Azevedo, Cirino Luiz de 20, 344.
Azevedo, Ciro de 342.
Azevedo, Elizabeth R. 27, 183.

Bahia, Xisto 13, 16, 17, 26, 197, 198, 228, 263, 265, 277, 294, 296, 360, 378, 379, 381, 382.
Balsemão, Helena 249, 340.
Barata, Cândida 214.
Barata, Marcelino 229.
Barbier, Jules 14, 233, 234, 235, 239, 243, 245, 263.
Barbosa, Rui 148, 156, 157, 202, 342, 368, 374.
Barreto, Cândida Muniz 380.
Barreto, Tobias 149.
Barrière, Théodore 82.
Barros 380.
Barros, Antônio José Victorino de 58, 59, 60, 70.
Barroso, Romualdo Maria de Seixas 197.
Barros, Roberto 227.
Barros Sobrinho 256.
Bastos, Aureliano Cândido Tavares 30, 124, 144, 171, 172.
Bastos, Sousa 146, 213, 257, 309.
Beauvoir, Roger de 10, 57, 58, 60.
Bento, Antônio 219, 373.
Bernardelli, Félix 379.
Bernardelli, Henrique 379.
Bernardelli, Rodolfo 379.
Bernardo 380.
Bernardo, Artur Belido 343, 381.
Bernardo Lisboa 231.
Bethell, Leslie 63.
Biester, Ernesto 14, 233.
Bivar, Diogo 60, 62, 68.
Blake, Sacramento 52, 86, 116, 146, 309.
Bocaiúva, Quintino 89, 154, 287, 296.
Boldrini 380.
Borges, Abílio 172, 191.
Borges, Stephanie da Silva 27.
Boulé 57.

Bourgeois, Auguste Anicet 10, 11, 15, 56, 57, 58, 239, 242, 371.
Braga, Dias 213, 214, 215, 235, 249, 334, 343, 379, 381.
Braga, Domingos 250, 380.
Braga Júnior, Luís 382.
Braga, Líbero Teixeira 18, 353, 354, 355, 356.
Braga-Pinto, César 26.
Branca 380.
Brandão 169.
Brasil, Tomás Pompeu de Sousa 99.
Brito Broca 77, 78, 87, 93, 108, 129, 168.
Brito, Farias 222.
Brito, João José de 13, 195, 196, 313.
Bueno, Antônio Pimenta 158, 171.
Bulhões, Leopoldo 288.
Bulicioff, Nadina 386, 387.
Burgain, Luís Antônio 79.
Byron 101.

Caetano, João 47, 48, 78, 254, 321.
Caldre e Fião 174.
Câmara, Eugênia 115, 149, 154, 155, 156, 306.
Camberousse 57.
Campelo, Samuel 353.
Campos, Américo de 265.
Cândida, Isabel Maria 227.
Cardoso, Brício 13, 190, 191, 193.
Cardoso, Lopes 20, 169, 368, 371.
Carlos (folhetinista) 107.
Carmo, Júlio Henrique do 16, 348, 349.
Carmouche 57.
Carré, Michel 243, 245.
Carvalho, Francisco Gomes de 213.
Carvalho, Francisco Livino de 17, 349.
Carvalho, José Murilo de 99.
Carvalho, Reis 60.
Castera, Suzana 380.
Castilho, Celso 96, 157, 221, 289.
Castro 379.
Castro, Adelina 313, 317.
Castro, Augusto de 74.
Castro e Silva, José de 349.
Castro, Francisca da Silva 282, 285, 286.
Castro, Júlia de 380.
Castro, Vicente Félix de 203.
Catão, Olímpio 15, 185, 187.
Cavallier, Helena 334, 337, 343, 380, 381.
Celso Júnior, Afonso 215.
Cerqueira, Tomás José Pinto de 57, 62.
Chagas, Pinheiro 233, 237, 241, 313.
Chalaye, Sylvie 56, 61.
Chalhoub, Sidney 272.

411

ÍNDICE REMISSIVO

Chaves, Henriqueta 337.
Clapp, João 213, 337, 372, 374.
Clélia 379.
Clodoaldo, João 21, 366, 368.
Coelho, Furtado 15, 134, 139, 144, 154, 237, 251, 252, 263, 382, 383, 385.
Coelho Neto 215, 216, 379, 380.
Coimbra, Figueiredo 368, 372.
Colás, F.L. 221.
Collaço, Vera 356.
Cordeiro, Carlos Antônio 11, 67, 105, 106, 107, 108, 109.
Corrêa 380.
Corrêa, João Artur de Souza 121.
Costa 380.
Costa, Iná Camargo 297, 298.
Costa Lima, João Pereira de 13, 166, 167, 168, 169.
Costa-Lima Neto, Luiz 43, 382.
Costa, Pereira da 379.
Costa, Regueira 149.
Costa, Sabbas da 85.
Cotegipe 174.
Coutinho, Cruz 221.
Cruz e Sousa 302, 303, 305, 313, 314.
Cunha, Fernandes da 153.
Cunha, Gabriela da 74.
Cunha, José Mariano Carneiro da 256.
Cuniberti, Gemma 301, 307.

Damasceno, Athos 173, 236, 320, 321, 323.
Damasceno, Darcy 34.
Dantas, Manuel de Souza 19, 20, 23, 281, 282, 290, 368, 369.
d'Azevedo, Maximiliano 257.
De Giovani 74.
Delavigne, Casimir 101.
Delmary, mlles. 343, 380, 381.
D'Ennery, Adolphe 14, 25, 57, 201, 202, 204, 205, 206, 207, 209, 210, 215, 219, 228, 231.
Deolinda 380.
Derfelt, Pedro 340.
Desnoyer, Charles 56.
D'Eu, conde 81.
Dias, Gonçalves 79, 148.
dom Pedro I 110.
dom Pedro II 157, 171, 349.
Dória, Escragnolle 131.
Duarte, Augusto R. 383.
Duarte, Regina Horta 230.
Duarte, Urbano 16, 77, 166, 270, 271, 272, 275, 276, 277, 296, 314, 389.
Ducis 48.
Dumanoir, Philippe 10, 11, 14, 15, 57, 58, 59, 201, 202, 204, 205, 206, 207, 209, 210, 215, 228, 231, 239, 241, 242, 371.
Dumas, Alexandre 101, 383.

Dumas Filho, Alexandre 78, 82, 233.
Dupenty 314.

Eça de Queirós 371.
Eiró, Paulo 11, 25, 109, 110, 111, 112, 113, 114, 115, 163.
Emília A. Pestana 343, 381.
Ennes, Antônio 211.
Epaminondas, Bento 358.
Espiúca, Tomás 17, 254, 255, 256, 349.
Esteves, Albino 358.

Fábregas, Augusto 368.
Fabricatore, Carlo 314.
Falcão, Lino 256.
Fanny 343, 380, 381.
Febo 369, 380.
Febo, Dolores 380.
Fernandes, Alexandre 314.
Fernandes, Domingos 257.
Fernandes Lima, J.A. 237.
Ferrão, Hilário 237.
Ferreira 379.
Ferreira, José Gonçalves 60.
Ferreira, Procópio 375.
Ferreira Viana, conselheiro 216, 342.
Feuillet, Octave 148, 233.
Filgueiras Sobrinho 154.
Fischer, Antenor 178, 327, 390.
Flores, Moacyr 178, 390.
Floresta, Nísia 133.
Foito 289, 380.
Fonseca, Domingos Joaquim da 196.
Fonseca, Nuno da 256.
Fraga 211.
França Júnior 13, 16, 26, 291, 292, 293, 294, 295, 296, 297, 298, 299, 300, 314.
França Leite, deputado 42, 43.
França, Leonardo Rodrigues do Sacramento 16, 359, 360, 378.
Francisca Leal 318.
Franklin 191.
Freire, Manuel Teotônio 353.
Freitas, Aurora de 380.
Freitas, Barbosa de 262.
Freitas, Francisco de 301.
Freyre, Gilberto 392.

Gabriel 380.
Galvão 379.
Galvão, Trajano 389.
Gama, Luiz 17, 219, 265, 307, 308, 314, 366.
Garrett, Almeida 245, 248.
Geraldes, Renata Romero 27.
Giacommetti 233.
Gobert, Julia 250.

Goes, Zacarias de 172.
Gomes, Carlos 379.
Gomes, Eugênio 73.
Gonnet, João Julião Federado 9, 52, 53, 54, 55, 56, 67.
Gonzaga, Chiquinha 379.
Guerreiro, A. 380.
Guimarães, A. 275.
Guimarães, Ana Chaves 19, 224, 227, 228, 338, 339, 341, 373.
Guimarães, Aprígio Justiniano da Silva 121.
Guimarães, Augusto Álvares 148, 153.
Guimarães, Bernardo 16, 77, 203, 236, 348, 350, 389.

Heitor 380.
Heliodora, Barbara 31, 38.
Heller, Jacinto 169, 249, 382, 385.
Henry 343, 381.
Hermínia 380.
Hessel, Lothar 178, 179, 344, 359.
Hugo, Victor 101, 153.

Isabel, princesa 21, 215, 286, 289, 341.
Itaboraí, visconde de 172.

Jaguaribe, Domingos 223.
Jéssica Cristina dos Santos Jardim 27.
João José de Brito 13, 194.
Joaquim Nabuco 14, 15, 26, 85, 87, 92, 93, 198, 212, 213, 215, 216, 222, 223, 257, 266, 268, 277, 282, 286, 288, 298, 339, 342, 374, 392.
Joaquim Serra 154, 296, 383.
Jordani 169.
José de Sá Brito 14, 178, 179, 180, 217.
José Eduardo 339.
Júlio Ribeiro 77.
Junqueira, João José de Oliveira 196.

Lacerda, Augusto César de 11, 69, 70.
Lacerda, Luiz Carlos de 343.
Laurencin 57.
La Vega, José Lopes de 10, 64, 65.
Laya 57.
Leal, Júlio César 17, 203, 323, 324.
Legoyt 10, 56.
Lemaître, Frederic 57.
Lemos, Júlio de 337, 374, 381.
Leonel de Alencar 126.
Lima 380.
Lima, André Pereira de 47.
Lincoln 191.
Lins, Antônio da Rocha Accioly 255.
Lisboa, A.O. 381.
Lisboa, Bernardo 380.

412

Lisboa, Carvalho 211, 222.
Lopes, Valentim José da Silveira 11, 67, 120, 121, 123, 124, 126, 359.
Lostada, Santos 302.
Luís Filipe I de França 56.
Lucci, Manoela 228.
Lucena Filho, Marcio 353.
Lucinda Simões 263.
Luso, João 169, 372, 373, 390.

Macedo, Joaquim Manuel de 10, 25, 51, 62, 67, 77, 79, 80, 81, 82, 159, 190, 360, 383, 389.
Machado 261, 380, 382.
Machado, João 260.
Macuco, José André do Sacramento 357.
Magaldi, Sábato 87, 93.
Magalhães, Eugênio de 17, 158, 240, 371, 379, 380, 382.
Magalhães, Gonçalves de 51, 79, 101.
Magalhães, Henrique de 373.
Magalhães Júnior, R. 87, 88, 94, 384, 385.
Magalhães, Valentim 20, 277, 289, 368, 369, 372.
Maia 216, 379.
Maia, Augusto 380.
Maia, Joaquim da Costa 342, 380.
Maillant 10, 56.
Malheiros, Perdigão 39, 144, 158, 171.
Mallet 337.
Mamigonian, Beatriz G. 32, 39.
Manarezzi 380.
Maria da Glória 115.
Mariense, Aparício 16, 318, 320.
Marinho, Henrique 375, 378.
Marinho, Saldanha 383.
Marquelou, Antonina 211.
Martinho Campos 260.
Martins 306, 341, 380, 382.
Martins, Antônio Félix 60, 67.
Martins, Ari 344.
Martins Júnior, José Isidoro 18, 314.
Martins Pena 9, 23, 24, 29, 30, 31, 32, 33, 34, 36, 38, 39, 41, 42, 43, 45, 47, 48, 49, 50, 51, 52, 79, 299, 390.
Martins, Wilson 94.
Mascarenhas, Isidoro Gurgel 98.
Massa, Jean-Michel 73.
Massart 380.
Massé, Victor 243, 245.
Mata Machado, conselheiro 357.
Matos, Antônio Joaquim de 17, 343, 379, 380, 381, 382, 385.
Mattoso, Ernesto 15, 260, 261, 278, 389.
Mauro 380.
Mazarino 380.
Medeiros, Coriolano de 199.

Medeiros, Soares de 222, 245.
Mélesville 10, 57, 58, 60.
Mendes Leal 233.
Mendes, Miriam Garcia 109, 390.
Mendonça, Salvador de 154.
Menezes, Agrário de 10, 25, 100, 101, 104, 105.
Menezes, Aprígio 229.
Menezes, Cardoso de 18, 20, 213, 240, 368, 371, 372.
Menezes, Ferreira de 154, 381.
Menezes, Rodrigo Otávio de Oliveira 11, 115, 116, 119, 358.
Mérian, Jean-Yves 333.
Mesquita 169, 380.
Mesquita, Elpídio 221.
Miguel-Pereira, Lúcia 73.
Miguez 379.
Milanez, Abdon 312.
Miranda, João Ferreira de 318.
Molière 85, 167.
Moniz 230.
Montedônio 214.
Moraes, Evaristo de 286, 389, 390.
Moreira, Nicolau 374, 381.
Mota, Cardoso da 250.
Mota, Dias da 42, 43.
Mota Melo 380.
Mota, Silveira da 368, 381.
Motta, Artur 94.
Moura, Clóvis 256.
Moura, Dámaso Antônio de 10, 62.
Murat, Luiz 215, 216, 277.
Muzzio, Henrique César 96, 104, 129, 154.

Nabuco, Joaquim 14, 15, 26, 85, 87, 92, 93, 198, 212, 213, 215, 216, 222, 223, 257, 266, 268, 277, 282, 286, 288, 298, 339, 342, 374, 392.
Nabuco, Sizenando 115, 282.
Nascimento 379.
Nascimento, Francisco do 213, 339.
Nino 380.
Nóbrega 340.
Nogueira, Almeida 116.
Nunes, Bertoldo 229.
Nunes, Joaquim 18, 26, 309, 311, 312.
Nunes, Matilde 228.
Nurat, Jam Y 385.

Offenbach 200.
Oliveira, C. de 368.
Oliveira, Jerônimo de 316.
Oliveira Lima, Custódio de 16, 252, 253, 254, 263.
Oliveira Sobrinho, Francisco Antônio de 13, 199, 200.

Oliveira, Vicente Pontes de 237.
Otaviano, Francisco 98, 154, 196, 368.
Oudin 343, 379, 381.

Paio, João Zeferino Rangel de S. 12, 169, 187, 188, 189, 198, 343, 380.
Papi Júnior, Antônio 15, 344, 345.
Parisot 57.
Pascual, Antonio Deodoro de 13, 158, 159, 162, 163.
Patrocínio, José do 14, 18, 20, 26, 215, 216, 240, 253, 268, 287, 296, 310, 342, 369, 374, 375, 377, 378, 379, 381, 386, 387.
Paula Brito 83, 382.
Pederneiras, Oscar 20, 368, 369, 372, 373.
Pederneiras, Raul 169, 372.
Pedro, Manuel 212.
Peixoto 379.
Peixoto, Alfredo 343, 381.
Penante, José de Lima 15, 228, 229, 230, 238, 261, 262, 263, 373.
Peret 380.
Pessoa, L. 262.
Pestana 380.
Picanço, Francisco 261.
Pimentel, Barros 212.
Pimentel, Emília Adelaide 14, 233, 382.
Pinheiro Guimarães, Francisco 11, 25, 67, 68, 126, 127, 129, 130, 131, 133, 134, 135, 275.
Pinto, Apolônia 212, 220, 221, 228, 229, 230, 242, 244, 245, 373.
Pires 380.
Pires, Horácio Nunes 19, 356.
Plínio de Lima 148.
Polero, Emílio 343, 380.
Polônio, Cinira 380.
Pompeia, Raul 371.
Pompílio, Numa 256.
Porto Alegre, Apolinário 12, 13, 14, 174, 176, 177, 217, 321.
Porto-Alegre, Manuel de Araújo 11, 51, 65, 135, 138.
Póvoa, Pessanha 118, 164, 166.
Pozzi 380.
Prado, Antônio da Silva 20, 368, 371.
Prado, Décio de Almeida 87, 88, 103, 113.
Prazeres, Feliciano 221.
Proudhon 279.
Pujol, Alboize du 56.

Quadros, Luiz Miguel 85.
Queiroz, Eusébio de 99.

Rabelo, Correia 212.
Raeders, Georges 178, 179, 344, 359.

ÍNDICE REMISSIVO

Ramos, Antônio 321.
Ramos, João 255, 256.
Rebouças, André 213, 268, 384.
Regadas, Luísa 379, 382.
Reis, José Agostinho dos 374.
Reynolds, contra-almirante 63.
Ribeiro, Cândido Barata 12, 15, 183, 185, 214, 263, 264, 265.
Ribeiro de Souza, Joaquim Augusto 155, 156, 169.
Ribeiro Guimarães 19, 220, 224, 226, 227, 228, 338, 339, 340, 341, 373.
Ribeiro, Jerônimo 260.
Ribeiro, Joaquim 390.
Ribeiro, Maria 12, 25, 71, 96, 139, 140, 142, 144, 145, 252.
Ribeiro, Tomás 227.
Rio Branco 196.
Rio Branco, visconde do 173, 253, 297, 318, 325, 339, 341, 342, 377, 385, 396.
Rivero, Leonor 17, 380, 382.
Rocha, Artur 14, 17, 18, 19, 26, 178, 180, 181, 182, 217, 303, 304, 305, 306, 317, 321, 325, 326, 327, 373.
Rocha, Couto 230, 373.
Rocha Filho, Rubem 390.
Romero, Sílvio 49, 50.
Rosário, João José do 60, 67.
Rossi, Ernesto 383, 384.
Ruiz, Pepa 17, 343, 380, 381, 382.

Sá, Anibal Teixeira de 12, 145, 146, 147.
Saint-Pierre, Bernardin de 16, 57, 242, 245.
Sá, José Bernardino de 43.
Salcedo, Z. 327.
Salles, Vicente 197, 227, 359.
Sampaio 337.
Sampaio, Moreira 18, 19, 20, 278, 279, 280, 281, 282, 283, 285, 287, 365, 368, 372.
Sampaio, Rodrigues 203, 225, 226, 241, 373.
Santos, Claudino dos 223, 315.
Santos, Clementina dos 380.
Santos, Francisco Martins dos 357, 361.
Santos, Irineu dos 318.
Santos, Ismênia dos 134, 158, 212, 218, 220, 222, 235, 239, 250, 373, 382.
Santos, Joaquim Heleodoro Gomes dos 63, 67, 337.
Santos, Joel Rufino dos 390.
Santos, José Bernardino dos 17, 325.
Santos, Julieta dos 17, 18, 19, 26, 220, 300, 301, 302, 304, 306, 307, 309, 313, 314, 315, 316, 317, 318, 373.

Santos, Luiz Cornélio dos 156.
Saraiva 368.
Saraiva, S. 236.
Sardou, Victorien 228, 233.
Sayers, Raymond 93, 131, 173, 257, 364, 365, 390.
Schmidt, Afonso 114, 115, 378, 390.
Schomberg, capitão 64.
Scribe, Eugène 57.
Seixas Sobrinho, José 358.
Sena Pereira 314.
Senna, Jacques 251, 252.
Sepúlveda, Guilherme Pinto 256, 343, 381.
Serafim, Augusto 339.
Seromenho, Diogo José 257.
Serra, Joaquim 296, 383.
Severo, Frederico 15, 262, 263, 345.
Shakespeare 85, 101, 154, 383.
Silva, A. Álvares da 104.
Silva, Apolônia da 223.
Silva, Carlos J. Pestana da 343, 381.
Silva, Eduardo 384, 385.
Silva, Eudoro da 189.
Silva, Francisco Joaquim Bethencourt da 67, 68, 73, 106.
Silva, José Alves Coelho da 19, 327, 329, 331, 332.
Silva, José Cavalcanti Ribeiro da 18, 350, 352.
Silva, Justiniano Melo e 200.
Silva Pereira 211, 380.
Silva, Raquel Barroso 293.
Silva, Vítor Manuel de Aguiar e 251.
Silveira, Guilherme da 14, 25, 203, 209, 211, 212, 213, 214, 215, 216, 217, 218, 219, 220, 221, 222, 224, 226, 227, 228, 229, 230, 239, 240, 241, 250, 260, 373, 382.
Simões 230.
Slenes, Robert W. 97, 98.
Soares, Boaventura 17, 321.
Soares, Caetano 98.
Sodré, Jerônimo 14, 212.
Soromenho, Luiz F. de Castro 257.
Soucher 57.
Sousa Ferreira 84, 86, 130.
Sousa, Paulino Soares de 173.
Sousa, Vicente de 14.
Souto, Joaquim José Vieira 10, 60.
Souto, Luiz Honório Vieira 47.
Souza 169.
Souza, Antônio Moutinho de 74.
Souza, Bernardino de 196.
Souza, Vicente de 268, 294, 374, 381.
Spínola, Aristides 313.

Stowe, Harriet Beecher 10, 25, 57, 77, 97, 144, 201, 204, 208, 214, 220, 223, 224, 225, 231.
Subtil, Alfredo 220.
Sue, Eugène 56.
Süssekind, Flora 390.
S. Vicente, visconde de 158.

Taunay, Visconde de 20, 365.
Tavares 379.
Teixeira 380.
Teixeira, Múcio 253, 312.
Thiboust, Lambert 82.
Tong-King-Sing 278.
Torres 242.
Torres Homem 290.

Unzer, Totila Frederico 20, 364, 365.

Valadão, Manuel Joaquim 16, 345, 346, 347, 348.
Vale 169.
Vale, Caetano do 286.
Vale, José Antônio do 166, 382.
Vale, Paulo Antônio do 10, 65, 66, 138.
Varela, Fagundes 114, 163, 164, 165, 166, 380.
Várzea, Virgílio 302.
Vasconcelos, José Carvalho de 17, 348.
Vasconcelos José Rufino Rodrigues de 48, 62.
Vasconcelos, Moreira de 16, 18, 19, 220, 300, 301, 302, 303, 306, 307, 308, 309, 313, 314, 315, 316, 317, 318, 373.
Velluti, Maria 361.
Veríssimo, José 93.
Viana, Ilídio de Carvalho 16, 348.
Vicente 380.
Victorino, Eduardo 52, 58, 59, 60, 70.
Vieira, João Damasceno 323.
Vieira, Luís Eustáquio 262.
Vilas, Vieira 220, 301.
Vilella, Joaquim Maria Carneiro 255, 256, 353.
Epaminondas 20, 358.
Vingança do Escravo, A, de Líbero Teixeira Braga 18, 353, 354, 355, 356.

Washington 191.
Wood 64.

Xavier, Etelvina 344.
Xavier, Júlio 209, 221.

Zaluar, Augusto Emílio 236.
Zé Flauta 379.

Este livro foi impresso na cidade de São Bernardo do Campo,
nas oficinas da Paym Gráfica e Editora, em novembro de 2022,
para a Editora Perspectiva.